JN446588

세후이익 = 세전이익 − 법인세 = 세전이익 − 법인세율 × 세전이익 = (1 − 법인세율) × 세전이익
전부원가계산의 이익 = 변동원가계산의 이익 + 단위당 고정제조간접원가 × (생산량 − 판매량)
단위당 고정제조간접원가 = 총고정제조간접원가 / 생산량

6장

매출예산 = 예상판매량 × 예상판매가
예상생산량 = 예상판매량 + 예상기말제품재고 − 예상기초제품재고
직접재료(표준)사용량 = 생산량 × (제품)단위당 직접재료(표준)사용량
직접재료(표준)원가 = 직접재료(표준)사용량 × 직접재료(표준)가격
직접재료구입량 = 직접재료사용량 + 기말직접재료재고 − 기초직접재료재고
직접재료구입예산 = 직접재료구입량 × 직접재료가격
직접노무시간 = 생산량 × 단위당 직접노무시간
직접노무원가 = 직접노무시간 × 시간당 임금(임률)
변동제조간접원가 = 생산량 × 단위당 변동제조간접원가(배부율)

7장

직접재료수량차이 = (재료실제사용량 − 재료표준사용량) × 재료표준가격
직접재료가격차이 = (재료실제가격 − 재료표준가격) × 재료실제사용량
직접재료 실제원가 = 재료실제가격 × 단위당 재료실제사용량 × 실제생산량 = 재료실제가격 × 재료실제수량
원가 = 가격 × 제품단위당 사용량 × 생산량
직접노무수량차이 = (실제노무시간 − 표준노무시간) × 표준임률
직접노무임률차이 = (실제임률 − 표준임률) × 실제노무시간
변동제조간접원가 소비차이 = (실제배부율 − 표준배부율) × 실제배부기준량
변동제조간접원가 능률차이 = (실제배부기준량 − 표준배부기준량) × 표준배부율
고정제조간접원가 소비차이 = 예산차이 = 실제고정제조간접원가 − 고정제조간접원가 예산
표준배부율 = 예산제조간접원가 / 기준조업도
매출조업도차이 = 단위당 표준공헌이익 × (실제판매량 − 예상판매량)
판매량 = 시장점유율 × 시장규모
시장점유율차이 = 단위당 표준공헌이익 × (실제시장점유율 − 예상시장점유율) × 실제시장규모
시장규모차이 = 단위당 표준공헌이익 × 예상시장점유율 × (실제시장규모 − 예상시장규모)
매출조업도차이 = 시장점유율차이 + 시장규모차이
매출가격차이 = (실제판매가 − 표준판매가) × 실제판매량

관리회계

관리회계

MANAGEMENT ACCOUNTING

제5판

공인회계사 · 세무사 · 감정평가사 · 관세사
보험계리사 · 경영지도사 · 재경관리사 · 주택관리사
행정고시 · 세무직9급 문제 수록

백태영

신영사

머리말

부족한 본인의 『관리회계』 저서를 이용해 주시는 교수님과 학생들, 일반 독자분들에게 늘 감사드립니다. 좀더 나은 학습을 위해 제5판에서는 최근 기출문제로 대폭 교체하면서 풀이 제공에 좀더 신경을 썼습니다. 한 문제에 대해 다양한 풀이가 존재할 수 있는데, 일부 시중의 풀이를 보면 불필요하게 복잡하여 시간이 많이 걸리고 이해하기 어렵게 작성된 것을 종종 발견합니다. 가급적 간단하고 이해하기 쉬운 풀이를 만들어 제공하도록 노력하였습니다.

KOCW(www.kocw.net)에 있는 성균관대학교 경영대학의 관리회계 강의 동영상보다는 성균관대학교 공개강의 시스템인 SKKUOCW(socw.skku.edu)에 있는 관리회계 정규강좌 동영상이 상대적으로 최근의 강의이므로 사용하시면 편리합니다. 2022년 2학기부터 IFRS재단의 ISSB(국제지속가능성기준위원회) 상근위원으로 근무하면서 더 이상 성균관대학교에서 관리회계 강의를 하지 않아 최신판의 강의동영상을 제공하지 못하게 됨을 죄송하게 생각합니다. 교재 사용시의 어떤 질문이나 제안사항이든 편하게 신영사 게시판을 통해 문의해 주시면 신속히 자세히 답변해 드리겠습니다.

항상 가장 큰 후원자인 사랑스런 아내와 선우, 선호에게 깊은 고마움을 느낍니다.

2024. 1

저 자

차 례

I 관리회계의 기초개념

1 관리회계란 무엇인가?
회계정보를 경영에 이용한다

2 원가개념
원가는 무엇이며 어떤 종류가 있는가?

II 원가와 이익의 추정과 분석

3 원가의 변동성과 원가추정
원가의 행태를 어떻게 추정하는가?

4 변동원가계산
고정제조원가를 기간원가로 처리한다

5 원가-조업도-이익 분석

생산 · 판매량, 원가, 이익의 관계를 이해한다

6 종합예산

예산을 세워 미래를 준비한다

7 예산차이분석

왜 예상과 결과가 차이가 나는가?

8 기간간 차이분석
왜 전기와 당기가 차이가 나는가?

III 의사결정과 성과평가

9 의사결정과 관련원가
가격, 제품배합, 아웃소싱, 제품추가 · 폐지를 결정한다

10 전략적 원가관리

품질원가, 제약이론, 원가기획을 사용한다

14 환경관리회계

환경영향을 고려하여 의사결정한다

기사 및 사례

PART I

관리회계의 기초개념

1 관리회계란 무엇인가?

회계정보를 경영에 이용한다

2 원가개념

원가는 무엇이며 어떤 종류가 있는가?

제 I 부는 관리회계 분야를 소개하는 제1장과 원가의 기초개념을 소개하는 제2장으로 구성되어 있다. 제1장은 보통 '회계원리'로 불리는 회계 기초과목에서 학습하는 재무회계와 이 책이 소개하는 관리회계를 대비해서 설명한다. 재무회계는 재무보고서 또는 재무제표를 작성하고 이해하는 분야이며, 관리회계는 조직의 운영관리를 위해 회계정보를 내부적으로 사용하는 분야이다. 제2장에서는 원가의 주요 용어와 개념을 소개한다. 제조원가계산의 기본적인 내용도 소개한다. 제조원가의 재고자산 사이의 흐름과 이를 정리한 제조원가명세서도 설명한다. 원가정보는 내부의사결정을 위한 관리회계에서도 필요하고, 재무제표 작성을 위해 재무회계에서도 필요하다.

1 관리회계란 무엇인가?

회계정보를 경영에 이용한다

일을 하려면 돈이 필요하다. 사업을 하거나 단체를 운영관리하려면 돈을 계획성 있게 써야 한다. 즉, 예산을 세워서 사용해야 효과적으로 돈을 쓸 수 있다. 또한 무엇을 하는 데 얼마나 돈이 드는지 알아야 여러 가지 결정을 올바르게 할 수 있다. 회계정보를 잘 활용하여야 합리적인 결정을 할 수 있다. 제1장은 이러한 주제를 다루는 관리회계에 대한 기본적인 소개를 한다. 다음의 내용이 주로 다루어진다.

- 관리회계는 경영관리자의 의사결정을 위한 회계이다.
- 관리회계는 기업과 단체의 어느 부서에서나 필요한 지식이다.
- 관리회계와 재무회계는 관련되나 몇 가지 중요한 차이가 있다.
- 원가회계와 관리회계는 서로 밀접하게 관련되어 있다.
- 관리회계는 생산관리, 경영전략 등의 다른 경영학 분야와 관련성이 높다.

관리회계에 관련된 경영분야

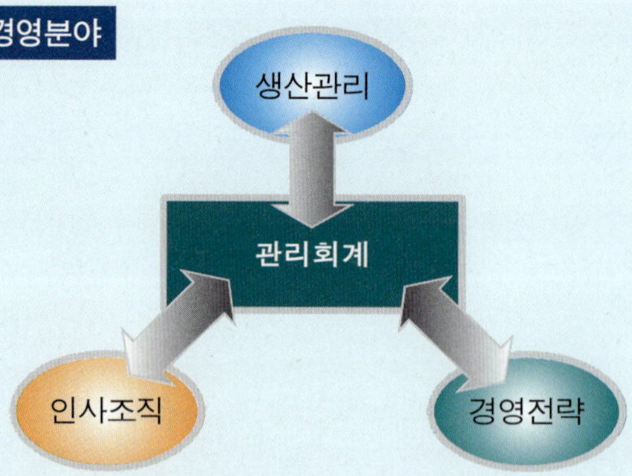

원가의 발생과 흐름 : 조직의 업무내용과 생산 및 기타 프로세스와 밀접한 관계임

1

- 관리회계란 무엇인가?
- 누구에게 관리회계 지식이 필요한가?
- 관리회계와 재무회계는 어떻게 다른가?
- 원가회계와 관리회계는 과연 다른가?
- 관리회계와 관련된 다른 경영학 분야는 무엇인가?

비행기표 특가! 특특가!

국내 항공업계에 저가 돌풍이 불고 있다. 지난달 기준 국내선 탑승객 40% 이상을 확보한 저가항공사들이 국제선 취항에 나서면서 항공업계에 특가경쟁이 붙었다. 여기에 계절적 비수기까지 겹치면서 업체들이 파격적인 선심성 이벤트를 열어 승객잡기에 '올인'하고 있다.

저가항공사인 이스타항공은 다음달 5~29일 인천~삿포로 왕복권을 8만 9,000원에 판매한다고 12일 밝혔다. 이번 파격가는 다음달 5일부터 주 2회 취항하는 인천~삿포로 노선 홍보를 위해 진행되는 이벤트로, 편당 15석에 한해 이날부터 홈페이지를 통해 예약할 수 있다. 나머지 좌석도 편도 18만~31만 5,000원에 제공되지만, 이 가격대도 기존 항공사 요금의 70% 수준이라는 게 업체 설명이다.

에어부산도 부산~홍콩 왕복 항공권을 9만 9,000원과 11만 9,000원이라는 잇따른 파격가로 판매하고 있다. 에어부산은 부산~홍콩 노선 취항 기념 이벤트로 6일부터 선착순 990명에게 판매했던 9만 9,000원짜리 항공권이 4일 만에 소진되자 11일부터 다시 선착순으로 1,190명에게 같은 왕복권을 11만 9,000원에 판매하고 있다.

국내선의 경우 저가항공사들의 약진이 계속되자, 대형항공사도 1만원대 항공권을 내놓으며 반격에 나서고 있다. 아시아나항공은 이달중 김포~제주 노선의 늦은 밤 제주행이나 이른 아침 서울행 등 비인기 시간대 편도요금을 1만 8,350원에 책정했다. 이는 기존요금보다 최대 75% 저렴한 것으로 대형항공사로는 처음이다. 저가항공사들은 그동안 김포~제주 노선에 1만원대 항공권을 수시로 제공해왔다. (후략) (한국일보, 2011.4.12)

■ 저가항공사들은 어떻게 낮은 가격으로 항공서비스를 제공할 수 있는가? 관리회계 지식은 이에 대한 답을 줄 수 있다(본장 [토론] 참조).

관리회계란 무엇인가?

이윤을 추구하는 기업은 직원의 채용과 교육, 제품의 생산량 결정, 신제품의 개발, 생산기술의 연구와 개발, 제품가격의 결정, 기업광고 및 기타 마케팅 실시 등 크고 작은 의사결정을 끊임없이 한다. 정부기관이나 교육기관, 사회복지기관 등의 공익성을 가진 비영리단체도 직원의 채용과 교육, 사업 프로그램의 개발과 운영, 기관홍보 등 여러 가지 업무를 위한 의사결정을 한다. 이러한 결정을 할 때 의사결정을 하는 사람은 각 활동이 어떤 효과를 주는가도 생각하지만 이를 위해 어떤 자원이 얼마나 필요한가도 생각해야 한다. 이렇게 사용되는 자원의 양을 화폐단위로 표시한 것이 원가(Cost)이다.[1]

원가
사용된 자원의 양을 화폐단위로 표시한 것

예를 들어, 기업이나 대학에서 기관홍보를 위한 일손의 부족으로 신규 인력을 충원하고자 하는 경우를 생각하자. 이때 선택할 수 있는 방안에는 몇 가지가 있다. 업무경험이 없는 사람을 낮은 급여로 고용할 수도 있고, 경험이 많은 사람을 높은 급여를 주고 고용할 수도 있다. 심지어 그 업무를 더 이상 내부적으로 처리하지 않고 외부 전문기관에 수수료를 주고 위탁할 수도 있다.[2] 각 방안에 있어 그 달성 효과가 다르지만 그 원가도 서로 다르다. 급여나 외부수수료가 다른 것은 분명한데 눈에 쉽게 보이지 않는 원가의 차이도 있다. 해당 업무에 경험이 없는 사람을 고용한다면 업무훈련을 위한 교육비가 추가로 든다. 또한 외부기관에 위탁을 한다면 내부 직원의 급여뿐만 아니라 사무실 운영비도 절약이 된다.

관리회계
원가 등의 회계자료를 수집하여 의사결정을 하는 방법을 다루는 회계분야

관리회계(Management Accounting)는 기업이나 단체의 경영관리자가 이러한 여러 가지 의사결정을 할 때 각 선택대안마다 소요되는 자원의 양, 즉 원가 등의 회계자료를 수집하여 합리적 의사결정을 하는 방법을 다룬다.

1) 원가라는 말 대신에 비용이나 경비라는 말이 흔히 사용되나 정확한 의미는 서로 다르며 그 차이는 제2장에서 설명된다.
2) 이 문제를 내부조달과 외부조달 선택문제라 하며 제9장에서 다룬다.

누구에게 관리회계 지식이 필요한가?

자원을 사용한다는 것은 곧 원가가 발생한다는 뜻

원가의식(Cost Mind)은 누구에게나 필요

기업이나 다른 모든 조직과 단체에서 일하는 모든 관리자와 직원에게 관리회계 지식이 필요하다. 누구나 자신이 속한 조직의 자원을 사용하는데, 자원의 사용이 곧 원가 발생이기 때문이다. 어떻게 자원을 효율적이고 효과적으로 사용하며 원가를 절약할 수 있는지 알기 위해서는 원가가 무엇이며, 어떻게 발생하는지를 우선 알아야 한다. 즉 원가의식(Cost Mind)이 누구에게나 필요하다.

그런 면에서는 일반개인이나 가정주부도 원가개념이 필요하다. 예를 들어, 돌잔치 등의 가족행사나 휴가경비 계획을 세우기 위해서도 원가개념이 필요하다. 가계부를 쓰고 생활비를 요모조모 따져보면서 왜 예금잔고가 이번 달에 많이 줄었는지 알아본다면 이것도 일종의 원가분석이다.

기업과 단체의 좀더 구체적인 업무별로 본다면, 기획관련 부서에서는 미래의 계획을 세우기 위해 예산을 편성하고, 사업계획을 수립한다. 또한, 설비나 연구개발에의 투자안을 평가하고, 미래 손익을 추정하는 등에 관리회계 지식이 요구된다. 구매부서에서는 생산에 필요한 원자재와 부품을 구매하는 원가를 추정하고, 재료원가를 절감하며, 납품업체와 가격을 협상하는 업무 등에 원가회계 지식이 필요하다. 마케팅부서에서는 여러 마케팅 및 판촉 활동의 원가와 효과를 비교하는 데에 관리회계 지식을 사용한다. 생산부서의 엔지니어와 설계자에게도 원하는 제품의 기능을 달성하면서 원가를 최소화하는 방법을 찾는 원가기획 지식이 필요하다. 내부감사 부서에서는 제조원가에 대한 개념이 필수적이다.

먹는장사가 망하랴, 무턱대고 가게 냈다가… 대형 체인점에 손님 빼앗겨 호프집 9개월 만에 문 닫아

"집에서 살림만 하던 아줌마가 아무 계획 없이 가게를 냈으니 잘될 리가 없었지요."

박모(52)씨는 2009년 서울 성북구에 호프집을 차렸다. 남편이 실직하고 막내아들이 대학에 진학하자 직접 학비를 벌기 위해 창업한 것이다. 적금을 깨고 은행에서 대출을 받았다. 따로 창업 관련 상담을 받아본 적은 없었다. 박씨는 "먹는장사해서 망하는 집 없다고 생각했고, 대학 근처니 막연하게 술집이 잘되겠다 싶었다"고 했다.

권리 · 보증금까지 수천만원을 내고 월세 계약을 했다. 주방장을 고용하고 인테리어를 새로 했다. 처음 한 달은 700만원의 매출을 냈지만 대학 방학이 시작되자 매출은 점점 떨어졌다. 주변에는 체인점 형태의 술집이 수십 군데

관리회계와 재무회계는 어떻게 다른가?

• 많은 세부 분야 존재 : 재무회계, 관리회계, 회계감사, 세무회계
• 화폐단위로 보고됨

회계학
기업이나 단체에 대한 재무정보를 수집, 정리, 보고하여 의사결정에 도움을 주는 분야

재무회계
기업이나 단체의 재무상태와 재무성과에 대하여 외부이해관계자에게 알려주는 회계분야

관리회계는 회계학의 한 세부분야이다. 회계학(Accounting)은 기업이나 단체에 대한 재무정보를 수집, 정리, 보고하여 의사결정에 도움을 주는 분야이다. 회계정보는 대부분 화폐단위로 보고된다. 회계학에는 재무회계, 관리회계, 회계감사, 세무회계 등 많은 세부분야가 있다. 이 중 가장 기초적인 재무회계와 관리회계를 비교하여 보자.

재무회계(Financial Accounting)는 기업이나 단체가 부채를 얼마나 가지고 있는지, 현금과 재고의 운영자금은 얼마나 가지고 있는지 등의 재무상태와, 이익을 얼마나 내고 있는지의 재무성과에 대하여 그 주주나 채권자에게 알려주는 분야이다. 재무회계는 결산보고서를 어떻게 작성하고 어떻게 해석하는지를 주요 내용으로 다룬다. 주요 재무제표에는 기업의 재무상태를 보여주는 재무상태표(Statement of Financial Position), 수익성을 보여주는 (포괄)손익계산서(Income Statement), 현금흐름의 자세한 내용을 보여주는 현금흐름표(Cash Flow Statement), 자본총액의 전체적인 변화를 보여주는 자본변동표(Statement of Owners' Equity)가 있다.

반면 관리회계(Management Accounting)는 기업이나 단체를 효율적이고 효과적으로 운영하도록 경영관리자에게 원가 등의 회계정보를 제공하고 의사결정을 도와주는 분야이다. 관리회계는 부문/제품별 재무보고서를 작성하거나 조직 전체의 예산보고서를 작성한다. 관리회계의 주요 내용은 예산을 어떻게 편성하는가와 손익분기를 위한 생산량 분석 등의 기획기법, 원가가 왜 계획과 달리 발생하는가를 분석하는 차이분석 등의 통제기법, 외주/하청/아웃소싱, 생산제품 배합 등의 의사결정기법 등이다. 한마디로 재무회계는 기업의 재무보고(Financial

밀집해 있었다. 창업 5개월째 옆 건물에는 330m^2(약 100평) 규모의 체인 술집이 들어섰다. 고객들이 체인 술집으로 떠나기 시작했다. 결국 박씨는 안주값을 3,000~5,000원씩 내렸고 매출은 더욱 곤두박질쳤다. 박씨는 "좋은 재료를 아낌없이 쓰면 무조건 장사에 도움이 될 줄 알았는데 아니었다"고 말했다.

개업 3개월 뒤엔 주방장을 내보내고 박씨가 주방에서 음식을 만들었다. 하루에 겨우 10만원 남짓을 벌었다. 월세 200만원을 내고 식재료비, 각종 세금 등을 내고 나면 매달 100만~200만원 적자가 났다. 박씨는 가게를 내놓을 수밖에 없었다. 창업 9개월 만에 문을 닫은 것이다. 박씨에게 남은 건 1억원이 넘는 대출금과 허리 디스크였다.

박씨는 "주부나 월급쟁이들은 '할 거 없으면 가게 차리면 되지'라고 쉽게 얘기한다"며 "하지만 우리나라엔 자영업자가 너무 많아 경쟁도 치열하고 체인점이 아니면 고객들이 꺼려 개인 점포는 거의 장사가 안 된다"고 말했다. (조선일보, 2011.8.17)

관리회계
기업이나 단체를 효율적이고 효과적으로 운영하도록 경영관리자에게 원가 등의 회계정보를 제공하고 의사결정을 도와주는 분야

Reporting)를 위한 회계이고, 관리회계는 조직의 관리운영을 위한 회계이다.

재무회계와 관리회계의 가장 큰 차이는 누구를 위한 회계정보를 제공하는가이다. 재무회계의 경우, 그 기업의 현재 주주나 채권자 또는 그 기업에 관심이 있는 투자자 등의 외부자가 재무회계정보를 주로 이용한다. 재무회계정보를 이용하는 외부자로는 이 외에도 정부기관, 협력업체, 노조 등이 있다. 반면, 관리회계는 기업이나 단체를 운영하는 최고경영자나 중간관리자에게 필요한 회계정보를 제공하고자 한다. 이러한 내부 이용자는 제품가격결정, 사업영역 확장여부, 설비투자결정 등 주요 경영의사결정에 관리회계정보를 이용한다.

기업의 주식이나 채권에 투자하는 사람은, 관심 있는 여러 기업들이 얼마나 돈을 잘 벌고 있는지의 수익성과, 혹시 빚이 너무 많아서 망하지는 않는지의 안정성, 판매대금을 잘 회수하는지 등의 유동성 등을 회계자료를 이용하여 비교한다. 이렇게 재무회계정보를 이용하는 사람은 여러 기업을 비교할 것이므로 재무회계정보의 객관성, 기업간의 비교가능성이 중요하다. 이를 위해 사회적으로 통일된 회계처리를 요구하는 기준이 존재한다. 이것이 한국채택국제회계기준(IFRS)을 중심으로 하는 '일반적으로 인정된 회계원칙(GAAP : Generally Accepted Accounting Principles)'이다.

반면, 관리회계정보는 내부자의 의사결정용이므로 다른 기업과 통일된 방식으로 제공될 필요가 없다. 따라서 사회적으로 요구되는 기준이 없고 그 기업의 규모와 사업내용 등에 적합한 관리회계 시스템이 경제성의 원칙에 따라 선택될 수 있다. 즉, 규모가 크고 사업내용이 복잡한 기업은 정교한 원가관리 시스템을 많은 인력과 자원을 사용하여 운영할 가치가 있으나, 규모가 작고 사업내용이 간단한 기업은 단순하고 운영이 간단한 원가관리 시스템이 경제적이다. 재무회계와 관리회계의 차이를 〈표 1.1〉이 정리한다.

표 1.1 재무회계와 관리회계의 차이

차이점	재무회계	관리회계
이용자	외부자(주주, 채권자)	내부자(관리자)
주요 내용	재무제표 작성과 분석	기획, 통제, 의사결정 기법
재무보고서	조직전체 결산보고서	부문/제품별 재무보고서, 조직전체 예산보고서
사회적 기준 존재여부	회계기준 등 존재	자율적 선택
요구되는 특성	객관성, 비교가능성	경제성

원가회계와 관리회계는 과연 다른가?

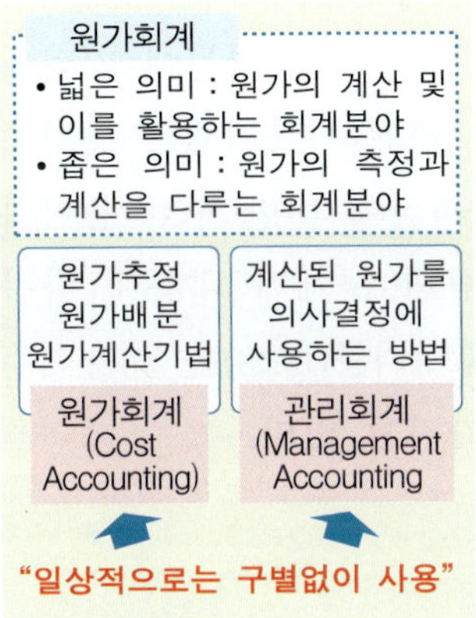

일상적으로는 원가회계와 관리회계라는 용어가 구별없이 사용된다. 한국 공인회계사 2차 시험과목의 하나가 '원가회계'이나 관리회계 주제도 당연히 같이 포함된다. 대부분의 우리나라 교과서는 원가회계와 관리회계란 명칭을 분리하여 저술되고 있으나 미국 교과서는 대부분 그 구분이 없이 그 이름이 관리회계이든 원가회계이든 원가관리회계의 모든 주제를 다루고 있다.

좁은 의미로 말하면, 원가회계(Cost Accounting)는 원가의 측정과 계산을 다루는 회계분야이다. 주요 주제로는 각종 원가계산기법, 원가배분 등이 있다. 반면 관리회계는 계산된 원가를 의사결정에 사용하는 기법을 주로 다룬다. 원

원가관리회계 관련 시험

한국공인회계사 1차 시험과목 중 회계학 과목의 약 1/4이 원가관리회계 분야에서 출제된다. 2차 시험 중에서는 원가회계 과목이 원가관리회계 전범위에서 출제된다. 한국세무사 1차 시험 중 회계학 과목의 1/3이 원가관리회계 분야이며, 2차 시험 중 회계학 1부의 40%가 원가관리회계이다. 행정고시 2차 시험 선택과목 중 하나가 회계학이며 이 과목의 30~40%가 원가관리회계 범위에서 출제된다.

국가공인 회계관련 자격시험으로 국내 최대 회계법인인 삼일회계법인(www.samilexam.com)이 주관하는 재경관리사가 있다. 재무회계, 세무회계, 원가관리회계 3가지 과목으로 구성되어 있다. 9급 공무원 공채, 9급 세무직, 주택관리사, 감정평가사, 경영지도사, 보험계리사 등의 회계학 시험에도 원가관리회계 내용이 포함되어 있다.

미국 공인회계사 시험에도 원가관리회계 분야가 있으나 비중은 높지 않다. 미국의 관리회계사회(Institute of Management Accountants, IMA)는 Certified Management Accountant(CMA, 공인관리회계사) 자격제도를 운영하고 있다. 관리회계사로서 필요한 다음 분야에 대한 시험을 통과해야 자격을 얻는다.

Part 1 : Financial Planning, Performance and Control
(재무계획, 성과 및 통제)

- External Financial Reporting Decisions (외부 재무보고결정, 15%)
- Planning, Budgeting and Forecasting (기획, 예산편성 및 예측, 20%)
- Performance Management (성과관리, 20%)
- Cost Management (원가관리, 15%)
- Internal Controls (내부통제, 15%)
- Technology and Analytics (기술과 애널리틱스, 15%)

Part 2 : Financial Decision Making (재무의사결정)

- Financial Statement Analysis (재무제표분석, 20%)
- Corporate Finance (기업재무, 20%)
- Decision Analysis (의사결정분석, 25%)
- Risk Management (위험관리, 10%)
- Investment Decisions (투자결정, 10%)
- Professional Ethics (직업윤리, 15%)

CMA 자격은 특정 회계업무를 위해 반드시 필요한 자격은 아니나, 회계관련 업무수행능력을 공인하는 자격증으로 인정받고 있다. 관리회계사(management accountant)라는 용어는 재무회계가 아닌 관리회계 분야의 전문가라는 의미가 아니라 회계법인에 근무하는 공공회계사(public accountant)가 아닌 기업이나 비영리단체에서 회계를 담당하는 회계담당자라는 의미이다.

가계산과 활용은 서로 밀접하게 관련되어 있으므로 원가관리회계라는 이름으로 두 분야를 같이 다루는 경우가 많다.

한 가지 주목할 사실은 제조원가계산은 판매된 제품의 원가인 매출원가를 손익계산서에 나타내고, 남아 있는 재고자산 잔액을 재무상태표에 나타내는 데 필요하다는 점이다. 재무회계를 위해 원가정보가 사용되기 때문에 기업의 원가계산방식을 최소한으로 규정하는 원가계산준칙이 존재하며 기업은 원가회계에서 이 준칙을 따라야 한다. 원가계산준칙은 원가계산에 대한 주요 용어와 방법만을 정리하므로 기업의 생산제품과 생산과정 등의 구체적 내용에 따라 자체 원가계산방법을 개발해야 한다. 한국채택국제회계기준(IFRS)은 회계기준서 제1002호 재고자산이 원가회계와 관련된 내용을 가지고 있다.

관리회계와 관련된 다른 경영학 분야는 무엇인가?

기업이나 단체는 업무활동을 위하여 자원을 사용한다. 따라서 원가의 발생과 흐름은 그 조직의 업무내용과 생산 및 기타 프로세스와 서로 떼어놓을 수 없는 관계를 갖는다. 이런 면에서 관리회계는 조직의 생산업무 프로세스와 재고관리 문제를 다루는 생산관리와 관련성을 갖는다. 품질원가와 적시생산시스템(JIT) 등의 주제가 공통적으로 다루어지나 원가관리회계에서는 경영혁신기법의 도입과 혜택에 관련된 원가에 대한 좀더 깊은 분석이 이루어진다. 제10장이 이 문제를 다룬다.

관리회계에서 오래전부터 책임회계라는 주제로 조직부서의 성과평가문제를 다루어 왔다. 이는 인사조직관리의 성과평가와 관련이 깊다. 최근에 관리회계학자가 개발한 균형성과표(BSC : Balanced Scorecard)는 성과평가의 새로운 시각을 제공하여 많은 관심을 끌고 있다. 제12장이 이 주제를 다룬다.

관리회계의 새로운 흐름은 전략적 시각의 도입이라고 요약될 수 있다. 최근 전략적 원가관리, 전략적 관리회계 등의 용어가 많이 사용되며, 그 구체적인 내용으로는 전략달성을 위한 균형성과표의 사용, 전략적 원가분석, 경쟁사 원가분석 등이 있다.

교육부 "교과서값 거품"… 출판사 "공책보다 싸져"

출판사들, 가처분 신청 추진… 분실 · 전학 때 책 사기 어려워져

교육부, 학습권 침해하면 공정거래법 책임 물을 것

교육부가 "올해 책정된 교과서 가격이 지나치게 높다"며 강제인하명령을 내리자 출판사들이 "법적 대응을 하겠다"며 강하게 반발하고 나섰다. 양측의 갈등으로 교과서값이 아직 정해지지 않는 바람에 시중 서점에서 초 · 중 · 고 교과서를 구입할 수 없는 상황이 지속될 것으로 보인다. 다만 신학기 학생들이 사용중인 교과서는 지난달 학교를 통해 공급이 완료돼 수업에는 차질이 없다.

■ 교육부, "교과서 가격거품 심해"

교육부는 27일 초등학교 3~4학년과 고교생이 사용하는 신간본 검정 교과서 중 133개 교과서에 대해 희망가격보다 값을 낮추도록 출판사들에 명령했다. 2009년 8월 교과서 가격자율제가 도입된 이후 정부가 직권으로 출판사에 가격을 내리라고 명령한 것은 이번이 처음이다.

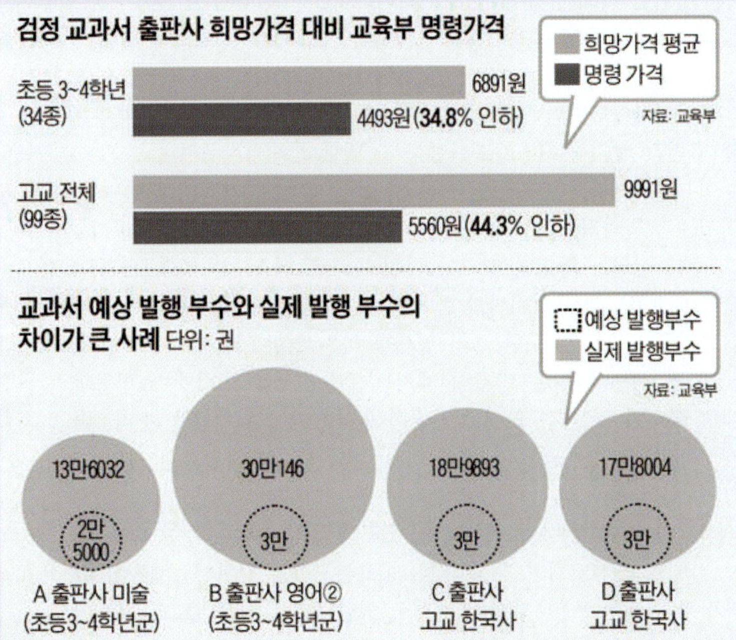

교육부의 가격조정명령을 따르면, 초등 3~4학년 교과서 가격은 출판사의 희망가격 평균인 6,891원에서 34.8% 내린 4,493원으로 결정된다. 고등학교 교과서는 출판사 희망가격 평균인 9,991원에서 5,560원(44.3% 인하)으로 낮아진다.

정부의 가격조정명령은 지난달 '교과용 도서에 관한 규정'이 개정되면서 가능해졌다. 교육부가 가격조정명령을 내릴 수 없었던 지난해에는 정부가 출판사들이 희망하는 교과서 평균 가격 8,152원을 4,953원으로 낮추라고 권고했으나, 출판사들이 이를 받아들이지 않았다.

교육부는 "올해 두 차례에 걸쳐 출판사 측에 교과서 가격조정을 권고했지만 받아들이지 않아 가격인하명령을 내린 것"이라고 밝혔다. 교육부 관계자는 "교과서 발행부수가 늘어날수록 전체적인 제작비는 줄어드는데 교과서 출판사들은 이런 가격인하 요인을 반영하지 않고, 예상 발행부수를 낮게 잡는 방법으로 희망가격을 높여서 학부모와 학생 부담을 가중시켰다"고 말했다.

■ 출판사들, "공책보다 싸다"

출판사들은 이날 교육부의 가격조정명령에 강하게 반발했다. 출판사들은 교과서 추가발행 및 공급중단 방침을 밝히고, 교육부 명령에 대해 가처분신청, 행정소송 등 법적 대응을 하겠다고 밝혔다. 교과서 출판사들을 회원으로 둔 사단법인 한국검인정교과서는 "교육부가 평균 가격을 권당 5,286원으로 낮추라고 명령한 한국사 교과서와 크기 · 중량 · 쪽수 측면에서 거의 같은 일반 공책 가격이 7,200원"이라며 "학교 교육의 근원인 교과서가 줄만 쳐진 공책보다 싸다는 것이 말이 되느냐"고 주장했다. (후략)

(조선일보, 2014.3.28)

"高3 한 달 책값만 수십만원"… 반기 든 반값 참고서

20代 뭉친 벤처기업, 27일 6,500원짜리 참고서 내놔

유통마진 · 마케팅비용 줄이고 불필요한 제작비 절감, 인터넷과 대형 마트서 판매

바인더 형식으로 만들어 內紙만 따로 살 수도 있어… 출판업계 "무리한 시도" 비판

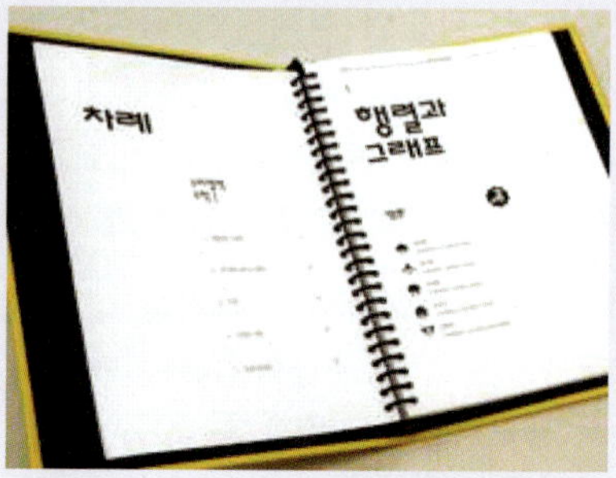

27일부터 권당 6,500원에 팔릴 예정인 반값 참고서. 책을 바인더로 묶어 책 내용(내지)만 따로 갈 수 있게 했다.

올해 수능시험을 보는 서울 성동구 신지영(18 · 가명) 양의 책꽂이엔 과목별 기본교재와 참고서, 자습서, 문제집, EBS 수능강의교재 등 50여권이 꽂혀 있다. 다 본 책은 버리고 남은 것만 이만큼이다. 책꽂이에 남은 책값만 100만원이 넘는다. 신양의 어머니는 "한 권에 2만~3만원씩 하는 참고서 · 문제지가 수두룩해 (책값으로) 한 달에 수십만원은 쓰는 것 같다"고 했다.

비싼 참고서 값에 '반기(反旗)'를 드는 '반값 참고서'가 등장했다. 20대 청년들이 지난 5월 설립한 사회적 벤처기업 '스터디라이크미(Studylike.me)'가 27일부터 인터넷 쇼핑몰(인터파크)을 통해 수능 수학 기출문제집을 기존 문제집의 절반 이하인 권당 6,500원에 판매키로 했다. '반값 참고서'인 셈이다. (중략)

스터디라이크미의 도현명(29) 대표는 "기존 참고서와 문제지의 원가를 추정해보니 유통마진과 마케팅비용이 지나치게 많아 충분히 반값이 가능하다고 판단했다"고 말했다.

이 회사의 분석에 따르면 기존 참고서 · 문제지 가격의 절반 이상이 거품이다. 우선 출판사에서 총판을 거쳐 대형 서점까지 이어지는 유통과정에서 지불하는 마진이 책값의 35~50%에 달한다. 마케팅비용도 10~20%에 육박하는 것으로 추산됐다. TV · 버스 등에 실리는 광고와 학교와 학원에 무료 제공되는 판촉물(샘플)에 쓰이는 돈이다.

도 대표는 "책값이 비싸야 한 권을 팔아 남는 마진도 높아지기 때문에 출판사가 (가격을 억지로 높이기 위해) 필요 이상으로 고급스러운 종이와 과도한 컬러 인쇄를 하는 경향도 있다"고 말했다.

반면 이번에 나온 반값 문제지는 유통경로를 인터넷 쇼핑몰과 대형 할인마트, 직접 판매로 단순화해 유통마진의 거품을 뺐다. 마케팅도 따로 하지 않는다. 또 화려한 컬러 인쇄와 불필요한 표지 디자인, 삽화 등도 과감히 생략해 원가를 절감했다.

책값의 6% 이상을 차지하는 인세도 대폭 절약했다. 수능 학습 정보 사이트 공신닷컴의 강성태(29) 대표는 "기존 참고서업체들이 마케팅에 유리한 스타 강사를 저자로 영입하면서 저작권료의 비중이 점점 높아지고 있는데, 이번 반값 문제지 제작에는 공신닷컴의 수능 전문가(공신) 10여명이 참여해 (스타 강사에게 들어가는) 비용이 절감됐다"고 말했다.

기존의 책 모양을 탈피, 파일 바인더에 끼워넣는 내지(內紙) 형식으로 만드는 파격도 시도했다. 페이지를 찢거나 복사할 필요 없이 한 장씩 빼내서 공부할 수 있고, 오답 노트를 만들어 페이지 사이사이에 정리해 넣을 수도 있어 편리하다. 내지만 따로 구입하면 5,000원에 살 수 있다.

이 문제지는 인터넷 쇼핑몰에 이어 대형 할인마트를 통해서도 판매될 예정이다. 내년초에는 고등학교 전 과목의 반값 문제지와 참고서도 펴내기로 했다. 당장 가격인하 압박을 받게 된 출판업계는 반값 참고서 · 문제지가 "질을 희생해 가격을 낮춘 무리한 시도"라고 비판했다. 교육 출판 전문업체 미래엔 관계자는 "우리도 흑백 인쇄를 하고 별도의 편집 · 디자인을 하는 식으로 책값을 낮출 수 있지만, 그러면 학생들의 학습효과가 떨어질 것"이라고 말했다.

(조선일보, 2011.7.26)

우리나라 관리회계의 발전

우리나라의 관리회계 실무는 1950년대에서 시작되어 거의 매 10년을 주기로 획기적인 발전을 계속해왔다는 연구가 있다. 연구자는 대기업의 회계실무자로 시작하여 최고경영자의 직위로 오른 사람으로 자신의 경험적 관찰에 기반을 두고 연대별 특징을 다음과 같이 요약하였다.

"1950년대는 복식부기원리를 중심으로 대차평균의 원리, 재무제표의 작성원리, 내부통제원리와 초보적인 원가자료 집계 및 재무비율 분석 등이 실무에 정착된 시기였다. 당시의 대표적인 회계담당 조직은 총무부로, 직원은 주로 창업자의 친인척이나 특수관계인들이 많았고, 자금출납이 가장 큰 비중을 차지했다. 따라서 이때를 「복식부기시대」 또는 「총무부장시대」라고 할 수 있을 것이다.

1960년대는 많은 현대식 공장건설에 따른 원단위계산과 공정별 원가계산을 기초로 실제원가와 표준원가회계가 도입되고 정착된 시기였다. 회계담당조직은 총무부에서 분리되고 경리부가 신설되고 회계전문가들이 회계를 담당하기 시작하였다. 이 시기는 「원가회계시대」 또는 「경리부장시대」로 부를 수 있을 것이다.

1970년대는 기업의 수도 늘고 규모도 확대되어 기업회계도 과거의 기록을 중심으로 발전하던 「기록회계」가 미래예측과 의사결정을 위한 「보고회계」로 전환된 시기였다. 사업규모확대에 따라 사업부회계가 발전했고, 투자규모확대에 따라 자금회계가 발전하여 고정예산회계제도가 널리 확산되었다. 담당조직도 과거의 「경리부」가 재무회계와 세무회계를 담당하는 「계리부」, 자금관리를 담당하는 「자금부」, 그리고 관리회계를 전담하는 「기획관리부」로 전문화되고 부서의 규모도 크게 확대되었다. 이 시기는 「고정예산관리시대」 또는 「기획관리부장시대」라 할 수 있다.

1980년대는 수출이 늘고 외국과의 거래가 많아지면서 외환관리가 중요하게 되었고, 기업규모의 확대와 사업의 다양화로 과거의 고정예산제도는 변동예산제도로 전환되지 않을 수 없었던 시기였다. 또한 기업에서 권한이양과 자율경영이 강조되고 개인용 컴퓨터가 보급되고 회계의 분산처리와 사업별 전략개념이 도입되어 기업문화의 중요성이 강조되었다. 많은 기업이 관리회계 담당 조직을 기획관리부에서 전략기획부로 바꾸었다. 이때를 「변동예산시대」 또는 「전략기획부장시대」라 할 수 있다.

1990년 이후는 기업들의 해외생산법인과 판매법인의 수가 증가되고 경영활동이 더욱 다양화되어 국제금융과 국제회계로 발전하고 참여예산제도가 정착되는 시기이다. 관리회계 담당조직도 「전략경영실」로 명칭을 바꾸어서 1990년대를 「참여예산시대」 또는 「전략경영실시대」라 할 수 있다."

(정장호, 『회계저널』, 1996년 6월)

토 론

저가항공
'기발한' 원가절감
'기막힌' 효과

−선착순 탑승 · 기종 통일 · 국제선은 야간운행
−서비스질 유지하며 흑자… 일 대형사들 "노하우 알려달라"

최근 저가항공인 진에어를 이용해 제주도로 여행 가려던 김미라(33) 씨는 탑승권을 받고 놀랐다. 본인의 좌석이 지정돼 있지 않아서다. 앞에서부터 좌석을 삼등분해 에이(A) · 비(B) · 시(C) 구역으로 나뉘어 있을 뿐이었다. 탑승 순서대로 정해진 구역 내에서 마음대로 자리를 잡으면 된다고 했다. 승객들이 좋은 좌석에 앉으려고 일찍부터 줄을 서서 대기하다 보니 탑승하는 데 걸리는 시간도 크게 줄었다.

국내 저가항공사들이 다양한 '원가절감 노하우'를 선보이고 있다. 서비스의 질은 크게 떨어뜨리지 않으면서 원가를 대폭 낮추는 방식은 저가항공사 흑자경영을 위한 밑거름이 되고 있다.

'선착순 탑승제'는 국내에선 진에어만 도입했다. 박정훈 진에어 과장은 "원가를 낮출 뿐 아니라 지연 및 결항까지 예방한다"며 선착순 탑승제의 이점을 설명했다. 발권대에서 좌석을 지정하느라 걸리는 시간이 줄어들어 탑승 수속 시간 자체가 줄어든데다, 공항에 내는 발권대 임대비용도 덩달아 절감된다. 이런 노력 덕분에 진에어는 지난해 저가항공 업계에선 처음으로 흑자전환에 성공했고, 올해도 흑자를 이어갈 것으로 전망하고 있다.

올 상반기에만 29억원의 영업이익을 거둔 제주항공은 '기종 단일화' 덕을 톡톡히 봤다. 제주항공은 지난해 6월까지만 해도 비(B)737기(189석)와 큐(Q)400기(78석) 등 두 기종을 동시에 운항했다. 그러나 정비나 부품 구입 등에 비용이 중복되자 큐400기 4대를 전량 매각했다. 제주항공은 또 국내선 운항이 불가능한 야간 시간대에 동남아 지역 노선을 확대해 항공기 가동률을 높였다.

사소한 노력으로 효과를 누리는 곳은 단연 에어부산이다. 에어부산은 당일 신문 가운데 25% 가량을 재활용하는 게 특징이다. 예약센터와 정비 인력 등을 아웃소싱해 몸집을 줄였고, 인터넷 판매를 원칙으로 정해 여행사나 대리점에다 판매수수료도 주지 않았다. 에어부산은 대신 인터넷 연중할인제도, 얼리버드 요금제 등을 운영해 인기를 끌고 있는데, 인터넷 판매 비중이 국내선 60%, 국제선 50%로 올라선 것도 이런 연유에서다.

이스타항공은 객실 승무원 유니폼에서부터 '거품'을 뺐다. 승무원 유니폼을 유명 디자이너에게 맡기는 대형항공사의 관행에서 벗어나, 서울 동대문 상가와 손잡고 유니폼을 제작한 것이다.

저가항공사 원가절감 사례

항공사	원가절감방안	
진에어	· 선착순 탑승제 · 기내 오븐 미장착	· 예약 · 발권 시스템 자체 개발 · 기종 단일화
에어부산	· 인터넷 판매 비중 확대 · 당일 신문 25% 재활용	· 예약센터 · 공항 · 정비인력 아웃소싱 · 탑승권 크기 축소
제주항공	· 기종 단일화 중복 투자 개선	· 항공기 가동률 향상
이스타항공	· 승무원 유니폼 동대문 상가 제작 · 임직원 일인다역	· 기본서비스 축소 및 기내식 유료화 · 정비업무 아웃소싱

이스타항공은 이 밖에 물과 감귤주스 등 기본 서비스만 무료로 제공하고, 컵라면이나 맥주 등 다른 기내식은 유료화하고 있다.

곽지윤 에어부산 대리는 "저가항공 시장에 최근 진출한 일본의 대형항공사들이 우리나라 저가항공사들의 원가절감 노하우를 배우려고 계속 문의하고 있다"며 "최근에는 〈닛케이신문〉 누리집에서 에어부산을 대대적으로 보도하기도 했다"고 말했다.

(한겨레, 2011.8.17)

토론해 보자

(1) 항공서비스의 원가와 요금의 관계를 논의해 보자.

(2) 항공요금의 적정성을 판단하기 위해 어떤 원가자료와 기타 자료가 필요한지 논의해 보자.

요약정리

관리회계는 기업이나 단체에 대한 재무정보를 수집, 정리, 보고하는 회계학의 한 분야이다. 손익계산서나 재무상태표와 같은 재무제표를 통하여 조직 전체의 재무상태나 재무성과를 주주나 채권자 등의 외부자에게 보고하는 재무회계와 달리, 관리회계는 경영관리자에게 의사결정에 필요한 원가나 세부부문의 재무정보를 제공한다. 관리회계는 원가정보를 의사결정에 사용하는 기법을 다루는 분야이므로, 원가측정 및 계산을 주로 다루는 원가회계와 구분하나 두 용어가 혼용되기도 한다. 원가관리회계는 각종 업무활동을 위해 사용된 자원, 즉 원가를 측정, 관리, 분석하는 분야이므로 기획, 구매, 판매, 생산, 설계 등 모든 분야의 경영관리자에게 필수적인 지식이다.

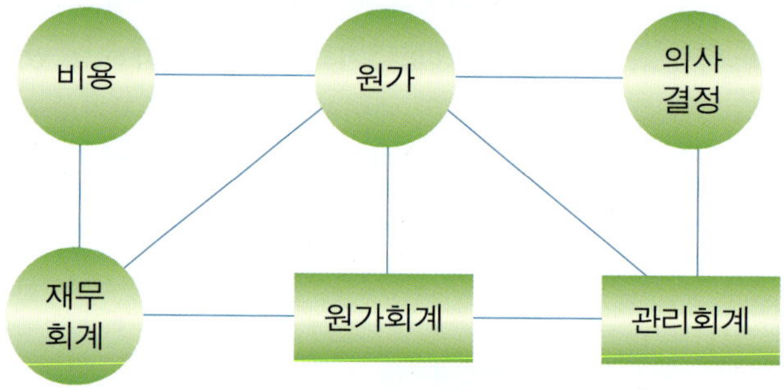

〈강추! 한 권의 책〉

왜 회사는 연봉부터 깎을까?

관리회계 개념, 스토리텔링으로 쉽게

이익이 발생했는데도 기업이 도산하는 이유는 뭘까. 인건비를 줄이면 이익이 증가할까. 비용 절감의 최선의 방법은 무엇일까.

《왜 회사는 연봉부터 깎을까?》(하야시 아츠무 지음, 한경BP, 1만3,000원)는 이런 질문에 대해 흥미로운 방식으로 답을 제시한다. 어려운 회계를 스토리텔링으로 풀어내 베스트셀러가 된 《회계학 콘서트》의 세 번째 책이자 완결판. 주제는 '고정비와 변동비의 비밀'이다. 2세대 경영인 유키가 위기에 처한 한나어패럴을 살리기 위해 고군분투하는 과정을 통해 관리회계의 개념을 쉽게 설명한다. 유키가 재무상태표, 현금흐름표, 손익계산서에 명시된 숫자들을 제대로 보는 법부터 재고와 재공품의 낭비 없는 관리, 기업의 인수·합병에 반드시 필요한 체크포인트 등 회계의 기본을 점검하고 실전에 응용하는 과정을 흥미롭게 펼쳐낸다.

유키의 멘토인 아즈미는 진정한 이익이 무엇인지, 투자와 지출의 명확한 개념이 무엇인지를 제시하며 어려움에 처한 경영인과 직장인이 스스로 일어서는 법을 전한다. 기업 회계담당자는 물론 경영자, 자영업자, 창업희망자 등이 궁금해할 내용들이 담겨 있다. 회계의 기본에서 응용까지 스토리텔링으로 짜여져 학교 수업에서는 맛볼 수 없는 회계의 재미를 느낄 수 있다.

(한국경제, 2012.2.17)

1 연습문제

객관식

01 회계의 분류

다음 중 제품과 서비스의 원가를 계산하는 회계분야는?

① 원가회계 ② 재무회계 ③ 회계감사
④ 관리회계 ⑤ 회계원리

02 관리회계의 특징

다음 중 관리회계의 특징으로 옳은 것은?

① 주주와 채권자를 위한 정보를 제공함
② 재무제표의 작성을 다룸
③ 기업회계기준을 따라야 함
④ 원가정보의 활용방법을 다룸
⑤ 회계처리방법을 변경할 수 없음

03 원가회계의 특징

다음 중 원가회계의 특징이 아닌 것은?

① 원가계산준칙을 고려해야 함
② 재무제표 작성과 관련됨
③ 객관적인 자료만 사용됨
④ 한국채택국제회계기준(K-IFRS)의 영향을 받음
⑤ 비영리단체에서도 적용가능함

04 원가의 개념

다음 중 원가의 정의로 가장 올바른 것은?

① 이익계산을 위해 특정기간의 수익과 대응되는 수치
② 특정시점의 자산의 가치
③ 사업을 위해 특정기간에 지출된 현금 액수
④ 사업초기에 조달된 총투자액
⑤ 특정자원을 얻기 위해 포기한 자원의 가치

05 관리회계의 특징 (13. 경영지도사)

원가회계의 관리회계적 측면을 기술한 것으로 옳지 않은 것은?

① 통제를 위한 원가자료 제공
② 기업 특수의사결정을 위한 원가자료 제공
③ 전반적인 경영계획을 위한 원가자료 제공
④ 기업 외부의 이해관계자들을 위한 원가자료 제공
⑤ 생산부서의 성과평가를 위한 원가자료 제공

06 원가회계의 특징 (10. 재경관리사)

원가회계는 재무회계와 관리회계에서 필요로 하는 원가정보를 제공한다. 다음 중 원가회계가 제공하는 정보와 거리가 가장 먼 것은?

① 제조와 영업 활동 등에 대한 원가정보를 제공하며 합리적인 의사결정을 위한 기초자료를 제공한다.
② 회사의 모든 자산과 부채에 대한 평가자료를 제공한다.
③ 외부공표용 재무제표에 계상될 매출원가와 기말재고자산평가의 근거자료가 된다.
④ 경영자와 종업원의 활동의 성과를 평가하기 위한 기본적인 정보를 제공한다.

주관식

07 관리회계와 사회

관리회계와 관련된 기사를 찾아서 이에 대해 논의해 보시오.

08 재무회계와 관리회계의 비교

재무회계와 관리회계의 공통점과 차이점을 정리해 보시오.

MANAGEMENT ACCOUNTING

2 원가개념

원가는 무엇이며 어떤 종류가 있는가?

지금 읽고 있는 이 책을 만들어 파는 데 얼마의 돈이 들었을까? 이 책의 생산·판매원가를 어떻게 나누어 계산해야 비교적 정확한가? 종이와 잉크값, 인쇄기의 전기값, 직원의 월급 이외에 어떠한 항목이 있을까? 과연 원가가 정확히 계산될 수 있는가? 제2장은 이러한 의문에 답을 얻기 위해 필요한 원가의 여러 가지 종류와 개념을 설명한다. 다음의 내용이 다루어진다.

- 원가를 관련활동에 따라 제조원가와 판매관리비로 나눈다.
- 제조원가는 재료원가, 노무원가, 제조경비의 3가지 요소로 나눌 수 있다.
- 제조원가의 흐름은 제조원가명세서가 보여준다.
- 원가를 직접 집계할 수 있는지에 따라 직접원가와 간접원가로 나눈다.

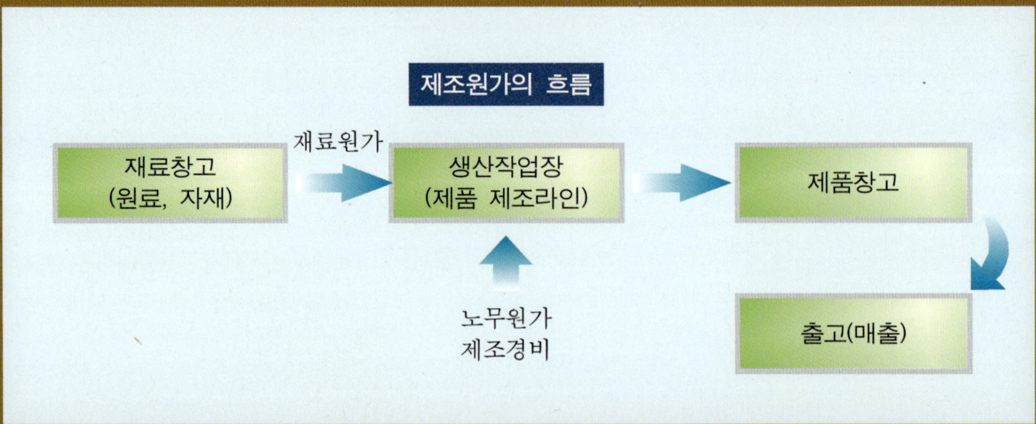

2

- 원가란 무엇인가?
- 제조원가와 판매관리비를 구분한다
- 제품원가와 기간원가는 어떻게 다른가?
- 제조원가의 흐름을 제조원가명세서로 이해한다
- 직접원가와 간접원가를 구분한다
- 변동원가와 고정원가를 구분한다
- 의사결정에 필요한 관련원가를 찾는다

軍 짬밥, 멜론 · 무화과도 나온다던데… 한 끼 2,400원으로 가능?

지난해 12월 30일 오전 11시, 경기도 고양시 육군 제30기계화보병사단 예하 5161부대의 취사장은 점심식사 준비로 분주했다. 메뉴는 비빔밥. 취사장 한쪽 가로 2m 세로 1m 크기의 대형 불판에는 달걀 프라이 수십 개가 지글거리고 있었다. (중략)

■ 1인당 하루 급식비 7,190원으로 올라

국방부는 올해 장병 1인당 하루 급식비를 지난해보다 5% 오른 7,190원으로 책정했다. 한 끼 약 2,400원꼴이다. 이 돈으로 한우 갈비 배식을 연 1회에서 3회, 오리고기는 연 9회에서 12회, 돼지고기는 하루 60g에서 69g으로 늘리기로 했다. 작년까지 하루 31g 배식되던 소고기 중 9g이 외국산이었지만 올해는 전량 국산으로 바뀐다.

단돈 2,400원으로 어떻게 이런 식단 구성이 가능할까. 비결은 대량 구매와 인건비가 포함되지 않은 순수 재료비라는 데 있다. 농 · 축 · 수산물은 군과 협정을 맺은 농 · 수협이 조달하고, 두부 · 콩나물류는 군인공제회가 공급한다. 농협이 올해 군에 납품하는 돼지고기는 1만1,330t, 한우갈비는 203t, 오리고기는 810t이다. 대량 구매는 곧 원가 절감으로 이어진다. 적은 돈으로 괜찮은 재료를 많이 살 수 있다는 얘기다.

재료도 일반 식당 부럽지 않을 만큼 다양하다. 장병 주식은 조 · 현미 · 찹쌀 · 검은콩 · 찰보리 · 흑미 등이 들어간 잡곡밥이고, 해물은 전복 · 광어 등 38종, 채소는 파프리카 · 브로콜리를 포함해 51종이 나온다. 후식으로 나오는 과일만 18종이다. 그중엔 멜론과 무화과도 포함돼 있다. 군 관계자는 "후식까지 갖춘 군 급식과 같은 수준의 식사를 하려면 민간에선 최소 5,000~6,000원은 줘야 한다"고 말했다. (후략) (조선일보, 2015.1.3)

원가란 무엇인가?

물건을 사온 경우

- 물건의 원가
  =제조업체나 도매상에서 사올 때 지불한 가격
  =**취득원가**

※ 각종 부대비용(운송료, 부가세 등)은 취득원가에 포함함

직접 만든 경우

- 물건의 원가
  =물건을 만들 때 든 돈
  =**제조원가**

※ 물건을 만든 종업원급여도 제조원가에 포함됨

가끔 길을 가다 보면 원가판매라는 가게의 표시판을 볼 수 있다. 현금이 급하게 필요하거나 가게를 닫게 되어 원가에 물건을 싸게 판다는 것이다. 이때 이 가게주인이 말하는 원가란 무엇일까? 원가(Cost)는 '원래의 가격'으로 풀이되는데, 가장 기본적으로는 가게주인이 팔 물건(상품)을 제조업체나 도매상에서 사올 때 지불한 가격일 것이다. 이를 상품의 취득원가(Acquisition Cost)라 한다. 만약 가게주인이 이 물건을 재료를 사다가 직접 만들었다면 원가는 이 물건(제품)을 만들 때 든 돈일 것이다. 이를 제조원가(Manufacturing Cost)라 한다. 물건을 팔 때 가게운영비도 원가로 고려해야 한다. 가게임대료, 전기수도료, 종업원급여를 고려하지 않고 물건가격을 정한다면 밑지는 장사가 될 것이다.

원가
특정자원을 얻기 위해 포기된 자원의 가치

원가라는 용어를 좀더 정확히 설명하면 '특정자원을 얻기 위해 포기된 자원의 가치'이다. 한 기업이 건물을 100억원에 샀다면 이 건물이라는 자원을 얻기 위해 포기한 100억원이 건물의 취득원가이다. 건물의 총취득원가를 정확히 계산하려면 부동산중개료, 등록세, 취득세 등의 부대비용도 포함해야 한다. 직원에게 200만원의 월급을 주고 고용하였다면 직원의 노동력이라는 자원을 얻기 위해 포기한 200만원이 노무원가 또는 인건비라는 원가이다. 이때 월급 이외에 연금, 건강보험료 등의 부대비용도 넓은 의미의 인건비로 포함해야 한다.

비용
수익을 발생시키면서 사용된 자원의 가치

원가와 비용이라는 용어는 같은 뜻으로 사용하는 경우도 있으나 서로 정확히 구별하여 써야 하는 경우도 있다. 비용(Expense)은 매출 등의 수익을 발생시키면서 사용된 자원의 가치를 말한다. 반면 원가는 자원을 취득하면서 발생한다. 즉, 원가는 자원의 취득시점에서, 비용은 자원의 사용시점에서 발생한다.[1] 예를 들면 본사 건물이 구입될 때 취득원가가 발생하고, 이 건물이 기업의 수익창출에 기여하면서 이용될 때 감가상각비라는 비용으로 보고된다. 소매업체가 도매업체에서 판매할 상품을 구입할 때 취득원가가 발생하고, 이 상품이 판매되면서 매출을 창출할 때 매출원가라는 비용이 발생한다.

원가와 자산가치를 흔히 혼동하는 사람이 많은데, 원가는 재고나 설비 등의 자원을 획득하는 당시에 포기된 자원의 가치이나, 자산(장부)가치는 그 자산의 현재 장부상의 가치를 말한다. 본사 건물을 100억원에 구입하여 50년간 사

1) 물론 자원의 취득과 발생이 동시에 발생한다면 원가와 비용이 분리될 필요가 없으며 그러한 예가 뒤에 설명할 기간원가이다.

용하려고 매년 2억원의 감가상각을 한다고 하자. 구입 당시의 원가와 자산가치는 모두 100억원이나, 1년 후에는 원가는 여전히 100억원인 반면 자산가치는 감가상각된 2억원을 제외한 98억원이다.

표 2.1 원가와 자산가치

(단위 : 억원)

	취득 당시	1년 후	2년 후	3년 후
취득원가	100	100	100	100
감가상각비	0	2	2	2
감가상각누계액	0	2	4	6
자산가치	100	98	96	94

원가대상
원가를 계산하는 대상
(예) 제품, 서비스,
기업이나 단체의 부서,
사업 프로그램이나 프로젝트,
세부활동이나 프로세스

원가는 제품이나 자산에 대하여 흔히 계산되지만 다른 대상에 대해서도 계산될 수 있다. 기업이나 단체의 일부부서, 특정사업 프로그램이나 프로젝트, 또는 특정 세부활동이나 프로세스도 원가계산대상 또는 원가대상(Cost Object)이 될 수 있다. 예를 들면 노동부의 실업자 재취업사업의 원가를 계산하거나, 현대자동차의 연구개발부의 운영비를 계산하거나, 영종도 신공항의 건설비를 계산하는 것이 가능하다.

제조원가와 판매관리비를 구분한다

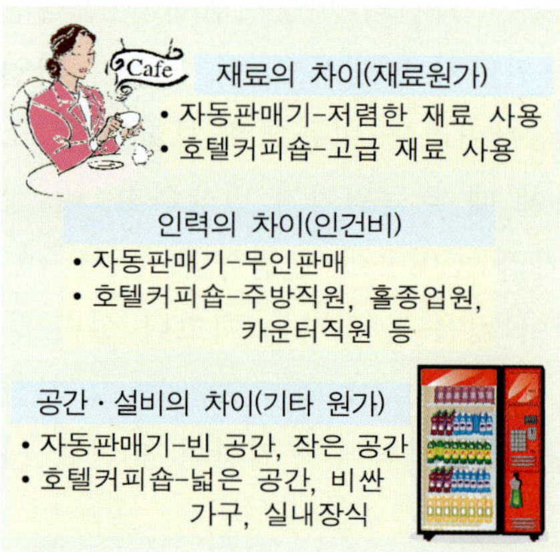

자동판매기의 커피가격에 비해 호텔커피숍의 커피가격은 왜 그렇게 비싼가? 호텔에서 폭리를 취해서 그런 것인가? 반드시 그렇지는 않다. 호텔커피숍 커피는 여러 가지 많은 원가를 발생시키기 때문이다. 우선 호텔 커피의 재료가 자동판매기 커피보다 맛과 품질이 좋고 비싸다. 자동판매기 커피를 위해서는 가끔 재료를 보충하고 현금을 수거해 가는 사람만이 필요하나, 커피숍에서는 주방직원, 홀종업원, 카운터직원 등 많은 사람이 일한다. 또한 자동판매기는 빈 공간에 설치되는데 커피숍에는 넓은 공간에 비싼 탁자, 의자, 실내장식이 있다. 이러한 원가차이 때문에 가격차이가 있는 것이 당연하다. 이러한 원가를 어떻게 분류하며 파악할 수 있는지 알아보자.

물건을 직접 만들어 파는 기업을 제조업이라 하는데 동네 빵집부터 거대한 유조선을 만드는 조선업에 이르기까지 규모나 업종이 다양하다. 제조업의 원가는 제조활동을 위한 제조원가와 판매관리활동을 위한 판매관리비로 나눈다. 제조원가(Manufacturing Cost)는 제조활동을 위한 원가이다. 제과점에서 빵을 만들려면 밀가루, 버터, 계란, 우유 등의 재료가 필요하므로 재료원가가 첫 번째 제조원가이다. 밀가루와 다른 재료를 반죽하고 굽는 수고가 필요하니 노무원가가 두 번째 제조원가이다. 빵을 만들기 위한 그릇과 오븐 등의 설비가 필요하니 제조경비가 마지막 제조원가이다.[2)]

제조원가
제조활동을 위한 원가

제과점에서 빵을 만든 후 팔아야 돈을 벌 수 있으므로 판매활동이 있고, 사업을 전체적으로 관리하는 관리활동이 있다. 제과점에는 매장에서 일하는 점원이 필요하고, 손님이 앉을 의자와 탁자가 필요하며, 빵을 진열할 진열대가 필요하다. 현금출납과 세금보고, 사업계획 등의 관리업무는 주인이 직접 하거나 관리자를 고용한다. 이러한 판매관리활동을 위해 사용되는 돈이 판매관리비(Selling, General & Administrative Expense) 또는 비제조원가이다. 제품의 가격을 결정한다거나 제품별 수익성을 계산할 때 제조원가만 생각하고 판매관리비를 고려하지 않는다면, 원가를 과소평가하여 가격을 너무 낮게 정하거나, 제품의 수익성을 너무 높게 평가하는 잘못된 판단을 하게 된다. 따라서 이러한 경우 제조원가에 판매관리비를 더한 총원가(Full Cost)를 사용해야 한다.[3)]

판매관리비
판매와 관리 활동을 위한 원가

총원가
제조원가와 판매관리비의 합

그림 2.1 원가의 구성

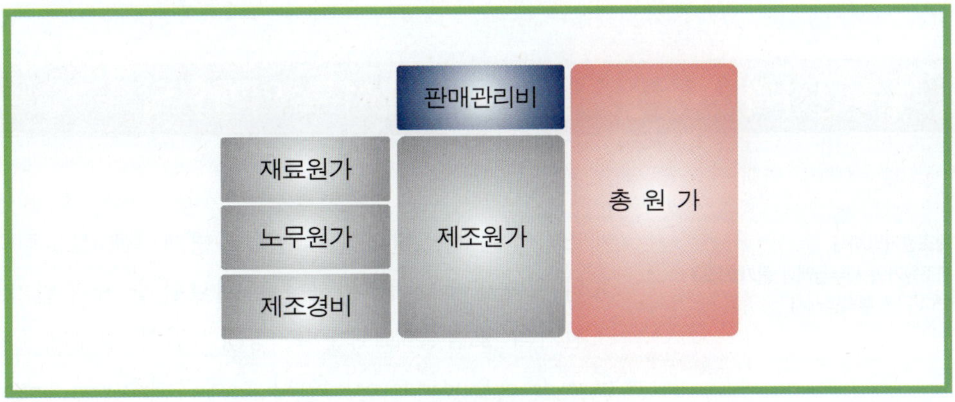

2) 제조경비를 흔히 경비라 하나 일반경비와 구별하기 위해 제조경비라고 부르는 것이 더 좋다.
3) 공기업의 경우 제조원가, 판매관리비에 투자액의 자본원가를 더한 금액을 총원가로 부르는 경우도 있다.

제품원가와 기간원가는 어떻게 다른가?

재고가능원가
재고가 된 후 비용이 되는 원가

기간원가
발생한 기간에 비용이 되는 원가

제조원가와 판매관리비는 관련활동의 차이 이외에 또 하나 중요한 차이가 있다. 제조원가는 제품을 만드는 원가이므로 제품의 원가이다. 제품원가(Product Cost)는 그 제품이 팔리기 전까지는 재고자산의 원가로 남아 있다가, 제품이 팔리면 판매된 기간에 매출원가로 손익계산서에 보고된다. 제조원가의 이러한 속성을 재고가능원가(Inventoriable Cost)라는 용어로 표현한다. 그 반면 판매관리비는 각 기간별로 판매와 관리 활동을 위해 자원이 즉각적으로 사용되므로, 자원이 사용되는 기간에 비용항목으로 손익계산서에 보고된다. 이러한 속성을 기간원가(Period Cost) 또는 재고불가능원가(Non-inventoriable Cost)라는 용어로 표현한다.

표 2.2 제조원가와 비제조원가의 비교

	제조원가	비제조원가
관련활동	제조활동	판매관리활동
세부항목	재료원가, 노무원가, 제조경비	판매직·관리직 급여, 광고선전비
해당비용	매출원가	판매관리비
재고화 여부	재고가능원가	기간원가

제조원가의 흐름을 제조원가명세서로 이해한다

제조원가명세서
제조원가의 세부금액과 원가흐름을 보여주는 부속명세서

제조기업은 제조원가를 제조원가명세서에 보고한다. 제조원가명세서는 재무제표의 부속명세서 중의 하나로 재료원가, 노무원가, 제조경비의 세부금액과 제조원가의 흐름을 보여준다. 상장기업의 재무제표와 부속명세서는 금융감독원(www.fss.or.kr, dart.fss.or.kr)이나 한국거래소(www.krx.co.kr)의 전자공시를 이용하여 볼 수 있다. 제조원가명세서의 외부공시가 더 이상 강제적이지 않으므로, 일부 기업만이 최근에 제조원가명세서를 공시한다.

그림 2.2 제조원가의 흐름

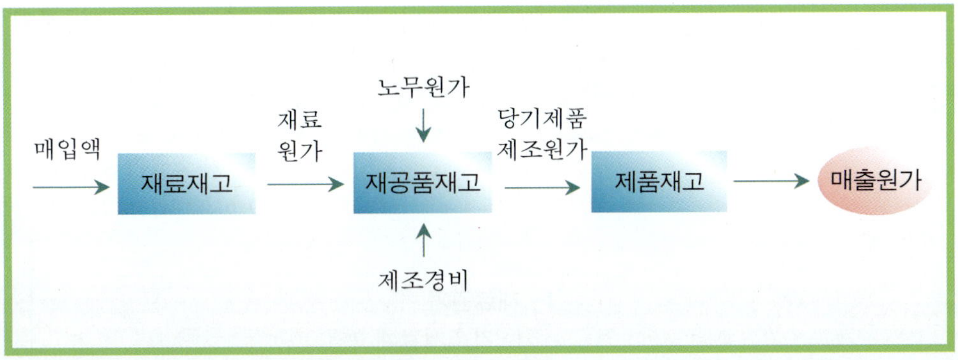

그림 2.3 제조원가의 재고계정간 흐름

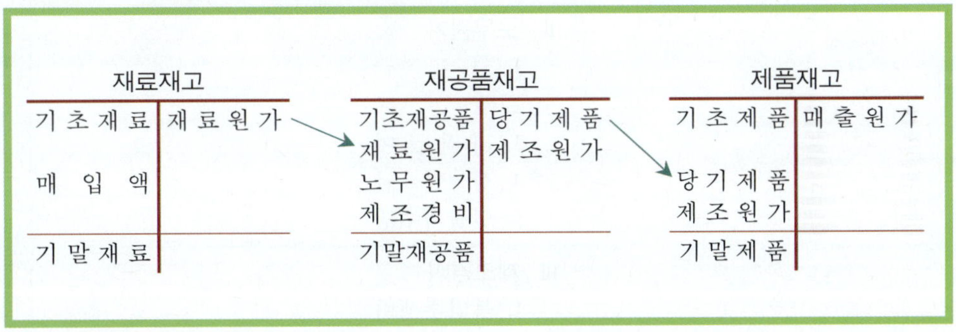

K-IFRS
손익계산서의 비용을 기능별로 분류하여 작성할 때에만 매출원가가 판매관리비와 구분되어 보고된다.

재료원가
생산과정에 투입된 재료의 원가

제조원가의 흐름은 [그림 2.2] 또는 [그림 2.3]과 같이 표시할 수 있다. 제조기업에는 3가지 주요 재고자산이 있는데 재료, 재공품, 제품 재고이다. 제조원가는 이 3가지 재고자산을 차례대로 거치면서 흘러가다가 제품이 팔리면 매출원가라는 비용으로 손익계산서에 보고된다.

제조원가명세서의 첫 번째 부분은 재료원가를 계산한다. 재료원가(Material Cost)는 생산과정에 투입된 재료의 원가이다. 재료는 생산에 투입되기 전에 미리 구입되어 재료재고계정에 기록되어 있다가 필요할 때 생산에 이용된다. 따라서 당기에 사용된 재료원가를 계산하기 위해 재료재고의 변화와 당기의 매입액을 사용한다. 즉, 재료재고의 기초잔액에 당기의 재료매입액을 더하고 기말재료재고액을 빼면 재료원가가 된다(타계정 대체액이 차감되는 경우도 있다).

I. 재료원가 = 기초재료재고액 + 당기재료매입액 − 기말재료재고액

10,600 = 200 + 10,700 − 300

국희제과는 20×6년 1월 1일에 200만원의 재료재고액이 있었고 20×6년도 중에 10,700만원의 재료를 협력업체에서 구입하였다. 기말에 재료재고가 300만원어치 남아 있으므로 20×6년도의 재료원가는 10,600만원이다.

제조원가명세서

국희제과 20×6. 1. 1부터 12. 31까지 (단위 : 만원)

과 목	금 액
I. 재료원가	10,600
1. 기초재료재고액	200
2. 당기재료매입액	10,700
3. 기말재료재고액	300
II. 노무원가	1,300
1. 임 금	500
2. 급 료	200
3. 퇴 직 급 여	150
4. 상 여 금	400
5. 연월차수당	50
III. 제조경비	1,400
1. 복리후생비	200
2. 동력용수비	150
3. 보 험 료	10
4. 소 모 품 비	30
5. 수 선 비	100
6. 특허사용료	20
7. 감가상각비	500
8. 개발비상각	110
9. 기 타	280
IV. 당기총제조원가	13,300
V. 기초재공품재고액	100
VI. 기말재공품재고액	150
VII. 당기제품제조원가	13,250

노무원가
제조관련 직원의 인건비

제조원가명세서의 두 번째 부분은 노무원가(Labor Cost)를 보여준다. 제조원가명세서의 노무원가는 제조활동과 관련된 직원의 인건비를 보여준다. 근무시간별로 계산되는 임금, 월급으로 일정하게 고정급으로 지급되는 급료, 직장을 퇴직할 때 지급되는 퇴직금을 미리 인건비로 반영하는 퇴직급여,[4] 상여금과 수당이 노무원가의 세부내용이다.

제조경비
제조원가 중 재료원가와 노무원가를 제외한 나머지

제조원가명세서의 세 번째 부분은 제조경비를 상세히 보여준다. 제조경비 중 제조설비의 감가상각비가 대체로 가장 큰 금액이다. 참고로 말하면, 판매관리활동과 관련된 설비의 감가상각비는 판매관리비로 보고된다. 두 번째로 큰 제조경비 항목이 대체로 복리후생비인데 복리후생비는 직원에 대한 인건비성 경비이므로 노무원가 부분에 포함하는 기업도 간혹 볼 수 있다. 복리후생비에는 개인별로 지급되지 않고 직원 전체의 복지후생을 위한 편의시설 등을 위해 사용되는 원가와 건강보험 등 개인별로 추적가능한 원가가 있다. 제조경비는 이외에도 조세공과금, 접대비, 여비교통비, 차량비, 통신비, 임차료 등의 약 30가지의 세부항목으로 보고된다. 세부항목 전체의 내용은 본장 끝의 쌍용자동차(주)의 사례에 나타나 있다.

당기총제조원가
당기의 재료원가, 노무원가, 제조경비를 합산한 금액

재료원가, 노무원가, 제조경비를 합산한 금액이 당기총제조원가(Total Manufacturing Cost)[5]이다. 국희제과의 20×6년도 총제조원가는 재료원가 10,600만원, 노무원가 1,300만원, 제조경비 1,400만원을 합한 13,300만원이다.

IV. 당기총제조원가 = I. 재료원가 + II. 노무원가 + III. 제조경비
13,300 = 10,600 + 1,300 + 1,400

재공품
생산과정에 있는 미완성품

당기제품제조원가
당기에 완성된 제품의 제조원가

생산과정중의 제품이 회계연도말인 12월 31일 자정까지 완성되지 않으면 재공품(在工品, Work In Progress)재고로 분류되어 다음 기의 생산완료를 위해 이월된다.[6] 회계연도중에 완성된 제품은 제품재고로 분류된다. 따라서 당기에 생산된 제품의 원가, 즉 당기제품제조원가(Cost of Goods Manufactured)는 기초재공품재고액에 당기총제조원가를 더하고 기말재공품재고액을 차감하여 계산한다.

VII. 당기제품제조원가 = IV. 당기총제조원가 + V. 기초재공품재고액
− VI. 기말재공품재고액
13,250 = 13,300 + 100 − 150

4) 퇴직급여충당금 전입액이라는 용어가 더 많이 쓰인다.
5) 실무에서는 '당기총제조비용'이라고 불리나 '당기총제조원가'가 좀더 정확한 이름이다.
6) 완성품이 아니지만 미완성품 상태로 판매가능한 것은 반제품이라 불린다.

당기제품제조원가와 당기총제조원가는 이름이 비슷하나 서로 다른 원가 수치이다. 당기총제조원가는 그 기간에 투입된 모든 생산요소 투입물(input)의 원가이나 당기제품제조원가는 그 기간에 완성된 제품, 즉 산출물(output)의 원가이다. 일반적으로 두 금액은 크게 차이가 나지 않으나 생산량 수준이 크게 변화하거나 투입요소의 가격이 크게 변한다면 무시할 수 없는 차이를 보인다.

제품이 판매되면 비로소 매출원가라는 비용항목으로 손익계산서에 보고된다. 제조업의 매출원가와 제품재고의 관계는 다음과 같다.

매출원가 = 기초제품재고액 + 당기제품제조원가 − 기말제품재고액

매출원가의 계산을 보여주는 위의 관계를 손익계산서에 나타내는 기업도 있고, 매출원가만을 손익계산서에 표시하는 기업도 있다.

직접원가와 간접원가를 구분한다

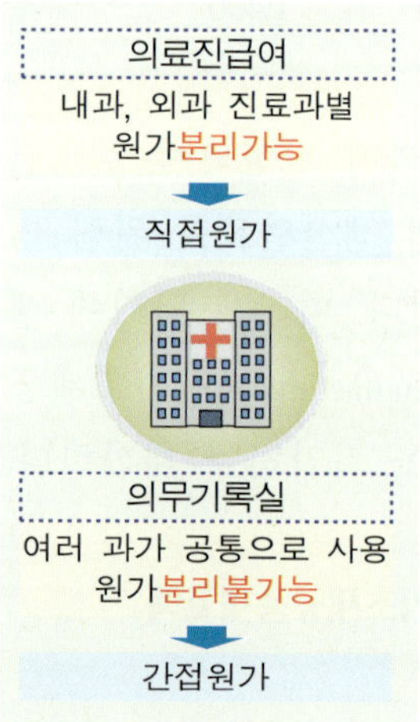

직접원가 [개별원가]
원가대상별로 분리 또는 추적이 가능한 원가

간접원가 [공통원가]
원가대상별로 분리 또는 추적이 불가능한 원가

발생한 원가를 집계할 때 원가대상인 제품, 부서, 사업, 또는 프로젝트별로 분리가 가능한 원가가 있고 분리가 불가능한 원가가 있다. 예를 들어 병원에 내과와 외과가 같이 있다면 각 진료과의 의사와 간호사의 급여는 진료과별로 분리가 가능하나 내과와 외과가 공통적으로 사용하는 의무기록실의 인원과 설비에 대한 원가는 분리가 불가능하다. 이렇게 원가대상별로 분리 또는 추적이 가능한 원가를 직접원가(Direct Cost) 또는 개별원가(Separable Cost)라 하고, 불가능한 원가를 간접원가(Indirect Cost) 또는 공통원가(Common Cost)라고 한다. 원가대상별로 직접적 또는 개별적으로 발생하는 직접원가(개별원가)는 단순히 측정하여 집계하면 되나, 원가대상에 간접적 또는 공통적으로 발생하는 간접원가(공통원가)는 전체 금액을 측정한 후 필요하면 원가대상에 배분한다. 원가의 추적가능성은 기술적인 측면뿐만 아니라 추적의 경제성에 의해 결정된다. 개별원가로 분리 집계하는 수고에 비해 혜택이 적다면 공통비로 처리하는 것이 편리하다. 실무적으로 원가계산이 복잡한 이유는 이 공통원가를 여러 가지 방법으로 배분해야 하기 때문이다.

직접재료원가
제품에 추적가능한 재료원가

K-IFRS
기업회계기준서 제1002호의 12는 원재료라는 용어로 직접재료를 의미하나, 엄밀히 보면 원재료라는 용어가 직접재료와 같은 용어는 아니다.

직접노무원가
제품에 추적가능한 노무원가

제조간접원가
제품에 추적불가능한 제조원가

제품의 원가를 계산할 때 재료원가와 노무원가를 직접원가와 간접원가로 나눈다. 자동차의 재료원가 중 그 금액이 크거나 제품별로 쉽게 분리되는 철판, 타이어 등의 주요 재료는 직접재료원가(Direct Material Cost)로 직접 집계된다. 그러나 윤활유, 납땜 등 금액이 작고 제품별로 분리하는 것이 어려운 재료는 간접재료원가로 분류된다. 노무원가 중 특정 자동차 생산라인에서 일하는 생산직의 급여는 직접노무원가(Direct Labor Cost)이고 여러 제품의 생산을 지원하는 구매부나 설계부, 자재관리부 등에서 일하는 직원이나 감독자의 급여는 간접노무원가이다. 감가상각비, 동력용수비 등의 제조경비는 대부분이 제품별로 분리하기 어려운 간접원가이다. 만약 특정 제품의 생산과정에 외주가공비가 발생하거나, 특정 제품라인에서만 사용하는 전용설비가 있어 감가상각비나 수선비가 발생하면 이 금액은 직접경비이다. 이런 예외적인 경우를 제외하고 일반적으로 제조경비 전체와 간접재료원가, 간접노무원가를 합하여 제조간접원가(Overhead Cost)로 부른다.

제조간접원가 = 간접재료원가 + 간접노무원가 + 제조경비

직접재료원가와 직접노무원가가 가장 기초적인 제조원가이므로 기초원가(기본원가, Prime Cost)라고 부른다. 직접노무원가와 제조간접원가는 직접재료를 가공하는 원가이므로 가공비(Conversion Cost)라고 부른다.

K-IFRS
기업회계기준서 제1002호의 12는 전환원가라는 용어를 사용하나, 실무에서 가공비라는 용어를 주로 사용하므로 본 저서는 가공비라는 용어를 계속 사용한다.

기초원가 = 직접재료원가 + 직접노무원가
가 공 비 = 직접노무원가 + 제조간접원가

제조원가의 구분을 종합하면 [그림 2.4]와 같다.

그림 2.4 제조원가의 구분

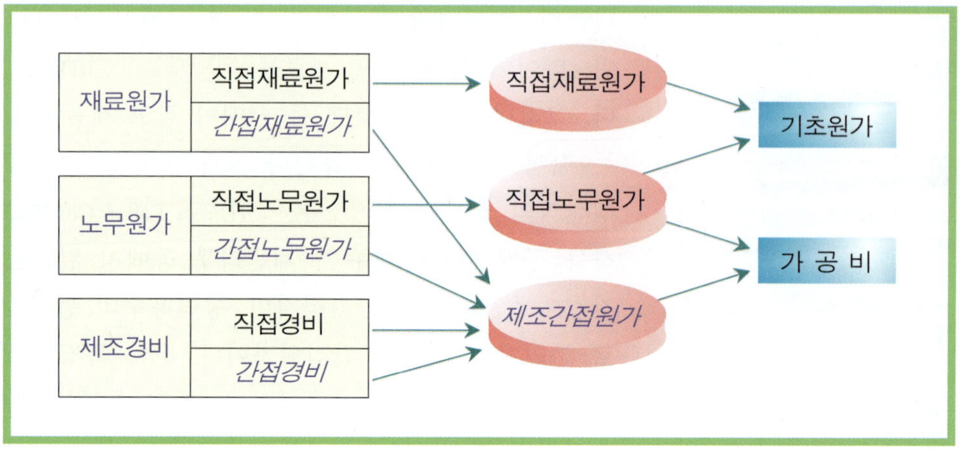

변동원가와 고정원가를 구분한다

기본료
통화량과 무관하게 일정한 요금이 발생

고정원가

통화요금
통화량에 따라 요금이 변동

변동원가

변동원가
활동수준에 따라 크기가 변하는 원가

고정원가
활동수준과 무관하게 일정한 원가

휴대폰 요금 중 기본료는 통화량과 무관하게 일정한 원가가 발생한다. 그러나 통화료는 통화량에 따라 요금이 변동한다. 이렇게 활동의 수준에 따라 변동하는 원가를 변동원가(Variable Cost)라 하고 활동의 수준과 무관하게 고정되어 있는 원가를 고정원가(Fixed Cost)라 한다. 원가의 변동성여부는 이미 발생한 원가를 측정하는 경우보다 미래원가를 추정하고 의사결정을 하는 데 중요하다. 원가의 크기에 영향을 미치는 발생요인은 생산량, 판매량 또는 다른 활동수준일 수 있다. 과자를 만들 때 밀가루, 우유 등의 직접재료원가, 제과설비의 동력비 등은 생산량에 비례하여 발생하는 변동원가이다. 이에 비해 사장 등 임원의 급여나 설비 감가상각비 등은 생산량과 무관하게 일정한 고정원가이다.

변동원가와 고정원가의 원가행태를 수식과 그림으로 보이면 다음과 같다.

고정원가 : $Y=a$	Y : 원가	a : 총고정원가
변동원가 : $Y=bX$	X : 활동수준	b : 활동단위당 변동원가

그림 2.5 원가행태

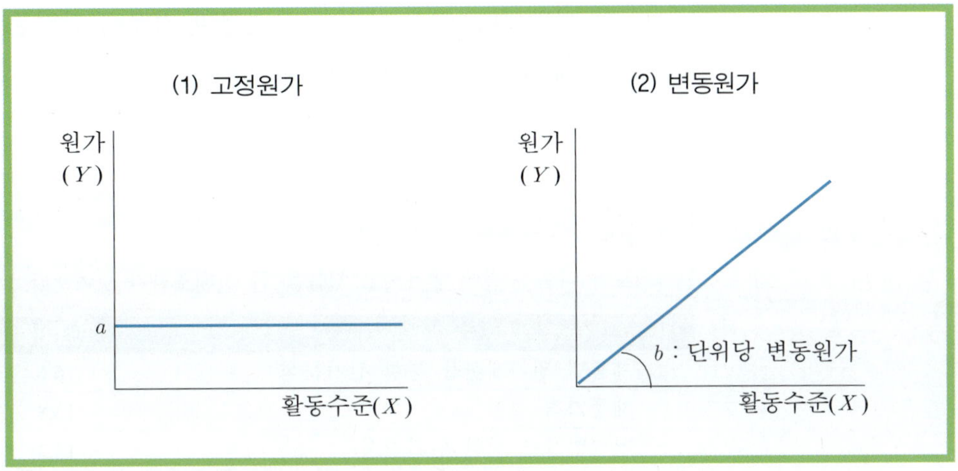

원가의 행태에 대한 분석과 활용에 대한 깊이 있는 논의는 제Ⅱ부에 있다.

의사결정에 필요한 관련원가를 찾는다

기발생원가 [매몰원가]
이미 발생하여 변경될 수 없는 원가

관련원가
의사결정과 관련된 원가

기회원가
포기된 기회(대안)의 가치

한 달 전에 서점에서 어떤 관리회계 책을 2만원에 사서 읽기 시작하였다고 하자. 처음 보기와 달리 이 책은 이해가 어렵고 지루하며 중요한 내용이 빠져 있다는 것을 알게 되었고, 친구의 소개로 더 좋은 책을 알게 되었다고 하자. 이 때 이미 산 책을 계속 읽을 것인가 아니면 더 좋은 책을 다시 살 것인가? 많은 사람은 책값 2만원이 아까워서 계속 그 책을 읽을 것이다. 그러나 이미 지불한 책의 가격 2만원은 환불이 불가능하므로 기발생원가(Sunk Cost) 또는 매몰원가이다. 이 금액은 이미 없어진 돈이므로 더 이상 미련을 두지 말아야 한다. 새 책을 살 것인가 말 것인가를 결정할 때 고려하지 말아야 하는, 의사결정과 무관한 원가, 즉 비관련원가(Irrelevant Cost)이기 때문이다. 새 책을 살 것인가 말 것인가의 결정에는 새 책의 가격과 지금 가진 책을 읽으면서 낭비되는 시간과 노력의 가치가 고려되어야 한다. 이 금액들이 의사결정에 필요한 관련원가(Relevant Cost)이다. 비효과적인 책 때문에 낭비되는 시간과 노력의 가치를 기회원가(Opportunity Cost)라고 하는데, 측정하기는 어렵지만 중요한 원가개념이다.

만약 나의 시간과 노력의 가치가 새 책의 가격 이상이라면 새 책을 사는 것이 더 현명하다. 여러 가지 의사결정의 경우에 관련된 원가를 찾는 방법에 대해서는 제9장에서 자세히 다룬다.

원가정보의 경영의사결정 활용

우리나라의 중소기업에서 원가정보가 다음과 같이 활용되고 있음을 한 실태조사가 보여준다.

	구성비율
제품별 원가계산을 통한 원가분석	16.6
제품가격 결정	13.8
가격협상을 위한 원가견적	13.3
제품별 수익성 분석	12.4
손익분기점 분석	11.3
원가절감 추진	7.7
신제품 개발	7.5
경영계획 수립 및 통제	5.8
예산편성	4.7
신설비 도입을 위한 경제성 평가	3.9
세무보고서 관련의 원가자료 제공	3.0
계	100

(신준용 · 손무선, 『회계저널』, 한국회계학회, 1995년 12월)

쌍용자동차(주)의 제조원가

쌍용자동차(주)의 2006년도 제조원가명세서를 이용하여 제조원가를 분석하자.

먼저 재료원가를 보자. 쌍용자동차(주)는 2006년 1월 1일에 79십억원의 재료재고액이 있었고 2006년도중에 1조 932십억원의 재료, 즉 철판, 타이어, 페인트 등의 주요 재료와 부품을 포항제철, 한국타이어, 고려화학과 부품하청업체에서 구입하였다. 재료와 관련하여 타계정에서 17십억원이 대체되었다. 이 중 일부 다른 계정으로 보내진 것이 231십억원이고 기말에 재료재고가 85십억원 남아 있으므로 2006년도의 재료원가는 1조 712십억원이다.

I. 재료원가 = 기초재료재고액 + 당기재료매입액 + 타계정에서 대체 − 기말재료재고액 − 타계정으로 대체액
= 79십억원 + 1,932십억원 + 17십억원 − 231십억원 − 85십억원
= 1,712십억원

두 번째, 제조원가명세서의 노무원가는 임금, 급료, 퇴직급여충당금전입액, 상여금, 수당을 합하여 총 253십억원이다. 이 노무원가는 제조활동과 관련된 직원의 인건비만을 보여주므로, 기업의 총인건비는 이 노무원가에 손익계산서의 판매관리비에 포함되어 있는 판매관리직의 인건비를 더한 금액이다. 쌍용자동차(주)의 경우 노무원가는 약 2천 5백억원이며 판매관리비 중의 급여와 퇴직급여의 합계가 약 1천 3백억원이므로 2006년도의 쌍용자동차(주) 전체의 총인건비는 약 3천 8백억원이다. 복리후생비도 직원에

대한 인건비성 경비이므로 제조경비와 판매관리비의 복리후생비 304억원과 70억원을 포함하여, 쌍용자동차(주)의 총인력관련원가를 계산하면 총 약 4천 2백억원이다. 이 금액은 2001년 총매출액 2조 9,500억원의 14%에 해당하는 금액이다.

세 번째, 제조경비를 보자. 쌍용자동차(주)의 경우 총제조경비 2천 8백억원 중 감가상각비가 1천 3백억원으로 약 46%를 차지하는 가장 큰 항목이다. 두 번째로 큰 제조경비 항목이 45십억원의 수수료 항목이다.

쌍용자동차(주)의 2006년도 재료원가, 노무원가, 제조경비를 합산한 총제조원가는 2조 252십억원이며 그 구성비는 다음과 같다.

	금액(십억원)	구성비(%)
재료원가	1,713	76.1
노무원가	253	11.2
제조경비	286	12.7
총제조원가	2,252	100

쌍용자동차(주)의 재료원가 구성비가 76.1%로 상당히 높은 이유는 완성차 업체의 상당부분 부품이 하청업체에서 생산되어 납품되는데 이 부품들이 재료원가에 포함되기 때문이다. 쌍용자동차(주)의 총재료원가의 55%가 협력업체에서 납품하는 브레이크, 트랜스미션, 엔진부품, 타이어, 유리, 전장품, 고무, 플라스틱 등임을 사업보고서가 밝히고 있다. 제조업 전체의 재료원가 구성비는 약 60%이다.

생산과정중의 자동차가 회계연도말인 12월 31일 자정까지 완성되지 않으면 재공품재고로 분류되어, 다음 기의 작업을 위해 이월된다. 회계연도중에 완성된 자동차는 제품재고로 분류된다. 쌍용자동차(주)의 경우, 2006년도에 투입된 총제조원가가 2조 252십억원이나 완성차의 제품제조원가는 2조 202십억원으로 50십억원 더 적다. 2006년도의 제품제조원가를 2006년도에 생산된 자동차 총수량 117,139대로 나누면 자동차의 1대당 평균제조원가를 18,804천원으로 추정할 수 있다.

제품인 자동차가 판매되면 비로소 매출원가라는 비용항목으로 손익계산서에 보고된다. 쌍용자동차(주)의 경우, 직접 제조한 제품 이외에 협력업체에서 매입하여 바로 판매하는 부품 등의 상품도 매출액에 포함되므로, 당기상품매입액 253십억원도 매출원가 계산에 필요하다. 생산된 자동차를 팔지 않고 업무에 사용한다면 이 제품은 유형자산으로 대체된다. 이것이 제품이 타계정대체되는 예이다. 쌍용자동차(주)의 2006년도 매출원가는 2조 386십억원이다.

제조원가명세서

쌍용자동차(주) 2006년 (단위 : 천원)

과 목	금 액
원재료비	1,712,789,719
기초원재료재고액	79,642,111
당기매입액	1,932,236,355
타계정에서 대체	17,529,617
타계정으로 대체	231,385,866
기말원재료재고액	85,232,498
노무비	253,320,028
급료 및 임금	146,352,972
제수당	80,315,026
퇴직급여	26,652,030
경 비	286,429,607
전력비	10,802,410
수도광열비	15,771,071
감가상각비	138,052,887
수선비	6,794,373
세금과공과	12,398,324
임차료비용	341,704
보험료	1,647,114
소모품비	4,954,911
운임, 운반비	1,451,911
외주가공비	13,647,685
접대비(기밀비)	55,729
여비, 교통비	343,295
통신비	295,507
수수료비용	45,084,246
차량유지비	1,111,595
도서구입 및 인쇄비	216,494
교육훈련비, 연수비	404,933
복리후생비	30,431,901
전산처리비	679,242
기 타	1,944,277
당기총제조비용	2,252,539,354
기초재공품재고액	35,290,241
타계정에서 대체	363,162,505
합 계	2,650,992,100
기말재공품재고액	34,869,704
타계정으로 대체	458,120,762
당기제품제조원가	2,158,001,634

손익계산서

쌍용자동차(주) 2006년 (단위 : 천원)

과 목	금 액	과 목	금 액
매출액	2,951,836,878	판매촉진비	14,981,409
총매출액	2,952,583,309	해외시장개척비	1,256,868
상품매출액	360,353,369	수출비용	64,386,457
제품매출액	2,551,693,974	A/S비	61,123,840
(제품매출)	2,551,693,974	기 타	139,129,846
기타매출액	40,535,967	경상개발비	100,682,825
매출할인	746,431	무형자산상각	37,321,381
매출원가	2,386,681,403	산업재산권상각	381,774
상품매출원가	231,862,912	전용시설이용권상각	41,730
기초재고	40,248,595	개발비상각	34,696,830
매 입	253,912,578	기타무형자산상각	2,201,047
타계정으로 대체	10,098,837	기 타	1,125,640
기말재고	52,199,424	영업이익	27,269,701
제품매출원가	2,121,050,101	영업외수익	93,188,350
기초재고	67,575,927	이자수익	6,492,176
당기제품제조원가	2,158,001,634	배당금수익	9,200
관세환급금	16,698,048	수수료수익	27,374,051
타계정으로 대체	4,277,303	보험차익	10,837
기말재고	83,552,109	외환차익	14,924,235
기타매출원가	33,768,390	외화환산이익	1,025,229
매입/제조	33,768,390	파생상품거래이익	3,564,857
매출총이익	565,155,475	파생상품평가이익	2,238,622
판매비와관리비	537,885,775	대손충당금환입	937,841
인건비	68,263,226	투자자산처분이익	178,408
급료와 임금	53,167,613	매도가능증권처분이익	4,318
퇴직급여충당금전입액	7,295,239	유, 무형, 리스자산처분이익	481,675
복리후생비	7,800,374	지분법평가이익	211,676
일반관리비	61,949,318	기 타	35,735,225
여비교통비	904,900	영업외비용	178,185,907
통신비	827,926	이자비용	38,592,680
수도, 광열비	927,118	기부금	661,185
세금과공과	6,303,730	외환차손	11,881,495
임차료비용	8,011,225	파생상품거래손실	10,264,844
감가상각비	20,034,705	파생상품평가손실	6,250,007
수선비	977,595	자산평가손실	779,159
보험료	251,084	외화환산손실	779,159
소모품비	294,572	기타대손상각	1,780,810
도서인쇄비	418,609	감가상각비	205,637
차량유지비	315,539	유, 무형, 리스자산처분손실	2,286,150
교육훈련비	1,039,933	투자자산처분손실	204,779
수수료비용	16,782,170	매도가능증권처분손실	98,209
전산처리비	4,656,753	유형자산감액손실	6,994,532
기타관리비	203,460	기 타	98,186,420
판매비	268,543,384	경상이익	−57,727,857
접대비(기밀비)	481,751	법인세차감전순이익	−57,727,857
광고선전비	24,604,714	법인세등	138,233,898
포장비	1,249,476	당기순이익	−195,961,754
운반비	6,030,816	(주당경상이익)	−1,622
판매수수료	94,428,054	(주당순이익)	−1,622

토 론

"냉면 한 그릇 1만원까지 … 원가(식재료)는 많아야 2,000원"

–음식재료 비용 20% 차지… 마진율 30~35% 정도
–유명 냉면집 대부분 중국산 메밀과 섞어 사용
–"선두업체가 가격 올려주면 나머지 업체 따라 올려"

요즘 서울 시내 냉면 한 그릇은 대체로 1만원이다. 냉면으로 유명한 우래옥이나 한우리, 봉피양 등의 가격은 더 비싸 1만 1,000원에 달한다. 서민들은 그 가격을 쉽게 납득하지 못한다. 메밀과 전분을 섞은 면에다 육수와 수육, 계란 반쪽, 오이나 무 고명이 전부인 냉면 한 그릇이 어떻게 그 가격이 나올 수 있을까.

업주들은 "원재료가 비싸기 때문"이라고 말하지만 오랜 식당 운영 경험을 가진 사람들과 각종 프랜차이즈 업체 등을 통해 조사한 결과, 음식재료의 비중은 판매가격의 10~30% 정도에 불과한 것으로 나타났다.

1만원짜리 냉면의 식재료 원가는 대체 어느 정도일까. 30년 넘게 식당을 꾸리며 직접 식당 컨설팅 작업을 해온 강영덕 식당 컨설턴트와 함께 확인해 보았다. 그와 함께 국내 유명 식당 업자 10명에게 물어 원가 조사를 했다. 몇몇 식당은 식당 상호를 밝히지 않는 조건으로 원가를 밝혔다.

이번 조사에 따르면 1만원짜리 냉면의 식재료 비용은 많이 잡아야 2,000원 정도였다. 그중 면 가격은 700~800원 선. 유명 냉면 전문점들도 중국산과 국산을 섞어 쓰는 경우가 많은데, 국산 메밀 가격이 중국산에 비해 많게는 5배 비싸다고 한다.

1만원짜리 냉면을 파는 서울 장충동 A식당의 경우, 면의 주원료인 메밀을 모두 중국산으로 쓴다. 강영덕 컨설턴트는 "현재 식당들에 납품되는 가격은 18kg에 6만 5,000원 정도에 거래되는데, 면발을 뽑는 장인들에 따라 18kg짜리 반죽에서 100~150인분 정도의 양을 뽑아낼 수 있다"고 말했다. 이것을 기준으로 계산하면 1인분 냉면 면발 가격은 700~800원 선이다.

유명 냉면집 P식당 관계자는 "80kg에 20만원씩 들어오던 메밀이 30만원씩 하기 때문에 가격을 안 올릴 수가 없다"고 했지만 그 정도 분량이면 500~600인분은 만들어낼 수 있기 때문에 1인분 면값 인상분은 200원 정도밖에 안 된다.

고명으로 올라가는 고기의 원가는 300원 정도였다. 강씨는 "A식당의 경우 고기 고

명은 육우와 삼겹살을 썼는데, 삼겹살 가격은 올랐지만 육우 가격은 내려가 가격 변동에 큰 영향을 주지 않았다"고 말했다. 냉면의 반찬과 고명으로 나오는 무절임의 경우 가락동 기준 무 가격이 18kg에 6,000~8,000원 정도 하는데, 한 테이블에 1인당 60g 정도 나오기 때문에 많아야 100원 정도다. 특히 무의 경우 지난해 18kg에 1만 2,000~1만 6,000원 하던 것이 올해 그 절반 가격으로 내려간 상태다.

서울 중구의 한 냉면집 주인은 "다른 데 눈치 보고 가격을 올리려다 인상시기를 놓쳤다"며 "처음 올리는 게 어려워서 그렇지 일단 선두업체가 가격을 올려주면 나머지 업체들도 자연스럽게 가격을 올리게 된다"고 말했다.

한 그릇에 6,000~7,000원을 받는 일반 분식집의 경우 면값은 300~400원, 육수 역시 300~400원 수준이라고 조사됐다. 고명을 합쳐도 1,000원을 안 넘긴다. 자장면, 칼국수 등 면값도 300~500원 선이다.

유명 고깃집에서도 고기 구매 원가는 판매가의 15~25% 수준이었다. 고깃집 주인은 "예년보다 채소와 한우 가격은 내려갔지만 가격을 내리면 품질도 같이 내려가는 느낌이 들어서 가격을 내릴 수 없다"며 "인건비, 가스비, 임대료 등이 오른 점도 고려해야 한다"고 말했다.

강영덕 컨설턴트는 "음식재료 비용은 20%가 채 안 되고 인건비가 대부분을 차지한다고 한다지만 인건비를 감안하더라도 유명 식당은 보통 마진율이 30~35%에 달한다고 생각하면 된다"며 "유명한 집은 브랜드 파워가 있어 가격 저항이 덜하고 이 때문에 최근 '고물가' 시류에 편승해 가격을 올리는 현상이 있다"고 말했다.

(조선일보, 2011.6.27)

토론해 보자

(1) 음식의 원가구성을 논의해 보자. 판매관리비를 포함한 총원가를 생각하라.

(2) 음식의 원가계산을 할 때 주요한 쟁점이 무엇일지 논의해 보자.

요약정리

원가는 자원의 취득과정에서, 비용은 자원의 사용과정에서 발생한다. 제품의 제조과정에서 발생한 원가는 제조원가이며 재고자산에 포함되어 있다가 제품이 판매되면 매출원가라는 비용이 된다. 판매관리활동을 위한 원가는 발생 즉시 판매관리비라는 비용 항목으로 처리된다. 제조원가는 재료원가, 노무원가, (제조)경비의 요소별로 구분된다. 당해 기간에 투입된 재료원가, 노무원가, 경비의 합계액을 당기총제조원가라 한다. 회계기간말에 아직도 생산과정중에 있어서 미완성된 재고자산을 재공품이라고 한다. 당해 기간에 완성된 제품의 제조원가를 당기제품제조원가라 한다. 제조원가의 흐름을 제조원가명세서가 보여준다. 제조원가명세서는 재무제표의 부속명세서로 작성된다. 원가를 제품, 서비스, 부서, 프로그램 등의 원가대상에 추적하여 집계할 수 있느냐에 따라 직접원가(개별원가)와 간접원가(공통원가)로 나눈다.

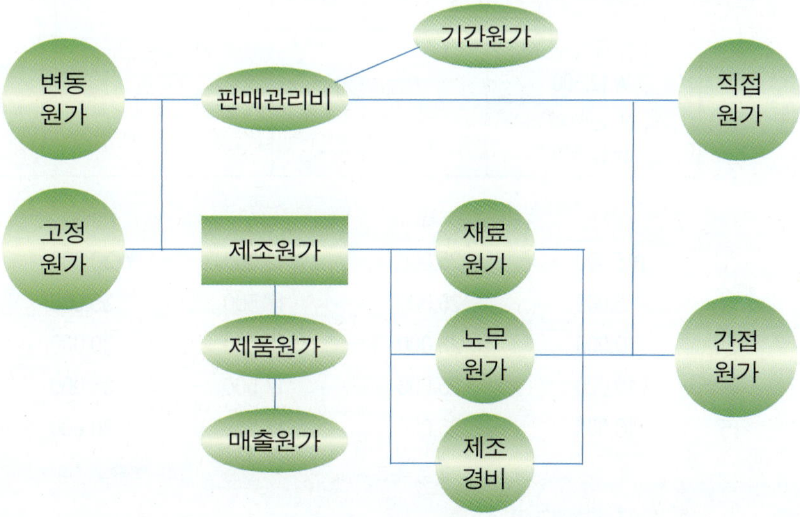

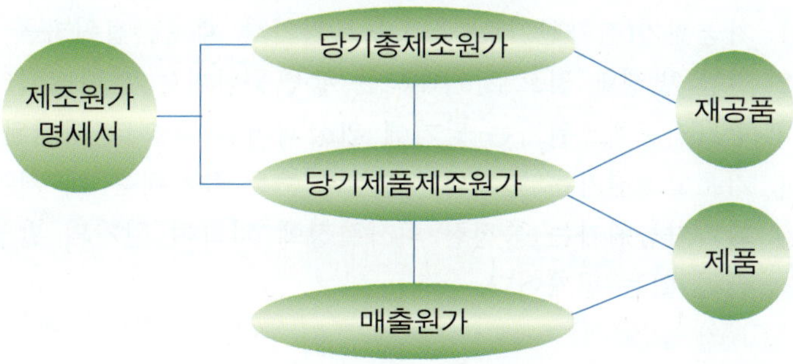

2 연습문제

객관식

01 원가개념 (18. 감정평가사)

원가가산 가격결정방법에 의해서 판매가격을 결정하는 경우 ( )에 들어갈 금액으로 옳은 것은? (단, 영업이익은 총원가의 30%이고, 판매비와관리비는 제조원가의 50%이다)

<table>
<tr><td></td><td></td><td></td><td>영업이익
(ㅁ)</td><td rowspan="5">판매가격
₩58,500</td></tr>
<tr><td></td><td></td><td>판매비와관리비
(ㄷ)</td><td rowspan="4">총원가
(ㅂ)</td></tr>
<tr><td></td><td>제조간접원가
(ㄱ)</td><td rowspan="3">제조원가
(ㄹ)</td></tr>
<tr><td>직접재료원가
₩12,500</td><td rowspan="2">기초원가
(ㄴ)</td></tr>
<tr><td>직접노무원가
₩12,500</td></tr>
</table>

	(ㄱ)	(ㄴ)	(ㄷ)	(ㄹ)	(ㅁ)	(ㅂ)
①	₩5,000	₩25,000	₩15,000	₩30,000	₩13,500	₩45,000
②	5,000	25,000	17,500	35,000	10,500	48,000
③	10,000	25,000	15,000	30,000	13,500	45,000
④	10,000	25,000	17,500	35,000	10,500	48,000
⑤	10,000	25,000	17,500	30,000	10,500	48,000

02 원가개념 (22. 감정평가사)

원가에 관한 설명으로 옳지 않은 것은?

① 가공원가(전환원가)는 직접노무원가와 제조간접원가를 합한 금액이다.
② 연간 발생할 것으로 기대되는 총변동원가는 관련범위 내에서 일정하다.
③ 당기제품제조원가는 당기에 완성되어 제품으로 대체된 완성품의 제조원가이다.
④ 기초고정원가는 현재의 조업도수준을 유지하는 데 기본적으로 발생하는 고정원가이다.
⑤ 회피가능원가는 특정한 의사결정에 의하여 원가의 발생을 회피할 수 있는 원가로서 의사결정과 관련 있는 원가이다.

03 원가개념 (19. 경영지도사)

원가 및 원가행태에 관한 설명으로 옳은 것은?

① 관련범위 내에서 단위당 고정원가는 각 생산량의 수준에서 일정하다.
② 관련범위 내에서 단위당 변동원가는 생산량이 증가함에 따라 감소한다.
③ 제품의 생산과 관련하여 비정상적으로 발생한 경제적 자원의 소비는 제조원가에 포함하지 아니한다.
④ 제조기업의 제품배달용 트럭의 감가상각비는 재고가능원가이다.
⑤ 서비스기업의 본사에서 사용하는 컴퓨터 전기료는 재고가능원가이다.

04 기초원가와 가공원가 (18. 재경관리사)

다음은 (주)삼일의 20×1년 제조원가명세서 중 일부이다. 다음 자료를 이용하여 기초원가와 가공원가를 계산하면 얼마인가?

제조원가명세서
20×1. 1. 1～20×1.12.31

Ⅰ. 직접재료원가	₩400,000
Ⅱ. 직접노무원가	500,000
Ⅲ. 제조간접원가	240,000
Ⅳ. 당기총제조원가	1,140,000

	기초원가	가공원가		기초원가	가공원가
①	₩740,000	₩180,000	②	₩740,000	₩900,000
③	900,000	240,000	④	900,000	740,000

05 기초원가와 가공원가 (21. 국가직 9급)

다음은 (주)한국이 생산하는 제품에 대한 원가자료이다.

단위당 직접재료원가	₩28,000
단위당 직접노무원가	40,000
단위당 변동제조간접원가	60,000
월간 총고정제조간접원가	200,000

(주)한국의 제품단위당 기초(기본)원가와 단위당 가공(전환)원가는? (단, 고정제조간접원가는 월간 총생산량 20단위를 기초로 한 것이다)

	단위당 기초(기본)원가	단위당 가공(전환)원가
①	₩68,000	₩110,000
②	68,000	128,000
③	110,000	68,000
④	128,000	68,000

06 변동원가와 고정원가 (18. 주택관리사)

(주)한국의 최근 2개월간 생산량 및 제조원가가 다음과 같을 때, 6월의 기타제조원가는? (단, 5월과 6월의 단위당 변동원가와 고정원가 총액은 동일하다)

구 분		5월	6월
생산량		9,000단위	10,000단위
제조원가 (총액)	직접재료원가	₩18,000	?
	고정임차료	8,000	?
	기타제조원가	39,000	?
	합 계	₩65,000	₩70,000

① ₩37,000 ② ₩38,000 ③ ₩40,000
④ ₩41,000 ⑤ ₩42,000

07 관련원가 (14. 계리사)

(주)한국에서는 컴퓨터를 ₩2,000(추정내용연수 4년, 추정잔존가치 10%, 정액법에 의한 감가상각)에 구입하여 2년 동안 사용하다가 신형 컴퓨터(취득원가 ₩2,500으로 추정)로 대체할 것인지에 대한 의사결정을 하고자 한다. 신형 컴퓨터로 대체할 경우 기존 컴퓨터의 처분금액은 ₩500으로 추정된다. 다음 중 컴퓨터의 대체의사결정시 관련원가(relevant cost)에 해당하는 것으로 옳은 것은?

(가) 기존 컴퓨터의 취득원가 (나) 기존 컴퓨터의 장부금액
(다) 기존 컴퓨터의 처분금액 (라) 신형 컴퓨터의 취득원가

① (가), (나) ② (가), (다)
③ (나), (라) ④ (다), (라)

08 제조원가의 분류 (17. 보험계리사)

제조기업인 (주)한국의 20×1년 원가자료는 다음과 같다. (주)한국의 20×1년 제조간접원가 총액은 얼마인가?

직접재료원가	₩500	직접노무원가	₩300
본사관리부직원 급여	400	본사건물 화재보험료	100
본사건물 감가상각비	150	공장건물 감가상각비	250
공장건물 화재보험료	150	공장기계 리스료	50
영업부직원 판매수수료	200	공장장 급여	200
본사건물 재산세	50	공장토지 재산세	100

① ₩750　② ₩800
③ ₩850　④ ₩900

09 제조원가의 분류 (17. 재경관리사)

(주)삼일은 한 공장에서 100명의 직원 모두가 팀 구분 없이 승용차와 트럭을 생산하고 있다. 승용차 생산과 관련하여 원가를 원가행태와 추적가능성에 따라 아래와 같이 분류하는 경우 (ㄱ)의 사례로 가장 옳은 것은?

	직접원가	간접원가
변동원가	(ㄱ)	(ㄴ)
고정원가	(ㄷ)	(ㄹ)

① 승용차용 타이어 원가　② 공장 감가상각비
③ 공장장 급여　④ 식당 운영비

10 제조원가의 분류와 흐름 (18. 주택관리사)

(주)한국의 20×1년도 원가자료가 다음과 같을 때, 당기제품제조원가는? (단, 본사에서는 제품생산을 제외한 판매 및 일반관리 업무를 수행한다)

직접재료원가	₩3,000	전기료－공장	₩120
직접노무원가	2,000	전기료－본사	50
간접노무원가	1,000	기타 제조간접원가	1,000
감가상각비－공장	250	기초재공품재고액	6,000
감가상각비－본사	300	기말재공품재고액	5,000

① ₩6,370　② ₩7,370　③ ₩7,720
④ ₩8,370　⑤ ₩8,720

11 제조원가의 분류와 흐름 (16. 국가직 9급)

다음 자료를 토대로 계산한 (주)대한의 매출총이익은?

- 당기중 직접재료원가는 전환원가의 50%이다.
- 직접노무원가 발생액은 매월말 미지급임금으로 처리되며 다음 달 초에 지급된다. 미지급임금의 기초금액과 기말금액은 동일하며, 당기중 직접노무원가의 지급액은 ₩450이다.
- 재공품 및 제품의 기초금액과 기말금액은 ₩100으로 동일하다.
- 기타 발생비용으로 감가상각비(생산현장) ₩100, 감가상각비(영업점) ₩100, CEO 급여 ₩150, 판매수수료 ₩100이 있다. CEO 급여는 생산현장에 1/3, 영업점에 2/3 배부된다.
- 매출액은 ₩2,000이다.

① ₩1,050 ② ₩1,100
③ ₩1,150 ④ ₩1,200

12 제조원가의 흐름 (21. 지방직 9급)

(주)한국의 다음 자료를 이용한 변동제조원가 발생액은? (단, 기초제품재고와 기초 및 기말 재공품재고는 없다)

당기제품생산량	50,000개
당기제품판매량	50,000개
변동매출원가	₩900,000

① ₩600,000 ② ₩700,000
③ ₩800,000 ④ ₩900,000

13 제조원가의 흐름 (21. 공인회계사)

(주)대한의 20×1년 재고자산과 관련된 자료는 다음과 같다.

	직접재료	재공품	제 품
기초금액	₩23,000	₩30,000	₩13,000
기말금액	12,000	45,000	28,000

20×1년 직접재료매입액은 ₩55,000이며, 가공원가는 ₩64,000이다. 이 경우 (주)대한의 20×1년 당기제품제조원가에서 매출원가를 차감한 금액은 얼마인가?

① ₩12,000 ② ₩15,000 ③ ₩23,000
④ ₩28,000 ⑤ ₩30,000

14 제조원가의 흐름 (18. 국가직 7급)

(주)대한의 20×1년 기초 및 기말 재고자산 가액은 다음과 같다.

	기 초	기 말
원 재 료	₩34,000	₩10,000
재 공 품	37,000	20,000
제 품	10,000	48,000

원재료의 제조공정 투입금액은 모두 직접재료원가이고, 20×1년중 매입한 원재료는 ₩56,000이다. 20×1년의 기본(기초)원가는 ₩320,000이고, 가공(전환)원가의 60%가 제조간접원가이다. (주)대한의 20×1년 매출원가는?

① ₩659,000　② ₩695,000
③ ₩899,000　④ ₩959,000

15 제조원가의 흐름 (20. 국가직 9급)

(주)한국은 단일제품을 생산하고 있다. 20×1년 자료가 다음과 같을 때, 당기직접재료매입액과 당기에 발생한 직접노무원가는?

• 재고자산

	기초재고	기말재고
직접재료	₩18,000	₩13,000
재 공 품	25,000	20,000

• 기본원가 ₩85,000
• 가공원가 75,000
• 당기제품제조원가 130,000
• 매출원가 120,000

	직접재료매입액	직접노무원가
①	₩45,000	₩35,000
②	₩45,000	₩40,000
③	50,000	35,000
④	50,000	40,000

16 제조원가의 흐름 (19. 국가직 9급)

(주)한국의 20×1년 4월초와 4월말 재고자산 금액은 다음과 같다.

	20×1. 4. 1	20×1. 4. 30
직접재료	₩18,000	₩16,000
재 공 품	4,000	14,000
제 품	16,000	12,000

4월중 직접재료매입액은 ₩150,000이고, 가공원가는 ₩594,000이다. (주)한국의 4월 매출원가는?

① ₩726,000 ② ₩738,000
③ ₩740,000 ④ ₩752,000

17 제조원가의 흐름 (22. 주택관리사)

(주)한국은 실제원가계산을 적용하고 있으며, 20×1년의 기초 및 기말 재고자산은 다음과 같다.

	기 초	기 말
직접재료	₩10,000	₩12,000
재 공 품	100,000	95,000
제 품	50,000	55,000

당기매출원가가 ₩115,000일 경우, 당기총제조원가는?

① ₩115,000 ② ₩120,000 ③ ₩125,000
④ ₩130,000 ⑤ ₩135,000

18 제조원가의 흐름 (22. 공인회계사)

(주)대한은 의료장비를 생산하고 있으며, 20×1년 2월 원가 관련 자료는 다음과 같다.

- 재료구입액은 ₩4,000, 재료 기말재고액은 ₩1,400이다.
- 노무원가는 공장에서 발생한 것이며, 노무원가의 80%는 생산직 종업원의 임금이다.
- 지급한 노무원가는 ₩3,700, 기초미지급노무원가는 ₩200, 기말미지급노무원가는 ₩500이다.
- 기본원가(기초원가, prime costs)는 ₩5,700이다.
- 제조경비는 ₩2,100이며, 전액 제조간접원가이다.

20×1년 2월 (주)대한의 제조간접원가는 얼마인가? (단, 기초재고자산은 없다)

① ₩2,100 ② ₩2,200 ③ ₩2,800
④ ₩3,000 ⑤ ₩3,100

19 제조원가의 흐름 (21. 주택관리사)

(주)한국의 20×1년도 매출액은 ₩115,000이며 매출총이익률은 40%이다. 같은 기간 직접재료매입액은 ₩22,000이고, 제조간접원가 발생액은 직접노무원가의 50%이다. 20×1년 기초 및 기말 재고자산이 다음과 같을 때, 20×1년에 발생한 제조간접원가는?

	직접재료	재공품	제 품
기초재고	₩4,000	₩8,000	₩20,400
기말재고	5,200	7,200	21,000

① ₩10,400 ② ₩16,000 ③ ₩20,800
④ ₩26,400 ⑤ ₩32,000

20 제조원가의 흐름 (18. 감정평가사)

다음 자료를 이용하여 계산한 매출원가는?

기초재공품	₩60,000	기초제품	₩45,000	기말재공품	₩30,000
기말제품	60,000	직접재료원가	45,000	직접노무원가	35,000
제조간접원가	26,000				

① ₩121,000 ② ₩126,000 ③ ₩131,000
④ ₩136,000 ⑤ ₩141,000

21 제조원가의 흐름 (18. 관세사)

20×1년 (주)관세의 제조와 관련된 원가가 다음과 같을 때 직접노무원가는?

당기제품제조원가	₩1,400,000
기본원가(prime cost)	1,200,000
가공원가(전환원가)	1,100,000
기초재공품	100,000
기말재공품	200,000

① ₩400,000 ② ₩500,000 ③ ₩600,000
④ ₩800,000 ⑤ ₩900,000

22 제조원가의 흐름 (18. 보험계리사)

(주)한국의 20×1년 재고자산의 기초 및 기말 잔액은 다음과 같다.

	20×1년 1월 1일	20×1년 12월 31일
직접재료	₩2,000	₩4,000
재 공 품	8,000	10,000
제 품	12,000	15,000

(주)한국의 20×1년 제조 관련 추가자료는 다음과 같다.

- 20×1년중 직접재료매입액은 ₩22,000이다.
- 20×1년에 발생한 직접노무원가는 기본원가(prime cost)의 50%이다.
- 20×1년에 발생한 제조간접원가는 전환원가(conversion cost)의 80%이다.

(주)한국의 20×1년 당기제품제조원가는?

① ₩70,000 ② ₩74,000
③ ₩118,000 ④ ₩122,000

23 **제조원가의 흐름** (19. 세무사)

(주)세무의 기초 및 기말 재고자산은 다음과 같다.

	기초잔액	기말잔액
원 재 료	₩27,000	₩9,000
재 공 품	30,000	15,000
제 품	35,000	28,000

원재료의 제조공정 투입금액은 모두 직접재료원가이며 당기중 매입한 원재료는 ₩83,000이다. 기초원가(prime cost)는 ₩306,000이고, 전환원가(conversion cost)의 50%가 제조간접원가이다. (주)세무의 당기제품제조원가와 당기매출원가는?

	당기제품제조원가	매출원가
①	₩408,500	₩511,000
②	₩511,000	₩511,000
③	511,000	526,000
④	526,000	526,000
⑤	526,000	533,000

24 **제조원가의 흐름** (18. 경영지도사)

다음은 (주)한국의 제조원가명세서이다. 직접노무원가가 제조간접원가의 70%일 경우, 제조간접원가는?

Ⅰ. 직접재료원가	
1. 기초재고액	₩40,000
2. 당기매입액	100,000
3. 기말재고액	30,000
Ⅱ. 직접노무원가	(?)
Ⅲ. 제조간접원가	(?)
Ⅳ. 당기총제조원가	(?)
Ⅴ. 기초재공품재고액	40,000
Ⅵ. 기말재공품재고액	25,000
Ⅶ. 당기제품제조원가	210,000

① ₩40,000 ② ₩50,000 ③ ₩60,000
④ ₩70,000 ⑤ ₩80,000

25 제조원가의 흐름 (21. 공인회계사)

(주)대한의 20×1년 재고자산과 관련된 자료는 다음과 같다.

	원재료	재공품	제 품
기초금액	₩23,000	₩30,000	₩13,000
기말금액	12,000	45,000	28,000

20×1년 원재료매입액은 ₩55,000이며, 가공원가는 ₩64,000이다. 이 경우 (주)대한의 20×1년 당기제품제조원가에서 매출원가를 차감한 금액은 얼마인가?

① ₩12,000 ② ₩15,000 ③ ₩23,000
④ ₩28,000 ⑤ ₩30,000

26 제조원가의 흐름과 이익 (19. 감정평가사)

단일제품을 생산하는 (주)감평은 매출원가의 20%를 이익으로 가산하여 제품을 판매하고 있다. 당기의 생산 및 판매 자료가 다음과 같다면, (주)감평의 당기 직접재료매입액과 영업이익은?

• 재고자산

	기초재고	기말재고
직접재료	₩17,000	₩13,000
재 공 품	20,000	15,000
제 품	18,000	23,000

• 기본(기초)원가 ₩85,000
• 가공(전환)원가 98,000
• 매 출 액 180,000
• 판매관리비 10,000

	직접재료매입액	영업이익
①	₩46,000	₩15,000
②	₩48,000	₩15,000
③	48,000	20,000
④	52,000	20,000
⑤	52,000	26,000

27 제조원가의 흐름과 이익 (21. 국가직 7급)

다음은 (주)한국의 20×1년 기초 및 기말 재고자산과 관련한 자료이다.

	기 초	기 말
직접재료	₩2,000	₩7,000
재 공 품	8,000	5,000
제 품	7,000	10,000

(주)한국은 매출원가의 20%를 매출원가에 이익으로 가산하여 제품을 판매하고 있으며, 20×1년 매출액은 ₩60,000이다. (주)한국의 20×1년 직접재료매입액은 ₩15,000이고, 제조간접원가는 가공원가(conversion cost)의 40%일 때, 20×1년의 기초원가(prime cost)는?

① ₩24,000 ② ₩32,800
③ ₩34,000 ④ ₩40,000

28 제조원가의 흐름과 이익 (17. 관세사)

(주)관세의 20×1년 3월 매출액은 ₩302,500이며, 매출총이익률은 20%이다. 3월에 발생한 제품원가 관련 자료가 다음과 같을 때 당월 직접재료매입액은?

	월 초	월 말
직접재료	₩20,000	₩40,000
재 공 품	100,000	40,000
제 품	90,000	120,000
직접재료매입액	?	
직접노무원가	₩70,000	
제조간접원가	52,000	

① ₩50,000 ② ₩70,000 ③ ₩90,000
④ ₩110,000 ⑤ ₩212,000

29 제조원가의 흐름과 이익 (17. 보험계리사)

(주)한국의 20×1년도 생산 및 판매 관련 자료는 다음과 같다. (주)한국의 20×1년 영업이익은 얼마인가?

기초재공품재고액	₩50,000	기말재공품재고액	₩70,000
기초제품재고액	80,000	기말제품재고액	90,000
당기총제조원가	60,000	매출액	45,000
판매관리비	10,000		

① ₩5,000 ② ₩10,000
③ ₩15,000 ④ ₩20,000

30 **제조원가의 흐름과 이익** (19. 관세사)

다음은 (주)관세의 20×1년 생산·판매와 관련된 자료이다.

기초재공품	₩170,000	전환원가(가공원가)	₩2,250,000
기말재공품	320,000	기초제품	130,000
직접재료원가	830,000	기말제품	110,000
직접노무원가	750,000	매출액	3,835,000

위 자료를 이용하여 계산한 (주)관세의 20×1년 매출총이익은?

① ₩135,000 ② ₩885,000 ③ ₩905,000
④ ₩925,000 ⑤ ₩965,000

31 **제조원가의 흐름과 이익** (22. 세무사)

(주)세무의 20×1년 1월의 재고자산 자료는 다음과 같다.

	직접재료	재공품	제 품
20×1. 1. 1	₩80,000	₩100,000	₩125,000
20×1. 1. 31	60,000	75,000	80,000

20×1년 1월중 직접재료의 매입액은 ₩960,000이고, 직접노무원가는 제조간접원가의 40%이다. 1월의 매출액은 ₩2,500,000이며, 매출총이익률은 16%이다. 20×1년 1월의 기본원가(prime costs)는?

① ₩1,050,000 ② ₩1,160,000 ③ ₩1,280,000
④ ₩1,380,000 ⑤ ₩1,430,000

32 **제조간접원가의 계산** (19. 세무사)

다음은 (주)세무의 당기 및 전기 제조간접원가에 관련된 자료이다. 이 자료에 의할 때 (주)세무의 당기제조간접원가 발생액은?

	당기지급액	당기말 잔액		전기말 잔액	
		선급비용	미지급비용	미지급비용	선급비용
공장관리비	₩250,000	₩150,000	–	₩25,000	–
수도광열비	300,000	–	₩100,000	25,000	–
복리후생비	150,000	–	100,000	–	₩35,000

① ₩615,000 ② ₩735,000 ③ ₩765,000
④ ₩965,000 ⑤ ₩1,065,000

PART Ⅱ

원가와 이익의 추정과 분석

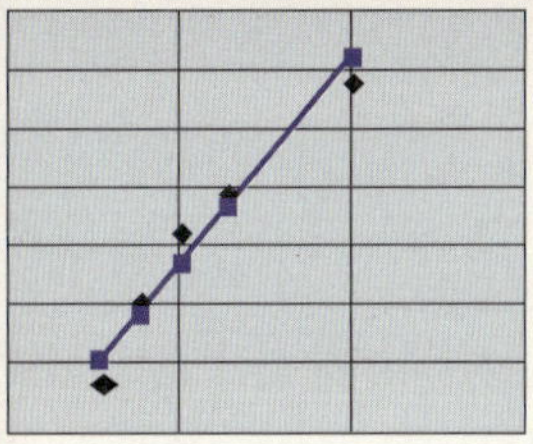

3 원가의 변동성과 원가추정

원가의 행태를 어떻게 추정하는가?

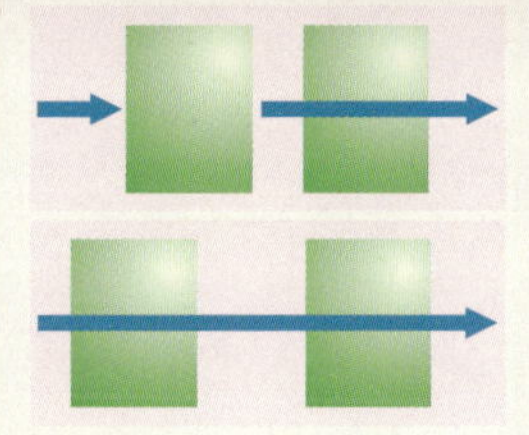

4 변동원가계산

고정제조원가를 기간원가로 처리한다

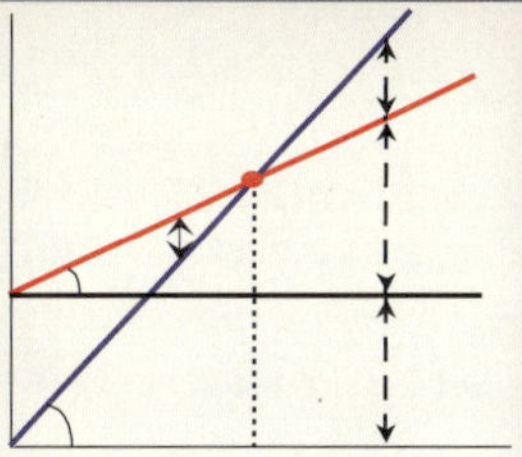

5 원가 - 조업도 - 이익 분석

생산 · 판매량, 원가, 이익의 관계를 이해한다

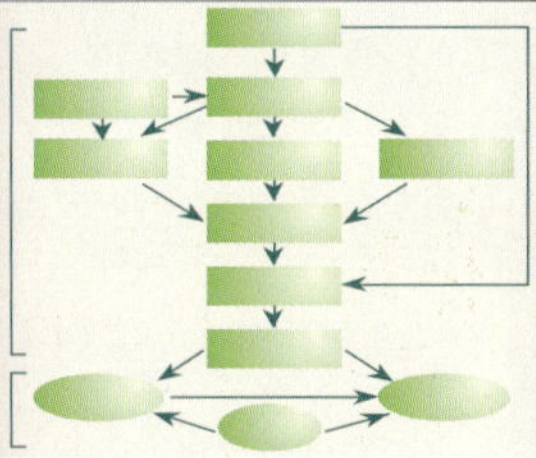

6 종합예산

예산을 세워 미래를 준비한다

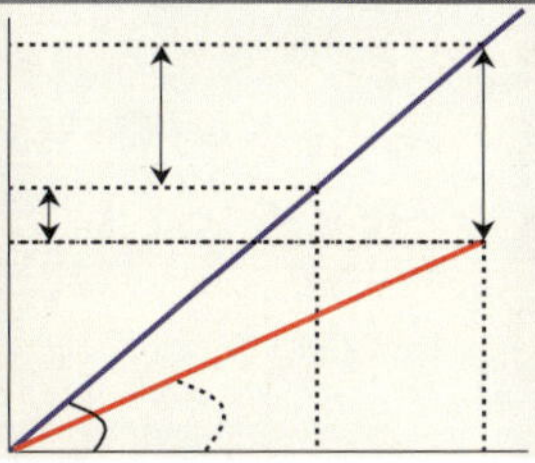

7 예산차이분석

왜 예상과 결과가 차이가 나는가?

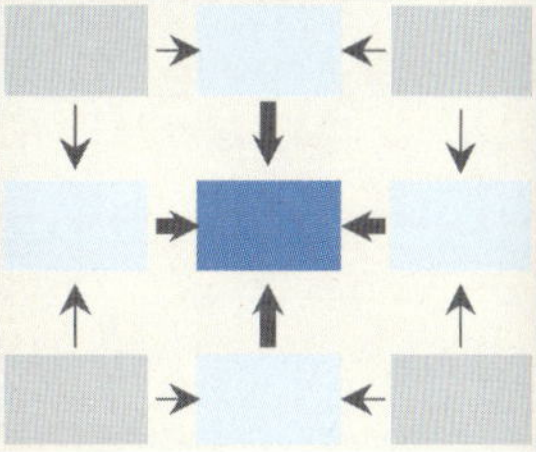

8 기간간 차이분석

왜 전기와 당기가 차이가 나는가?

제Ⅱ부는 원가의 변동성을 고려하여 원가와 이익을 추정하고 분석하는 방법을 다룬다. 제3장은 원가의 변동성(행태)에 따라 원가를 분류하고 추정하는 방법을 소개한다. 제4장은 제조원가와 판매관리비를 변동원가와 고정원가로 나누어 이익을 계산하는 변동원가계산을 회계기준이 인정하는 전부원가계산과 비교한다. 제5장은 원가의 변동성을 반영하여 생산 · 판매량(조업도)과 이익의 관계를 수식으로 분석하고 활용하는 원가-조업도-이익 분석을 학습한다. 제6장은 원가의 변동성과 제조원가의 흐름을 반영하여 손익과 현금흐름을 추정하는 종합예산제도를 소개한다. 종합예산에 의한 손익추정은 제5장의 원가-조업도-이익 분석에 의한 손익추정보다 복잡한 현실을 반영할 수 있다. 종합예산의 손익추정은 제4장의 변동원가계산을 사용하기도 한다. 제7장은 수익과 비용의 예산액과 실제액의 차이를 분석한다. 제8장은 예산액 대신 과거의 실제액을 기준으로 최근 기간의 실제액 변화를 분석하는 기간간 차이분석을 다룬다.

3 원가의 변동성과 원가추정

원가의 행태를 어떻게 추정하는가?

기업이나 단체의 여러 의사결정을 위하여 과거의 원가를 이해하는 것도 중요하지만 미래의 원가를 예측하는 것도 중요하다. 의사결정은 미래의 바람직한 결과를 얻기 위해 지금 선택을 하는 것이다. 미래의 결과 중에 원가가 중요한 부분이다. 내년에 생산량이 10% 증가한다면 원가가 얼마나 증가할까? 생산설비를 확대하면 운영비가 얼마나 증가할 것인가? 이러한 원가변동성을 추정하는 방법을 제3장이 다룬다. 주요 내용은 다음과 같다.

- 변동원가, 고정원가, 혼합원가를 이해한다.
- 혼합원가는 관련범위내 원가추정에 쓸모 있다.
- 설비확대는 계단원가의 행태를 보인다.
- 미래원가를 과거의 원가로 추정하는 계정분석법, 고저점법, 최소자승법이 있다.
- 과거의 자료가 없으면 공학분석법으로 원가를 추정한다.
- 최소자승법의 추정은 엑셀로 쉽게 할 수 있다(부록 A).
- 학습효과를 고려한 추정도 가능하다(부록 B).

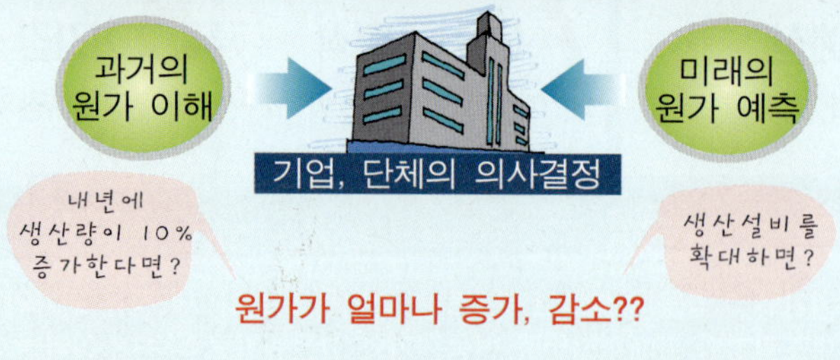

원가행태	원가동인수준에 따라 원가가 변하는지를 파악
원가추정	원가가 원가동인수준에 따라 얼마나 변하는지를 추정

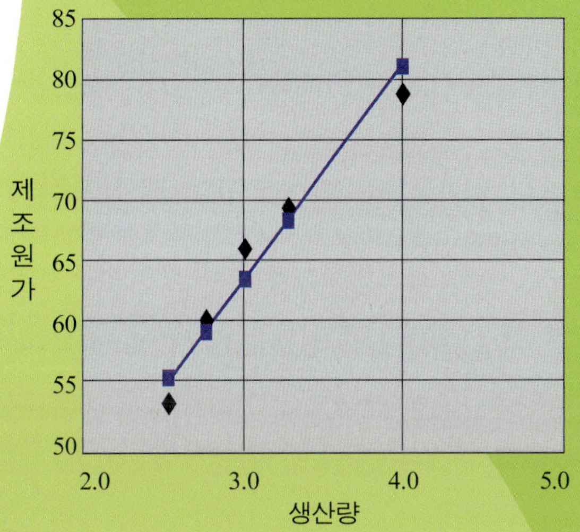

3

- 변동원가, 고정원가, 혼합원가를 이해한다
- 혼합원가는 관련범위내 원가추정에 쓸모 있다
- 계단원가는 설비의 확대와 관련된다
- 올해의 원가로 내년의 원가를 추정한다 – 계정분석법
- 지난 2년간의 자료로 내년의 원가를 추정한다 – 고저점법
- 지난 수년간의 자료로 내년의 원가를 추정한다 – 회귀분석법
- 과거자료로 미래원가를 추정할 때 주의할 점이 있다
- 과거자료 없이 미래원가를 추정한다 – 공학분석법

[부록 A] 엑셀로 원가추정하기

[부록 B] 학습효과

"399달러짜리 '아이폰SE', 부품원가는 160달러"

IHS 분석… "아이폰SE는 5s · 6 · 6s의 융합, 부품원가 160달러 수준"

애플이 지난 달 첫 선을 보인 보급형폰 '아이폰SE'의 부품원가가 160달러 수준이라는 분석이 나왔다. 5일 시장조사업체 IHS는 애플의 엔트리 레벨 스마트폰 아이폰SE의 미국 버전 16기가바이트(GB) 모델의 부품원가가 156.20달러로 공정 중 추가비용 등을 감안하면 160달러 수준이라고 분석했다. 애플이 지난 달 21일(현지시간) 발표한 아이폰SE 16GB의 판매가격은 399달러다.

앤드류 라스와일러 IHS 시니어 디렉터는 "아이폰SE는 아이폰5s, 아이폰6, 아이폰6s 등 아이폰 세 가지 세대의 융합을 보여주고 있다"며 "이를 통해 새로운 모습을 보여주고 있다"고 말했다. 그는 "아이폰5s와 디자인이 유사함에도 불구하고 훨씬 좋은 성능을 보여준다"고 덧붙였다.

IHS는 아이폰SE가 전작들에서 같거나 매우 유사한 부품을 상당수 차용했다고 전했다. 아이폰SE는 2013년 출시된 아이폰5s와 외관이 거의 같다. IHS는 아이폰SE의 디스플레이 크기와 해상도는 아이폰5s와 같으나 테두리 등의 부품은 미세하게 다르다고 전했다.

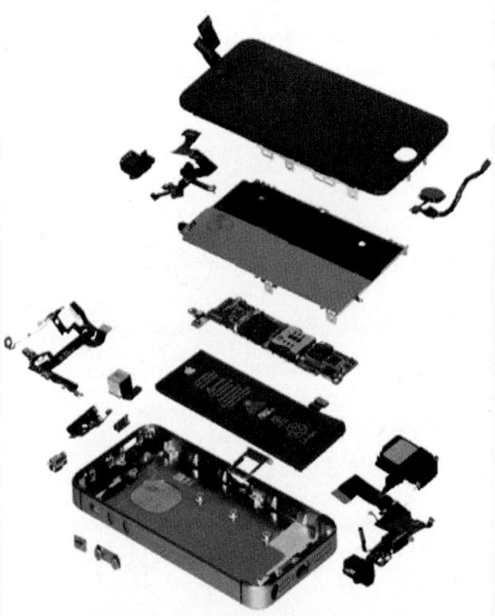

▲아이폰SE 부품 이미지 (사진 : IHS)

아이폰6와는 LTE 연결을 위한 무선주파수(RF) 부품이 같으며 아이폰6에서 찾아볼 수 있는 퀄컴 부품(MDM9625)이 들어갔다. 모델에 따라 아이폰SE는 18개 글로벌 LTE 밴드를 지원한다. 이는 아이폰6와 같은 수준이고 아이폰6s에는 못 미치는 정도다. 아이폰SE는 또 아이폰6와 같은 120만 화소 전면 카메라를 장착했다. 아이폰6s와는 애플리케이션 프로세서(AP)가 A9으로 같다. 1,200만 화소 메인 카메라 모듈도 동일하다.

애플은 아이폰5c로 로엔드 스마트폰 시장까지 영역을 확대한 바 있다. IHS는 애플이 이번에도 역시 16GB 모델의 상대적으로 낮은 가격을 앞세워 신흥시장에 도전장을 내밀 것으로 봤다. IHS는 애플이 아이폰SE 64GB를 판매할 때 16GB 대비 이익 증가분이 약 89달러 수준에 이를 것으로 예상했다.

(아시아경제, 2016.4.5)

변동원가, 고정원가, 혼합원가를 이해한다

변동원가
원가동인수준에 따라 변하는 원가

고정원가
원가동인수준과 무관하게 일정하게 발생하는 원가

혼합원가
변동원가와 고정원가가 합해진 원가행태

여러 가지 의사결정에 필요한 미래원가를 추정하려면 원가가 발생하는 행태에 대해 알아야 한다. 원가행태(Cost Behavior)란 원가동인수준에 따라 어떻게 원가가 변하는지를 의미한다. 원가의 발생행태에 따라 가장 기본적으로 변동원가와 고정원가로 나눈다. 변동원가(Variable Cost)는 원가동인수준에 따라 변하는 원가이고 고정원가(Fixed Cost)는 원가동인수준과 무관하게 일정하게 발생하는 원가이다. 원가동인은 생산량, 판매량, 또는 다양한 활동수준일 수 있다. 과자를 만들 때, 밀가루, 우유 등의 직접재료원가, 제과설비 동력비 등은 생산량에 비례하여 발생하는 변동원가이다. 이에 비해, 사장 등 임원의 급여나 설비 감가상각비 등은 생산량과 무관하게 발생하는 일정한 고정원가이다.

변동원가가 반드시 생산량 등의 원가동인수준에 정확히 비례하지 않을 수 있다. 생산량이 증가할수록 작업숙련도와 효율성이 높아져 재료가 절감되고 작업시간이 줄어드는 경우가 그 예이다. 원가동인수준에 정확히 비례하는 변동원가를 순수변동원가라고도 하나 보통 변동원가라는 용어가 순수변동원가를 의미하기 위해 쓰인다. 전기수도료 등은 총금액이 월정기본료 고정원가와 사용료 변동원가의 2부분이 합쳐 있다. 원가관리회계에서는 실제 원가행태가 복잡하더라도 가장 단순한 변동원가와 고정원가의 합으로 분석하는 경우가 많다. 변동원가와 고정원가가 합해진 행태를 혼합원가(Mixed Cost) 또는 준변동원가(Semi-Variable Cost)라고 한다.

이러한 여러 가지 원가행태를 수식과 그림으로 보이면 다음과 같다.

고정원가 : $Y=a$　　Y : 원가　　a : 총고정원가

변동원가 : $Y=bX$　　X : 원가동인수준　　b : 원가동인단위당 변동원가

혼합원가 : $Y=a+bX$

그림 3.1 여러 원가행태

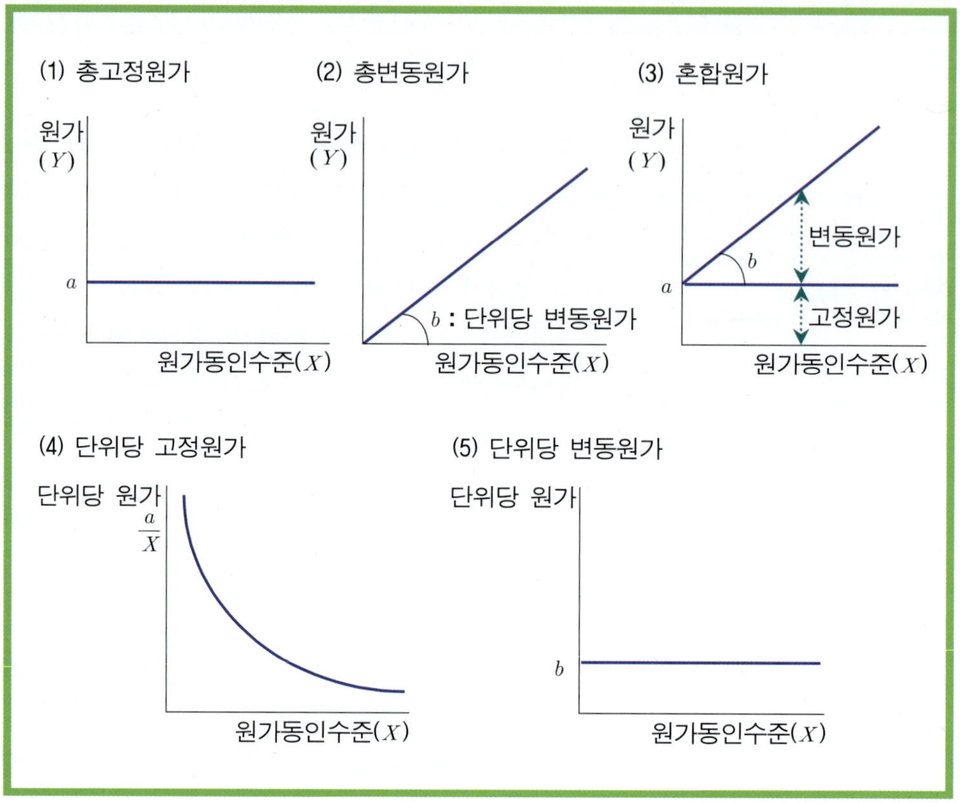

혼합원가는 관련범위내 원가추정에 쓸모 있다

관련범위
원가관계를 단순히 추정하는 범위

실제로 복잡한 원가행태를 혼합원가로 추정하는 것이 충분한가? 그렇다. 혼합원가가 원가추정에 충분한 이유는 복잡한 곡선의 원가관계도 제한된 범위에서는 직선의 혼합원가로 상당히 비슷하게 추정할 수 있기 때문이다. 이 범위를 관련범위(Relevant Range)라 하는데 이 범위를 벗어나면 혼합원가 추정선이 큰 오차를 가질 수 있다. 이를 [그림 3.2]가 보여준다.

그림 3.2 혼합원가 추정선과 관련범위

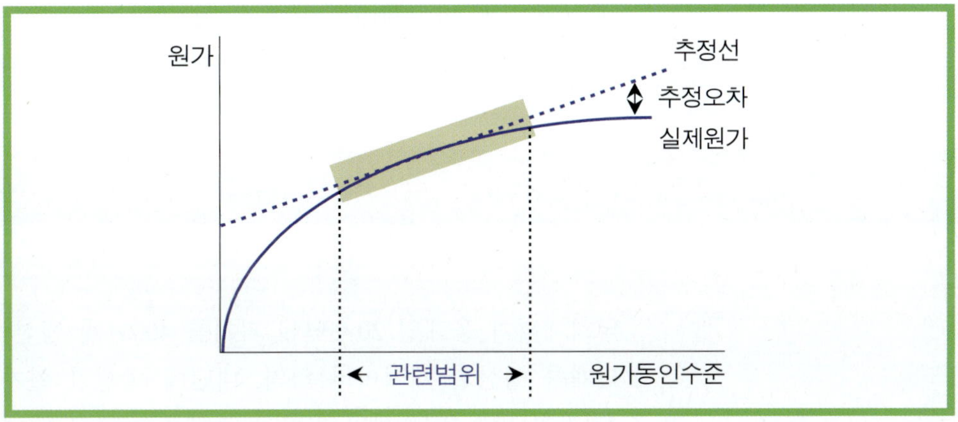

계단원가는 설비의 확대와 관련된다

국희제과가 현재의 설비를 완전가동하여 과자를 연간 500만개 생산한다고 하자. 생산량이 500만개 이하로 줄어도 이 설비의 감가상각비는 줄지 않는 고정원가이다. 만약 생산량을 10% 늘려 550만개를 생산하려면 생산설비를 추가해야 하는데 추가가능한 최소규모의 생산설비가 200만개라고 하자. 이 200만개 생산능력의 설비를 추가하면 총생산능력이 700만개로 늘고 이 범위 안에서 설비 감가상각비는 새로운 높은 수준에서 일정하다. 이렇게 서로 다른 원가동인 수준 범위에서 다른 고정원가 수준을 가지는 원가행태를 계단원가(Step Cost) 또는 준고정원가(Semi-Fixed Cost)라 한다. 이를 [그림 3.3]이 보여준다.

계단원가 [준고정원가]
서로 다른 범위에서 다른 고정원가 수준을 가지는 원가행태

그림 3.3 계단원가 또는 준고정원가

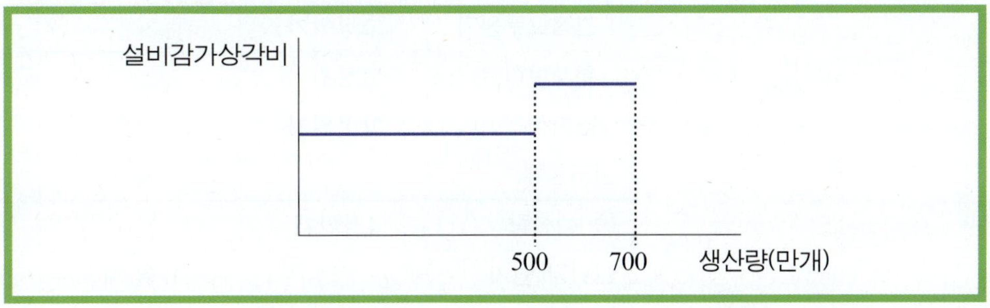

즉, 계단원가는 어떤 원가동인수준을 초과하면 고정원가의 수준이 한 단계 높아지는 원가행태이다.

올해의 원가로 내년의 원가를 추정한다 - 계정분석법

계정분석법
과거의 원가계정들을 변동원가와 고정원가로 구분하여 총고정원가와 단위당 변동원가를 추정하는 법

국희제과가 올해인 20×5년에 과자를 400만개 생산하는데 내년인 20×6년에 500만개를 생산할 계획이라 하자. 내년에 발생할 원가를 어떻게 추정할 수 있나? 한 가지 방법은 올해의 원가 세부항목 자료로 내년의 원가를 예측하는 방법이다. 계정분석법(Account Analysis)이라 불리는 이 방법에서는 과거 1년의 원가계정들을 변동원가와 고정원가로 구분한 후 미래의 고정원가는 과거의 같은 금액을, 변동원가는 생산량 등의 원가동인의 크기 변화를 고려하여 조정한다.

수식으로 설명하면 원가추정식 $Y=a+bX$에서 a는 과거의 고정원가계정의 합으로 추정한다. 원가동인 단위당 변동원가인 b는 과거의 변동원가 합계를 과거의 원가동인량으로 나누어 구한다.

국희제과의 올해 원가 및 생산량 자료가 〈표 3.1〉과 같다고 하자.

표 3.1 20×5년 원가 및 생산량 자료 (단위 : 백만원)

	원가행태	변동원가금액	고정원가금액	합 계
직접재료원가	변동원가	50		
직접노무원가	변동원가	10		
제조간접원가				
전기수도료	변동원가	3		
소모품비	변동원가	5		
간접노무원가	고정원가		2	
화재보험료	고정원가		2	
감가상각비	고정원가		8	
원가합계		68	12	80
(÷)생산량	4백만개			
단위당 원가		17원/개	3원/개	20원/개

생산량을 변동원가의 유일한 원가동인으로 가정하여 변동원가 단위당 원가 17원을 구하고, 고정원가 총액을 12백만원으로 구하였다. 즉, 계정분석법에 의한 원가추정식이 다음과 같다.

예상 총제조원가 = 17원/개 × 예상 생산량 + 12백만원

이때 20×6년의 생산량이 5백만개로 예상되면 총제조원가는 97백만원으로 추정된다.

예상 총제조원가 = 17원/개 × 5백만개 + 12백만원 = 97백만원

20×5년보다 20×6년의 생산량이 1백만개 증가하면 변동원가가 17백만원 증가하여 총제조원가가 올해의 80백만원보다 17백만원 증가한 97백만원이 됨을 알 수 있다.

계정분석법의 문제는 각 계정을 변동원가와 고정원가로 구분하는 것이 자의적이고, 일부 계정은 변동원가와 고정원가의 성격을 같이 가지고 있으나 두 부분으로 나눌 수가 없는 점이다.

지난 2년간의 자료로 내년의 원가를 추정한다 - 고저점법

국회제과의 지난 2년간 원가자료를 이용하여 내년의 원가를 추정해 보자. 〈표 3.2〉는 지난 2년간 자료이다.

고저점법
과거의 자료 중 원가동인수준의 최고점과 최저점의 원가수치를 이용하여 원가를 추정하는 방법

2년간의 자료가 있으므로, 계정분석법의 자의적인 원가분류의 잘못을 피할 수 있는 고저점법으로 내년의 원가를 추정할 수 있다. 고저점법(High-Low Method)은 과거의 자료 중 원가동인수준의 최고점과 최저점의 원가수치를 이용하여 혼합원가 추정식을 구한다. 추정식에 두 점의 원가와 원가동인수준 값을 대입하면, 단위당 변동원가(b)와 총고정원가(a)를 구할 수 있다.[1)]

1) 본문에서 총원가 수치를 사용하여 총혼합원가를 추정하였으나 개별 원가항목별로 원가행태를 추정할 수도 있다.

표 3.2 지난 2년간의 원가 및 생산량 자료 (단위 : 백만원)

	20×4년	20×5년
직접재료원가	40	50
직접노무원가	8	10
제조간접원가		
전기수도료	2.5	3
소모품비	4	5
간접노무원가	1.5	2
화재보험료	2	2
감가상각비	8	8
원가합계	66	80
생산량	3백만개	4백만개

총제조원가 $= a + b \times$ **원가동인수준(생산량)**

80백만원 $= a + b \times$ 4백만개

66백만원 $= a + b \times$ 3백만개

b = 단위당 원가

= (80백만원 − 66백만원)/(4백만개 − 3백만개) = 14원/개

20×5년의 생산량이 20×4년에 비해 100만개 증가할 때 총제조원가가 14백만원 증가하였으므로 단위당 변동원가가 14원으로 추정된다. 고정원가는 먼저 구한 단위당 변동원가를 20×5년의 원가식에 대입하여 구한다.

80백만원 = a + 14원/개 × 4백만개

⇒ a = 총고정원가

= 총제조원가 − 총변동원가

= 80백만원 − 56백만원 = 24백만원

500만개를 생산할 20×6년의 원가는 앞에서와 같이 원가추정식을 이용하여 구한다.

예상 총제조원가＝24백만원＋14원/개×5백만개＝94백만원

20×5년보다 20×6년의 생산량이 1백만개 증가하면 변동원가가 14백만원 증가하여 총제조원가가 20×5년의 80백만원보다 14백만원 증가하여 94백만원이 됨을 알 수 있다.

지난 수년간의 자료로 내년의 원가를 추정한다 - 회귀분석법

지난 5년간의 원가 및 생산량 자료가 있다면 미래의 원가를 좀더 정확히 추정할 수 있는 방법이 있을까?

고저점법 : 2기간만의 자료를 이용하므로 추정이 정확하지 않음

회귀분석

국회제과에 지난 5년간의 원가 및 생산량 자료가 있다면 미래의 원가를 좀더 정확히 추정할 수 있는 방법이 있을까? 지난 수년간의 자료가 존재할 때 그중 최고생산량의 기간과 최저생산량의 기간의 자료만을 이용하여 고저점법을 적용할 수도 있다. 고저점법은 2기간만의 자료를 이용하므로 추정이 정확하지 않다.

2기간 이상의 자료가 존재하면 이 자료를 모두 사용하는 회귀분석을 할 수 있다. 회귀분석(Regression Analysis)은 자료를 이용하여 설명변수인 X와 이에 따라 변하는 피설명변수 Y의 관계를 가장 적절히 나타내는 추정식을 찾아내는 통계기법이다.

회귀분석
자료를 이용하여 설명변수인 X와 이에 따라 변하는 피설명변수 Y의 선형관계를 가장 적절히 나타내는 추정식을 찾아내는 통계기법

국회제과의 지난 5년간 원가 및 생산량 자료가 〈표 3.3〉과 같다.

표 3.3 지난 5년간 원가 및 생산량 자료

연 도	20×1년	20×2년	20×3년	20×4년	20×5년
총제조원가(백만원)	55	60	70	66	80
생산량(백만개)	2.5	2.7	3.3	3	4

이 5년간의 자료를 설명변수인 생산량(X)과 피설명변수인 총제조원가(Y)의 축으로 나타낸 [그림 3.4]를 산포도라 한다.

그림 3.4 산포도

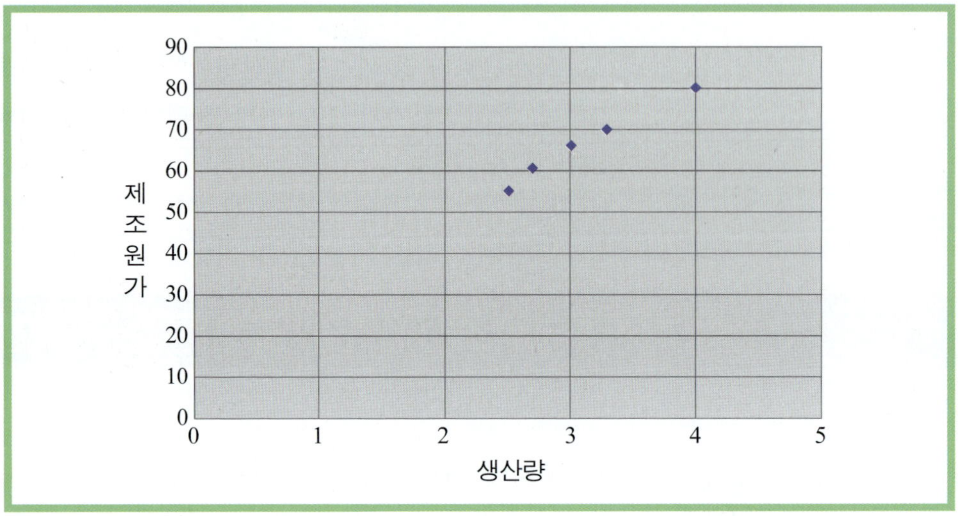

산포도
(X, Y) 자료가 $X-Y$ 평면에 어떻게 분산되어 있나를 보여주는 그림

산포도(Scatter Diagram)는 (X, Y) 자료가 $X-Y$ 평면에 어떻게 분산되어 있나를 보여주는 그림이다. 이 산포도에 고저점법에 의한 원가추정선을 더하면 [그림 3.5]가 된다. 고저점법의 원가추정선은 최저생산량(가장 왼쪽 점)과 최고생산량(가장 오른쪽 점)의 두 점을 연결한 선이다. 이때의 기울기와 절편은 다음과 같다.

$$b = 16.67 = \frac{80-55}{4-2.5}$$

$$a = 13.33 = 55 - 16.67 \times 2.5$$

그림 3.5 산포도와 고저점법 추정선

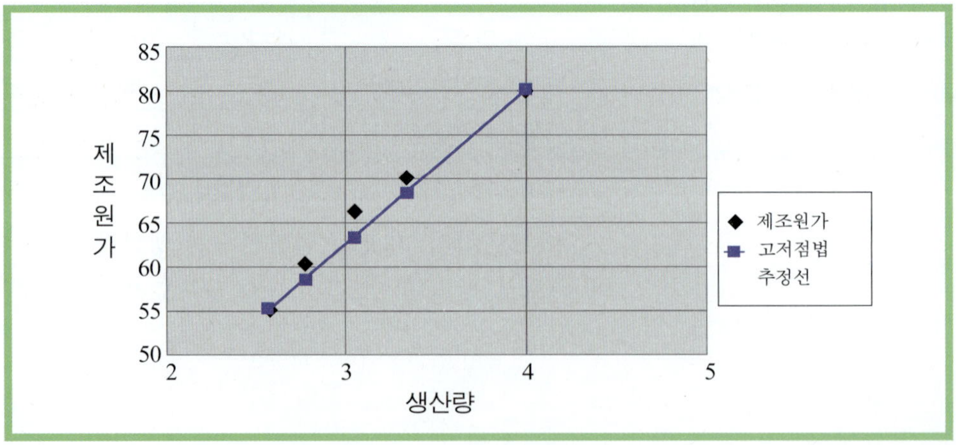

표 3.4 고저점법의 추정오차

연 도	생산량	실제제조원가	고저점법 추정치	추정오차	추정오차 자승(제곱)
20×1년	2.5	55	55.0	0.0	0
20×2년	2.7	60	58.3	−1.7	2.89
20×3년	3.3	70	68.3	−1.7	2.89
20×4년	3	66	63.3	−2.7	7.29
20×5년	4	80	80.0	0.0	0
합 계	15.5	331	324.9	−6.1	13.07

최소자승법
추정선과 실제 자료점의 수직거리로 나타나는 추정오차의 자승(제곱)의 합을 최소화하는 추정선을 찾는 방법

실제제조원가와 고저점법의 추정제조원가를 비교하면 〈표 3.4〉와 같다. 〈표 3.4〉는 고저점법이 20×2~20×4년의 원가를 과소추정함을 보여준다. 이러한 문제를 피하기 위해 5년간의 자료를 회귀분석한다. 회귀분석 중 가장 기본적이고 흔히 사용되는 것이 최소자승법이다. 최소자승법(Least-Squares Method)은 추정선과 실제 자료점의 수직거리로 나타나는 추정오차의 자승(제곱)의 합을 최소화하는 추정선을 찾는 방법이다. 추정오차 자체를 최소화하지 않고 자승값을 최소화하는 이유는, 오차는 음과 양의 값을 가지므로 제곱하지 않으면 서로 상쇄되기 때문이다.

최소자승법은 $Y = a + bX$의 a와 b를 다음과 같이 계산한다.

$$b = \frac{\textbf{자료수} \times X\textbf{와 } Y\textbf{의 곱의 합} - X\textbf{의 합} \times Y\textbf{의 합}}{\textbf{자료수} \times X\textbf{제곱의 합} - X\textbf{의 합의 제곱}}$$

$$a = Y\textbf{평균} - b \times X\textbf{평균}$$

이 공식의 도출은 부록에서 소개한다. 이 공식을 엑셀 등의 전자계산표(스프레드시트)로 계산하거나 엑셀의 최소자승법 계산기능을 사용하면 된다. 엑셀로 최소자승법을 사용하는 방법은 본장 [부록 A]에서 설명한다. 최소자승법으로 구한 a와 b는 다음과 같다.

$$b = 16.23$$
$$a = 15.88$$

이 추정식을 산포도에 같이 그리면 [그림 3.6]과 같다.

그림 3.6 산포도와 최소자승법 추정선

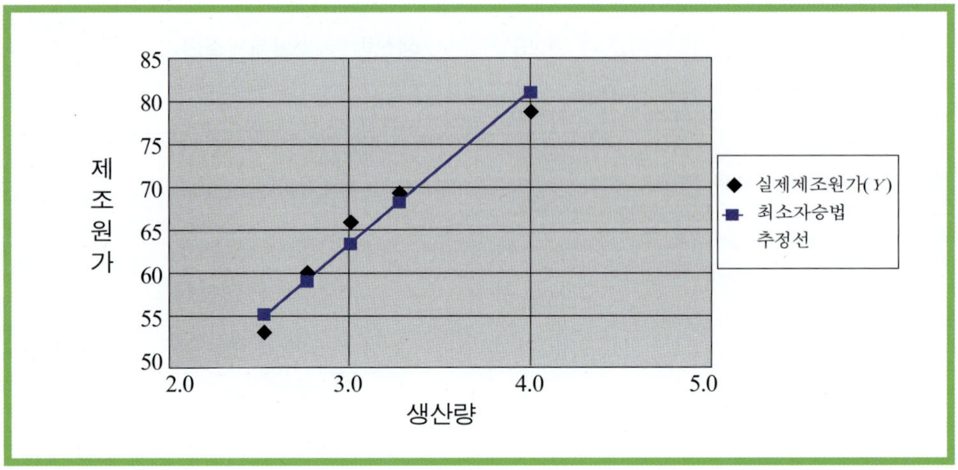

실제제조원가와 최소자승법의 추정제조원가를 비교하면 〈표 3.5〉와 같다.

표 3.5 최소자승법의 추정오차

연 도	실제제조원가(Y)	최소자승법추정치	추정오차	추정오차자승(제곱)
20×1년	55	56.5	1.5	2.25
20×2년	60	59.7	−0.3	0.09
20×3년	70	69.5	−0.5	0.25
20×4년	66	64.6	−1.4	1.96
20×5년	80	80.8	0.8	0.64
합 계	331	331.1	0.1	5.19

〈표 3.5〉와 〈표 3.4〉를 비교하면 최소자승법이 고저점법보다 더 정확한 방법임을 알 수 있다. 고저점법에서는 추정오차자승의 합이 13.07이나 최소자승법에서는 추정오차자승의 합이 5.19이다.

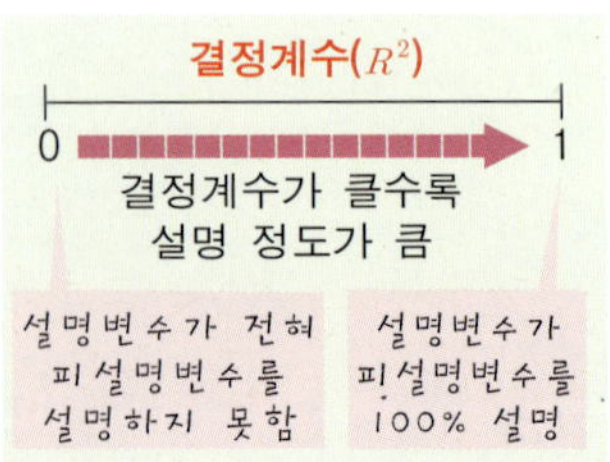

회귀분석의 추정 정확성의 지표로는 결정계수가 사용된다. 결정계수(R^2)는 설명변수인 X(생산량)의 변화가 피설명변수인 Y(제조원가)의 변화를 몇 %나 설명하는지를 측정한다. 결정계수는 0과 1 사이의 값으로 수치 0은 설명변수가 전혀 피설명변수를 설명하지 못함을, 수치 1은 설명변수가 피설명변수를 100% 설명함을 뜻한다(결정계수가 1이면 추정오차가 전혀 없고 모든 실제 자료점이 추정선 위에 일치한다). 즉, 결정계수가 클수록 X가 Y를 설명하는 정도가 크다.

과거자료로 미래원가를 추정할 때 주의할 점이 있다

과거자료로 미래원가를 추정할 때 주의할 점

과거자료로부터 추정식을 도출할 때 주의점

- 분석자료의 충분성과 동질성을 동시에 고려
- 단위수준(생산량) 이외의 다른 비단위수준의 원가동인을 설명변수로 사용

추정식으로 미래를 예측할 때 주의점

- 미래의 변화요소 고려
- 과거자료의 관련범위 내에만 미래원가 추정이 유효

과거의 자료로 추정식을 구할 때 두 가지 주의할 점이 있다.

과거의 자료 수가 많을수록 원가추정이 정확해진다. 5년간의 자료보다는 10년간의 자료가 회귀분석의 정확도를 높인다. 그러나 자료수집의 기간이 길어지면 다른 문제점이 생긴다. 10년 동안의 자료가 동질적이라고 할 수 있는가? 국희제과의 예에서 생산량만을 원가의 변화를 설명하는 변수로 분석에 사용하였지만, 긴 기간 동안에는 물가의 변화, 생산기술의 변화 등이 원가의 크기에 영향을 미칠 수 있다.

자료의 동질성을 높이면서 자료의 수를 늘리기 위해 연간자료 대신 월간자료나 주간자료를 사용할 수 있다. 그러나 많은 기초자료가 연간자료만으로 수집되고 이 연간수치를 임의적으로 배분하여 월간 또는 주간수치로 바꾼 것은 분석에 도움이 되지 않는다.

즉, 첫째로 분석자료의 충분한 확보와 동질성의 문제를 같이 고려하여 적절한 자료수집 기간을 선택하는 것이다.

둘째로, 원가추정을 잘하기 위해서는 생산량 이외의 다른 원가동인을 설명변수로 사용하는 것이 좋다. 활동원가 중 배치수준원가와 제품유지원가에 대해서는 적절한 원가동인을 찾아내어 원가추정을 하면 추정오차를 줄일 수 있다. 활동기준원가계산에서 적절한 원가동인을 선택하기 위해 회귀분석 결과를 이용하기도 한다.

과거의 자료로 추정식을 구한 후 이 추정식을 미래에 적용할 때도 주의점이 두 가지 있다.

첫째로, 어느 방법에 의해 추정식을 구하더라도, 미래에 과거와 다른 어떤 변화가 있는지를 생각해야 한다. 물가증가나 임금상승, 생산기술 변화로 과거와 다른 행태의 원가가 발생할 수 있다.

둘째로, 과거의 설명변수 자료의 범위를 벗어난 미래의 활동수준에 대해 추정식을 적용한다면 추정이 정확하지 않다는 점이다.

국희제과의 예에서 과거의 생산량 범위는 250~400만개였는데, 이 범위의 자료에서 추정된 식으로 미래 500만개의 제조원가를 추정하는 것에는 한계가 있다. 달리 말하면 500만개의 미래 생산량은 선형 추정식의 관련범위를 벗어났

으므로 이 추정식을 사용하는 것이 부적절하다. 이 관련범위의 문제는 설명변수와 피설명변수의 관계가 비선형일 때 심각한데 비선형관계의 추정문제는 본장의 [부록 B]에서 다룬다.

과거자료 없이 미래원가를 추정한다 - 공학분석법

공학분석법
제품의 생산방법에 대한 공학적인 분석을 기초로 직접재료원가, 직접노무원가, 제조간접원가를 추정하는 방법

국희제과가 신제품 초코쿠키를 생산하려 한다. 재료, 생산방식이 과거에 생산하던 과자와 많이 달라서 과거의 자료를 쓸 수 없다면 어떻게 원가를 추정할 수 있나? 이때 공학분석법을 사용한다. 공학분석법(Engineering Analysis)은 제품의 생산방법에 대한 공학적인 분석을 기초로 직접재료원가, 직접노무원가, 제조간접원가를 추정한다.

직접재료원가는 제품의 설계도나 생산계획안으로부터 재료별 예상사용량을 구하고 예상 재료가격을 구한다. 초코쿠키의 직접재료원가를 추정하기 위

YouTube 건축공사 원가견적

건축공사원가에 대해 설명하는 YouTube 동영상들이 있다. '[광성TV] 박대표의 건축: 인테리어'는 다양한 건축원가를 자세히 공개하여 설명하는 채널이다. 동영상 중의 하나인 '[공사견적서] 시공사가 공개하는 공사견적 잡는 법'(2020.2.16)은 공학분석법에 의해 도면을 바탕으로 계산한 공사원가 견적의 예를 세부 항목별로 자세히 설명한다.

'선례의 건축이야기' 채널의 '8강 설계도면 보는 법(1)'(2019.2.24) 동영상에서는 건물 건축을 위해서는 공사비를 산출하는 내역서를 포함한 6가지 설계도서가 필요함을 설명한다. 그 6가지 설계도서는 건물이 완성되었을 때를 자세하게 표현하는 설계도면, 어떤 기준과 계산에 따라 설계했는지 보여주는 계산서, 이 건물을 어떻게 짓느냐를 보여주는 시방서, 이 건물에 어떤 자재가 얼마나 들어가느냐를 위치별, 부재별로 수량을 뽑아 놓은 수량산출서, 수량산출서를 기본으로 공사비를 산출하는 내역서이다. 건물의 기둥공사를 예로 들면, 설계도면이 기둥을 자세히 그려서 보여주고, 계산서가 기둥의 크기와 철근의 굵기와 개수가 결정된 이유를 보여주며, 시방서는 기둥을 공사하는 방법을 알려준다. 수량산출서는 기둥에 철근과 레미콘이 얼마나 필요한지를 알려주고, 내역서는 공사비를 계산한다.

해 필요한 재료의 종류와 배합비율을 파악하여 재료사용량을 예상하고 재료단가를 곱한다.

예상 직접재료원가 = 재료 예상사용량 × 재료 예상가격

시간동작연구 등의 산업공학기법을 이용하여 필요작업시간을 구하고 임금을 예상하여 직접노무원가를 구한다. 초코쿠키를 생산하기 위해 필요한 작업종류와 시간을 구한 후 이에 시간당 임금을 곱하여 구한다.

예상 직접노무원가 = 작업 예상시간 × 시간당 임금

공학분석법은 직접재료원가와 직접노무원가를 비교적 정확히 추정하나 제조간접원가는 단순하게 추정한다. 제조간접원가는 과거의 경험을 토대로 대개 직접원가의 일정비율로 추정한다.

부록 A 엑셀로 원가추정하기

엑셀로 원가추정을 하려면 우선 자료를 시트(sheet)에 입력한다. 설명변수(X)와 피설명변수(Y)의 순서로 자료를 행으로 입력하는 것이 편리하다. 본문의 자료를 입력한 것이 다음 표이다.

표 3.6 자료 입력

	A	B	C
1	연 도	생산량(X)	실제제조원가(Y)
2	20×1년	2.5	55
3	20×2년	2.7	60
4	20×3년	3.3	70
5	20×4년	3	66
6	20×5년	4	80

이 자료로 산포도를 만들려면 엑셀 차트 마법사에서 분산형 차트를 선택한다. 이때 연도 행을 제외하고 X와 Y의 행만을 차트를 위한 영역으로 이용해야 한다. [그림 3.4]가 이렇게 만들어졌다.

고저점법의 공식을 〈표 3.7〉과 같이 추가로 입력하면 〈표 3.4〉와 같이 원가가 추정된다.

표 3.7 고저점법 추정

	A	B	C	D	E
1	연 도	생산량	실제제조원가	고저점법추정치	추정오차자승
2	20×1년	2.5	55	=$B$9*B2+$B$10	=(D2−C2)^2
3	20×2년	2.7	60	=$B$9*B3+$B$10	=(D3−C3)^2
4	20×3년	3.3	70	=$B$9*B4+$B$10	=(D4−C4)^2
5	20×4년	3	66	=$B$9*B5+$B$10	=(D5−C5)^2
6	20×5년	4	80	=$B$9*B6+$B$10	=(D6−C6)^2
7	합계	=SUM(B2:B6)	=SUM(C2:C6)	=SUM(D2:D6)	=SUM(E2:E6)
8					
9	b=	=(C6−C2)/(B6−B2)			
10	a=	=C6−(B9*B6)			

산포도에 최소자승법에 의한 추세선을 추가하기 위해서는 엑셀의 (선형)추세선 기능을 사용하면 된다. 또는 추정치의 그래프를 추가해도 된다. 분산형 차트를 사용하여 산포도를 그린 후, 차트에 나타난 자료 점을 마우스 왼쪽 버튼을 클릭하여 지정한 후 오른쪽 버튼을 클릭하여 나타난 메뉴 중 추세선 추가를 선택한다.

그림 3.7 회귀분석의 추세선 기능

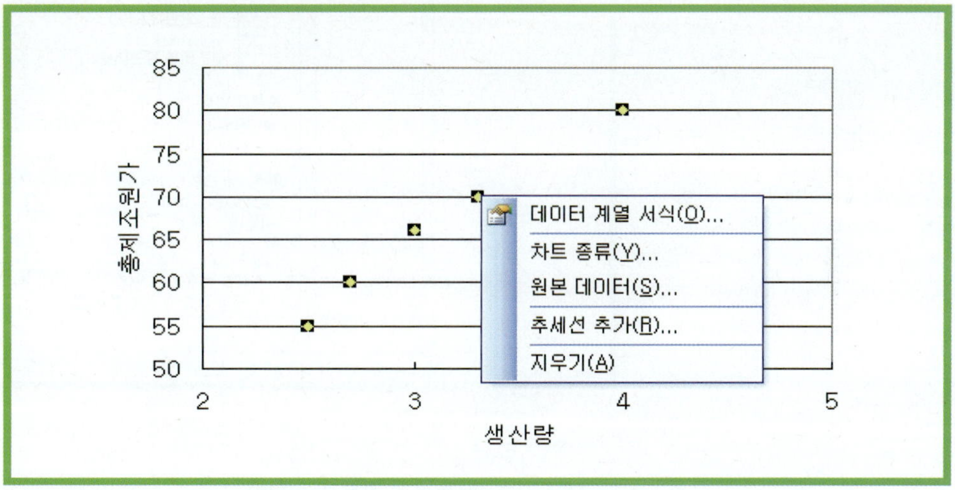

엑셀에서는 [그림 3.8]의 추세선 옵션에서 '추세/회귀 유형' 중 '선형', 맨 아래의 '수식을 차트에 표시'와 'R-제곱값을 차트에 표시'를 선택하여 실행하면, 차트에 추세선(회귀선)과 회귀식, R-제곱(결정계수)값이 나타난다.

엑셀로 최소자승법의 결과를 자세히 얻으려면 메뉴의 데이터-데이터 분석-회귀분석을 선택한다. 이 분석기능이 없으면 분석도구 추가기능을 선택하여 분석도구를 추가해야 한다.[2] 회귀분석 창에서 설명변수와 피설명변수의 자료범위를 X, Y축 입력범위로 지정하고 분석결과를 기록할 출력범위를 지정하여 확인하면 회귀분석이 실시되고 a, b 추정치, 결정계수 외의 다양한 통계분석 결과가 얻어진다.

---

2) 데이터 분석도구를 추가하는 방법은 다음과 같다.
① 파일 탭을 클릭하고 옵션을 클릭한 다음 추가기능 범주를 클릭한다.
② 관리상자에서 Excel 추가기능을 선택한 다음 이동을 클릭한다.
③ 사용가능한 추가기능 상자에서 분석도구 확인란을 선택한 다음 확인을 클릭한다.
(이때 사용가능한 추가기능 상자에 분석도구가 나열되지 않은 경우 찾아보기를 클릭하여 찾는다. 현재 컴퓨터에 분석도구가 설치되지 않았다는 메시지가 나타나면 예를 클릭하여 설치한다)

그림 3.8 엑셀의 추세선 옵션 입력창

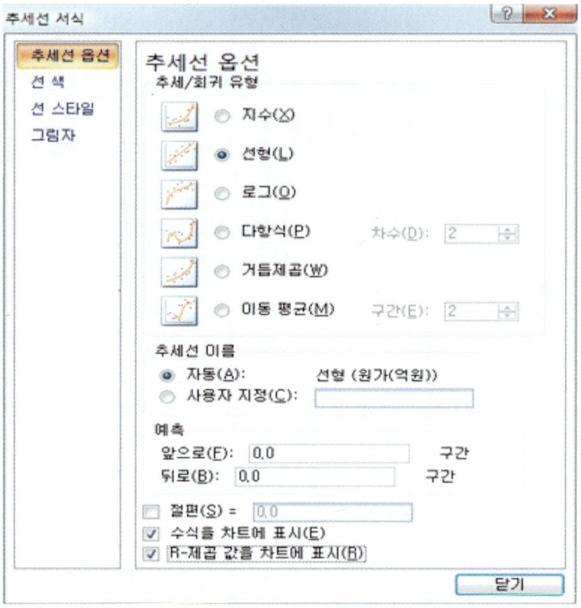

그림 3.9 엑셀의 회귀분석 입력창

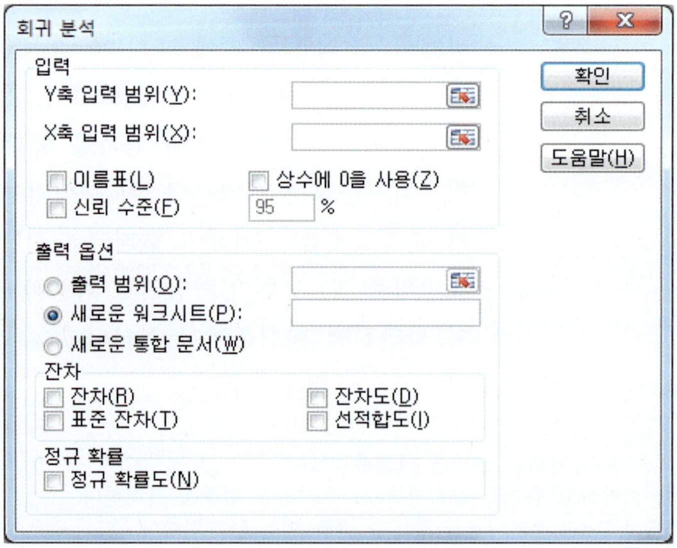

부록 B 학습효과

학습효과
생산량이 증가하여 근로자의 숙련도가 높아져서 단위당 노무시간이 단축되는 효과

사랑하는 사람을 위해 100마리 또는 1,000마리 종이학을 접어서 선물하는 것이 유행한 적이 있었다. 당신은 종이학을 많이 접어보거나 아이들을 위해 조립식 자동차를 여러 대 조립해 본 적이 있는가? 같은 일을 반복하게 되면 실수를 하지 않고 점점 빠른 속도로 같은 일을 할 수 있게 된다. 이러한 현상을 학습효과(Learning Effect)라고 한다. 기업에서는 생산량이 점점 증가함에 따라 근로자의 숙련도가 증가하여 단위당 노무시간이 단축되는 학습효과가 나타난다.[3] 학습효과가 클 때에는 이를 고려한 노무시간 추정치에 임률을 적용하여 노무원가를 추정해야 좀더 정확한 원가추정이 가능하다.

학습효과를 계량화하기 위해 학습률을 사용한다. 학습률은 평균시간이나 증분시간으로 측정할 수 있다. 예를 들어 평균시간이 70%의 학습률을 보인다면 (누적)생산량[4]이 두 배가 될 때마다 전체 (누적)평균시간이 이전 수준의 70%로 줄어듦을 말한다. 이때 시간감소율은 30(=100−70)%이므로 학습률이 낮을수록 학습효과가 큼을 조심해야 한다. 학습률 70%일 때 이 첫 번째 제품의 작업시간이 100시간이었다면, 두 번째 제품까지의 2제품의 평균작업시간이 70(=100×0.7)시간이고, 네 번째 제품까지의 4제품의 평균작업시간이 49(=70×0.7)시간이 된다. 이를 〈표 3.8〉과 [그림 3.10], [그림 3.11]이 나타낸다. (누적)평균시간 또는 (누적)증분시간이 누적생산량의 증가에 따라 감소하는 학습효과를 보여주는 함수를 학습곡선(Learning Curve)이라 한다. 학습효과가 나타날 때, 단위당 증분작업시간이 점차로 감소하므로 총(누적)시간선은 직선이 아니고 곡선이 된다.

표 3.8 70% 누적평균시간 학습효과

누적생산량	누적평균시간	식	총누적시간	누적증분시간
1	100.00		100.00	100
2	70.00	100×0.7	140.00	40
4	49.00	70×0.7	196.00	
8	34.30	49×0.7	274.40	

3) 생산량이 누적적으로 증가할 때 기업내 여러 가지 경험이 축적하여 노무원가뿐만 아니라 재료원가, 경비, 판매관리비 등도 총체적으로 절감되는 현상은 경험효과(Experience Effect)라고 부르기도 한다.
4) 학습효과는 기간별 생산량과 무관하게 누적된 생산량에 따라 나타나므로 학습효과는 누적생산량에 대해 측정한다.

그림 3.10 누적평균시간 학습곡선

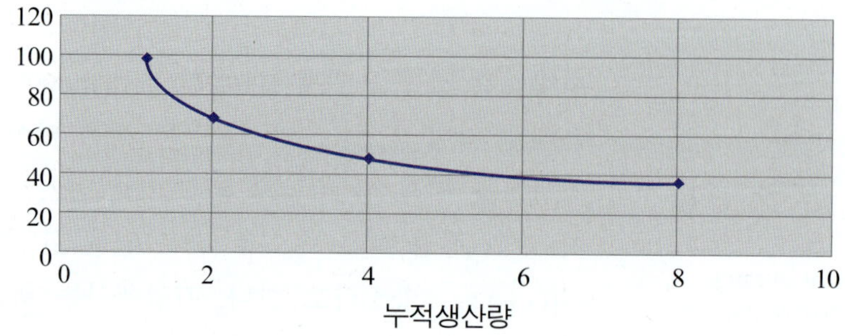

그림 3.11 누적총시간 학습곡선

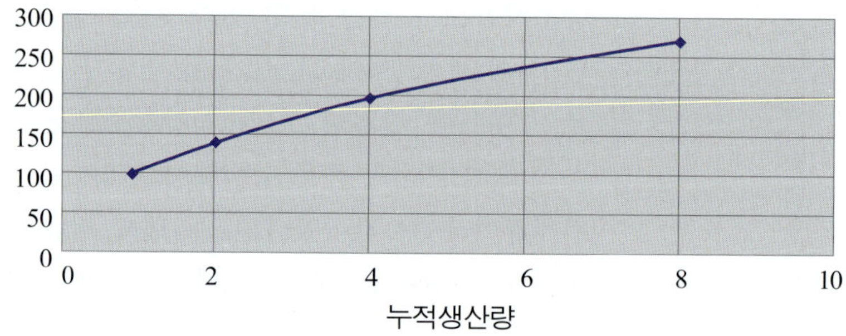

2번째 제품의 (누적)평균시간이 70시간이므로 두 제품의 총시간은 140(=70×2)시간이다. 따라서 2번째 제품의 (누적)증분시간은 40(=140−100)시간이다. 이를 (누적)증분시간의 학습률로 표시하면 40%(=40/100)이다. 단위당 작업시간이 감소할 때, 증분시간이 평균시간보다 빠르게 감소하므로 증분시간으로 측정한 학습률(40%)이 평균시간으로 측정한 학습률(70%)보다 낮다.

학습률로 표시된 학습곡선은 이해하기 쉬우나 모든 생산량 수준에 대해 작업시간을 추정하지 못하는 한계가 있다. 위의 예에서 생산량 3, 5, 6, 7 수준에서는 작업시간을 추정할 수 없다. 이 한계를 극복하기 위해 일반적인 함수식으로 표시한 학습곡선이 필요하다. 학습곡선은 아래로 볼록한(convex) 감소함수이므로 다음의 함수형태가 사용된다.

$$Y = aX^b \qquad \text{식 (1)}$$

Y : 평균시간 또는 증분시간
X : 누적생산량
a : 첫 번째 제품 작업시간
b : 학습지표 ($b \leq 0$)

생산량이 1단위($X=1$)일 때 $Y=a$이므로 a는 첫 번째 제품 작업시간이다. b가 작을수록(음수값이 클수록) 평균원가 또는 증분원가가 감소하는 학습효과가 크므로 b는 학습효과의 크기를 나타내는 지표이다. $b=0$이면 Y는 항상 일정하게 a이므로 학습효과가 전혀 없다. 앞의 예에서 사용한 평균시간 70% 학습률에 해당하는 학습지표 b를 구하여 모든 생산량에서의 작업시간을 구해보자.

첫 번째 제품 작업시간이 100시간이고($a=100$) 두 단위($X=2$)의 누적평균시간이 원가가 70시간이므로 다음의 식이 얻어진다.

$$70 = 100 \times 2^b \quad \text{또는} \quad 0.7 = 2^b$$

로그 변형을 하면 log 0.7 = b log 2이므로

$$b = \log 0.7 / \log 2 = -0.51457317\cdots$$

이다.[5]

이 학습지표를 사용하여 8단위까지의 작업시간을 구하면 〈표 3.9〉와 같다. 〈표 3.8〉과 〈표 3.9〉의 결과가 일치하는 것을 알 수 있다.

표 3.9 70% 누적평균시간 학습효과 (함수 사용시)

누적생산량	누적평균시간	식	총누적시간	누적증분시간
1	100.00	100×1^b	100.00	100.00
2	70.00	100×2^b	140.00	40.00
3	56.82	100×3^b	170.45	30.45
4	49.00	100×4^b	196.00	25.55
5	43.68	100×5^b	218.42	22.42
6	39.77	100×6^b	238.64	20.22
7	36.74	100×7^b	257.18	18.54
8	34.30	100×8^b	274.40	17.22

5) 일반적으로 b = log(학습률) / log 2이다.

(누적)증분시간 학습모형을 사용하여 작업시간을 추정해 보자. 식 (1)에서 증분시간을 Y로 나타내고 학습률 40%를 사용하면

$$b = \log 0.4 / \log 2 = -1.321928\cdots$$

이다. 이 학습지표를 사용하여 8단위까지의 작업시간을 구하면 〈표 3.10〉 및 [그림 3.12]와 같다.

표 3.10 40% 누적증분시간 학습효과 (함수 사용시)

누적생산량	누적증분시간	총누적시간	누적평균시간
1	100.00	100.00	100.00
2	40.00	140.00	70.00
3	23.40	163.40	54.47
4	16.00	179.40	44.85
5	11.91	191.32	38.26
6	9.36	200.68	33.45
7	7.64	208.31	29.76
8	6.40	214.71	26.84

그림 3.12 누적증분시간 학습곡선

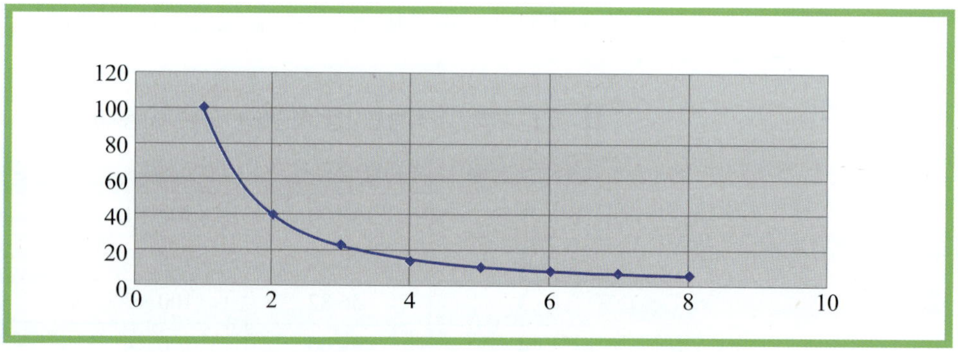

〈표 3.9〉의 평균시간 학습곡선과 〈표 3.10〉의 증분시간 학습곡선의 결과를 비교하면 평균시간과 증분시간이 2단위의 생산량에서만 일치하고 그 이후는 서로 다름을 볼 수 있다. 이것은 두 학습모형이 평균시간과 증분시간의 서로 다른 함수를 추정하므로 서로 완전히 일치하지는 않음을 보인다.

실제 자료로부터 학습곡선을 어떻게 추정할 것인가? 본장의 본문에서 사용한 추정방법은 1차 함수의 선형식에 대한 추정이므로, 비선형의 학습곡선을 추정하기 위해 우선 학습곡선을 선형으로 변환한다. 앞에서 하였듯이 식 (1)을 log로 변환하여 선형식을 만든다.

$$\log Y = \log(aX^b) = \log a + b \log X \qquad \text{식 (2)}$$

설명변수의 로그값을 새로운 설명변수 L_X, 피설명변수의 로그값을 새로운 피설명변수 L_Y로 삼아 최소자승법 등의 선형추정을 하면 계수 b와 c가 얻어지고 c를 log 역함수 변환을 하면 a가 얻어진다.

$$L_Y = c + bL_X \qquad \text{식 (3)}$$

이때 $L_Y \equiv \log Y$
$c \equiv \log a$
$L_X \equiv \log X$

토 론

> 작년 6,500만대 돌풍… PC왕국 무너뜨리는 태블릿

– 히트 비결은 – 노트북보다 휴대 편한 데다 스마트폰보다 화면 커 인기
– 글로벌 IT 판도 바꿔 – 마이크로소프트 · 인텔 비틀, 애플 · 삼성전자가 주역으로
– 199달러짜리도 나와 – 2개월 만에 600만대 팔아… 최근 중저가 신제품 쏟아져 올해 판매 1억대 넘을 듯

최근 애플의 '뉴 아이패드', 삼성전자 '갤럭시탭 7.7' 등 신제품이 쏟아지면서 태블릿PC 바람이 거세게 불고 있다. 애플이 1년 만에 내놓은 '뉴 아이패드'는 미국에서 출시 나흘 만에 300만대가 판매될 정도로 인기다.

▲ 애플의 뉴 아이패드 (로이터)

전 세계에서 태블릿PC를 구입하는 사람들은 매년 빠르게 늘고 있다. 애플이 처음으로 '아이패드'를 내놓은 2010년 1,900만대가 판매되더니, 작년에는 6,500만대가 팔려나갔다. 최근 10년 사이에 새로 출시된 전자제품이 이렇게 빠른 속도로 자리 잡은 것은 스마트폰과 태블릿PC뿐이다. 전문가들은 태블릿PC가 글로벌 IT업계의 기존 경쟁판도와 사람들의 라이프 스타일까지 바꿔 놓을 것으로 전망한다.

• 노트북과 스마트폰의 약점 파고든 태블릿PC

태블릿PC는 단순하게 보면 무선인터넷 접속이 가능한 초슬림(slim)형 휴대용 PC다. 특히 스마트폰과 노트북PC의 약점을 정확히 파고든 것이 최고의 경쟁력으로 꼽힌다. 가령 스마트폰은 들고 다니기는 편하지만 화면이 작아 전자책 읽기나 다양한 소프트웨어 사용이 불편한 경우가 많다. 노트북PC는 화면은 크지만 아무리 가벼운 모델도 무게가 1kg 이상은 돼 들고 다니기 부담스럽다.

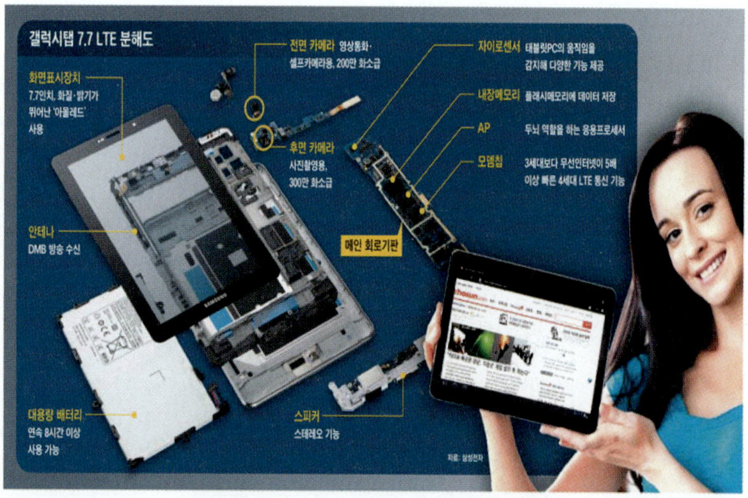

반면 애플 아이패드 시리즈는 화면이 9.7인치, 삼성전자 갤럭시탭 시리즈는 화면이 7~10.1인치다. 스마트폰보다 훨씬 크고 넷북(미니노트북)보다 약간 작은 수준이다. 무게는 아이패드 0.6kg 안팎, 갤럭시탭 0.34~0.56kg로 노트북PC의 절반 수준으로 가볍다. 배터리도 10시간 넘게 사용할 수 있어 노트북PC(3~4시간)에 비해 경쟁력을 자랑한다. 삼성전자의 '갤럭시탭 7.7'처럼 화질이 선명하고 밝은 아몰레드(AMOLED · 능동형 유기

발광다이오드) 소재를 사용한 제품도 나온다.

최근에는 가격경쟁도 뜨겁다. 애플과 삼성전자의 양강(兩强) 체제에 도전장을 낸 미국 아마존은 199달러짜리 태블릿PC를 출시해 2개월 만에 600만대를 파는 대박을 터뜨렸다. 국내서도 20만~30만원대 태블릿PC가 출시되는 등 국내외 10~20개 업체들이 중저가 제품을 쏟아내고 있다. 업계에선 올해 전 세계 태블릿PC 시장은 1억1,000만대에 이를 것으로 예상한다. (후략) (조선일보, 2012.3.29)

2개로 분화한 갤탭S7/S7+… 아이패드 프로 잡을까

태블릿PC는 신종 코로나바이러스감염증(코로나19) 사태 이후 주목받는 아이템으로 신분이 상승했다. 비대면 활동이 늘면서 대화면을 갖춘 태블릿PC의 활용도가 높아졌기 때문이다. 시장조사업체 카날리스에 따르면 올해 2분기 전 세계 태블릿PC 출하량은 지난해 같은 기간보다 26.1% 늘었다. 스마트폰이 역성장을 한 것과 상반된 결과다.

삼성전자는 최근 갤럭시 탭S7과 탭S7+ 등 2종류의 태블릿PC를 선보였다. 디스플레이 크기와 배터리 용량 정도를 제외하면 대부분 사양은 비슷하다. 애플이 아이패드 프로를 2종류(11형, 12.9형) 내놓은 것에 대한 맞대응으로 읽히는 이유다.

두 제품 중 화면이 더 큰 탭S7+를 사용해봤다.

• 태블릿과 노트북의 교집합

탭S7+의 첫 느낌은 화면이 아주 시원하다는 것이었다. 동시에 무게도 묵직했다. 탭S7+는 태블릿 본연의 기능인 '콘텐츠 소비'에서 발군의 실력을 보인다. 탭S7+는 12.9형 AMOLED 디스플레이를 탑재해 동영상을 시청할 때 화려한 화면을 볼 수 있다. 여기에 AKG의 음향 기술과 돌비 애트모스가 적용된 4개의 스피커로 듣는 사운드도 좋다. 넷플릭스나 유튜브를 볼 때 만족감이 컸다. 집에서 방, 거실 등 장소에 구애받지 않고 언제나 사용하기에 적합해 보인다. 화면 주사율이 120Hz로 부드러운 전환이 된다는 점도 높은 점수를 줄 수 있다.

하지만 집 밖으로 외출할 때라면 좀 얘기가 달라진다. 탭S7+의 무게는 575g(5G 모델 기준)으로 요즘 태블릿PC치곤 가볍지 않다. 여기에 전용 키보드 북커버(505g)를 더하면 1kg이 넘는다. 가볍게 들고 나가기엔 부담스럽다. 그렇다고 키보드 북커버를 함께 쓰지 않는 건 탭S7+를 절반만 활용하겠다는 의미와 같다. 이 제품은 콘텐츠 소비뿐만 아니라 생산성에도 공을 들였기 때문이다. 그 중심에 S펜과 키보드 북커버가 있다. 키보드 북커버는 마우스 기능을 하는 터치 패드와 여러 기능 키가 별도로 추가돼 있다. PC 키보드처럼 ESC · Delete · 삼성 덱스 연결키를 비롯한 볼륨과

밝기 조절 등 다양한 미디어 단축키를 사용할 수 있다.

S펜은 갤럭시 노트20에 들어간 것보다 커서 손에 쥐었을 때 진짜 필기구의 느낌을 준다. 노트20 S펜이 급할 때 가볍게 메모하는 느낌이라면, 탭S7+는 또박또박 적는 기분이 들게 한다.

여기에 일러스트·웹툰·애니메이션 제작툴 '클립 스튜디오 페인트'를 안드로이드 최초로 지원하며, 필기앱 '노트쉘프(Noteshelf)', 8,000개 이상의 템플릿을 무료로 제공하는 그래픽 디자인 제작 플랫폼 '캔바(Canva)'를 선탑재해 S펜 활용도를 높였다.

탭S7+는 '덱스(Dex)'를 단독으로 실행할 수 있다. 덱스는 사용자환경(UI)을 PC와 비슷하게 만들어줘서 노트북에서 작업하는 것처럼 탭S7+를 활용할 수 있다. 최대 3개까지 동시에 창을 띄울 수 있는 '멀티 액티브 윈도'도 지원한다. (중략) 탭S7+는 여러 가지 장점에도 의문점을 완전히 해소하진 못한다. 이 무게와 가격이라면 굳이 태블릿을 살 게 아니라 노트북을 사는 게 낫지 않냐는 것이다. 탭S7+는 태블릿과 노트북이라는 '두 마리 토끼'를 잡으려 하지만 자칫하면 이도 저도 아닌 게 될 수도 있어 보인다.

탭S7+는 5G 모델 가격이 134만9,700원이다. 웬만한 노트북 가격과 다르지 않다. 키보드와 마우스가 필요한 작업에는 윈도가 탑재된 노트북이 현재로선 더 최적화돼 있다는 생각이다. (문화일보, 2020.9.13)

토론해 보자

(1) 태블릿의 구성부품을 보여주는 사진을 보고 각 구성품의 원가에 대한 자료를 구하여 총부품원가(재료원가)를 추정해 보자.

(2) 가공비와 판매관리비도 추정하여 태블릿 1대의 총원가를 추정해 보자.

(3) 고가형과 저가형 태블릿의 가격차이를 공학분석법의 원가추정을 사용하여 토론해 보자.

요약정리

원가가 미래에 얼마나 발생할지를 추정하려면 원가가 생산량과 같은 원가동인수준에 따라 어떻게 변하는지를 이해해야 한다. 원가는 원가동인수준 변화에 따라 같이 변하는 변동원가와 원가동인수준과 관계없이 일정한 고정원가로 나뉜다. 변동원가와 고정원가가 합하여진 형태는 혼합원가라 하고, 원가동인수준의 범위에 따라 다른 고정원가를 가진 것은 계단원가라 한다.

원가는 관련범위내에서 혼합원가로 주로 추정된다. 혼합원가 추정법에는 원가계정을 변동원가와 고정원가로 분류하여 단위당 변동원가와 총고정원가를 구하는 계정분석법이 있다. 과거의 원가자료 중 최저원가동인수준과 최고원가동인수준의 원가자료를 사용하여 단위당 변동원가와 총고정원가를 구하는 고저점법도 있다. 과거의 자료를 충분히 과학적으로 활용하려면 통계분석법인 회귀분석을 한다. 회귀분석 중 가장 보편적인 최소자승법은 추정오차의 자승을 최소화하는 방법으로 엑셀로도 가능하다. 과거의 자료가 없는 신제품 등의 경우에는 설계도면 등을 이용하여 원가를 추정하는 공학분석법을 쓴다.

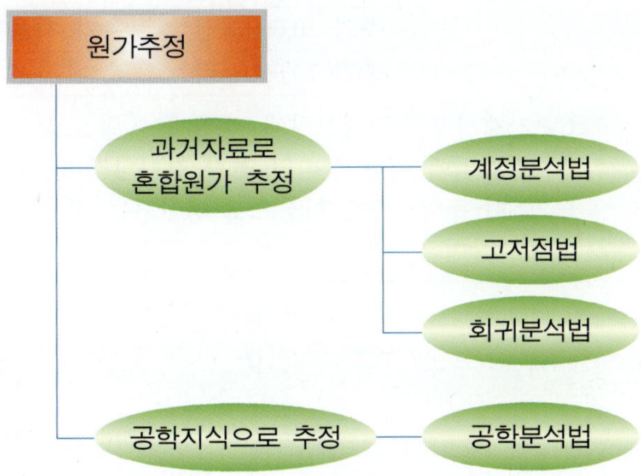

3 연습문제

객관식

01 원가의 행태 (04. 공인회계사)

다음 그래프의 종축은 총원가를 나타내며, 횡축은 1년간의 생산량을 나타낸다. 다음 중 그래프를 적정하게 설명하지 못한 것은?

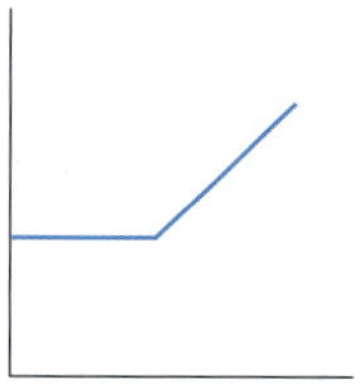

A

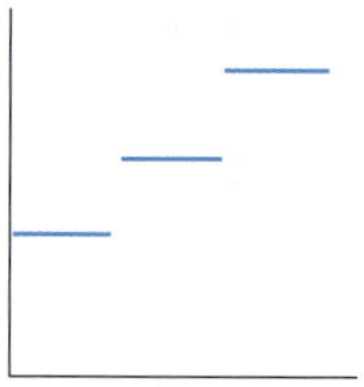

B

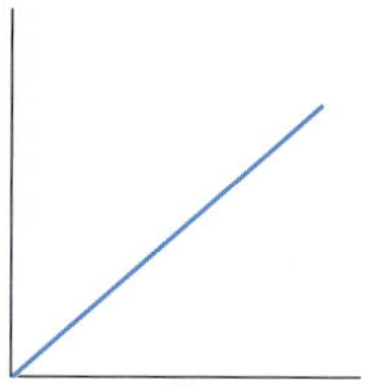

C

D

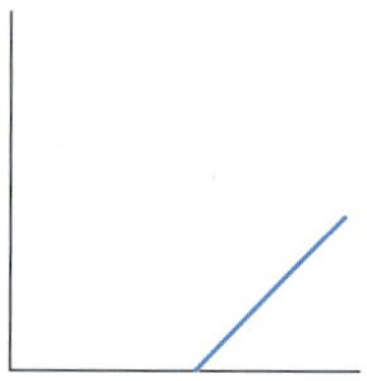

E

A : 일정량의 kwh까지는 기본요금을 내고 그것을 초과하는 경우에는 변동원가가 추가된다(kwh는 생산량에 비례하여 증가).

B : 수도요금 청구액은 다음과 같이 계산된다.

100,000갤런 이하	기본요금	₩100,000
추가 10,000갤런	추가 사용된 갤런당	₩3
추가 10,000갤런	추가 사용된 갤런당	₩6

C : 기계사용시간(생산량에 비례)을 기준으로 계산되는 설비의 감가상각비

D : 정액법에 의한 설비의 연간 감가상각비

E : 어떤 조업도수준 이상으로 생산되는 매 생산단위마다 ₩100을 관리자에게 지급하는 상여금 제도

① A ② B ③ C
④ D ⑤ E

02 혼합원가식 (08. 9급 공채)

월평균 기계운전시간(x)과 전력비(y)의 관계가 다음과 같이 추정된다.

$$y = 10{,}000 + 8x$$

추정 원가함수를 기초로 한 전력비에 대한 설명 중 가장 옳지 않은 것은? (단, 월평균조업도는 5,000기계운전시간이다)

① 전력비의 월평균 고정원가는 ₩10,000이다.
② 전력비의 변동원가는 기계운전시간당 ₩8이다.
③ 조업도가 4,000기계운전시간일 때 추정 총전력비는 ₩42,000이다.
④ 기계운전시간이 800시간 증가하면 전력비는 ₩16,400 증가한다.

03 원가추정법의 종류와 특징 (18. 경영지도사)

다음은 원가추정방법에 관한 설명이다. ㄱ과 ㄴ에 해당하는 용어를 순서대로 옳게 연결한 것은?

ㄱ. 과거의 원가계정들을 전문적인 판단에 의하여 변동원가와 고정원가로 분류하여 단위당 변동원가와 총고정원가를 추정하는 방법
ㄴ. 과거의 원가자료 중 최고조업도와 최저조업도의 원가자료를 사용하여 원가를 추정하는 방법

① 고저점법 – 회귀분석법　② 회귀분석법 – 고저점법　③ 공학분석법 – 학습곡선법
④ 계정분석법 – 고저점법　⑤ 계정분석법 – 회귀분석법

04 원가추정법의 종류와 특징 (09. 세무사)

다음 중 원가추정방법에 관한 설명으로 옳지 않은 것은?

① 회귀분석법은 결정계수(R^2)가 1에 가까울수록 만족스러운 추정을 달성한다.
② 고저점법은 원가자료 중 가장 큰 원가수치의 자료와 가장 작은 원가수치의 자료를 사용하여 추정하는 방법으로 두 원가수치의 차이는 고정비라고 가정한다.
③ 계정분석법을 사용하면 각 계정을 변동원가와 고정원가로 구분하는 데 자의성이 개입될 수 있다.
④ 산업공학분석법(또는 공학분석법)은 간접비 추정에 어려움이 있다.
⑤ 산업공학분석법(또는 공학분석법)은 과거자료 없이 미래원가를 추정하는 데 사용된다.

05 고저점법 (12. 9급 공채)

다음은 제조업체인 (주)한국의 2012년도 수도광열비와 관련된 월간자료이다.

	최 고	최 저
작업시간	3,000시간	2,000시간
수도광열비	₩60,000	₩50,000

(주)한국의 2012년도 총작업시간은 30,000시간이었으며, 2012년의 수도광열비 연간납부금액은 ₩660,000이었다. 이들 자료를 이용하여 고저점법에 의해 계산한 고정원가와 변동원가는?

	고정원가	변동원가		고정원가	변동원가
①	₩250,000	₩410,000	②	₩300,000	₩360,000
③	330,000	330,000	④	360,000	300,000

06 고저점법 (08. 주택관리사)

다음은 2007년 전반기 생산활동자료이다. 이 자료를 이용하여 고저점법을 적용할 때 단위당 변동원가가 ₩40이다. 3월의 발생원가는 얼마인가?

월	생산량	발생원가
1월	240개	₩14,600
2월	210개	13,600
3월	200개	?
4월	230개	14,200
5월	220개	13,900
6월	250개	15,000

① ₩12,900 ② ₩13,000 ③ ₩13,100
④ ₩13,200 ⑤ ₩13,300

07 고저점법과 매출원가 (17. 감정평가사)

(주)감평의 최근 6개월간 A제품 생산량 및 총원가 자료이다.

월	생산량	총원가
1월	110,000단위	₩10,000,000
2월	50,000단위	7,000,000
3월	150,000단위	11,000,000
4월	70,000단위	7,500,000
5월	90,000단위	8,500,000
6월	80,000단위	8,000,000

원가추정은 고저점법(high-low method)을 이용한다. 7월에 A제품 100,000단위를 생산하여 75,000단위를 단위당 ₩100에 판매할 경우, 7월의 전부원가계산에 의한 추정영업이익은? (단, 7월에 A제품의 기말제품 이외에는 재고자산이 없다)

① ₩362,500 ② ₩416,000 ③ ₩560,000
④ ₩652,500 ⑤ ₩750,000

08 **고저점법** (13. 주택관리사)

최근 2년간 총고정제조원가와 단위당 변동제조원가는 변화가 없으며 생산량과 총제조원가는 다음과 같다.

	생산량	총제조원가
20×1년	200단위	₩600,000
20×2년	300단위	800,000

20×3년도에 총고정제조원가가 10% 증가할 경우, 생산량이 400단위일 때 총제조원가는?

① ₩1,000,000 ② ₩1,020,000 ③ ₩1,040,000
④ ₩1,060,000 ⑤ ₩1,080,000

09 **고저점법** (17. 세무사)

(주)세무의 지난 6개월간 기계가동시간과 기계수선비에 대한 자료는 다음과 같다. (주)세무가 고저점법을 사용하여 7월의 기계수선비를 ₩2,019,800으로 추정하였다면, 예상 기계가동시간은? (단, 기계수선비의 원가동인은 기계가동시간이다)

월	기계가동시간	기계수선비
1월	3,410	₩2,241,000
2월	2,430	1,741,000
3월	3,150	1,827,000
4월	3,630	2,149,000
5월	2,800	2,192,500
6월	2,480	1,870,000

① 2,800시간 ② 3,140시간 ③ 3,250시간
④ 3,500시간 ⑤ 3,720시간

10 고저점법 (08. 세무사)

지난 6개월간 전력비는 다음과 같다. 기계시간이 전력비에 대한 원가동인이라면 32,375기계시간이 예상되는 7월의 전력비는 고저점법에 의해 얼마로 추정되는가?

월	기계시간	전력비
1월	34,000	₩610,000
2월	31,000	586,000
3월	33,150	507,000
4월	32,000	598,000
5월	33,750	650,000
6월	31,250	575,000

① ₩259,000 ② ₩338,000 ③ ₩595,000
④ ₩597,000 ⑤ ₩600,000

11 고저점법 (14. 세무사)

(주)세무의 제조간접원가는 소모품비, 감독자급여, 수선유지비로 구성되어 있다. 이 회사의 제조간접원가의 원가동인은 기계시간으로 파악되었다. (주)세무의 20×1년 1월, 2월, 3월 및 4월 각각에 대해 실제 사용한 기계시간과 제조간접원가의 구성항목별 실제원가는 다음과 같다.

월	기계시간	소모품비	감독자급여	수선유지비	총제조간접원가 합계
1월	70,000	₩56,000	₩21,000	₩121,000	₩198,000
2월	60,000	48,000	21,000	105,000	174,000
3월	80,000	64,000	21,000	137,000	222,000
4월	90,000	72,000	21,000	153,000	246,000

(주)세무는 원가추정에 고저점법을 이용한다. 20×1년 5월에 75,000기계시간을 사용할 것으로 예상되는 경우 설명이 옳은 것은?

① 5월의 예상소모품비는 ₩55,000이다.
② 5월의 예상수선유지비는 ₩129,000이다.
③ 5월의 예상변동제조간접원가는 ₩170,000이다.
④ 5월의 예상고정제조간접원가는 ₩21,000이다.
⑤ 5월의 예상총제조간접원가는 ₩220,000이다.

다음 자료를 이용하여 **12**와 **13**에 답하시오.

(1) 다음은 단일제품 A를 생산하는 (주)대한의 20×1년도 생산 및 제조에 대한 자료는 다음과 같다.

월	생산량	제조원가
1월	1,050개	₩840,000
2월	1,520개	1,160,000
3월	1,380개	983,000
4월	2,130개	1,427,600
5월	1,400개	1,030,000
6월	1,730개	1,208,000
7월	1,020개	850,400
8월	1,800개	1,282,300
9월	1,640개	(중략)
10월	1,970개	(중략)
11월	1,650개	1,137,400
12월	1,420개	1,021,800

(2) (주)대한의 회계담당자는 향후 생산량에 따른 원가를 예측하고, 변동원가계산서 작성에 필요한 자료를 얻기 위해 중략된 자료를 포함한 위 자료를 이용하여 원가모형을 추정하였다. (주)대한의 회계담당자가 회귀분석을 통해 추정한 원가모형은 다음과 같다.

- 원가추정모형 : $Y=a+b\times X$
- Y=제조원가(₩)
- a=296,000(t-value : 3.00, 유의도 0.01 이하)
- b=526(t-value : 4.00, 유의도 0.01 이하)
- X=생산량(개)
- R^2(결정계수)=0.96

12 고저점법과 회귀분석법 (20. 공인회계사)

위 자료를 바탕으로 다음 설명 중 가장 옳은 것은?

① R^2은 추정된 회귀분석의 설명력을 나타내는 것으로 1보다 클수록 높은 설명력을 가진다.

② 회귀분석을 통해 추정한 계수값인 a와 b의 유의도와 t-value가 낮아 분석결과 값을 신뢰할 수 없다.

③ 제품 A의 단위당 판매액이 ₩700이고 단위당 변동판매관리비가 ₩10일 때 제품 A에 대한 단위당 공헌이익은 ₩26이다.

④ 제품 A를 2,000개 생산한다면 회귀분석을 통해 추정한 제조원가는 ₩1,348,000이다.

⑤ 9월과 10월의 중략된 제조원가자료를 사용하면 고저점법을 통해 더 정확한 원가를 추정할 수 있다.

13 고저점법과 회귀분석법 (20. 공인회계사)

위 자료를 바탕으로 (주)대한의 회귀분석으로 추정한 제조원가와 고저점법으로 추정한 제조원가가 같아지는 생산량은 얼마인가?

① 1,000개 ② 1,500개 ③ 2,000개
④ 3,000개 ⑤ 4,000개

14 학습효과 (13. 관세사)

20×3년도에 설립된 (주)관세항공은 처음으로 소방용 헬기 4대의 주문을 받았다. (주)관세항공이 소방용 헬기를 생산할 때 학습률 90%의 누적평균시간 학습모형이 적용된다. 소방용 헬기 4대에 대한 제품원가를 계산하면 얼마인가? (단, 고정제조간접원가는 없는 것으로 가정한다)

1대당 직접재료원가	₩80,000
첫 번째 헬기생산 직접작업시간	3,000시간
직접노무원가	직접작업시간당 ₩25
변동제조간접원가	직접노무원가의 60%

① ₩631,040 ② ₩684,800 ③ ₩708,800
④ ₩718,800 ⑤ ₩740,040

15 학습효과 (20. 감정평가사)

(주)감평은 최근 신제품을 개발하여 최초 10단위의 제품을 생산하는 데 총 150시간의 노무시간을 소요하였으며, 직접노무시간당 ₩1,200의 직접노무원가가 발생하였다. (주)감평은 해당 신제품 생산의 경우, 90%의 누적평균시간 학습곡선모형이 적용될 것으로 예상하고 있다. 최초 10단위 생산 후, 추가로 30단위를 생산하는 데 발생할 것으로 예상되는 직접노무원가는?

① ₩180,000 ② ₩259,200 ③ ₩324,000
④ ₩403,200 ⑤ ₩583,200

16 학습효과 (22. 세무사)

(주)세무는 최근에 신제품을 개발하여 처음으로 10단위를 생산했으며, 추가로 10단위를 생산하는 데 필요한 직접노무시간은 처음 10단위 생산에 소요된 직접노무시간의 60%인 것으로 나타났다. (주)세무의 신제품 생산에 누적평균시간 학습모형이 적용된다면 학습률은?

① 60% ② 65% ③ 80%
④ 85% ⑤ 90%

17 학습효과(18. 공인회계사)

(주)대한은 A형-학습모형(누적평균시간 모형)이 적용되는 '제품X'를 개발하고, 최초 4단위를 생산하여 국내 거래처에 모두 판매하였다. 이후 외국의 신규 거래처로부터 제품X의 성능이 대폭 개선된 '제품X-plus'를 4단위 공급해 달라는 주문을 받았다. 제품X-plus를 생산하기 위해서는 설계를 변경하고 새로운 작업자를 고용해야 한다. 또한 제품X-plus의 생산에는 B형-학습모형(증분단위시간 모형)이 적용되는 것으로 분석되었다.

누적생산량	A형-학습모형이 적용될 경우 누적평균노무시간	B형-학습모형이 적용될 경우 증분단위노무시간
1	120.00	120.00
2	102.00	108.00
3	92.75	101.52
4	86.70	97.20
5	82.28	93.96
6	78.83	91.39
7	76.03	89.27
8	73.69	87.48

(주)대한이 제품X-plus 4단위를 생산한다면, 제품X 4단위를 추가로 생산하는 경우와 비교하여 총노무시간은 얼마나 증가(또는 감소)하는가?

① 102.00시간 감소 ② 146.08시간 증가 ③ 184.00시간 증가
④ 248.60시간 증가 ⑤ 388.80시간 감소

18 학습효과(15. 관세사)

(주)관세가 신제품 P-1 첫 번째 단위를 생산하는 데 소요된 직접노무시간은 90시간이며, 두 번째 단위를 생산하는 데 소요된 직접노무시간은 54시간이다. 이 신제품 P-1의 생산과 관련된 원가자료는 다음과 같다.

제품 단위당 직접재료원가	₩500
직접노무시간당 임률	₩10
변동제조간접원가(직접노무시간에 비례하여 발생)	직접노무시간당 ₩2.5
고정제조간접원가 배부액	₩2,500

직접노무시간이 누적평균시간 학습모형을 따르는 경우, 신제품 P-1의 최초로 생산된 4단위의 총제조원가는 얼마인가?

① ₩4,880 ② ₩5,880 ③ ₩6,880
④ ₩7,380 ⑤ ₩8,880

19 학습효과 (15. 세무사)

(주)국세는 1로트(lot)의 크기를 10대로 하는 로트생산방식에 의해 요트를 생산·판매하고 있다. (주)국세는 최근 무인잠수함을 개발하고 5대를 생산·판매하였으며, 관련된 원가자료는 다음과 같다.

직접재료원가(₩2,000,000/대)	₩10,000,000
직접노무원가(₩30,000/시간)	30,000,000
변동제조간접원가(₩5,000/직접노무시간)	5,000,000

무인잠수함도 로트생산방식으로 생산하되, 1로트의 크기는 5대이다. 무인잠수함의 직접노무시간은 요트 생산과 같이 로트당 누적평균시간 학습곡선모형을 따르며, 학습률도 동일하다. 요트 생산의 누적생산량과 로트당 평균직접노무시간은 다음과 같다.

누적생산량	누적로트수	로트당 평균직접노무시간
10	1	1,300
20	2	1,170
40	4	1,053

(주)국세는 무인잠수함 35대에 대한 납품 제의를 받았다. 이 납품과 관련된 무인잠수함 1대의 평균변동제조원가는?

① ₩5,451,000 ② ₩6,080,000 ③ ₩6,165,000
④ ₩6,544,000 ⑤ ₩6,832,000

20 학습효과 (21. 세무사)

올해 창업한 (주)세무는 처음으로 A광역시로부터 도로청소 특수차량 4대의 주문을 받았다. 이 차량은 주로 수작업을 통해 제작되며, 소요될 원가자료는 다음과 같다.

1대당 직접재료원가	₩85,000
첫 번째 차량 생산 직접노무시간	100시간
직접노무원가	직접노무시간당 ₩1,000
제조간접원가	직접노무시간당 ₩500

위의 자료를 바탕으로 계산된 특수차량 4대에 대한 총제조원가는? (단, 직접노무시간은 80% 누적평균시간 학습모형을 고려하여 계산한다)

① ₩542,000 ② ₩624,000 ③ ₩682,000
④ ₩724,000 ⑤ ₩802,000

21 학습효과 (17. 공인회계사)

(주)한국은 최근에 신제품 A의 개발을 완료하고 시험적으로 500단위를 생산하였다. 회사가 처음 500단위의 신제품 A를 생산하는 데 소요된 총직접노무시간은 1,000시간이고 직접노무시간당 임률은 ₩300이었다. 신제품 A의 생산에 소요되는 단위당 직접재료원가는 ₩450이고, 단위당 제조간접원가는 ₩400이다. (주)한국은 과거 경험에 의하여 이 제품을 추가로 생산하는 경우 80%의 누적평균직접노무시간 학습모형이 적용될 것으로 추정하고 있으며, 당분간 직접노무시간당 임률의 변동은 없을 것으로 예상하고 있다. 신제품 A를 추가로 1,500단위 더 생산한다면, 총생산량 2,000단위에 대한 신제품 A의 단위당 예상원가는?

① ₩1,234 ② ₩1,245 ③ ₩1,257
④ ₩1,263 ⑤ ₩1,272

22 학습효과 (23. 감정평가사)

(주)감평은 제품 생산에 필요한 부품 400단위를 매년 외부에서 단위당 ₩1,000에 구입하였다. 그러나 최근 외부구입가격 인상이 예상됨에 따라 해당 부품을 자가제조하는 방안을 검토하고 있다. 다음은 (주)감평이 부품 100단위를 자가제조할 경우의 예상제조원가 자료이다.

직접재료원가	₩25,000
직접노무원가	30,000(₩100/직접노무시간)
변동제조간접원가	20,000(직접노무원가의 2/3)
고정제조간접원가	100,000(전액 유휴생산설비 감가상각비)

(주)감평은 현재 보유하고 있는 유휴생산설비를 이용하여 매년 필요로 하는 부품 400단위를 충분히 자가제조할 수 있을 것으로 예상하고 있으며, 부품은 한 묶음의 크기를 100단위로 하는 묶음생산방식으로 생산할 예정이다. 해당 부품을 자가제조하는 경우, 직접노무시간이 학습률 90%의 누적평균시간 학습모형을 따를 것으로 추정된다. (주)감평이 부품 400단위를 자가제조할 경우, 단위당 제조원가는?

① ₩655 ② ₩712 ③ ₩750
④ ₩905 ⑤ ₩1,000

4 변동원가계산

고정제조원가를 기간원가로 처리한다

원가의 행태에 따라 변동원가와 고정원가로 원가를 구분하여 손익을 계산하면 의사결정에 편리하다. 예를 들어, 조업도의 변화에 따른 손익의 변화를 파악하기가 쉽다. 변동원가계산에서는 원가를 변동원가와 고정원가로 나누어 표시하며 고정제조간접원가를 기간비용으로 처리한다. 이때 생산량에 따라 이익이 변하지 않는 장점이 있다. 이 장에서는 다음의 내용을 다룬다.

- 제조원가요소의 변동성을 알아본다.
- 변동원가계산을 전부원가계산과 비교한다.
- 공헌이익계산서를 전통적 손익계산서와 비교한다.
- 초변동원가계산을 알아본다.

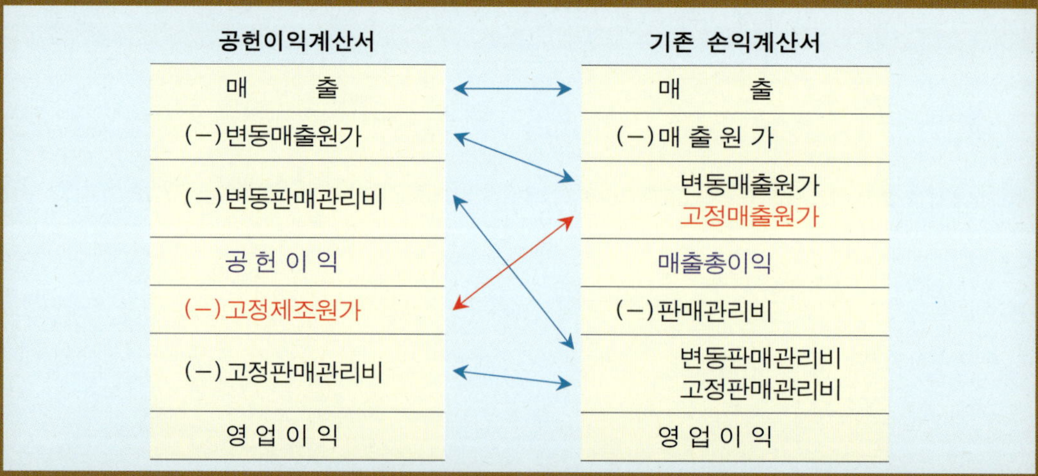

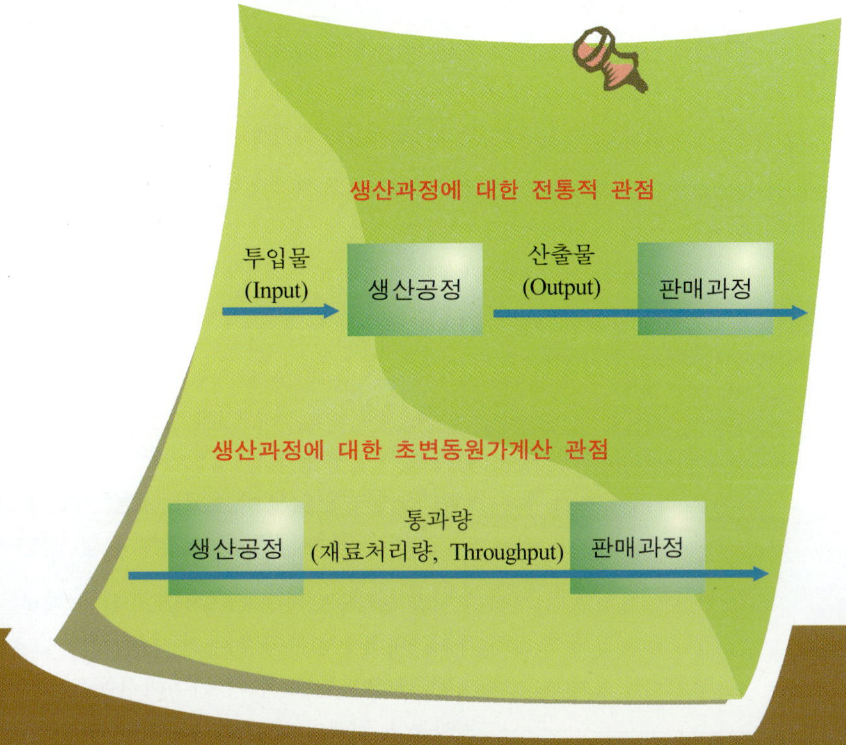

4

- 직접재료원가는 변동원가인가?
- 직접노무원가는 변동원가인가?
- 제조간접원가는 변동원가인가?
- 변동원가와 고정원가 중 어느 것이 좋은가?
- 고정제조원가를 기간비용으로 처리하는 변동원가계산
- 공헌이익계산서란 무엇인가?
- 변동원가계산과 전부원가계산의 영업이익이 왜 다른가?
- 변동원가계산의 장점은 무엇인가?
- 초변동원가계산이란 무엇인가?
- 변동원가계산과 초변동원가계산의 영업이익이 왜 다른가?
- 초변동원가계산은 재고감소노력을 촉진한다

BMW 공장 근로자 35%가 파견직

■ "노동유연성으로 위기 대응" 獨 車업계

탄력 근무시간제도 운영, 시장 급변에 생산량 조정, GM·포드는 이중임금제

서울 동대문디자인플라자(DDP)를 설계한 세계적인 건축가 자하 하디드가 설계한 독일 라이프치히 BMW 공장은 건물만큼이나 고용 유연성으로 유명한 공장이다. 이 공장에서 일하는 근로자 5,000여 명 가운데 35%는 파견 비정규직이다. 벤츠, 아우디, 폭스바겐 등 독일 자동차 업체의 파견직 평균 비율이 10%인 점을 감안하면 상당히 높은 편이다. 독일 산업계 전체 파견직 평균 비율 3.5%보다는 10배나 높은 것이다. 이 공장은 파견직 활용뿐 아니라 '탄력적 근무시간제'를 도입해 급변하는 시장의 수요에 맞춰 탄력적으로 생산량을 조절하고 있다. 연간 16만 대가 넘는 BMW3시리즈와 1시리즈 3도어 차량을 생산하는 이 공장은 세계적인 경쟁력을 확보한 공장으로 꼽힌다.

하요 홀스트 프리드리히 실러(예나)대학 사회학연구소 교수는 "10년에 한 번 있을까 말까 한 금융과 재정위기를 연거푸 겪고 있는 기업들이 위기극복 역량을 강화하기 위해 고용 및 노동 유연성 전략을 택하고 있다"며 "이 같은 흐름은 독일뿐 아니라 전 세계적인 경향"이라고 말했다.

9일 자동차 업계에 따르면 일본 도요타는 시장 변동 상황에 맞게 파견직, 기간직 등을 효율적으로 활용하고 있다. 또 2008년 금융위기 때 공장폐쇄와 대량해고 등 구조조정을 단행했던 미국의 제너럴모터스(GM)와 포드는 일시해고(레이 오프)와 정규직의 이중임금제

주요 완성차 업체 노동유연성 비교

구 분	현대차	GM·포드	도요타	폭스바겐
파견 규제	제조업 파견 불가	관련 규제 없음	제조업 파견 허용	제조업 파견 허용
대체근로	불가	허용	허용	허용
인력운용	·정규직 해고 사실상 불가능 ·여유인력 재배치 어려움	·레이 오프 허용 ·정규직 이중임금제 ·잡뱅크제 폐지	·비정규직 탄력적 운용 ·여유인력 재배치 원활	·근로시간 계좌제 운영 ·비숙련 신규 근로자에게 저임금 적용
단체협약 교섭주기	2년	노사 자율로 규정	3년	노사 자율로 규정

※ 각 업체 자료 취합

(신규 정규직과 기존 정규직의 임금을 업무영역에 따라 차등 적용하는 제도) 등 노동유연성 제도를 실시해 성공적으로 위기에서 벗어났다. 또 실직자를 대상으로 연공에 따라 최장 6년까지 소득의 최대 95%까지 보존해 주던 잡뱅크제도 폐지했다.

글로벌 자동차 기업들이 노동유연성 전략을 비교적 쉽게 구사하는 것은 한국과 달리 노동시장에 대한 정부 규제가 적기 때문이다. 독일, 영국, 미국, 일본 등은 제조업에 파견직을 허용하고 있으며 대체근로도 인정하고 있다. 독일의 경우 1960년대까지만 해도 파견직 등이 금지됐으나 ▲1970년대 제한적 허용 ▲1990년대 규제 완화 ▲2000년대 초 노동시장 개혁 등 세 차례 제도 혁신을 통해 노동유연성을 강화해 왔다. 자동차 업계의 한 전문가는 "한국에서도 노동유연성 강화를 위한 사회적 대타협이 필요하다"고 말했다.

■ "비정규직도 고정 · 가변형으로 나눠" – 유연성 큰 만큼 안전망 시급

"독일 글로벌 기업들은 비정규직을 고정형과 가변형으로 나눠 고용유연성을 더욱 강화하는 추세입니다." 독일 노동문제 전문가인 하요 홀스트 프리드리히 실러(예나)대학 사회학 연구소 교수는 "정규직과 비정규직 등 두 가지로 구분됐던 고용 형태가 이제는 정규직, 고정형 비정규직, 가변형 비정규직 등 세 가지로 나눠고 있다"며 이같이 말했다. 그에 따르면 정규직은 경기변동에 관계없이 유지해야 할 최소 핵심인력이고, 고정형 비정규직은 생산량이 급락하지 않는 한 유지해야 할 중요 인력인 반면, 가변형 비정규직은 경기변동에 따라 곧바로 줄일 수 있는 인력이라는 것이다.

▲하요 홀스트 예나대학 교수

홀스트 교수는 "비정규직을 나눈 것은 경기상황에 탄력적으로 대응하기 위한 새로운 완충지대를 마련한 것"이라며 "이는 불확실성이 증폭되고 상시화되는 세계 경기 상황과 무관하지 않다"고 말했다. 그는 "무한경쟁 시대에서 고용유연성 유지와 비용 절감을 위해 비정규직을 활용하는 것은 불가피한 측면이 있다"면서도 "그러나 비정규직이 지나치게 확대될 경우 근로자들의 자발적 혁신과 회사 충성도 등이 하락해 장기적으로는 기업 경쟁력을 떨어뜨릴 우려가 있다"고 지적했다. 홀스트 교수는 "노동 유연성이 강화되는 만큼 정규직과 비정규직의 격차 해소와 실업급여, 재교육 등 다양한 사회안전망이 구축돼야 한다"고 말했다. (문화일보, 2012.11.9)

직접재료원가는 변동원가인가?

제조원가를 제품별로 추적할 수 있는가에 따라서 직접재료원가, 직접노무원가, 제조간접원가로 나눈다. 이 각 원가요소의 변동성(원가행태)은 어떤가? 일반적으로 직접재료원가는 변동원가로 본다. 생산량이 늘면 더 많은 재료가 필요하므로 직접재료원가를 변동원가로 보는 것이 자연스럽다. 다음의 총재료원가 식과 [그림 4.1]이 이 비례성을 보여준다.

총직접재료원가 = **재료단가** × **총직접재료사용량**
= 8원/g × 45백만g
= **재료단가** × **제품단위당 직접재료량** × **총생산량**
= 8원/g × 10g/개 × 4.5백만개
= **제품단위당 직접재료원가** × **총생산량**
= 80원/개 × 4.5백만개

그림 4.1 **총직접재료원가의 변동성**

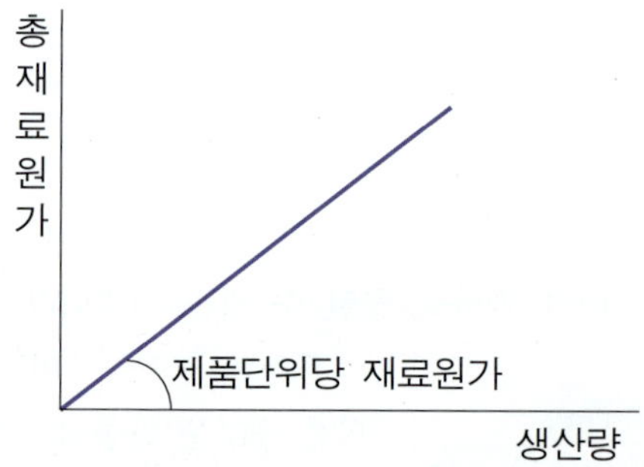

직접노무원가는 변동원가인가?

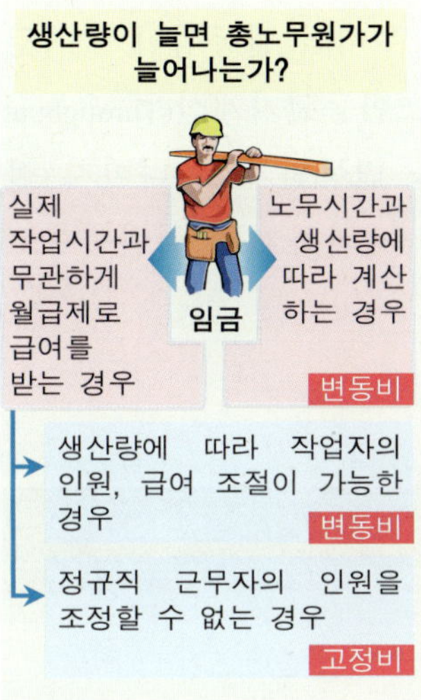

직접노무원가는 어떤가? 생산량이 늘면 총노무시간이 늘고 작업자에게 지급되는 총노무원가가 늘 것인가? 일반적으로 그렇다고 할 수 있다. 작업자에게 작업시간당으로 임금이 지급되면 총노무원가가 노무시간에 비례한다.

총직접노무원가 = **시간당 임금** × **총직접노무시간**
= 10,000원/시간 × 4.5천시간
= **시간당 임금** × **제품단위당 직접노무시간** × **총생산량**
= 10,000원/시간 × 0.001시간/개 × 4.5백만개
= **제품단위당 직접노무원가** × **총생산량**
= 10원/개 × 4.5백만개

만약 작업자가 실제 작업시간과 무관하게 월급제로 급여를 받는다면 어떤가? 각 작업자가 받는 급여는 그의 노무시간에 비례하지 않지만, 총생산량에 따라 작업자의 인원을 조정할 수 있으면 총노무원가는 계단원가가 된다. 한 작업자의 최대생산량이 총생산량에 비해 상당히 작다면 이 계단원가를 변동원가로 취급해도 큰 오차가 없다. 이를 [그림 4.2]가 나타낸다. 만약 정규직 근무자(full timer) 대신에 시간제 근무자(part timer)로 총노무시간을 조정할 수 있으면 노무원가가 변동원가가 된다.

그림 4.2 총직접노무원가의 변동성

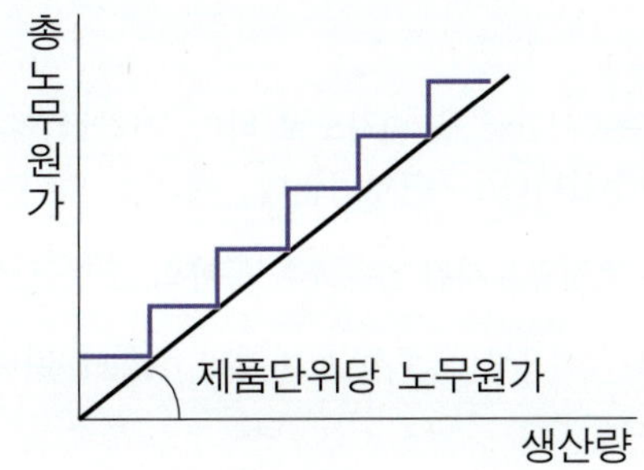

시간제 근무자가 없고 노사협약이나 정부규제에 따라 정규직 근무자의 인원을 생산량 변화에 따라 조정할 수 없다면 노무원가를 단기적으로 고정원가로 취급하는 것이 적절하다. 생산직 근무자를 새로 채용하여 교육훈련 후 현장에 투입하는 데에는 시간이 걸리고, 정년퇴직 등 직원수의 자연감소에 의존하여 인원조정을 하는 데 상당히 오랜 기간이 걸리면 노무비의 변동성이 줄어든다. 직접노무원가를 고정원가로 취급하는 경우가 초변동원가계산(Throughput Costing)이다. 한국은행에서는 편의상 인건비의 절반을 변동원가로, 나머지 절반을 고정원가로 가정하여 분석한다. 이러한 경우를 제외하고는 일반적으로 직접노무원가를 변동원가로 취급한다.

제조간접원가는 변동원가인가?

간접재료원가, 간접노무원가, 제조경비의 여러 가지 항목이 포함되어 있는 제

시간선택제 임금-성과급, 근로시간과 비례해야

'시간선택제 근로자에게 지급되는 임금과 성과급, 각종 복리후생은 근로시간에 비례하도록 한다.' 고용노동부는 28일 이런 내용을 담은 '시간선택제 일자리 도입 및 운영 안내서'를 발표했다. 이 안내서는 앞으로 시간선택제 일자리를 만들 기업을 위한 일종의 가이드라인 성격을 띠고 있다. 안내서에 따르면 우선 시간선택제 근로자를 채용하면 성별, 연령, 장애 여부에 따른 불합리한 차별이 금지된다. 임금 성과급 복리후생은 근로시간에 비례한다. 기업들이 비용 절감을 위해 시간제 근로를 악용하는 것을 막기 위한 최소한의 장치인 셈이다. 다만 통근비, 중식비 등 근로시간에 따라 쪼개기 어려운 비용은 통상근로자와 같은 수준으로 지급하도록 했다. 유급휴일이나 생리휴가, 산전후휴가도 마찬가지. 단, 연차유급휴가와 각종 휴일휴가수당은 근로시간에 비례한다.

'시간선택제 일자리 도입 및 운영 안내서'에 나타난 근로조건은 다음과 같다. 일부 노무원가는 변동원가의 성격이 강하고 일부 원가는 고정성이 있다.

■ 임금

단시간근로자의 임금 산정단위는 '시간급'을 원칙으로 하며, 시간급 임금을 일급 통상임금으로 산정할 경우에는 1일 소정근로시간 수에 시간급 임금을 곱하여 산정합니다. (「근로기준법」 제18조 및 동법 시행령 제9조)

단시간근로자의 1일 소정근로시간 수=4주 동안의 소정근로시간/4주 동안의 통상근로자의 총소정근로일 수

단시간근로자의 임금 결정은 원칙적으로 근로시간 비례의 원칙에 따라야 합니다. (「근로기준법」 제18조)

■ 성과급

사업장에 통상근로자와 단시간근로자가 같은 종류의 업무에 종사하는 경우, 경영성과급을 통상근로자에게만 지급하는 것은 차별

조간접원가는 생산량에 따라 변하는가? 전통적으로 생산량에 따라 비례적으로 변하는 변동원가 부분과 일정한 고정원가 부분으로 나누었다. 동력비, 용수비, 소모품비 등은 변동제조간접원가로 분류되고 공장장 급여, 생산설비 감가상각비, 설비보험료 등은 고정제조간접원가로 분류된다.

그림 4.3 제조간접원가의 변동성

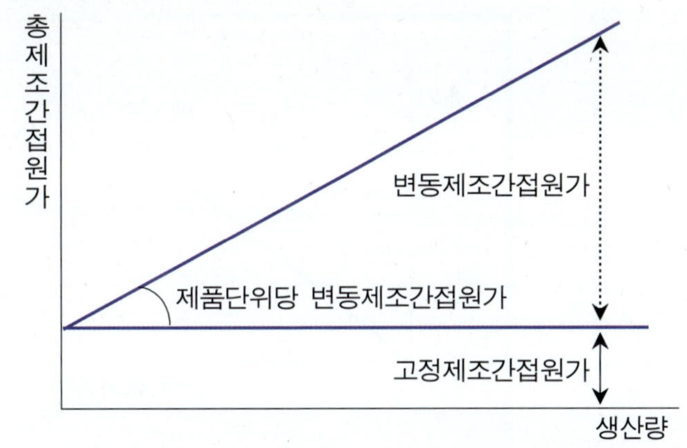

에 해당되므로 단시간근로자에게도 근로시간 비례에 따라 경영성과급이 지급되어야 합니다.

■ 복리후생

복리후생 중에서도 분할가능한 금전적 급부인 경우에는 근로시간 비례원칙을 적용하되, 분할할 수 없는 기타 급부에 대해서는 통상근로자와 동일하게 지급하는 것이 바람직합니다.

■ 휴일 및 휴가

– 단시간근로자에 대한 유급휴일, 생리휴가 및 산전후휴가의 부여는 동등하게 취급되어야 하며, 연차유급휴가 및 각종 휴일·휴가수당의 계산에 관해서는 근로시간 비례의 원칙이 적용됩니다.
– 단시간근로자의 연차유급휴가는 다음과 같이 '시간' 단위로 부여합니다. 이와 같이 휴가를 시간 수로 부여하도록 한 것은 단시간근로자의 근로일별 근로시간이 불규칙할 수 있는 점을 고려한 것입니다. (「근로기준법 시행령」 제9조 제1항에 따른 별표2)
– 경조휴가 등 약정휴가에 대해서는 단시간근로자와 동종·유사업무에 종사하는 통상근로자와 마찬가지의 휴가일수를 보장하는 것이 바람직합니다. (경조휴가 등의 약정휴가는 근로자의 일신상 사유로 인해 특정일을 온전히 휴무하게 하는 성격의 제도이기 때문에 시간비례 원칙을 적용하는 것이 부적절합니다)

■ 사회보험

– 사용자는 단시간근로자에 대하여 법률에 정한 경우를 제외하고는 통상근로자와 마찬가지로 고용보험, 산재보험, 국민연금, 건강보험에 가입해야 합니다.

(동아일보, 2013.11.29)

활동원가 계층구조 개념이 도입된 후에 생산량이 아닌 다른 원가동인에 비례하는 배치수준원가와 제품수준(유지)원가의 분류가 추가되었다. [그림 4.4]가 보여주듯이 배치수준원가는 생산량과 반드시 비례하지 않는 작업건수나 횟수 등의 배치원가동인에 비례한다. 제품수준(유지)원가는 제품의 생산량과 무관하게 제품의 종류수 등의 제품수준(유지)원가동인에 비례하여 발생한다.

그림 4.4 활동원가의 변동성

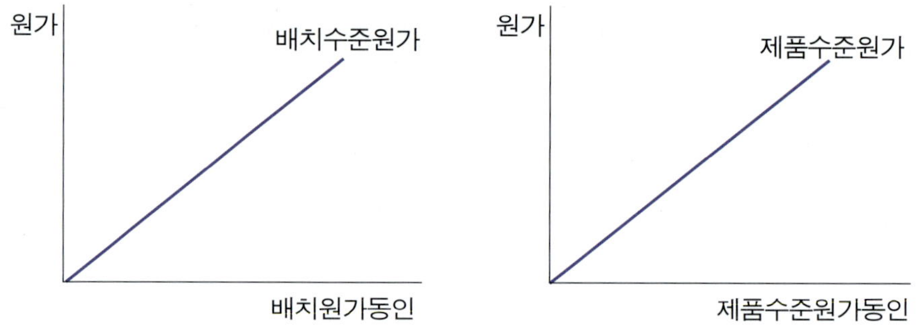

활동원가 중 단위수준원가는 생산량에 비례하는 기존의 변동제조간접원가와 같다. 설비의 감가상각비, 시설보험료, 보안경비원가 등의 설비수준원가는 기존의 고정제조간접원가이다. 설비수준(유지)원가는 설비의 규모가 단기간에 변하지 않으므로 고정원가이다. 설비수준(유지)원가도 수년이 걸려 규모를 조정할 수 있으므로 장기적으로는 변동성이 있으며 변동원가와 고정원가의 구분은 단기적으로만 의미를 가진다.

변동원가와 고정원가 중 어느 것이 좋은가?

현재 직원이 수작업으로 하는 공정을 자동화 설비로 대신한다면 원가가 절감되는가? 생산공정이나 자재이동 등의 많은 공정이 자동화되고 있는데 노무원가를 절감하기 위해 막대한 설비투자를 하는 것이 가치가 있는가? 노무원가는

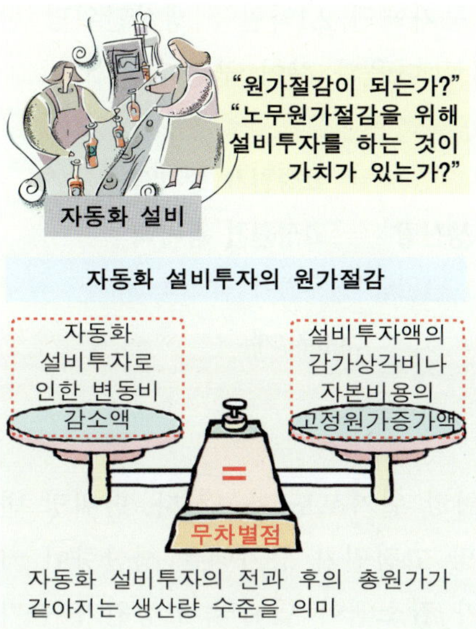

변동원가이나, 설비투자에 의한 감가상각비, 수선유지비, 투자자본비용 등의 설비관련원가는 고정원가이므로 생산량 수준에 따라 원가절감 정도가 달라진다. 설비투자액 자체는 1회성 금액이므로 설비투자액 자체를 고정원가 증가액으로 보면 옳지 않다. 설비투자액의 감가상각비나 자본비용만이 고정원가 증가액이다. [그림 4.5]로 변동원가 감소액과 고정원가 증가액을 비교하여 원가절감액을 구해보자.

[그림 4.5]에서 적색선인 변동원가 감소액은 생산량 수준에 달려 있으나, 청색선인 자동화 설비투자로 인한 고정원가 증가는 생산량과 무관하게 일정하다. 따라서 생산량 수준이 [그림 4.5]의 무차별점 이상이 될 때에만 설비투자가 원가절감을 가져온다. 무차별점(Indifference Point)은 변동원가 감소액과 고정원가 증가액이 일치하여 자동화 설비투자의 전과 후가 무차별해지는 생산량 수준이다.

무차별점
서로 다른 원가구조가 같은 총원가를 발생시키는 생산량

그림 4.5 자동화 투자의 원가절감

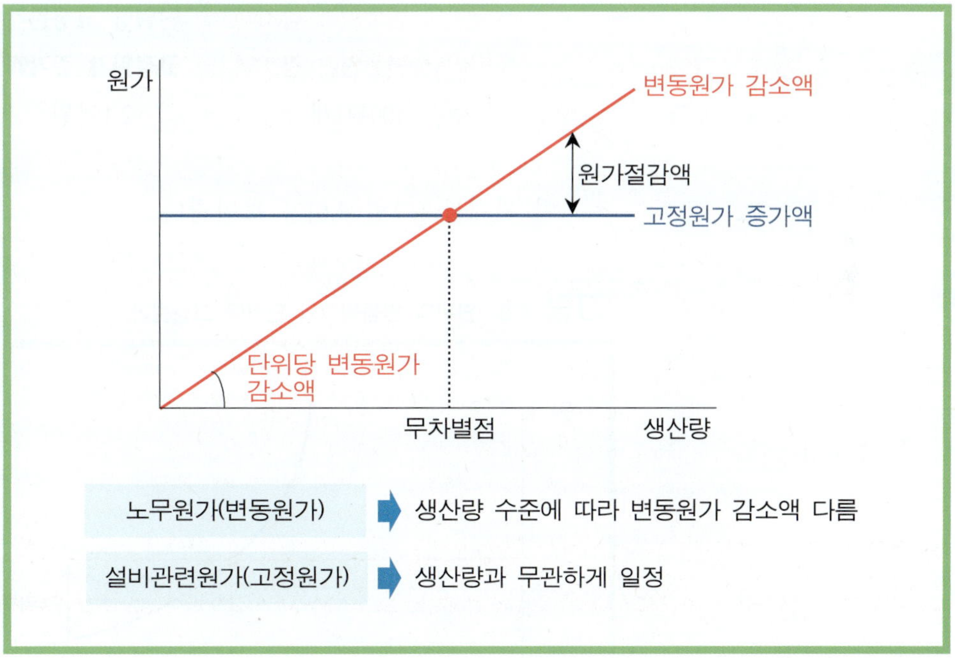

무차별점은 어떻게 구할 수 있는가? 자동화 설비투자로 노무원가, 재료원가 등의 변동원가가 생산단위당 100원이 절감된다고 하자. 또한 10억원의 설비투자로 인해 매년 감가상각비가 1억원, 이자비용이 1억원, 수선유지비가 1천만

원 발생한다고 하자. 무차별점은 고정원가 증가액인 2.1억원을 생산단위당 변동원가 감소액인 100원으로 나누어 210만개로 다음과 같이 구한다.

변동원가 감소액 = **고정원가 증가액**
단위당 변동원가 감소액 × **무차별점 생산량** = **고정원가 증가액**
무차별점 생산량 = **고정원가 증가액** / **단위당 변동원가 감소액**
= 2.1억원 / 100원/개
= 210만개

변동원가와 고정원가의 원가비교는 단위당 원가로도 가능하다. 단위당 변동원가 감소액은 100원으로 일정하나, 단위당 고정원가 증가액은 생산량이 커지면 작아진다. 무차별점은 단위당 변동원가 감소액이 단위당 고정원가 증가액과 같아지는 생산량 수준이다.

단위당 변동원가 감소액 = **단위당 고정원가 증가액**
단위당 변동원가 감소액 = **고정원가 증가액** / **무차별점 생산량**
100원/개 = 2.1억원 / 210만개

이 관계를 [그림 4.6]이 보여준다.

그림 4.6 단위당 변동원가와 단위당 고정원가

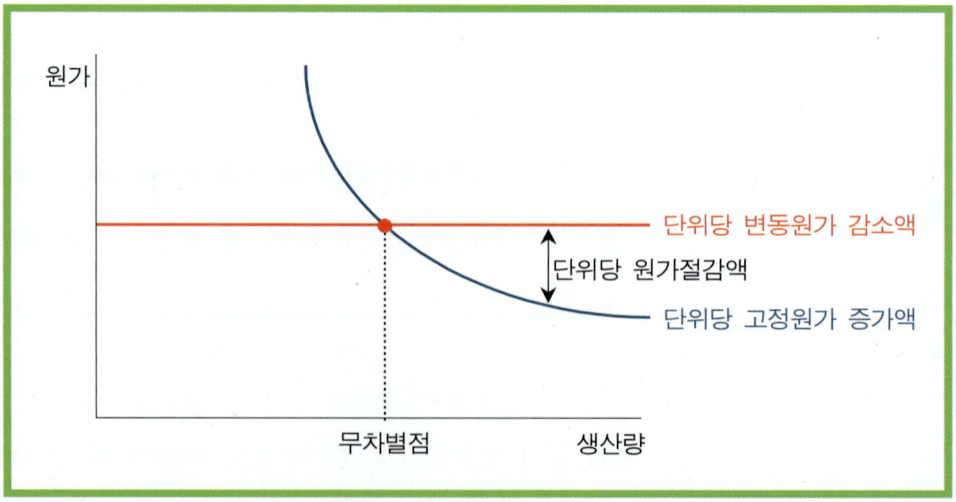

고정제조원가를 기간비용으로 처리하는 변동원가계산

전부원가계산
모든 제조원가를 제품원가에 포함하는 원가계산방법

변동원가계산
제품원가계산에 고정제조간접원가를 제외하는 방법

이제까지 제품원가를 구할 때 모든 제조간접원가를 포함하여 계산하였다. 이것이 재무제표작성의 외부보고 목적으로 허용되는 전부원가계산(Absorption Costing)이다. 고정제조원가는 생산량과 무관하게 각 기간별로 일정하게 발생하므로 기간원가로 취급하는 것이 사업계획을 세울 때 편리하다. 이러한 관점에서 고정제조원가를 제품원가가 아닌 기간원가로 취급하는 방법이 변동원가계산이다. 변동원가계산(Variable Costing)에서는 고정제조간접원가를 제외한 직접재료원가, 직접노무원가, 변동제조간접원가만으로 제품원가를 계산하고 고정제조간접원가는 판매관리원가와 함께 기간원가로 처리한다.[1] 변동원가계산의 장점을 알아보기 위해 고정제조간접원가의 기간비용처리가 손익계산에 어떠한 영향을 미치는지를 우선 살펴보자.

3개월 새 두 배 오른 현대차, 증권사는 "더 사라"… 갑자기 왜

소위 '재미없는 주식'이라고 불렸던 현대차 주가가 최근 두 달 새 오름세다. 증권가에서는 현대차를 연말까지 담아야 할 종목으로 추천하고 있고 목표주가로 22만원 이상을 제시한 곳도 여럿 있다. 증권업계에서는 "1년 넘게 10만원 안팎을 횡보하던 현대차가 지금은 모두가 눈여겨보는 종목이 됐다"라는 말도 나온다. (중략)

현대차는 지난 2분기 실적 발표에서 "제네시스 판매비중이 역대 최대치"라고 밝혔다. 제네시스 글로벌 판매비중은 지난해 2분기 2.4%에서 올해 2분기 5.4%로 2.0%p 증가했다. 국내시장 판매비중 역시 지난해 2분기 8.3%에서 올해 2분기 16.2%로 7.9%p 늘었다. 업계에 따르면 지난달 현대차는 팰리세이드를 5,069대 팔았고 제네시스는 G80 6,040대를 포함해 총 1만291대 판매했다. 각각 2배에서 3배가량 증가한 수치다.

강성진 KB증권 연구원은 "현대차의 대당 공헌이익이 증가할 것"이라고 분석했다. 대당 공헌이익이란 차량 1대를 추가로 팔았을 때 늘어나는 영업이익을 말한다. 강 연구원은 "대당 공헌이익은 2018년 466만원에서, 2019년 541만원으로, 2020년 640만원으로 늘어날 것으로 추정된다"며 "이는 팰리세이드 등 대형 세그먼트 차량 판매가 늘어났기 때문이다. 제네시스 브랜드 모델 판매 증가 등을 고려하면 세그먼트 대형화 이외에도 대당 공헌이익이 증가할 요인이 더 있다"고 했다. (후략)

(조선비즈, 2020.10.10)

---

1) 직접원가계산(Direct Costing)이라는 용어도 변동원가계산과 같은 의미로 흔히 사용되나 제품원가계산에 포함되는 변동제조간접원가는 직접원가가 아니므로 변동원가계산이 직접원가계산보다 더 나은 용어이다.

공헌이익계산서란 무엇인가?

변동원가계산에 의한 손익계산서

↓

공헌이익계산서

- 모든 원가를 변동원가와 고정원가로 나누어 보고함
- 공헌이익
  =매출액
  −변동매출원가(제조원가)
  −변동판매관리비
- 영업이익
  =공헌이익
  −영업고정비
- 영업고정비
  =고정제조간접원가
  +고정판매관리비

변동원가계산을 사용하여 이익을 계산한 손익계산서를 공헌이익계산서라고도 부른다. 공헌이익계산서(Contribution Margin Income Statement)는 모든 원가를 변동성에 따라 변동원가와 고정원가로 나누어 보고한다. 이는 원가를 기능에 따라 제조원가와 판매관리비로 나누어 보고하는 기존(전부원가계산)의 손익계산서와 대조된다. 공헌이익계산서는 매출에서 변동매출원가(제조원가)와 변동판매관리비를 빼서 공헌이익(Contribution Margin)[2]을 구한 후 고정제조원가와 고정판매관리비를 빼서 영업이익을 구한다. 이에 비해 기존 손익계산서에서는 매출과 매출원가의 차이인 매출총이익(Gross Margin)을 구한 후 판매관리비를 차감하여 영업이익을 구한다.

[종합예제 1]

다음의 자료를 이용하여 전부원가계산과 변동원가계산을 비교해 보자.

표 4.1 기초자료

	20×6년
판매량(백만개)	4
판매가(원)	500
생산량(백만개)	5
단위당 직접재료원가(원/개)	80
단위당 직접노무원가(원/개)	10
단위당 변동제조간접원가(원/개)	50
총고정제조간접원가(백만원)	450
단위당 변동판매관리비(원/개)	30
총고정판매관리비(백만원)	550

20×6년초에 재고가 전혀 없었고 기말재공품재고는 없고 기말제품재고가 100만개이다. 전부원가계산에 의한 손익계산서를 작성해 보자.[3]

2) 실무에서는 공헌이익이나 단위당 공헌이익을 일본식 용어인 한계이익이라고 부르기도 한다.

표 4.2 손익계산서 (전부원가계산) (단위 : 백만원)

매 출		2,000	500원/개 × 4백만개
(−)매 출 원 가		920	
변동제조원가	560		(80+10+50)원/개 × 4백만개
고정제조원가	360		450백만원/5백만개 × 4백만개
매출총이익		1,080	
(−)판매관리비		670	
변동판매관리비	120		30원/개 × 4백만개
고정판매관리비	550		550백만원
영 업 이 익		410	

기초제품재고가 없으므로 판매량과 단위당 원가를 이용하여 〈표 4.2〉에서 매출원가를 간단하게 구하였으나 제조원가흐름에 따라 〈표 4.3〉과 같이 구하는 것이 일반적이다.

표 4.3 매출원가계산 (단위 : 백만원)

기초제품재고액		0
당기제품제조원가		1,150
변동제조원가	(80+10+50)원/개 ×5백만개=700백만원	
고정제조원가	450백만원	
기말제품재고액		(230)
변동제조원가	(80+10+50)원/개 ×1백만개=140백만원	
고정제조원가	450백만원/5백만개(배부율)×1백만개=90백만원	
매 출 원 가		920
변동제조원가	700백만원−140백만원=560백만원	
고정제조원가	450백만원− 90백만원=360백만원	

이제 변동원가계산에 의한 공헌이익계산서를 작성해 보자.

3) 전부원가계산에서는 변동원가와 고정원가의 분리표시가 필요없지만 변동원가계산과 비교하기 위해 분리표시한다.

표 4.4 공헌이익계산서 (변동원가계산) (단위 : 백만원)

매 출	2,000	500원/개 ×4백만개
(−)변동매출원가	560	(80+10+50)원/개 ×4백만개
(−)변동판매관리비	120	30원/개 ×4백만개
공 헌 이 익	1,320	
(−)고정제조원가	450	
(−)고정판매관리비	550	
영 업 이 익	320	

이 경우도 기초제품재고가 없으므로 판매량과 단위당 원가를 이용하여 매출원가를 간단하게 구하였으나 제조원가흐름에 따라 다음과 같이 구하는 것이 일반적이다.

표 4.5 변동매출원가계산 (단위 : 백만원)

기초제품재고액		0
당기(변동)제품제조원가	(80+10+50)원/개×5백만개	700
기말제품재고액	(80+10+50)원/개×1백만개	(140)
변동매출원가		560

변동원가계산과 전부원가계산의 영업이익이 왜 다른가?

〈표 4.2〉와 〈표 4.4〉를 보면 변동원가계산의 공헌이익계산서에서 보고되는 영업이익은 320백만원으로 전부원가계산의 손익계산서에서 보고되는 영업이익 410백만원보다 90백만원 더 적다. 왜 그럴까? 그 이유는 고정제조원가의 차이 때문이다. 〈표 4.2〉와 〈표 4.4〉를 항목별로 비교하면 〈표 4.6〉과 같다.

〈표 4.6〉에서 화살표가 보여주듯이 두 이익계산서의 고정제조원가를 제외한 모든 수치가 위치만 다를 뿐 같은 금액이다. 매출이 동일하고 공헌이익계산서의 변동판매관리비와 고정판매관리비를 더하면 손익계산서의 총판매관리비와 같다. 변동매출원가도 동일하며, 단지 공헌이익계산서의 고정제조원가와 손익계산서의 매출원가에 포함된 고정제조원가가 다르다. 변동원가계산에서는

표 4.6 공헌이익계산서와 기존 손익계산서 (단위 : 백만원)

공헌이익계산서

매　　출	2,000
(−)변동매출원가	560
(−)변동판매관리비	120
공 헌 이 익	1,320
(−)고정제조원가	450
(−)고정판매관리비	550
영 업 이 익	320

기존 손익계산서

매　　출		2,000
(−)매 출 원 가		920
변동매출원가	560	
고정매출원가	360*	
매출총이익		1,080
(−)판매관리비		670
변동판매관리비	120	
고정판매관리비	550	
영 업 이 익		410

* 450−90

당기에 발생한 고정제조원가 450백만원이 전부 당기의 비용으로 처리되나, 전부원가계산에서는 당기에 판매된 제품에 포함된 고정제조원가 360백만원만이 비용으로 처리된다.

당기매출원가 중의 고정제조원가 360백만원은 어떻게 계산되었나? 〈표 4.3〉에서 볼 수 있듯이 당기발생고정제조원가 450백만원 중에서 90백만원은 기말제품재고 100만개에 남고 나머지 360백만원은 매출원가로 비용이 되었다. 변동원가계산의 총비용과 전부원가계산의 총비용은 재고화된 고정제조원가의 금액 90백만원만큼 차이가 나는데, 이 차이가 영업이익의 차이 90백만원을 설명한다. 이를 수식으로 정리하면 다음과 같다.

전부원가계산에서 비용화된 고정제조원가

$$= \frac{\textbf{총고정제조원가 발생액}}{\textbf{생산량}} \times \textbf{판매량}$$

$$= \frac{450\text{백만원}}{5\text{백만개}} \times 4\text{백만개}$$

$$= \textbf{고정제조간접원가 배부율} \times \textbf{판매량}$$

$$= 90\text{원/개} \times 4\text{백만개} = 360\text{백만원}$$

변동원가계산에서 비용화된 고정제조원가 = **총고정제조원가 발생액** = 450백만원

전부원가계산의 영업이익 − 변동원가계산의 영업이익

=변동원가계산에서 비용화된 고정제조원가−전부원가계산에서 비용화된 고정제조원가

= 450백만원 − 360백만원

$$= \textbf{총고정제조원가 발생액} - \frac{\textbf{총고정제조원가 발생액}}{\textbf{생산량}} \times \textbf{판매량}$$

$$= 450\text{백만원} - \frac{450\text{백만원}}{5\text{백만개}} \times 4\text{백만개}$$

$$= \frac{\textbf{총고정제조원가 발생액}}{\textbf{생산량}} \times (\textbf{생산량} - \textbf{판매량})$$

$$= \frac{450\text{백만원}}{5\text{백만개}} \times (5\text{백만개} - 4\text{백만개})$$

= **고정제조간접원가 배부율 × (생산량 − 판매량)**

= 90원/개 × (5백만개 − 4백만개)

= 90백만원

위 식은 전부원가계산에서 판매량이 일정할 때 생산량을 증가시킬수록 영업이익이 커짐을 보인다. 위의 예와 식은 고정제조간접원가가 제품에만 재고화되는 것으로 가정하였다. 일반적으로 재공품에도 고정제조간접원가가 재고화되므로 변동원가계산과 전부원가계산의 원가차이는 재공품에서도 나타난다. 또한 전부원가계산에서 기초의 재공품이나 제품에 포함된 단위당 고정제조간접원가가 기간중에 투입된 단위당 고정제조간접원가와 다르다면 단일의 고정제조간접원가 배부율로 원가차이를 설명할 수 없다.[4] 이러한 좀더 일반적인 경우에서의 전부원가계산과 변동원가계산의 영업이익 차이는 다음 식으로 설명해야 한다.

전부원가계산의 영업이익 − 변동원가계산의 영업이익

= 변동원가계산에서 비용화된 총제조원가 − 전부원가계산에서 비용화된 총제조원가

= 변동원가계산에서 비용화된 고정제조원가 − 전부원가계산에서 비용화된 고정제조원가

= 전부원가계산에서 재고화된 고정제조원가의 증가분

= 전부원가계산에서 기말재공품, 제품에 포함된 고정제조원가

− 전부원가계산에서 기초재공품, 제품에 포함된 고정제조원가

4) 이 경우도, 생산량의 증가가 전부원가계산에서의 영업이익을 증가시키는 것은 사실이다. 그러나 생산량이 판매량보다 많아서 기말제품재고가 기초제품재고보다 많더라도 전부원가계산의 영업이익이 변동원가계산의 영업이익보다 반드시 크지는 않다.

변동원가계산의 장점은 무엇인가?

변동원가계산의 의사결정과 성과평가의 유용성

관리자의 업적평가
- 전부원가계산에서 나타나는 불필요한 재고증가를 통해 이익을 증가시키려는 유인을 통제할 수 있음
- 판매부서의 잘못된 예측에 의해 재고가 변화하여 생산부서의 업적평가가 영향을 받는 것을 방지함

의사결정의 유용성
- 원가를 기능이 아닌 행태에 따라 분류함
- 판매량 변화에 따른 이익변화 파악이 수월함
- 공헌이익을 파악할 수 있음

변동원가계산은 제품원가를 과소평가하므로 외부보고 목적으로는 허용되지 않으나 의사결정이나 성과평가의 내부목적으로 사용할 때 장점이 있다. 첫 번째, 변동원가계산은 관리자의 업적평가에 쓸모가 있다. 전부원가계산은 관리자에게 재고를 증가시키도록 유도하는 잘못된 역기능적인 동기를 주는데 변동원가계산은 그렇지 않다. 위의 예에서 보듯이 전부원가계산에서 고정제조간접원가가 당기의 생산량에 배분되므로 생산량이 많을수록 제품단위당 고정제조간접원가가 작아져 제품단위당 이익이 크게 보고된다. 이 현상을 악이용하여 관리자가 회계기간말에 불필요한 생산을 하여 보고되는 이익을 크게 할 수 있다. 불필요한 생산은 재고유지원가를 높여 바람직하지 못하므로 억제해야 한다. 관리자의 업적평가를 위해 변동원가계산을 사용한다면 생산량의 변화와 무관하게 이익이 결정되므로 이 부작용을 방지할 수 있다.[5] 또한, 생산량이 전부원가계산에 의한 손익계산서의 이익수치에 영향을 주는 이유는 앞의 예에서 보여주듯이, 생산량과 판매량의 차이 때문인데 이 차이는 판매부서의 판매량 예측의 잘못 때문일 수도 있다. 이 경우, 판매부서의 예측 잘못에 의해 이익이 변하고 생산부서의 업적평가가 달라지는 것은 바람직하지 않다.[6] 변동원가계산에서는 고정제조간접원가가 생산량과 무관하게 당기의 비용으로 처리되어 이런 문제가 없다.

변동원가계산의 또 다른 장점은 의사결정에 쓸모 있는 원가의 변동성에 대한 명시적인 고려이다. 전부원가계산에서는 원가를 기능에 따라 제조원가와 판매관리비로 분류하므로 생산량 변경 등의 의사결정에 따른 원가와 이익의 변화를 파악하기 어렵다. 이에 비해 변동원가계산은 원가를 변동원가와 고정원가로 분류하여 보고하고 공헌이익을 계산하므로 판매량 증가에 의한 이익변

5) 관리자에게 불필요한 재고를 유지하지 않도록 유도하는 방법에는 변동원가계산에 의한 성과평가 이외의 다른 방법들이 존재한다. 첫째로, 전부원가계산에서도 성과평가 기간을 1년 이상으로 장기화하면 부작용을 줄일 수 있다. 이번 기간의 기말재고 증가는 다음 기간의 기초재고의 증가를 의미하므로 이번 기간의 지나친 생산량 증가에 의한 이익 증가는 다음 기간의 이익 감소를 의미한다. 만약 관리자가 다음 기의 이익 감소를 우려한다면 이전 기에 지나친 생산을 하지 않을 것이다. 그러나 관리자가 이번 기의 원가나 이익에만 관심이 있다면 여전히 문제가 남아 있다. 둘째로, 재고변화율이나 재고회전율 등의 재고수준과 관련된 별도의 비재무적 성과지표를 사용하는 방법이 있다. 셋째로, 기회비용 성격의 재고자금비용을 포함한 재고유지원가를 명시적으로 이익계산에 반영하는 방법도 있다.

6) 이것은 성과평가의 통제가능성의 원칙과 관련된 문제이며 이 주제는 제12장에서 다룬다.

화를 보여주어서 의사결정에 쓸모가 있다.

미래의 영업이익을 추정하기 위해 변동원가계산을 사용하는 것이 편리하나 몇 가지 주의할 점이 있다. 우선, 직접노무원가를 변동원가로 간주하는 것이 비현실적일 수 있다. 둘째로, 제조간접원가를 변동원가와 고정원가로 분리하는 것이 부정확할 수 있다. 제조간접원가와 판매관리비의 변동성에 대한 추정은 제3장에서 본 원가추정기법을 사용하면 도움이 된다. 셋째로, 전통적인 변동원가계산은 변동제조간접원가와 변동판매관리비가 생산량이나 판매량에 따라 비례적으로 변한다고 가정하나 이 가정이 비현실적일 수 있다. 마지막으로, 내부적으로 변동원가계산에 의해 의사결정을 하더라도 외부에 보고되는 재무제표에서는 전부원가계산이 사용되므로, 생산량과 판매량이 다르다면 변동원가계산의 영업이익이 전부원가계산의 영업이익과 다름을 생각해야 한다.

초변동원가계산이란 무엇인가?

초변동원가계산

직접노무원가가
거의 없거나 고정원가임

자동화된 설비로 생산하는 장치산업에 적용

직접노무인력

자동화 설비의 운영, 점검, 보수, 유지업무→생산량과 무관

제조간접원가

값비싼 설비의 감가상각비와 수선유지비가 대부분→고정원가에 해당

초변동원가계산
가공원가를 기간비용으로 처리하는 방법

자동화된 설비로 생산을 하는 장치산업에서는 직접노무원가가 거의 없거나 고정원가일 가능성이 많다. 직접노무인력이 주로 자동화 설비를 운영, 점검, 보수, 유지하는 업무를 하므로 생산량과 무관하게 일정 인력이 필요하다. 제조간접원가도 값비싼 설비의 감가상각비와 수선유지비가 대부분이며 이 원가들이 고정원가이다. 이러한 장치산업에서 원가계산을 단순하게 하기 위해 모든 가공원가, 즉 직접노무원가와 제조간접원가를 고정원가로 보아 기간비용으로 처리하는 방법이 초변동원가계산(Super-variable Costing 또는 Throughput Costing)이다.[7] 즉 직접재료원가만 제품원가로 재고화하고 나머지 제조원가는 모두 기간비용으로 처리한다.

초변동원가계산에서 사용하는 Throughput의 용어는 생산 · 판매과정을 통과하는 통과량의 개념이라 할 수 있다. 여러 가지 투입물(Input)이 생산공정에 들어가 산출물(Output)이 되어 나온다고 보는 것이 생산흐름에 대한 전통적인 관점이다. 이에 비해 초변동원가계산의 통과량(재료처리량, Throughput) 개념은

7) 초변동원가계산은 제약이론(TOC, Theory of Constraint)에서 출발하였다. 제약이론에 대한 설명은 제10장을 참고하라. 제약이론에서는 판매관리비도 모두 고정비로 본다.

직접재료가 제조공정을 통과하면서 가공되지만 가공원가가 제품원가에 더해지지 않는다고 본다.

그림 4.7 생산과정에 대한 관점의 차이

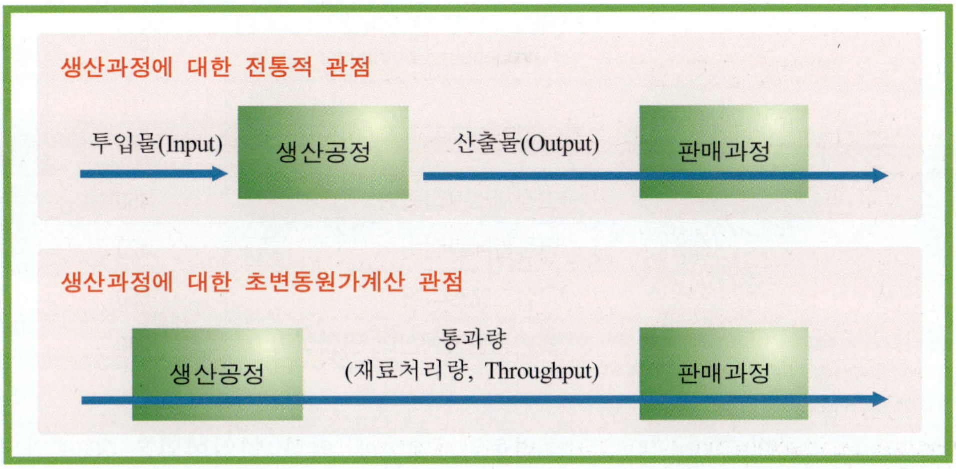

기존의 원가계산에서는 재료비, 노무비, 경비(또는 직접재료비, 직접노무비, 제조경비)를 투입에 대한 원가로 보아, 산출물, 즉 제품의 원가가 이 모든 투입원가를 가지고 있다. 이에 비해 초변동원가계산에서는 직접재료비만을 통과량의 원가로 보아 제품원가는 가공비를 포함하지 않는다. 가공비를 판매관리비처럼 통과량(재료처리량)을 처리하는 기간비용으로 본다.

재료처리량 공헌이익
매출과 판매물량 직접재료원가의 차이

매출에서 판매물량의 직접재료원가만 뺀 금액을 재료처리량 공헌이익(Throughput Contribution)이라 한다.[8] 재료처리량 공헌이익은 가공원가와 판매관리비가 고정되어 있을 때 재료처리량의 증가에 따른 이익증가를 측정한다.

[종합예제 2]

[종합예제 1]의 기업이 초변동원가계산(Throughput Costing)을 사용할 때 20×6년 영업이익을 구하자.

8) Throughput Contribution은 현금창출률로 번역한 문헌도 있으나 Throughput Contribution이 반드시 현금흐름을 의미하지는 않으므로 적절한 표현이 아니다.

표 4.7 초변동원가계산

(단위 : 백만원)

	20×6년 금액	비 고
매 출	2,000	500원/개 × 4백만개(판매량)
(−)초변동매출원가(직접재료원가)	320	80원/개 × 4백만개(판매량)
재료처리량 공헌이익 (Throughput Contribution)	1,680	
(−)직접노무원가	50	10원/개 × 5백만개(생산량)
(−)변동제조간접원가	250	50원/개 × 5백만개(생산량)
(−)고정제조간접원가	450	
(−)변동판매관리비	120	30원/개 × 4백만개
(−)고정판매관리비	550	
초변동원가계산의 영업이익	260	

초변동원가계산에 의한 영업이익은 260백만원으로 변동원가계산에 의한 영업이익 320백만원보다 60백만원 더 적다. 그 이유는 초변동원가계산에서 당기생산량에 대해 발생한 직접노무원가 50백만원과 변동제조간접원가 250백만원이 모두 비용처리되었기 때문이다. 이를 한눈에 보기 위해 〈표 4.4〉와 〈표 4.7〉을 항목별로 비교하면 〈표 4.8〉과 같다.

표 4.8 변동원가계산과 초변동원가계산

(단위 : 백만원)

변동원가계산의 공헌이익계산서

매 출		2,000
(−)변동매출원가		560
직접재료원가	320	
직접노무원가	40	
변동제조간접원가	200	
(−)변동판매관리비		120
공 헌 이 익		1,320
(−)고정제조간접원가		450
(−)고정판매관리비		550
영 업 이 익		320

초변동원가계산의 이익계산서

매 출		2,000
(−)초변동매출원가(직접재료원가)		320
재료처리량 공헌이익		1,680
(−)직접노무원가		50
(−)제조간접원가		700
변동제조간접원가	250	
고정제조간접원가	450	
(−)판매관리비		670
변동판매관리비	120	
고정판매관리비	550	
영 업 이 익		260

변동원가계산과 초변동원가계산의 영업이익이 왜 다른가?

〈표 4.8〉에서 화살표가 보여주듯이 두 이익계산서의 모든 수치가 위치만 다를 뿐 직접노무원가와 변동제조간접원가를 제외하고 동일하다. 변동원가계산에서는 기초재고액과 당기에 발생한 총직접노무원가와 변동제조간접원가 중 판매량에 해당하는 금액만 매출원가로 비용화되고 나머지는 기말재고에 남아 있는다. 이 반면, 초변동원가계산에서는 당기에 발생한 총직접노무원가와 변동제조간접원가를 모두 기간비용으로 처리하므로 생산량이 커질수록 이 금액이 커진다.

표 4.9 초변동원가계산과 변동원가계산의 이익차이 조정 (단위 : 백만원)

	금 액	비 고
초변동원가계산의 영업이익	260	
기말제품에 재고화된 직접노무원가와 변동제조간접원가	60	기말제품재고량(1백만개) ×당기 단위당 직접노무원가와 변동제조간접원가(10+50)
기초제품에 재고화된 직접노무원가와 변동제조간접원가	0	기초제품재고량(0) ×전기 단위당 직접노무원가와 변동제조간접원가
변동원가계산의 영업이익	320	

초변동원가계산은 재고감소노력을 촉진한다

초변동원가계산에서 생산량이 증가하면 이에 따라 변동가공원가가 증가하면서 전액 비용화되므로 오히려 이익을 감소시킨다. 이익감소를 원치 않는 관리자는 지나친 생산을 피하여 재고감소를 달성하게 된다. 변동원가계산이 영업이익을 생산량과 무관하게 만들어 관리자의 지나친 생산을 방지한다면, 초변동원가는 좀더 강하게 기말재고 감소를 유도하는 장점이 있다. 초변동원가계산에서는 직접재료원가와 가공원가의 분리만이 필요하므로 변동원가계산에서와 같이 변동원가와 고정원가를 분리하는 수고를 할 필요가 없다. 그러나 몇 가지

단점도 있다. 제품재고의 가치를 지나치게 낮게 평가하며, 초변동원가계산에서 계산된 이익이 실제로 외부에 보고되는 전부원가계산에 의한 이익과 차이가 나는 문제점이 있다. 전부원가계산, 변동원가계산, 초변동원가계산의 요약비교는 다음과 같다.

표 4.10 전부원가계산, 변동원가계산, 초변동원가계산의 요약비교

	전부원가계산	변동원가계산	초변동원가계산
재고화 원가	직접재료원가 직접노무원가 변동제조간접원가 고정제조간접원가	직접재료원가 직접노무원가 변동제조간접원가	직접재료원가
기간비용	판매관리비	고정제조간접원가 판매관리비	직접노무원가 변동제조간접원가 고정제조간접원가 판매관리비
용 도	재무보고	의사결정, 성과평가	의사결정, 성과평가
재고수준과 이익	재고의 증가가 이익을 증가시킴	재고의 증가와 이익이 무관함	재고의 증가가 이익을 감소시킴
이익계산	매출총이익 =매출−매출원가	공헌이익 =매출−변동제조원가 −변동판매관리비	재료처리량 공헌이익 =매출−직접재료원가

토 론

“초변동원가계산의 통신장비업 도입사례[9]”

• 사례기업의 일반적 배경

사례기업인 A사는 세계적인 통신회사가 3개의 독립된 회사로 나누어지면서 통신-기술부문이 독립하여 설립되었다. 이 회사는 Fortune 500기업 중 상위 50위 내에 들어가는 세계적인 다국적 기업으로서 한국을 비롯한 90여개 국가에 진출해 있다. 1998년 기준으로 매출은 300억불을 초과하며 전 세계적으로 14만 명의 직원을 고용하고 있다. 이 회사는 경쟁이 매우 심한 하이테크 산업에 진출해 있으며, 통신분야에서 세계적 리더가 되겠다는 전략을 가지고 있다. 현재 이 회사는 세계 제일의 통합통신설비 공급자로서 인정받고 있다.

이 회사의 사업부문은 크게 세 가지로 나눌 수 있다. 먼저 네트워크시스템(NS)부문인데, 이 부문은 유선 또는 무선통신서비스를 제공하는 사업자에게 필요한 장비와 시스템을 개발, 제작하여 판매하는 부문이다. 또 기업통신시스템(BCS)부문이 있는데 이 부문은 기업들에게 음성, 화상 또는 멀티미디어통신 등에 필요한 시스템을 개발, 제작하여 판매하는 부문이다. 세 번째로 전자(ME)부문이 있는데 이 부문은 통신과 컴퓨터에 필요한 집적회로 등의 제품을 생산하여 판매하는 부문이다. 이 세 부문 중에서 NS부문과 BCS부문은 부품을 직접 제조하지 않고 CEM(Contract Equipment Manufacturer)으로부터 구매하여 조립과 제품검사를 주로 하고 있다. 반면 ME부문은 일반 제조업과 같이 원재료를 구매하여 제품을 생산, 판매하는 부문이다. (중략)

• MOC(Material-Only-Costing)[10]의 도입배경

A사가 기존에 사용하여 오던 원가회계시스템은 표준전부원가계산시스템이다. 이 시스템에 의하면 직접재료원가와 직접노무원가 및 제조간접원가를 전부 제품원가로 처리하며 세 가지 원가요소에 대하여 모두 표준을 설정하고 실제원가와 표준원가의 차이를 계산하고 분석한다. 이 회사의 경영자들은 기존에 사용해 오던 원가시스템에 대한 문제점을 다음과 같이 인식하였다.

① 직접노무원가와 제조간접원가가 단기적으로는 고정원가인데 기존의 원가시스템에서는 이것들을 변동원가로 취급해 왔다. 이 회사는 1996년 6월부터 1997년 9월까지 NS부문의 직접노무원가와 제조간접원가의 변화를 월별로 조사하였다. 그 결과는 다음의 [그림 1]과 같다.

[그림 1]에서 볼 수 있듯이 NS부문의 월별 직접노무원가와 제조간접원가는 거의 고정되어 있음을 알 수 있다. 따라서 단기적으로는 이 두 원가요소를 고정원가로 간주해야 하나 기존에 사용해 오던 원가시스템은 직접노무원가와 제조간접원가를 조업도에 따라 변하는 변동원가로 취급하고 있어 잘못된 원가정보를 제공하고 있다.

9) 이상수, “Materials-Only-Costing에 대한 사례연구,” 『회계저널』(2000.12)의 일부임.
10) 초변동원가계산의 다른 이름임.

[그림 1] NS부문의 직접노무원가와 제조간접원가의 변화

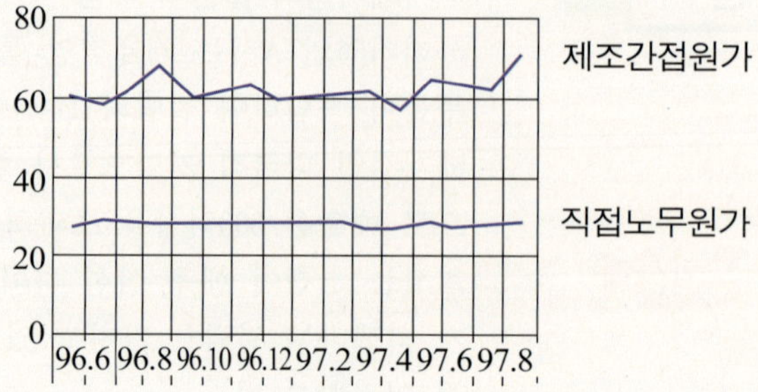

② 제조원가에서 20% 내외의 비중밖에 차지하지 않는 직접노무원가와 제조간접원가를 너무 강조하고 있다. 기존의 표준전부원가계산시스템은 직접노무원가와 제조간접원가에 대한 원가계산과 차이분석을 강조하고 있다. 특히 제조간접원가를 직접노무원가에 의해서 배부하기 때문에 직접노무원가에 대한 정교한 계산과 분석이 지나치게 강조되고 있다. 그런데 1997년도 실제 발생한 원가를 부문별로 조사하여 보면 [그림 2]와 같다.

[그림 2] 부문별 제조원가의 비중

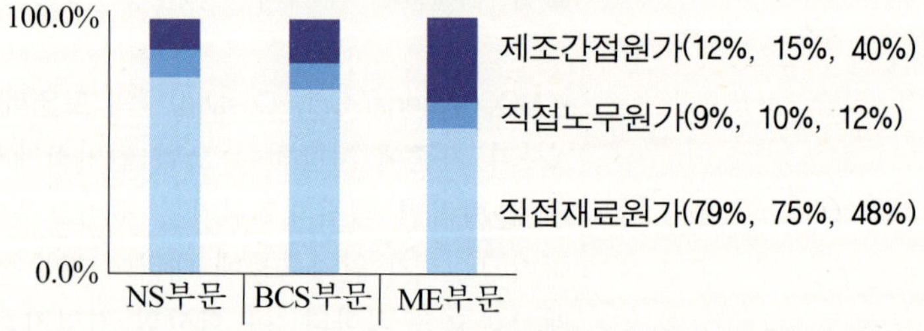

[그림 2]에서 보듯이 ME부문의 직접재료원가 비중은 50%에 못 미치고 있으나 NS부문과 BCS부문의 직접재료원가 비중은 각각 79%와 75%를 차지하고 있다. 즉, NS부문과 BCS부문의 직접노무원가와 제조간접원가의 비중은 매우 낮다. 이렇게 비중이 낮은 원가요소에 대하여 지나치게 자세한 원가분석과 계산을 하고 있어 정작 관심을 집중해야 할 직접재료원가에 대한 분석과 관리가 소홀해지고 있다.

③ 원가를 유발시키는 원인보다 결과의 차이분석에만 초점이 맞추어져 있다. 기존의 표준원가계산시스템은 원가차이를 유발시키는 원가동인에 대한 분석보다 결과의 차이분석과 그에 대한 책임소재 규명에 초점이 맞추어져 있어 효율적인 원가관리가 가능하지 않았다.

④ 표준의 유지관리가 되고 있지 않다. 표준원가계산시스템이 효율적으로 작동하기 위해서는 정기적인 표준의 유지관리가 매우 중요한데, 기존의 시스템은 오

래되고 과대계상된 표준원가를 사용하고 있다. 어떤 경우에는 표준원가가 2년이 지나도록 개정되지 않아 표준으로서의 역할을 하지 못하고 있으며, 정확한 표준을 잘 모르기 때문에 표준을 높게 설정하려는 경향이 있다. 이러한 경향은 낮은 가격으로 입찰하는 위험을 피하기 위하여 자주 발생하는데 이 때문에 입찰경쟁에서 떨어지는 경우가 많다.

⑤ 제조간접원가를 제품에 배부하는 데 문제가 있다. 비록 제조간접원가의 비중이 크지 않지만 직접노무원가를 기준으로 제조간접원가를 배부하기 때문에 제조간접원가의 배부가 자의적이며 결과적으로 제품원가를 왜곡시킨다.

⑥ R&D나 고객서비스 등 가치사슬에서 전략적으로 중요한 비중을 차지하는 활동에 대하여 관심을 두지 않는다. 기존의 시스템은 제조원가 3요소에 대한 계산과 차이분석에만 관심을 집중하고 생산 전, 후 단계에서 발생하는 비용에 대하여 전혀 고려가 없다.

[그림 3] 1997년 사례제품의 가치사슬구성

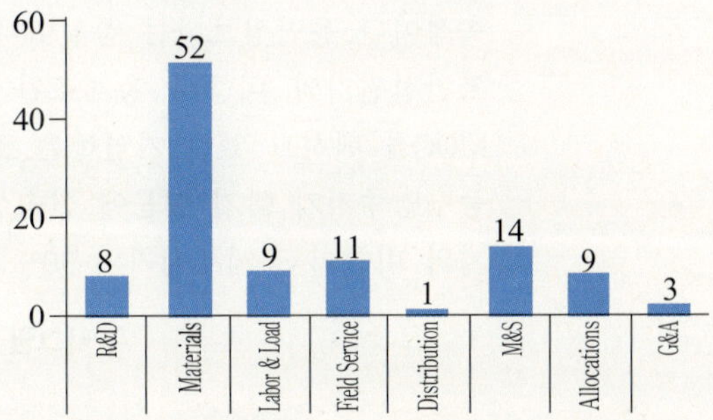

(참고) 유리한 원가차이로 인하여 각 항목의 합이 100%를 초과함.

[그림 3]에서 나타나듯이 1997년 사례제품에 대한 가치사슬을 분석한 결과 R&D나 다른 비용이 직접노무원가나 제조간접원가보다 더 중요한 비중을 차지하고 있는 것으로 나타났다. 그러나 기존의 표준전부원가시스템에서는 이러한 비용에 대한 분석과 관리가 전혀 없다.

• MOC 도입의 기대효익

A사는 기존의 표준전부원가시스템에 대한 문제점을 인식하고 B회계법인의 경영자문을 받아 세 부문 중 NS부문과 BCS부문에 대하여 MOC를 도입하기로 결정하였다. A사가 MOC를 도입하기로 결정한 배경에는 MOC로부터 다음과 같은 효익을 기대하고 있었다.

유용한 원가정보의 신속한 제공

MOC를 도입함으로써 기대하는 첫 번째 효익은 경영자의 의사결정에 필요한 관련원가정보를 적시에 제공하는 것이다. 재무본부에서 경영자들을 대상으로 조사한 바에 의하면 기존 원가정보에 대한 신뢰성이 매우 낮으며 원가정보를 개선하는 것이 최우선 과제 중의 하나라는 인식이 확산되어 있는 것으로 나타났다. 이러한 문제를 해결하기 위하여 A사는 여러 대안 중에서 MOC를 도입하기로 결정하였다. MOC에서는 직접노무원가나 제조간접원가에 대한 자의적인 배부가 없으며, 표준원가의 설정이 직접재료원가에만 한정되어 있어 잘못 설정된 표준원가에 의한 오류가 적기 때문에 원가정보의 신뢰성을 확보할 수 있다. 또한 신속하게 원가정보를 제공할 수 있기 때문에 원가정보의 유용성을 높일 수 있다. 특히 NS부문과 BCS부문이 종사하고 있는 시장에서는 고객의 요구에 맞추어 신속하게 대응하는 것이 경쟁력의 원천이 되므로 원가정보의 신속성은 MOC의 큰 장점이라고 할 수 있다.

생산전략과 원가시스템의 조화

A사는 B회계법인에게 의뢰하여 미국의 20개 첨단기업을 대상으로 조사를 실시한 결과 원가시스템과 생산전략은 상호관련성이 높다는 것을 발견하였다. 조사에 의하면 전부원가계산이나 ABC를 사용하는 기업들은 주로 표준제품을 대량으로 생산하고, 신속성이나 유연성보다는 품질이나 저원가를 더 중요하게 생각하고, 직접노무원가와 제조간접원가의 비중이 총제조원가의 30%를 초과하고 있는 것으로 나타났다. 반면에 MOC를 택하고 있는 기업들은 조립과 시스템검사를 중심으로 한 주문생산을 하고, 제품수명주기가 짧기 때문에 신속성과 유연성을 중요시하고, 직접노무원가와 제조간접원가의 비중이 총제조원가의 30%를 넘지 않는 것으로 조사되었다.

[그림 4] 20개 기업 원가시스템조사

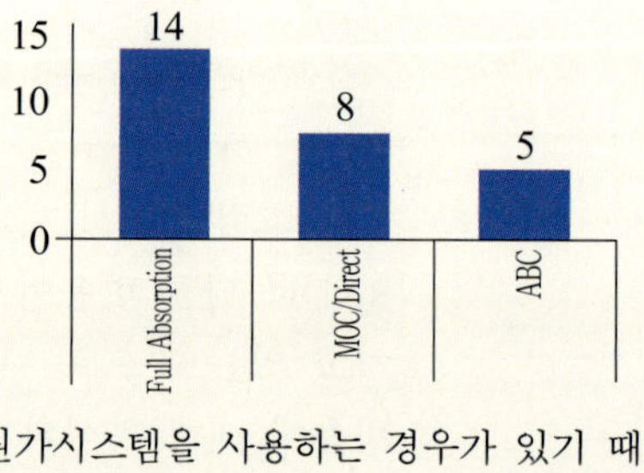

(참고) 한 기업이 복수의 원가시스템을 사용하는 경우가 있기 때문에 합계가 20을 초과함.

[그림 4]는 20개 첨단회사의 원가시스템을 조사한 결과를 나타내는데 MOC나 직접원가계산을 사용하고 있는 기업이 40%를 차지하고 있는 것으로 나타났다. 이 중에서 두 개의 기업을 benchmark하기 위하여 심층 조사하였다. 이 기업들의 특징은 모든 원가배부를 역기능적이라고 간주하고 있으며, 경영노력의 초점을 직접재료원가의 절감에 맞추고 있었다. A사의 경우에는 [그림 2]에서 보듯이 세 부문 중 NS부문과 BCS부문은 전부원가계산보다는 MOC에 적합한 제조환경을 가지고 있다. 이 두 부문은 고객의 요구에 맞추어 시스템을 주문생산하고 있는데, 이에 필요한 부품은 OEM이나 CEM으로부터 구입하고 있다. 조립생산이 완료되면 시스템의 품질을 검사하여 고객에게 인도하

고 현장검사를 실시한다. 반면에 ME부문은 전부원가계산과 ABC에 적합한 제조환경을 가지고 있다. 제조간접원가의 비중이 40%를 육박하고, 표준적인 제품을 대량으로 생산하고 있다. 지금까지 A사는 세 부문 모두 표준전부원가계산시스템을 사용해 왔으나, ME부문을 제외한 NS와 BCS부문은 그 제조환경에 맞게 MOC로 전환하였다.

가치사슬에 따른 원가관리노력의 우선순위 결정

기존 표준전부원가계산에서는 원가관리의 대상이 제조원가 3요소로 한정되어 있고 그중에서도 비중이 크지 않은 직접노무원가와 제조간접원가의 차이분석에 많은 노력이 투입되어 직접재료원가나 제조 전 또는 제조 후 원가에 대한 관리노력이 그 중요성에 비추어 상응하지 못하였다. 그러나 MOC에서는 직접노무원가나 제조간접원가에 대한 계산이 단순해지면서 이들 원가의 분석과 관리에 투입되었던 노력과 관심이 직접재료원가와 제조 전, 후 원가로 옮겨진다. 따라서 지금까지 소홀하였던 원가항목에 대한 관리가 가능하게 되었다. [그림 3]에서 보듯이 R&D, Field Service & Support 및 M&S에 소요되는 원가가 직접노무원가와 제조간접원가를 합한 금액과 비슷하거나 크다는 것을 알 수 있다. 가치사슬에서 중요한 비중을 차지하지만 직접노무원가나 제조간접원가 때문에 관리가 소홀하였던 항목에 대한 관리가 가능하게 되었다.

토론해 보자

A사의 세 부문의 원가구조 차이에 따른 초변동원가계산(MOC)의 적용타당성을 논의해 보자.

요약정리

외부공시하는 손익계산서를 위한 원가계산방법에서 모든 제조원가가 재고에 포함되어 매출원가로 비용화된다. 이것이 전부원가계산이다. 이 방법에서는 당기에 발생한 고정제조간접원가가 재고화되므로 생산량을 늘리면 매출원가에 포함되는 고정제조간접원가가 줄어들어 영업이익이 증가한다.

이러한 현상을 만약 관리자가 악용할 가능성이 문제가 된다면 기업은 관리자의 성과평가를 위해 변동원가계산을 사용할 수 있다. 변동원가계산에서는 고정제조간접원가가 모두 당기의 기간비용으로 처리되므로 생산량의 변화가 영업이익에 영향을 미치지 않는다. 이 점 때문에 변동원가계산은 이익증가를 위해 관리자가 불필요하게 생산하려는 동기를 없애주는 장점이 있다. 또한 변동원가계산에서는 원가를 변동원가와 고정원가로 구분하여 이익계산서를 작성하고 공헌이익을 계산하도록 요구하므로 의사결정에 편리한 형태로 원가정보를 제공하게 된다.

변동원가계산에서 요구하는 변동성에 의한 원가구분이 어렵거나, 가공원가가 대부분 고정원가라면 초변동원가계산이라는 더 단순한 방법을 쓸 수 있다. 초변동원가계산에서는 직접재료원가만을 재고화하고 모든 가공원가를 기간비용으로 단순처리한다. 이때, 생산량이 증가할 때 증가하는 가공원가가 모두 당기의 비용으로 보고되므로 관리자는 불필요한 생산을 줄여 재고수준을 낮게 유지하려 하는 강한 동기를 가지게 된다.

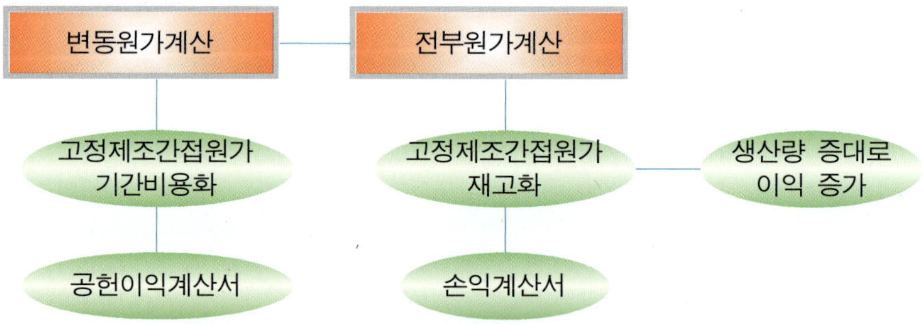

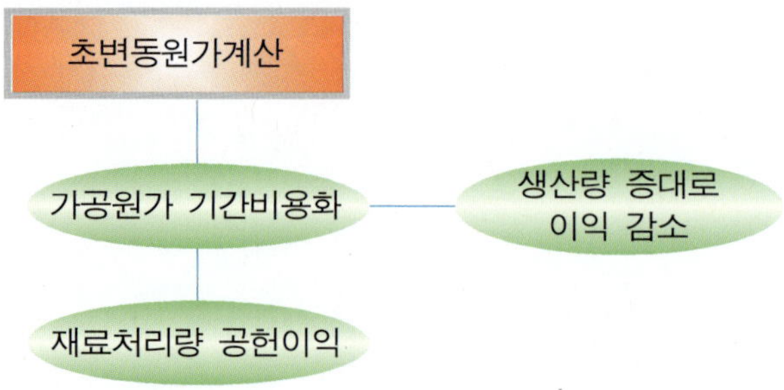

4 연습문제

객관식

01 변동원가계산의 특징 (14. 서울시 9급)

변동원가계산과 관련된 다음의 설명 중 옳지 않은 것은?

① 변동제조원가는 매출원가에 포함된다.

② 공헌이익에 대한 정보를 제공하므로 단기의사결정과 성과평가에 유용하다.

③ 외부보고 및 조세 목적을 위해서 일반적으로 인정되는 방법이다.

④ 고정제조간접원가는 매출원가에 포함되지 않는다.

⑤ 제품의 생산량이 영업이익에 영향을 미치지 않는다.

02 변동원가계산의 특징 (18. 감정평가사)

제조기업인 (주)감평이 변동원가계산방법에 의하여 제품원가를 계산할 때 제품원가에 포함되는 항목을 모두 고른 것은?

ㄱ. 직접재료원가	ㄴ. 직접노무원가
ㄷ. 본사건물 감가상각비	ㄹ. 월정액 공장임차료

① ㄱ, ㄴ ② ㄱ, ㄹ ③ ㄴ, ㄷ

④ ㄴ, ㄹ ⑤ ㄱ, ㄷ, ㄹ

03 변동원가계산의 특징 (18. 재경관리사)

다음 중 변동원가계산에 의한 손익계산서와 관련된 설명으로 가장 올바르지 않은 것은?

① 판매비와 관리비를 변동비와 고정비로 분리하여 보고한다.

② 고정제조간접원가는 공헌이익 산출에 포함되지 않는다.

③ 공헌이익을 계산한다.

④ 변동제조간접원가는 기간비용으로 처리한다.

04 변동원가계산의 구조 (18. 국가직 9급)

신설법인인 (주)한국의 기말제품재고는 1,000개, 기말재공품재고는 없다. 다음 자료를 근거로 변동원가계산방법에 의한 공헌이익은?

판매량	4,000개
단위당 판매가격	₩1,000
생산량	5,000개
단위당 직접재료원가	₩300
단위당 직접노무원가	200
단위당 변동제조간접원가	100
총고정제조간접비	1,000,000
단위당 변동판매관리비	150
총고정판매관리비	800,000

① ₩2,000,000　② ₩1,600,000
③ ₩1,250,000　④ ₩1,000,000

05 변동원가계산의 구조 (19. 국가직 9급)

20×1년초에 영업을 개시한 (주)한국의 원가관련 자료는 다음과 같다.

생산량	10,000개
판매량	8,000개
단위당 변동제조원가	₩110
단위당 변동판매관리비	40
고정제조간접원가	180,000
고정판매관리비	85,000

제품의 단위당 판매가격이 ₩200인 경우에 (주)한국의 20×1년말 변동원가계산에 의한 영업이익과 기말제품재고액은?

	영업이익	기말제품재고액
①	₩135,000	₩220,000
②	135,000	256,000
③	171,000	220,000
④	171,000	256,000

06 변동원가계산의 구조 (19. 세무사)

(주)세무는 기초제품수량은 없고 당기제품생산수량은 500단위, 기말제품수량은 100단위이다. 제품 단위당 판매가격은 ₩1,300이며, 당기에 발생한 원가는 다음과 같다. 변동원가계산에 의한 당기영업이익은? (단, 기초 및 기말 재공품은 없다)

직접재료원가	₩250,000
직접노무원가	80,000
변동제조간접원가	160,000
변동판매관리비	40,000
고정제조간접원가	40,000
고정판매관리비	15,000

① ₩13,000 ② ₩23,000 ③ ₩33,000
④ ₩43,000 ⑤ ₩53,000

07 전부원가계산 (18. 보험계리사)

(주)한국은 단일제품 P를 생산・판매하고 있다. 20×1년 제품 P의 생산・판매와 관련된 자료는 다음과 같다.

생산량	30개
판매량	25개
매출액	₩2,250
변동제조원가	1,200
고정제조간접원가	300
변동판매관리비	125
고정판매관리비	375

20×1년초 재고자산이 없을 때, 전부원가계산에 따른 (주)한국의 20×1년 영업이익은?

① ₩450 ② ₩500
③ ₩1,000 ④ ₩1,125

08 변동원가계산과 전부원가계산의 비교 (20. 국가직 9급)

전부원가계산과 변동원가계산에 대한 설명으로 옳지 않은 것은? (단, 주어진 내용 외의 다른 조건은 동일하다)

① 전부원가계산에서 판매량이 일정하다면 생산량이 증가할수록 영업이익은 증가한다.
② 전부원가계산은 외부보고 목적보다 단기의사결정과 성과평가에 유용하다.
③ 변동원가계산에서는 고정제조간접원가를 제품원가에 포함시키지 않는다.
④ 변동원가계산에서 생산량의 증감은 이익에 영향을 미치지 않는다.

09 변동원가계산과 전부원가계산의 비교 (21. 공인회계사)

(주)대한은 설립 후 3년이 경과되었다. 경영진은 외부보고 목적의 전부원가계산 자료와 경영의사결정 목적의 변동원가계산에 의한 자료를 비교분석하고자 한다. (주)대한의 생산과 판매에 관련된 자료는 다음과 같다.

	1차년도	2차년도	3차년도
생산량(단위)	40,000	50,000	20,000
판매량(단위)	40,000	20,000	50,000

- 1단위당 판매가격은 ₩30이다.
- 변동제조원가는 1단위당 ₩10, 변동판매관리비는 1단위당 ₩4이다.
- 고정제조간접원가는 ₩400,000, 고정판매관리비는 ₩100,000이다.
- 과거 3년 동안 (주)대한의 판매가격과 원가는 변하지 않았다.

위 자료에 대한 다음 설명 중 옳지 않은 것은?

① 3차년도까지 전부원가계산과 변동원가계산에 따른 누적영업손익은 동일하다.
② 3차년도 변동원가계산에 따른 영업이익은 ₩300,000이다.
③ 2차년도의 경우 전부원가계산에 의한 기말제품원가가 변동원가계산에 의한 기말제품원가보다 크다.
④ 변동원가계산에서 고정원가는 모두 당기비용으로 처리한다.
⑤ 3차년도 전부원가계산에 의한 매출원가는 ₩1,120,000이다.

10 변동원가계산과 전부원가계산의 비교 (21. 주택관리사)

(주)한국은 20×1년초에 영업을 개시하고 5,000단위의 제품을 생산하여 단위당 ₩1,500에 판매하였으며, 영업활동에 관한 자료는 다음과 같다.

단위당 직접재료원가	₩500	고정제조간접원가	₩1,000,000
단위당 직접노무원가	350	고정판매관리비	700,000
단위당 변동제조간접원가	150		
단위당 변동판매관리비	100		

변동원가계산에 의한 영업이익이 전부원가계산에 의한 영업이익에 비하여 ₩300,000이 적을 경우, (주)한국의 20×1년 판매수량은? (단, 기말재공품은 존재하지 않는다)

① 1,500단위 ② 2,000단위 ③ 2,500단위
④ 3,000단위 ⑤ 3,500단위

11 변동원가계산과 전부원가계산의 비교 (23. 세무사)

(주)세무는 20×1년초에 설립되었다. 20×1년 생산량과 판매량은 각각 3,200개와 2,900개이다. 동 기간 동안 고정제조간접원가는 ₩358,400 발생하였고, 고정판매관리비는 ₩250,000 발생하였다. 전부원가계산을 적용하였을 때 기말제품의 단위당 제품원가는 ₩800이다. 변동원가계산을 적용하였을 때 기말제품재고액은? (단, 재공품은 없다)

① ₩192,600 ② ₩198,000 ③ ₩206,400
④ ₩224,000 ⑤ ₩232,800

12 변동원가계산과 전부원가계산의 비교 (21. 지방직 9급)

전부원가계산에 의한 영업이익이 변동원가계산에 의한 영업이익보다 ₩10,000이 더 클 때, 다음의 자료를 이용한 당기생산량은?

	수량 / 금액
판매량	500개
고정판매관리비	₩15,000
고정제조간접원가(총액)	₩30,000
기초재고	없음

① 650개 ② 700개
③ 750개 ④ 800개

13 변동원가계산과 전부원가계산의 비교 (19. 관세사)

20×1년초에 설립된 (주)관세는 단일제품을 생산·판매하며, 실제원가계산을 사용하고 있다. (주)관세는 20×1년에 6,000단위를 생산하여 4,000단위를 판매하였고, 20×2년에는 6,000단위를 생산하여 7,000단위를 판매하였다. 연도별 판매가격과 원가구조는 동일하며 원가자료는 다음과 같다.

	단위당 원가	연간 총원가
직접재료원가	₩85	
직접노무원가	40	
변동제조간접원가	105	
변동판매관리비	50	
고정제조간접원가		₩120,000
고정판매관리비		350,000

20×2년 전부원가계산에 의한 영업이익이 ₩910,000일 경우, 20×2년 변동원가계산에 의한 영업이익은? (단, 기초 및 기말 재공품은 없는 것으로 가정한다)

① ₩890,000 ② ₩900,000 ③ ₩910,000
④ ₩920,000 ⑤ ₩930,000

14 변동원가계산과 전부원가계산의 비교 (23. 감정평가사)

변동원가계산제도를 채택하고 있는 (주)감평의 당기 기초재고자산과 영업이익은 각각 ₩64,000과 ₩60,000이다. 전부원가계산에 의한 (주)감평의 당기영업이익은 ₩72,000이고, 기말재고자산이 변동원가계산에 의한 기말재고자산에 비하여 ₩25,000이 많은 경우, 당기 전부원가계산에 의한 기초재고자산은?

① ₩58,000 ② ₩62,000 ③ ₩68,000
④ ₩77,000 ⑤ ₩89,000

15 변동원가계산과 전부원가계산의 비교 (22. 감정평가사)

다음은 제품 A를 생산·판매하는 (주)감평의 당기 전부원가 손익계산서와 공헌이익 손익계산서이다.

전부원가 손익계산서		공헌이익 손익계산서	
매출액	₩1,000,000	매출액	₩1,000,000
매출원가	650,000	변동원가	520,000
매출총이익	₩350,000	공헌이익	₩480,000
판매관리비	200,000	고정원가	400,000
영업이익	₩150,000	영업이익	₩80,000

제품의 단위당 판매가격 ₩1,000, 총고정판매관리비가 ₩50,000일 때 전부원가계산에 의한 기말제품재고는? (단, 기초 및 기말 재공품, 기초제품은 없다)

① ₩85,000 ② ₩106,250 ③ ₩162,500
④ ₩170,000 ⑤ ₩212,500

16 변동원가계산과 전부원가계산의 비교 (21. 세무사)

20×1년에 영업을 개시한 (주)세무는 단일제품을 생산·판매하고 있으며, 전부원가계산제도를 채택하고 있다. (주)세무는 20×1년 2,000단위의 제품을 생산하여 단위당 ₩1,800에 판매하였으며, 영업활동에 관한 자료는 다음과 같다.

제조원가	
단위당 직접재료원가	₩400
단위당 직접노무원가	300
단위당 변동제조간접원가	200
고정제조간접원가	250,000
판매관리비	
단위당 변동판매관리비	100
고정판매관리비	150,000

(주)세무의 20×1년 영업이익이 변동원가계산에 의한 영업이익보다 ₩200,000이 많을 경우 판매수량은? (단, 기말재공품은 없다)

① 200단위 ② 400단위 ③ 800단위
④ 1,200단위 ⑤ 1,600단위

17 변동원가계산과 전부원가계산의 비교 (22. 공인회계사)

(주)대한은 20×1년 1월 1일에 처음으로 생산을 시작하였고, 20×1년과 20×2년의 영업활동 결과는 다음과 같다.

	20×1년	20×2년
생산량	2,000단위	2,800단위
판매량	1,600단위	3,000단위
변동원가계산에 의한 영업이익	₩16,000	₩40,000

(주)대한은 재공품재고를 보유하지 않으며, 재고자산 평가방법은 선입선출법이다. 20×1년 전부원가계산에 의한 영업이익은 ₩24,000이며, 20×2년에 발생한 고정제조간접원가는 ₩84,000이다. 20×2년 (주)대한의 전부원가계산에 의한 영업이익은 얼마인가? (단, 두 기간의 단위당 판매가격, 단위당 변동제조원가와 판매관리비는 동일하다)

① ₩26,000 ② ₩30,000 ③ ₩34,000
④ ₩36,000 ⑤ ₩38,000

18 변동원가계산과 전부원가계산의 비교 (21. 공인회계사)

(주)대한은 설립 후 3년이 경과되었다. 경영진은 외부보고 목적의 전부원가계산 자료와 경영의사결정 목적의 변동원가계산에 의한 자료를 비교분석하고자 한다. (주)대한의 생산과 판매에 관련된 자료는 다음과 같다.

	1차년도	2차년도	3차년도
생산량	40,000단위	50,000단위	20,000단위
판매량	40,000단위	20,000단위	50,000단위

- 1단위당 판매가격은 ₩30이다.
- 변동제조원가는 1단위당 ₩10, 변동판매관리비는 1단위당 ₩4이다.
- 고정제조간접원가는 ₩400,000, 고정판매관리비는 ₩100,000이다.
- 과거 3년 동안 (주)대한의 판매가격과 원가는 변하지 않았다.

위 자료에 대한 다음 설명 중 옳지 않은 것은?

① 3차년도까지 전부원가계산과 변동원가계산에 따른 누적영업손익은 동일하다.
② 3차년도 변동원가계산에 따른 영업이익은 ₩300,000이다.
③ 2차년도의 경우 전부원가계산에 의한 기말제품원가가 변동원가계산에 의한 기말제품원가보다 크다.
④ 변동원가계산에서 고정원가는 모두 당기비용으로 처리한다.
⑤ 3차년도 전부원가계산에 의한 매출원가는 ₩1,120,000이다.

19 전부원가계산 – 선입선출법 (20. 세무사)

(주)세무는 단일제품을 생산・판매하고 있으며, 3년간의 자료는 다음과 같다.

	20×1년	20×2년	20×3년
기초제품재고량	–	20,000단위	10,000단위
당기생산량	60,000단위	30,000단위	50,000단위
당기판매량	40,000단위	40,000단위	40,000단위
기말제품재고량	20,000단위	10,000단위	20,000단위

3년간 판매가격과 원가구조의 변동은 없다. 20×1년 전부원가계산하의 영업이익은 ₩800,000이고, 고정제조원가가 ₩600,000일 때, 20×3년 전부원가계산하의 영업이익은? (단, 원가흐름은 선입선출법을 가정하며, 기초 및 기말 재공품은 없다)

① ₩640,000 ② ₩660,000 ③ ₩680,000
④ ₩700,000 ⑤ ₩720,000

20 전부원가계산 – 선입선출법 (18. 세무사)

(주)세무는 20×1년초에 영업을 개시하였다. (주)세무는 전부원가계산을 적용하고 있으며, 재고자산의 원가흐름 가정은 선입선출법이다. 20×1년과 20×2년의 생산 및 원가 자료는 다음과 같다.

	20×1년	20×2년
제품생산량	1,500단위	1,750단위
제품판매량	1,200단위	( )단위
기말제품수량	( )단위	150단위
제품 단위당 변동제조원가	₩38	₩40
고정제조간접원가	48,000	70,000

(주)세무의 20×2년도 매출원가는? (단, 기초 및 기말 재공품은 없다)

① ₩147,000 ② ₩148,000 ③ ₩148,600
④ ₩149,000 ⑤ ₩149,400

21 변동원가계산과 전부원가계산의 비교 – 선입선출법 (22. 주택관리사)

(주)한국은 20×1년 1월 1일에 설립되었다. 20×1년부터 20×2년까지 제품 생산량 및 판매량은 다음과 같으며, 원가흐름은 선입선출법을 가정한다.

	20×1년	20×2년
생산량	8,000단위	10,000단위
판매량	7,000단위	?
총고정제조간접원가	₩1,600,000	₩1,800,000

20×2년 변동원가계산에 의한 영업이익이 전부원가계산에 의한 영업이익에 비하여 ₩20,000이 많은 경우, (주)한국의 20×2년 판매수량은? (단, 재공품재고는 없다)

① 8,500단위 ② 9,000단위 ③ 9,500단위
④ 10,000단위 ⑤ 11,000단위

22 변동원가계산과 전부원가계산의 비교 – 선입선출법 (21. 감정평가사)

(주)감평이 20×2년 재무제표를 분석한 결과 전부원가계산보다 변동원가계산의 영업이익이 ₩30,000 더 많았다. 20×2년 기초재고수량은? (단, 20×1년과 20×2년의 생산·판매활동 자료는 동일하고, 선입선출법을 적용하며, 재공품은 없다)

당기생산량	5,000개	판매가격(개당)	₩1,500
기초재고수량	?	변동제조간접원가(개당)	500
기말재고수량	500개	고정제조간접원가(총액)	750,000

① 580개 ② 620개 ③ 660개
④ 700개 ⑤ 740개

23 변동원가계산과 전부원가계산의 비교 – 선입선출법 (19. 공인회계사)

(주)대한은 20×1년초에 설립되었으며 단일제품을 생산한다. 20×1년과 20×2년에 전부원가계산에 의한 영업활동 결과는 다음과 같다.

	20×1년	20×2년
생산량	100단위	120단위
판매량	80단위	110단위
매출액	₩24,000	₩33,000
매출원가	17,600	22,400
매출총이익	6,400	10,600
판매관리비	5,600	6,200
영업이익	800	4,400

(주)대한은 재공품재고를 보유하지 않으며, 원가흐름 가정은 선입선출법이다. 20×2년도 변동원가계산에 의한 영업이익은 얼마인가? (단, 두 기간의 단위당 판매가격, 단위당 변동제조원가, 고정제조간접원가, 단위당 변동판매관리비, 고정판매관리비는 동일하다)

① ₩3,200 ② ₩3,400 ③ ₩3,600
④ ₩3,800 ⑤ ₩4,200

24 초변동원가계산 (23. 공인회계사)

(주)대한은 20×3년초에 설립되었으며, 단일제품을 생산 및 판매하고 있다. (주)대한의 20×3년 1월의 생산 및 판매와 관련된 자료는 다음과 같다.

- 생산량은 500개이며, 판매량은 300개이다.
- 제품의 단위당 판매가격은 ₩10,000이다.
- 판매관리비는 ₩200,000이다.
- 변동원가계산에 의한 영업이익은 ₩760,000이다.
- 초변동원가계산에 의한 영업이익은 ₩400,000이다.
- 제조원가는 변동원가인 직접재료원가와 직접노무원가, 고정원가인 제조간접원가로 구성되어 있으며, 1월에 발생한 총제조원가는 ₩3,000,000이다.
- 월말재공품은 없다.

20×3년 1월에 발생한 직접재료원가는 얼마인가?

① ₩600,000 ② ₩900,000 ③ ₩1,200,000
④ ₩1,500,000 ⑤ ₩1,800,000

25 변동원가계산과 초변동원가계산의 비교 (18. 세무사)

(주)세무는 20×1년초에 영업을 개시하였다. 20×2년도 기초제품수량은 100단위, 생산량은 2,000단위, 판매량은 1,800단위이다. 20×2년의 제품 판매가격 및 원가 자료는 다음과 같다.

제품 단위당 판매가격	₩250
직접재료원가	30
직접노무원가	50
변동제조간접원가	60
변동판매관리비	15
고정제조간접원가(총액)	50,000
고정판매관리비(총액)	10,000

20×2년도 변동원가계산에 의한 영업이익과 초변동원가계산(Throughput Costing)에 의한 영업이익의 차이금액은? (단, 20×1년과 20×2년의 제품 단위당 판매가격과 원가구조는 동일하고, 기초 및 기말 재공품은 없다)

① ₩10,000 ② ₩11,000 ③ ₩20,000
④ ₩22,000 ⑤ ₩33,000

26 변동원가계산과 전부원가계산 및 초변동원가계산의 비교 (12. 세무사)

전부원가계산, 변동원가계산 및 초변동원가계산에 관한 설명으로 옳지 않은 것은?

① 초변동원가계산에서는 직접노무원가와 변동제조간접원가를 기간비용으로 처리한다.
② 초변동원가계산에서는 매출액에서 직접재료원가를 차감하여 재료처리량 공헌이익을 산출한다.
③ 변동원가계산은 변동제조원가만을 재고가능원가로 간주한다. 따라서 직접재료원가, 변동가공원가를 제품원가에 포함시킨다.
④ 전부원가계산의 영업이익은 일반적으로 생산량과 판매량에 의해 영향을 받는다.
⑤ 변동원가계산에서는 원가를 기능에 따라 구분하여 변동원가와 고정원가로 분류한다.

27 변동원가계산과 전부원가계산 및 초변동원가계산의 비교 (19. 재경관리사)

다음 중 변동원가계산, 전부원가계산 및 초변동원가계산에 대한 설명으로 가장 올바르지 않은 것은?

가. 전부원가계산에서는 표준원가를 사용할 수 없다.
나. 변동원가계산에서는 고정제조간접원가를 기간비용으로 인식한다.
다. 초변동원가계산은 판매가 수반되지 않는 상황에서 생산량이 많을수록 영업이익이 낮게 계산되므로 불필요한 재고누적 방지효과가 변동원가계산보다 크다.
라. 전부원가계산은 생산량이 이익에 아무런 영향을 미치지 않는다.

① 가, 다 ② 가, 라
③ 나, 라 ④ 나, 다

28 변동원가계산과 전부원가계산 및 초변동원가계산의 비교 (20. 공인회계사)

전부원가계산, 변동원가계산, 초변동원가계산과 관련한 다음 설명 중 가장 옳은 것은? (단, 직접재료원가, 직접노무원가, 제조간접원가는 ₩0보다 크다고 가정한다)

① 변동원가계산은 초변동원가계산에 비해 경영자의 생산과잉을 더 잘 방지한다.
② 변동원가계산은 전환원가(가공원가)를 모두 기간비용으로 처리한다.
③ 기초재고가 없다면, 당기판매량보다 당기생산량이 더 많을 때 전부원가계산상의 당기영업이익보다 초변동원가계산상의 당기영업이익이 더 작다.
④ 변동원가계산상의 공헌이익은 주로 외부이용자를 위한 재무제표에 이용된다.
⑤ 제품의 재고물량이 늘어나면 변동원가계산의 공헌이익계산서상 영업이익은 전부원가계산의 손익계산서상 영업이익보다 항상 낮거나 같다.

5 원가-조업도-이익 분석

생산 · 판매량, 원가, 이익의 관계를 이해한다

생산 · 판매량이 변하면 총원가가 어떻게 변하고 이익이 어떻게 변할까? 얼마나 매출을 올려야 흑자를 낼 것인가? 노무시간을 줄일 수 있는 자동화 설비를 도입하면 수익성이 좋아질 것인가? 재료원가나 인건비가 10% 증가하면 이익에 어떤 영향을 미치는가? 이러한 여러 가지 의문에 답을 찾기 위해 예상손익계산서나 공헌이익계산서를 작성할 수 있으나 좀더 간편한 방법이 있다. 생산 · 판매량, 원가, 이익이 서로 어떻게 관련되어 있는가를 이해하면 답을 쉽게 얻을 수 있다. 생산 · 판매량, 원가, 이익의 관계를 단순하게 가정하여 이러한 질문에 답을 주는 것이 원가-조업도-이익 분석(Cost-Volume-Profit Analysis)이다. 이 장에서 다음의 내용을 배운다.

- 손익분기점을 찾는다.
- 목표이익달성을 위한 판매량을 구한다.
- 계단원가가 있으면 분석이 어떻게 달라지는지 안다.
- 전부원가계산에서의 분석은 어떻게 달라지는지 안다.

원가-조업도-이익 분석

생산 · 판매량(조업도), 원가, 이익의 관계를 수식화하여 손익분기점 등을 분석하는 기법

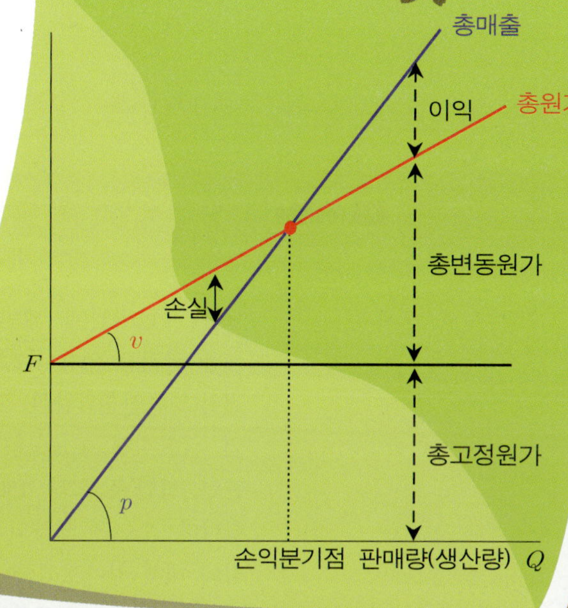

5

- 생산 · 판매량, 원가, 이익의 관계는 무엇인가?
- 손익분기점과 공헌이익이 무엇인가?
- 손익분기점을 어떻게 구하는가?
- 목표이익을 위해 얼마나 판매해야 하는가?
- 판매량이 변할 때 이익이 얼마나 민감하게 변하는가? - 레버리지 효과
- 원가절감의 이익증가 효과를 측정한다
- 법인세를 낸다면 어떻게 되는가?
- 기본 원가-조업도-이익 모형의 가정은 무엇인가?
- 계단원가가 있다면 손익분기점이 어떻게 되는가?
- 전부원가계산과 원가-조업도-이익 분석
- 서비스업에도 원가-조업도-이익 분석을 사용한다

YouTube 영화수익구조와 손익분기점

요즘 '극한직업'과 '뺑반'의 흥행행보가 극과 극을 달리고 있습니다. 2019년 2월 9일 영진위(영화진흥위원회) 통합전산망을 살펴보면 '극한직업' 1,100만명 돌파! 대박입니다. 반면 '뺑반'은 고작 150만명을 간신히 넘었습니다. 오늘은 영화의 수익구조와 손익분기점에 대해 알아보겠습니다.

CGV 극장 요금표를 보면 다양하죠. 평균 10,000원으로 잡겠습니다. 10,000원에는 문예발전기금 3%와 부가세가 포함되어 있습니다. 영화 한 편 보면 세금을 이중으로 내고 있는 셈입니다. 어쨌든 수익을 살피기 위해 9,000원으로 잡겠습니다. 홍길동이 영화를 보기 위해 극장에 갔습니다. 10,000원 냈고 실제로 9,000원으로 잡는다 했죠. 극장과 배급사 5:5입니다. 극장 4,500원, 배급사 4,500원입니다. 이 중 배급사가 배급수수료 10%인 450원을 먼저 가져갑니다. 나머지 4,000원 중 투자사 6, 제작사 4입니다. 그럼 투자사 2,400원, 제작사 1,600원입니다. 그렇다면 100만 관객 동원 영화의 수익이 90억원이니 제작사의 몫은 16억원일까요? 아닙니다. 잘 보세요. 순제작비 70억원, 배급 마케팅비용 30억원 든 총제작비 100억원 영화가 있는데 관객 100만명이 봤다면 극장 45억원, 배급사 45억원, 여기 45억원에서 배급비용 30억원을 빼면 15억원이 남죠. 여기 배급사 수수료 1억5천만원을 빼면 13억5천만원이 남는데, 투자사 70억원 투자에 고작 13억5천만원이면 56억5천만원 손실입니다. 개망이죠. 제작사 수익(이익)은 0원입니다.

'극한직업'의 순제작비는 65억원, 현재까지 마케팅비용이 약 20억원, 총제작비는 약 85억원 선입니다. '극한직업'의 손익분기점은 230만명입니다. 반면 무려 130억원의 제작비를 들인 '뺑반'의 손익분기점은 400만명입니다. 고작 150만명을 넘겼으니 재앙이 따로 없죠. 한국영화 역대 흥행작 1위는 '명량'입니다. 1,700만명의 관객이 봤죠. 총제작비 180억원, 손익분기점은 600만명이었습니다. 그럼 나머지 관객 1,100만명 본 게 이익으로 남는 것입니다. 1,000억원 (수익 중) 극장 500억원, 배급사는 500억원 중에 10%인 50억원을 수수료로 가져가고 나머지 450억원 중 투자사 270억원, 제작사 189억원입니다. 여기에 방송판권, IPTV 수입, 해외판권 수입까지 포함하면 더 커지겠죠. (이 영화 볼까 말까, 2019.2.8)

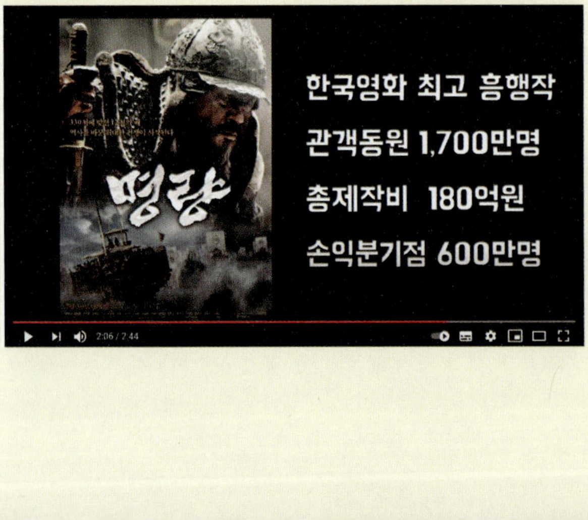

생산 · 판매량, 원가, 이익의 관계는 무엇인가?

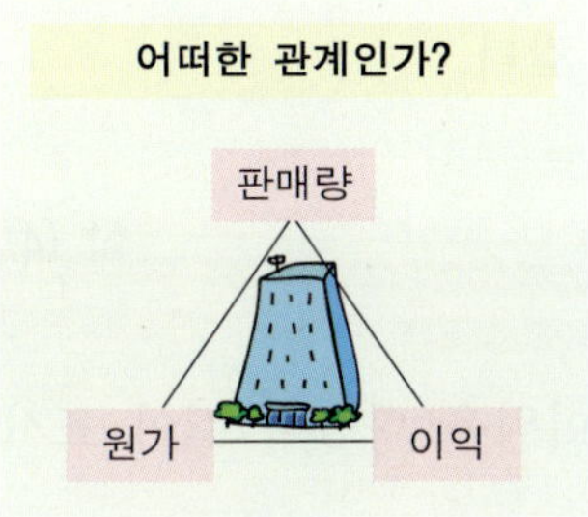

원가-조업도-이익 분석
생산 · 판매량, 원가, 이익의 관계를 수식화하여 손익분기점 등을 분석하는 기법

국회제과가 이익목표 5억원을 달성하기 위해 과자를 얼마나 생산하고 판매해야 하는지 알아보려 한다. 이를 위해 생산 · 판매량, 원가, 이익의 관계를 이용한 원가-조업도[1]-이익 분석(Cost-Volume-Profit Analysis)을 사용하자.

국회제과는 여러 종류의 과자를 생산하지만, 분석의 편리를 위해 모든 과자의 단위당 원가와 단위당 판매가는 각각 동일하다고 가정한다.

생산 · 판매량과 총원가의 관계는 제3장에서 보인 혼합원가행태를 가정한다. 제조원가는 생산량에 비례하는 변동제조원가와 일정한 고정제조원가의 합이다. 판매관리비는 판매량에 비례한 변동판매관리비와 고정판매관리비의 합이다. 판매량이 아닌 매출액에 비례하는 판매관리비가 있을 수 있으나 가장 기본적인 모형에서는 모든 변동판매관리비가 판매량에 비례한다고 가정한다. 생산량과 판매량이 같다고 가정하면서, 제조원가와 판매관리비의 구분 없이 변동원가와 고정원가로 나누어 총원가를 표시하면 다음과 같다.

$$\begin{aligned}\textbf{총원가(총비용)} &= \textbf{총변동원가} + \textbf{총고정원가}\\ &= \textbf{단위당 변동원가} \times \textbf{판매량(생산량)} + \textbf{총고정원가}\\ &= v \times Q + F \qquad \text{식 (1)}\end{aligned}$$

v : 단위당 변동원가 F : 총고정원가

과자 1개의 단위당 변동제조원가와 변동판매관리비의 합이 300원으로 예상되고 총고정원가가 10억원으로 예상되면 총예상원가는 다음과 같다.

$$\textbf{총원가} = 300\textbf{원/개} \times \textbf{판매량} + 10\textbf{억원} \qquad \text{식 (2)}$$

매출은 판매량(생산량)과 판매가격의 곱으로 구한다.

1) 조업도(Volume)는 생산량이나 판매량을 의미하는데, 실무에서 설비조업률 또는 가동률을 의미할 때 조업도라는 용어를 쓰므로 본장에서는 가급적 조업도라는 용어보다 생산량 또는 판매량이라는 표현을 사용한다.

$$\textbf{총매출} = \textbf{단위당 판매가} \times \textbf{판매량(생산량)} \qquad \text{식 (3)}$$
$$= p \times Q$$
p : 단위당 판매가

과자를 개당 500원에 판매하면 총매출은 다음과 같다.

$$\textbf{총매출} = 500\textbf{원/개} \times \textbf{판매량} \qquad \text{식 (4)}$$

이익은 총매출과 총원가(총비용)[2]의 차이이므로 이익은 다음과 같이 표시된다.

$$\textbf{이익} = \textbf{총매출} - \textbf{총원가} \qquad \text{식 (5)}$$
$$= pQ - (vQ + F)$$
$$= (p - v)Q - F$$

원가-조업도-이익 식
판매량, 원가, 이익의 관계식

판매량, 원가, 이익의 관계를 나타내는 식 (5)를 원가-조업도-이익 식(CVP 식)이라 부른다. 국회제과의 원가-조업도-이익 식은 다음과 같다.

$$\textbf{이익} = (500\textbf{원/개} - 300\textbf{원/개}) \times \textbf{판매량} - 10\textbf{억원} \qquad \text{식 (6)}$$

원가-조업도-이익 그림
판매량, 원가, 이익의 관계를 보여주는 그림

이 관계를 그림으로 나타내면 [그림 5.1]과 같은데 이를 원가-조업도-이익 그림(CVP도)이라 부른다.

2) 제2장에서 보았듯이 원가와 비용은 엄밀히 다른 개념이다. 그러나 원가-조업도-이익 기본모형에서는 제조원가를 결정하는 생산량과 매출원가를 결정하는 판매량이 같다고 가정하므로 이 구분이 필요 없다.

그림 5.1 원가-조업도-이익 그림

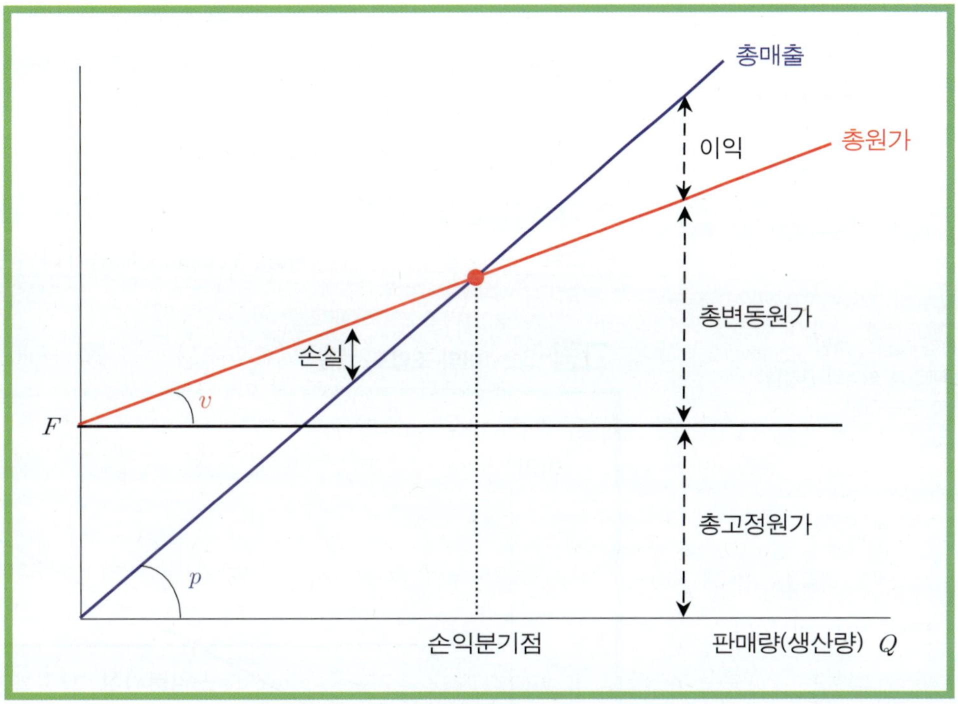

손익분기점과 공헌이익이 무엇인가?

손익분기점
이익이 0인 판매량 수준

원가-조업도-이익 그림에서 총매출선과 총원가선이 교차하는 판매량 수준이 손익분기점으로 불린다. 손익분기점(BEP, Break-Even Point)은 이익이 0인 판매량 수준으로, 이 수준 이하로 판매되면 손실이 발생하고 그 이상으로 판매되면 이익이 발생하므로 손실과 이익이 나누어지는 점이라는 뜻이다.

단위당 공헌이익
단위당 판매가와 단위당 변동원가의 차이

국회제과가 과자를 1개 더 생산 판매할 때마다, 단위당 판매가인 500원의 추가적인 매출과 단위당 변동원가인 300원의 추가적인 원가가 발생하므로, 그 차이인 200원씩 이익이 창출된다. 단위당 판매가와 단위당 변동원가의 차이를 단위당 공헌이익(Unit Contribution Margin)이라 한다. 단위당 공헌이익을 단위당 판매가로 나누면 공헌이익률을 구할 수 있다. 과자의 공헌이익률은 40%인데 매출의 40%가 공헌이익이고 나머지 60%가 변동원가임을 알려준다.

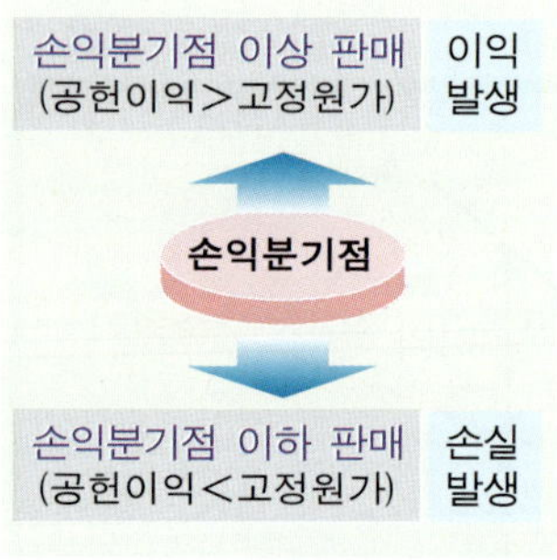

단위당 공헌이익에 판매량을 곱한 것이 (총)공헌이익(Contribution Margin)인데 식 (5)와 식 (6)의 오른편 첫 번째 항이다. 공헌이익은 고정원가를 고려하기 전이므로 이익은 공헌이익에서 고정원가를 차감하여 계산한다. 판매량이 손익분기점보다 크면 공헌이익이 고정원가보다 커서 이익이 발생하고, 판매량이 손익분기점보다 작으면 공헌이익이 고정원가보다 작아서 손실이 발생한다. 이를 그림으로 표시하면 [그림 5.2]이다. 이 그림은 판매량과 이익의 관계를 보여주므로 이익-조업도 그림(Profit-Volume Chart)이라 부른다.

이익-조업도 그림
판매량과 이익의 관계를 보여주는 그림

그림 5.2 이익-조업도 그림

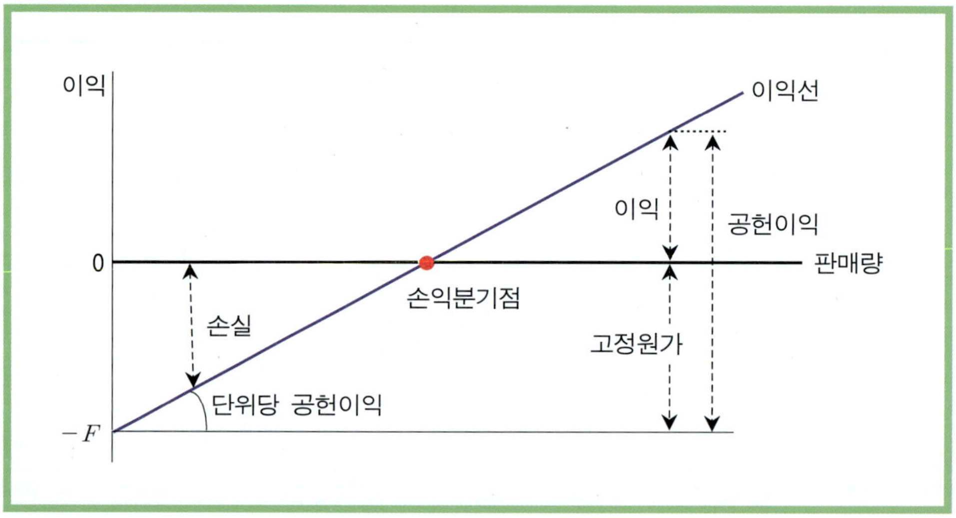

손익분기점을 어떻게 구하는가?

국회제과의 공헌이익이 고정원가와 같은 10억원이 되는 판매량이 손익분기점인데, 단위당 공헌이익이 200원이니 10억원의 공헌이익을 얻기 위해 500만개를 판매해야 한다. 이것이 손익분기점이다. 손익분기점 Q^0을 구하는 공식은 다음과 같다.

$$\text{이익} = 0 = (p - v)Q^0 - F \qquad \text{즉, } 0 = \text{총공헌이익} - \text{고정원가}$$
$$\Rightarrow (p - v)Q^0 = F \qquad \text{즉, 총공헌이익} = \text{고정원가}$$
$$\Rightarrow Q^0 = F/(p - v) \qquad \text{즉, 손익분기점} = \text{고정원가/단위당 공헌이익}$$
$$= \frac{\text{10억원}}{\text{200원/개}} = \text{500만개}$$

손익분기 매출액(Break-even Sales)은 손익분기 판매량에 판매가를 곱하거나, 고정원가를 공헌이익률로 나누어 구할 수 있다.

이 식을 보면 고정원가나 단위당 변동원가가 커지면 손익분기점이 높아지고, 단위당 판매가가 커지면 손익분기점이 낮아진다는 것을 알 수 있다.

목표이익을 위해 얼마나 판매해야 하는가?

국희제과가 과자를 500만개 판매하면 손익분기가 되는 것을 알았다. 몇 개나 더 팔아야 이익 6억원을 달성할 수 있을까? 목표이익을 위한 판매량은 다음과 같이 구할 수 있다.

$$\text{이익} = \text{단위당 공헌이익} \times \text{판매량} - \text{고정원가}$$
$$\Rightarrow \text{단위당 공헌이익} \times \text{판매량} = \text{이익} + \text{고정원가}$$
$$\Rightarrow \text{판매량} = (\text{이익} + \text{고정원가}) \, / \, \text{단위당 공헌이익}$$
$$= (\text{6억원} + \text{10억원}) \, / \, \text{200원/개}$$
$$= \text{800만개}$$

800만개의 판매량 중에 500만개가 손익분기를 달성하고 추가적인 300만개가 이익 6억원을 달성한다. 이는 손익분기점을 지난 후 1개를 추가로 판매할 때마다 단위당 공헌이익 200원이 이익에 추가되기 때문이다.

판매량이 변할 때 이익이 얼마나 민감하게 변하는가? - 레버리지 효과

국회제과가 800만개를 판매하면 6억원의 이익이 달성되는 것을 알았다. 만약 판매량이 10% 늘어 총 880만개를 판매하면 이익이 얼마나 증가할까? 이익도 10% 증가할 것인가 아니면 그 이하 또는 그 이상으로 증가할 것인가? 고정원가 때문에 이익은 10% 이상 증가한다. 즉, 판매량이 10% 증가하면 매출과 변동원가가 10% 증가하나 고정원가가 변하지 않으므로 이익은 10% 이상 증가한다. 판매량이 감소할 때에도 이익의 감소비율이 더 커진다. 국회제과의 경우 판매량 800만개에서 판매량 10% 증감은 이익의 27% 증감을 가져오는 것을 〈표 5.1〉이 보여준다.

표 5.1 판매량과 이익의 변화

(단위 : 만개, 억원)

	감 소	현 재	증 가	변화분
판 매 량	720 (−10%)	800	880 (+10%)	±80
매 출	36 (−10%)	40	44 (+10%)	±4
(−)변동원가	21.6 (−10%)	24	26.4 (+10%)	±2.4
공헌이익	14.4 (−10%)	16	17.6 (+10%)	±1.6
(−)고정원가	10	10	10	0
세전이익	4.4 (−27%)	6	7.6 (+27%)	±1.6

레버리지[지렛대] 효과
고정원가 때문에 판매량변화율보다 이익변화율이 커지는 현상

고정원가 때문에 판매량의 변화율보다 이익의 변화율이 커지는 현상을 레버리지[지렛대] 효과라고 한다. 이것은 판매량이 늘어날(줄어들) 때, 매출과 변동원가는 비례적으로 증가(감소)하나 고정원가는 변하지 않으므로 이익이 더 큰 비율로 커지기(작아지기) 때문이다. 판매량이 변할 때 고정원가의 존재 때문에 이익이 더 큰 비율로 변하므로 레버리지 효과는 사업위험을 증가시킨다.[3] 고정원가가 많은 사업이 위험한 사업이다. 과거에는 금광개발이 위험한 사업

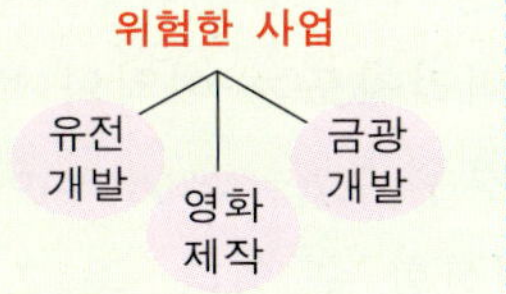

• 변동원가에 비해 고정원가가 큼
• 초기투자비가 많음

사업위험을 줄이려면?
• 임차나 리스
• 임시직원 고용
• 하청/용역/아웃소싱 이용

이었고 현재에는 유전개발이나 영화제작이 위험한 사업이다. 이 사업들의 특징은 수익을 결정하는 금매장량이나 석유매장량, 관객수에 따라 증가하는 변동원가에 비해 수익을 모르는 채 사업 초기에 투자되어야 하는 탐사원가, 영화제작원가 등의 고정원가가 상당히 크다는 점이다. 즉, 초기투자비가 많은 사업이 위험한 사업이다. 사업위험을 줄이려면 가급적 고정원가를 줄이고 변동원가를 늘려야 한다. 예를 들면, 토지나 건물, 설비 등의 고정자산을 구입하는 대신 임차나 리스를 하고, 상근 직원(full-timer)을 고용하는 대신 임시직원(part-timer)을 고용하고, 하청/용역/아웃소싱 업체를 이용한다.

임대수익률과 재무레버리지

오른쪽의 오피스텔 분양광고는 임대수익률을 약 20%로 계산하였다. 이는 분양금액의 60%를 대출금액으로 조달한 재무레버리지 효과의 결과이다. 임대가 예상대로 된다면 대출 없이 전액 내 돈으로 투자한 상황보다 수익률이 2배가 되지만, 임대가 안 된다면 이자비용과 관리비는 20%의 높은 손실률을 초래한다. 재무레버리지로 수익률의 변화폭이 커진 것을 아래 표가 보여준다.

은행과 비교할 수 없는 고수익 보장

확실한 투자입지와 최상의 수익조건을 갖춘 대학로 OO타워
직접 눈으로 확인하시면 성공은 더욱 확실합니다.

▶대학로 OO타워 오피스텔 예상 임대수익률 추정표(단위 : 만원)

구 분	금 액	비 고
분양금액	9,390	14.92평×629만원/평당(부가세 별도)
취·등록세	579	공급금액×5.8%
월세보증금	1,000	
대출금액	5,994	분양금액의 60%
순수 투자금액	2,975	분양금액－월세보증금－대출금액
임대료	960	80만원/월×12개월
연 대출이자	372	이자율 6.2%/년
연 순수익금액	588	연 임대료－연 대출이자
투자수익률	19.77%	

※ 상기 수익표는 예시사항으로 모델하우스 상담직원과 직접 확인하시기 바랍니다.

	대출 0%		대출 60%	
	임대 성공시	임대 실패시	임대 성공시	임대 실패시
분양금액＋부대비용*	10,000	10,000	10,000	10,000
보증금	1,000	0	1,000	0
대출금액	0	0	6,000	6,000
순수 투자금액	9,000	10,000	3,000	4,000
연 임대수익	960	0	960	0
연 관리비	0	240	0	240
연 대출이자	0	0	372	372
연 세전이익금액	960	－240	588	－612
투자수익률	10.7%	－2.4%	19.6%	－15.3%

* 부대비용 : 취득세, 등록세, 등기료, 도시철도채권할인 등

3) 자동화 투자 등에 의해 총고정원가가 높아지고 단위당 변동원가가 낮아지면 레버리지 효과가 높아질 것으로 보통 알고 있다. 대부분의 경우는 이것이 사실이나 그렇지 않은 경우도 있음을 필자의 '원가구조 차이에 의한 사업위험 차이'(경영학 연구, 2004.12)가 보여준다.

$$\text{레버리지도} = \frac{\text{이익변화율}}{\text{매출변화율}} = \frac{\text{공헌이익}}{\text{세전이익}}$$

영업레버리지
고정영업비용에 의한 레버리지

재무레버리지
고정재무비용에 의한 레버리지

레버리지[지렛대] 효과는 고정원가가 클수록, 판매량 수준이 손익분기점에 가까울수록 크다. 레버리지[지렛대] 효과 정도, 즉 레버리지도는 이익의 변화율을 매출의 변화율로 나눠 계산하는데 〈표 5.1〉의 경우 2.7(=27%/10%)이다. 레버리지도는 공헌이익을 세전이익으로 나누어서도 계산할 수 있다. 즉, 2.7=16/6이다. 고정제조원가나 고정판매관리비에 의한 레버리지 효과는 영업레버리지(Operating Leverage), 고정재무비용인 이자비용에 의한 효과는 재무레버리지(Financial Leverage)라고 한다.

매출액 —(영업 레버리지)→ 영업이익 —(재무 레버리지)→ 세전이익

레버리지도는 판매량÷안전여유로도 구할 수 있다. 안전여유(Margin of Safety)는 판매량과 손익분기점의 차이이다. 안전여유를 안전한계로 부르는 책도 있다. 안전여유율(안전한계율)은 안전여유(안전한계)를 현재 판매량으로 나누어 계산한다.

원가절감의 이익증가 효과를 측정한다

위의 예에서 판매량의 10% 증가·감소가 이익 27%(1.6억원)의 증가·감소를 초

표 5.2 변동원가절감과 이익변화 (단위 : 만개, 억원)

	원가감소	현 재	원가증가	변화분
판 매 량	800	800	800	0
매 출	40	40	40	0
(−)변동원가	21.6 (−10%)	24	26.4 (+10%)	±2.4
공헌이익	18.4 (+15%)	16	13.6 (−15%)	±2.4
(−)고정원가	10	10	10	0
세전이익	8.4 (+40%)	6	3.6 (−40%)	±2.4

래함을 보았다. 만약 판매량 대신에 원가가 10% 변한다면 이익은 얼마나 변할까? 〈표 5.1〉과 비교하기 위해 고정원가는 변하지 않고 단위당 변동원가만 변한다고 가정하면 이익변화는 〈표 5.2〉와 같다.

판매량 변화 때와 달리, 변동원가가 10% 변할 때 매출은 변하지 않으나 공헌이익이 15%만큼 변하고 다시 고정원가 때문에 세전이익이 40%의 큰 폭으로 변한다.[4)]

만약 고정원가만 10% 변하면 어떻게 될까? 이익이 더 크게 변하는가, 아닌가?

표 5.3 고정원가절감과 이익변화 (단위 : 만개, 억원)

	원가감소	현 재	원가증가	변화분
판 매 량	800	800	800	0
매 출	40	40	40	0
(−)변동원가	24	24	24	0
공헌이익	16	16	16	0
(−)고정원가	9 (−10%)	10	11 (+10%)	1
세전이익	7 (+17%)	6	5 (−17%)	1

〈표 5.3〉에서 고정원가 10% 변화에 세전이익이 17% 변한다. 이는 현재 세전이익 6억원이 고정원가 10억원보다 작아서 같은 금액 변화에 변화율이 더 크게 계산되기 때문이다.

법인세를 낸다면 어떻게 되는가?

기업의 법인세도 사업의 비용인데 이것을 변동원가에 포함해야 하는가? 그렇지 않다. 변동원가는 생산 · 판매량에 비례하나 법인세는 생산 · 판매량이 아닌

4) 이 현상은 현재 "총변동원가 > 총공헌이익 > 세전이익"일 때 일어난다.

세전이익에 비례한다. 법인세를 추가로 고려하여 세후이익을 다음과 같이 계산한다.

$$\begin{aligned}\text{세후이익} &= \text{세전이익} - \text{법인세}\\ &= \text{세전이익} - \text{법인세율} \times \text{세전이익}\\ &= (1 - \text{법인세율}) \times \text{세전이익}\end{aligned}$$

세후이익과 판매량의 관계는 [그림 5.3]과 같다.

그림 5.3 세후이익-조업도 그림

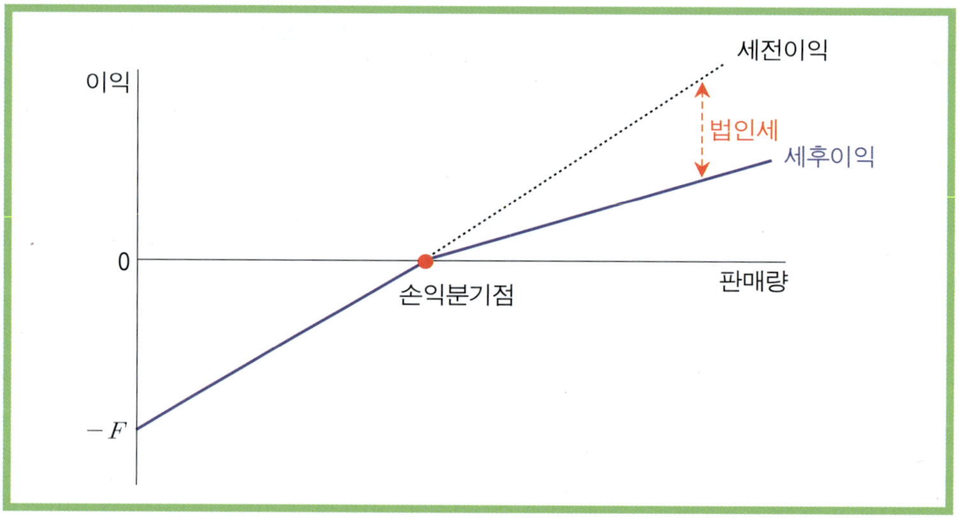

법인세가 있으면 손익분기점이 달라지는가? 세후이익이 0이면 세전이익이 0이므로 법인세가 없는 경우의 손익분기점과 같다. 세후목표이익을 달성하기 위한 판매량을 어떻게 구하는가? 우선 세후목표이익을 세전목표이익으로 환산한 후, 세전목표이익을 기준으로 목표판매량을 구하는 것이 쉽다. 예를 들어 국회제과의 법인세율이 40%라고 하자. 세후목표이익이 6억원이면 세전목표이익은 10억원이다.

$$\begin{aligned}\text{세후이익} &= (1 - \text{법인세율}) \times \text{세전이익}\\ \Rightarrow \text{세전이익} &= \text{세후이익} / (1 - \text{법인세율})\\ &= \text{6억원} / (1 - 0.4) = \text{10억원}\end{aligned}$$

10억원의 세전이익이 달성되면 법인세로 그 40%인 4억원을 납부하고 세후 목표이익 6억원이 달성된다. 세전이익 10억원을 위한 판매량은 1,000만개이다.

⇒ 판매량 = (세전이익 + 총고정원가) / 단위당 공헌이익
= (10억원 + 10억원) / 200원/개 = 1,000만개

세후이익 6억원 달성을 위해 800만개가 필요하고 법인세 4억원을 위해 200만개의 추가판매가 필요하다. 이를 그림으로 정리하면 다음과 같다.

그림 5.4 세후이익-조업도 그림 예

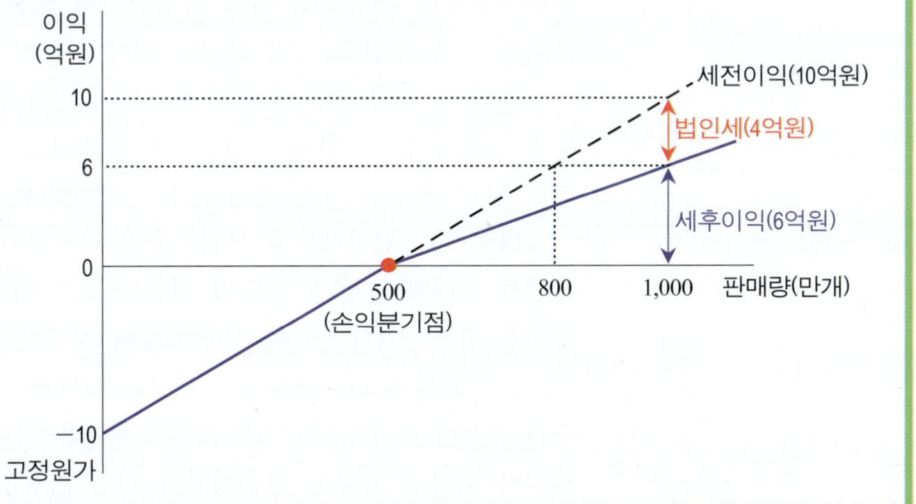

기본 원가-조업도-이익 모형의 가정은 무엇인가?

이제까지 소개한 원가-조업도-이익 분석은 가장 기본적인 단순모형이므로 비현실적인 몇 가지 가정을 사용하였다.

첫째로, 단위당 판매가격이 일정하여 총매출이 판매량에 비례적으로 변한다고 가정하였다. 만약 대량 판매분에 대해 수량할인을 제공한다면 단위당 판매가격이 변한다.

기본 원가-조업도-이익 모형의 가정

① 단위당 판매가격이 일정
② 원가를 단순히 변동원가와 고정원가로 분리
③ 계단원가(준고정원가) 고려 안 함
④ 비단위수준의 원가동인 고려 안 함
⑤ 단일제품의 조업도만을 사용
⑥ 판매량과 생산량은 항상 일치(재고불변)
⑦ 단위당 판매가, 단위당 변동원가, 고정원가 등 주요 수치 확정

둘째로, 원가를 단순히 (순수)변동원가와 (순수)고정원가로 분리하여 혼합원가[준변동원가]로 표시하였다. (순수)변동원가는 단위당 변동원가가 일정하므로 학습효과에 의한 노무비 절감이나 재료 대량구입에 의한 할인 등을 반영하지 않는다. 총매출과 총원가가 직선[선형]이라는 이 두 가지 가정 대신에 곡선의 총매출선과 총원가선을 가정한다면 경제학에서 하고 있는 총수익-총비용 분석과 비슷한 분석이 필요하다.

셋째로, 계단원가[준고정원가]에 대한 고려가 없는 점이다. 조업도의 분석범위가 넓어지면 설비관련원가가 계단원가 형태를 띤다. 직접노무원가도 작업인원수에 따른 계단원가의 형태를 가지기도 하고, 원가계층구조의 배치수준원가가 조업도에 대해 계단원가의 형태를 보이기도 한다. 계단원가를 포함한 원가-조업도-이익 분석은 뒤에 설명한다.

넷째로, 조업도에 의해 변하는 원가만을 사용하므로 다양한 원가동인에 대한 고려가 없다. 원가의 변동성을 결정하는 요인, 즉 원가동인이 여러 가지라면 원가-조업도-이익 분석과 같은 단순화된 모형을 사용할 수 없다.

다섯째로, 단일제품의 조업도만을 사용하므로 제품이 여러 가지일 때에는 모형을 확대해야 한다. 복수의 제품이 있는 경우, 제품별로 원가-조업도-이익 분석을 할 수 있다. 이때 해당 제품에 직접적으로 관련 고정원가만을 고려할지, 아니면 제품간의 공통 고정원가를 배부하여 고려할지를 생각해야 한다. 복수의 제품이 존재할 때, 기업전체의 이익을 하나의 원가-조업도-이익 분석 틀로 파악하려면 고정된 매출배합에 의한 가중평균 판매가와 가중평균 단위당 변동원가를 사용하는 방법이 있다.[5] 매출배합이 일정하지 않다면 각 제품의 공헌이익을 모두 합한 후 고정원가를 차감하는 이익계산식을 사용해야 한다. 이 경우 많은 수의 손익분기 매출배합이 존재한다.

여섯째로, 판매량과 생산량이 같다고 가정하여 원가의 재고화 문제를 고려하지 않았다. 이 문제는 전부원가계산에서 중요한데 뒤에서 다루어진다.

마지막으로 판매가, 변동원가, 고정원가 등 주요수치를 확실히 안다고 분석하였다. 그러나 현실세계에서는 이러한 금액들이 확정되어 있지 않으므로 불확실성을 고려한 분석이 필요하다. 불확실성을 고려한 분석방법은 제11장에서 다룬다.

---

5) 매출배합의 최소 꾸러미를 새로운 조업도 단위로 사용하여 꾸러미당 판매가와 변동원가를 사용하여 원가-조업도-이익 분석을 할 수도 있다. 평균금액을 사용하나 꾸러미당 금액을 사용하나 분석방법은 거의 같다.

계단원가가 있다면 손익분기점이 어떻게 되는가?

고정원가 대신에 계단원가가 있으면 원가-조업도-이익 분석이 어떻게 바뀌나? 국희제과에서 800만개 이상을 생산하려면 추가적인 설비가 필요하여 그에 따른 추가적인 감가상각비, 수선유지비 등의 고정원가가 발생한다. 이를 [그림 5.5]와 같은 계단원가로 표시한다.

그림 5.5 계단원가

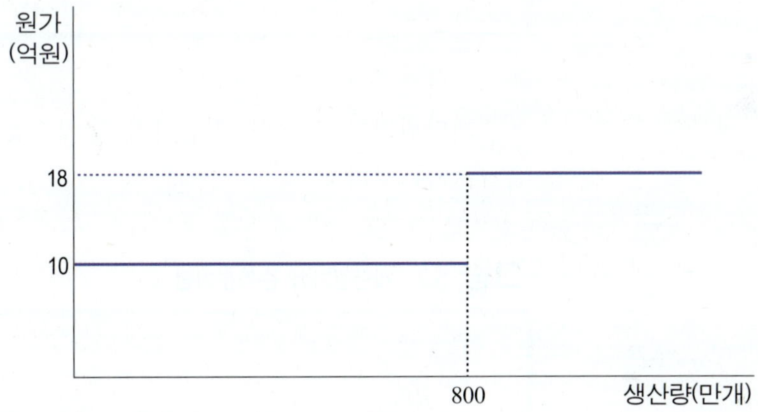

$$F = 10\text{억원} \qquad \text{생산량} \le 800\text{만개일 때}$$
$$= 18\text{억원} \qquad \text{생산량} > 800\text{만개일 때}$$

계단원가가 있는 경우, 변동원가와 계단원가의 합은 [그림 5.6]과 같다.

그림 5.6 계단원가가 있을 때의 총원가

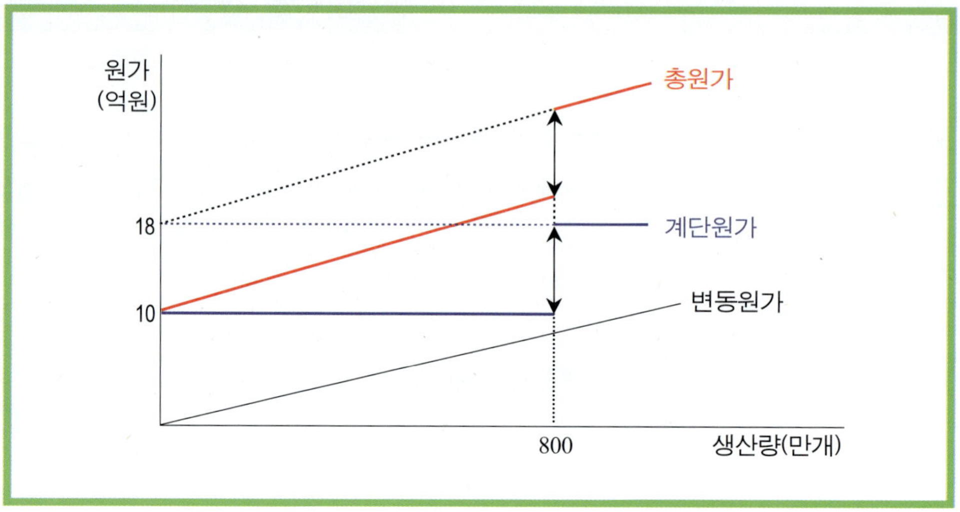

계단원가를 포함한 총원가와 총매출을 비교하는 원가-조업도-이익 그림은 다음과 같다.6)

그림 5.7 계단원가와 손익분기점

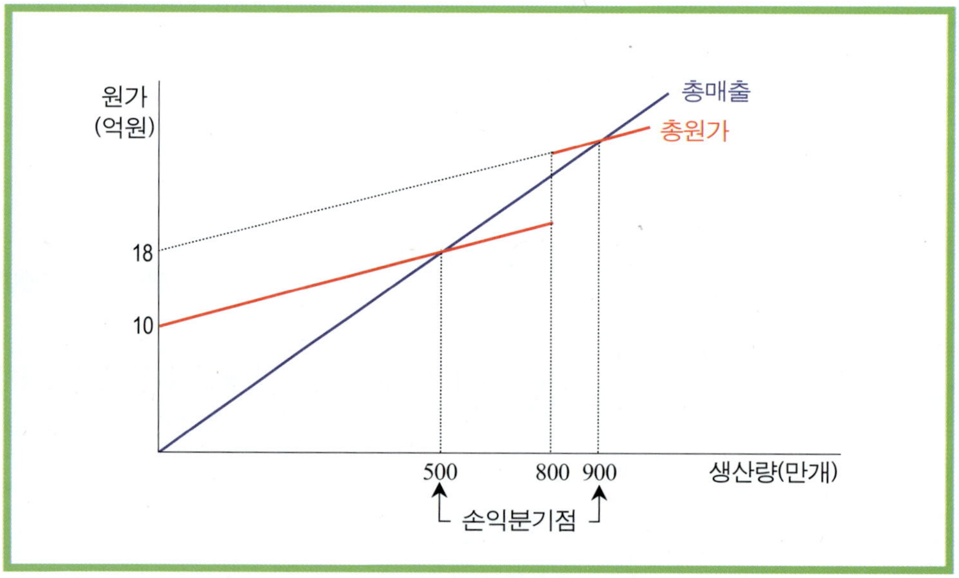

6) 법인세 문제를 고려하지 않은 세전이익에 대한 그림이다.

[그림 5.7]이 보여주듯이 계단원가가 있는 경우, 손익분기점이 하나 이상으로, 최대로 계단수만큼 있을 수 있다. 생산량 범위에 따라 고정원가가 다르므로 각 범위의 고정원가를 사용하여 손익분기점을 구한 후, 그 각 손익분기점이 해당 범위 안에 있는지를 확인하면서 구한다. 예를 들어, [그림 5.7]에서 10억원의 고정원가에 대한 손익분기점이 실제로 판매량 범위 0~800만개에 있어야 옳은 손익분기점이다. 또한 18억원의 고정원가에 대한 손익분기점이 판매량 800만개 초과의 범위에 있으면 2번째 손익분기점이 존재한다.

앞에서 사용한 국희제과의 예에서처럼 단위당 판매가격이 500원/개이고, 단위당 변동원가가 300원/개이면, 첫 번째 손익분기점은 앞에서 구한 500만개이다.

$$500\text{만개} = \frac{10\text{억원}}{500\text{원/개} - 300\text{원/개}}$$

이 생산・판매량은 계단원가[준고정원가]가 10억원인 800만개 이하의 범위에 있으므로 올바른 손익분기점이다.

두 번째 손익분기점은 어떻게 구하는가? 일반적인 손익분기점 식과 마찬가지로 일정범위의 계단원가의 값에 대한 손익분기점을 구한 후, 이 생산・판매량이 그 범위 안에 있는지 확인하면 된다. 생산・판매량이 800만개 이상이면 계단원가 18억원이므로 이에 대한 손익분기점은 900만개이다.

$$900\text{만개} = \frac{18\text{억원}}{500\text{원/개} - 300\text{원/개}}$$

이 손익분기 생산・판매량이 계단원가[준고정원가]가 18억원인 800만개 이상의 범위에 있으므로 올바른 손익분기점이다. 만약 800만개 이상의 범위에서 계단원가가 14억원이어서 이에 대한 손익분기점이 700만개로 계산되면, 이는 800만개 이상의 범위에 있지 않으므로 올바른 손익분기점이 아니다.

전부원가계산과 원가-조업도-이익 분석

이제까지의 분석에서는 생산량과 판매량이 같다고 가정하였다. 국희제과의 생산량이 1,000만개인데 판매량이 800만개라고 하자. 생산량과 판매량이 다르면 무엇이 달라지나? 변동원가계산으로 이익을 계산하면 판매량에 대한 변동제조원가가 변동원가에 포함되고 고정제조원가는 전액 고정원가로 비용처리되어, 이익이 생산량에 영향을 받지 않으므로 이제까지의 분석을 그대로 사용할 수 있다. 그러나 전부원가계산으로 손익계산서를 작성할 때에는 원가-조업도-이익 분석 틀을 그대로 쓸 수 없다. 고정제조원가가 생산량이나 판매량과 무관하게 일정하게 발생하지만 손익계산서에서 변동원가처럼 처리된다. 제4장에서 본 것처럼 전부원가계산과 변동원가계산의 이익이 차이가 나므로, 전부원가계산에 의한 이익을 예측하려면 변동원가계산의 원가-조업도-이익 분석을 한 후 변동원가계산과 전부원가계산의 이익차이만큼 조정하면 된다. 총고정원가 10억원 중 고정제조간접원가가 8억원, 고정판매관리비가 2억원이고 단위당 고정제조간접원가가 일정하다고 가정하면,[7)]

전부원가계산의 이익 = 변동원가계산의 이익
+ 단위당 고정제조간접원가 × (생산량 − 판매량)
= 6억원 + 80원/개 × (1,000만개 − 800만개)
= 7.6억원

이다. 이때,

단위당 고정제조간접원가 = 총고정제조간접원가 / 생산량
= 8억원 / 1,000만개 = 80원/개

이다. 이를 원가-조업도-이익 식으로 표시하면,

전부원가계산의 이익 = (단위당 판매가 − 단위당 변동원가) × 판매량 − 고정원가
+ 단위당 고정제조간접원가 × (생산량 − 판매량)

7) 단위당 고정제조간접원가가 기초제품재고액과 당기발생액에서 다르다면 제4장에서 본 것 같은 좀더 정확한 조정이 필요하다.

$$= (500원/개 - 300원/개) \times 800만개 - 10억원$$
$$+ 80원/개 \times (1{,}000만개 - 800만개)$$
$$= 7.6억원$$

또는,[8]

전부원가계산의 이익 = (단위당 판매가 − 단위당 변동원가 − 단위당 고정제조간접원가) × 판매량 − 고정판매관리비[9]

$$= (500원/개 - 300원/개 - 80원/개) \times 800만개 - 2억원$$
$$= 7.6억원$$

이다.

요약하면, 전부원가계산에서는 고정제조간접원가를 생산량으로 나눈 단위당 고정제조간접원가를 추가적인 단위당 변동원가처럼 취급한다. 전부원가계산의 이익은 생산량과 판매량에 따라 달라지므로 전부원가계산의 손익분기 판

그림 5.8 전부원가계산의 이익-조업도 그림

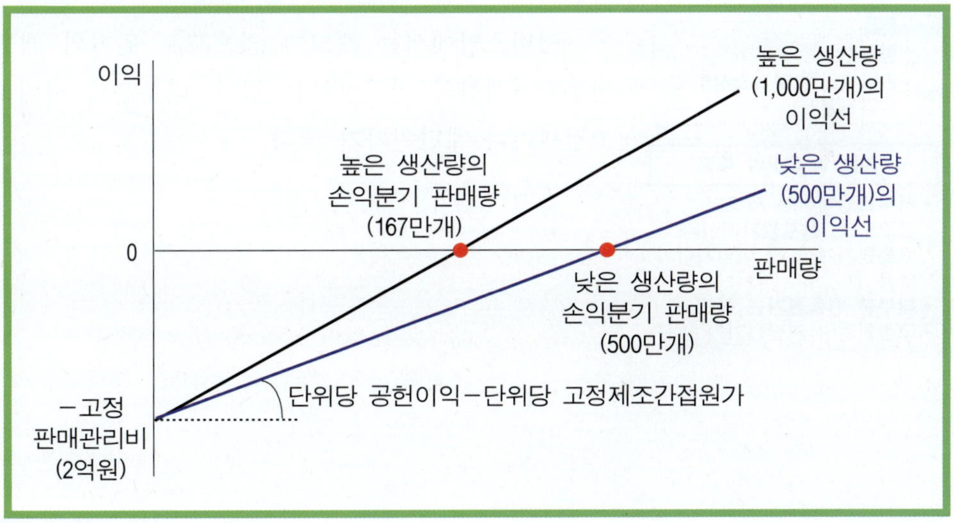

8) 단위당 고정제조간접원가가 생산량이 아닌 다른 기준조업도에 의해 배부되면 총고정원가와 생산량에 배부된 고정원가의 배부차이를 조정해야 한다.

9) 매출원가와 판매관리비를 분리한다면,

전부원가계산의 이익=(단위당 판매가−단위당 변동제조원가−단위당 고정제조원가)×판매량
−단위당 변동판매관리비×판매량−고정판매관리비

매량은 생산량에 따라 달라진다. 생산량이 커지면 단위당 고정제조간접원가가 작아져서 손익분기 판매량이 낮아진다.

서비스업에도 원가-조업도-이익 분석을 사용한다

조업도 예시

- 금융업: 고객수, 계좌수, 잔고액, 수신고
- 통신업: 통화량, 고객수
- 운송업: 승객수, 화물량, 화물량×운송거리
- 교육업: 학생수, 학점수, 총학점수(학생수×학점수)
- 의료업: 환자수, 총입원일자(입원환자수×입원일자)

서비스업 CVP의 특징

- 서비스업에서는 재고가 없으므로, 전부원가계산과 변동원가계산 간 이익차이가 없음
- 대부분 변동원가는 적고, 고정원가나 계단원가가 많음

금융업이나 통신업, 운송업, 교육업, 의료업 등의 서비스업에도 원가-조업도-이익 분석을 사용할 수 있다. 서비스업에 적용할 때 어려움은 적절한 조업도의 선택이다. 즉, 어떠한 단위로 고객에게 제공된 서비스의 양을 측정하느냐의 문제이다. 금융업에서는 고객수, 계좌수, 잔고액, 수신고 등을 사용할 수 있는데 보통 수신고를 주로 사용한다. 통신업에서는 통화시간으로 측정한 통화량이나 고객수를 사용한다. 운송업에서는 승객수나 화물량을 사용하거나 화물량과 운송거리의 곱을 사용한다. 교육업에서는 학생수나 학점수 또는 총학점수[학생수×학점수]를 사용할 수 있다. 의료업에서는 환자수를 사용하는 것이 보통이나 입원환자의 경우 입원환자수와 입원일자의 곱인 총입원일자(patient-days)를 사용한다.

서비스업에서는 재고가 없으므로 원가의 재고화에 따른 전부원가계산과 변동원가계산의 이익차이는 없다. 대부분의 서비스업에서는 변동원가가 적고 고정원가나 계단원가가 많다.

토 론

YouTube

자영업, 손익분기점 계산 이렇게 해라

이 동영상은 음식점의 손익분기 판매량과 판매액, 목표이익을 위한 판매량과 판매액 계산을 예시로 보여준다. 그 내용을 요약하면 다음과 같다.

"통상적으로 판매가의 30~35%를 재료원가로 잡는다. 가격이 8천원이면 재료원가는 30%로 잡아 2,400원이다. 마진(단위당 공헌이익)은 판매가에서 재료원가를 뺀 나머지 5,600원이다. 월세 100만원에 알바 16시간, 시간당 8,350원을 주면 한 달에 인건비로 대략 400만원 정도 지출된다. 기타 매장운영관리비가 대략 100만원 정도 나가게 된다. 한 달 고정지출비용이 600만원이다. 600만원에서 마진 5,600원으로 나누면 1,071그릇(손익분기 판매량)을 팔아야 하는 걸로 계산된다. 그걸 한 달 30일로 나누면 하루에 35.7그릇이 나온다. 여기에 메뉴판매가 8천원을 곱하면 하루에 285,600원이 나온다. 이 금액이 손익분기 판매액이다.

한 달에 순이익 400만원을 벌고자 한다면 400만원/5,600원=714그릇인데, 한 달 30일로 나누면 23.8그릇, 여기에 판매가 8천원을 곱하면 하루 19만원의 매출이 더 나와야 한다. 합치게 되면 476,000원이 나온다." (아프니까 사장이다, 2018.10.11)

토론해 보자

(1) 재료원가 이외의 변동원가가 없는지 논의해 보자.

(2) 부가가치세와 법인세를 고려하면 예시의 분석이 어떻게 달라지는지 논의해 보자.

(3) 인건비가 준고정원가인 점을 고려하면 예시의 분석이 어떻게 달라지는지 논의해 보자.

요약정리

미래의 사업계획을 세울 때, 생산량, 판매량, 판매가, 단위당 변동제조원가, 총고정제조원가, 단위당 변동판매관리비, 총고정판매관리비 등의 여러 수치가 변할 때 이익이 어떻게 변하는지 아는 것이 중요하다. 이러한 예측을 위해 매번 손익계산서를 작성할 수도 있으나, 좀더 간편하게 원가-조업도-이익 분석을 사용할 수 있다.

원가-조업도-이익 분석은 원가행태에 따라 원가를 구분하여 조업도[생산 · 판매량]의 변화에 대한 수익과 원가의 변화를 예측하여 이익을 추정하는 방법이다. 이 분석방법을 사용하여 손익분기점이나 목표이익 달성을 위한 판매량을 구할 수 있다.

기본적인 원가-조업도-이익 분석에서는 변동원가와 고정원가만 있는 혼합원가[준변동원가] 행태를 가정하여 여러 가지 분석을 하나, 계단원가[준고정원가]도 사용하여 분석할 수 있다. 계단원가가 있는 경우, 손익분기점이 최대로 계단수만큼 있을 수 있다.

변동원가계산에서는 기본적인 원가-조업도-이익 모형이 그대로 적용되나, 전부원가계산에서는 고정제조원가를 변동원가처럼 처리하므로 주의해야 한다. 단위당 고정제조원가가 생산량에 반비례하므로 전부원가계산에서는 이익이 판매량과 생산량에 의해 동시에 결정되고 손익분기점도 여러 경우가 존재한다.

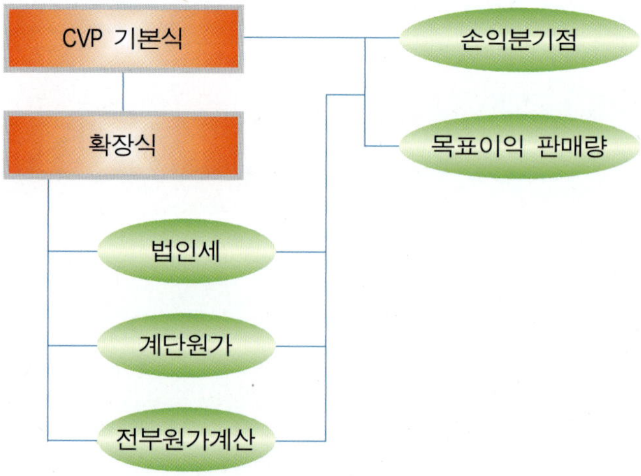

5 연습문제

객관식

01 원가-조업도-이익 분석 종합 (21. 공인회계사)

원가-조업도-이익(CVP) 분석에 대한 다음 설명 중 옳지 않은 것은? (단, 아래의 보기에서 변동되는 조건 외의 다른 조건은 일정하다고 가정한다)

① 생산량과 판매량이 다른 경우에도 변동원가계산의 손익분기점은 변화가 없다.
② 영업레버리지도가 3이라는 의미는 매출액이 1% 변화할 때 영업이익이 3% 변화한다는 것이다.
③ 법인세율이 인상되면 손익분기 매출액은 증가한다.
④ 안전한계는 매출액이 손익분기 매출액을 초과하는 금액이다.
⑤ 단위당 공헌이익이 커지면 손익분기점은 낮아진다.

02 원가-조업도-이익 분석 종합 (16. 세무사)

원가-조업도-이익 분석과 관련된 설명으로 옳지 않은 것은? (단, 답지항에서 변동되는 조건 외의 다른 조건은 일정하다고 가정한다)

① 계단원가(준고정비)가 존재하면 손익분기점은 반드시 계단 수(구간 수)만큼 존재한다.
② 법인세율이 증가하면 같은 세후목표이익을 달성하기 위한 판매량이 많아진다.
③ 단위당 변동원가가 작아지면 손익분기점이 낮아진다.
④ 공헌이익률이 증가하면 목표이익을 달성하기 위한 매출액이 작아진다.
⑤ 법인세율이 증가해도 손익분기점은 바뀌지 않는다.

03 이익의 계산 (21. 감정평가사)

(주)감평의 20×1년 매출 및 원가 자료는 다음과 같다.

매출액	?
변동원가	₩700,000
공헌이익	500,000
고정원가	300,000
영업이익	200,000

20×2년에는 판매량이 20% 증가할 것으로 예상된다. (주)감평의 20×2년 예상영업이익은? (단, 판매량 이외의 다른 조건은 20×1년과 동일하다)

① ₩260,000 ② ₩280,000 ③ ₩300,000
④ ₩340,000 ⑤ ₩380,000

04 손익분기점 (19. 경영지도사)

(주)대한은 단일의 제품을 생산·판매하고 있다. 연간 생산 및 판매 관련 자료가 다음과 같을 때 옳지 않은 것은?

연간 생산·판매량	500단위
단위당 판매가격	₩100
단위당 변동원가	30
연간 고정원가 총액	14,000

① 총원가 ₩28,000 ② 총변동원가 ₩15,000 ③ 단위당 공헌이익 ₩70
④ 영업이익 ₩21,000 ⑤ 손익분기점 판매량 200단위

05 손익분기 매출액 (17. 국가직 7급)

(주)한국의 20×1년도 손익분기점 매출액은 ₩100,000이고 단위당 공헌이익률은 20%, 순이익은 ₩30,000이다. (주)한국의 20×1년도 총고정원가는?

① ₩250,000 ② ₩150,000
③ ₩20,000 ④ ₩6,000

06 손익분기점 (23. 감정평가사)

단일제품을 생산·판매하는 (주)감평의 당기 생산 및 판매 관련 자료는 다음과 같다.

단위당 판매가격	₩1,000
단위당 변동제조원가	600
연간 고정제조간접원가	600,000
단위당 변동판매관리비	100
연간 고정판매관리비	120,000

(주)감평은 단위당 판매가격을 10% 인상하고, 변동제조원가 절감을 위한 새로운 기계장치 도입을 검토하고 있다. 새로운 기계장치를 도입할 경우, 고정제조간접원가 ₩90,000이 증가할 것으로 예상된다. (주)감평이 판매가격을 인상하고 새로운 기계장치를 도입할 때, 손익분기점 판매수량 1,800단위를 달성하기 위하여 절감해야 하는 단위당 변동제조원가는?

① ₩50 ② ₩52.5 ③ ₩70
④ ₩72.5 ⑤ ₩75

07 손익분기점과 무차별 판매량 (16. 세무사)

(주)세무는 20×1년에 제품 A를 생산하기로 결정하였다. 제품 A의 20×1년 생산량과 판매량은 일치하며, 기초 및 기말 재공품은 없다. 제품 A는 노동집약적 방법 또는 자본집약적 방법으로 생산가능하며, 생산방법에 따라 품질과 판매가격의 차이는 없다. 각 생산방법에 의한 예상제조원가는 다음과 같다.

	노동집약적 생산방법	자본집약적 생산방법
단위당 변동제조원가	₩300	₩250
연간 고정제조간접원가	2,100,000	3,100,000

(주)세무는 제품 A 판매가격을 단위당 ₩600으로 책정하고, 제조원가 외에 단위당 변동판매관리비 ₩50과 연간 고정판매관리비 ₩1,400,000이 발생될 것으로 예상하였다. (주)세무가 20×1년에 노동집약적 생산방법을 택할 경우 손익분기점 판매량(A)과 두 생산방법간에 영업이익의 차이가 발생하지 않는 판매량(B)은 각각 얼마인가?

	A	B
①	8,400단위	20,000단위
②	10,000단위	15,000단위
③	10,000단위	20,000단위
④	14,000단위	15,000단위
⑤	14,000단위	20,000단위

08 전부원가계산의 손익분기점 (23. 세무사)

(주)세무는 당기에 영업을 처음 시작하였으며, 실제원가계산을 사용한다. 당기 제품생산량은 2,000단위이다. 제품 단위당 판매가격은 ₩1,000, 단위당 직접재료원가는 ₩280, 단위당 직접노무원가는 ₩320이고, 당기 총고정제조간접원가는 ₩200,000, 총고정판매관리비는 ₩300,000이다. 변동제조간접원가와 변동판매관리비는 존재하지 않는다. 변동원가계산에 의한 손익분기점은 전부원가계산에 의한 손익분기점보다 몇 단위 더 많은가?

① 100단위
② 150단위
③ 200단위
④ 250단위
⑤ 300단위

09 전부원가계산의 손익분기점 (23. 공인회계사)

(주)대한은 정상원가계산을 사용하고 있으며, 20×3년 2월의 생산 및 판매와 관련된 자료는 다음과 같다.

기초재고수량	600단위
기말재고수량	400단위
실제판매량	4,200단위
단위당 판매가격	₩10,000
고정제조간접원가	2,000,000
고정판매관리비	3,000,000
단위당 직접재료원가	3,000
단위당 직접노무원가	2,500
단위당 변동제조간접원가	2,000

기초 및 기말 재고는 모두 완성품이며, 재공품재고는 없다. 전부원가계산하에서 2월의 손익분기점을 구하면 얼마인가? (단, 단위당 판매가격과 단위당 변동원가는 일정하고 제품 단위 원가는 외부보고용 원가를 의미한다)

① 1,500단위 ② 1,600단위 ③ 1,700단위
④ 1,800단위 ⑤ 2,000단위

10 목표이익을 위한 판매량 (19. 주택관리사)

(주)한국은 단일제품을 생산 · 판매하고 있으며, 20×1년 공헌이익계산서는 다음과 같다.

	금 액	단위당 금액
매출액	₩2,000,000	₩5,000
변동비	1,200,000	3,000
공헌이익	₩800,000	₩2,000
고정비	600,000	
영업이익	₩200,000	

(주)한국은 현재 판매사원에게 지급하고 있는 ₩150,000의 고정급여를 20×2년부터 판매수량 단위당 ₩700을 지급하는 판매수당으로 대체하기로 하였다. 다른 모든 조건이 동일할 경우, (주)한국이 20×1년과 동일한 영업이익을 20×2년에도 달성하기 위해 판매해야 할 수량은?

① 450개 ② 500개 ③ 550개
④ 600개 ⑤ 650개

11 목표이익을 위한 판매량 (16. 서울시 9급)

(주)서울은 단일제품을 생산하여 판매하고 있다. 제품의 단위당 판매가격은 ₩2,000이고, 단위당 변동제조원가는 ₩1,000이며, 단위당 변동판매관리비는 ₩250이다. 연간 고정제조간접원가는 ₩1,000,000이며, 고정판매관리비는 ₩500,000 발생하였다. 목표이익 ₩3,000,000을 달성하기 위한 제품의 판매량은 몇 단위인가?

① 3,000단위 ② 4,000단위
③ 4,500단위 ④ 6,000단위

12 목표이익을 위한 판매량 (17. 세무사)

(주)세무는 주문을 받고 생산하여 판매하는 기업이다. 단위당 직접재료원가는 ₩6,200이고, 단위당 변동가공원가(전환원가)는 ₩11,800이며, 연간 고정제조간접원가는 ₩4,200,000이다. 20×0년도에 280개를 주문받아 판매하였으며, 매출총이익률은 25%였다. 판매가격과 원가구조가 20×0년과 동일하다면 20×1년도에 ₩1,000,000 이상의 매출총이익을 얻기 위한 최소 판매량은?

① 160개 ② 170개 ③ 180개
④ 190개 ⑤ 200개

13 목표이익을 위한 판매량 (19. 관세사)

다음은 단일제품을 생산 · 판매하는 (주)관세의 20×1년 요약 공헌이익 손익계산서이다.

	금 액	단위당 금액
매출액	₩80,000	₩250
변동원가	48,000	150
공헌이익	₩32,000	₩100
고정원가	15,000	
영업이익	₩17,000	

(주)관세는 20×2년에 고정원가를 ₩5,000 증가시키고 단위당 변동원가를 ₩20 감소시켜, ₩22,000의 영업이익을 달성하고자 한다. 20×2년의 판매단가가 20×1년과 동일하다면 20×2년의 판매량은 20×1년보다 몇 단위가 증가해야 하는가? (단, 매년 생산량과 판매량은 동일하다)

① 10단위 ② 15단위 ③ 20단위
④ 25단위 ⑤ 30단위

14 목표이익을 위한 판매액 (17. 지방직 9급)

(주)한국의 6월 제품 판매가격과 원가구조는 다음과 같다. (주)한국이 세전순이익 ₩4,000을 달성하기 위한 6월 매출액은? (단, 판매량은 생산량과 동일하며, 법인세율은 30%이다)

제품 단위당 판매가격	₩5
공헌이익률	20%
고정원가	₩10,000

① ₩60,000 ② ₩70,000
③ ₩80,000 ④ ₩90,000

15 목표이익을 위한 판매액 (16. 세무사)

(주)세무는 제품 A(공헌이익률 50%)와 제품 B(공헌이익률 30%) 두 제품만을 생산 · 판매하는데, 두 제품간 매출액의 상대적 비율은 일정하게 유지된다. (주)세무의 20×1년 매출액 총액은 ₩7,000,000, 총고정비는 ₩1,750,000으로 예측하고 있으며, 예상영업이익은 ₩700,000으로 설정하였다. (주)세무가 20×1년의 예상영업이익을 달성하기 위한 제품 A와 제품 B의 매출액은?

	제품 A	제품 B
①	₩700,000	₩6,300,000
②	₩840,000	₩6,160,000
③	₩1,750,000	₩5,250,000
④	₩2,800,000	₩4,200,000
⑤	₩3,150,000	₩3,850,000

16 목표이익을 위한 판매액 (20. 세무사)

(주)세무는 외부 판매대리점을 통해 건강보조식품을 판매하고 있는데 20×1년도 손익계산서 자료는 다음과 같다.

매출액	₩100,000
변동매출원가	45,000
고정매출원가	15,000
변동판매비와관리비(판매대리점 수수료)	18,000
고정판매비와관리비	4,000
영업이익	18,000

(주)세무는 20×1년에 판매대리점에게 매출액의 18%를 판매대리점 수수료로 지급하였는데, 20×2년에는 판매대리점 대신 회사 내부판매원을 통해 판매하려고 한다. 이 경우, 내부판매원에게 매출액의 15%에 해당하는 수수료와 고정급여 ₩8,000이 지출될 것으로 예상된다. (주)세무가 20×2년에 내부판매원을 통해 20×1년과 동일한 영업이익을 얻기 위해 달성해야 할 매출액은?

① ₩75,000 ② ₩81,818 ③ ₩90,000
④ ₩100,000 ⑤ ₩112,500

17 계단원가와 손익분기점 (23. 세무사)

(주)세무는 단일제품을 생산·판매한다. 제품 단위당 판매가격은 ₩100, 단위당 변동원가는 ₩60으로 일정하나, 고정원가는 제품 생산범위에 따라 상이하다. 제품 생산범위가 첫 번째 구간(1~1,000단위)에서 두 번째 구간(1,001~2,000단위)으로 넘어가면 고정원가가 ₩17,600 증가한다. 첫 번째 구간의 손익분기점이 860단위인 경우, 두 번째 구간의 손익분기점은 몇 단위인가?

① 1,150단위 ② 1,200단위 ③ 1,250단위
④ 1,300단위 ⑤ 1,440단위

18 계단원가와 원가-조업도-이익 분석 (08. 세무사)

제품의 단위당 판매가격을 ₩400으로 설정하였다. 제품을 생산하여 판매하기까지 발생하는 제품 단위당 변동비는 단위당 판매가격의 70%이며, 총고정비는 판매수량이 50,000개까지는 ₩3,000,000, 50,000개를 초과하여 90,000개까지는 ₩4,500,000, 그리고 90,000개를 초과하여 최대생산가능량인 130,000개까지는 ₩6,000,000이다. ₩9,000,000의 이익을 얻으려면 제품을 몇 개나 생산·판매해야 하는가?

① 50,000개 ② 100,000개 ③ 112,500개
④ 125,000개 ⑤ 130,000개

19 **계단원가와 최대이익** (19. 감정평가사)

(주)감평은 단위당 판매가격이 ₩300이고, 단위당 변동원가가 ₩180인 단일제품을 생산 및 판매하고 있다. (주)감평의 최대조업도는 5,000단위이고, 고정원가는 조업도수준에 따라 변동하며 이와 관련된 자료는 다음과 같다.

연간 조업도	고정원가
0 ~ 2,000단위	₩300,000
2,001 ~ 4,000단위	450,000
4,001 ~ 5,000단위	540,000

(주)감평이 달성할 수 있는 최대영업이익은?

① ₩12,000　② ₩15,000　③ ₩24,000
④ ₩30,000　⑤ ₩60,000

20 **세후목표이익을 위한 판매량** (14. 서울시 9급)

갑회사는 계산기를 제조하여 판매하고 있다. 계산기의 단위당 판매가격은 ₩5,000, 단위당 변동비는 ₩3,000, 총고정비는 ₩500,000이다. 법인세율이 40%라고 할 때, 세후목표이익의 ₩120,000을 달성하기 위해 필요한 계산기의 판매량은?

① 250개　② 300개　③ 310개
④ 350개　⑤ 380개

21 **세후목표이익을 위한 판매량** (23. 세무사)

(주)세무는 단일제품을 생산하여 판매한다. 제품 단위당 판매가격은 ₩1,000, 단위당 변동원가는 ₩600, 총고정원가는 ₩1,900,000으로 예상된다. 세법에 의할 경우 총고정원가 중 ₩100,000과 단위당 변동원가 중 ₩50은 세법상 손금(비용)으로 인정되지 않을 것으로 예상된다. (주)세무에 적용될 세율이 20%인 경우 세후순이익 ₩41,000을 얻기 위한 제품의 판매수량은?

① 4,050단위　② 4,450단위　③ 4,750단위
④ 5,000단위　⑤ 5,100단위

22 **계단원가와 세후목표이익을 위한 판매량** (12. 감정평가사)

다음은 제품 A의 판매가격과 원가구조에 대한 자료이다.

단위당 판매가격		₩10,000
고정원가	생산량 20,000단위 미만	5,000,000
	생산량 20,000단위 이상	8,000,000

제품 A의 공헌이익률이 10%이고 법인세율이 20%일 때 세후순이익 ₩2,000,000을 달성하기 위한 판매량은?

① 7,000단위 ② 7,500단위 ③ 9,000단위
④ 10,000단위 ⑤ 10,500단위

23 누진법인세후 목표이익을 위한 판매량 (14. 지방직 9급)

2013년 1월 1일에 영업을 개시한 (주)대한은 단위당 판매가격 ₩1,000, 단위당 변동원가 ₩700 그리고 총고정원가가 ₩70,000인 연필을 생산하여 판매하고 있다. (주)대한의 당해연도에 생산된 연필은 당기중에 모두 판매된다. 한편 (주)대한의 세전이익에 대해 ₩10,000까지는 10%, ₩10,000을 초과하는 금액에 대해서는 20%의 세율이 적용된다. 만일 (주)대한이 2013년도에 ₩17,000의 세후순이익을 보고하였다면 2013년도에 판매한 연필의 수량은?

① 200개 ② 250개
③ 300개 ④ 350개

24 세후목표이익 매출액과 안전한계 (20. 감정평가사)

(주)감평은 단일제품 A를 생산·판매하고 있다. 제품 A의 단위당 판매가격은 ₩2,000, 단위당 변동비는 ₩1,400, 총고정비는 ₩90,000이다. (주)감평이 세후목표이익 ₩42,000을 달성하기 위한 매출액과, 이 경우의 안전한계는? (단, 법인세율은 30%이다)

	매출액	안전한계		매출액	안전한계
①	₩300,000	₩100,000	②	₩440,000	₩140,000
③	₩440,000	₩200,000	④	₩500,000	₩140,000
⑤	₩500,000	₩200,000			

25 세후목표이익 매출액과 안전한계 (22. 관세사)

(주)관세의 20×1년 매출액은 ₩5,000(판매수량 1,000단위)이고, 영업이익은 ₩2,000이다. 변동비율은 36%, 법인세율은 20%일 때, 안전한계율(가)과 법인세차감후 영업이익 ₩2,112을 달성하기 위한 매출액(나)은?

	(가)	(나)		(가)	(나)
①	57.5%	₩5,250	②	57.5%	₩6,000
③	62.5%	₩6,000	④	62.5%	₩6,250
⑤	64.0%	₩6,250			

26 레버리지 효과 (19. 감정평가사)

(주)감평의 총변동원가가 ₩240,000, 총고정원가가 ₩60,000, 공헌이익률이 40%이며, 법인세율은 20%이다. 이에 관한 설명으로 옳지 않은 것은? (단, 기초재고와 기말재고는 동일하다)

① 매출액은 ₩400,000이다.
② 안전한계율은 62.5%이다.
③ 영업레버리지도는 1.2이다.
④ 세후영업이익은 ₩80,000이다.
⑤ 손익분기점 매출액은 ₩150,000이다.

27 레버리지 효과 (20. 관세사)

(주)관세와 (주)한국의 공헌이익 손익계산서는 다음과 같다.

	(주)관세	(주)한국
매출액	₩100,000	₩100,000
변동원가	52,000	64,000
공헌이익	₩48,000	₩36,000
고정원가	28,000	16,000
영업이익	₩20,000	₩20,000

판매량이 증감한다고 할 때 다음 설명 중 옳은 것은? (단, 다른 조건은 동일하다)

① 두 기업 모두 판매량 증감률보다 영업이익 증감률이 더 낮다.
② (주)관세보다 (주)한국의 영업이익 증감률이 더 높다.
③ 두 기업의 영업이익 차이 원인은 각 기업의 변동원가율이 달라지기 때문이다.
④ 영업레버리지도는 손익분기점 부근의 판매량 수준에서 가장 높고, 판매량이 증가할수록 낮아지게 된다.
⑤ 판매량이 감소하는 경기침체 상황에서 (주)관세보다 (주)한국의 영업손실 발생 위험도가 더 커진다.

28 고저점법과 레버리지 효과 (22. 세무사)

(주)세무는 단일제품을 생산·판매하고 있다. 제품 단위당 판매가격은 ₩7,500으로 매년 일정하게 유지되고, 모든 제품은 생산된 연도에 전량 판매된다. 최근 2년간 생산량과 총제조원가에 관한 자료는 다음과 같다. 20×2년 1월 1일에 인력조정 및 설비투자가 있었고, 이로 인해 원가구조가 달라진 것으로 조사되었다.

기 간		생산량	총제조원가
20×1년	상반기	200단위	₩1,200,000
	하반기	300단위	1,650,000
20×2년	상반기	350단위	1,725,000
	하반기	400단위	1,900,000

다음 중 옳은 것은? (단, 20×2년초의 인력조정 및 설비투자 이외에 원가행태를 변화시키는 요인은 없으며, 고저점법으로 원가함수를 추정한다)

① 20×2년의 영업레버리지도는 2.5이다.
② 20×2년의 안전한계율은 약 33%이다.
③ 20×1년에 비해 20×2년의 영업레버리지도는 증가하였다.
④ 20×1년에 비해 20×2년에 연간 총고정제조원가는 ₩200,000 증가하였다.
⑤ 20×1년에 비해 20×2년의 연간 손익분기점 판매량은 50단위 증가하였다.

29 가중평균 공헌이익률 (21. 감정평가사)

(주)감평은 제품 A와 제품 B를 생산·판매하고 있다. 20×1년 (주)감평의 매출액과 영업이익은 각각 ₩15,000,000과 ₩3,000,000이며, 고정원가는 ₩2,250,000이다. 제품 A와 제품 B의 매출배합비율이 각각 25%와 75%이며, 제품 A의 공헌이익률은 23%이다. 제품 B의 공헌이익률은?

① 29.25% ② 34.4% ③ 35%
④ 37.4% ⑤ 39%

30 복수제품의 손익분기점 (22. 세무사)

(주)세무는 제품 A와 B를 생산·판매하고 있다. 제품별 판매 및 원가에 관한 자료는 다음과 같다.

	제품 A	제품 B	합 계
판매량	?	?	100단위
매출액	₩200,000	₩300,000	₩500,000
변동비	?	?	375,000
고정비			150,000

제품 A의 단위당 판매가격은 ₩4,000이다. 손익분기점에 도달하기 위한 제품 B의 판매량은? (단, 매출배합은 일정하다고 가정한다)

① 55단위 ② 60단위 ③ 80단위
④ 85단위 ⑤ 90단위

31 복수제품의 세후목표이익 매출액 (21. 관세사)

(주)관세는 제품 A, B, C를 생산 및 판매하고 있으며, 20×1년 3월 제품에 관한 자료는 다음과 같다.

	A제품	B제품	C제품
단위당 판매가격	₩150	₩1,000	₩250
단위당 변동원가	105	80	125
고정원가		₩18,000	

제품 A, B, C의 매출구성비(매출액 기준)가 3 : 2 : 5이다. (주)관세가 3월에 세후순이익 ₩12,000을 달성하기 위한 총매출액은? (단, 법인세율은 40%이다)

① ₩80,000 ② ₩100,000 ③ ₩120,000
④ ₩140,000 ⑤ ₩160,000

32 복수제품의 손익분기점 (23. 감정평가사)

(주)감평은 제품 X, Y, Z를 생산 · 판매하고 있으며, 각 제품 관련 자료는 다음과 같다.

	제품 X	제품 Y	제품 Z
매출배합비율(매출수량기준)	20%	60%	20%
단위당 공헌이익	₩12	₩15	₩8
손익분기점 매출수량	?	7,800단위	?

(주)감평은 제품 Z의 생산중단을 고려하고 있다. 제품 Z의 생산을 중단하는 경우에 고정비 중 ₩4,000을 회피할 수 있으며, 제품 X와 Y의 매출배합비율(매출수량기준)은 60%와 40%로 예상된다. (주)감평이 제품 Z의 생산을 중단할 경우, 목표이익 ₩33,000을 달성하기 위한 제품 X의 매출수량은?

① 6,900단위 ② 7,800단위 ③ 8,400단위
④ 8,700단위 ⑤ 9,000단위

33 복수제품의 손익분기점과 레버리지도 (22. 공인회계사)

(주)대한은 제품 A, 제품 B, 제품 C를 생산 및 판매한다. (주)대한은 변동원가계산제도를 채택하고 있으며, 20×1년도 예산을 다음과 같이 편성하였다.

	제품 A	제품 B	제품 C
판매수량	2,500단위	5,000단위	2,500단위
단위당 판매가격	₩100	₩150	₩100
단위당 변동원가	60	75	30

(주)대한은 20×1년도 영업레버리지도(degree of operating leverage)를 5로 예상하고 있다. 세 가지 제품의 매출액 기준 매출구성비율이 일정하다고 가정할 때, (주)대한의 20×1년 예상손익분기점을 달성하기 위한 제품 C의 매출액은 얼마인가?

① ₩160,000 ② ₩180,000 ③ ₩200,000
④ ₩220,000 ⑤ ₩250,000

6 종합예산

예산을 세워 미래를 준비한다

기업이나 비영리단체가 사업계획을 세우려면 회계수치를 사용하여 구체적인 추정을 해야 한다. 매출을 얼마나 올릴 것인지 매출원가와 판매관리비의 운영비를 얼마나 예상해야 하는지 미리 생각해 보고 필요한 준비를 해야 한다. 현금의 조달과 사용일정도 미리 자세히 계획해야 자금이 급히 필요하여 큰 어려움을 겪는 것을 피할 수 있다. 이 장에서는 다음의 내용을 학습한다.

– 영업예산과 재무예산의 종합예산을 어떻게 세우는가?
– 생산예산, 구매예산, 지출예산은 서로 어떻게 연계되어 있는가?
– 영업이익은 어떻게 추정되는가?
– 현금흐름은 어떻게 추정할 수 있는가?

- 결산 : 해당 기간에 실제로 달성한 경영결과를 사후적으로 정리하여 재무제표로 보고하는 것
- 예산 : 해당 기간이 시작되기 전에 사전적으로 예상되는 경영결과를 추정하여 예상재무제표를 작성하는 것
- 종합예산 : 기업이나 단체 각 부문의 유기적인 운영을 위하여 총체적, 종합적으로 예산을 세우는 것

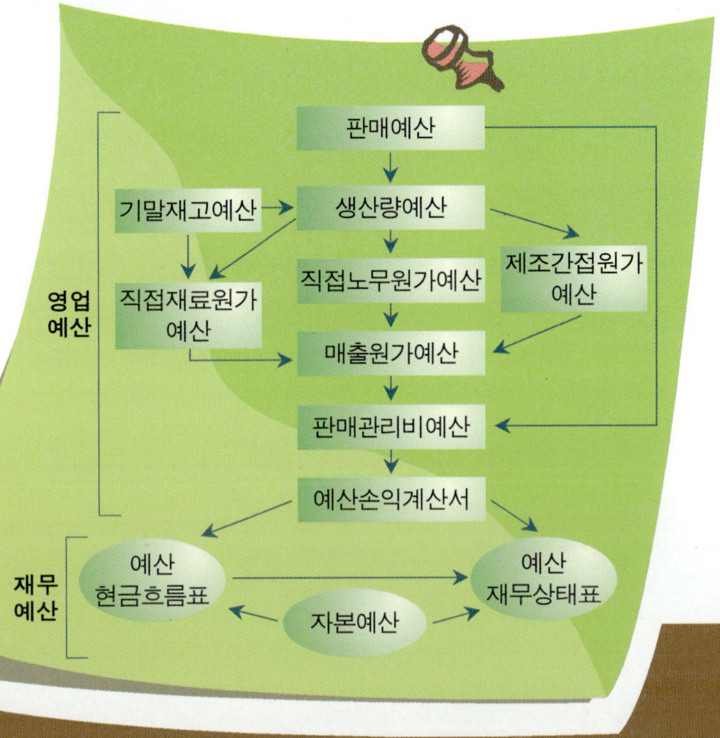

6

- 미래계획은 예산과 함께
- 예산이 왜 필요한가?
- 영업예산과 재무예산을 세운다
- 매출예산과 생산예산을 세운다
- 제조원가예산을 세운다
- 매출원가예산을 세운다
- 판매관리비예산을 세운다
- 영업이익을 추정한다
- 현금예산을 세운다
- 예산 시뮬레이션을 한다
- 누가 예산을 편성해야 하는가?
- 예산을 편성할 때 증분예산과 영기준예산을 활용한다
- 기간예산과 계속예산을 함께 사용한다

[부록] 자본예산

추정영업수지 미리 짜보도록

중소 전자·무역회사에서 12년간 근무한 경모(36) 씨는 지난해 10월 서울 금호동 오거리에 30평 규모의 PC방을 차려 성업중이다. 지난 7월에는 지방 소도시에 더 큰 40평짜리 PC방을 차렸다. 양쪽을 합해 월 평균 1천여만원의 순익을 올린다. 왜 이렇게 잘되는지 들여다봤더니 첫 단추를 잘 꿰었기 때문이었다. 사업타당성 분석과 사업계획서 작성을 철저히 했던 것이다. '구멍가게'라도 주먹구구식으로 운영하던 시대는 지났다.

경씨는 우선 사업아이템의 기술성·시장침투가능성·판매전략·수익성 등을 꼼꼼히 따졌다. 지난해초부터 반년간 서울 시내의 잘된다는 PC방들을 찾아다니며 입지여건과 PC의 보유대수 및 배치형태·유동인구·인허가 조건 등을 조사해 체크리스트를 만들었다.

그 다음 사업계획서 작성에 들어갔다. 사업계획서에는 보통 경영전략·기술성·시장성·판매전망·수익성과 자금조달·인력운영계획 등이 들어가는데 그의 계획서를 보면 눈이 번쩍 뜨인다. 수십 가지 지출·수입 항목을 꼼꼼하게 분류해 창업후 1년간의 영업수지까지 추정했다. 실제 운영해 봤더니 자신도 놀랄 정도로 예상과 거의 일치했다. 계획서를 워낙 정밀하게 작성했기 때문이다. 이것이 두 번째 PC방을 쉽게 차리는 나침반이 된 것은 물론이다.

그의 사업계획서에 적힌 경영전략을 보면 마치 중견기업의 기안문 같다. 8년간 해외근무를 경험한 사람답게 기획 안목도 넓었다. PC방을 단순한 게임방이 아니라 다양한 국내외 정보를 얻는 정보공간으로 삼고, 스포츠·예술과 음성 동영상을 다루는 멀티미디어 문화공간, 소호(SOHO)·벤처 족을 위한 쾌적한 사무공간 등으로 개념을 넓혀 고객층을 다양하고 두텁게 했다.

경씨 같이 기획능력이 부족하다면 창업지원기관의 도움을 받는 게 좋다. 사업계획서는 군대의 전시 작전계획서와 같다. 대충대충 해서는 백전백패다.

(서울 서대문소상공인지원센터 황의순 센터장)

미래계획은 예산과 함께

어떤 종류의 행사나 사업을 하더라도 미리 계획을 세워야 한다. 미리 계획을 세워야 무엇이 필요하고 어떤 결과가 나올지 예측하고, 혹시 생길지 모르는 문제점에 대한 준비를 할 수 있다. 국희제과가 새로운 과자를 개발·생산하려면, 연구개발비로 얼마나 투자할지, 시장수요와 예상매출은 어떤지, 새로운 생산설비가 필요한지, 필요하다면 그 투자액은 얼마인지, 재료구입이 쉬운지, 예상구매액은 얼마인지 등 많은 것들을 미리 조사 예측해야 한다. 이 세부계획은 매출예산, 생산예산, 지출예산, 투자예산 등으로 요약된다. 이처럼 성공적인 사업계획을 위해서는 예산수립이 필수적이다.

새로운 사업계획뿐만 아니라, 현재의 사업을 효율적으로 운영하기 위해서도 예산수립이 필요하다. 적절한 양의 재료를 적절한 때에 구입하고, 적절한 양의 제품을 적절한 때에 생산하고, 현금을 적절한 수준으로 유지하여 필요한 때에 지급할 수 있게 하려면 사전계획이 필요하다. 이것이 예산이다. 해당 기간에 실제로 달성한 경영결과를 사후적으로 정리하여 재무제표로 보고하는 것이 결산이라면, 해당 기간이 시작되기 전에 사전적으로 예상되는 경영결과를 추정하여 예상재무제표를 작성하는 것이 예산이다. 예산은 부서나 사업별로도 세우지만 기업이나 단체 각 부문의 유기적인 운영을 위하여 총체적, 종합적으로 세운다. 이를 종합예산(Master Budget)이라 한다.

종합예산
기업이나 단체 각 부문의 유기적인 운영을 위하여 총체적, 종합적으로 세운 예산

예산이 왜 필요한가?

미래에 대하여 준비하기 위해서 예산이 필요하지만 다른 쓸모도 있다. 사업의 한 기간이 끝난 후 결과가 예상과 다르다면 왜 다른 결과가 나타났는지 예산과 결산을 비교하여 알아낼 수 있다. 즉, 예산이 실제 결과를 비교하는 기준으로 이용된다. 예산과 결산의 차이를 분석하는 방법은 다음 장에서 다룬다.

각 부문의 성과를 평가할 때, 실현된 결과가 평가에 사용되지만 목표수치 대비로 성과를 평가하는 것이 더 효과적인 경우가 많다. 목표수치로 지난 기간

의 성과를 사용할 수도 있으나 예산수치를 비교기준으로 이용하는 것이 평가의 효과성과 공정성 측면에서 더 우수하다.

기업의 종합예산은 대체로 다음 순서로 진행된다. 기획예산 부서에서 예산편성 지침을 모든 부서에 통보한다. 이를 토대로 각 부서가 예산을 수립하면 기획예산 부서에서 수집하여 필요한 조정을 한다. 이 예산조정과정을 통해 부서간의 수평적 의사소통(communication)과 조정(coordination)이 이루어진다. 또한 예산수립과정에서 하위부서와 상위부서가 의견을 교환하게 되므로 수직적인 의사소통도 이루어진다.

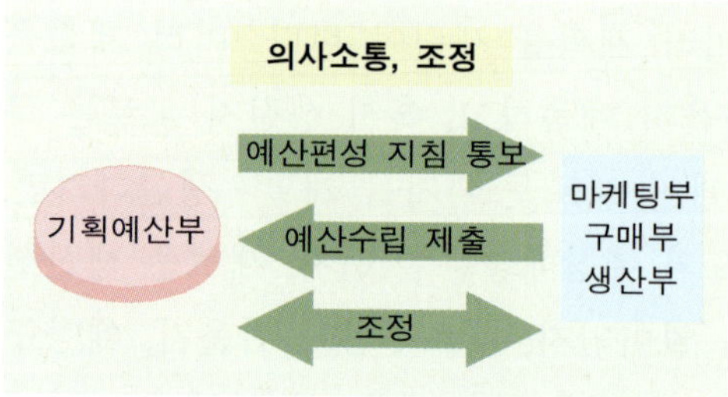

영업예산과 재무예산을 세운다

영업예산
매출, 생산, 재료와 인력 조달 및 사용에 대한 계획에 기초한 매출예산, 생산예산, 제조원가예산, 매출원가예산을 말함

재무예산
자금의 조달과 투자를 위한 현금예산, 자본예산을 말함

종합예산은 크게 두 부분으로 나눌 수 있다. 기업이나 단체의 운영(생산, 판매, 관리)을 위한 영업(운영)예산과 재무활동을 위한 재무예산으로 구분한다. 영업예산(Operating Budget)은 매출, 생산, 재료와 인력 조달 및 사용에 대한 계획에 기초한 매출예산, 생산예산, 제조원가예산, 매출원가예산 등이다. 영업예산은 예산손익계산서의 영업이익까지 추정하는 것으로 요약된다. 재무예산(Financial Budget)은 자금의 조달과 투자를 위한 현금예산, 자본예산, 예산재무상태표 등이 포함된다.

[그림 6.1]은 종합예산의 전체적인 과정을 보여준다. 먼저 판매예산을 수립하고 예상판매량과 제품기말재고량예산을 기초로 생산량예산을 수립한다. 생산량예산을 위해 필요한 직접재료원가예산, 직접노무원가예산, 제조간접원가예산이 다음으로 수립된다. 직접재료구입예산은 직접재료기말재고를 고려한다. 제조원가예산에서 매출원가예산을 도출하고 판매관리비예산은 판매예산에서 도출한다. 이상의 모든 계산은 예산손익계산서의 영업예산 부분을 구성한다. 재무예산 부분에서는 예산현금흐름표가 예산손익계산서와 관련된 영업현금흐름, 자본예산과 관련된 투자현금흐름을 보여준다. 예산재무상태표는 이상의 모든 예산수치가 반영되어 작성된다.

그림 6.1 종합예산편성흐름

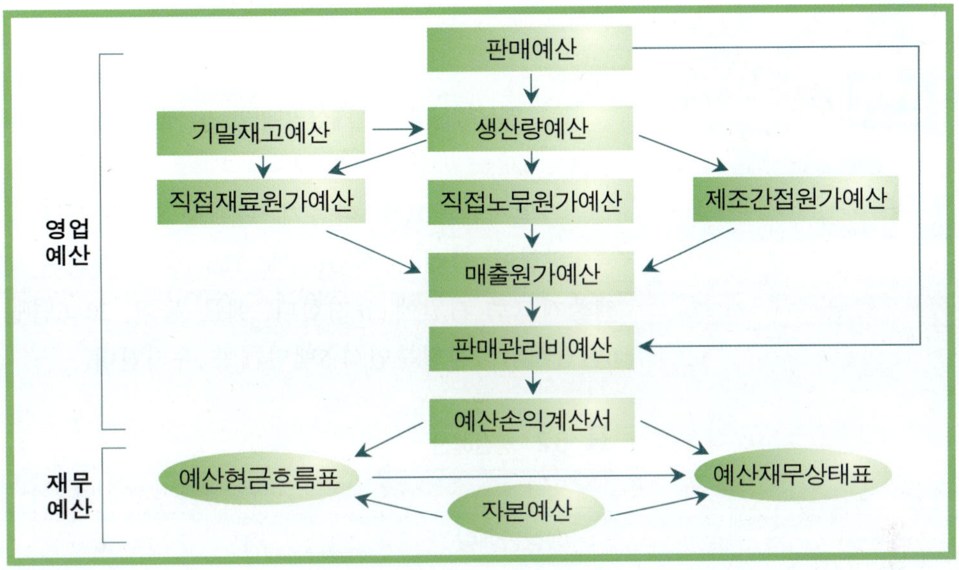

매출예산과 생산예산을 세운다

매출예산

- 판매량 예측 : 종합예산에서 가장 먼저 결정되어야 하는 부분
- 마케팅 부서 : 시장의 수요, 제품의 가격, 마케팅 활동 정도를 고려하여 매출예산을 수립

종합예산을 세우려면 가장 기초적이며 가장 먼저 결정되어야 하는 부분은 판매량 예측이다. 제품을 다음 기간에 얼마나 팔 수 있을지는 마케팅 부서에서 시장의 수요, 제품의 가격, 마케팅 활동 정도를 고려하여 예측한다. 예상판매량에 예상판매가를 곱하여 매출예산을 세운다. 국회제과는 연도별로 종합예산을 세우기 위해 매출예산을 〈표 6.1〉과 같이 수립하였다.[1)]

매출예산 = 예상판매량 × 예상판매가

표 6.1 매출예산

	20×6년	20×7년	20×8년	비 고
예상판매량(백만개)	*4*	*6*	*8*	
예상판매가(원)	*500*	*500*	*500*	
매출예산(백만원)	2,000	3,000	4,000	판매량×판매가

1) 여러 가지 예산계획표에서 이탤릭 수치는 가정된 수치이다. 나머지 수치는 가정된 수치에서 도출된다.

예상판매량과 제품재고의 변화량을 고려하여 생산량을 계획

예상판매량과 제품재고의 변화량을 고려하여 생산량을 다음과 같이 계획한다.

예상생산량 = 예상판매량 + 예상기말제품재고 − 예상기초제품재고

기말제품재고를 다음기 판매량의 1/4로 유지하는 재고정책을 가정한다. 즉, 생산에 걸리는 시간(Cycle Time)을 고려하여 다음 연도 3개월의 판매량을 제품재고로 기말에 유지한다. 예를 들어, 20×6년말 제품재고는 20×7년 판매량 6백만개의 3개월분인 1.5백만개를 유지한다.

표 6.2 생산예산

(단위 : 백만개)

	20×6년	20×7년	20×8년	비 고
예상판매량	4	6	8	
예상 기말제품재고량	1.5	2.0	*2.5*	*차기 판매량 / 4*
(−) 예상 기초제품재고량	*1.0*	1.5	2.0	전기말 제품재고
예상생산량	4.5	6.5	8.5	

20×7년의 예상판매량이 6백만개로 추정되었다. 20×7년말 희망 제품재고는 20×8년 예상판매량 8백만개의 1/4인 2백만개이다. 20×7년초 제품재고는 20×6년말 제품재고인 1.5백만개이므로 20×7년 생산량은 6.5백만개(=6+2−1.5)이다. 달리 이야기하면 20×7년에 판매할 6백만개와 20×7년의 제품재고 증가분 0.5백만개를 생산한다.

제조원가예산을 세운다

생산량 계획이 수립되면 제조원가관련 예산을 세울 수 있다. 우선 직접재료원가예산을 세우자. 제품 1개를 생산하는 데 필요한 직접재료의 표준량[2]을 예상하면 생산량을 위한 총직접재료사용량을 구할 수 있다.

2) 제품단위당 직접재료사용량은 정상적으로 버려지는 공손이나 감손을 고려하여 계산되어야 한다.

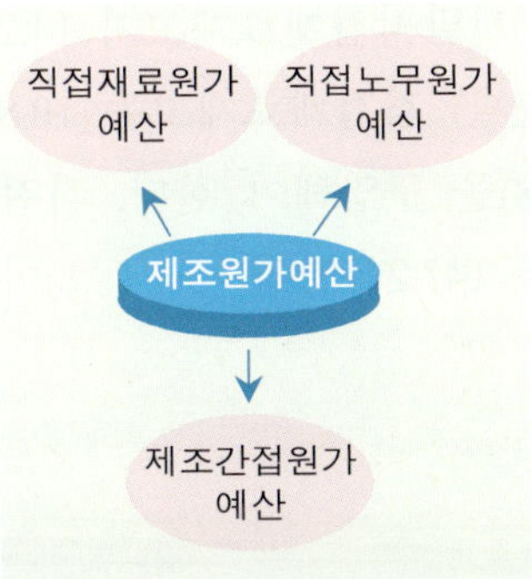

직접재료(표준)사용량 = 생산량 × (제품)단위당 직접재료(표준)사용량

직접재료원가예산은 직접재료(표준)사용량과 직접재료(표준)가격의 곱으로 계산한다.

직접재료(표준)원가[3] = 직접재료(표준)사용량 × 직접재료(표준)가격

현실적으로 직접재료의 종류가 여러 가지이므로 종류별로 앞과 같이 예산을 편성해야 하나, 편의상 한 가지 직접재료만 가정하여 〈표 6.3〉을 만든다.

표 6.3 직접재료원가예산

	20×6년	20×7년	20×8년	비 고
생산량(백만개)	4.5	6.5	8.5	
단위당 직접재료사용량(g/개)	*10*	*10*	*10*	
직접재료사용량(톤)	45	65	85	생산량×단위당 직접재료사용량
직접재료가격(원/g)	*8*	*8*	*8*	
직접재료원가예산(백만원)	360	520	680	사용량×가격

20×7년의 생산량은 〈표 6.2〉에서 구한 6.5백만개이다. 제품 1개를 생산하는 데 직접재료 10g이 필요하다고 가정하면 총 65톤의 직접재료가 사용된다. 직접재료의 가격이 g당 8원이면 총직접재료원가예산은 520백만원(=65×8)이다.

직접재료를 각 기간마다 얼마나 구입해야 하나? 해당 기간의 직접재료사용량과 직접재료재고의 증가분을 더한 만큼(또는 감소분을 차감한 만큼) 직접재료를 구입해야 한다.

직접재료구입량 = 직접재료사용량 + 기말직접재료재고 − 기초직접재료재고

기말재료재고는 다음 기 사용량의 1/6, 즉 2개월분을 유지하는 것으로 가정한다(분석의 편의상 재공품은 존재하지 않는 것으로 가정한다). 직접재료구입예산은 직접재료구입량과 직접재료가격의 곱으로 계산한다.

직접재료구입예산 = 직접재료구입량 × 직접재료가격

3) 표준원가라는 용어는 예산수립이나 원가통제의 기준으로 사용되는 수치를 의미한다. 또는 표준원가계산을 사용할 때 장부에 기록하는 금액이다.

20×7년의 경우, 직접재료사용량이 65톤이며 예정 기말직접재료재고가 14.2톤(20×8년 사용량 85톤의 1/6)이다. 20×7년초(또는 20×6년말) 직접재료재고는 10.8톤이므로 20×7년중에 직접재료 68.4톤(=65+14.2−10.8)을 구입해야 한다. 직접재료가격을 g당 8원으로 가정하면 직접재료구입예산은 **547.2**백만원(=68.4×8)이 된다.

표 6.4 직접재료구입예산

	20×6년	20×7년	20×8년	비 고
직접재료사용량(톤)	45	65	85	
기말직접재료재고(톤)	10.8	14.2	*17.6*	차기 사용량/6
(−)기초직접재료재고(톤)	*7.4*	10.8	14.2	
직접재료구입량(톤)	48.4	68.4	88.4	
직접재료가격(원/g)	*8*	*8*	*8*	
직접재료구입예산(백만원)	387.2	547.2	707.2	구입량×가격

직접노무원가예산도 직접재료원가예산과 비슷한 방법으로 수립한다. 제품 1개를 생산하는 데 0.001시간이 걸린다(또는 1시간에 1,000개를 생산한다)고 가정하면 20×7년에 6.5백만개를 생산하는 데 6.5천시간의 총직접노무시간이 필요하다.

직접노무시간 = 생산량 × 단위당 직접노무시간

직접노무원가는 직접노무시간에 시간당 임금을 곱하여 구한다.

직접노무원가 = 직접노무시간 × 시간당 임금(임률)

작업의 종류나 직원 숙련도에 따라 여러 수준의 임률이 존재하므로 직원 종류별로 예산을 편성하는 것이 더 정확하나, 편의상 한 가지 임률을 가정하여 〈표 6.5〉를 작성한다.

표 6.5 직접노무원가예산

	20×6년	20×7년	20×8년	비 고
생산량(백만개)	4.5	6.5	8.5	
단위당 직접노무시간(시간/개)	*0.001*	*0.001*	*0.001*	
직접노무시간(천시간)	4.5	6.5	8.5	생산량×단위당 직접노무시간
시간당 임금(천원/시간)	*10*	*10*	*10*	
직접노무원가예산(백만원)	45	65	85	직접노무시간×시간당 임금

대개, 제조간접원가는 변동원가와 고정원가로 나누어 예산을 수립한다. 제조간접원가에는 여러 가지 다양한 원가항목이 섞여 있으므로 재료사용량이나 노무시간 같은 물리적 수량을 기준으로 원가를 추정할 수 없다. 그 대신 원가동인(배부기준)을 기준으로 원가를 추정한다. 전통적인 원가계산을 한다면 생산량 등의 단순한 원가동인을 사용하여 모든 변동제조간접원가의 예산을 세운다. 변동제조간접원가를 가장 간단히 추정하는 방법은 〈표 6.6〉과 같이 제품단위당 변동제조간접원가를 추정하여 생산량에 적용하는 것이다.

변동제조간접원가 = 생산량 × 단위당 변동제조간접원가(배부율)

표 6.6 변동제조간접원가예산 (생산량 기준)

	20×6년	20×7년	20×8년	비 고
생산량(백만개)	4.5	6.5	8.5	
단위당 변동제조간접원가(원/개)	*50*	*50*	*50*	
변동제조간접원가예산(백만원)	225	325	425	생산량× 단위당 변동제조간접원가

20×7년의 생산량이 6.5백만개이므로 단위당 변동제조간접원가를 50원으로 추정하면 총변동제조간접원가예산은 325백만원이다. 변동제조간접원가의 원가동인으로 직접노무시간, 직접노무원가, 기계시간의 원가동인을 사용할 수도 있으나 예산수립결과는 같다. 예를 들어, 직접노무시간을 원가동인으로 사용한다면 〈표 6.6〉 대신 〈표 6.6a〉가 작성된다.

표 6.6a 변동제조간접원가예산 (직접노무시간 기준)

	20×6년	20×7년	20×8년	비 고
생산량(백만개)	4.5	6.5	8.5	
직접노무시간(천시간)	4.5	6.5	8.5	생산량× 단위당 직접노무시간
직접노무시간당 변동제조간접원가(천원/시간)	*50*	*50*	*50*	
변동제조간접원가예산(백만원)	225	325	425	노무시간× 직접노무시간당 변동제조간접원가

20×7년의 예상생산량은 6.5백만개이므로 이에 대한 예상직접노무시간은 6.5천시간이다. 시간당 변동제조간접원가가 50천원이면 총변동제조간접원가예산은 325백만원이다 〈표 6.6〉과 〈표 6.6a〉는 같은 변동제조간접원가예산을 편성하나 제7장의 원가차이 분석결과는 달라진다.

고정제조간접원가는 생산량과 무관하게 일정하므로 총액으로 추정한다. 그러나 매출원가는 판매량에 비례하여 계산되므로, 생산량에 대한 단위당 고정제조간접원가를 〈표 6.7〉과 같이 계산한다.

표 6.7 고정제조간접원가예산

	20×6년	20×7년	20×8년	비 고
고정제조간접원가예산(백만원)	*450*	*450*	*450*	
생산량(백만개)	4.5	6.5	8.5	
단위당 고정제조간접원가예산(원/개)	100	69	53	총고정제조간접원가/생산량

매출원가예산을 세운다

전기와 당기의 단위당 제조원가가 동일한 경우

매출원가예산
=예상판매량
×예상 단위당 제조원가

전기와 당기의 단위당 제조원가가 동일하지 않은 경우

선입선출법이나 후입선출법 사용 → 제품재고액의 변화를 고려하여 매출원가 계산

제조원가 자료를 이용하여 손익계산서에 보고될 매출원가를 계산한다. 매출원가는 판매량 기준이므로 단위당 제조원가와 판매량을 이용하여 구한다. 매출원가를 총판매량과 단위당 제조원가를 곱하여 계산할 수 있는가? 모든 제품의 단위당 제조원가가 같다면 그럴 수 있다. 제품재고 평가에 선입선출법이나 후입선출법을 사용하여 단위당 제조원가가 다르다면 제품재고액의 변화를 고려하여 매출원가를 구해야 한다.

앞에서 매기간의 단위당 변동원가와 총고정원가가 일정하다고 가정하였다. 매기간의 생산량이 증가하므로 단위당 고정제조간접원가가 〈표 6.8〉과 같이 감소하여 단위당 제조원가가 20×6년의 240원에서 20×7년의 209원, 20×8년의 193원으로 감소한다.

표 6.8 단위당 제조원가예산

(단위 : 원/개)

	20×6년	20×7년	20×8년	비 고
단위당 직접재료원가	80	80	80	단위당 직접재료사용량 × 직접재료가격
단위당 직접노무원가	10	10	10	단위당 직접노무시간 × 시간당 임금
단위당 변동제조간접원가	50	50	50	
단위당 변동제조원가	140	140	140	
단위당 고정제조간접원가	100	69	53	
단위당 제조원가	240	209	193	

매기간의 단위당 제조원가가 다르고 기초제품재고가 존재하므로 원가흐름을 어떻게 가정하느냐에 따라 매출원가가 달라진다. 선입선출법을 사용하여 매출원가를 계산하면 〈표 6.9〉와 같다. 이때 기초제품재고액은 전기의 기말제품재고액이며 기초제품재고량에 전기의 단위당 제조원가를 곱한 것과 같다.

표 6.9 매출원가 계산

(단위 : 백만원)

	20×6년	20×7년	20×8년	비 고
직접재료원가	360	520	680	〈표 6.3〉
직접노무원가	45	65	85	〈표 6.5〉
변동제조간접원가	225	325	425	〈표 6.6〉
고정제조간접원가	450	450	450	〈표 6.7〉
총제조원가	1,080	1,360	1,640	
기초제품재고액	*240*	360	418	전기말 제품재고액
(−)기말제품재고액	360	418	483	기말제품재고량 〈표 6.2〉 ×단위당 제조원가 〈표 6.8〉
매출원가(백만원)	960	1,302	1,575	

판매관리비예산을 세운다

판매관리비예산

매출, 판매량 등에 비례한 변동판매관리비와 이와 무관하게 일정한 금액인 고정판매관리비로 나누어 예측

영업이익을 구하기 위해 판매관리비를 구한다. 매출, 판매량 등에 비례한 변동판매관리비와 이에 무관한 일정한 고정판매관리비로 나누어 예측한다. 변동판매비는 매출에 비례적으로 발생하는 영업사원이나 대리점수수료(커미션), 판매량에 비례하는 운송료, 운송횟수나 계약건수에 비례하는 사무처리비 등이 있다. 단순한 예를 위해 변동판매관리비를 판매량에 따라 추정하면 〈표 6.10〉과 같다.

표 6.10 판매관리비예산

	20×6년	20×7년	20×8년	비 고
판매량(백만개)	4	6	8	
단위당 변동판매관리비(원/개)	*30*	*30*	*30*	
변동판매관리비(백만원)	120	180	240	판매량×단위당 판매관리비
고정판매관리비(백만원)	*550*	*550*	*550*	
총판매관리비(백만원)	670	730	790	

영업이익을 추정한다

이제까지 준비된 예산수치를 이용하여 영업이익을 추정한다. 전부원가계산을 사용하는 예산손익계산서 〈표 6.11〉의 영업이익과 변동원가계산을 사용하는 예산공헌이익계산서 〈표 6.12〉의 영업이익을 각각 계산해 보았다.

표 6.11 예산손익계산서 (전부원가계산) (단위 : 백만원)

	20×6년	20×7년	20×8년
매 출	2,000	3,000	4,000
(−) 매 출 원 가	960	1,302	1,575
매출총이익	1,040	1,698	2,425
(−) 판매관리비	670	730	790
영 업 이 익	370	968	1,635

표 6.12 예산공헌이익계산서 (변동원가계산) (단위 : 백만원)

	20×6년	20×7년	20×8년
매 출	2,000	3,000	4,000
(−) 변동매출원가	560	840	1,120
(−) 변동판관비	120	180	240
공 헌 이 익	1,320	1,980	2,640
(−) 고정제조원가	450	450	450
(−) 고정판관비	550	550	550
영 업 이 익	320	980	1,640

제4장에서 보듯이, 각 기간의 생산량과 판매량이 달라서, 전부원가계산의 영업이익과 변동원가계산의 영업이익이 다르다. 고정제조원가가 비용처리되지 않고 제품재고에 남아 있는 금액만큼 차이가 나므로 이를 〈표 6.13〉과 같이 조정할 수 있다.

표 6.13 전부원가계산과 변동원가계산의 이익차이

	20×6년	20×7년	20×8년	비 고
기말제품재고량(백만개)	1.5	2.0	2.5	〈표 6.2〉
단위당 고정제조원가(원/개)	100	69	53	당기 단위당 원가임
기말제품에 재고화된 고정제조간접원가(백만원)	150	138	133	기말제품재고량 ×단위당 고정제조원가
기초제품에 재고화된 고정제조간접원가(백만원)	100	150	138	전기말 제품재고에 재고화된 고정제조간접원가
이익차이(백만원)	50	12	5	

20×7년의 생산량은 6.5백만개이나 판매량은 6백만개이므로 제품재고가 0.5백만개 증가하였다. 기말제품 1개마다 고정제조원가가 69원씩 재고화되었으므로 20×7년말 제품재고에 재고화된 고정제조원가는 총 138백만원이다. 20×7년초 제품재고에 재고화된 고정제조간접원가가 150백만원이므로 20×7년 한 해 동안 고정제조간접원가 발생액 450백만원보다 더 많은 고정제조간접원가가 매출원가로 비용화된다. 따라서 영업이익이 전부원가계산에서 변동원가계산에서 보다 12백만원 더 낮다. 이는 제품재고량이 점점 증가하고 있으나, 생산량의 증가로 단위당 고정제조간접원가가 낮아져서 재고화하는 제조간접원가가 낮아지고 비용이 더 크게 보고되기 때문이다. 변동원가계산이 예산수립에는 손쉬우나 손익계산서가 전부원가계산에 의해 작성되므로, 변동원가계산에 의한 영업이익과 전부원가계산에 의한 영업이익이 서로 다름을 알고 이를 조정해야 한다.

현금예산을 세운다

현금예산

재무예산의 하나로, 추정현금흐름표를 작성하는 것

현금흐름

영업활동

판매대금 회수액, 재료원가·노무원가·경비의 제조원가 지급액 등이 해당됨

투자활동

고정자산 취득 및 매각 등이 해당됨

재무활동

자금차입 및 상환 등이 해당됨

아무리 영업실적이 좋아 높은 이익을 얻어도 대금회수가 제대로 되지 않으면 자금부족으로 어려움을 겪거나 심지어 부도가 날 수 있다. 미래의 현금순환에 대한 계획을 세워 현금이 적절한 수준으로 유지되도록 하는 것이 중요하다. 재무예산의 하나인 현금예산은 추정현금흐름표를 작성하는 것과 같다. 현금흐름은 영업활동, 투자활동, 재무활동에 의한 현금흐름으로 나뉜다.

영업활동에 의한 현금흐름은 판매대금 회수액, 재료원가·노무원가·경비의 제조원가 지급액이 주요 항목이다. 먼저 매출수금액을 구하자. 당기매출의 80%가 같은 기간에 수금되고, 15%가 다음 기에 회수되고, 나머지 5%는 회수되지 않는다고 〈표 6.14〉와 같이 예상하자. 회수되지 않는 매출액을 대손비용(대손상각비)이라 하고 판매관리비에 포함한다.

표 6.14 판매대금 회수일정

당기매출	당기수금	후기수금	대손비용
100%	*80%*	*15%*	5%

이 수금일정에 따라 예상된 매출수금은 다음과 같다.

표 6.15 매출수금예산 (단위 : 백만원)

	20×6년	20×7년	20×8년	비 고
매 출 액	2,000	3,000	4,000	〈표 6.1〉
당기매출수금액	1,600	2,400	3,200	*0.8 × 당기매출*
전기매출수금액	*150*	300	450	*0.15 × 전기매출*
매출수금 합계	1,750	2,700	3,650	

20×7년의 매출액 30억원의 80%인 24억원과 20×6년의 매출액 20억원의 15%인 3억원을 20×7년에 수금하여 20×7년의 총매출수금액은 27억원이다.

현금지급액을 보면, 직접재료원가 구입액의 80%를 당기에 지급하고 다음기에 20%를 지급하면 직접재료원가 지급액은 다음과 같다.

표 6.16 직접재료원가 지급예산 (단위 : 백만원)

	20×6년	20×7년	20×8년	비 고
직접재료구입예산	387.2	547.2	707.2	〈표 6.4〉
당기구입분 지급액	309.8	437.8	565.8	*0.8 × 당기구입액*
전기구입분 지급액	*45.0*	77.4	109.4	*0.2 × 전기구입액*
직접재료원가 지급 합계	355	515	675	반올림

직접노무원가와 변동제조간접원가는 발생하는 기간에 모두 지급된다고 가정한다. 고정제조간접원가는 감가상각비(2억원으로 가정)를 제외하고 모두 같은 기간에 지급된다고 가정한다. 감가상각비는 현금흐름이 없으므로 현금흐름과 무관하고, 설비투자액은 투자활동에서 다룬다.

표 6.17 고정제조간접원가 지급예산 (단위 : 백만원)

	20×6년	20×7년	20×8년	비 고
고정제조간접원가예산	450	450	450	〈표 6.7〉
(−) 감가상각비	*200*	*200*	*200*	
고정제조간접원가 지급예산	250	250	250	

영업활동에 의한 현금흐름예산을 정리하면 다음과 같다.

표 6.18 영업활동에 의한 현금흐름예산 (단위 : 백만원)

	20×6년	20×7년	20×8년
매 출 수 금	1,750	2,700	3,650
(−)직접재료원가 지급	355	515	675
(−)직접노무원가 지급	45	65	85
(−)변동제조간접원가 지급	225	325	425
(−)고정제조간접원가 지급	250	250	250
(−)판매관리비 지급	670	730	790
영업활동에 의한 현금흐름예산	205	815	1,425

고정자산 취득 및 매각의 투자활동과 자금차입 및 상환의 재무활동에 의한 현금흐름은 별도로 계획되어 총현금흐름예산이 준비된다.

예산 시뮬레이션을 한다

예산 시뮬레이션

사업계획을 세울 때에는 판매량, 판매가, 재료단가, 임금률, 수금일정 등 가정된 주요수치의 변화에 대한 예상이익이나 현금흐름의 변화를 파악하는 것이 필요함

국희제과가 제품판매가를 10% 낮추면 판매량이 10% 증가한다고 가정하자. 이때 이익이 증가할 것인가? 현금흐름은 어떻게 변할 것인가? 만약 재료단가가 5% 인상되면 이익과 현금흐름에는 얼마나 악영향을 미치는가? 또는 판매량 예측에 ±10% 오차가 있다면 이익예측에는 얼마나 오차가 생길 것인가? 이러한 의문에 답을 찾기 위해 예산을 시뮬레이션할 수 있다. 엑셀파일에 모든 예산표를 상호 연계하여 작성하면, 판매량, 판매가, 재료단가, 임금률, 수금일정 등 가정된 주요수치가 바뀔 때 예상이익이나 현금흐름이 얼마나 바뀌는지를 알 수 있다. 이러한 상황(What-if) 분석을 원가-조업도-이익 식과 같은 수식으로도 할 수 있으나, 관련된 항목이 많고 항목간의 관계가 복잡할수록 스프레드시트를 이용하는 것이 편리하다.

누가 예산을 편성해야 하는가?

권위적 예산
상위부서에서 편성하여 하위부서로 하달되는 예산

참여예산
하위부서에서 편성하여 상위부서로 제출하는 예산

절충예산
권위적 예산과 참여예산이 혼합된 방식

협의예산
상위부서가 하위부서의 의견을 물어보되 최종결정은 상위부서가 단독으로 하는 방식

예산을 상위부서에서 편성하여 하위부서로 하달하면 권위적 예산(Authoritative Budget)이나 하향식(Top-Down) 예산이라 한다. 이 권위적 예산편성은 상위부서의 의지나 정보를 반영할 수 있는 장점을 가지고 있으나, 하위부서 예산집행자의 심리적 반발을 초래하거나 호응을 얻지 못하는 단점이 있다. 이와 반대로 하위부서에서 예산을 편성하여 상위부서로 제출하면 참여예산(Participative Budget)이나 상향식(Bottom-Up) 예산이라 한다. 참여예산편성은 하위부서의 현장 지식과 정보를 반영한 적절한 예산을 수립할 수 있고, 예산을 집행할 하위부서 직원이 직접 참여하여 수립하였으므로 예산에 대한 책임감과 호응도를 높이는 장점이 있다. 그러나 하위부서담당자가 예산과 실적을 대비하여 평가하는 점을 우려하여 예산편성을 평가에 유리하게 왜곡시키는 문제가 있다.

대부분의 조직에서는 권위적 예산과 참여예산이 혼합된 절충예산(Catch-ball Budget)[4]이 많이 사용된다. 예산 담당부서에서 예산편성 요령을 각 부서에 통보하면 각 하위부서가 예산을 편성하여 상위부서에 제출하고, 이 예산안을 상위부서가 검토하여 하위부서와 절충하여 최종안을 결정하는 방법이다. 상위부서가 하위부서의 의견을 물어보되 최종결정은 상위부서가 단독적으로 하는 협의예산(Consultative Budget)도 있다.

예산을 편성할 때 증분예산과 영기준예산을 활용한다

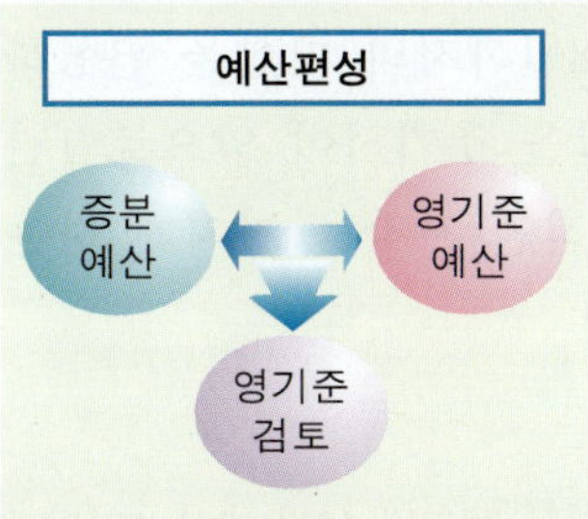

대부분의 조직에서는 매년 예산을 세울 때 전년도의 예산이나 결산 수치를 조정하여 사용한다. 전년도에 비해 달라진 물가, 환율, 금리 등 거시경제 환경변화와 해당 산업이나 관련 산업의 환경변화를 반영하여 해당 항목을 조정한다. 특별히 조정할 내용이 없으면 전년도의 예산이나 결산 수치를 그대로 사용한다. 이러한 방법으로 편성된 예산을 증분예산(Incremental Budget)이라 한다. 증분예산은 환경변화에 따라 관련 항목만 조정하므로 상대적으로 적은 노력과 시간으로 수립할 수 있다는 장점이 있다. 그러나 과거의 금액을 상당 부분으로 그대

4) 상위부서와 하위부서가 예산안을 서로 공 던지듯이 주고받는다는 의미의 영어 표현이다.

증분예산
전기의 예산이나 결산 수치를 조정하여 편성된 예산

영기준예산
모든 예산금액을 원점에서 다시 편성하는 예산

영기준검토
주요 항목의 타당성을 원점에서 다시 검토

로 사용하므로 해당 수치의 타당성을 확신할 수 없다. 또한 한 번 승인된 금액은 수년간 그대로 사용되므로 비효율적인 예산집행이 초래될 가능성이 있다.

모든 예산금액의 적정성을 확인하려면 영기준예산(Zero-based Budget)[5]을 사용한다. 이 예산편성방법에서는 모든 예산금액을 원점으로부터 시작하여 타당성이 인정되는 금액만 승인하고 편성한다. 즉, 과거에 승인되었다고 계속 그 타당성이 인정되지 않는다. 영기준예산은 효율적 예산편성에 도움이 되나 모든 항목을 분석 평가해야 하므로 시간과 노력이 많이 드는 단점이 있다. 영기준예산과 증분예산의 절충안으로 영기준검토(Zero-based Review)를 사용하는 것이 현실적이다. 영기준검토 제도에서는 주요 예산항목만 몇 년에 한 번씩 그 금액의 적정성을 검토한다. 영기준예산보다는 적은 시간과 노력으로 주요 금액의 효율적 예산편성을 달성할 수 있어 효과적이다.

기간예산과 계속예산을 함께 사용한다

기간예산
1년 등의 정해진 기간의 예산

계속예산
현 시점에서 일정기간의 예산을 계속 새로 편성하는 예산

예산의 편성은 어떤 기간단위로 할 것인가? 보통 1년, 1분기, 1달 등의 정해진 기간의 예산을 편성한다. 이러한 예산을 기간예산(Period Budget)이라 한다. 회계기간에 맞추어 예산을 편성하여 예산과 결산을 비교할 수 있는 편리함이 있다. 그러나 결산시점에 가까워질수록 예산집행이 단기적인 시각에서 이루어지는 단점이 있다.[6] 이러한 단점을 보완하기 위해 기간예산과 함께 계속예산을 사용할 수 있다.

계속예산(Rolling Budget)에서는 현 시점에서 일정기간, 예를 들어 1년간의 예산을 계속 수립한다. 지금이 7월이면 올 8월부터 내년 7월까지의 예산을 편성하여 사용하고, 8월이 되면 다시 올 9월부터 내년 8월까지의 예산을 편성하여 사용한다. 즉, 매달마다 지난 달을 빼고 새로운 달을 추가하여 앞으로 1년간 예산을 계속 유지한다. 계속예산에서는 항상 장기적인 시각을 가지게 하는 장점이 있으나 자주 예산을 세워야 하는 단점이 있다.

5) 무기초예산 또는 원점기준예산이라고도 불린다.

6) 이성욱과 윤석중은 '우리나라 지방자치단체 및 공공기관의 예산 집행행태에 관한 연구'(관리회계연구 2013년 12월)에서 A지방자치단체와 K공사의 예산 집행행태에 관한 분석을 한 결과로 두 기관 모두 회계연도초(1월)에는 평균보다 낮은 예산 집행행태를, 회계연도말(12월)에는 평균보다 높은 예산 집행행태를 보여주었다. 이 결과는 결산시점에 가까워졌을 때 남은 예산을 여유 있게 많이 집행하려는 행태와 일치한다.

부록 자본예산

장기적인 현금흐름에 대해서는 자본예산을 사용한다

자본예산

- 개별 장기투자안별로 준비됨
- 현금유입 효과를 예측
  → 타당성 판단

종합예산을 편성할 때, 매 기간의 운영을 위한 매출, 재료비, 인건비, 경비 등의 영업예산과 함께 설비투자 등의 자본적 지출에 대한 장기예산을 편성한다. 이를 자본예산(Capital Budget)이라 한다. 자본예산은 개별 장기투자안별로 준비된다. 자본예산에서는 장기투자를 위한 지출과 투자성과에 의한 현금유입 효과를 예측한 후 그 타당성을 판단한다.

자동화 설비투자의 자본예산을 예로 들어 보자. 지금 8억원의 자동화 설비를 취득하면 10년간 매년 1억원의 인건비가 절감된다고 하자. 10년 후에 이 설비의 잔존가치가 전혀 없다고 가정하면 이 투자는 경제성이 있는가? 그 판단을 어떻게 할 수 있는가? 단순히 생각하면, 8억원을 들여서 10년간 총 10억원의 인건비 절감을 얻으므로 10년간 총 2억원의 순원가절감을 주는 타당성 있는 투자안이라 말할 수 있다. 또는 회계지식을 이용하여 8억원의 설비 취득원가를 정액법으로 매년 8천만원씩 감가상각하면, 매년 1억원의 인건비 감소와 8천만원의 설비 감가상각비를 비교하여 매년 2천만원의 원가절감이 된다고 말할 수 있다.

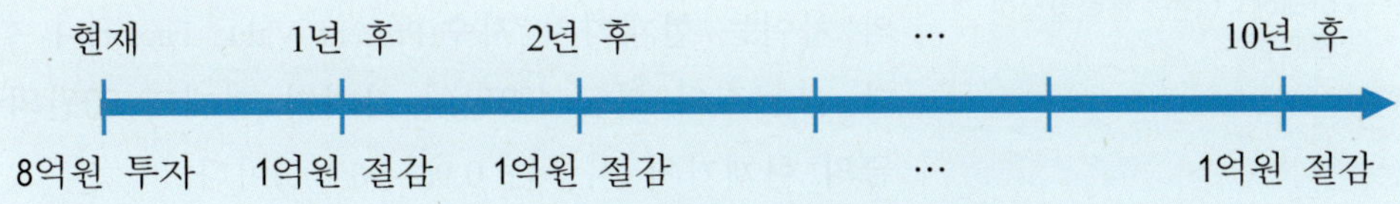

총 10억원의 인건비 절감－8억원 투자비＝총 2억원 순원가절감

이러한 단순한 비교는 설비투자는 지금 이루어지는데 그 혜택은 10년에 걸쳐서 나타난다는 시차의 문제와 미래의 혜택이 불확실하다는 위험을 고려하지 않는 문제가 있다. 이 문제를 해결하기 위해서 화폐의 시간가치(Time Value of Money)를 사용할 수 있다.

회수기간법과 회계이익률법

화폐의 시간가치를 고려하지 않는 두 가지 자본예산기법으로 회수기간법과 회계이익률법이 있다. 초기투자액 8억원이 회수되는 데 8년의 기간이 걸리는데, 이 회수기간을 보고 주관적으로 투자결정을 하는 것이 회수기간법이다. 회수기간법은 회수기간 후의 현금흐름을 고려하지 않는 문제가 있다.

초기투자액 또는 평균투자액에 대한 연간 이익증가액의 비율, 즉 회계이익률을 판단기준으로 사용하는 회계이익률법도 있다. 앞의 예에서 초기투자액 8억원을 기준으로 연간 1억원의 비용감소가 있으므로 회계이익률은 12.5%(=1억원/8억원)이다. 평균투자액 4억원(=(8+0)/2)을 기준으로 보면 회계이익률은 25%(=1억원/4억원)이다.

현재의 1원은 미래의 1원보다 더 가치 있다

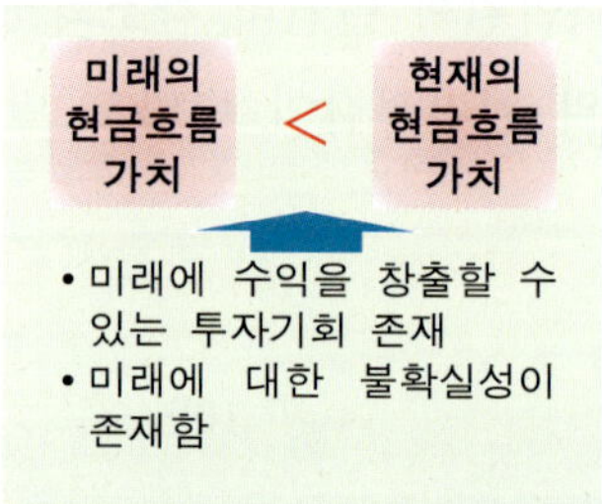

화폐의 시간가치 개념은 다른 시점의 현금흐름이 서로 다른 가치를 가지고 있다고 보며, 특히 미래의 현금흐름은 현재의 현금흐름보다 가치가 낮다고 본다. 현재의 현금으로 미래에 수익을 창출할 수 있는 투자기회가 있거나 미래에 대한 불확실성이 있을 때, 현재의 1원이 미래의 1원보다 더 가치가 있다. 이 가치의 차이는 현재가치 지수(Present Value Factor)나 할인율(Discount Rate)로 표현된다. 1년 후의 현금 100원의 가치가 현재의 90원의 가치와 같다면 1년 후의 현금의 현재가치 지수는 0.9(=90/100)이다.

현재가치[현가] = 미래가치 × 현재가치 지수

현재가치 지수가 90%이면 미래의 현금에 10%의 할인율이 적용되었다고 할 수도 있으나, 좀더 정확한 할인율과 현재가치 지수의 관계는 다음과 같이 정의된다.

현재가치 지수 = 1 / (1 + 할인율)

따라서 현재가치 지수가 0.9일 때의 정확한 할인율은 11.1%(=1/0.9−1)이며, 할인율이 10%일 때의 현재가치 지수는 약 0.91(=1/(1+0.1))이다. 할인율을 사용하여 현재가치와 미래가치의 관계를 다음과 같이 표시할 수 있다.

현재가치 = 미래가치 / (1 + 할인율)
미래가치 = 현재가치 × (1 + 할인율)

할인율은 미래가치를 할인하여 현재가치로 변환하는 비율이라는 의미를 가지나, 사실상 현재가치가 미래가치를 창출하는 수익률로 볼 수 있다. 할인율[수익률]이 10%일 때, 현재의 1원은 미래에 0.1원의 수익을 창출하여 미래의 총금액[가치]은 1.1원이 된다. 현재 1원의 미래가치가 1.1원이므로, 미래 1원의 현재가치는 1/1.1원, 약 0.91원이다.

순현재가치(NPV)와 내부수익률(IRR)

할인현금흐름 분석

현재가치 개념을 사용하여 장기투자안의 타당성을 평가하는 방법

순현재가치법

미래의 모든 현금흐름을 현재가치로 할인하여 현금유출액과 현금유입액의 순현재가치를 계산하여 순현재가치가 양수이면 투자타당성이 있다고 판단

내부수익률법

- 특정한 현금흐름을 초래하는 투자안의 수익률
- 할인율>내부수익률 : 순현재가치가 음(−) → 투자타당성이 없음
- 할인율<내부수익률 : 순현재가치가 양(+) → 투자타당성이 있음

현재가치 개념을 사용하여 장기 투자안의 타당성을 평가하는 방법으로 순현재가치와 내부수익률이 있다. 이 방법들은 미래현금흐름을 할인하여 평가하므로 할인현금흐름 분석(Discounted Cash Flow Analysis)이라 불린다. 순현재가치(NPV, Net Present Value)법에서는 미래의 모든 현금흐름을 현재가치로 할인하여 현금유출액과 현금유입액의 순현재가치를 계산한다. 순현재가치가 양수이면 투자타당성이 있다고 본다.

자동화 설비투자의 예에서 투자액 8억원은 현재 발생하므로 현재가치가 8억원이다. 이에 비해 자동화투자의 혜택인 연간 1억원의 인건비 절감액은 미래에 10년간 발생하므로 현재가치로 할인해야 한다. 연간 10%의 할인율이 사용되고 편의상 1억원의 인건비 절감이 연말 시점으로 반영된다고 하면, 1년 후 1억원의 현재가치는 0.91억원(=1억원/1.1)이다. 2년 후의 1억원의 현재가치는 연간 할인율 10%가 연 단위로 복리계산된다고 보면 0.83억원(=1억원/$(1.1)^2$)이다.

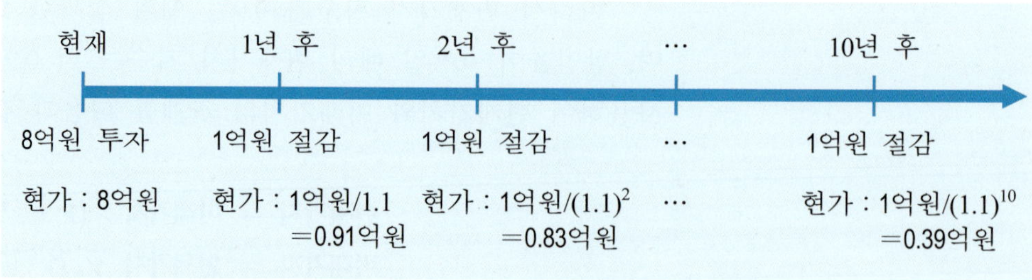

인건비 절감을 현금유입액으로 보아 양수로 표시하고 현재 투자액을 음수로 표시하면 순현가가치는 모든 현금흐름의 현재가치의 합계이다.

$$순현재가치(억원) = -8 + 1/1.1 + 1/(1.1)^2 + \cdots + 1/(1.1)^{10} = -8 + 6.14 = -1.86$$

투자 후 10년간의 인건비 절감액이 할인 전에는 10억원이나 10%로 할인하면 현재가치가 6.14억원에 불과하여 현재의 투자액 8억원보다 적고, 그 차이가 순현재가치 −1.86억원으로 표시된다. 할인율 10%가 적절하다면 이 투자안은 기업에 손해가 되는 계획이다.

이 투자안이 할인율 10%에서는 타당하지 않은데 어느 정도 할인율에서 타당하게 될 것인가? 할인율이 낮아지면 미래 현금유입액의 현재가치가 커져서 순현재가치도 커진다. 이를 다음 표와 그림이 보여준다. 할인율이 약 4.3% 이하가 될 때 이 투자안은 양(+)의 순현재가치를 가지며 투자타당성을 가진다. 순현재가치를 0으로 만드는 할인율[수익률]은 이 투자안 자체의 수익률이다. 특정한 현금흐름을 초래하는 투자안의 수익률을 내부수익률(IRR, Internal Rate of Return)이라 한다.

할인율이 내부수익률보다 크면 순현재가치가 음(−)이 되어 투자타당성이 없고, 할인율이 내부수익률보다 작으면 순현재가치가 양(+)이 되어 투자타당성이 있다.

할인율 > 내부수익률 ⇔ 순현가 < 0 ⇔ 투자타당성 없음
할인율 < 내부수익률 ⇔ 순현가 > 0 ⇔ 투자타당성 있음

할인율	순현재가치
1%	1.47
2%	0.98
3%	0.53
4%	0.11
4.3%	0.00
5%	−0.28
6%	−0.64
7%	−0.98
8%	−1.29
9%	−1.58
10%	−1.86

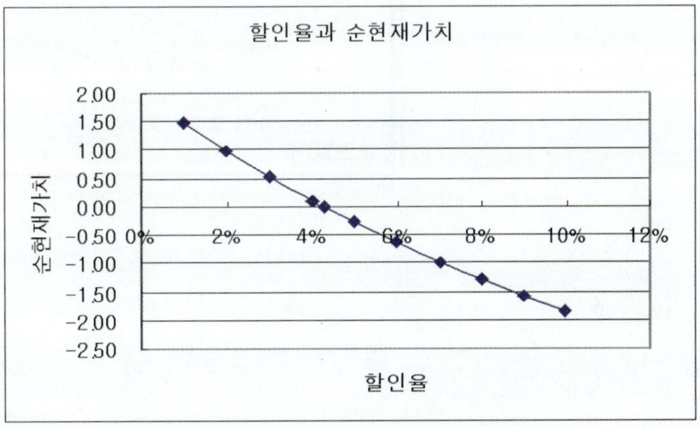

순현재가치나 내부수익률을 계산하기 위해 공식을 사용하기보다는 엑셀의 재무함수기능을 사용하면 편리하다. 엑셀에서 현재가치, 순현재가치, 내부수익률 계산기능은 삽입 메뉴 중 함수(fx)마법사의 재무범주에 PV, NPV, IRR로 표시되어 있다. 다음 화면은 엑셀로 앞의 투자안에 대한 순현재가치와 내부수익률을 계산한 예시이다.

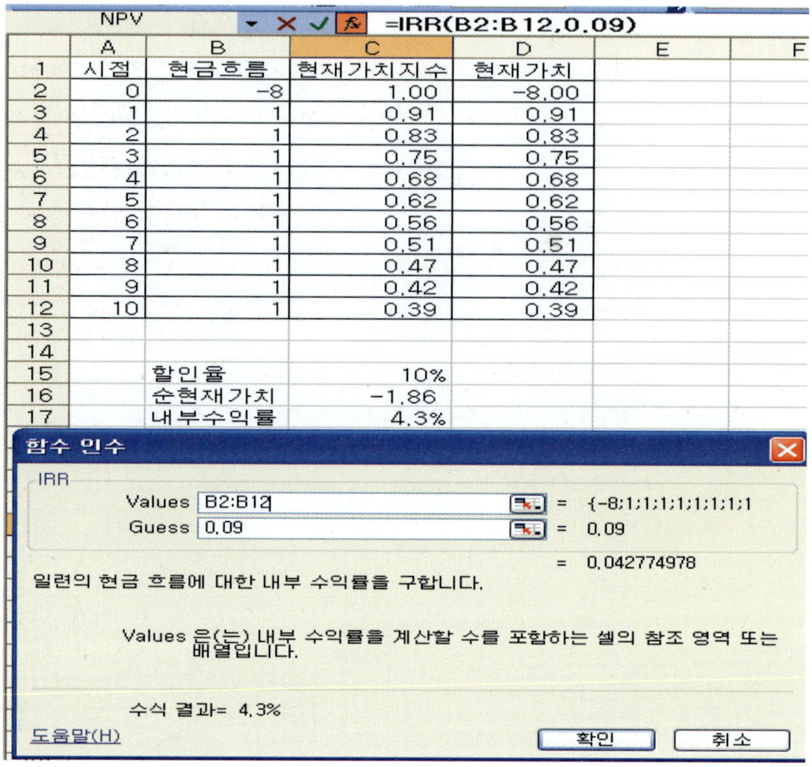
NPV
=IRR(B2:B12,0.09)
A B C D E F
1 시점 현금흐름 현재가치지수 현재가치
2 0 -8 1.00 -8.00
3 1 1 0.91 0.91
4 2 1 0.83 0.83
5 3 1 0.75 0.75
6 4 1 0.68 0.68
7 5 1 0.62 0.62
8 6 1 0.56 0.56
9 7 1 0.51 0.51
10 8 1 0.47 0.47
11 9 1 0.42 0.42
12 10 1 0.39 0.39
13
14
15 할인율 10%
16 순현재가치 -1.86
17 내부수익률 4.3%
함수 인수
IRR
Values B2:B12 = {-8;1;1;1;1;1;1;1
Guess 0.09 = 0.09
= 0.042774978
일련의 현금 흐름에 대한 내부 수익률을 구합니다.
Values 은(는) 내부 수익률을 계산할 수를 포함하는 셀의 참조 영역 또는 배열입니다.
수식 결과= 4.3%
도움말(H)
확인
취소

토 론

YouTube

편의점 창업준비 2탄 : 투자비용, 수익구조 알기

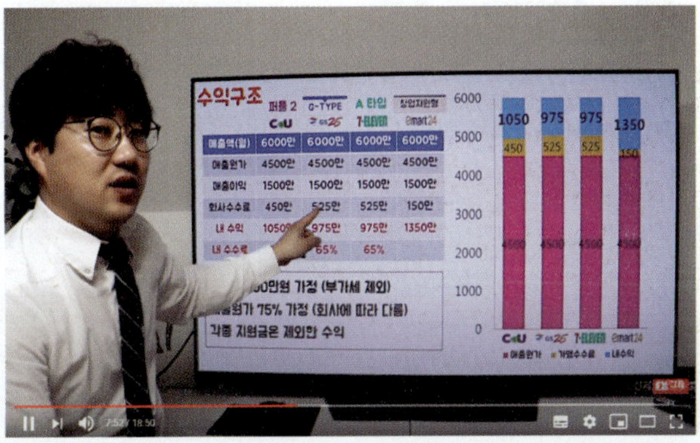

편의점 브랜드별·타입별로 투자비, 수익구조, 해지에 대해 알아봅니다. 개점투자비는 4개 회사의 타입을 막론하고 무조건 투자되는 금액입니다. CU, GS25, 7-ELEVEN은 2,270만원, emart24는 2,420만원 투자가 됩니다. 첫 번째 가맹비는 770만원입니다. 70만원은 부가세이고요 소멸됩니다. 두 번째 상품준비금 3개 회사는 1,400만원이고 emart24는 1,600만원입니다. 세 번째 소모품비 마찬가지로 3개 회사는 100만원, emart24는 50만원입니다. 따라서 2,270만원과 2,420만원은 무조건 인지하고 계셔야 됩니다. 이 금액을 개점투자비라고 하겠습니다. (중략)

다음 제일 중요한 수익구조를 보겠습니다. 일단 가정을 해보겠습니다. 일 매출 200만원 가정했고요. 매출원가를 75% 가정했습니다. 물론 회사마다 다릅니다. 일단 각종 지원금 제외. 일 매출이 200만원이면 월 매출이 6,000만원 되겠죠. 매출원가가 75%라고 하였으니 4,500만원 매출총이익이 1,500만원 됩니다. 모든 회사에 매출총이익을 1,500만원 적용해 보겠습니다. 일단 CU는 내가 가져가는 돈이 70%라고 했습니다. 그래서 내 수익은 1,050만원, GS25는 65%라고 말씀드렸죠. 그래서 내가 가져가는 돈은 975만원, 회사가 가져가는 건 525만원이네요. emart24는 월 회비 부가세 포함 165만원입니다. 부가세 빼면 150만원입니다. 따라서 내가 가져가는 수익은 1,350만원입니다. (중략) 내 수익에서 월세, 인건비, 각종 점포운영비, 수도광열비 등등 빼셔야 합니다. 그래서 남는 이익이 순수 내 이익입니다. (후략) (홍부장, 2019.3.3)

토론해 보자

(1) 타입별로 수익구조와 비용구조가 크게 어떻게 다른지 토론해 보자.
(2) 레버리지가 가장 큰 타입이 무엇인지 토론해 보자.
(3) 편의점 창업을 고려할 때 동영상 설명에서 빠진 주요 내용이 있는지 토론해 보자.

요약정리

미래의 사업계획은 예산의 형태로 구체화된다. 미래의 수익, 비용, 현금흐름을 추정하면서 계획을 세우는 것이 예산이다. 기업이나 단체의 전반적인 예산을 종합적으로 세우는 것을 종합예산이라 한다. 종합예산은 영업예산과 재무예산으로 나눌 수 있는데, 영업예산은 매출, 제조원가, 매출원가, 판매관리비의 예산을 세우는 것으로 손익계산서에서 매출부터 영업이익까지 추정하는 것과 같다. 재무예산은 현금흐름예산과 장기투자예산인 자본예산, 예산재무상태표 작성 등이다.

매출예산은 판매량과 판매가를 예측하여 수립한다. 예상판매량과 제품재고의 변화분을 고려하여 생산량을 추정한다. 직접재료와 직접노무시간의 투입량은 생산량과 투입량의 물리적 비율을 고려하여 결정한다. 직접재료구입량은 직접재료투입량과 재료의 재고변화를 고려하여 결정한다. 직접재료원가, 직접노무원가, 직접재료구입비 예산은 해당 물량에 단위당 가격을 곱하여 구한다. 제조간접원가는 생산량에 따라 변하는 변동비와 고정비로 구분하여 추정하는 것이 전통적인 방법이나, 제조간접원가를 세부 활동별로 구분하여 추정하는 활동기준예산이 좀더 바람직하다. 판매관리비도 매출액이나 판매량 등에 비례하는 변동원가와 고정원가로 구분하여 추정하는 것이 전통적인 방법이나, 활동기준예산 편성이 가능하다. 전부원가계산에 의한 예산손익계산서를 작성하려면 재고의 변화를 고려한 매출원가를 추정한다.

영업현금흐름은 매출로부터의 현금유입과 영업비용의 현금지출로 이루어진다. 매출로부터의 현금유입액은 매출예산과 판매대금 수금일정에 의하여 추정한다. 재료원가, 노무원가, 경비 등의 현금지출예산은 원가예상액과 지급일정에 의해 추정된다.

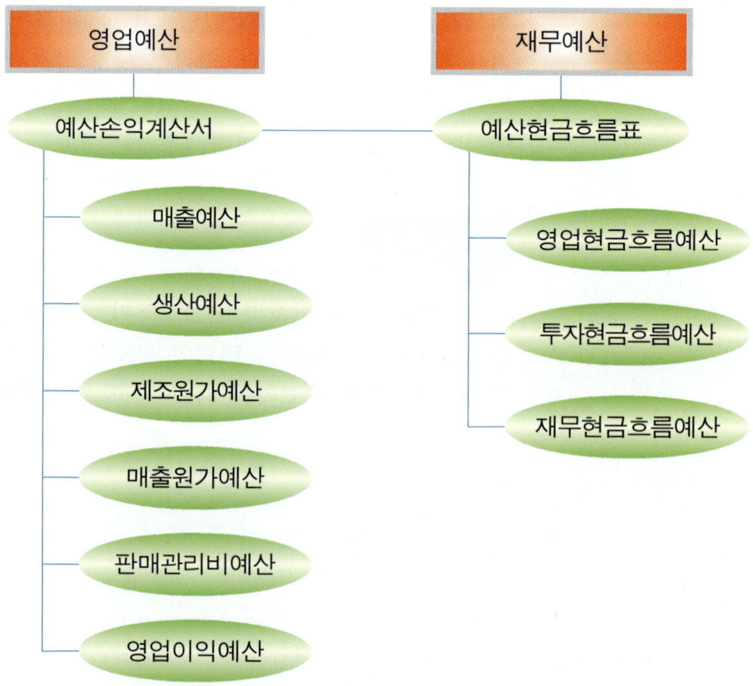

6 연습문제

객관식

01 **예산관련 개념** (16. 공인회계사)

예산에 관한 다음 설명 중 옳지 않은 것은?

① 고정예산(정태예산)은 단 하나의 조업도수준에 근거하여 작성되므로 성과평가목적으로 적합한 것이 아니다.

② 변동예산은 일정범위의 조업도수준에 관한 예산이며 성과평가목적을 위해 실제원가를 실제조업도수준에 있어서의 예산원가와 비교한다.

③ 원점기준예산이란 과거의 예산에 일정비율만큼 증가 또는 감소한 예산을 수립하는 것이 아니라 예산을 원점에서 새로이 수립하는 방법이다.

④ 예산과 관련된 종업원들이 예산편성과정에 참여하는 참여예산의 문제점 중 하나는 예산슬랙(budgetary slack)이 발생할 가능성이 높다는 것이다.

⑤ 종합예산은 조직의 각 부문활동에 대한 예산이 종합된 조직 전체의 예산이며 변동예산의 일종이다.

02 **예산의 종류와 특징** (10. 관세사)

종합예산(master budget)편성에 관한 설명 중 옳지 않은 것은?

① 종합예산은 기업의 판매, 생산, 구매, 재무 등의 모든 측면들을 전체 계획으로 표현한 것이다.

② 자본예산은 비유동자산 취득과 관련되는 설비의 확장 투자 등에 대한 예산으로 예산손익계산서에 반영된다.

③ 판매예산의 편성은 예산계획의 출발점이며 종합예산의 중요한 기초를 이룬다.

④ 예산편성시 종업원의 참가여부에 따라 권위적(authoritative) 예산편성, 참여적(participative) 예산편성 등으로 나눌 수 있다.

⑤ 종합예산 편성절차의 마지막 단계는 예산손익계산서, 예산재무상태표 등의 작성이다.

03 예산의 종류와 특징 (10. 세무사)

종업원이 예산편성과정에 참여하는 참여예산(participative budget)에 관한 설명으로 옳지 않은 것은?

① 종업원들의 다양한 관점과 판단을 예산에 반영할 수 있다.

② 종업원은 최고경영층에서 일방적으로 하달하는 예산목표보다 참여예산의 목표를 더 잘 달성하려는 유인이 있다.

③ 예산여유(budgetary slack)를 발생시킬 위험이 있다.

④ 예산편성을 위한 소요기간이 길어질 수 있다.

⑤ 예산편성시 조직 전체의 목표는 고려할 필요가 없으며 각 부서의 목표와 방침에 따른다.

04 판매예산과 생산예산 (17. 보험계리사)

(주)한국의 20×1년 분기별 판매예산은 다음과 같다.

분 기	예산판매량
1분기	12,000단위
2분기	16,000단위
3분기	9,000단위
4분기	11,000단위
계	48,000단위

20×0년의 기말제품재고는 3,600단위이었다. 각 분기말의 제품재고량은 다음 분기 판매예산의 30% 수준으로 유지할 계획이다. (주)한국의 20×1년 2분기 생산수량예산은 얼마인가?

① 12,800단위　② 13,900단위

③ 15,200단위　④ 16,800단위

05 판매예산과 생산예산 (19. 관세사)

다음은 제품 A를 생산 · 판매하는 (주)관세의 20×1년 분기별 판매계획이다.

	1분기	2분기	3분기	4분기
예상판매수량(단위)	1,000	1,000	1,200	1,300
분기말 예상재고수량(단위)	400	480	520	450

(주)관세의 20×1년 제품 A의 기초재고수량이 300단위라면, 20×1년 제품 A의 연간 예상생산수량은?

① 4,350단위　② 4,550단위　③ 4,650단위

④ 4,700단위　⑤ 4,750단위

06 판매예산과 생산예산 (12. 관세사)

(주)대한의 20×1년 1분기 매출계획에 관한 자료는 다음과 같다.

	1월	2월	3월
예상 판매량(단위)	450,000	380,000	420,000
예상 월말제품재고량(단위)	27,000	25,000	34,000

이 매출계획이 달성되려면 (주)대한은 2월에 몇 단위를 생산해야 하는가?

① 360,000단위 ② 368,000단위 ③ 370,000단위
④ 378,000단위 ⑤ 382,000단위

07 직접노무원가예산 (15. 공인회계사)

(주)한국제조의 판매부서는 분기별 예산판매량을 다음과 같이 보고하였다.

분 기	분기별 예산판매량
20×1년 1분기	8,000단위
20×1년 2분기	6,500단위
20×1년 3분기	7,000단위
20×1년 4분기	7,500단위
20×2년 1분기	8,000단위

(주)한국제조의 20×1년 1분기초 제품의 재고량은 1,600단위이며, 제품의 각 분기말 재고량은 다음 분기 예산판매량의 20% 수준을 유지하고 있다. (주)한국제조는 제품 한 단위를 생산하는 데 0.35직접노무시간이 소요될 것으로 예상하고 있으며, 직접노무인력에게 시간당 ₩10의 정규임금을 지급할 계획이다. (주)한국제조는 직접노무인력을 정규직원으로 고용하고 있어 매 분기마다 최소한 2,600직접노무시간에 해당하는 임금을 보장해야 한다. 즉, 이 회사는 직접노무인력을 신축성 있게 조정할 수 없기 때문에 매 분기마다 필요한 직접노무시간이 2,600시간 미만이 되더라도 2,600시간에 해당하는 임금을 지급해야 한다. 그러나 분기에 필요한 직접노무시간이 2,600시간을 초과하면 초과시간에 대해서는 정규임금의 1.5배를 지급해야 한다. (주)한국제조의 20×1 회계연도 직접노무원가 예산금액은 얼마인가?

① ₩105,870 ② ₩106,325 ③ ₩107,175
④ ₩108,350 ⑤ ₩109,450

08 직접노무원가예산 (20. 세무사)

다음은 (주)세무의 20×1년도 2/4분기 판매량예산이다. 월말제품재고는 다음 달 판매량의 10%를 보유하는 정책을 유지하고 있으며, 제품단위당 직접노무시간은 4월 3시간, 5월 3시간, 6월에는 4시간 소요될 것으로 예상하고 있다. 시간당 임금이 4월에 ₩50, 5월부터 매월 ₩5씩 상승한다고 할 때, 6월의 직접노무원가예산은? (단, 7월의 판매량예산은 5,000단위이다)

4월 : 3,000단위	5월 : 4,000단위	6월 : 4,000단위

① ₩780,000 ② ₩960,000 ③ ₩984,000
④ ₩1,080,000 ⑤ ₩1,200,000

09 직접재료구입예산 (21. 세무사)

손세정제를 제조하는 (주)세무의 20×1년도 직접재료예산과 관련된 자료는 다음과 같다. 이를 바탕으로 구한 2분기의 직접재료구매 예산액은?

• 판매예산에 따른 각 분기별 제품판매량

1분기	2분기	3분기	4분기
1,000통	3,000통	5,000통	2,000통

• 각 분기별 기말목표 제품재고량은 다음 분기 판매량의 20%로 한다.
• 각 분기별 기말목표 재료재고량은 다음 분기 제품생산량에 필요한 재료량의 10%로 한다.
• 손세정제 1통을 만드는 데 20kg의 재료가 필요하다.
• 재료의 구입단가는 kg당 ₩2이다.

① ₩106,000 ② ₩124,000 ③ ₩140,000
④ ₩152,000 ⑤ ₩156,000

10 직접재료구입예산 (22. 관세사)

(주)관세의 20×1년도의 2분기 직접재료예산 관련 자료이다. 5월의 직접재료구입예산은? (단, 매월말 재공품재고는 무시한다)

• 제품 예상생산량은 4월 1,000단위, 5월 1,200단위, 6월 1,500단위이다.
• 월말 직접재료의 목표재고량은 다음 달 생산량에 필요한 직접재료량의 5%이다.
• 제품 1단위를 생산하는 데 직접재료 2kg이 투입되며, 직접재료의 구입단가는 kg당 ₩10이다.

① ₩22,800 ② ₩23,700 ③ ₩24,300
④ ₩25,200 ⑤ ₩25,500

11 직접재료구입예산 (14. 공인회계사)

(주)한국은 단일제품 A를 생산 · 판매하고 있다. 이 회사가 20×1년 3월에 대한 예산을 수립할 목적으로 수집한 자료의 일부는 다음과 같다.

(1) 20×1년 3월, 4월 및 5월에 대한 제품 A의 월별 판매예측은 다음과 같다.

월	예상판매량
3월	100단위
4월	120단위
5월	140단위

(2) 제품을 한 단위 생산하는 데 소요되는 직접재료원가는 ₩20이며, 이는 계속 유지될 것으로 예상된다.

(3) 이 회사는 20×1년 2월말 현재 재고자산으로 제품 100단위를 생산할 수 있는 직접재료와 40단위의 제품을 보유하고 있다.

(4) 20×1년 3월부터 이 회사는 제품의 경우 다음 달 예상판매량의 50%에 해당하는 제품을 월말에 재고로 보유하며, 직접재료의 경우 다음 달 생산에 필요한 직접재료의 80%를 월말에 재고로 보유하는 재고정책을 취하고 있다.

(5) 직접재료의 매입은 즉시 현금으로 지급된다.

(6) 월초재공품과 월말재공품은 없다.

(주)한국의 20×1년 3월 직접재료매입예산 금액은 얼마인가?

① ₩2,000 ② ₩2,080 ③ ₩2,320
④ ₩2,480 ⑤ ₩2,640

12 직접재료구입예산 (13. 세무사)

다음은 (주)세무의 20×1년 분기별 생산량예산의 일부 자료이다. 제품생산을 위하여 단위당 2g의 재료가 균일하게 사용되며, 2분기의 재료구입량은 820g으로 추정된다.

	2분기	3분기
생산량예산	400단위	500단위

(주)세무가 다음 분기 예산 재료사용량의 일정비율만큼을 분기말 재고로 유지하는 정책을 사용하고 있다면 그 비율은?

① 9% ② 10% ③ 11%
④ 12% ⑤ 13%

13 직접재료구입예산 (17. 주택관리사)

(주)한국은 20×1년초 설립되었으며, 20×1년도에 제품 45,000단위를 생산할 계획이다. 제품은 하나의 공정을 거쳐 완성되며, 원재료는 공정초에 전량 투입된다. 제품 단위당 원재료 3kg이 필요하고, kg당 구입가격은 ₩2이다. 기말원재료와 기말재공품으로 23,000kg과 2,000단위를 보유할 계획이다. 20×1년도 원재료 구입예산은?

① ₩212,000 ② ₩270,000 ③ ₩294,000
④ ₩316,000 ⑤ ₩328,000

14 상품매입예산 (17. 서울시 9급)

2017년 2월부터 4월까지 (주)서울의 예상상품매출액은 다음과 같다.

월	예상매출액
2월	₩460,000
3월	500,000
4월	400,000

매월 기말재고액은 다음 달 예상매출원가의 50%이며, 상품의 매출총이익률은 40%이다. (주)서울의 3월 예상상품매입액은 얼마인가?

① ₩270,000 ② ₩280,000
③ ₩290,000 ④ ₩300,000

15 상품매입예산 (21. 공인회계사)

(주)대한의 20×2년 1월부터 4월까지의 예상상품매출액은 다음과 같다.

월	예상매출액
1월	₩4,000,000
2월	5,000,000
3월	6,000,000
4월	7,000,000

(주)대한은 20×1년 동안 월말재고액을 다음 달 예상매출원가의 10%(이하 재고비율)로 일정하게 유지하였다. 만약 20×2년초부터 재고비율을 20%로 변경·유지한다면, 20×2년 3월 예상상품매입액은 재고비율을 10%로 유지하는 경우에 비해 얼마나 증가하는가? (단, (주)대한의 매출총이익률은 30%로 일정하다고 가정한다)

① ₩50,000 ② ₩60,000 ③ ₩70,000
④ ₩80,000 ⑤ ₩90,000

16 상품매입대금 지급예산 (22. 세무사)

(주)세무는 상품매매업을 영위하고 있으며, 20×2년 1분기에 매출액 예산은 다음과 같다.

	1월	2월	3월
매출액	₩100,000	₩120,000	₩150,000
매출원가율	80%	75%	70%

(주)세무의 20×1년말 재무상태표에 표시된 상품재고는 ₩10,000이고, 매입채무는 ₩42,400이다. (주)세무는 20×2년에 매월 기말재고로 다음 달 예상매출원가의 10%를 보유한다. 매월 상품매입은 현금매입 40%와 외상매입 60%로 구성되며, 외상매입대금은 그 다음 달에 모두 지급한다. 상품매입으로 인한 2월의 현금지출예산은?

① ₩74,000 ② ₩84,000 ③ ₩85,500
④ ₩91,500 ⑤ ₩95,000

17 상품매입대금 지급예산 (14. 세무사)

상품매매기업인 (주)세무의 20×1년 2분기 월별 매출액 예산은 다음과 같다.

	4월	5월	6월
매출액	₩480,000	₩560,000	₩600,000

(주)세무의 월별 예상 매출총이익률은 45%이다. (주)세무는 월말재고로 그 다음 달 매출원가의 30%를 보유하는 정책을 실시하고 있다. (주)세무의 매월 상품매입 중 30%는 현금매입이며, 70%는 외상매입이다. 외상매입대금은 매입한 달의 다음 달에 전액 지급된다. 매입에누리, 매입환출, 매입할인 등은 발생하지 않는다. 상품매입과 관련하여 (주)세무의 20×1년 5월 예상되는 현금지출액은 얼마인가?

① ₩231,420 ② ₩243,060 ③ ₩264,060
④ ₩277,060 ⑤ ₩288,420

18 현금예산 (13. 9급 공채)

다음은 (주)한국의 신용거래 및 대금회수 자료이다. 11월에 유입된 현금은?

- 11월 8일 한국상사에 상품 ₩50,000을 외상판매하였다.
- 11월 10일 대금의 50%가 회수되었다.
- 11월 30일 대금의 20%가 회수되었다.

(단, 외상매출에 대한 신용조건은 5/10, n/30이다)

① ₩32,950 ② ₩33,750
③ ₩34,250 ④ ₩34,750

19 현금예산 (17. 세무사)

(주)세무의 외상매출대금은 판매 당월(첫째 달)에 60%, 둘째 달에 35%, 셋째 달에 5% 회수된다. 20×1년 12월 31일 재무상태표의 매출채권 잔액은 ₩70,000이며, 이 중 ₩60,000은 20×1년 12월 판매분이고, ₩10,000은 20×1년 11월 판매분이다. 20×2년 1월에 현금매출 ₩80,000과 외상매출 ₩350,000이 예상될 때, 매출과 관련된 20×2년 1월의 현금유입액과 1월말 매출채권 잔액은?

	현금유입액	매출채권 잔액		현금유입액	매출채권 잔액
①	₩335,000	₩145,000	②	₩345,000	₩145,000
③	345,000	147,500	④	352,500	145,000
⑤	352,500	147,500			

20 현금예산 (18. 관세사)

(주)관세는 20×1년의 분기별 현금예산을 편성중이며, 관련 매출 자료는 다음과 같다.

	1분기	2분기	3분기	4분기
예상매출액	₩250,000	₩300,000	₩200,000	₩275,000

분기별 예상매출액 중 현금매출은 40%이며, 외상매출은 60%이다. 외상매출은 판매된 분기(첫 번째 분기)에 60%, 두 번째 분기에 30%, 세 번째 분기에 10%가 현금으로 회수된다. 20×1년 매출과 관련하여 3분기에 예상되는 현금유입액은?

① ₩152,000 ② ₩206,000 ③ ₩218,000
④ ₩221,000 ⑤ ₩267,000

21 현금예산 (12. 재경관리사)

(주)삼일은 당기말 순장부금액이 ₩300,000인 기존의 기계장치를 ₩500,000에 처분하고, 새로운 기계장치를 ₩1,000,000에 매입하였다. 법인세율이 20%라고 가정하면, 이 거래로 인한 순현금지출액은 얼마인가? (단, 감가상각비는 고려하지 않는다)

① ₩460,000 ② ₩500,000
③ ₩520,000 ④ ₩540,000

22 현금예산 (12. 세무사)

(주)국세는 월간예산을 수립하고 있다. 다음 자료를 이용하여 추정한 (주)국세의 20×2년 2월말 현금잔액은 얼마인가?

재무상태표
20×2년 1월 1일 현재

자산	
현 금	₩28,000
매출채권(순액)	78,000
상 품	104,000
유형자산(장부금액)	1,132,000
총자산	₩1,342,000
부채 및 자본	
매입채무	₩200,000
자 본 금	800,000
이익잉여금	342,000
총부채 및 자본	₩1,342,000

- 상품의 20×2년 1월 매출액은 ₩260,000, 2월 매출액은 ₩230,000, 그리고 3월 매출액은 ₩210,000으로 각각 추정하고 있다. 모든 매출은 외상으로 이루어지며, 매출채권은 판매한 달에 55%, 다음 달에 40%가 현금으로 회수되고, 5%는 대손처리되어 판매한 당월의 비용으로 처리한다.
- 월별 매출총이익률은 20%이다.
- 상품의 월말재고액은 다음 달 예상매출원가의 50%로 유지한다.
- 모든 매입은 외상으로 이루어지며 매입채무는 매입한 다음 달에 전액 현금으로 상환한다.
- 기타 운영비 ₩21,700은 매월 현금으로 지급한다.
- 감가상각비는 연간 ₩17,000이다.
- 세금은 무시한다.

① ₩18,400　② ₩27,300　③ ₩28,100
④ ₩40,100　⑤ ₩40,800

23 현금예산 (17. 관세사)

20×1년 1월초에 1분기 현금예산을 편성중인 (주)관세의 월별 매출예상액은 다음과 같다.

	1월	2월	3월
매출예상액	₩600,000	₩450,000	₩900,000
매출총이익률	30%	30%	30%

매출액 중 40%는 판매한 달에, 55%는 판매한 다음 달에 현금으로 회수되며, 5%는 대손으로 예상된다. 상품매입대금은 매입한 다음 달에 전액 현금으로 지급한다. 1월초 상품재고액은 ₩60,000이고 매월말 상품재고액은 다음 달 매출원가의 10%로 유지한다. 2월 한 달간 예상되는 현금유입액과 현금유출액의 차이는?

① ₩112,500　② ₩118,500　③ ₩121,200
④ ₩126,300　⑤ ₩132,300

24 자본예산기법 (12. 재경관리사)

다음 중 투자안으로부터 얻어지는 현금유입액의 현재가치와 투자에 소요되는 현금유출액의 현재가치를 같게 해주는 할인율을 산출하는 자본예산모형은 무엇인가?

① 수익성지수(PI)법　② 내부수익률(IRR)법
③ 회계적이익률(ARR)법　④ 순현재가치(NPV)법

25 순현재가치법 (12. 재경관리사)

(주)삼일은 당기초 새로운 투자안에 ₩200,000을 투자하였다. 이 투자안의 내용연수는 5년이고, 잔존가치는 ₩0이다. 회사는 이 투자안으로부터 앞으로 5년 동안 매년 ₩65,000의 현금유입을 예측하고 있다. 회사의 최저필수수익률이 연 12%일 경우 이 투자안의 순현재가치(NPV)는 얼마인가?

	연 12%
5년 현가계수	0.57
5년 연금현가계수	3.6

① ₩34,000　② ₩36,400
③ ₩90,000　④ ₩92,400

26 순현재가치법 (12. 재경관리사)

(주)삼일의 경영진은 새로운 투자안을 검토중이며, 경영진이 분석한 이 투자안의 순현재가치(NPV)는 영(0)보다 큰 값이 산출되었다. 그러나 재무담당자인 김하준 팀장이 분석해 보았을 때에는 이 투자안의 순현재가치(NPV)가 영(0)보다 작아 경제성이 없는 것으로 판단하였다. 김하준 팀장의 분석이 옳다고 가정했을 때, 이 기업의 경영진은 순현재가치(NPV)를 산출하는 과정에서 어떤 오류를 범하였을 가능성이 있겠는가?

① 세금을 차감하기 전의 금액을 기준으로 계산하였다.
② 투자종료시점의 투자안의 처분가치를 너무 낮게 추정하였다.
③ 자본비용을 너무 높게 추정하였다.
④ 투자시점의 투자세액공제액을 현금흐름에 포함시키지 않았다.

27 자본예산 내부수익률 (04. 공인회계사)

자동화설비를 ₩50,000에 구입하려고 한다. 이 회사의 원가담당자는 설비를 도입함으로써 다음과 같은 현금운영비가 절감할 것으로 예상하고 있다. 이때 내부수익률은 얼마인가?

연 도	금 액
1차년도	₩20,000
2차년도	20,000
3차년도	20,000

〈연금의 현가표〉 ($n=3$)

8%	9%	10%	11%
2.577	2.531	2.487	2.444

① 9.17% ② 9.50% ③ 9.70%
④ 10.17% ⑤ 10.83%

28 회수기간법 (21. 세무사)

(주)세무는 온라인교육을 확대하기 위해 새로운 온라인 강의설비를 ₩280,000에 구입할 것을 검토하고 있다. 이 설비는 향후 5년에 걸쳐서 강사료, 시설관리비 등에서 ₩330,000의 현금절감효과를 가진다. 현금절감액은 연중 균일하게 발생하지만, 연도별 현금흐름은 다음과 같이 균일하지 않다. 이러한 상황에서 설비투자에 대한 회수기간은?

	1년차	2년차	3년차	4년차	5년차
현금절감액	₩100,000	₩80,000	₩60,000	₩50,000	₩40,000

① 3.2년 ② 3.4년 ③ 3.5년
④ 3.6년 ⑤ 3.8년

7 예산차이분석

왜 예상과 결과가 차이가 나는가?

어떤 일이나 계획을 세우는 것도 중요하지만 이에 못지않게 중요한 것이 계획대로 실천하고 수시로 이를 확인하고 평가하여 필요한 조치를 취하는 통제활동이다. 일이 끝난 뒤에도 반드시 계획과 결과를 비교하여 다음번에 같은 실수를 하지 않도록 해야 한다. 이 장에서는 계획과 실제결과를 비교하여 차이를 계산하고 이 차이를 세부적인 요소별로 분석하는 차이분석을 소개한다. 주요 내용은 다음과 같다.

- 예외에 의한 관리를 한다.
- 차이분석을 위해 고정예산으로부터 변동예산을 만든다.
- 직접재료원가차이는 가격차이와 수량차이로 나눈다.
- 직접노무원가차이는 임률차이와 시간차이로 나눈다.
- 변동제조간접원가차이는 소비차이와 능률차이로 나눈다.
- 고정제조간접원가차이는 소비차이와 생산조업도차이로 나눈다.
- 판매부문의 차이분석은 판매량을 중심으로 시장점유율차이, 시장규모차이로 세분화할 수 있다.

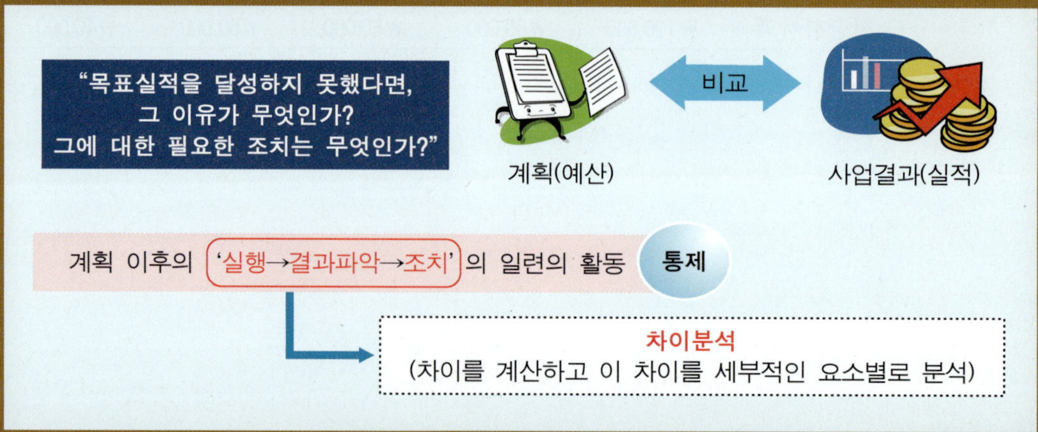

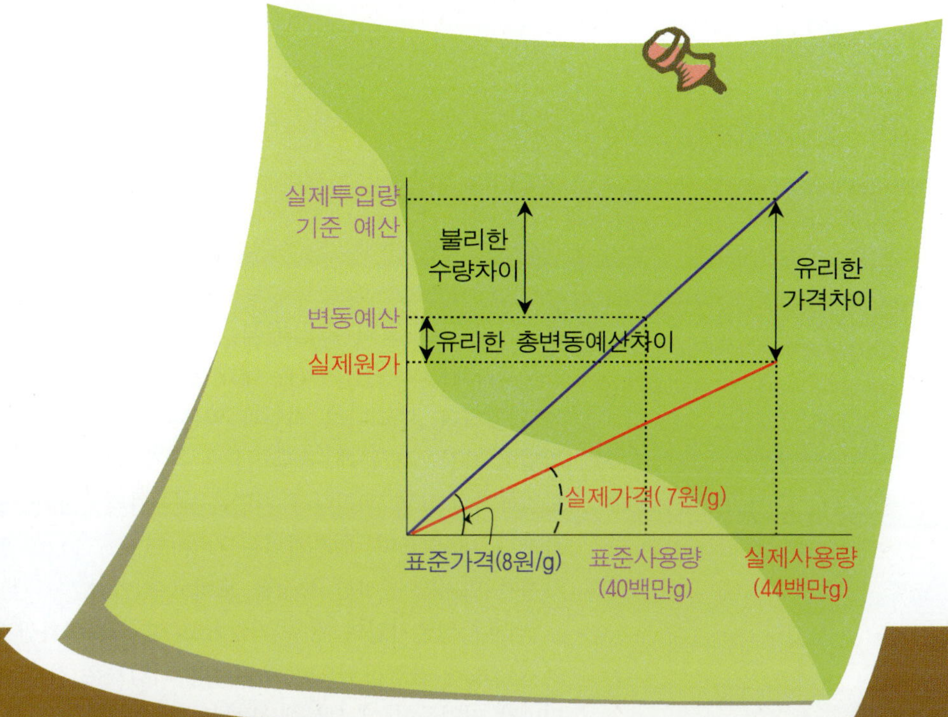

7

- 계획과 실적을 비교한다
- 왜 실제원가가 예상과 다른가? - 원가차이분석
- 변동예산을 사용한다
- 직접재료원가차이는 왜 생기는가? - 수량차이와 가격차이
- 직접노무원가차이는 왜 생기는가? - 수량차이와 임률차이
- 변동제조간접원가차이는 왜 생기는가?
- 고정제조간접원가차이는 왜 생기는가?
- 표준원가계산을 하면 고정제조간접원가의 조업도차이가 발생한다
- 판매부문의 차이분석을 한다 - 매출조업도차이
- 어떤 차이항목을 추가로 조사할 것인가?
- 차이에 의한 성과평가는 사람의 행동에 양면적인 영향을 미친다

■ 표준원가제도의 도입목적

표준원가제도의 도입목적은 대개 원가절감 혹은 통제 외에도 재무제표 산출, 기장간소화 등 다양하다. 우리나라 기업과 일본기업 모두 원가절감을 위하여 표준원가제도를 도입한 기업이 가장 많았는데, 응답비율은 각각 69.6%, 64.6%였다. 그 외의 중요한 표준원가제도 도입목적을 보면 우리나라 기업은 제품가격산정이 55.4%, 예산편성 및 예산통제의 기초자료가 46.4%였으며, 일본기업은 각각 35.4%, 40.6%였다. 이 결과로 보면 그 응답순위에는 차이가 있지만 유사한 특성을 보이고 있었다.

그러나 일본기업의 경우 기말재고 및 매출원가산정에 39.6%, 기장의 간략화 및 신속화에 24.0%가 응답하였으나 우리나라 기업들은 각각 28.6%, 5.4%로 나타나 상대적으로 우리나라 기업들이 이 부분에 대한 낮은 응답률을 보이고 있다. 이는 표준원가제도가 외부보고 목적에 부적합하기 때문이 아니라 기업회계기준과 법인세법 간에 존재하는 표준원가제도에 대한 인식의 차이가 아직 존재하고 있기 때문으로 생각된다.

■ 표준의 설정

표준은 다양한 방법으로 설정할 수 있다. 시간과 비용이 상대적으로 많이 소요되는 공학적인 방법을 이용한 이론적 수치, 다소 편리한 과거 실적치를 이용한 방법 등 다양하다. 우리나라 기업과 일본기업들이 표준을 어떤 방법으로 설정하는지 질문한 결과 다음 표와 같이 나타났다. 질문에서는 원가표준과 물량표준을 분리하여 질문하였다.

비목별 원가표준 및 물량표준 설정기준 (단위 : %)

구 분		한 국						일 본					
		방법 1	방법 2	방법 3	방법 4	방법 5	방법 6	방법 1	방법 2	방법 3	방법 4	방법 5	방법 6
원가표준	직접재료비	7.0	43.9	43.9	1.8	3.5	0.0	8.9	38.6	41.6	6.9	1.0	3.0
	직접노무비	5.6	33.3	50.0	11.0	0.0	0.0	7.1	36.7	45.9	7.1	3.1	0.0
	제조간접비	1.9	31.5	51.9	13.0	1.9	0.0	6.2	28.9	47.4	9.3	8.2	0.0
물량표준	재료소비량	9.1	45.5	34.5	7.3	3.6	0.0	19.2	37.4	27.3	11.1	4.0	1.0
	작업시간	5.6	40.7	35.2	16.7	1.9	0.0	10.2	40.8	38.8	8.2	2.0	6.2
	조업도	1.8	45.4	34.5	12.7	5.5	0.0	6.2	38.5	38.5	8.3	6.2	2.1

주 1) 우리나라와 일본 기업 모두 무응답 2~8개 기업
2) 방법 1 : 이론적 수치 방법 2 : 이론적 수치에 현실을 가미한 수치
방법 3 : 과거의 실적평균치에 추세 가미 방법 4 : 과거의 실적평균치
방법 5 : 설정 안 함 방법 6 : 기타

위 표에서 보는 바와 같이 두 나라 기업 모두 원가표준에 대해서는 과거 실적평균치에 추세를 가미하는 방법을 가장 많이 사용하고 있으며, 물량표준에 대해서는 이론적 수치에 현실을 가미하는 방법을 가장 많이 사용하는 것으로 나타났다. 이는 단순한 과거 실적평균

치나 이론적 수치는 많이 사용하고 있지 않다는 것이며, 다시 말하면 표준은 노력하면 달성할 수 있는 목표가 되고 있음을 알 수 있다. 이는 표준이 갖는 의미에 대해 질문한 다음 표에서도 나타나고 있다.

표준설정에 대한 의견

구 분	한 국		일 본	
	기업수	비율(%)	기업수	비율(%)
이상적인 표준	3	5.2	8	8.2
노력하면 달성할 수 있는 정도	30	51.7	73	75.3
실제 발생이 예상되며, 달성이 용이한 것	25	43.1	13	13.4
합 계	58	100.0	94	96.9

주 1) 우리나라는 1개 기업, 일본은 7개 기업 무응답. 일본은 기타 응답 3개 포함

■ 표준원가제도의 문제점

이상에서 살펴본 표준원가제도의 운영과정에서 어떠한 문제점이 있는지 질문한 결과 다음 표와 같이 응답하였다.

표준원가제도의 시행상 문제점

구 분	한 국		일 본	
	기업수	비율(%)	기업수	비율(%)
표준원가설정과정의 어려움	37	67.3	51	52.6
원활한 의사소통의 결여	16	29.1	4	4.1
표준원가제도에 대한 인식결여	21	38.2	18	18.6
제조환경변화에 따른 표준개정의 어려움	27	49.1	54	55.7
표준원가제도 도입 혹은 개정비용	3	5.5	11	11.3
기존제도의 미정비	12	21.8	9	9.3
표준설정능력 부족	12	21.8	23	23.7
현장작업자의 이해부족 및 통제의 한계	22	40.0	15	15.5

주 1) 주요 항목에 대해서만 표에 제시하였음.
2) 우리나라는 4개 기업, 일본은 7개 기업 무응답

■ 표준원가제도에 대한 견해

앞서 언급한 바와 같이 학계에선 표준원가제도의 유용성에 대한 의문이 제기되고 있다. 급변하는 경영환경에 비추어 볼 때 표준원가제도의 유용성은 앞으로 점점 더 감소되리라는 것이다. 본 연구는 실무에서 표준원가제도가 어떻게 받아들여지고 있는지에 대해 조사하였다. 조사결과 우리나라 기업이나 일본기업 모두 표준원가제도는 아주 유용한 제도이며 앞으로 도입해야 한다고 응답한 비율이 아주 높게 나타났는데, 그 비율은 각각 81.5%, 89.8%였다. 반대로 유용하지 않다고 응답한 비율은 16.7%, 1%였다.

(김순기 · 김달곤, 「관리회계연구」, 제1권 제1호, 2001.11)

계획과 실적을 비교한다

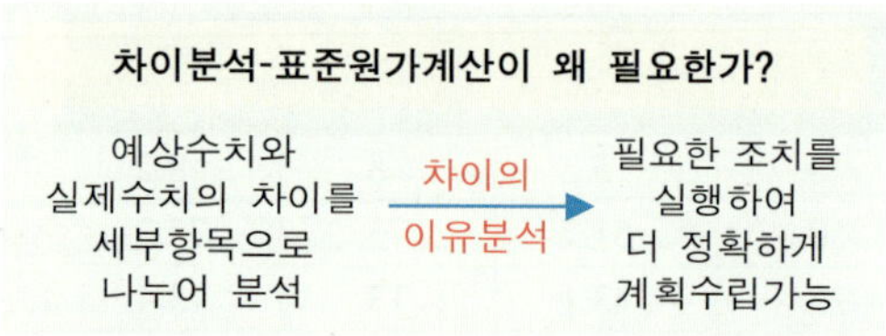

제6장에서 미래의 계획을 위해 제조원가예산과 예산손익계산서를 만들어 보았다. 이제 시간이 지나 계획이 실행되어 결과가 나왔다고 하자. 이 결과는 예상과 달리, 많은 항목에서 차이를 보일 수 있다. 왜 이러한 차이가 나왔는지 이유를 알아야 다음 기에 좀더 정확한 계획을 세우고 필요한 조치를 취할 것이다.

차이분석
예상수치와 실제수치의 차이를 세부항목으로 나누어 분석하는 기법

예외에 의한 관리
예상과 다른 결과를 초래한 항목을 중점적으로 조사하고 조치를 취하는 관리방법

예상수치와 실제수치의 차이를 세부항목으로 나누어 분석하는 기법을 차이분석(Variance Analysis)이라 한다. 차이분석을 하여 예외적으로 크게 예상과 다른 결과를 초래한 항목을 중점적으로 조사하고 필요한 조치를 취하는 원가관리방법이 모든 항목에 대해서 조사를 하는 것보다는 효과적일 것이다. 이러한 관리방법을 예외에 의한 관리(Management By Exception)라 한다. 원가차이를 세분화하여 해당 원가를 담당하는 부서의 평가와 관리에 사용할 수도 있다. 예를 들어 재료가격차이는 구매부서가, 능률차이는 생산부서가 관리해야 한다.

왜 실제원가가 예상과 다른가? - 원가차이분석

생산부문은 생산량에 대한 제조원가예산을 기준으로 원가통제를 한다. 실제 발생하는 제조원가가 예산 대비로 보아 지나치지 않도록 관리를 한다. 또한, 제조원가예산 대비 실적결과에 따라 생산부문 관리자가 평가받기도 한다. 제조원가의 차이를 어떻게 분석하는지 알아보자.

국희제과의 20×6년 생산량 계획과 제조원가예산이 다음과 같이 제6장에서 수립되었다.

표 7.1 예상제조원가 (단위 : 백만원)

	예상치	계산식
생산량(백만개)	4.5	
직접재료원가	360	8원/g × 10g/개 × 4.5백만개
직접노무원가	45	10,000원/시간 × 0.001시간/개 × 4.5백만개
변동제조간접원가	225	50원/개 × 4.5백만개
고정제조간접원가	450	
총제조원가	1,080	

20×6년의 실제제조원가가 〈표 7.2〉와 같이 발생하였다고 하자.

표 7.2 실제제조원가 (단위 : 백만원)

	실제치	계산식
생산량(백만개)	4	
직접재료원가	308	7원 /g × 44백만g
직접노무원가	63	10,500원/시간 × 6천시간
변동제조간접원가	240	60원/개 × 4백만개
고정제조간접원가	470	
총제조원가	1,081	

예상(표준)수치와 실제수치를 구분하기 위해 이 장의 표와 식에서 예상수치는 청색으로, 실제수치는 적색으로, 예상수치와 실제수치가 혼합된 수치는 보라색으로 표시한다.

변동예산을 사용한다

〈표 7.1〉의 총제조원가 예산액 1,080백만원에 비교하여 〈표 7.2〉의 총제조원가 실제액이 1,081백만원이므로 원가가 잘 통제되었다고 좋아해도 되는가? 그렇지 않다. 예상제조원가와 실제제조원가가 차이가 나는 가장 큰 이유는 무엇일까? 그것은 생산량차이이다. 20×6년에 4.5백만개를 생산할 것을 예상하여 예산을 수립하였는데 실제로는 4백만개만을 생산하였다. 생산량이 줄었으니 총제조원

변동예산
같은 생산량을 기준으로 실제액과 비교하기 위해, 예상생산량을 실제생산량으로 변경하여 재편성한 예산

고정예산
예상생산량을 기준으로 사전에 수립된 예산

변동예산차이
변동예산과 실제결과치의 차이

가가 낮아져야 하는 것이 당연하다. 그러면 생산량차이에 의한 제조원가차이를 별도로 분리할 수 있는가? 이는 변동예산을 작성하면 된다.

변동예산(Flexible Budget)은 변동원가예산이 아니며, 같은 생산량[1]을 기준으로 실제수치와 비교하기 위해, 예상생산량을 실제생산량으로 변경하여 재편성한 예산이다. 이에 반해 예상생산량을 기준으로 원래에 수립된 예산을 고정예산(Static Budget)이라 한다. 〈표 7.3〉에서는 생산부문의 고정예산, 변동예산, 실제액을 비교한다. 고정예산과 실제액의 차이는 고정예산차이(Static Budget Variance)라고 불린다. 변동예산과 실제액의 차이는 변동예산차이(Flexible Budget Variance)라고 불린다.[2]

표 7.3 생산부문의 고정예산과 변동예산

(단위 : 백만원)

	실제치	변동예산차이	변동예산	차 이	고정예산
생산량(백만개)	4	0	4	0.5(감소)	4.5
직접재료원가	308	12(유리)	320	40(유리)	360
직접노무원가	63	23(불리)	40	5(유리)	45
변동제조간접원가	240	40(불리)	200	25(유리)	225
고정제조간접원가	470	20(불리)	450	0	450
총제조원가	1,081	71(불리)	1,010	70(유리)	1,080

유리한 차이
예상보다 이익을 높게 만드는 차이. 원가가 예상보다 낮은 경우의 차이

불리한 차이
이익을 예상보다 낮게 만드는 차이. 원가가 예상보다 높은 경우의 차이

원가가 예상보다 적게 발생하면 유리한 차이(Favorable Variance)라고 하고 많이 발생하면 불리한 차이(Unfavorable Variance)라고 한다. 이는 유리한 차이는 예상보다 이익을 크게 만들고 불리한 차이는 이익을 작게 만들기 때문에 이렇게 불린다.

실제생산량이 예상생산량보다 낮으므로 고정원가를 제외한 모든 원가가 변동예산에서 고정예산에 비해 4백만개 / 4.5백만개, 즉 8/9 수준으로 하향조정되었다. 같은 실제생산량 4백만개를 기준으로 보면 실제제조원가가 예산액보다 71백만원 더 큼을 알 수 있다.

---

1) 판매관리비나 매출의 변동예산은 생산량 대신 판매량을 기준으로 편성된다.
2) 생산부문에서 생산량을 기준으로 작성한 고정예산과 변동예산의 차이는 생산조업도차이라고 부를 수 있다. 그러나 고정제조간접원가의 예산과 배부액 차이인 생산조업도차이와 혼동되므로 이 책에서 이름을 붙이지 않는다.

직접재료원가차이는 왜 생기는가? - 수량차이와 가격차이

직접재료원가의 변동예산차이

- 재료 실제가격이 표준가격과 달라 발생하는 재료가격의 원가차이
- 재료실제사용량이 표준수량과 달라서 발생하는 재료수량의 원가차이

변동예산차이 71백만원은 왜 생겼을까? 세부적으로 보면, 직접재료원가는 예산보다 실제로 덜 발생하였고, 다른 제조원가는 더 발생하였다. 직접재료원가는 〈표 7.4〉에서 보듯이 왜 12백만원이 덜 발생하였는가? 직접재료원가는 「재료투입량×재료가격」이므로 재료투입량이 줄었거나 재료가격이 줄면 재료원가가 낮아진다. 혹은 재료투입량이 늘었지만 재료가격이 충분히 낮아지면 재료원가가 낮아질 수 있다.

표 7.4 직접재료원가 변동예산차이 (단위 : 백만원)

실제원가	변동예산차이	변동예산
308 (7원/g×44백만g)	12 (유리)	320 (8원/g×10g/개×4백만개)

국희제과의 예에서 4백만개의 제품을 생산하는 데 40백만g의 재료가 사용될 것을 예상하였는데 실제로 44백만g이 사용되었다. 재료가 4백만g 더 사용되어 초래된 원가차이를 직접재료수량차이(Direct Material Quantity Variance)라고 하는데 32백만원으로 계산된다. 재료 사용의 효율성을 나타낸다는 의미로 사용차이(Usage Variance) 또는 능률차이(Efficiency Variance)라고도 불린다. 실제사용량이 표준사용량보다 많으므로 불리한 차이가 발생하였다. 불리한 재료수량차이는 재료의 불량, 작업미숙, 생산설비 이상 등으로 재료낭비가 생길 때 발생한다. 또한, 표준사용량이 지나치게 이상적으로 낮게 설정되어 있는 경우에도 발생한다.

재료수량차이
재료실제사용량과 표준사용량의 차이에 의한 재료원가차이

$$\begin{aligned}\text{직접재료수량차이} &= (\text{재료실제사용량} - \text{재료표준사용량}) \times \text{재료표준가격}\\ &= (\ AQ - SQ\ ) \times SP^{3)}\\ &= (\ 44\text{백만g} - 40\text{백만g}\ ) \times 8\text{원/g}\\ &= 32\text{백만원 (불리)}\end{aligned}$$

3) 암기를 위해 흔히 사용하는 영어약자 표시이며, AQ는 실제수량(Actual Quantity), SQ는 표준수량(Standard Quantity), AP는 실제가격(Actual Price), SP는 표준가격(Standard Price)을 뜻한다. 표준수량은 예상생산량에 대한 표준수량이 아니고, 변동예산에서 실제생산량에 대한 표준허용량을 의미한다. 따라서 보라색으로 표시한다.

재료의 종류가 2가지 이상일 때에는 재료간의 배합변화에 의한 원가차이를 계산하는 직접재료배합차이(Direct Material Mix Variance)를 직접재료수량차이로부터 분리해 낼 수 있다.

재료가격차이
재료 실제가격과 표준가격의 차이에 의한 재료원가차이

재료가 표준가격 8원보다 1원 적은 7원에 구입되어 나타난 원가차이는 직접재료가격차이(Direct Material Price Variance)[4]라고 하고 44백만원으로 계산된다. 실제가격이 표준보다 낮으므로 유리한 차이이다. 유리한 재료가격차이는 표준가격이 지나치게 높게 책정되어 있거나 어떤 이유로 낮은 가격이 지급된 경우에 발생한다. 예상보다 대량구매를 하여 가격을 낮추거나, 품질이 낮은 재료를 싼 가격에 구입할 수 있다.

직접재료가격차이	=	(재료실제가격	−	재료표준가격)	×	재료실제사용량
	=	(AP	−	SP)	×	AQ
	=	(7원/g	−	8원/g)	×	44백만g
	=	44백만원 (유리)				

유리한 가격차이

- 표준가격이 지나치게 높게 책정되어 있는 경우
- 어떤 이유로 낮은 가격이 지급된 경우
- 예상보다 대량구매를 하여 가격을 낮추는 경우
- 품질이 낮은 재료를 싼 가격에 구입하는 경우

유리한 차이는 좋은 것인가? 반드시 그렇지는 않다. 유리한 차이가 원가절감을 의미할 수도 있지만, 단순히 지나치게 높게 설정된 표준 때문에 유리한 차이가 발생할 수도 있다. 유리한 차이이든 불리한 차이이든 계획의 차질을 의미하므로 원인을 찾아내어 필요한 조치를 취하는 것이 중요하다.

원가차이가 독립적으로 발생하지 않고 서로 관련되어 발생하는 경우도 있다. 대체로 재료가격차이는 구매부서가 통제할 문제이고 재료수량차이는 생산부서가 통제할 문제이어서 서로 분리하여 관리하는 것이 편리하다. 그러나 구매부서가 품질이 낮은 재료를 싼 가격에 구입하여 재료의 낭비가 많았다면, 낮은 가격은 유리한 재료가격차이를, 재료 낭비는 불리한 재료수량차이를, 작업시간 낭비는 불리한 노무시간차이를 발생시킨다. 한 가지 원인이 3가지 차이를 발생시키는 경우인데 유리한 차이가 더 큰 불리한 차이를 초래하면 전체적으로 손해이다.

변동예산, 실제수치, 가격차이, 수량차이의 관계를 정리하면 〈표 7.5〉와 같

4) 이 직접재료가격차이는 생산과정에 투입된 직접재료량에 대한 차이분석이다. 직접재료가격차이를 재료 구입시점에서 재료구입량에 대해 실시하면 원가차이를 일찍 발견하여 필요한 조치를 실시할 수 있는 장점이 있다. 재료구입량에 대해 계산된 직접재료가격차이를 직접재료구입가격차이(Direct Material Purchase Price Variance)라고 부른다. 이 경우에는 직접재료재고가 표준원가로 평가된다.

실제투입량기준 예산
실제사용량과 표준가격의 곱

다. 여기서 실제사용량과 표준가격을 곱하여 구한 새로운 비교기준을 실제투입량기준 예산이라 부르자.5) 이에 비해 변동예산은 실제생산량을 기준으로 한 표준사용량의 예산이다.6)

표 7.5 직접재료원가의 가격차이와 수량차이 (단위 : 백만원)

실제원가 (AP×AQ)	가격 차이	실제투입량 기준 예산 (SP×AQ)	수량 차이	변동예산 (SP×SQ)
308 (7원/g ×44백만g)	44 (유리)	352 (8원/g ×44백만g)	32 (불리)	320 (8원/g×10g/개 ×4백만개)

직접재료원가의 차이분석을 그림으로 표시하면 [그림 7.1]과 같다.

그림 7.1 직접재료원가 차이분석

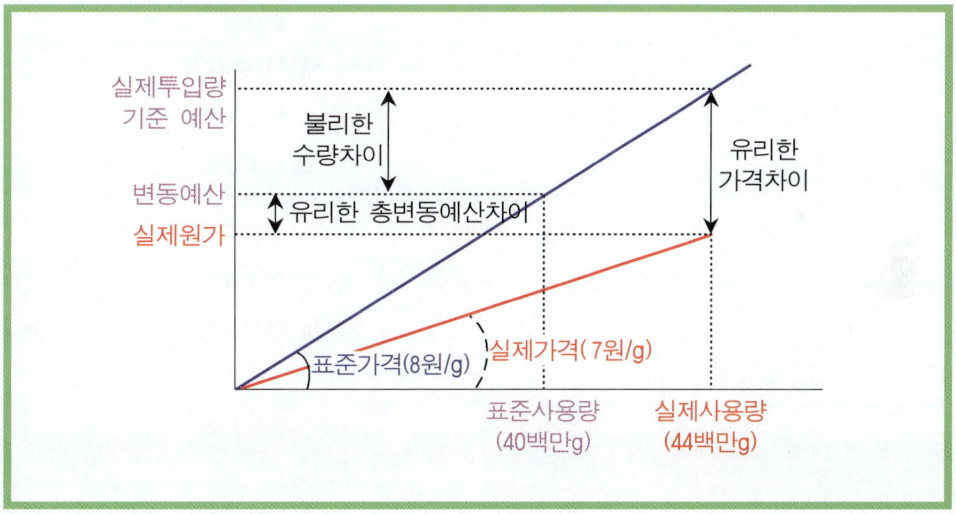

직접재료원가는 생산량, 단위당 재료사용량, 재료가격의 곱으로 표시되는 것을 기억하라. 고정예산에서는 이 3개의 항이 모두 표준(예상)수치이고, 변동예산에서는 생산량이 실제수치이고 나머지 두 항이 표준수치이다. 실제투입량

5) 기존의 저서에서는 이 예산을 실제투입량기준 변동예산이라 부르거나, SP(표준가격)×AQ(실제수량)으로 표시하고 있으나, 여기서 새로운 이름을 시도한다.
6) 변동예산은 실제생산량에 허용된 투입물의 표준원가라고도 한다.

기준 변동예산에서는 재료가격만이 표준수치이고 나머지는 실제수치이다. 실제원가에서는 3항 모두 실제수치이다.

직접재료원가 고정예산 = **재료표준가격** × **단위당 재료표준사용량** × **예상생산량**
= 8원/g × 10g/개 × 4.5백만개
= 360백만원

직접재료원가 변동예산 = **재료표준가격** × **단위당 재료표준사용량** × **실제생산량**
= 8원/g × 10g/개 × 4백만개
= **재료표준가격** × **재료표준수량**
= 8원/g × 40백만g
= 320백만원

직접재료 실제투입량기준 예산
= **재료표준가격** × **단위당 재료실제사용량** × **실제생산량**
= 8원/g × 11g/개 × 4백만개
= **재료표준가격** × **재료실제수량**
= 8원/g × 44백만g
= 352백만원

직접재료 실제원가 = **재료실제가격** × **단위당 재료실제사용량** × **실제생산량**
= 7원/g × 11g/개 × 4백만개
= **재료실제가격** × **재료실제수량**
= 7원/g × 44백만g
= 308백만원

원가차이 분석

- 실제원가에 가깝게 비교기준을 변경하면서 원가차이 발생요인을 분리하여 가는 과정

고정예산 : 3개의 항이 모두 표준(예상)수치
⬇
변동예산 : 생산량(실제수치), 가격, 제품단위당 사용량(표준수치)
⬇
실제투입량기준 변동예산 : 재료가격(표준수치), 나머지(실제수치)
⬇
실제원가 : 3항 모두 실제수치

원가차이 분석은 고정예산, 변동예산, 실제투입량기준 예산의 순서로 비교기준을 실제원가에 가깝게 조금씩 변경하면서 원가차이 발생요인을 분리하여 가는 과정으로도 볼 수 있다.

원가 = **가격** × **제품단위당 사용량** × **생산량**

가격 ↓ 가격차이
제품단위당 사용량 ↓ 수량차이
생산량 ↓ 변동예산과 고정예산의 차이

직접노무원가차이는 왜 생기는가? - 수량차이와 임률차이

직접노무원가의 변동예산차이

- 노무실제임률이 표준임률과 달라 발생하는 임률차이
- 실제노무시간이 표준시간과 달라서 발생하는 시간차이

〈표 7.3〉의 직접노무원가 불리한 차이 23백만원도 직접재료원가와 비슷한 방법으로 분석할 수 있다. 즉 노무원가는 「노무시간×시간당 임금(임률)」이므로 노무시간이 늘거나 임률이 늘면 노무원가가 높아진다.

표 7.6 직접노무원가 변동예산차이 (단위 : 백만원)

실제원가	변동예산차이	변동예산
63 (10,500원/시간 ×6천시간)	23(불리)	40 (10,000원/시간 ×0.001시간/개×4백만개)

국희제과의 예에서 4백만개의 제품을 생산하는 데 4천시간의 노무시간이 사용될 것을 예상하였는데 실제로 6천시간이 사용되었다. 노무시간이 2천시간 더 사용되어 초래된 원가차이를 노무수량차이(Labor Quantity Variance)라고 하는데 20백만원으로 계산된다. 노무시간 사용의 효율성을 나타낸다는 의미로 시간차이(Time Variance) 또는 능률차이(Efficiency Variance)라고도 불린다. 실제노무시간이 표준노무시간보다 많으므로 불리한 차이이다. 불리한 노무수량차이는 작업미숙, 교육훈련 부족, 작업설비나 도구의 불량, 노사문제로 인한 사기저하, 불량재료 등에 의한 작업지연에 의해 발생할 수 있다. 또는 표준노무시간이 지나치게 낙관적으로 낮게 설정되었기 때문일 수도 있다.

노무수량차이
실제노무시간과 표준노무시간의 차이에 의한 노무원가차이

$$\begin{aligned}\text{직접노무수량차이} &= (\text{실제노무시간} - \text{표준노무시간}) \times \text{표준임률}\\ &= (\ AQ - SQ\ ) \times SP^{7)}\\ &= (\ 6\text{천시간} - 4\text{천시간}\ ) \times 10{,}000\text{원/시간}\\ &= 20\text{백만원 (불리)}\end{aligned}$$

노무임률차이
실제임률과 표준임률의 차이에 의한 노무원가차이

이에 반하여, 실제임률이 표준임률보다 500원 많은 10,500원에 지급되어 나타난 원가차이는 노무임률차이(Labor Rate Variance)라고 하고 3백만원으로 계산

7) 실제노무시간을 AH(Actual Hour), 표준임률을 SR(Standard Rate)로 표기하기도 하나, 편의상 모든 제조원가 요소에 대해 공통의 영어약자인 AQ, SP를 쓴다.

된다. 실제가격이 표준보다 높으므로 불리한 차이이다. 불리한 노무임률차이는 유휴인력이 존재하여 실제작업시간에 비해 유휴시간이 많거나, 생산계획 불안정으로 잔업수당이 지급되어 생길 수 있다. 또는 임금인상을 예측하지 못하여 표준임률이 낮게 설정될 때에도 발생한다.

직접노무임률차이 = (**실제임률** − **표준임률**) × **실제노무시간**
= (AP − SP) × AQ
= (10,500원/시간 − 10,000원/시간) × 6천시간
= 3백만원 (불리)

변동예산, 실제치, 임률차이, 수량차이의 관계를 정리하면 〈표 7.7〉과 같다.

표 7.7 직접노무원가의 임률차이와 수량차이

(단위 : 백만원)

실제원가 (AP×AQ)	임률 차이	실제투입량 기준 예산 (SP×AQ)	수량 차이	변동예산 (SP×SQ)
63 (10,500원/시간 ×6천시간)	3 (불리)	60 (10,000원/시간 ×6천시간)	20 (불리)	40 (10,000원/시간 ×0.001시간/개×4백만개)

변동제조간접원가차이는 왜 생기는가?

변동제조간접원가

- 실제배부율이 표준배부율과 달라 발생하는 소비차이
- 실제배부기준량이 표준배부기준량과 달라서 발생하는 수량차이

이제 변동제조간접원가가 왜 예상과 다른 수치를 보이는지를 보자. 국희제과의 변동제조간접원가는 〈표 7.8〉처럼 표준보다 40백만원이 더 발생하였다. 이 불리한 차이를 어떻게 세부적으로 나눌 수 있는가?

표 7.8 변동제조간접원가 변동예산차이

(단위 : 백만원)

실제원가	변동예산차이	변동예산
240 (60원/개×4백만개)	40 (불리)	200 (50원/개×4백만개)

변동제조간접원가에는 여러 가지 다양한 원가항목이 섞여 있으므로, 투입물량 대신에 배부기준(원가동인)을 사용하여 제6장에서 예산을 수립하였다. 따라서 원가차이 분석도 배부기준(원가동인)의 양에 대한 부분과 배부기준 단위당 변동제조간접원가(배부율)에 대한 부분으로 나눌 수 있다. 변동제조간접원가 배부율의 차이에 대한 원가차이를 변동제조간접원가 소비차이(Spending Variance), 배부기준량의 차이에 의한 원가차이를 변동제조간접원가 능률차이라고 한다. 실제변동제조간접원가가 240백만원으로 발생하였으므로, 〈표 7.8〉에서 실제생산량 4백만개를 배부기준으로 사용할 때 실제배부율이 60원이다. 따라서 불리한 소비차이 40백만원이 계산된다.[8)]

변동제조간접원가 소비차이 = (**실제배부율** − **표준배부율**) × **실제배부기준량**
= (AP − SP) × AQ
= (60원/개 − 50원/개) × 4백만개
= 40백만원 (불리)

소비차이는 재료가격차이나 노무임률차이와 유사하게 계산되나 중요한 차이점이 있다. 재료가격차이나 노무임률차이는 투입요소의 단위당 가격에 대한 차이이나 소비차이는 제조간접원가의 배부율(배부기준 단위당 원가) 차이에 대한 것이다. 따라서 소비차이는 간접재료의 가격변화, 간접노무임률변화, 수도전기료의 요금변화 등의 가격변화뿐만 아니라, 배부기준량(이 경우 생산량) 대비로 간접재료나 지원인력, 수도전기가 예상보다 많이 사용되었는지 여부도 나타낸다. 예를 들어 제품 1개를 생산하는 데 전기를 예상보다 더 많이 사용하여 초래된 원가차이는 능률차이가 아니라 소비차이이다.

변동제조간접원가의 배부기준이 생산량이 아니라 직접노무시간이라면 원가차이 분석이 어떻게 달라지는가? 실제변동제조간접원가가 240백만원으로 발생하였을 때 다음 식처럼 실제노무시간 6천시간을 배부기준으로 사용할 때에는 실제배부율이 직접노무시간당 40,000원이었다. 따라서 유리한 소비차이 60백만원이 계산된다.

---

8) 생산량 자체를 제조간접원가 배부기준으로 사용하면 실제산출물기준 변동예산과 실제배부기준량기준 변동예산이 같아지므로 수량차이가 없다.

변동제조간접원가 소비차이 = (**실제배부율** − **표준배부율**) × **실제배부기준량**
= (40,000원/시간 − 50,000원/시간) × 6,000시간
= 60백만원 (유리)

변동제조간접원가 능률차이
실제배부기준량과 표준배부기준량의 차이에 의한 변동제조간접원가차이

변동제조간접원가에도 능률차이가 존재하는데, 이는 재료능률차이나 노무능률차이와 유사하게 계산되나 차이가 있다. 재료능률차이나 노무능률차이는 투입요소사용량의 차이에 대한 것이나 변동제조간접원가 능률차이는 배부기준량(이 경우 직접노무시간)의 차이에 대한 것이다. 달리 이야기하면, 변동제조간접원가 능률차이는 간접재료나 간접노무 투입량, 수도전기 사용의 효율성을 나타내는 것이 아니라, 배부기준량이 예상보다 달리 발생하여 제조간접원가가 변하는 부분을 나타낸다.

변동제조간접원가 능률차이 = (**실제배부기준량** − **표준배부기준량**) × **표준배부율**
= (AQ − SQ) × SP
= (실제노무시간 − 표준노무시간) × 표준배부율
= (6천시간 − 4천시간) × 50,000원/시간
= 100백만원 (불리)

표 7.9 변동제조간접원가 소비차이와 능률차이(직접노무시간 기준) (단위 : 백만원)

실제원가 (AP×AQ)	소비차이	실제배부기준량 기준 예산 (SP×AQ)	능률차이	변동예산 (SP×SQ)
240 (40,000원/시간 ×6천시간)	60 (유리)	300 (50,000원/시간 ×6천시간)	100 (불리)	200 (50,000원/시간 ×0.001시간/개×4백만개)

고정제조간접원가차이는 왜 생기는가?

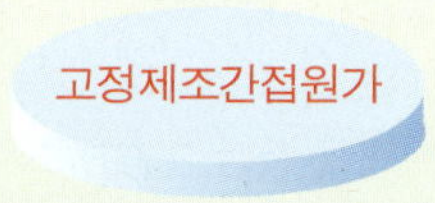

총고정제조원가
→ 생산량이나 배부기준량의 변화에 영향을 받지 않음
→ 고정예산과 변동예산이 같고 수량차이가 없음

이제 고정제조간접원가가 왜 예상과 다른 수치를 보이는지를 보자. 국회제과의 고정제조간접원가는 〈표 7.10〉처럼 표준보다 20백만원이 더 발생하였다. 이 불리한 차이를 어떻게 세부적으로 나눌 수 있는가?

표 7.10 고정제조간접원가 예산차이 (단위 : 백만원)

실제원가	예산차이	예 산
470	20(불리)	450

고정제조간접원가 소비차이
실제고정제조간접원가와 예산의 차이

고정제조간접원가는 말 그대로 고정원가이므로 이 금액이 생산량이나 다른 원가동인에 의해 변하리라고 예상하지 않는다. 즉, 고정제조간접원가의 고정예산액, 변동예산액, 실제배부기준량기준 예산액이 모두 같다. 그러므로 소비차이만이 있고 능률차이는 없다. 고정제조간접원가 소비차이는 예산차이와 같으므로, 실제원가와 예산의 차이이다.

고정제조간접원가 소비차이 = **예산차이**
= **실제고정제조간접원가** − **고정제조간접원가 예산**
= 470백만원 − 450백만원
= 20백만원 (불리)

표준원가계산을 하면 고정제조간접원가의 조업도차이가 발생한다

표준원가계산
모든 제조원가를 표준원가로 계산하는 방법

원가차이 분석은 원가통제와 관리를 위해 쓸모가 있지만 표준원가계산을 위해서도 사용한다. 표준원가계산에서는 모든 제조원가의 표준을 미리 정하여 제조원가계산을 하면 실제발생한 원가를 제품별로 추적할 필요가 전혀 없어지므로 원가계산이 아주 간편해진다. 표준원가계산(Standard Costing)에서는 직접재료원가와 직접노무원가도 실제원가가 아닌, 미리 정한 표준원가로 계산한다. 제조간접원가는 미리 정한 배부율을 실제생산량에 대한 표준배부기준량에 적용하여 구한다.

표준배부율은 예산제조간접원가를 기준조업도(Denominator Volume)로 나눈 값이다.9)

표준배부율 = 예산제조간접원가 / 기준조업도

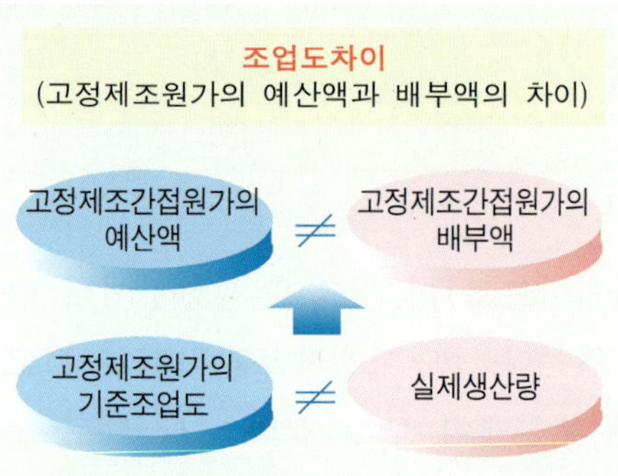

(생산)조업도차이
고정제조간접원가 예산과 표준원가계산의 배부액의 차이

변동제조원가의 경우, 표준원가총액이 변동예산액과 같다. 그러나 고정제조간접원가의 경우 표준원가총배부액이 변동예산액과 다르다. 고정제조간접원가는 고정원가이므로 항상 일정하게 예상되나, 전부원가계산에서 변동원가처럼 제품에 배부되기 때문에 나타나는 현상이다. 고정제조간접원가 예산액과 표준원가계산 배부액 간의 차이를 (생산)조업도차이(Production Volume Variance)라고 한다. 조업도차이는 실제생산량이 표준배부율 계산에 사용되는 기준조업도와 다를 때 나타난다. 표준배부율은 기준조업도에 의해 결정되었으나 실제생산량에 따라 총배부액이 달라지므로, 실제생산량이 기준조업도와 다르면 배부액과 예산액이 달라진다. 이를 식으로 보면 다음과 같다.10)

고정제조간접원가 조업도차이

= 고정제조간접원가 예산액 − 고정제조간접원가 배부액

= 고정제조간접원가 예산액

− 고정제조간접원가 표준배부율 × 실제생산량

= 고정제조간접원가 표준배부율 × 기준조업도

− 고정제조간접원가 표준배부율 × 실제생산량

= 고정제조간접원가 표준배부율 × (기준조업도 − 실제생산량)

9) 기준조업도는 표준배부율의 계산식에 분모로 사용되므로 분모조업도(Denominator Volume)라는 의미의 영어 용어로 불린다. 기업의 편의에 따라, 이상적인 최대생산능력을 나타내는 이론적 조업능력(Theoretical capacity), 점검과 휴일 등의 정상적인 작업중단시간을 고려한 현실적인 최대생산능력을 나타내는 실제적 조업능력(Practical capacity), 2~3년간의 평균수요를 만족시키는 정상조업도(Normal capacity utilization), 또는 고정예산 수립에 사용된 예산조업도(Master budget capacity utilization)를 선택하여 기준조업도로 사용할 수 있다.

10) 조업도차이는 고정제조간접원가의 배부기준이 무엇이든지 같으므로 이 책에서는 생산량이 배부기준인 경우만을 보여준다.

국희제과의 기준조업도가 4.5백만개이므로 총고정제조간접원가 450백만원은 표준배부율 100원/개를 이용한다. 실제생산량이 4백만개이므로 표준원가계산에서 배부액은 400백만원이다. 따라서 조업도차이 50백만원이 나타났다.

고정제조간접원가 조업도차이 = 450백만원 − 100원/개 × 4백만개
= 100원/개 × (4.5백만개 − 4백만개)
= 50백만원

이를 그림으로 나타내면 [그림 7.2]와 같다. 이 차이는 유리한 차이인가 아니면 불리한 차이인가? 생산량이 예상보다 낮아졌으니 불리한 상황이므로 불리한 차이라고 기억하면 된다. 그러나 진정한 유리불리의 의미는 표준원가계산 결과를 재무제표에 보고하기 위한 실제원가로 조정되는 과정에서 나타난다. 불리한 차이는 표준원가에서 실제원가로 전환되기 위해 원가를 상향조정하게 하며 따라서 이익을 하향조정하게 되는 원가차이이다. 즉, 이익을 불리하게 하향조정하게 하는 원가차이가 불리한(U) 차이이고, 이익을 유리하게 상향조정하게 하는 원가차이가 유리한 차이이다. 불리한 조업도 차이는 고정제조간접원가가 예산액보다 과소배부(U)되어 있어 상향조정되어야 함을, 유리한 조업도 차이는 고정제조간접원가가 예산액보다 과대배부되어 있어 하향조정되어야 함을 뜻한다.

그림 7.2 고정제조간접원가 생산조업도차이

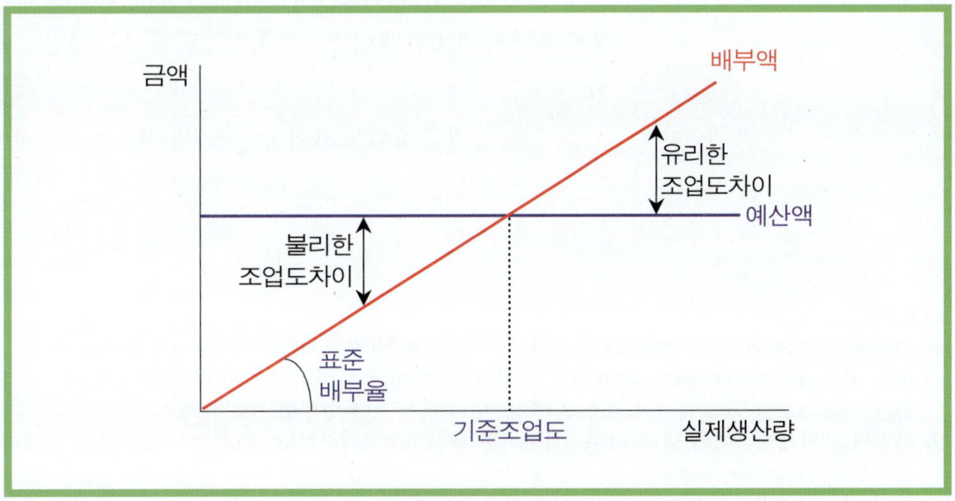

고정제조간접원가의 소비차이와 조업도차이를 종합하면 〈표 7.11〉과 같다.[11]

표 7.11 고정제조간접원가 소비차이와 생산조업도차이 (단위 : 백만원)

실제원가	예산차이 (소비차이)	예산액	생산조업도 차이	배부액
470	20 (불리)	450	50 (불리)	400 (400만개 × 100원/개)

판매부문의 차이분석을 한다 - 매출조업도차이

매출조업도차이
실제판매량과 예상판매량의 차이에 의한 공헌이익차이

판매부문은 판매량을 담당하므로 판매부문의 통제 문제를 파악하는 데는 판매량의 실적을 예상량과 비교해야 한다. 실제판매량이 예상판매량과 달라 나타난 공헌이익 차이[12]를 매출조업도차이(판매량차이, Sales Volume Variance)라고 한다.[13]

매출조업도차이 = 단위당 표준공헌이익 × (실제판매량 − 예상판매량)

국회제과의 단위당 표준공헌이익이 200원이고 실제판매량이 360만개, 예상판매량이 320만개이면 매출조업도차이는 8천만원이다.

매출조업도차이 = 200원/개 × (360만개 − 320만개)
= 200원/개 × 40만개
= 8천만원 (유리)

11) 변동제조간접원가의 소비차이와 능률차이, 고정제조간접원가의 소비차이(예산차이)와 조업도차이의 총 4가지 원가차이를 구분하는 것을 4분법이라 한다. 이와 달리 변동제조간접원가와 고정제조간접원가의 구분없이 소비차이, 능률차이, 조업도차이를 구하는 것을 3분법, 예산차이와 조업도차이만을 구하는 것을 2분법이라 한다.

12) 과거에는 판매량차이에 의한 매출수익차이를 매출조업도차이라고 불렀으나, 최근에는 판매량차이에 의한 공헌이익차이를 매출조업도차이라고 부른다.

13) 달리 이야기하면, 예상판매량에 의한 고정예산 공헌이익과 실제판매량에 의한 변동예산 공헌이익의 차이이다.

실제판매량이 예상량을 40만개 초과하여 8천만원의 공헌이익이 추가되었다. 판매량의 증가는 어떻게 설명할 수 있는가? 국희제과의 제과시장점유율이 증가하여 판매량이 증가할 수도 있고 제과시장 규모가 전체적으로 증가하여 국희제과의 판매량이 비례적으로 증가할 수도 있다. 이렇게 매출조업도차이는 시장규모 변화에 의한 이익차이인 시장규모차이(Market Size Variance)와 시장점유율의 변화에 의한 이익차이인 시장점유율차이(Market Share Variance)로 나눌 수 있다. 달리 이야기하면, 판매량을 시장규모와 점유율의 곱으로 분리하여 각각에 대해 차이분석을 하는 것이다.

시장규모차이
실제시장규모와 예상시장규모의 차이에 의한 공헌이익차이

시장점유율차이
실제시장점유율과 예상시장점유율의 차이에 의한 공헌이익 차이

판매량 = 시장점유율 × 시장규모

시장점유율 ↓ 시장점유율차이

시장규모 ↓ 시장규모차이

예상판매량 320만개가 예상시장규모 1,000만개의 32% 시장점유율로 추정된 물량이고, 실제판매량 360만개가 실제시장규모 1,200만개에서 30%의 시장점유율을 달성하여 이루어졌다고 하자. 이때 시장점유율차이와 시장규모차이는 다음과 같이 계산된다.

시장점유율차이 = **단위당 표준공헌이익**
× (**실제 시장점유율** − **예상시장점유율**) × **실제시장규모**
= 200원/개 × (30% − 32%) × 1,200만개
= 200원/개 × (−2%) × 1,200만개
= 200원/개 × (−24만개)
= 4,800만원 (불리)

4,800만원의 불리한 시장점유율차이는 시장점유율이 예상보다 2% 감소하여 1,200만개의 실제시장규모에서 24만개를 덜 판매하게 되어 잃은 공헌이익을 보여준다.

시장규모차이 = **단위당 표준공헌이익**
× **예상시장점유율** × (**실제시장규모** − **예상시장규모**)
= 200원/개 × 32% × (1,200만개 − 1,000만개)

= 200원/개 × 32% × 200만개
= 200원/개 × 64만개
= 12,800만원 (유리)

12,800만원의 유리한 시장규모차이는, 시장규모가 예상보다 200만개 증가하여 예상점유율 32%를 유지하였다면 얻었을 공헌이익의 증가를 보여준다. 시장점유율차이와 시장규모차이를 합하면 위에서 계산한 매출조업도차이와 같아짐을 알 수 있다.

매출조업도차이 = 시장점유율차이 + 시장규모차이
= 4,800만원 (불리) + 12,800만원 (유리)
= 8,000만원 (유리)

매출가격차이
판매가격차이에 의한 이익차이

매출은 판매가격의 변화에 의해서도 영향을 받는다. 판매가격의 변화에 의한 이익의 변화를 매출가격차이(Sales Price Variance)라고 한다.

매출가격차이 = (실제판매가 − 표준판매가) × 실제판매량

어떤 차이항목을 추가로 조사할 것인가?

차이조사

- 유리한 차이와 불리한 차이 모두 조사
- 차이금액이 절대적으로 크거나, 상대적으로 큰 비율을 가진 항목 조사
- 차이가 반복적으로 발생하는 항목 조사
- 차이금액이 커지는 추세를 보이는 항목
- 통제가능성이 높은 항목

원가나 매출 차이를 계산한 후 일부 중요한 항목은 추가조사를 하여 필요한 조치를 취하는 것이 좋다. 어떤 차이항목을 조사하는 것이 효과적일까?

우선, 유리한 차이와 불리한 차이 모두 조사해야 한다. 불리한 차이는 예산보다 원가가 더 발생하거나 매출이 덜 발생하였으므로 당연히 그 이유를 조사해야 한다. 유리한 차이도 예산보다 원가절감이 되거나 매출이 초과달성되었으므로 그 원인을 조사해야 한다. 직원들의 노력으로 유리한 차이가 발생하였다면 그 이유를 조사하여, 이 좋은 결과를 계속 유지하거나 다른 부서로 전파하도록 한다. 유리한 차이가 직원의 노력보다는 예산이 너무 여유 있게 편성되어 있기 때문이라면 예산을 다음 기부터 조정해야 한다.

둘째로, 차이금액이 절대적으로 크거나, 예산액 대비 차이금액이 상대적으로 큰 비율을 가질 때 조사하는 것이 바람직하다. 예를 들어, 차이금액이 1백만원 이상인 항목이나, 예산 대비 10% 이상의 차이를 보이는 항목을 조사할 수 있다.

셋째로, 차이가 반복적으로 발생하는 항목을 조사할 수 있다. 예산을 편성하거나 집행할 때 여러 가지 불확실성이 존재하므로 우연적으로 차이가 발생할 수 있다. 그러나 차이금액이 반복적으로 비슷하게 발생한다면, 이는 예산편성이나 집행에서 차이를 발생시키는 구조적인 원인이 있다고 보인다.

넷째로, 차이금액이 커지는 추세를 보이는 항목을 조사한다. 차이금액이 줄어들지 않고 점점 커진다면 차이를 일으키는 문제가 점점 심해진다고 볼 수 있다.

다섯째로, 가급적 통제가능성이 높은 항목을 조사한다. 통제불가능한 항목도 다음 기에 좀더 정확한 예산편성을 위해 조사가 필요하지만, 통제가능한 항목은 차이원인을 발견하여 해당 항목을 통제를 할 수 있는 부서에 조치를 취하도록 요구할 수 있어 효과적이다.

마지막으로, 차이조사의 원가와 효익을 비교하여 조사범위를 결정한다. 차이분석을 하고 추가조사를 하는 것도 원가가 발생하는 활동이다. 조사담당직원과 조사에 협조해야 하는 직원의 시간의 원가와, 조사가 진행되고 시정조치가 실시될 때 업무가 방해되는 것도 차이조사의 활동원가이다. 다른 모든 활동과 마찬가지로 차이조사도 그 활동을 위한 원가보다 조사결과가 줄 수 있는 혜택이 더 커야 할 가치가 있다. 차이조사의 혜택으로는 불리한 차이의 경우에는 차이조사와 시정조치에 의해서 다음 기부터 절감된 원가나 증가된 매출이 있다. 또한 차이조사에 의해 좀더 정확한 예산이 수립된다면, 사업계획을 좀더 정확하게 세워서 자원의 낭비를 줄이고 자원을 효과적으로 활용할 수 있다.

차이에 의한 성과평가는 사람의 행동에 양면적인 영향을 미친다

예산 대비로 실적을 비교한 차이금액으로 부서의 성과를 평가하기도 한다. 원가를 통제하는 부서는 원가차이로, 수익을 통제하는 부서는 매출차이로 평가할 수 있다.[14] 이러한 차이에 기초한 성과평가는 평가를 받는 사람에게 긍정적이고 부정적인 양면적인 영향을 미친다.

유리한 차이가 클수록 좋게 평가한다면, 피평가 대상은 원가를 줄이거나 매출을 높이려고 열심히 노력할 것이다. 이것은 긍정적인 동기부여 효과이다. 그러나 피평가 대상이 예산수립에 영향을 미칠 수 있다면, 가급적 예산목표를 쉽게 달성할 수 있는 수준으로 정하려고 비생산적인 영향력 행사에 시간과 노력을 쓸 것이다. 이것은 성과평가제도가 의도하지 않은 부정적인 효과이다. 이렇게 여유 있게 편성된 예산여유분(Budget Slack)은 회기말에 비효율적으로 사용될 가능성이 많다. 예산여유분을 확보하려는 피평가 단위의 동기를 억제하는 방법으로 어려운 예산목표에 대해 더 높은 보상을 약속하는 방법이 있다.

유리한 차이를 유리하게 평가하는 대신에, 유리하든지 불리하든지 모든 차이에 대해 불리한 평가를 하는 방법이 있다. 이 방법에는 피평가 단위가 정확한 예산목표를 세우도록 동기부여하는 장점이 있으나, 예산을 운영하면서 예산을 절감하거나 좀더 좋은 매출성과를 달성하지 않고 예산목표에만 도달하려는 동기를 주는 단점이 있다.

14) 각 부서의 통제가능한 항목으로 부서를 평가하는 것을 책임회계라고 하며 이 주제는 제12장에서 다룬다.

토 론

A사의 표준원가 설정과정

A사는 연간 경영계획 중에서 차기 회계연도의 예산편성(Budgeting)과정에서 표준원가를 설정하고 있다. 표준원가는 경영자의 경영계획 수립과 의사결정에 유용한 정보를 제공하며 표준원가를 기준으로 실제원가와 차이에 대하여 분석하고 주요 요인을 개선하여 원가절감을 도모하고 차기연도에는 개선된 결과를 반영하여 표준원가를 설정한다. 따라서 회계부서의 원가담당 임직원뿐만 아니라 표준원가 설정에 관여하는 유관부서의 모든 임직원은 그룹본사의 표준원가 업무지침서(Procedure and Guideline)를 정확하게 인지하고 있어야 한다. A사는 차기 회계연도의 표준원가를 설정하기 위해서는 최근의 경험을 바탕으로 생산공정을 효율적으로 개선할 수 있는 방안을 모색하여 반영한다. 현재의 여건에서 달성할 수 있는 최적의 표준조업도, 표준생산투입시간, 원부재료 표준가격, 표준배부율, 표준인원, 표준재료비 그리고 표준완제품생산량 등을 설정하고 있다. 표준원가는 차기 회계연도의 예산편성과정에서 가장 많은 인력과 시간이 소요되는 과정으로 그룹본사와 A사의 회계부서뿐만 아니라 모든 부서가 자체의 경험을 바탕으로 전사적인 긴밀한 협조로 설정되고 있다.

A사는 〈표 1〉과 같이 연간 경영계획에 따라 전년도 말에 확정된 예산을 바탕으로 당해연도 1월부터 실제와 예산의 차이를 분석하기 시작한다. 3월에는 5~10년 단위의 장·단기 전략을 수정하고, 6월에는 상반기 실적결과를 바탕으로 당기예산을 조정한다. 9월부터는 차기 회계연도 예산수립을 시작하여 그룹의 승인을 받은 후 11월에 확정한다. [그림 1]과 같이 마케팅부에서 시장조사를 하고 차기 회계연도의 경영전략과 장·단기 경영전략 수정도 같이 준비한다. 시장조사 자료를 바탕으로 영업부는 제품별, 거래처별 매출을 예측한다. 준비된 예상매출을 기준으로 공장은 생산계획을 준비하고 고객의 위치와 효율적 배송을 고려하여 공장별로 생산수량을 안분한다. 구매부는 생산계획에 필요한 원부자재를 조달하기 위해 공급처와의 가격협상을 준비한다. 〈표 2〉에서와 같이 각 부서는 요청받은 표준원가 자료를 준비하여 회계부로 제출하고, 회계부는 각 부서로부터 제공받은 자료를 바탕으로 각 제품별 표준원가를 산정한다.

〈표 1〉 연간 경영계획

기 간	1월~12월	3월	6월	9월	11월
해당연도	당기	단기/중기/장기	당기	차기	차기
업무	실제 vs 예산 분석	경영전략 수정	예산 수정	표준원가 설정 예산작업 준비	예산 확정

[그림 1] 표준원가 설정과정

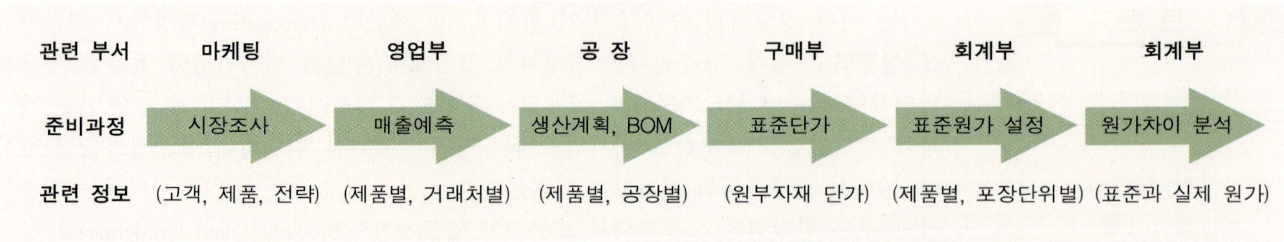

〈표 2〉 부서별 표준원가 관련 자료 준비

자료 / 부서	표준원가 관련 자료
영업부	고객조사, 경쟁사 조사, 판매전략, 가격전략
마케팅부	시장조사, 신제품 계획, 판매촉진활동
회계부	환율, 감가상각비, 투자계획, 제반경비(인건비 외)
인사부	인건비, 복리후생비, 퇴직연금
구매부	원부재료 예상구입단가 및 부대비용, 유류비
물류부	운반비, 창고료
공장	자재목록표, 수율, 제조경비, 원가절감 계획

과거연도 표준원가의 기록을 참고하면서 원가변화의 추이도 검토하는데, 실제원가와 표준원가 간의 현저한 원가차이 발생을 방지하기 위해 매년 비반복적으로 발생하는 거액의 비용도 표준원가에 반영하고 있다. 이런 경우에는 표준원가 변화의 추세가 일관성이 없어서 비반복적으로 발생하는 거액의 일회성 비용에 대한 기록을 별도 비망록으로 비치해 두고 연도별 추세분석에 참고하고 있다.

(이희숙, '표준원가계산과 원가차이 및 수익성 분석 사례연구,' KBR 2018, 한국경영학회 일부 발췌)

토론해 보자

(1) 본 사례에서 표준원가의 활용성에 대해 토론해 보자.

(2) 본 사례의 전문을 구하여 보완하거나 수정할 점을 찾아 토론해 보자.

요약정리

애초에 예상생산량이나 판매량에 의해 수립된 고정예산과 실제결과의 차이를 고정예산차이라고 한다. 생산부문의 제조원가는 생산량에 의해 결정되므로 제조원가 차이분석의 일차적인 단계는 예상생산량과 실제생산량의 차이에 의한 원가차이를 분리하는 것이다. 이를 위해 실제 생산량 기준으로 고정예산을 재편성한 변동예산을 사용한다. 고정예산과 변동예산의 차이가 생산량차이에 의한 원가차이이고, 변동예산과 실적의 차이인 변동예산차이가 나머지 원인에 의한 원가차이이다.

직접재료원가의 변동예산차이는 재료 실제가격이 표준가격과 달라 발생하는 재료가격차이와 재료 실제사용량이 표준수량과 달라서 발생하는 재료수량차이로 나눈다. 재료수량차이는 재료의 효율적 사용에 대한 차이라 하여 능률차이라고 불린다. 직접노무원가의 변동예산차이는 노무 실제임률이 표준임률과 달라 발생하는 임률차이와 실제노무시간이 표준시간과 달라서 발생하는 시간(능률)차이로 나눈다. 변동제조간접원가는 실제배부율이 표준배부율과 달라 발생하는 소비차이와 실제배부기준량이 표준배부기준량과 달라서 발생하는 수량차이로 나눈다. 고정제조간접원가는 다른 제조원가와 달리 고정원가의 행태를 보이므로 차이분석의 구조가 다르다. 총고정제조원가는 생산량이나 배부기준량의 변화에 영향을 받지 않으므로 고정예산과 변동예산이 같고 수량차이가 없다. 실제발생액과 예산액의 차이가 소비차이 또는 (변동)예산차이이다. 표준원가계산에서 총고정제조원가 배부액은 실제생산량에 따라 변화하므로 고정된 예산액과 차이를 발생시킨다. 이 차이를 생산조업도차이라고 하는데 고정제조간접원가 표준배부율을 결정할 때 사용되는 기준조업도와 실제조업도에 의한 차이로 설명할 수 있다.

판매량의 차이가 이익에 미친 영향은 매출조업도차이로 구한다. 매출조업도차이는 실제판매량의 공헌이익과 예상판매량의 공헌이익의 차이이다. 매출조업도차이는 시장규모의 변화에 의한 판매량차이에 의해 초래된 시장규모차이와 시장점유율의 변화에 의해 초래된 시장점유율차이로 나눌 수 있다.

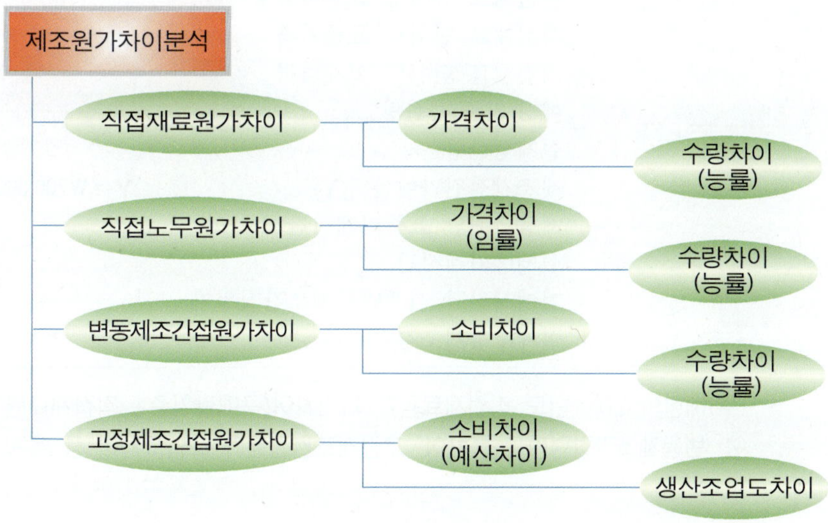

7 연습문제

객관식

01 원가차이분석 (19. 재경관리사)

다음 중 차이분석에 대한 설명으로 올바르지 않은 것은 모두 몇 개인가?

가. 차이분석이란 표준원가와 실제원가를 비교하여 그 차이를 분석하는 것으로서 일종의 투입－산출분석이다.
나. 직접재료원가 차이분석시 표준투입량은 사전에 미리 설정해 놓은 최대조업도에 대한 표준투입량이다
다. 가격차이는 실제원가와 실제투입량에 대한 표준원가의 차이이다.
라. 능률차이는 실제투입량에 대한 표준원가와 표준투입량에 대한 표준원가의 차이이다.

---

① 0개　　② 1개
③ 2개　　④ 3개

02 원가차이분석 (20. 공인회계사)

(주)대한은 표준원가계산제도를 채택하고 있으며, 20×1년도 생산 및 제조와 관련된 자료는 다음과 같다.

직접재료 구매량	3,100kg
직접재료 실제사용량	2,900kg
직접재료 단위당 표준사용량	3kg
직접재료 단위당 표준가격	₩50/kg
직접재료 단위당 실제가격	₩60/kg
예상(기준)생산량	800개
실제생산량	1,000개
제조간접원가예산액(Y)	Y＝₩700,000＋₩500×기계시간
제품단위당 표준기계시간	7시간
실제총기계시간	8,000시간
기계시간당 실제변동제조간접원가	₩470/기계시간
실제고정제조간접원가	₩820,000

(주)대한의 20×1년도 직접재료원가 가격차이(구매량기준), 직접재료원가 수량차이, 변동제조간접원가 소비차이, 변동제조간접원가 능률차이, 고정제조간접원가 조업도차이 중 옳지 않은 것은?

① 직접재료원가 가격차이(구매량기준) : ₩31,000(불리한 차이)
② 직접재료원가 수량차이 : ₩5,000(유리한 차이)
③ 변동제조간접원가 소비차이 : ₩240,000(유리한 차이)
④ 변동제조간접원가 능률차이 : ₩500,000(불리한 차이)
⑤ 고정제조간접원가 조업도차이 : ₩120,000(불리한 차이)

03 원가차이분석 (19. 재경관리사)

다음 중 표준원가에 관한 설명으로 가장 올바르지 않은 것은?

① 유리한 직접노무원가 가격차이가 발생하였다면 실제임률이 표준임률에 비하여 저렴하였다는 의미이다.
② 직접재료원가 가격차이를 재료 사용시점에 분리한다면 직접재료원가 가격차이에 대한 책임은 생산담당자가 지는 것이 바람직하다.
③ 고정제조간접원가 실제발생액이 고정제조간접원가 예산에 비하여 과다하게 발생하였다면 불리한 예산차이가 발생하게 된다.
④ 가격차이는 실제단가와 예산단가의 차액에 실제 사용한 재화나 용역의 수량을 곱하여 산출된다.

04 직접재료원가차이 (17. 보험계리사)

(주)한국제조는 표준원가계산제도를 사용하고 있으며 제품 단위당 표준원가는 다음과 같다.

	수량표준	가격표준	표준원가
직접재료원가	2kg	₩20	₩40
직접노무원가	3시간	20	60
변동제조간접원가	3시간	10	30
고정제조간접원가	3시간	20	60
합 계			₩190

(주)한국제조는 20×1년 4월에 제품 1,100단위를 생산하였다. 이와 관련하여 당월중 직접재료 2,420kg을 kg당 ₩19에 외상으로 구입하여 이 중 2,300kg을 생산에 투입하였다. 20×1년 4월 직접재료의 월초재고는 없었으며, 월초재공품과 월말재공품 또한 없었다. (주)한국제조가 직접재료원가 가격차이를 사용시점에서 분리하는 경우, 20×1년 4월의 직접재료원가 가격차이와 수량차이는 각각 얼마인가?

	가격차이	수량차이
①	₩2,000(유리)	₩2,300(불리)
②	2,000(불리)	2,300(유리)
③	2,300(유리)	2,000(불리)
④	2,300(불리)	2,000(유리)

05 직접재료원가차이 (22. 주택관리사)

(주)한국은 표준원가계산제도를 채택하고 있으며, 단일제품을 생산·판매하고 있다. 20×1년 직접재료원가와 관련된 표준 및 원가 자료가 다음과 같을 때, 20×1년의 실제제품생산량은? (단, 가격차이 분석시점은 분리하지 않는다)

제품 단위당 직접재료 수량표준	2kg
직접재료 단위당 가격표준	₩250/kg
실제 발생한 직접재료원가	₩150,000
직접재료원가 가격차이	₩25,000(불리)
직접재료원가 수량차이	₩25,000(유리)

① 250단위 ② 300단위 ③ 350단위
④ 400단위 ⑤ 450단위

06 직접재료원가차이 (19. 세무사)

(주)세무는 당기에 영업을 개시하였으며 표준원가계산제도를 채택하고 있다. 직접재료와 관련된 자료는 다음과 같다.

제품 단위당 직접재료 표준원가	3kg × ₩10/kg = ₩30
직접재료 kg당 실제구입가격	₩12
직접재료 구입가격차이	₩12,600(불리)
직접재료 능률차이	₩4,000(유리)

당기실제제품생산량이 2,000단위일 때 기말직접재료재고량은? (단, 기말재공품은 없다)

① 300kg ② 400kg ③ 500kg
④ 600kg ⑤ 700kg

07 직접재료원가차이 (19. 보험계리사)

(주)한국의 직접재료원가에 대한 자료가 다음과 같다면, (주)한국의 직접재료원가 수량(능률)차이는 얼마인가?

직접재료 표준사용량	3,000kg
직접재료 실제사용량	3,500kg
직접재료 kg당 표준가격	₩100
직접재료 kg당 실제가격	₩120

① ₩50,000(유리) ② ₩50,000(불리)
③ ₩70,000(유리) ④ ₩70,000(불리)

08 직접재료원가차이 (19. 주택관리사)

(주)한국은 표준원가계산제도를 채택하고 있으며, 단일제품을 생산·판매하고 있다. 2분기의 예정생산량은 3,000단위였으나, 실제는 2,800단위를 생산하였다. 직접재료원가 관련 자료는 다음과 같다.

제품 단위당 수량표준	2kg
직접재료 단위당 가격표준	₩300
실제 발생한 직접재료원가	₩1,593,000
직접재료원가 수량차이	₩120,000(불리)

2분기의 직접재료 실제사용량은?

① 5,600kg　② 5,800kg　③ 6,000kg
④ 6,200kg　⑤ 6,400kg

09 직접재료 구입가격차이 (18. 재경관리사)

(주)삼일은 표준원가계산제도를 채택하고 있으며, 당기의 예산생산량은 1,000개이나 실제생산량은 600개이다. 당기중 직접재료 1,000kg을 ₩300,000에 외상으로 구입하여 800kg을 사용하였다. 직접재료의 기초재고는 없으며, 제품 단위당 표준직접재료원가는 아래와 같다. 직접재료원가 가격차이를 (a) 사용시점에 분리했을 경우와 (b) 구입시점에 분리했을 경우의 가격차이는 얼마인가?

직접재료원가	2kg/단위 × ₩200/kg = ₩400/단위

① (a) ₩80,000(유리), (b) ₩100,000(유리)　② (a) ₩80,000(불리), (b) ₩100,000(불리)
③ (a) ₩80,000(유리), (b) ₩100,000(불리)　④ (a) ₩80,000(불리), (b) ₩100,000(유리)

10 직접재료 구입가격차이 (15. 공인회계사)

(주)한국은 표준원가계산제도를 사용하고 있으며 제품 단위당 표준원가는 다음과 같다.

	수량표준	가격표준	표준원가
직접재료원가	2kg	₩10	₩20
직접노무원가	3시간	10	30
변동제조간접원가	3시간	5	15
고정제조간접원가	3시간	10	30
합 계			₩95

(주)한국은 20×1년 2월에 제품 1,100단위를 생산하였다. 이와 관련하여 당월중 직접재료 2,420kg을 kg당 ₩9.5에 외상으로 구입하여 이 중 2,300kg을 생산에 투입하였다. 회사가 직접재료원가 가격차이를 사용시점에서 분리할 경우, 20×1년 2월중 직접재료의 생산투입에 대한 분개로서 옳은 것은? (단, 20×1년 2월 직접재료의 월초재고는 없었으며, 월초재공품과 월말재공품 또한 없었다)

	(차)		(대)	
①	재 공 품	22,000	직 접 재 료	21,850
	직접재료수량차이	1,000	직접재료가격차이	1,150
②	재 공 품	22,000	직 접 재 료	22,150
	직접재료가격차이	1,150	직접재료수량차이	1,000
③	재 공 품	21,850	직 접 재 료	22,000
	직접재료수량차이	1,150	직접재료가격차이	1,000
④	재 공 품	22,150	직 접 재 료	22,000
	직접재료가격차이	1,000	직접재료수량차이	1,150
⑤	재 공 품	22,000	직 접 재 료	24,200
	직접재료수량차이	2,200		

11 직접재료원가 구입가격차이와 수량차이 (17. 지방직 9급)

(주)한국의 4월 직접재료원가에 대한 자료는 다음과 같다. 4월의 유리한 재료수량차이(능률차이)는?

실제재료구매량	3,000kg
실제 생산에 대한 표준재료투입량	2,400kg
실제재료구입단가	₩310/kg
실제재료사용량	2,200kg
불리한 재료가격차이(구입시점기준)	₩30,000

① ₩50,000 ② ₩55,000
③ ₩60,000 ④ ₩65,000

12 직접노무원가차이 (22. 감정평가사)

(주)감평은 표준원가계산제도를 채택하고 있으며, 20×1년도 직접노무원가와 관련된 자료는 다음과 같다. 20×1년도 실제총직접노무원가는?

실제생산량	100단위
직접노무원가 실제임률	시간당 ₩8
직접노무원가 표준임률	시간당 ₩10
실제생산량에 허용된 표준직접작업시간	생산량 단위당 3시간
직접노무원가 임률차이	₩700(유리)
직접노무원가 능률차이	₩500(불리)

① ₩1,800 ② ₩2,500 ③ ₩2,800
④ ₩3,500 ⑤ ₩4,200

13 직접노무원가차이 (21. 주택관리사)

(주)한국은 표준원가계산제도를 채택하고 있다. 직접노무원가 관련 자료가 다음과 같을 때, 직접노무원가 시간당 표준임률은?

표준직접노무시간	9,000시간
실제직접노무시간	8,600시간
실제발생 직접노무원가	₩3,569,000
능률차이	₩160,000(유리)
임률차이	₩129,000(불리)

① ₩380 ② ₩385 ③ ₩397
④ ₩400 ⑤ ₩415

14 직접노무원가차이 (20. 감정평가사)

(주)감평은 표준원가계산제도를 채택하고 있다. 20×1년 직접노무원가와 관련된 자료가 다음과 같을 경우, 20×1년 실제직접노무시간은?

실제생산량	25,000단위
직접노무원가 실제임률 시간당	₩10
직접노무원가 표준임률 시간당	₩12
표준직접노무시간	단위당 2시간
직접노무원가 임률차이	₩110,000(유리)
직접노무원가 능률차이	₩60,000(불리)

① 42,500시간 ② 45,000시간 ③ 50,000시간
④ 52,500시간 ⑤ 55,000시간

15 직접노무원가차이 (19. 경영지도사)

(주)대한의 직접노무원가 자료가 다음과 같을 때 유리한 직접노무원가 능률차이는?

실제직접노동시간	20시간
표준직접노동시간	21시간
직접노무원가 임률차이(불리)	₩300
직접노무원가 실제발생액	₩10,000

① ₩300 ② ₩485 ③ ₩500
④ ₩515 ⑤ ₩600

16 직접노무원가차이 (21. 세무사)

(주)세무는 표준원가계산제도를 채택하고 있으며, 당기직접노무원가와 관련된 자료는 다음과 같다.

제품 실제생산량	1,000단위
직접노무원가 실제발생액	₩1,378,000
단위당 표준직접노무시간	5.5시간
직접노무원가 능률차이	₩50,000(유리)
직접노무원가 임률차이	₩53,000(불리)

(주)세무의 당기직접노무시간당 실제임률은?

① ₩230　② ₩240　③ ₩250
④ ₩260　⑤ ₩270

17 직접노무원가차이 (19. 국가직 7급)

(주)한국의 당기실제제품생산량은 400개, 직접노무비 실제발생액은 ₩31,450, 제품 단위당 표준직접노동시간은 5시간이다. 표준원가계산하에서 계산된 직접노무비 임률차이는 ₩3,700 불리한 차이, 직접노무비 능률차이는 ₩2,250 유리한 차이이다. 직접노무비의 시간당 표준임률은?

① ₩14　② ₩15
③ ₩16　④ ₩17

18 변동제조간접원가차이 (20. 세무사)

(주)세무는 표준원가계산제도를 채택하고 있으며 직접노무시간을 기준으로 제조간접원가를 배부한다. 20×1년의 생산 및 원가 자료가 다음과 같을 때 변동제조간접원가 소비차이는?

변동제조간접원가 실제발생액	₩130,000
실제총직접노무시간	8,000시간
당기제품생산량	3,600단위
제품당 표준직접노무시간	2시간
변동제조간접원가 능률차이	₩8,000(불리)

① ₩25,000(유리)　② ₩25,000(불리)　③ ₩50,000(유리)
④ ₩50,000(불리)　⑤ ₩75,000(불리)

19 변동제조간접원가차이 (17. 재경관리사)

(주)삼일의 변동제조간접원가와 관련한 자료가 다음과 같을 때 변동제조간접원가 실제발생액은 얼마인가?

실제작업시간기준 변동제조간접원가 예산	₩185,000
변동제조간접원가 소비차이	₩15,000(유리)

① ₩170,000 ② ₩185,000
③ ₩214,000 ④ ₩234,000

20 변동제조간접원가차이 (12. 재경관리사)

(주)삼일의 변동제조간접원가와 관련한 자료는 다음과 같다.

변동제조간접원가 실제발생액	₩3,257,000
실제투입시간에 허용된 표준변동제조간접원가	3,450,000
실제산출량에 허용된 표준변동제조간접원가	3,200,000

(주)삼일의 변동제조간접원가 소비차이는 얼마인가?

① ₩57,000(불리) ② ₩193,000(불리)
③ ₩193,000(유리) ② ₩250,000(불리)

21 변동제조간접원가차이 (21. 감정평가사)

(주)감평은 표준원가제도를 도입하고 있다. 변동제조간접원가의 배부기준은 직접노무시간이며, 제품 1개를 생산하는 데 소요되는 표준직접노무시간은 2시간이다. 20×1년 3월 실제 발생한 직접노무시간은 10,400시간이고, 원가자료는 다음과 같다.

변동제조간접원가 실제발생액	₩23,000
변동제조간접원가 능률차이	₩2,000(불리)
변동제조간접원가 총차이	₩1,000(유리)

(주)감평의 20×1년 3월 실제제품생산량은?

① 4,600개 ② 4,800개 ③ 5,000개
④ 5,200개 ⑤ 5,400개

22 표준원가계산 (19. 감정평가사)

표준원가계산에 관한 설명으로 옳은 것을 모두 고른 것은?

ㄱ. 표준원가계산제도는 전부원가계산에서 적용할 수 있으나 변동원가계산에서는 적용할 수 없다.
ㄴ. 표준원가계산제도는 종합원가계산제도에 적용이 가능하다.
ㄷ. 직접재료원가 가격차이를 구입시점에서 분리하든 사용시점에서 분리하든 직접재료원가 능률차이는 동일하다.
ㄹ. 고정제조간접원가의 예산차이는 실제투입량 변동예산과 실제산출량 변동예산의 차이를 의미한다.

① ㄱ, ㄴ ② ㄱ, ㄷ ③ ㄴ, ㄷ
④ ㄴ, ㄹ ⑤ ㄷ, ㄹ

23 고정제조간접원가차이 (21. 국가직 9급)

(주)한국은 표준원가계산제도를 적용하고 있으며, 당기 변동제조간접원가 예산은 ₩1,500,000, 고정제조간접원가 예산은 ₩2,000,000이다. (주)한국의 제조간접원가 배부율을 구하기 위한 기준조업도는 1,000기계시간이며, 당기실제기계시간은 800시간이었다. 변동제조간접원가 능률차이가 ₩75,000 불리한 것으로 나타났다면, 고정제조간접원가 조업도차이는?

① ₩250,000(유리) ② ₩250,000(불리)
③ ₩500,000(유리) ④ ₩500,000(불리)

24 고정제조간접원가차이 (21. 공인회계사)

(주)대한은 표준원가계산을 적용하고 있다. 20×1년 1월과 2월에 실제로 생산된 제품수량과 차이분석 자료는 다음과 같다.

월	실제 생산된 제품수량	고정제조간접원가 소비차이(예산차이)	고정제조간접원가 조업도차이
1월	1,500단위	₩500(불리)	₩1,000(불리)
2월	2,000단위	₩500(유리)	₩500(유리)

(주)대한이 20×1년 1월과 2월에 동일한 예산과 표준배부율을 적용하고 있다면, 제품 1단위당 고정제조간접원가 표준배부율은 얼마인가? (단, 고정제조간접원가의 배부기준은 제품생산량이다)

① ₩3 ② ₩4 ③ ₩5
④ ₩6 ⑤ ₩7

25 고정제조간접원가차이 (19. 관세사)

(주)관세는 단일제품을 생산하며, 실제산출물에 허용된 표준직접노무시간을 기초로 제조간접원가를 제품에 배부하는 표준원가계산시스템을 사용한다. 20×1년 고정제조간접원가와 관련된 자료는 다음과 같다.

연간 예산(예상) 고정제조간접원가	₩500,000
예산 표준직접노무시간(기준조업도)	25,000단위 × 직접노무시간 2시간/단위 = 50,000시간
연간 실제고정제조간접원가	₩508,000
실제직접노무시간	54,000시간

(주)관세가 20×1년에 제품을 26,000단위 생산하였을 경우, 고정제조간접원가 조업도차이는?

① ₩20,000(유리) ② ₩20,000(불리) ③ ₩32,000(유리)
④ ₩32,000(불리) ⑤ ₩40,000(유리)

26 고정제조간접원가차이 (22. 세무사)

(주)세무는 표준원가계산제도를 사용하고 있으며, 매월 동일한 표준원가를 적용한다. 20×1년 5월과 6월의 실제제품생산량은 각각 100단위와 120단위이었고, 다음과 같은 조업도차이가 발생했다.

기 간	조업도차이
5월	₩1,000(불리)
6월	₩600(불리)

(주)세무의 고정제조간접원가 월간 예산은?

① ₩3,000 ② ₩3,200 ③ ₩4,800
④ ₩5,400 ⑤ ₩6,000

27 고정제조간접원가차이 (19. 세무사)

(주)세무는 표준원가계산제도를 채택하고 있으며 기계작업시간을 기준으로 고정제조간접원가를 배부한다. 다음 자료에 의할 경우 기준조업도 기계작업시간은? (단, 기초 및 기말 재공품은 없다)

실제제품생산량	700단위
제품 단위당 표준기계작업시간	2시간
실제발생 고정제조간접원가	₩12,000
고정제조간접원가 예산차이	₩2,000(불리)
고정제조간접원가 조업도차이	₩4,000(유리)

① 600시간 ② 800시간 ③ 1,000시간
④ 1,200시간 ⑤ 1,400시간

28 고정제조간접원가차이 (18. 경영지도사)

(주)한국은 표준원가계산제도를 채택하고 있으며, 고정제조간접원가는 기계시간을 기준으로 배부하고 있다. 기준조업도는 1,000기계시간이며, 제품 단위당 10시간의 표준기계시간이 소요된다. 고정제조간접원가 실제발생액은 ₩220,000이다. 고정제조간접원가 예산차이(소비차이)는 ₩20,000(불리)이고, 고정제조간접원가 조업도차이는 ₩40,000(불리)인 경우, 당기의 실제제품생산량은?

① 80개 ② 100개 ③ 120개
④ 140개 ⑤ 160개

29 고정제조간접원가차이 (20. 관세사)

(주)관세는 기준조업도로 연 48,000시간의 직접노무시간을 적용하고 있다. 변동제조간접원가와 고정제조간접원가 연간 예산은 각각 ₩144,000과 ₩192,000이다. 제품단위당 표준직접노무시간은 2시간이며, 예산차이는 ₩4,000(불리), 조업도차이는 ₩6,000(유리)으로 나타났다. 실제생산량은 몇 단위일까? (단, 재공품은 없다)

① 23,250단위 ② 23,400단위 ③ 23,800단위
④ 24,500단위 ⑤ 24,750단위

30 제조간접원가차이 (18. 관세사)

(주)관세는 표준원가계산제도를 채택하고 있으며, 20×1년 제품 2,000단위를 기준으로 제조간접원가에 대한 표준을 다음과 같이 설정하였다.

> 제조간접원가 예산 = ₩720,000 + 직접노동시간 × ₩100
> 제품단위당 표준직접노동시간 5시간

20×1년 실제직접노동시간은 20,400시간이고, 실제생산량은 4,000단위이다. 변동제조간접원가 능률차이와 고정제조간접원가 조업도차이는?

	능률차이	조업도차이
①	₩40,000(불리)	₩720,000(유리)
②	40,000(유리)	720,000(불리)
③	40,000(불리)	1,280,000(유리)
④	40,000(유리)	1,280,000(불리)
⑤	차이 없음	1,280,000(불리)

31 제조간접원가차이 (23. 세무사)

(주)세무는 표준원가계산제도를 적용하고 있다. 20×1년 변동제조간접원가와 고정제조간접원가 예산은 각각 ₩540,000과 ₩625,000이다. 20×1년 기준조업도는 1,000직접노무시간이며, 실제직접노무시간은 900시간이다. 제조간접원가의 조업도차이가 ₩110,000(불리)이라면 제조간접원가의 능률차이는?

① ₩20,820(불리) ② ₩41,040(불리) ③ ₩62,680(불리)
④ ₩86,680(불리) ⑤ ₩95,040(불리)

32 매출가격차이와 매출조업도차이 (18. 공인회계사)

(주)대한은 20×1년도 고정예산과 실제결과를 비교하기 위해 다음과 같은 손익계산서를 작성하였다.

	고정예산	실제결과
판매량	10,000단위	12,000단위
매출액	₩500,000	624,000
변동원가		
제조원가	250,000	360,000
판매관리비	50,000	84,000
공헌이익	200,000	180,000
고정원가		
제조원가	15,000	19,000
판매관리비	25,000	25,000
영업이익	160,000	136,000

(주)대한의 경영자는 20×1년도 실제판매량이 고정예산판매량보다 20% 증가하였으나, 영업이익은 오히려 15% 감소한 원인을 파악하고자 한다. 다음 설명 중 옳지 않은 것은? (단, (주)대한은 20×1년도에 12,000단위를 생산·판매할 수 있는 용량(capacity)을 확보하고 있다)

① 매출조업도차이(sales-volume variance)는 ₩40,000만큼 유리하다.
② 변동예산차이(flexible-budget variance)는 ₩84,000만큼 불리하다.
③ 매출가격차이(selling-price variance)는 ₩24,000만큼 유리하다.
④ 고정원가 소비차이(fixed overhead spending variance)는 ₩4,000만큼 불리하다.
⑤ 고정예산차이(static-budget variance)는 ₩24,000만큼 불리하다.

33 시장점유율차이 (20. 세무사)

(주)세무는 사무실용과 가정용 공기청정기를 판매한다. 다음은 (주)세무의 20×1년 예산과 실제결과이다.

(20×1년 예산)

제 품	단위당 판매가격	단위당 변동원가	판매수량
사무실용 공기청정기	₩180	₩120	30,000대
가정용 공기청정기	₩135	₩90	90,000대

(20×1년 실제결과)

제 품	단위당 판매가격	단위당 변동원가	판매수량
사무실용 공기청정기	₩165	₩112.5	37,800대
가정용 공기청정기	₩120	₩82.5	88,200대

20×1년도 공기청정기의 전체 실제시장규모는 1,050,000대이며, (주)세무의 시장점유율차이는 ₩1,023,750(유리)이다. (주)세무가 예상한 20×1년도 전체 공기청정기의 시장규모는?

① 857,143대 ② 923,077대 ③ 1,100,000대
④ 1,150,000대 ⑤ 1,200,000대

8 기간간 차이분석

왜 전기와 당기가 차이가 나는가?

당기의 실적평가는 과거 실적과 비교를 통해 이루어지는 것이 일반적이다. 이러한 비교분석은 원가우위전략이나 차별화전략의 효과를 판단하는 데 사용하기도 한다. 이 장에서는 전기와 당기의 실적을 비교하여 차이를 계산하고 이 차이를 세부적인 요소별로 분석하는 기간간 차이분석을 소개한다. 주요 내용은 다음과 같다.

- 전기와 당기의 이익차이를 성장요소, 생산성요소, 가격요소로 나눈다.
- 이익차이는 수익, 변동원가와 고정원가로 나누어 계산된다.
- 생산성요소는 원가우위전략과, 가격요소는 차별화전략과 관련된다.

"당기 실적과 과거 실적이 다른 이유는 무엇인가? 전략이 효과적이었는가?"

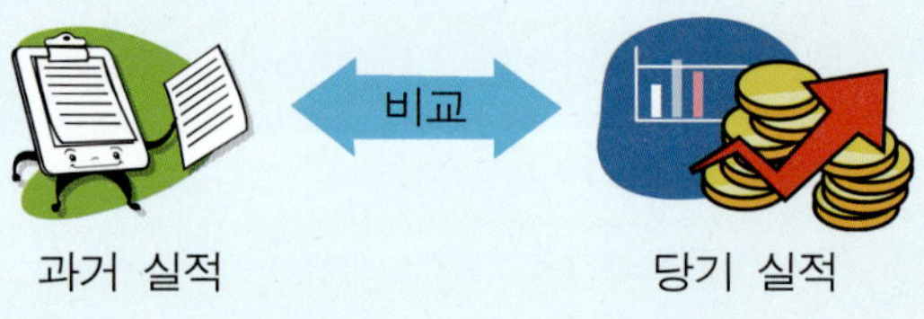

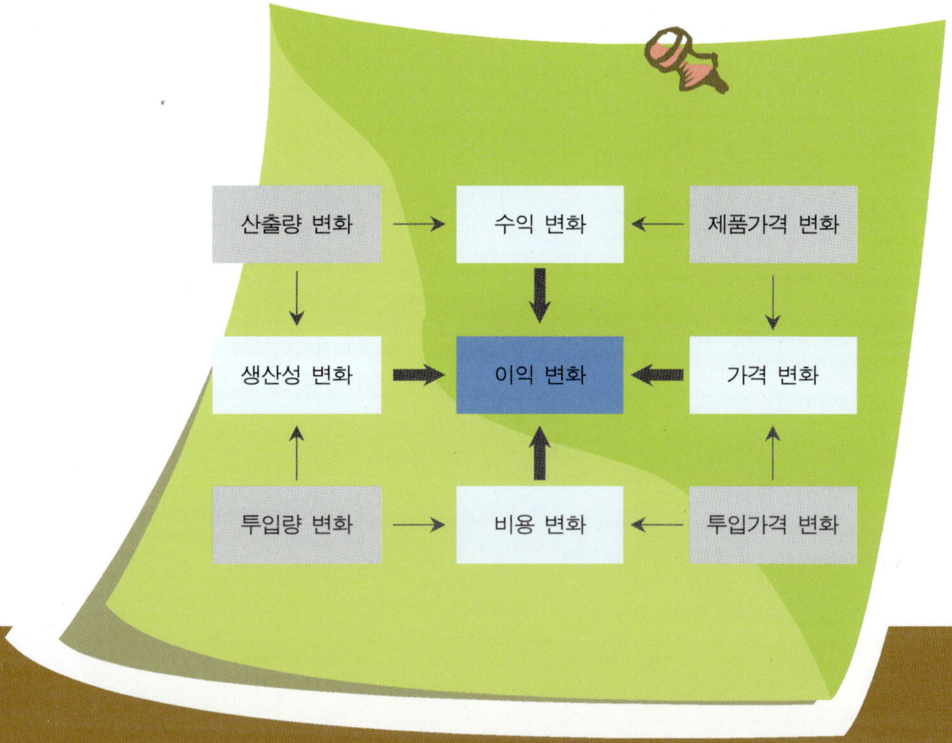

8

- 과거와 현재의 실적을 비교한다
- 판매량 증가의 이익효과는 얼마인가? - 성장요소
- 원가항목의 효율적 사용이 이익 증가에 기여했는가? - 생산성요소
- 판매가와 구입가 변화가 이익 증가에 기여했는가? - 가격요소
- 기간간 공헌이익 차이분석 종합
- 기간간 고정원가차이는 어떻게 분석할까? - 유상열(2005)
- 기간간 고정원가차이는 어떻게 분석할까? - Horngren 등(2009)
- 기간간 영업이익 차이분석 종합
- 기간간 이익차이와 전략효과

삼성전자 작년 영업이익 36조… 전년 대비 29.5%↑

앵　커 : 삼성전자가 지난해 4분기 잠정실적을 발표했습니다. 지난해 전체로는 36조원에 가까운 영업이익을 기록했는데요. 코로나19 상황에서 양호한 실적이란 평가입니다. 취재기자 연결합니다. 배삼진 기자.

기　자 : 예, 삼성전자는 지난해 4분기 매출은 61조원, 영업이익 9조원을 기록했다며 잠정실적을 공시했습니다. 전년 대비 매출은 1.9%, 영업이익은 26% 늘어난 건데, 지난 3분기 최대 실적을 기록한 것과 비교해선 다소 낮아졌습니다. 지난해 3분기에는 영업이익 12조원대로 2년 만에 최대 실적을 냈는데요. 시장의 예상치보다 약간 밑도는 수준입니다.

4분기 들어 반도체 가격이 떨어지고 환율 급락과 스마트폰 판매 감소 등이 복합적으로 영향을 미친 것으로 분석됩니다. 이에 따라 삼성전자의 지난해 총매출은 236조원, 영업이익은 35조 9,500억원으로 집계됐습니다. 매출은 2.54% 늘어나는 데 그쳤지만, 영업이익은 29.46%나 늘었는데요.

판매실적은 2019년과 비슷했지만, 상대적으로 수익성이 크게 개선됐습니다. 지난해 코로나19 팬데믹 영향으로 초반엔 부진했지만 3분기 들어 펜트업 효과로 비대면 온라인 관련 반도체와 스마트폰, 가전 시장도 수요가 급증한 결과입니다. 올해 실적도 나아질 것이란 분석이 많습니다. D램 가격 상승에 따른 반도체 슈퍼사이클이 도래하면서 반도체를 중심으로 작년 실적을 뛰어넘는 것이란 전망이 많은데요. 최근 파운드리 분야에서 수요가 급증하고 있어 성장세에 대한 기대감이 높습니다.

(연합뉴스TV, 2021.1.8)

과거와 현재의 실적을 비교한다

기간간 차이분석이 왜 필요한가?

과거와 현재의 실적 차이를 세부항목으로 나누어 분석 → 차이의 이유분석 → 전략의 효과를 측정하여 필요한 조치를 실행

기간간 차이분석
기준연도와 비교연도의 실적 차이를 세부항목으로 나누어 분석하는 기법

제7장에서 예산을 기준으로 당기의 실적을 비교분석하는 방법을 보았다. 예산이나 목표치를 기준으로 분석하는 방법보다 더 일반적인 비교는 과거 실적과 현재의 실적을 비교하는 것이다. 이 기간간 차이분석은 당기에 실행한 전략의 효과가 당기 실적에 나타났는지를 파악하는 데 도움이 된다. 예산차이분석에서는 비교기준수치가 예산수치인 반면, 기간간 차이분석에서는 기준수치가 기준연도의 수치라는 점에서만 다르며 분석 틀은 비슷하다.

예산차이분석에서 변동제조원가차이가 능률(수량)차이, 가격차이로 나누어지듯이, 기간간 차이분석은 이와 거의 유사한 생산성요소, 가격요소로 나누어진다. 예산차이분석의 매출조업도차이는 기간간 차이분석에서 성장요소와 유사하다. 예산차이분석에서 고정제조간접원가는 예산차이와 조업도차이로 나눌 수 있는 반면, 기간간 차이분석에서는 고정원가도 성장요소, 생산성요소, 가격요소로 나누어진다.

기간간 차이분석이 예산차이분석과 비슷한 점이 많으므로 이해를 돕기 위해 제7장의 20×6년 실적수치를 20×5년 실적수치와 비교분석한다. 국회제과가 20×5년에 실현한 매출, 제조원가, 판매관리비가 다음과 같다고 하자. 예를 쉽게 만들기 위해, 20×5년과 20×6년의 생산량과 판매량은 연도별로 같다고 가정한다.

표 8.1 20×5년 실적 (단위 : 백만원)

	금 액	계산식
생산 · 판매량(백만개)	3	
매출액	**1,200**	400원/개 × 3백만개
매출원가(총제조원가)	**660**	
직접재료원가	180	6원/g × 10g/개 × 3백만개
직접노무원가	30	10,000원/시간 × 0.001시간/개 × 3백만개
변동제조간접원가	150	50원/개 × 3백만개
고정제조간접원가	300	
판매관리비	**500**	
영업이익	**40**	

20×6년의 실제제조원가가 〈표 8.2〉와 같이 발생하였다고 하자.

표 8.2 20×6년 실적

(단위 : 백만원)

	금 액	계산식
생산 · 판매량(백만개)	4	
매출액	**2,000**	500원/개 × 4백만개
매출원가(총제조원가)	**1,079**	
직접재료원가	308	7원 /g × 44백만g
직접노무원가	63	10,500원/시간 × 6천시간
변동제조간접원가	240	60원/개 × 4백만개
고정제조간접원가	468	
판매관리비	**600**	
영업이익	**321**	

기준연도인 전기(20×5년) 수치와 비교연도인 당기(20×6년) 수치를 구분하기 위해 이 장의 표와 식에서 전기 수치는 청색으로, 당기 수치는 적색으로, 두 수치가 혼합된 수치는 보라색으로 표시한다.

판매량 증가의 이익효과는 얼마인가? - 성장요소

성장요소
판매량 증가에 의한 이익 증가 효과

〈표 8.1〉의 20×5년 영업이익인 40백만원에 비해 〈표 8.2〉의 20×6년 영업이익이 321백만원으로 늘어난 이유 중에 첫 번째로 판매량의 증가를 생각한다. 20×5년에 3백만개를 판매한 데 비해, 20×6년에 4백만개를 판매하여 판매량 1백만개 증가가 20×6년의 이익 증가에 기여한 부분을 성장요소라고 부른다.

성장요소 수익효과를 다음과 같이 계산한다.

성장요소 수익효과 = 전기 판매가 × (당기 판매량 − 전기 판매량)

국희제과의 기준연도인 전기(20×5년) 판매가가 400원이고, 판매량이 3백만개이며, 비교연도인 당기(20×6년) 판매량이 4백만개이므로 성장요소 수익효과는 400백만원이다.

성장요소 수익효과 = 400원/개 × (4백만개 − 3백만개)
= 400원/개 × 1백만개
= 400백만원

성장요소의 수익효과는 전기 매출액에 당기 판매량 증가율을 곱해서도 구할 수 있다.

성장요소 수익효과 = 전기 매출액 × [(당기 판매량 / 전기 판매량) − 1]
= 1,200백만원 × [(4백만개 / 3백만개) − 1]
= 400백만원

판매량의 증가는 변동원가의 증가를 초래하므로 성장요소의 비용효과도 같이 고려한다.

성장요소 변동원가효과 = 전기 변동원가항목 구입가
× (당기 변동원가항목 기준수량 − 전기 변동원가항목 수량)

직접재료원가와 같은 변동원가항목의 당기 기준수량은 기준연도(전기)의 생산성이 당기에도 유지되었을 때 당기의 생산·판매량을 위해 필요한 원가항목 사용량이다. 이는 예산차이분석에서 변동예산의 변동제조원가 표준수량과 유사한 개념이다.

당기 변동원가항목 기준수량
= 당기 생산·판매량 × (전기 변동원가항목 수량 / 전기 생산·판매량)

국회제과의 변동제조원가는 직접재료원가와 직접노무원가이다. 직접재료의 경우, 전기(20×5년)에 제품 단위당 10g이 사용되는 생산성을 보였다. 이 생산성이 유지되었다면 당기에 직접재료가 4백만개 제품생산을 위해 40백만g이 사용되어야 한다. 이것이 기준수량이다.

당기 직접재료 기준수량 = 4백만개 × 10g/개 = 40백만g

직접재료의 전기 구입가격이 6원/g이고 사용수량이 30백만g이므로 성장요소효과는 60백만원이다. 이는 전기의 직접재료 생산성이 유지되었을 때 당기의 판매량 1백만개 증가가 직접재료원가 60백만원의 증가를 초래한다는 계산이다.

성장요소 직접재료원가효과 = 6원/g × (40백만g − 30백만g) = 60백만원

또 다른 변동원가는 직접노무원가이다. 직접노무의 경우, 전기(20×5년)에 제품 단위당 0.001시간/개가 사용되는 생산성을 보였다. 이 생산성이 유지되었다면 당기에 직접노무가 4백만개 제품생산을 위해 4천시간이 사용되었어야 한다. 이것이 기준수량이다.

당기 직접노무 기준수량 = 4백만개 × 0.001시간/개 = 4천시간

직접노무의 전기 시간당 임금이 10,000원이고 근무시간이 3천시간이었으므로 성장요소효과는 10백만원이다. 이는 전기의 직접노무 생산성이 유지되었을 때 당기의 판매량 1백만개 증가가 직접노무원가 10백만원의 증가를 초래한다는 계산이다.

성장요소 직접노무원가효과 = 10,000원/시간 × (4천시간 − 3천시간)
= 10백만원

전기의 생산성을 당기에 적용하는 것은 전기의 변동원가와 판매량의 비례관계를 당기에도 적용하는 것이므로, 성장요소 변동원가효과는 다음과 같이 전기변동원가에 당기 판매량 증가율을 곱하여 간단히 계산할 수도 있다.[1)]

성장요소 변동원가효과 = **전기 변동원가** × **[(당기 판매량 / 전기 판매량) − 1]**
성장요소 직접재료원가효과 = 180백만원 × [(4백만개 / 3백만개) − 1]
= 60백만원
성장요소 직접노무원가효과 = 30백만원 × [(4백만개 / 3백만개) − 1]
= 10백만원

1) 이는 성장요소 변동원가효과 계산식에 당기 변동원가항목 기준수량 계산식을 대입하여 쉽게 확인할 수 있다.

변동제조간접원가효과도 이와 같이 간단히 계산하면 50백만원이다.

성장요소 변동제조간접원가효과

= 150백만원 × [(4백만개 / 3백만개) − 1] = 50백만원

판매관리비는 모두 고정원가라는 단순 가정에서, 성장요소의 수익효과와 변동원가효과를 같이 고려하면 성장요소의 공헌이익효과는 280백만원이다.

성장요소 공헌이익효과 = **수익효과** − **변동원가효과**

= 400백만원 − (60백만원 + 10백만원 + 50백만원)

= 280백만원

또는

성장요소 공헌이익효과 = **전기 공헌이익** × **[(당기 판매량 / 전기 판매량) − 1]**

= (1,200백만원 − 180백만원 − 30백만원 − 150백만원)

× [(4백만개 / 3백만개) − 1]

= 280백만원

성장요소 공헌이익효과는 전기 제품 단위당 공헌이익에 당기 판매량 증가분을 곱해서도 구할 수 있다. 이 수식은 예산차이분석의 매출조업도차이와 유사함을 알 수 있다.

원가항목의 효율적 사용이 이익 증가에 기여했는가? - 생산성요소

생산성요소
원가항목의 생산성 변화에 의한 원가변동액

직접재료와 같은 변동원가항목의 효율적인 사용이 당기의 이익 증가에 기여하였는지를 보려면 생산성요소의 효과를 분석한다. 생산성요소는 수익과 관련이 없으므로 원가효과만 계산한다. 생산성요소의 원가효과는 예산차이분석의 능률(수량)차이와 유사한 개념이다.[2)]

생산성요소효과는 당기의 실제 원가항목 사용량과 기준수량의 차이에 당

기의 구입가를 곱하여 계산한다. 기준수량은 성장요소 계산에 사용된 수치와 같다.

생산성요소의 변동원가효과

= (**당기 변동원가항목 실제수량** − **당기 변동원가항목 기준수량**)

× **당기 변동원가항목 구입가**

= (AQ − BQ) × AP[3)]

생산성요소의 직접재료원가효과

= (**당기 직접재료 실제수량** − **당기 직접재료 기준수량**)

× **당기 직접재료 가격**[4)]

= (44백만g − 40백만g) × 7원/g

= 28백만원 증가

생산성요소의 직접노무원가효과

= (**당기 직접노무 실제시간** − **당기 직접노무 기준시간**)

× **당기 직접노무 임률**

= (6천시간 − 4천시간) × 10,500원/시간

= 21백만원 증가

생산성요소의 변동제조간접원가효과

= (**당기 변동제조원가 실제배부기준량**

− **당기 변동제조간접원가 기준배부기준량**)

× **당기 변동제조간접원가 실제배부율**

= (4백만개 − 4백만개) × 60원/개

= 0원 증가[5)]

---

2) 예산차이분석의 능률(efficency)이라는 용어와 기간간 차이분석의 생산성(productivity)이라는 용어의 유사성에 주목하라.

3) 기간간 차이분석과 예산차이분석의 유사점과 차이점을 보이기 위해 예산차이분석의 약자와 비슷한 약자를 사용한다. 당기 수치는 A, 전기 수치는 B를 붙이는데, A는 당기(After) 실제(Actual) 수치를 나타내고 B는 전기(Before) 또는 기준(Benchmark) 수치를 나타낸다고 기억하면 된다.

4) 생산성요소가 예산차이분석의 능률차이와 유사하나, 생산성요소에서는 비교연도(당기)의 가격(AP)을 곱하나 능률차이에서는 표준가격(SP)을 곱하는 점이 다르다. 이는 관례상의 차이로 보인다.

5) 이 예는 변동제조간접원가의 배부기준으로 생산량 자체를 사용한 경우이다. 배부기준을 직접노무시간과 같이 생산량 이외의 수치를 사용하면 다른 생산성효과 수치가 계산된다.

기준수량은 전기의 생산성을, 실제수량은 당기의 생산성을 나타내므로 이 금액은 전기와 당기의 생산성 차이에 의한 원가차이를 계산한다.

판매가와 구입가 변화가 이익 증가에 기여했는가? - 가격요소

가격요소
전기 가격과 당기 가격의 차이에 의한 수익 및 원가 차이

제품의 판매가격 변화와 직접재료의 구입가격과 직접노무의 시간당 임률 변화가 당기 이익 변화에 얼마나 영향을 미쳤는지를 보기 위해 가격요소효과를 분석한다.[6] 먼저 가격요소의 수익효과는 당기의 가격변화액에 당기 판매량을 곱하여 계산한다. 이는 예산차이분석의 매출가격차이와 유사하다.

가격요소의 수익효과 = (**당기 판매가** − **전기 판매가**) × **당기 판매량**
= (500원/개 − 400원/개) × 4백만개
= 400백만원 증가

가격요소의 변동원가효과는 변동원가항목의 단위당 구입가 변화액에 당기 기준수량을 곱하여 계산한다.[7]

가격요소의 변동원가효과
= (**당기 변동원가항목 구입가격** − **전기 변동원가항목 구입가격**)
× **당기 변동원가항목 기준수량**
= (AP − BP) × BQ

가격요소의 직접재료원가효과
= (**당기 직접재료가격** − **전기 직접재료가격**) × **당기 직접재료 기준수량**
= (7원/g − 6원/g) × 40백만g
= 40백만원 증가

6) 가격요소는 다른 문헌에서 가격회복(Price Recovery)요소라고도 불리는데, 직접재료와 같은 변동원가항목의 가격증가를 제품의 판매가격 증가로 회수하였는지를 본다는 의미의 이름이다. 가격회복이라는 표현이 어색하여 이 책에서는 간단히 가격요소로 부른다.
7) 생산성요소에서 당기 가격(AP)을 사용하였으므로 이와 대응되게 가격요소에서는 당기 실제수량(AQ)이 아닌 기준수량(BQ)을 사용한다. 이 점이 예산차이분석의 가격차이와 다른 점이다.

가격요소의 직접노무원가효과

= **당기 직접노무임률 − 전기 직접노무임률) × 당기 직접노무 기준시간**

= (10,500원/시간 − 10,000원/시간) × 4천시간

= 2백만원 증가

가격요소의 변동제조간접원가효과

= **(당기 변동제조간접원가 실제배부율 − 전기 변동제조간접원가 실제배부율)**

× 당기 변동제조간접원가 기준배부기준량

= (60원/개 − 50원/개) × 4백만개

= 40백만원 증가

가격요소의 수익효과와 변동원가효과를 같이 고려하면 가격요소의 공헌이익효과는 318백만원이다.

가격요소 공헌이익효과 = **수익효과 − 변동원가효과**

= 400백만원 − (40백만원 + 2백만원 + 40백만원)

= 400백만원 − 82백만원

= 318백만원

변동원가는 가격요소로 82백만원이 증가하였으나 수익은 400백만원이 증가하여, 가격요소는 당기에 전기 대비로 318백만원의 이익 증가를 초래함을 알 수 있다.

기간간 공헌이익 차이분석 종합

이제까지 실시한 성장요소, 생산성요소, 가격요소의 수익과 변동원가에 대한 효과를 종합하면 〈표 8.3〉과 같다.

표 8.3 기간간 공헌이익 차이분석 (단위 : 백만원)

	당 기	성장요소	생산성요소	가격요소	전 기
매출액	**2,000**	**400**		**400**	**1,200**
변동원가	**611**	**120**	**49**	**82**	**360**
직접재료원가	308	60	28	40	180
직접노무원가	63	10	21	2	30
변동제조간접원가	240	50	0	40	150
공헌이익	**1,389**	**280**	**(49)**	**318**	**840**
고정제조간접원가	468				300
판매관리비(고정원가)	600				500
영업이익	**321**				**40**

전기의 매출 1,200백만원이 당기의 2,000백만원으로 800백만원 증가한 것은 판매량 1/3 증가효과인 성장요소 400백만원 증가와 제품판매가격 증가효과인 가격요소 400백만원 증가로 나누어짐을 알 수 있다.

전기의 변동원가 360백만원이 당기의 611백만원으로 증가한 것은, 판매량 증가에 의한 성장요소 120백만원 증가, 제품 단위당 직접재료와 직접노무의 사용량 증가, 즉 생산성 악화에 의한 49백만원의 증가, 직접재료 · 직접노무 · 변동제조간접항목의 가격 증가에 의한 가격요소 82백만원의 증가로 설명된다.

이 모든 효과를 공헌이익 관점에서 정리하면 당기의 공헌이익 1,389백만원이 전기의 공헌이익 840백만원보다 큰 이유는 판매량 증가의 성장요소에 의한 280백만원 증가, 생산성요소에 의한 49백만원 감소, 가격요소에 의한 318백만원 증가로 분석된다. 즉 당기의 공헌이익 증가는 성장과 가격마진의 향상이 주요 요인이며 생산성은 오히려 악화된 것을 알 수 있다.

기간간 고정원가차이는 어떻게 분석할까? - 유상열(2005)

고정원가의 기간간 비교는 고정원가항목의 용량(capacity)을 고려하여 성장요소, 가격요소 등으로 구분한다. 생산용량은 생산설비의 최대생산가능수량이며 판매용량은 판매인력과 판매시설 등에 의해 결정되는 최대판매가능수량이다. 이 기업은 당기의 생산·판매량이 기존의 생산·판매용량 4백만개를 초과할 것으로 보아 생산용량을 6백만개로, 판매용량을 5백만개로 확대하기 위해 고정제조간접원가와 판매관리비를 각각 168백만원과 100백만원 증가시켰다.

표 8.4 고정원가와 용량 자료

	당 기	차 이	전 기
고정제조간접원가(백만원)	**468**	**168**	**300**
생산용량(백만개)	6	2	4
생산용량당 고정제조간접원가(원/개)	78	3	75
판매관리비(고정원가)	**600**	**100**	**500**
판매용량(백만개)	5	1	4
판매용량당 판매관리비(원/개)	120	(5)	125

고정원가의 기간간 차이를 요소별로 분리하는 방법은 몇 가지 종류가 있다. 먼저, 유상열(2005)[8]의 방법에서는 고정원가의 기간간 차이분석을 성장요소와 가격요소만으로 구분하고 생산성요소는 없다. 성장요소는 용량의 변화량에 전기의 용량당 고정원가를 곱하여 계산한다.

성장요소의 고정원가효과

= **(당기 생산용량 − 전기 생산용량) × 전기 용량당 고정원가**

성장요소의 고정제조간접원가효과

= (6백만개 − 4백만개) × 75원/개 = 150백만원 증가

8) 유상열, "영업이익 차이분석," 『회계저널』, 제14권 제2호, 2005년 6월.

성장요소의 판매관리비효과

= (5백만개 − 4백만개) × 125원/개 = 125백만원 증가

가격요소의 고정원가효과는 용량당 고정원가의 차액에 당기의 용량을 곱하여 구한다.

가격요소의 고정원가효과

= **(당기 용량당 고정원가 − 전기 용량당 고정원가) × 당기 용량**

가격요소의 고정제조간접원가효과

= (78원/개 − 75원/개) × 6백만개 = 18백만원 증가

가격요소의 판매관리비효과

= (120원/개 − 125원/개) × 5백만개 = 25백만원 감소

유상열(2005)의 방법은 용량당 고정원가를 가격(배부율)처럼, 용량을 수량(배부기준량)처럼 보고 분석한 것과 같다. 이 방법에 의하여 고정원가를 기간간 비교하면 〈표 8.5〉와 같다.

표 8.5 고정원가의 기간간 차이분석 − 유상열(2005) 방법 (단위 : 백만원)

	당 기	성장요소	가격요소	전 기
고정제조간접원가	468	150	18	300
판매관리비	600	125	(25)	500

성장요소에서 생산용량과 판매용량의 증가에 의해 고정제조간접원가와 판매관리비가 각각 150백만원, 125백만원 증가하였음을 알 수 있다. 가격요소에서는 생산용량 단위당 고정원가의 증가로 고정제조간접원가가 18백만원 증가하였고, 판매용량당 판매관리비의 감소로 판매관리비는 25백만원 감소하였음을 보인다.

기간간 고정원가차이는 어떻게 분석할까? - Horngren 등(2009)

고정원가의 차이를 요소별로 분석하는 두 번째 방법으로, Horngren 등(2009)[9]에서는 당기 기준용량을 사용한다. 당기 기준용량은 당기의 생산·판매량을 위한 용량을 전기 용량을 기준으로 계산한 것이다. 전기 용량이 당기 생산·판매량을 위해 충분하면 당기 기준용량은 전기 용량 그 자체이나, 전기 용량이 불충분하면 당기 생산·판매량을 위해 조정된 용량을 말한다.

고정제조간접원가의 생산용량이 전기에 4백만개, 당기의 생산·판매량이 4백만개이므로 전기의 생산용량으로 충분하여, 당기의 고정제조간접원가 기준용량은 전기의 생산용량인 4백만개이다. 판매용량도 마찬가지이므로 판매관리비의 당기 기준용량은 전기의 판매용량인 4백만개이다.

Horngren 등(2009)은 다음과 같이 기간간 차이를 성장요소, 가격요소, 생산성요소로 분해한다. 성장요소는 당기의 기준용량과 실제용량의 차이에 전기의 용량당 고정원가를 곱하여 계산한다.

성장요소의 고정원가효과
= (당기 기준용량 − 전기 실제용량) × 전기 용량당 고정원가

성장요소의 고정제조간접원가효과
= (4백만개 − 4백만개) × 75원/개 = 0원 증가

성장요소의 판매관리비효과
= (4백만개 − 4백만개) × 125원/개 = 0원 증가

가격요소의 고정원가효과는 용량당 고정원가의 차액에 당기의 용량을 곱하여 구한다.

가격요소의 고정원가효과
= (당기 용량당 고정원가 − 전기 용량당 고정원가) × 당기 기준용량

9) Horngren 등, *Cost Accounting*, 13th edition, Prentice Hall, 2009.

가격요소의 고정제조간접원가효과

= (78원/개 − 75원/개) × 4백만개

= 12백만원 증가

가격요소의 판매관리비효과

= (120원/개 − 125원/개) × 4백만개

= 20백만원 감소

생산성요소의 고정원가효과는 당기의 실제용량과 기준용량의 차이에 당기 용량당 고정원가를 곱하여 구한다.

생산성요소의 고정원가효과

= **(당기 실제용량 − 당기 기준용량) × 당기 용량당 고정원가**

생산성요소의 고정제조간접원가효과

= (6백만개 − 4백만개) × 78원/개

= 156백만원 증가

생산성요소의 판매관리비효과

= (5백만개 − 4백만개) × 120원/개

= 120백만원 증가

Horngren 등(2009)의 방법은 용량당 고정원가를 가격(배부율)처럼 보고 용량을 수량(배부기준량)처럼 보되 전기의 용량이 당기 생산·판매에 충분하면 전기 용량을 당기 기준용량으로 사용하는 방법이다. 이 방법에 의하여 고정원가를 기간간에 비교하면 〈표 8.6〉과 같다.

표 8.6 고정원가의 기간간 차이분석 – Horngren 등(2009) 방법 (단위 : 백만원)

	당 기	성장요소	생산성요소	가격요소	전 기
고정제조간접원가	468	0	156	12	300
판매관리비	600	0	120	(20)	500

전기의 용량이 당기 생산·판매에 충분하여 성장요소는 0이다. 가격요소에서는 생산용량 단위당 고정원가의 증가로 고정제조간접원가는 12백만원 증가하고, 판매용량당 판매관리비의 감소로 판매관리비는 20백만원 감소했음을 보인다. 생산성요소는 전기 용량으로 당기 생산·판매가 가능했으나 당기 실제용량이 이보다 커졌으므로 용량의 생산성이 낮아져서 고정제조간접원가 156백만원, 판매관리비 120백만원이 증가하였다.

기간간 영업이익 차이분석 종합

이제까지 실시한 성장요소, 생산성요소, 가격요소의 수익, 변동원가, 고정원가에 대한 효과를 종합하면 〈표 8.7〉과 같다.

표 8.7 기간간 영업이익 차이분석 – 유상열(2005) (단위 : 백만원)

	당 기	성장요소	생산성요소	가격요소	전 기
매출액	**2,000**	**400**		**400**	**1,200**
변동원가	**611**	**120**	**49**	**82**	**360**
직접재료원가	308	60	28	40	180
직접노무원가	63	10	21	2	30
변동제조간접원가	240	50	0	40	150
공헌이익	**1,389**	**280**	**(49)**	**318**	**840**
고정제조간접원가	468	150	0	18	300
판매관리비(고정원가)	600	125	0	(25)	500
영업이익	**321**	**5**	**(49)**	**325**	**40**

유상열(2005)의 고정원가분석법에 의하면, 당기의 영업이익 321백만원이 전기의 영업이익 40백만원보다 큰 이유는 판매량 증가의 성장요소에 의한 5백만원 증가, 생산성요소에 의한 49백만원 감소, 가격요소에 의한 325백만원 증가로 분석된다. 즉 당기의 영업이익 증가는 생산성이 낮아졌지만 가격마진의 향상이 이를 초과하여 달성되었고, 성장요소의 영향은 적은 것으로 분석된다.

표 8.8 기간간 영업이익 차이분석 - Horngren 등(2009) 방법 (단위 : 백만원)

	당 기	성장요소	생산성요소	가격요소	전 기
매출액	**2,000**	**400**		**400**	**1,200**
변동원가	**611**	**120**	**49**	**82**	**360**
직접재료원가	308	60	28	40	180
직접노무원가	63	10	21	2	30
변동제조간접원가	240	50	0	40	150
공헌이익	**1,389**	**280**	**(49)**	**318**	**840**
고정제조간접원가	468	0	156	12	300
판매관리비(고정원가)	600	0	120	(20)	500
영업이익	**321**	**280**	**(325)**	**326**	**40**

Horngren 등(2009)의 고정원가분석법에 의하면, 당기의 영업이익 321백만원이 전기의 영업이익 40백만원보다 큰 이유는 판매량 증가의 성장요소에 의한 280백만원 증가, 생산성요소에 의한 325백만원 감소, 가격요소에 의한 326백만원 증가로 분석된다. 즉 당기의 영업이익 증가는 생산성이 낮아졌지만 가격 마진의 향상이 이를 상쇄하였고, 성장요소의 영향이 영업이익을 주로 증가시킨 것으로 분석된다.

유상열(2005)과 Horngren(2009)의 방법이 고정원가 차이분석에서 다르므로 영업이익의 종합분석에서 약간 다른 결과를 보여준다. 두 방법 모두 당기의 영업이익의 증가요인으로 성장요소와 가격요소를, 감소요인으로 생산성요소를 지적하나, 고정원가의 차이를 성장요소와 가격요소로 분리하는 방법이 달라서 나타나는 결과이다.

기간간 이익차이와 전략효과

영업이익의 기간간 차이는 외부환경요인과 기업이 추진한 전략의 결과가 결합되어 나타난다. 여러 가지 경영전략 중 가장 기본적인 원가우위전략과 차별화전략을 성장, 가격, 생산성 요소와 연결시켜 볼 수 있다. 원가우위전략은 높은 생산성을 기반으로 제품의 단위당 총원가를 낮춰서 원가/가격 경쟁력을 높이는 전략이므로 생산성요소와 직결된다. 차별화전략은 제품의 기능, 디자인 등의 특성이나 고객관련서비스 등의 판매활동의 차별화로 제품의 단위당 총원가는 높아지지만 충분히 높은 가격을 부가하는 전략이므로 가격요소와 직결된다. 매출성장은 가격경쟁력이나 제품/서비스 차별화 모두와 관련될 수 있고 시장규모 전체의 성장에도 영향을 받는다.

앞의 예에서 당기의 시장규모가 전기에 비해 전체적으로 10% 증가하였다고 하자. 이 기업은 제품의 성능과 디자인을 향상시키는 차별화전략을 당기에 추진하였다고 하자. 기업의 당기 매출증가율 중 시장규모 증가율을 제외한 나머지 증가는 차별화전략의 효과라고 볼 수 있다. 또한 가격요소에 의한 이익증가도 차별화전략의 효과라고 간주할 수 있다. 편의상 생산성요소의 이익효과는 전부 원가우위전략의 효과라고 보면서 Horngren(2009)의 방법을 사용하면 다음과 같은 분석이 가능하다.

시장규모 성장요소의 영업이익효과

= **성장요소의 이익효과 × (전기판매량 × 시장규모 성장률 / 당기판매증가량)**

= 280백만원 × (3백만개 × 10% / 1백만개)

= 84백만원 증가

차별화전략의 영업이익효과

= **(성장요소 이익효과 − 시장규모 성장요소) + 가격요소 이익효과**

= (280백만원 − 84백만원) + 326백만원

= 522백만원 증가

원가우위전략의 영업이익효과 = 생산성요소의 이익효과

= 325백만원 감소

이상의 분석을 표로 정리하면 〈표 8.9〉와 같다. 당기의 이익증가액 281백만원 중 시장규모 10% 증가효과가 84백만원이고, 차별화전략의 효과가 522백만원이며, 원가우위전략은 325백만원의 감소를 초래하였다는 해석이다.

표 8.9 기간간 영업이익차이와 전략효과 – Horngren 등(2009) 방법 (단위 : 백만원)

	당 기	시장규모성장	원가우위	차별화	전 기
영업이익	321	84	(325)	522	40

이때 생산성 악화에 의한 영업이익 감소를 원가우위전략의 영향이 아니라 차별화전략을 위한 원가증가로 보면 생산성요소의 325백만원 이익감소를 차별화전략의 영향으로 볼 수 있다. 이 해석에서는 당기이익증가액을 시장규모 증가효과 84백만원과 차별화전략의 효과 197백만원(=522백만원−325백만원)으로 양분할 수 있다.

토 론

한국생산성본부 종합생산성진단

한국생산성본부의 기업생산성 혁신서비스(e-PRiNS : Productivity Innovation Service, www.eprins.or.kr) > 생산성진단 > 종합생산성진단의 3단계 화폐효과분석은 수익성(영업이익 차이)분석을 물적생산성효과와 가격효과로 나누어 본장과 유사한 분석을 다음과 같이 하고 있다.[10)]

종합생산성진단 주요 프로세스(사례를 바탕으로)

여기서는 실제 기업사례를 바탕으로 종합생산성진단결과를 각 단계별로 상세히 설명합니다.

설명을 통해 종합생산성진단을 이해하신 후에는 시뮬레이션 서비스를 통해 직접 데이터를 수정하면서 진단방법을 직접 체험해 보시기 바랍니다.

STEP 01 분석데이터 구축 ▶ STEP 02 종합생산성지수 분석 ▶ STEP 03 화폐효과 분석 ▶ STEP 04 생산성 향상 체계 구축

1단계에서는 종합생산성진단을 위한 제품별·부문별 세부데이터를 구축합니다. 이 단계에서는 기업전체 및 제품별 세부데이터를 구축해야 하는데, 정확한 데이터를 도출할 수 있는 개별 원가계산시스템의 구축여부가 매우 중요합니다. 먼저 총산출(output)과 총투입(input)을 나누고, 다시 총산출 및 총투입은 각 구성부문으로 나누어 선정합니다. 각 구성부문은 물량, 단가, 금액으로 나누어 데이터를 구축해야 합니다.

아래는 A기업의 분석을 위한 데이터 구축 사례입니다. A기업은 공업용 기계의 주요 부품을 생산하는 업체입니다. 주요 제품은 제품 A와 제품 B로 나누어집니다. A기업의 분석을 위한 데이터 구축과정은 아래와 같습니다.

• 총산출(output) 산정

A기업의 총산출은 2개 제품의 생산금액을 산정한 후 금액을 합한 총액으로 계산합니다.

〈2004년도 총산출 계산식〉

A기업의 총산출=제품 A의 총산출+제품 B의 총산출=500,000백만원

제품 A의 총산출=생산량×판매단가=8,000개×50백만원=400,000백만원

제품 B의 총산출=생산량×판매단가=4,000개×25백만원=100,000백만원

〈계산 Tip〉

먼저 2004년도의 제품별 총생산 실적자료에서 생산량을 파악하고, 판매실적 자료를 바탕으로 제품별 또는 개별 평균판매단가를 파악해야 합니다.

10) 내용을 발췌하고 일부 용어를 수정하였음.

• 총투입(input) 산정

A기업의 총투입은 총산출을 위해 투입된 2개 제품의 투입 부문별 금액을 합한 총액으로 계산합니다.

〈2004년도 총투입 계산식〉

A기업의 총투입＝제품 A의 총투입＋제품 B의 총투입＝439,175백만원

제품 A의 총투입＝원재료비＋기타비용＋인건비＝351,340백만원

제품 B의 총투입＝원재료비＋기타비용＋인건비＝87,835백만원

〈계산 Tip〉

· 원재료비 산정 : 품목 master와 BOM 정보를 바탕으로 실제 투입된 원재료의 물량 및 단가 자료를 파악해야 합니다. 총산출과 관련되어 직접적으로 투입된 원재료만 산정하는 것으로 재공품 가치는 산정에서 제외해야 합니다.

· 기타비용 산정 : 총산출과 관련된 모든 비용의 물량 및 단가 자료를 파악해야 합니다. 실제 투입된 가치를 산정하기 위해서 사전에 선정한 배부기준에 따라 제품별로 배부되어야 합니다.

(주요 배부 기준 : 투입인원, 인건비, 조립 MH, 투입총 MH, 생산수량, 제품중량, 판매금액 등)

· 인건비 산정 : 총산출을 위해 투입된 인건비를 파악합니다. 관리자, 정규직, 계약직 등으로 구분하여 산정하게 되면 보다 세부적인 분석이 가능합니다.

• 영업이익 산정

영업이익은 총산출에서 총투입을 빼서 계산합니다.

• A기업의 분석을 위한 데이터 내용

다음 표는 위의 설명에 따라 산정한 A기업의 데이터 내용입니다. 제품별 · 부문별로 물량, 단가, 금액을 산정하고 제품 A와 B의 합계로 기업전체 데이터를 산정합니다.

〈제품 A〉 (단위 : 개, 백만원)

항 목			2004년			2005년		
			물 량	단 가	금 액	물 량	단 가	금 액
총산출	제품 A		8,000	50	400,000	10,400	56	582,400
총산출 합계					400,000			582,400
총투입	원재료비	원재료 1	2,200	50	110,000	2,920	58	169,360
		원재료 2	1,250	30	37,500	1,525	45	68,625
		원재료비 합계			147,500			237,985
	기타 비용	전력비	8,000	5	40,000	9,200	5	46,000
		가스비	6,000	8	48,000	8,200	9	73,800
		기타비용 합계			88,000			119,800
	인건비	관리자	320	92	29,440	362	130	47,060
		정규직	800	52	41,600	980	72	70,560
		계약직	1,120	40	44,800	1,520	42	63,840
		인건비 합계			115,840			181,460
총투입 합계					351,340			539,245
영업이익					48,660			43,155

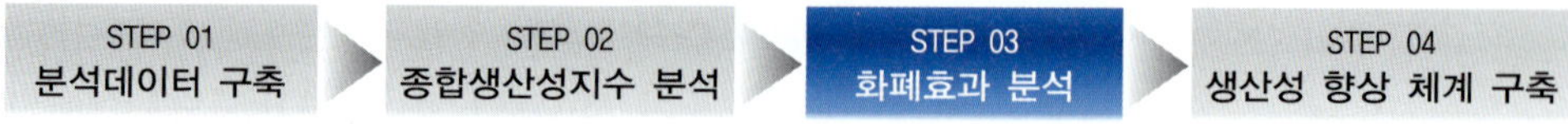

3단계에서는 2단계에서 실행한 종합생산성지수 분석보다 더 심층적인 분석을 실행합니다.

• 금액으로 생산성 지표 제시

화폐효과 분석에서는 제품별·부문별로 생산성 향상과 하락으로 인한 이익과 손실액을 산정하여 제시합니다. 지수가 아닌 금액으로 분석함으로써 생산성 분석에 있어 더 명확한 해석이 가능합니다.

• 세부부문별 이익 및 손실 금액 제시

또한 부문별 모든 투입요소에 대한 분석이 가능하고, 문제점이 투입부문에 있어 투입량의 문제인지, 아니면 가격변화에 따른 것인지를 분석할 수 있습니다.

• 화폐효과 분석의 주요 내용

화폐효과 분석은 크게 물적생산성효과 분석, 가격회복효과 분석, 수익성효과 분석으로 구성되어 있습니다.

· 물적생산성효과 분석 : 투입부문 투입량의 생산성변화에 따른 이익 및 손실 분석
· 가격회복효과 분석 : 투입부문 투입단가의 변화에 따른 이익 및 손실 분석
· 수익성효과 분석 : 물적생산성효과와 가격회복효과의 합계, 각각의 투입부문 변화에 따른 이익 및 손실 분석

아래 그림은 화폐효과 분석을 설명하는 것이고 계산 및 분석 방법은 A기업의 사례를 통해 설명하도록 하겠습니다.

〈화폐효과 분석의 구조〉

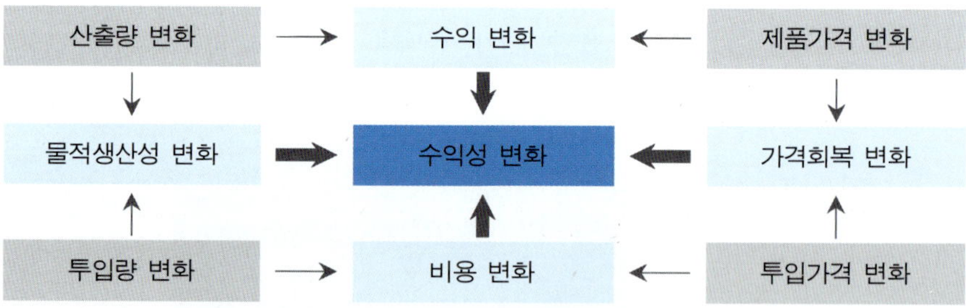

* 화폐효과 분석의 계산식

· 물적생산성 변화효과 : 2004년도 부문별 투입금액×(총산출의 물량변화－부문별 총투입의 물량변화)
· 가격회복 변화효과 : 수익성 변화효과－물적생산성 변화효과
· 수익성 변화효과 : 2004년도 부문별 투입금액×(총산출의 금액변화－부문별 총투입의 금액변화)

〈아래는 A기업의 구축 데이터를 바탕으로 작성한 화폐효과 분석표와 그래프입니다〉

〈화폐효과 분석의 구조〉

제품 A (단위 : 백만원)

구 분	변화치의 화폐효과		
	생산성	가격회복	수익성
산출 합계			
산출 1			
투입 합계	8,328	−36,022	−27,694
원재료계	0	−23,225	−23,225
원재료 1	−3,000	−6,200	−9,200
원재료 2	3,000	−17,025	−14,025
지급경비계	2,800	5,528	8,328
기타비용 1	6,000	6,240	12,240
기타비용 2	−3,200	−712	−3,912
인건비계	5,528	−18,325	−12,797
관리자	4,968	−9,163	−4,195
정규직	3,120	−13,110	−9,990
계약직	−2,560	3,949	1,389
영업이익			

〈제품 A 화폐효과 그래프 분석 내용〉

(단위 : 백만원)

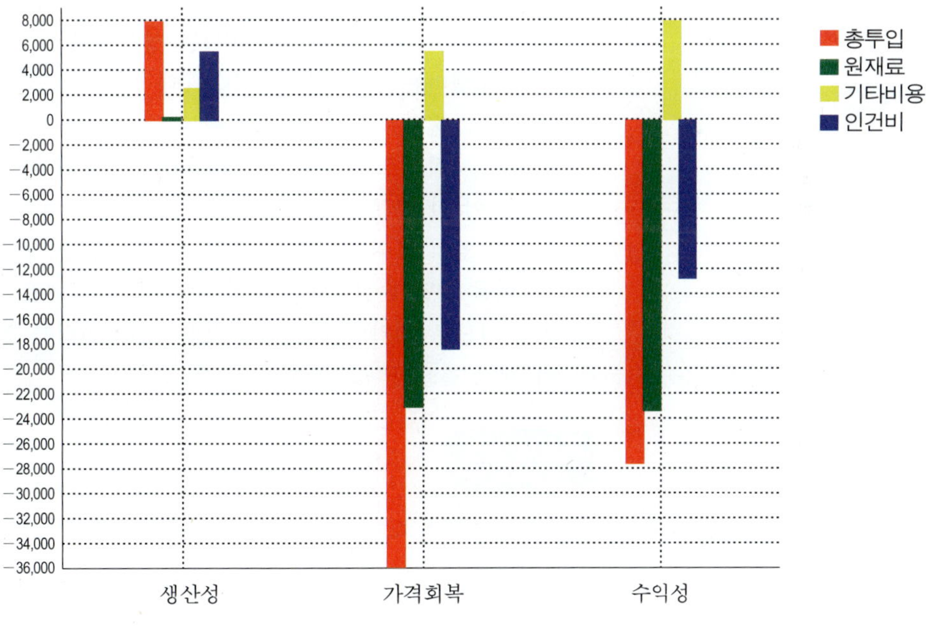

(1) 제품 A 화폐효과

A기업의 2005년 기업전체 생산성지수는 0.97입니다. 이는 A기업이 2004년 대비 생산성이 3% 하락하였다는 뜻입니다. 표와 그래프에 있는 총투입 수익성효과인

−27,694백만원은 생산성 하락에 따른 손실금액입니다. A기업이 2004년도 생산성 수준을 유지하지 못하였기 때문에 발생한 손실금액을 의미합니다.

총투입 수익성효과는 다시 물적생산성효과와 가격회복효과로 나누어서 분석할 수 있습니다. 제품 A의 물적생산성효과는 8,328백만원이고 가격회복효과는 −36,022백만원입니다. 이는 전체적으로 생산에 따른 투입량적인 부문에서는 생산성 향상을 해서 이익이 발생하였지만, 투입단가부문에서 가격상승으로 인해 손실이 발생했다는 것을 의미합니다.

(2) 제품 A의 부문별 화폐효과

원재료비의 수익성효과는 −23,225백만원, 기타비용의 수익성효과는 8,328백만원, 인건비의 수익성효과는 −12,797백만원입니다. 이는 특히 원재료비 부문과 인건비 부문에서 생산성 하락으로 손실이 발생하였다는 것을 알 수 있습니다.

원재료비 부문에서도 생산성효과는 0백만원, 가격회복효과는 −23,225백만원으로 투입 원재료의 단가상승이 수익성 하락을 주도했다는 것을 알 수 있습니다.

(3) 제품 A의 세부 구성요소별 화폐효과

화폐효과 분석에서는 다시 부문별 세부구성요소들에 대해서도 심층분석이 가능합니다. 원재료비의 수익성효과는 −23,225백만원인데, 이는 원재료 1의 수익성효과 −9,200백만원, 원재료 2의 수익성효과 −14,025백만원으로 나누어집니다. 원재료 2의 생산성 하락이 더 컸다는 것을 의미합니다.

특히, 원재료 2에서도 생산성효과는 3,000백만원, 가격회복효과는 −17,025백만원으로 투입 원재료 물량 측면에서는 생산성이 향상되었으나 단가상승이 수익성 하락을 주도했다는 것을 알 수 있습니다.

표와 그래프를 통해 각각의 세부구성요소와 화폐효과의 세부적인 이익 및 손실금액을 전체적으로 파악할 수 있습니다. 기업의 생산성 향상을 위해서 최우선적으로 개선해야 할 부문을 선정하여 생산성 향상을 실행해 나갈 수 있습니다. A기업의 경우에는 앞의 표와 그림에서 손실이 난 부문을 우선적으로 개선해 나가야 할 것입니다. 예를 들면 손실금액이 가장 큰 부문이 원재료 2의 가격회복효과 금액(−17,025백만원)이므로 매입단가 조정실행이나 단가인하를 위한 신규 거래처 및 대체재 개발이 제일 필요하다고 분석할 수 있습니다.

토론해 보자

종합생산성진단 3단계의 수익성 분석과 본장의 기간간 영업이익 분석의 공통점과 차이점을 논의해 보자.

요약정리

예산이나 목표치를 기준으로 분석하는 방법보다 더 일반적인 비교는 과거 실적과 현재의 실적을 비교하는 것이다. 이 기간간 차이분석은 당기에 실행한 전략의 효과가 당기 실적에 나타났는지를 파악하는 데 도움이 된다. 예산차이분석에서는 비교기준수치가 예산수치인 반면, 기간간 차이분석에서는 기준수치가 기준연도의 수치라는 점에서만 다르며 분석 틀은 비슷하다.

기간간 차이분석은 기준연도(전기)와 비교연도(당기)의 영업이익차이를 성장요소, 생산성요소, 가격요소로 나눈다. 영업이익차이는 수익차이, 변동원가차이, 고정원가차이로 나눌 수 있고, 수익차이는 성장요소와 가격요소로 나누고, 원가차이는 성장요소, 생산성요소, 가격요소로 나누어진다.

고정원가차이를 분해하는 방법은 몇 가지가 있어서 본서는 유상열(2005)과 Horngren 등(2009)의 방법을 소개한다. 두 방법의 차이점은 고정원가의 크기에 영향을 주는 관련 용량의 크기를 어떻게 비교기준량으로 잡아 그 변화를 성장요소와 생산성요소로 해석하느냐의 차이이다.

성장요소, 생산성요소, 가격요소는 원가우위전략과 차별화전략의 효과와 관련시켜 해석할 수 있다. 원가우위전략은 높은 생산성을 기반으로 제품의 단위당 총원가를 낮춰서 원가/가격 경쟁력을 높이는 전략이므로 생산성요소와 직결된다. 차별화전략은 제품의 기능, 디자인 등의 특성이나 고객관련서비스 등의 판매활동의 차별화로 제품의 단위당 총원가는 높아지지만 충분히 높은 가격을 부가하는 전략이므로 가격요소와 직결된다. 매출성장은 가격경쟁력이나 제품/서비스 차별화 모두와 관련될 수 있고 시장규모 전체의 성장에도 영향을 받는다.

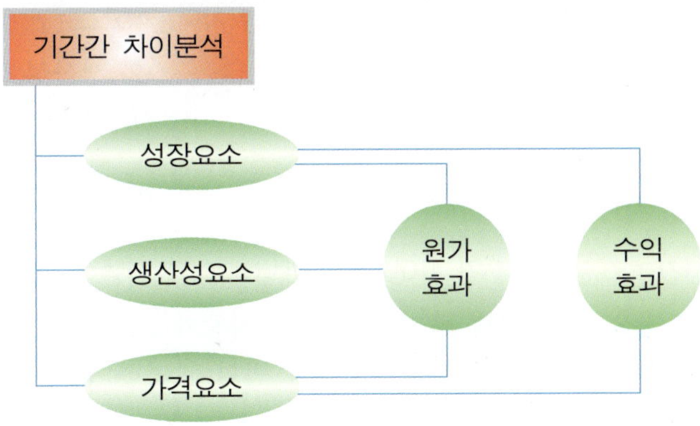

8 연습문제

객관식

01 기간간 차이분석 개념

다음은 기간간 차이분석에 관한 설명이다. 옳지 않은 것은?

① 기간간 차이분석은 예산을 기준으로 당기의 실적을 비교분석하는 것이 아닌, 과거의 실적과 현재의 실적을 비교하는 것이다.
② 기간간 차이분석은 당기에 실행한 전략의 효과가 당기 실적에 나타났는지를 파악하는 데 도움이 된다.
③ 기간간 차이분석은 기준수치가 예산수치이다.
④ 기간간 차이분석과 예산차이분석의 틀은 비슷하다.

02 기간간 차이분석 개념

다음은 기간간 차이분석과 예산차이분석의 비교설명이다. 옳지 않은 것은?

① 예산차이분석 중 변동제조원가의 능률차이는 기간간 차이분석의 생산성요소와 유사하다.
② 예산차이분석 중 매출조업도차이는 기간간 차이분석의 성장성요소와 유사하다.
③ 예산차이분석은 예산을 기준으로 당기실적을 분석하지만, 기간간 차이분석은 과거와 현재의 실적 차이를 분석한다.
④ 예산차이분석 중 고정제조간접원가는 예산차이와 조업도차이로 나누지만, 기간간 차이분석은 성장요소, 수량요소, 가격요소로 나눌 수 있다.

03 기간간 차이분석 개념

다음 중 수익효과를 고려하지 않는 기간간 차이분석요소는?

① 성장요소 ② 생산성요소
③ 능률차이 ④ 가격요소

04 기간간 차이분석 개념

기간간 차이분석에서 각 차이요소의 개념에 대한 설명 중 옳은 것은?

① 성장요소 – 생산량 증가에 의한 이익증가 효과
② 생산성요소 – 원가항목의 생산성 변화에 의한 원가변동액

③ 가격요소－전기가격과 당기가격의 차이에 의한 수익차이
④ 유상열(2005)에 의한 고정원가의 기간간 차이분석요소는 생산성요소, 가격요소로 구분한다.

05 기간간 차이분석 개념

기간간 차이분석과 관련된 내용으로 옳지 않은 것은?

① 성장요소, 생산성요소, 가격요소는 원가우위전략과 차별화전략의 효과와 관련시켜 해석할 수 있다.
② 원가우위전략은 제품의 단위당 총원가를 낮추기 때문에 생산성요소와 직결된다.
③ 차별화전략은 높은 생산성을 기반으로 단위당 총원가는 상승하지만 높은 판매가격을 부가하는 전략이므로 가격요소와 직결된다.
④ 매출성장은 가격경쟁력이나 제품차별화 모두와 관련될 수 있고 시장규모 전체의 성장에도 영향을 받는다.

06 성장요소

2015년의 매출액은 ₩1,000,000, 제품생산 · 판매량은 10,000개이고, 2016년의 매출액은 ₩1,500,000, 제품생산 · 판매량은 12,000개이다. 성장요소의 수익효과는 얼마인가? (단, 생산량과 판매량은 일치한다고 가정한다)

① ₩500,000 증가 ② ₩200,000 증가
③ ₩200,000 감소 ④ ₩500,000 감소

07 성장요소

각 수익 · 원가요소별 기간간 차이분석결과는 다음과 같다.

성장요소의 수익효과	₩100,000 증가
성장요소의 직접재료원가효과	₩20,000 감소
성장요소의 직접노무원가효과	₩30,000 증가
성장요소의 변동제조간접원가효과	₩10,000 증가

성장요소의 공헌이익효과는 얼마인가?

① ₩190,000 증가 ② ₩80,000 증가
③ ₩30,000 증가 ④ ₩10,000 증가

08 성장요소

전기 매출액은 ₩200,000이고 당기 매출액은 ₩300,000, 판매가격은 ₩30이다. 기간간 차이분석결과 성장요소로 공헌이익이 전기 대비 당기에 ₩40,000 증가하였다. 이 중 성장요소로 변동원가가 ₩80,000 증가하였다. 그렇다면 전기 생산 · 판매량은 얼마인가? (단, 생산량과 판매량은 일치한다고 가정한다)

① 6,250개 ② 7,250개
③ 8,000개 ④ 10,000개

09 성장요소

전기 매출액은 ₩500,000, 생산·판매량은 5,000개이고, 당기 매출액은 ₩600,000, 생산·판매량은 6,000개이다. 전기와 당기의 차이분석결과 성장요소로 공헌이익이 ₩50,000 증가하였다. 그렇다면 전기 변동원가의 총액은 얼마인가? (단, 생산량과 판매량은 일치한다고 가정한다)

① ₩100,000 ② ₩250,000
③ ₩370,000 ④ ₩400,000

10 성장요소

다음은 2개년도의 매출 및 원가자료이다.

	2015년	2016년
생산·판매량	50,000단위	52,000단위
판매가격	₩50	₩60
직접재료사용량(kg)	100,000	104,000
직접재료 kg당 원가	₩5	₩6
직접노무시간	20,000시간	20,800시간
시간당 직접노무비	₩2	₩2.5
변동제조간접원가(단위당)	₩6	₩8

성장요소의 공헌이익효과는 얼마인가? (단, 생산량과 판매량은 일치한다고 가정한다)

① ₩66,400 감소 ② ₩133,600 감소
③ ₩133,600 증가 ④ ₩66,400 증가

11 생산성요소

2015년의 매출액은 ₩1,000,000, 판매가격은 ₩20, 직접재료가격은 ₩2/kg이고, 2016년의 매출액은 ₩1,200,000, 판매가격은 ₩20, 직접재료사용량은 4kg/개, 직접재료가격은 ₩4/kg이다. 기간간 차이분석에서 생산성요소로 직접재료원가는 ₩120,000 증가하였다. 2015년의 단위당 직접재료사용량은 얼마인가? (단, 생산량과 판매량은 일치한다고 가정한다)

① 4kg/개 ② 3.5kg/개
③ 3kg/개 ④ 2.5kg/개

12 생산성요소

2개년도의 원가자료는 다음과 같다.

	2015년	2016년
제품생산 · 판매량	50,000	60,000
직접재료사용량(kg/개)	8kg	6kg
직접재료 kg당 원가	₩5	₩7
직접노무시간(개당)	2시간	1.5시간
시간당 임률	₩10	₩12
변동제조간접원가(개당)	₩5	₩6

다음 설명 중 옳지 않은 것은? (단, 생산량과 판매량은 일치한다고 가정한다)

① 생산성요소의 직접재료원가효과는 ₩840,000 감소이다.
② 생산성요소의 직접노무원가효과는 ₩360,000 감소이다.
③ 생산성요소의 변동제조간접원가효과는 ₩100,000 증가이다.
④ 생산성요소의 효과는 수익과 관련 없으므로 원가효과만 계산한다.

다음은 **13~15**에 관한 (주)KS의 매출 및 원가자료이다. (단, 생산량과 판매량은 일치한다고 가정한다)

	2015년	2016년
생산 · 판매량	1,000개	800개
매 출 액	₩500,000	₩480,000
단위당 직접재료사용량	3kg/개	2kg/개
kg당 직접재료가격	₩5	₩4
단위당 직접노무시간	3시간/개	2시간/개
시간당 직접노무임률	₩2	₩3
단위당 변동제조간접원가	₩8	₩10

13 가격요소

(주)KS의 기간간 차이분석 중 가격요소의 수익효과는 얼마인가?

① ₩80,000 증가 ② ₩80,000 감소
③ ₩20,000 증가 ④ ₩20,000 감소

14 가격요소

(주)KS의 기간간 차이분석 중 가격요소의 직접노무원가효과는 얼마인가?

① ₩3,600 증가 ② ₩2,400 증가
③ ₩2,400 감소 ④ ₩3,600 감소

15 가격요소

(주)KS의 기간간 차이분석 중 가격요소의 공헌이익효과는 얼마인가?

① ₩81,600 감소　　② ₩78,400 감소
③ ₩78,400 증가　　④ ₩81,600 증가

다음은 16~18에 관한 (주)명륜의 원가자료이다. (단, 판매관리비는 전부 고정원가로 가정하고 생산량과 판매량은 일치한다고 가정한다)

	2015년	2016년
생산・판매량	40,000개	51,000개
고정제조간접원가	₩10,000,000	₩15,000,000
생산용량	50,000개	60,000개
판매관리비	₩6,000,000	₩6,500,000
판매용량	40,000개	52,000개

16 성장요소

(주)명륜의 고정원가는 성장요소효과로 얼마만큼 증감하는가?

① ₩3,800,000 증가　　② ₩3,800,000 감소
③ ₩2,800,000 증가　　④ ₩2,800,000 감소

17 가격요소

(주)명륜의 고정원가는 가격요소효과로 얼마만큼 증감하는가?

① ₩2,700,000 증가　　② ₩2,700,000 감소
③ ₩1,700,000 증가　　④ ₩1,700,000 감소

18 생산성요소

(주)명륜의 고정원가는 생산성요소효과로 얼마만큼 증감하는가?

① ₩0　　② ₩1,000,000 증가
③ ₩1,700,000 증가　　④ ₩2,500,000 증가

PART III

의사결정과 성과평가

9 의사결정과 관련원가

가격, 제품배합, 아웃소싱, 제품추가·폐지를 결정한다

10 전략적 원가관리

품질원가, 제약이론, 원가기획을 사용한다

11 불확실성과 의사결정

불확실성을 고려하여 결정한다

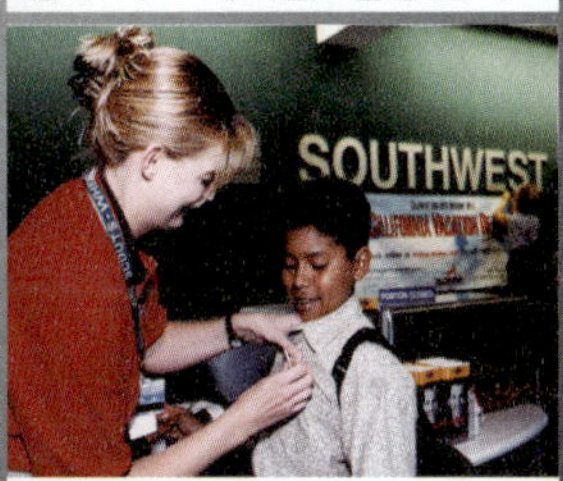

12 성과평가

책임회계, 경제적 부가가치, 균형성과표를 사용한다

13 사내대체가격

사내내부거래제도를 사용한다

14 환경관리회계

환경영향을 고려하여 의사결정한다

제Ⅲ부는 조직의 운영과 관련된 의사결정에 회계정보를 활용하는 방법과 운영의 성과를 평가하고 관리하는 방법을 다룬다. 제9장은 기업에서 전형적으로 이루어지는 가격결정, 사업구조 조정, 신제품 추가와 적자제품 중단 결정, 제약자원의 최적 활용, 외부주문과 자체조달 결정, 추가가공 결정에 회계정보를 적절히 활용하는 방법을 소개한다. 제10장은 기업의 성공전략과 관련성이 높은 적시(JIT)구매/생산시스템, 품질원가계산, 제약이론, 제품수명주기원가계산, 원가기획을 소개한다. 제11장은 의사결정의 결과가 불확실한 상황에서 활용할 수 있는 상황분석, 기대이익, 정보의 가치, 위험의 고려 등의 개념을 학습한다. 제12장은 조직의 전체나 하부단위가 달성한 성과를 평가하는 방법을 다룬다. 책임회계, 성과평가의 일반적 이슈, 투자액을 고려한 성과평가, 비재무적 지표도 중시하는 균형성과표를 소개한다. 제13장은 분권화와 이익중심 부문평가를 위한 조직 내부의 부문간 내부가격제도를 다룬다. 제14장은 환경문제를 고려한 관리회계 기법을 소개한다.

9 의사결정과 관련원가

가격, 제품배합, 아웃소싱, 제품추가 · 폐지를 결정한다

백화점의 세일기간에 많은 사람이 할인된 가격에 상품을 사려고 백화점에 몰려든다. 상품가격을 얼마나 할인하는 것이 적절할까? 정상가격은 어떻게 결정될까? 고객의 수요도 고려하겠지만 원가 이하로 팔 수는 없다. 이러한 결정에 관련된 원가수치는 어떻게 구하는지를 이 장이 다룬다. 가격 결정 이외의 여러 가지 의사결정에 필요한 원가개념과 적용방법을 다음과 같은 내용으로 다룬다.

- 정상가격과 할인가격과 관련된 원가는 다르다.
- 제품라인이나 부문 추가폐지결정에 원가정보를 이용한다.
- 최적의 제품배합을 결정하려면 제약자원의 이용효율성을 고려하여 수익성을 비교한다.
- 외부주문(외주), 외주가공, 아웃소싱 등을 통해 원가를 절감할 수 있다.
- 제품을 추가가공하여 수익성을 높인다.

원가가산가격결정

원가에 이익을 더하여 가격을 설정하는 방법

가격 = 단위당 원가 + 이익 마진

- 원가의 일정비율로 계산
- 투자된 자본의 적정수익률에 의해 계산

9

- 제품가격을 얼마로 정할까?
- 원가를 기준으로 가격설정을 하는 방법이 있다
- 판매량 영향을 고려하여 가격을 정한다
- 사업중단도 대안이다
- 가격을 얼마나 할인하여 판매할 수 있는가?
- 적자제품생산을 중단하면 손실이 더 커질 수 있다
- 여러 제품의 매출이 서로 영향을 미칠 수도 있다
- 제약자원이 있을 때 어느 제품을 더 생산 · 판매해야 하는가?
- 외부주문으로 원가를 절감한다
- 제품의 추가가공으로 수익성을 높인다

이통사 '원가보상률' 논란 재점화

■ 미래부가 매년 산출… 단통법 시행 이후 이통사 영업이익 큰 폭으로 늘어 의혹

단말기유통구조개선법(단통법) 시행 후 이동통신사들의 영업이익이 큰 폭으로 늘면서 통신업계의 '원가보상률'을 둘러싼 논쟁이 재차 수면 위로 떠오르고 있다. 시민단체 등은 이통사들의 영업이익 확대폭에 비해 원가보상률 변동이 크지 않은 점을 들어 원가보상률이 비현실적으로 산정되고 있다는 의혹을 제기중이다. 정부는 "영업이익 규모와 원가보상률 간 직접적인 상관관계가 없다"면서도 원가보상률 산정기준 등에 대한 구체적인 자료 공개는 거부하고 있다.

원가보상률은 특정 재화나 서비스를 제공해 얻는 영업수익을 총괄원가로 나눠서 산출하는 값이다. 원가보상률이 100보다 크면 클수록 원가 이상의 수익을 내고 있다고 해석할 수 있다. 원가보상률은 주로 전기나 가스, 수도, 도로 등 공공서비스 영역에서 요금 산정시 중요 자료로 활용된다. 원가보상률이 낮은 서비스일수록 요금을 높여야 공공서비스의 영속성을 유지할 수 있다.

■ 시민단체 "산정과정 공개하라" 요구

이동통신서비스는 각 이통사의 원가보상률 자료가 중요하게 쓰인다. 이통사별 원가보상률은 매년 3월 미래창조과학부가 사업자로부터 자료를 제출받아 산출한 뒤 이통사간 상호접속료, 도매대가, 설비제공비용 등을 산정하는 데 활용한다. 정부가 통신요금을 정하지는 않기 때문에 원가보상률 자체가 소비자가 부담하는 통신요금 수준에 직접적인 영향을 주지는 않는다. 특정 이통사의 원가보상률이 경쟁사보다 높다고 해서 해당 이통사만 요금을 내리게 할 수는 없다는 뜻이다. 다만 원가보상률이 높을수록 통신요금을 인하할 여지가 더 많다는 해석은 충분히 가능하다. 미래부는 이통사의 요금인가 심사시 원가보상률을 참고해 요금산정 수준이 적절한지 여부 등을 판단한다.

시민단체 등은 2~3년 전부터 정부에 원가보상률 산정과정을 투명하게 공개하라고 요구 중이다. 영업수익의 경우 기업의 공시를 통해 구체적인 수치가 확인되지만 총괄원가의 경우 정부가 워낙 복잡한 수치들을 종합해 산출하다 보니 신뢰하기 어렵다는 게 시민단체들의 입장이다.

총괄원가는 '(사업비용+투자보수비)×투자보수율'의 계산으로 산출한다. 지난해 국정감사에서 공개된 자료를 보면 사업비용에는 영업비용, 출연금, 보편적 역무손실보전금, 전기통신 관련 유형자산처분손익 및 법인세비용 등이 포함된다. 투자보수비에는 연평균 유형자산 등 장부가액, 연평균 재고자산, 적정운전자본 등이 포함된다. 투자보수율은 이통사가 투자비용을 무위험자산에 투자했을 때 얻을 수 있는 일종의 '기회비용'으로, 매년 시장금리 수준과 연동해 변동된다. (후략)

최근 5년간 이동통신 3사의 원가보상률 현황 (단위 : 억원, %)

구 분		2012년	2013년	2014년	2015년	2016.2Q(누적)
SKT	매출액	123,327	128,604	130,126	125,570	641,903
	영업이익	16,754	19,697	17,371	16,588	9,081
	원가보상률	111.5%	112.5%	111.5%	108.6%	–
KT	매출액	188,630	179,370	174,358	169,424	84,044
	영업이익	10,750	3,099	−7,195	8,639	6,091
	원가보상률	99.6%	105.6%	92.1%	97.2%	–
LGU+	매출액	109,046	114,522	109,849	107,804	55,850
	영업이익	1,268	5,426	5,931	6,463	3,555
	원가보상률	83.1%	88.6%	97.21%	97.9%	–
3사	매출액	421,003	422,496	414,333	402,798	201,797
	영업이익	28,772	28,222	16,107	31,690	18,727
	원가보상률	101.6%	104.8%	101.4%	102.9%	–

※ 매출액, 영업이익 : 사업자 공시자료(IR), 원가보상률(영업보고서)

(주간경향, 2016년 10/11월호)

제품가격을 얼마로 정할까?

시장형태별 가격설정

완전경쟁시장

생산기업＝가격수용자 (Price-taker)

독과점시장

생산기업＝가격설정자 (Price-setter)

독점적 경쟁시장

생산기업＝범위 내 가격결정

소비자는 유사제품 구입

생산자의 손해

수집된 원가자료는 기업과 단체의 여러 의사결정에 사용된다. 먼저 가격설정(Pricing)을 생각하자. 이익을 얻기 위해 원가보다 높은 가격을 받아야 한다. 경쟁기업들이 거의 똑같은 제품을 판매하는 시장[1]에서는 다른 기업이 받는 시장가격과 다른 가격을 받기는 어렵다. 그러나 많은 경우에 경쟁제품 사이에도 기능, 내구성, 디자인 등의 차이가 있어 서로 다른 가격에 팔린다. 백화점이나 대형할인점에 있는 다양한 제품의 다양한 가격을 생각해 보라. 심지어 농산물도 이천쌀, 성거포도처럼 생산지에 따라 특산품은 높은 가격에 거래된다. 이렇게 차별화된 제품의 시장[2]에서 생산기업은 가격을 스스로 설정한다. 독점적 경쟁상황에서 가격을 너무 올리면 소비자는 유사제품을 대신 구입할 것이고, 가격을 너무 낮추면 손해를 본다. 원가 이상으로 판매하여 이익을 얻으면서 판매량도 고려하여 이익을 최대로 할 수 있는 가격이 가장 좋다.

원가를 알아야 어느 가격에서 얼마나 이익이 남는지 계산할 수 있다. 가격설정을 위해 모든 원가를 고려해야 할까? 고정원가도 포함해야 할까? 그것은 고려할 원가의 범위가 정상가격인가 아니면 임시특별가격인가에 따라 다르다. 정상가격은 모든 원가를 다 고려해야 한다. 제조원가와 판매관리비의 총원가 이상의 가격을 받아야 이익을 창출할 수 있다. 변동원가, 고정원가, 계단원가(준고정원가) 등 모든 행태의 원가를 고려하여 최저정상가격을 구한다. 순수변동원가 이외의 원가는 단위당 원가가 일정하지 않으므로 판매량에 따라 최저정상가격이 변한다. 〈표 9.1〉에서 판매량이 늘어날 때 고정제조원가와 고정판매관리비의 단위당 금액이 작아져서 단위당 원가합계가 420원에서 336.7원으로 작아져서 최저정상가격이 낮아지는 예를 보여준다.

임시특별가격이란?

기업이 일시적 판매부진에서 벗어나기 위해 대폭 할인한 가격

1) 경제학에서 많은 수의 생산자들이 거의 같은 제품을 판매하는 시장을 완전경쟁시장이라고 한다. 이 경우 시장에서 결정된 가격으로 각 생산자가 제품을 팔아야 하므로 생산자는 가격수용자(price taker)가 된다.

2) 비슷한 기능의 제품이나 서비스가 서로 차별화되어 서로 다른 가격에서 거래되는 경우를 독점적 경쟁(Monopolistic Competition)이라 한다. 이때와 독과점의 경우 생산자가 가격을 스스로 결정할 수 있으므로 가격설정자(price setter)가 된다.

표 9.1 판매량과 최저정상가격

판매량(백만개)	4		6	
	총 액 (백만원)	단위당 금액 (원/개)	총 액 (백만원)	단위당 금액 (원/개)
변동매출원가	560	140	840	140
변동판매관리비	120	30	180	30
고정제조원가	450	112.5	450	75
고정판매관리비	550	137.5	550	91.7
원가합계	1,680	420	2,020	336.7
최저정상가격		420		336.7

원가를 기준으로 가격설정을 하는 방법이 있다

가격을 설정하는 방법에는 무엇이 있을까?

일반기업의 방법

상품취득원가 or 직접제조원가 + 이익 마진

좋은점

- 복잡한 간접원가 배부를 회피

문제점

- 여기서 마진은 진정한 이익이 아니라 간접원가 회수를 포함한 금액
- 간접원가가 상품이나 제품 사이에 큰 차이를 보인다면 가격이 너무 높거나 너무 낮을 수 있음

적자를 면하게 하는 최저의 가격은 총원가를 판매량으로 나눈 단위당 원가이다. 이익을 주는 가격을 정하려면 단위당 원가에 이익 마진을 더하여 가격을 정한다. 이 방법을 원가가산 가격설정(cost-plus pricing)이라 한다. 원가에 더해지는 이익 마진은 원가의 일정비율 또는 투자된 자본의 적정수익률에 의해 계산한다.[3] 전기, 전화, 교통요금 등의 공공요금이나 독과점 상품의 가격규제를 할 때에도 흔히 사용된다. 또는 건설공사나 값비싼 군수장비의 납품을 수의계약에 의해 실시할 때 발생한 원가를 기준으로 대금을 주기도 한다.

실제 발생한 원가에 이익을 더하여 대금을 정산하는 경우, 공급업자의 이익이 보장되어 있어 원가를 줄이려는 동기가 없고 심지어 원가를 부풀리려는(cost-padding) 동기가 생긴다. 이익 마진이 투하된 자본에 일정수익률을 보장하는 수준으로 정하는 경우에는 자본이 지나치게 투하되는 문제도 생긴다.[4]

3) 공공요금을 규제할 때 발생원가에 투하된 자본의 적정수익률을 보장하는 이익 마진을 더하여 가격을 결정하게 하는 방법을 공정보수율 규제라고 한다.

원가가산 가격설정
원가에 이익을 더하여 가격을 설정하는 방법

일반 기업도 여러 가지 제품과 서비스의 가격을 간편하게 결정할 때 원가가산방식을 사용한다. 많은 기업이 상품이나 제품에 간접원가를 배부한 후의 총원가 대신에 직접원가인 상품매입원가나 직접제조원가에 마진을 붙여 가격을 결정한다. 이것은 복잡한 간접원가 배부를 피할 수 있어 편리하나 문제가 있다. 이때 마진은 진정한 이익이 아니고 간접원가의 회수를 포함한 금액이므로, 만약 간접원가가 상품이나 제품 사이에 큰 차이를 보인다면 직접원가만을 고려하여 마진을 붙인 가격이 지나치게 낮거나 높을 수 있다.

YouTube 원가계산 후 판매가 전략을 세우자

이 동영상은 피자 신메뉴 출시에 원가관리표를 사용하여 가격 대비 원가율을 관리하는 방법을 소개한다.

"무조건 맛있다고 신메뉴를 출시하지 않습니다. 메뉴가 맛있어도 적정원가율에 들어와야 합니다. 음식의 비주얼, 맛, 양 대비 소비자의 저항이 생기지 않는 가격대가 나와야 신메뉴로 출시가 가능합니다. 원가관리표를 통해서 메뉴를 출시한다 안 한다를 결정합니다. 준비하는 과정 순서를 통해서 보여드리면 현실적으로 느끼실 것 같아서 준비해 봤습니다.

제품기초원가를 계산하는 순서와 방법에 대해서 시연해 드리겠습니다. 두 가지의 포인트를 잘 숙지하시길 바랍니다. 첫째, 들어가는 재료는 투입중량에 맞게 넣어 주세요. 여기서 투입 중량을 결정하는 것은 매우 중요한 순서입니다. 모든 재료는 투입단가를 고려하여 판매가로 나눴을 때 원가율이 나옵니다. 원가율이 높게 나왔을 경우, 판매가를 높여서 원가를 낮추게 되면 소비자 가격저항, 다시 말해 고

4) 실제 발생한 원가를 전액 보상하고 일정이익을 보장하는 기존 공공요금 제도의 문제를 해결하기 위해 최근에 여러 가지 방법이 사용되고 있다. 실제원가 대신에 표준원가에 의해 요금을 설정할 수 있으나 표준원가의 결정이 어렵다. 가격상한제(price-cap)를 사용하여 원가절감을 유도하거나 경제적 장기증분원가(Long-Run Incremental Cost)를 회계적 원가 대신 사용하는 나라가 있다. 전기통신업의 원가기준 요금산정에 대해 이태희 외의 '규제시장에서 원가주의 요금산정을 위한 원가배부에 관한 사례'(회계저널 2009년 6월)를 참고하라.

판매량 영향을 고려하여 가격을 정한다

가격이 높을수록 이익이 커지므로 가격규제를 받지 않는 기업은 원가와 상관없이 가격을 높일수록 좋지 않을까? 그렇지 않다. 높은 가격이 판매량을 줄여 이익은 오히려 줄 수 있다.[5] 국희제과가 〈표 9.2〉처럼 3가지 수준으로 판매가를 정할 수 있고 그에 따라 판매량이 변한다고 하자. 이익을 쉽게 계산하기 위해서 공헌이익계산서를 사용하였다.[6] 3가지 판매가격안의 이익을 비교하면 판매가가 500원인 2안에서 이익이 가장 높은 것을 알 수 있다. 고정제조원가, 고정판매관리비, 이자비용은 매출과 무관하고 법인세는 세전이익에 비례하므로 공헌이익만을 비교하여도 어느 안이 가장 큰 순이익을 창출하는지 알 수 있다.

객이 가격을 비싸게 느끼게 됩니다. 이런 경우 고객 이탈로 이어질 수 있습니다.

둘째, 소비자 저항이 생기는 가격 혹은 동네에서 나아가 옆집보다 비싼 경쟁력 없는 판매가는 원가율을 낮추기 위해 더 이상 판매가를 높일 수 없을 때 재료의 양을 조절하거나 한 등급 낮은 품질을 선택할 수 있습니다. 하지만 이 또한 소비자 음식 만족도에 반영되어 이탈이 일어날 수 있습니다. 그래서 재료의 구성과 중량의 단가를 계산하는 것은 매우 중요한 순서이며 메뉴별 원가율은 우리 한 달 정산에 정확한 이익을 예상하도록 도와줍니다.

시연과정이 끝나면 엑셀로 원가율을 계산해 보고 판매가를 입력해 보면서 메뉴 출시로 적절한지 경쟁력은 있는지를 판단해 보는 과정입니다. 들어가는 재료의 품목을 모두 입력합니다. 재료의 전체 수량을 먼저 입력하고, 메뉴에 들어가는 투입량을 입력합니다. 전체 재료의 구매단가를 입력하면 실제투입단가는 자동계산됩니다. 끝으로 판매가를 입력하여 원가율을 확인합니다. 판매가 입력시 주변의 유사 업종 혹은 유사 아이템과 경쟁력이 있는 가격인지 따져 보셔야 합니다.

현재 저희 매장에서는 이 피자를 15,500원에 23.7% (재료)원가율로 판매하고 있습니다. 고객에게 제공하는 피클과 소스 그리고 유산지와 같은 소모품은 제외한 금액으로 이보다 원가는 다소 높을 수 있습니다. 또한 사이드 메뉴가 1만원 미만인 경우 50% (재료)원가에 해당하는 메뉴가 있기 때문에 피자에서 원가율을 다소 낮게 잡아서 원가를 맞추고 있습니다. 이러한 가격전략은 원가계산을 통해 세울 수 있으니 꼼꼼히 준비하여 경쟁력 있는 매장을 만드시길 바랍니다." (맥형 TV, 2020.3.17)

---

5) 가격에 따라 판매량이 변하는 정도를 수요의 가격탄력성이라 한다.
6) 생산량을 판매량에 일치시킨다고 가정하고 전부원가계산으로 조정하지 않았다.

표 9.2 판매가와 이익

(단위 : 백만원)

	1안	2안	3안	비 고
판매가격(원/개)	400	500	600	
판매량(백만개)	5	4	3	
매 출	2,000	2,000	1,800	
(－)변동매출원가	700	560	420	140원×판매량
(－)변동판매관리비	150	120	90	30원×판매량
공 헌 이 익	1,150	1,320	1,290	
(－)고정제조원가	450	450	450	
(－)고정판매관리비	550	550	550	
영 업 이 익(손실)	150	320	290	
(－)이 자 비 용	50	50	50	
세 전 이 익	100	270	240	
(－)법 인 세	10	27	24	10%×세전이익
순 이 익	90	243	216	

유니켐 심양보 회장 "원가 올라도 납품가 유지… 주문 몰려"

부실 피혁기업 인수 2년반 만에 흑자

인수 후 피혁 빼고 싹 정리

현대기아차 · 르노 추가계약… 2013년 2분기 영업익 6억원

피혁 전문업체 유니켐의 심양보 회장(사진)은 2010년 12월 대표이사로 취임하기 전까지만 해도 '피혁 물처리 공정'을 맡았던 하도급업체 삼애의 사장이었다. 유니켐이 태양광 나노 창호 등으로 사업을 확대하다 경영난에 빠지자 심 회장은 유니켐의 경영권을 사들였다. 그리고 2년반 만에 흑자 전환에 성공했다.

■ 피혁 이외 사업 과감히 정리

심 회장은 "회사를 인수한 뒤 원자잿값이 치솟아 납품가격을 올려야 하는 상황이었는데도 거래처와 한 번 한 약속은 반드시 지켜야 한다는 신념으로 품질이 좋은 제품을 계속 공급했더니 거래처에서 주문량을 늘려주고 가격도 올려줘 올해 이익을 낼 수 있었다"고 말했다.

1976년 설립된 유니켐은 자동차 가죽시트와 고급 핸드백용 천연가죽 원단 등을 만드는 기업이다. 현대 · 기아차와 르노삼성차, 명품업체인 코치와 MCM 등에 가죽원단을 납품해 왔다. 하지만 사업다각화 실패로 거액의 손실을 입었고 부도 직전까지 내몰렸다.

심 회장은 "유니켐이 무너지면 납품업체인 삼애 역시 부도가 날 수밖에 없는 상황이었다"며 "유니켐은 영업력과 기술력이 세계적 수준인 데다 빚도 많지 않아 실패한 사업들만 제대로 정리하면 회생

사업중단도 대안이다

고정원가는 일정해 대안비교에 관련이 없으므로 변동원가만을 고려한 공헌이익이 충분한 이익 비교기준인가? 일반적으로 그렇다. 그러나 예외가 있다. 고정원가 전액 또는 일부가 의사결정에 따라 변하는 경우이다. 정상가격의 결정에는 고정원가 전액을 고려해야 한다. 정상가격이 고정원가를 회수하지 못할 수준이라면 장기적·계속적으로 손실이 누적되므로 사업을 중단하는 것이 낫다. 달리 말하면 사업을 중단하여 고정원가의 발생을 막는 것도 하나의 대안으로 존재한다. 이 점을 〈표 9.3〉이 예로 보인다. 〈표 9.2〉와 〈표 9.3〉의 차이는, 고정제조원가가 커져서 공헌이익을 가장 크게 하는 판매가 500원의 2안에서도 순손실이 생긴다는 사실이다. 이 상황이 계속될 전망이면 사업을 중단하는 4안을 선택하여 손실을 막는 것이 바람직하다.

시킬 수 있다는 확신이 있었다"고 말했다.

그는 2010년 말 유니켐을 인수한 즉시 태양광사업부를 없앴다. 나노분야 자회사 'NPC'와 창호업체 '한길' 지분도 정리했다. 그러나 이 회사가 경쟁력을 갖고 있는 피혁사업은 그대로 유지했다. 그는 "회사가 무너질 위기였지만 도급 인력까지 포함한 320여 명의 직원은 한 사람도 해고하고 싶지 않았다"고 했다.

■ "거래처와 약속 지켜야"

심 회장이 대표로 취임할 당시 피혁 원자재인 소가죽 가격은 72달러(한 마리 기준)에서 1년 뒤 107달러로 50%가량 올랐다. 유니켐은 이 때문에 2011년 1,097억원의 매출을 올렸는데도 104억원의 영업손실을 냈다.

회사 재무·영업 담당자들은 "지금 가격으로는 거래해선 안 된다"며 납품 중단을 건의했다. 그러나 심 회장은 받아들이지 않았다. 유니켐은 이로 인해 지난해에도 88억원(매출 994억원)의 손실을 냈다. 올해 2월에는 운전자금 마련을 위해 137억원의 유상증자까지 했다.

유니켐은 이런 노력 덕분에 르노삼성차에 시트 원단을 전량 공급하고 있다. 올해 초에는 현대·기아차로부터 차량용 시트 원단 납품가를 16.3% 더 받는 계약을 맺었다. 유니켐은 올해 2분기 매출 242억원에 영업이익 6억원을 내 흑자전환했다.

거래처와 약속을 철저히 지켜 후속 물량을 따낸다는 그의 판단은 옳았다. 유니켐은 올해 말 출시 예정인 기아차 카니발 후속모델에 내년부터 4년간 238억원어치의 가죽시트 원단을 납품키로 했다. 기아차 중국법인 둥펑위에다기아에도 내년 4월부터 2018년까지 148억원어치 가죽시트 원단을 공급하기로 했다. (한국경제, 2013.10.18)

표 9.3 사업중단의 고려

(단위 : 백만원)

	1안	2안	3안	4안	비 고
판매가격(원/개)	400	500	600	사업중단	
판매량(백만개)	5	4	3	0	
매 출	2,000	2,000	1,800	0	
(−)변동매출원가	700	560	420	0	140원×판매량
(−)변동판매관리비	150	120	90	0	30원×판매량
공 헌 이 익	1,150	1,320	1,290	0	
(−)고정제조원가	760	760	760	0	
(−)고정판매관리비	550	550	550	0	
영 업 이 익(손실)	(160)	10	(20)	0	
(−)이 자 비 용	50	50	50	0	
세 전 이 익(손실)	(210)	(40)	(70)	0	
(−)법 인 세	0	0	0	0	10%×세전이익
순 이 익(손실)	(210)	(40)	(70)	0	

가스전이 단돈 1달러, 석유공사 '눈물의 떨이'

한국석유공사가 국내 기술로는 처음으로 개발한 해외 가스전을 러시아 국영 석유회사에 '1달러'에 매각하는 방안을 추진중인 것으로 19일 알려졌다. 생산량이 개발 당시 예상한 것보다 빠르게 줄어들면서 채산성이 악화됐다고 판단했기 때문이다.

더불어민주당 강훈식 의원에 따르면, 석유공사는 최근 베트남 11-2광구에 대해 석유공사가 갖고 있는 지분을 전부 러시아 국영 석유회사인 자루베즈네프트에 1달러에 매각하는 방안에 대한 법률자문을 국내 법무법인에 의뢰했다. 강 의원과 석유공사에 따르면, 베트남 11-2 광구는 베트남 남부 붕따우에서 약 280km 떨어진 바다에 있다. 1992년 탐사를 시작해 2003년 가스전이 발견됐고 2006년 12월 생산을 시작했다. 석유공사와 한국 기업들이 개발에 참여했고, 한국 측 지분은 75%였다. 당시 한국 측은 이 가스전 개발로 15억달러 매출을 올릴 것으로 예상했고, 23년간 생산이 가능하리라고 봤다.

그러나 생산 시작 9년 만인 2015년 생산량이 지속적으로 감소하면서 운영비가 수익을 초과하기 시작했다. 2017년 1월부터는 생산한 가스를 소비지까지 수송하는 것과 관련해, 계약상의 최소 물량조차 채우지 못했다. 하지만 이 가스전과 관련된 수송계약은 2029년까지 유효하다. 이 때문에 생산량이 줄어들어도 계약상 수송료는 2029년까지 계속 내야 하는 상황이었다.

석유공사는 11-2광구의 현재가치를 2019년말 기준 '-2억달러' 또는 그 미만으로 추산하고 있다. 보유할수록 손해가 나는 자산이라는 것이다. 석유공사가 지난해 말까지 11-2광구에 투자한 금액은 7억5,600만달러, 회수한 금액은 7억9,700만달러였다. 27년간

〈표 9.3〉의 2안을 단위당 수치로 표시하면 〈표 9.4〉와 같다. 단위당 공헌이익이 330원이나 고정원가가 단위당 340원이어서 손실이 생긴다. 이 경우, 판매가가 고정원가를 포함한 단위당 원가의 합인 510원 이상이 되어야 이익을 얻을 수 있다.

표 9.4 판매가와 단위당 원가 (단위 : 원)

	2안
판매량(백만개)	4
단위당 판매가	500
(−)단위당 변동제조원가	140
(−)단위당 변동판매관리비	30
단위당 공헌이익	330
(−)단위당 고정제조원가	190
(−)단위당 판매관리비	137.5
(−)단위당 이자비용	12.5
단위당 순이익(손실)	(10)

총 4,100만달러 수익을 내는 데 그쳤다.

이 때문에 석유공사는 11-2광구에 대한 한국 측 지분 전체(75%)를 자루베즈네프트에 1달러에 넘기는 방안을 추진하고 있다. 자루베즈네프트에 오히려 돈을 주고 넘기는 방안도 검토되고 있는 것으로 알려졌다. 강훈식 의원은 "에너지 공기업들이 경제성에 대한 면밀한 분석 없이 해외 자원 개발에 뛰어들어 상당한 사회적 비용을 유발하고 있다"며 "공사들은 사업성 검토를 위한 장기 비용·편익 분석에 있어서 전문성을 강화하고, 전략적 중요성이 낮은 사업에 대한 합리적인 출구 전략을 마련할 필요가 있다"고 했다.

(조선일보, 2020.10.19)

가격을 얼마나 할인하여 판매할 수 있는가?

신장개업 할인판매(바겐세일), 폐업 할인판매, 재고처분 할인판매, 신규고객 할인판매 등 여러 가지 할인판매 행사를 주변에서 흔히 본다. 이러한 가게들은 왜 할인판매를 하며, 할인판매를 해도 손실이 없는가? 최대한 얼마나 할인하여 판매를 해도 되는가? 앞에서 정상판매가는 고정원가를 포함한 모든 원가를 초과하는 수준에서 결정되어야 함을 보았다. 그러나 임시특별가격은 다르다. 만약 기업이 일시적 경기침체로 대폭적인 할인판매를 해야 한다면 순손실이 발생해도 공헌이익이 있다면 할인판매를 할 가치가 있다. 사업을 중단하지 않는다면 고정원가는 그대로 있을 것이므로 매출이 변동원가를 초과하여 공헌이익이 있으면 고정원가의 일부라도 회수하는 것이 낫다. 임시가격 결정을 위해서는 고정원가를 제외한 변동원가만이 의사결정과 관련된 관련원가(Relevant Cost)이다. 할인판매가 초래하는 이미지 훼손 등의 기회원가도 관련원가로 고려해야 한다. 사업중단의 대안에서는 고정원가도 관련원가이다. 의사결정의 성격에 따라 다른 종류의 관련원가를 필요로 하므로 '상이한 목적을 위한 상이한 원가(different costs for different purposes)'라는 표현이 쓰인다.

관련원가
의사결정에 따라 달라지는 원가

정상판매량과 별도로 신규고객으로부터 특별주문을 받았거나 첫 거래를 위하여 할인가를 제공한다면 얼마나 가격을 낮출 수 있는가? 이 특별판매에 의해 추가적으로 발생하는 원가만을 고려하면 된다. 이를 증분원가(Incremental

증분원가
의사결정에 따라 증가하는 원가액

세일, 회사에 득인가 실인가

잘 쓰면 '약' 잘못 쓰면 '독'

매출 30% 내외 오르지만 수익성은 뚝 떨어져

할인의 가장 큰 이점은 매출증대다. 경기상황과 업종에 따라 다르지만 세일기간중 보통 20~30% 정도의 매출신장으로 이어진다는 것이 마케팅전문가들의 설명이다. 재고를 줄이는 데도 매우 효과적이다. 소비재 업체들의 재고는 암적 존재 그 자체로 매일 재고와의 전쟁을 벌일 정도다. 하지만 세일은 이런 재고문제를 크게 덜어준다. 의류업계의 한 관계자는 "의류브랜드의 경우 재고를 제대로 처리하지 않을 경우 30%에 육박한다"며 "하지만 세일 등을 통해 이를 10~20% 수준으로 줄이고 있다"고 말했다.

기업 입장에서 할인판매 실시여부는 여러 가지 상황을 고려해 결정해야 한다. 누가 뭐래도 불황기의 세일은 분명히 메리트 있는 가격전략이다. 재고를 줄이고 현금유동성을 확보하기 위해서는 적절한 할인판매가 필요할 수 있다. 다만 몇 가지 주의할 점이 있다. 가격을 내리지 않아도 되는지 꼼꼼한 검토가 이뤄져야 한다. 불황기에는 이익실현이 더욱 어려워지기 때문이다. 아울러 세일기간 이후 가격을 정상화해도 소비자들의 저항이 없는지 살펴봐야 한다. 지나친 세일은 나중에 가격을 정상화하는 데 걸림돌이 될 수 있기 때문이다. (중략)

Cost)라고 한다. 의사결정에 따라 증가된 원가라는 의미이다. 제조원가, 판매관리비의 변동원가가 대부분 증분원가이고 만약 추가적인 고정원가가 있다면 그 부분만이 증분원가에 포함될 수 있다. 〈표 9.4〉의 예를 사용한다면 단위당 변동원가 170원만이 증분원가이므로 이 이상으로만 특별판매가를 설정하면 공헌이익이 생긴다. 즉 이 공헌이익이 이익의 증가분, 즉 증분이익이다.

극단적인 경우에 변동원가 이하로 판매하는 것이 바람직할 수도 있다. 폐업세일(Out-Of-Business Sale), 재고처분 할인판매(Clearance Sale)를 생각해 보자. 사업을 중단하기로 결정하였거나 지나치게 보유한 특정 재고를 처분해야 하는 경우, 지금 가지고 있는 재고를 얻기 위해 이미 지급한 변동원가는 더 이상 관련원가가 아니다. 그 변동원가는 이미 발생하여 회수할 수 없는 기발생원가(매몰원가, Sunk Cost)이다. 재고를 정상적으로 판매할 수 없다면 대폭 할인하여 직접 판매할 것인가 아니면 전문 처분업자에게 모두 넘길 것인가를 결정해야 한다(부도난 자기회사제품을 헐값에 판다는 자칭 중소기업 사장을 지하철에서 본 경험이 있는가?). 이때 재고의 취득원가는 고려사항이 아니다.

기발생원가 (매몰원가)
이미 발생하여 변경이 불가능한 원가

적자제품생산을 중단하면 손실이 더 커질 수 있다[7)]

〈표 9.5〉가 보여주듯이 제과부의 제품 중에서 딸기샌드가 영업손실을 주고 있다고 하자.

하지만 큰 폭의 할인은 곳곳에 많은 후유증을 남기기도 한다. 대표적인 것이 수익률의 저하다. 예컨대 1만원에 팔던 것을 20% 할인해 8,000원에 팔면 수익성 면에서 개당 2,000원씩 떨어진다. 특히 할인율을 높일수록 수익성은 떨어진다. 심지어 원가수준에 파는 상황이 생기고, 이는 회사의 부실로 이어질 수밖에 없다. 할인을 자주 할 경우 브랜드 이미지에도 부정적이다. 소비자들에게 '싼 게 비지떡'이라는 이미지를 심어줄 수 있다. 특히 국내 소비자들의 경우 가격으로 상품의 질까지 판단하는 경향이 강하다. 이런 점에서 외국의 유명 브랜드들이 자사에서 정한 가격을 고수해 명품대열에 오른 것은 시사하는 바가 크다.

소비자 가운데 제품에 대해 완벽한 정보를 가진 사람은 거의 없다. 단서에 의존해 힌트를 얻을 뿐이다. 대부분 잘 모르면 가격을 따져보고 제품을 평가한다. 비싸면 명품 운운하며 신뢰하고, 싸면 그렇고 그런 제품 정도로 여긴다. 국내 제조업체들이 나중에 세일을 하더라도 일단은 가격을 높게 매기는 경향이 강한 것도 소비자들의 이런 마인드와 무관치 않다는 분석이다.

(한경비즈니스, 2003.5.26)

7) 제품 대신 부문이나 지점을 폐지하는 경우도 이와 비슷한 분석이 가능하다.

표 9.5 딸기샌드 생산시 제품별 이익 (단위 : 백만원)

	땅콩샌드	딸기샌드	합 계
매 출	100	60	160
(−)변동제조원가	40	24	64
(−)변동판매관리비	12	8	20
공 헌 이 익	48	28	76
(−)고정제조원가	20	25	45
(−)고정판매관리비	6	4	10
영 업 이 익(손실)	22	(1)	21

딸기샌드의 생산·판매를 중단하면 제과부의 영업이익이 증가할 것인가? 반드시 그렇지 않다. 만약 고정제조원가와 고정판매관리비 모두 딸기샌드의 생산과 무관하게 제과부 전체로 일정하다면, 〈표 9.6〉이 보여주듯이 오히려 딸기샌드의 생산중단이 제과부의 영업이익을 감소시킨다.

표 9.6 딸기샌드 생산중단시 이익 (단위 : 백만원)

	땅콩샌드	합 계
매 출	100	100
(−)변동제조원가	40	40
(−)변동판매관리비	12	12
공 헌 이 익	48	48
(−)고정제조원가	45	45
(−)고정판매관리비	10	10
영 업 이 익(손실)	(7)	(7)

땅콩샌드만을 생산할 경우, 제과부의 영업이익이 줄었을 뿐만 아니라 제과부 전체가 손실을 보인다. 왜 이렇게 되는가? 딸기샌드를 더 이상 생산하지 않으면 매출이 60백만원 감소하는데 줄어든 원가 또는 회피가능원가(Avoidable Cost)는 변동원가인 32백만원에 불과하다. 딸기샌드가 부담하고 있던 고정원가 29백만원은 그대로 제과부에 남아 있어 땅콩샌드의 수익성을 떨어뜨린다. 즉, 고정원가 29백만원은 의사결정과 무관하게 회피불가능원가(Unavoidable Cost)이

회피가능원가
의사결정에 따라 줄어드는 원가

다. 딸기샌드가 공헌이익을 창출하는 한 생산라인을 유지하는 것이 바람직하다. 이 결과를 증분액 관점으로 정리[증분접근법]하면 다음과 같다.

표 9.7 딸기샌드 판매중단시 이익변화 (단위 : 백만원)

	증분액	비 고
매출변화(증분수익)	−60	딸기샌드의 매출
(−)변동제조원가 변화	−24	딸기샌드의 변동제조원가
(−)변동판매관리비 변화	−8	딸기샌드의 변동판매관리비
공헌이익 변화	−28	딸기샌드의 공헌이익
(−)고정제조원가 변화	0	회피가능원가 없음
(−)고정판매관리비 변화	0	회피가능원가 없음
영업이익(손실) 변화	−28	〈표 9.5~6〉의 (−7)−21과 일치

회피가능원가와 증분원가는 모두 관련원가이며 거의 같은 개념이다. 단지 증분원가는 대안선택에 따른 원가증가분을, 회피가능원가는 원가감소분을 의미하는데 어떤 대안을 중심으로 보느냐의 차이일 뿐이다. 위의 예에서 땅콩샌드만을 생산하다가 딸기샌드 생산라인을 추가하는 결정을 한다고 하면 위의 회피가능원가가 증분원가로 대신 불린다.

여러 제품의 매출이 서로 영향을 미칠 수도 있다

위의 예에서 딸기샌드와 땅콩샌드의 매출은 서로 영향을 주지 않는 것으로 보았다. 실제로는 한 회사의 여러 제품의 매출은 서로 영향을 미치는 경우가 많다. 전자제품이나 가구가 세트로 판매되면 제품 매출이 같이 증가한다. 한 제품의 판매증가가 비슷한 다른 제품의 판매를 줄게 만들기도 한다. 딸기샌드의 판매를 중단하는 경우 회사 제품의 이미지에 악영향을 미쳐서 땅콩샌드의 판매량이 20% 줄어든다고 하자. 또한 딸기샌드의 고정제조원가 중 15백만원이 회피가능하다고 가정하자. 이때 과연 딸기샌드의 생산·판매를 중단하는 것이 옳은가?

표 9.8 딸기샌드 생산중단시 이익 (보완적 매출의 경우)[8)]

(단위 : 백만원)

	땅콩샌드	합 계	비 고
매 출	80	80	100×0.8
(−)변동제조원가	32	32	40×0.8
(−)변동판매관리비	9.6	9.6	12×0.8
공 헌 이 익	38.4	38.4	48×0.8
(−)고정제조원가	30	30	45−15
(−)고정판매관리비	10	10	
영 업 이 익(손실)	(1.6)	(1.6)	

이 경우도 땅콩샌드만을 생산할 경우, 제과부의 영업이익이 줄었을 뿐만 아니라 제과부 전체가 손실을 본다. 이 결과를 증분액 관점으로 분석[증분접근법]하면 다음과 같다.

표 9.9 딸기샌드 생산중단시 이익변화 (보완적 매출의 경우)

(단위 : 백만원)

	증분액	계산식	비 고
매출변화(증분수익)	80 감소	60＋100×0.2	딸기샌드와 땅콩샌드의 매출 감소
(−)변동제조원가 변화	32 감소	24＋ 40×0.2	딸기샌드와 땅콩샌드의 변동제조원가 감소
(−)변동판매관리비 변화	10.4 감소	8＋ 12×0.2	딸기샌드와 땅콩샌드의 변동판매관리비 감소
공헌이익 변화	37.6 감소	28＋ 48×0.2	딸기샌드와 땅콩샌드의 공헌이익 감소
(−)고정제조원가 변화	15 감소		회피가능원가
(−)고정판매관리비 변화	0		회피가능원가 없음
영업이익 변화	22.6 감소		−1.6−21과 일치

8) 두 제품의 판매량이 서로 같은 방향으로 움직이면 보완재이고 다른 방향으로 움직이면 대체재라고 불린다.

제약자원이 있을 때 어느 제품을 더 생산·판매해야 하는가?

국희제과가 땅콩샌드와 딸기샌드를 같이 생산할 때 두 제품의 생산량을 각각 별도로 결정할 수 있는가? 만약 생산설비가 충분히 커서 생산능력에 여유가 있다면 그렇다. 그러나 생산설비에 여유가 없다면 딸기샌드를 더 생산하기 위해 땅콩샌드의 생산량을 줄여야 한다.[9] 그러면 생산능력에 제한이 있을 때, 땅콩샌드와 딸기샌드의 생산·판매량을 어떻게 결정해야 이익을 늘릴 수 있는가? 수익성이 높은 제품을 더 많이 판매해야 전체 이익이 늘어날 것이다. 제품의 수익성은 어떻게 비교할 수 있는가? 제품별 매출총이익, 영업이익, 공헌이익 또는 다른 어떤 이익수치로 수익성을 비교해야 옳은가? 제품판매량 변화에 따른 이익변화, 즉 증분이익은 공헌이익이 가장 잘 나타낸다. 변동제조원가와 변동판매관리비가 생산량 결정에 대한 관련원가이기 때문이다. 〈표 9.10〉은 제품의 단위당 공헌이익을 비교한다.

표 9.10 제품단위당 공헌이익 비교 (단위 : 원)

	땅콩샌드	딸기샌드
단위당 판매가	50	60
(−)단위당 변동제조원가	20	24
(−)단위당 변동판매관리비	6	8
단위당 공헌이익	24	28

딸기샌드는 신제품이어서 재료원가가 비싸고 생산효율이 아직 높지 않아 변동제조원가가 높다. 또한 판매수량이 아직 작아 변동판매관리비도 높다고 하자. 그 대신 고객의 반응이 좋아 가격은 높게 책정하였다. 딸기샌드의 단위당 공헌이익이 더 높으므로 수요가 충분히 있는 한 땅콩샌드의 생산·판매를 줄이고 딸기샌드의 생산·판매를 늘리면 이익이 더 커질까? 그렇지 않다. 문제

9) 앞의 각주에서 두 제품이 서로 대체적이면 한 제품의 판매증가가 다른 제품의 판매감소를 초래한다고 하였다. 이것은 시장에서의 수요에 의한 제품 사이의 상호작용이다. 지금 다루는 제약자원에 의한 제품 사이의 생산·판매량의 대체[상충] 문제는 기업내부적인 생산 제약자원에 의한 제품 사이의 상호작용이다. 설비가동시간 이외에 기술인력의 시간, 생산이나 판매공간이 제약자원인 경우도 있다. 여러 생산공정 중 일부 공정의 처리능력이 제약자원일 때의 문제는 제10장의 제약이론이 다룬다.

는 두 제품의 생산설비 가동효율성이다. 두 제품이 같은 생산설비를 사용하는데 그 생산속도가 다를 수 있다. 이 설비가 현재 땅콩샌드는 1시간에 800개를 생산하지만 딸기샌드는 400개를 생산한다고 하자. 그러면 같은 1시간에 땅콩샌드는 800개가 생산되어 19,200원의 공헌이익을 주지만, 딸기샌드는 400개가 생산되어 11,200원의 공헌이익을 준다. 따라서 제한된 생산능력을 고려하면 땅콩샌드의 수익성이 더 좋다. 이를 〈표 9.11〉이 보여준다.

표 9.11 생산시간당 제품 공헌이익 비교

(단위 : 원)

	땅콩샌드	딸기샌드	차 이
단위당 공헌이익	24	28	4
(×)설비시간당 생산량	800	400	400
생산시간당 공헌이익	19,200	11,200	8,000

달리 말하면, 땅콩샌드 1개의 설비이용시간은 1/800시간이나, 딸기샌드는 1/400시간으로 두 배나 더 오래 걸린다. 설비이용시간에 따라 증가한 제조간접원가는 이미 변동제조원가에 포함되어 있다. 그러나 더 중요한 점은 딸기샌드 1개를 더 생산하기 위해 땅콩샌드 2개를 덜 생산해야 하는 것이다. 딸기샌드 1개를 더 생산·판매하면 딸기샌드의 단위당 공헌이익 28원만큼 이익이 증가하나, 땅콩샌드 2개의 생산·판매가 줄어 땅콩샌드 2개의 공헌이익인 48원(=24원×2)만큼 이익이 준다. 딸기샌드 1개를 생산하기 위해 포기된 땅콩샌드 2개의 공헌이익을 기회원가(Opportunity Cost)라고 부른다. 딸기샌드 1개를 추가로 생산·판매할 때의 진정한 증분이익은 기회원가 48원을 고려하면 〈표 9.12〉와 같이 손실이 된다.[10)]

기회원가
포기한 대안의 이익

10) 땅콩샌드를 없애고 딸기샌드를 생산하는 경우와, 딸기샌드를 없애고 땅콩샌드를 생산하는 경우를 같이 계산하므로 이중계산이지만 이해의 편의를 위해 같이 보여준다. 이때 두 제품의 증분이익의 차이는 아무런 의미가 없다. 단지 증분이익이 양수인 제품을 선택해야 한다.

표 9.12 제품단위당 증분이익 비교 (단위 : 원)

	땅콩샌드	딸기샌드
단위당 판매가	50	60
(−)단위당 변동제조원가	20	24
(−)단위당 변동판매관리비	6	8
단위당 공헌이익	24	28
(−)단위당 기회원가	14 (28/2)	48 (24×2)
단위당 증분이익(손실)	10	(20)

설비이용시간이라는 제약자원 단위당 제품 수익성을 비교한 〈표 9.11〉의 결과와, 제약자원에 의해 초래되는 기회원가를 고려하여 제품단위당 수익성을 비교한 〈표 9.12〉의 결과는 모두 제약자원의 존재라는 같은 사실을 달리 표현한 것이다. 기회원가는 실제로 현금이 지급되지도 장부에 기록되지도 않아 잊기 쉽지만, 대안선택에 따라 차이를 보이는 항목이므로 관련원가이다. 이에 반해 실제로 외부에 지출해야 하는 원가는 지출원가(Out-of-pocket Cost)라고 한다.

지출원가
실제 지출되는 원가

땅콩샌드의 수익성이 더 높으므로 현재로서는 수요가 있는 한 최대한 땅콩샌드를 생산하고 그 후 생산능력에 여유가 있으면 딸기샌드를 생산한다. 만약 생산설비의 총가동시간이 1,000시간이라면 땅콩샌드가 딸기샌드보다 얼마나 많은 총이익을 주는가? 생산시간당 공헌이익을 보여주는 〈표 9.11〉을 이용하여 표를 만들면 땅콩샌드가 총 19,200천원의 이익을 주는 것을 알 수 있다.

표 9.13 제품별 공헌이익 비교

	땅콩샌드	딸기샌드	차이(증분)
생산시간당 공헌이익(원)	19,200	11,200	8,000
(×)총설비사용시간	1,000	1,000	
총공헌이익(천원)	19,200	11,200	8,000

〈표 9.13〉의 결과를 제품단위당 공헌이익을 이용한 〈표 9.12〉의 증분이익 자료를 이용해서도 구할 수 있는데 다음과 같다.

표 9.14 제품별 증분이익 비교 (단위 : 원/개, 백만원)

	땅콩샌드		딸기샌드	
	단위당	총액 (1,000시간 ×800개/시간)	단위당	총액 (1,000시간 ×400개/시간)
공 헌 이 익	24	19,200	28	11,200
(−)기 회 원 가	14	11,200	48	19,200
증 분 이 익(손실)	10	8,000	(20)	(8,000)

외부주문으로 원가를 절감한다

관련원가 비교

자체제작
- 부품제작을 위한 직접재료원가
- 직접노무원가
- 제조간접원가

제조간접원가 중 비관련원가
- 부품제작을 중단할 때 회피불가능원가
- 감가상각비, 본사에서 배부된 간접원가 등

기회원가도 관련원가로 고려
- 자체제작을 중단할 때 남는 설비와 공간의 대체 용도 이익 등
- 외주를 더 유리하게 하는 요소

외부주문
- 외주업체(하청업체)에 지급하는 가격
- 업체선정 및 납품검사, 납품관리비 등의 본사 비용

현대자동차가 YF소나타를 생산할 때, 차의 모든 부품을 스스로 제작하지 않는다. 엔진 등의 핵심부품을 제외하고는 상당부분의 부품을 하청업체에서 공급받는다. 타이어와 유리도 전문생산업체에서 조달받는다. 왜 많은 부품을 외부에서 조달받는가? 자체제작하는 것보다 원가가 낮기 때문이다. 특정 부품을 외부주문[외주]하는 것이 자체제작하는 것보다 얼마나 저렴한지 어떻게 계산하는가? 두 대안의 관련원가를 비교해야 한다. 외주의 관련원가는 외주업체(하청업체)에 지급하는 가격 이외에 업체선정 및 납품관리를 위한 본사 원가도 고려해야 한다. 자체제작비의 계산도 주의해야 한다. 부품제작을 위한 직접재료원가, 직접노무원가의 계산은 상대적으로 쉬우나, 제조간접원가의 계산은 쉽지 않다. 제조간접원가 중에 부품제작을 중단할 때 회피불가능원가가 있으면 이는 관련원가에서 제외한다. 자체제작의 기회원가도 관련원가로 고려한다. 자체제작을 중단할 때 남는 설비와 공간을 다른 용도로 이용하여 이익을 창출할 수 있으면, 이것은 자체제작의 기회원가이며 외주를 더 유리하게 만든다.

신발회사가 자체생산하던 100만개의 신발끈을 외부주문생산할까 하고 검토하고 있다. 자체생산과 외부주문생산의 관련원가를 〈표 9.15〉에서 정리하였다.

표 9.15 자체생산원가

(단위 : 만원)

<table>
<tr><th>원가항목</th><th>내 용</th><th>발생원가</th><th>관련원가</th><th>단위당 관련원가</th></tr>
<tr><td>직접재료원가</td><td>50원/개×100만개</td><td>5,000</td><td>5,000</td><td>50</td></tr>
<tr><td>직접노무원가</td><td>10원/개×100만개</td><td>1,000</td><td>1,000</td><td>10</td></tr>
<tr><td>변동제조간접원가</td><td>5원/개×100만개</td><td>500</td><td>500</td><td>5</td></tr>
<tr><td rowspan="2">고정제조간접원가</td><td>회피가능
(재료관리비 등)</td><td>300</td><td>300</td><td>3</td></tr>
<tr><td>회피불가능
(감가상각비, 본사배부액 등)</td><td>2,000</td><td></td><td></td></tr>
<tr><td>설비기회원가</td><td>설비 대체용도 이익</td><td></td><td>1,500</td><td>15</td></tr>
<tr><td>합 계</td><td></td><td>8,800</td><td>8,300</td><td>83</td></tr>
<tr><td>단위당 원가</td><td></td><td>88원/개</td><td>83원/개</td><td></td></tr>
</table>

자체생산원가를 계산할 때, 관련원가를 잘 구분해야 한다. 자체생산을 중단하면 직접재료원가, 직접노무원가, 동력비 등의 변동제조간접원가가 절약된다. 고정제조간접원가는 회피가능한지 아닌지 잘 판단해야 한다. 자체생산을 위한 재료관리비는 더 이상 불필요하다. 설비를 계속 보유한다면 감가상각비가 계속 발생한다. 본사에서 이 부문에 배부한 간접원가도 기업전체로 보면 여전히 계속 존재한다. 신발끈 생산이 중단될 때, 현재 설비를 다른 목적으로 사용하여 1,500만원의 추가이익을 창출할 수 있다면 이 금액은 기회원가로 고려되어야 한다. 결론적으로, 신발끈이 계속 자체생산될 때 보고되는 원가는 총 8,800만원이지만, 신발끈 생산이 중단될 때 감소하는 회피가능원가는 이보다 적은 8,300만원이다. 100만개에 대하여 단위당 83원의 관련원가이다.

신발끈을 외부주문할 때 납품가격이 1개당 80원이라면 외부주문이 1개당 3원의 원가절감을 가져오는가? 반드시 그렇지는 않다. 납품업체 선정 및 납품검사, 대금정산을 위해 직원이 필요하면 고정원가인 납품관리비가 발생한다. 이를 〈표 9.16〉으로 정리하였다.

100만개 기준으로 계산하면 외부주문 단위당 관련원가가 85원이어서 자체생산하는 것보다 더 비싸다. 따라서 100만개가 필요할 때에는 자체생산이 기업의 원가를 낮춘다. 그러나 외부주문과 자체생산의 원가 비교는 필요량에 따라 달라진다. 자체생산은 단위당 65원의 변동원가와 1,800만원의 관련 고정원가를

표 9.16 외부주문원가

(단위 : 만원)

원가항목	내 용	관련원가
구입가격	80원/개×100만개	8,000
납품관리비		500
합 계		8,500
단위당 원가		85원/개

가지고 있으나, 외부주문은 단위당 80원의 변동원가와 500만원의 관련 고정원가를 가지고 있다. 물량이 줄어들면 고정원가가 낮고 변동원가가 높은 외부주문이 원가를 절약한다. 예를 들어 물량이 50만개로 줄면 외부주문의 총관련원가는 4,500만원(=80원/개×50만개+500만원)이고 단위당 원가는 90원(=80원/개+500만원/50만개)이다. 이에 비해 자체생산의 총관련원가는 5,050만원(=65원/개×50만개+1,800만원)이고 단위당 원가는 101원(=65원/개+1,800만원/50만개)으로 더 높다. 약 87만개가 두 원가가 일치하게 되는 물량이다.

외부주문을 결정할 때 중요한 질적 요인은 외주의 안정성과 품질이다. 아무리 납품가격이 싸도 품질을 믿을 수 없거나 납기를 못 지킨다면 더 큰 손해를 입는다. 따라서 자체조달의 원가가 높아도 핵심적인 부품의 생산은 자체적으로 하는 경우가 많다.

그림 9.1 자체생산원가와 외부주문원가

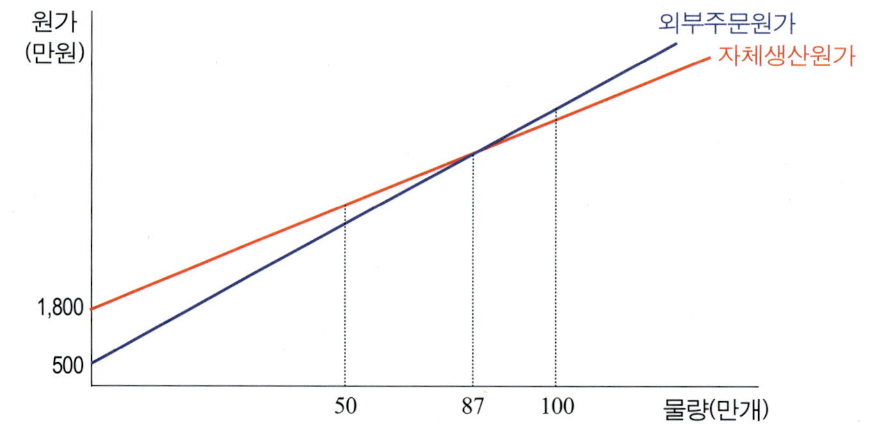

아웃소싱 전문기업 제니엘, 금융·의료 어떤 업종이든… 맞춤형 인재 매칭해 드려요

11개 부문 인력 서비스, 2030년 매출 5조 목표

장애인 사회 진출 돕는 사회적 기업 인증받기도

1996년 설립된 아웃소싱 전문기업 제니엘은 IMF의 한파를 단기필마로 돌파하며 성장 가도를 달렸다. 2002년 상공의 날 대통령표창을 시작으로 2007년 동탑산업훈장, 2013년 은탑산업훈장 등을 받으며 일자리 창출에 기여한 공로를 널리 인정받았다.

제니엘 사명은 'Zenith Business Elite'로 '최고의 업무를 제공하는 사람들'이라는 뜻이다. 미래를 향해 달려가는 사람 모습을 형상화한 CI는 미래 지향적 기업가 정신을 표현한다. 제니엘을 포함한 아웃소싱 11개 법인과 1개 비영리재단을 운영하며 2019년 기준 연매출 4,160억원, 파견직을 포함한 직원이 약 1만1,000명에 달하는 건실한 중견기업으로 확고히 자리 잡았다.

제니엘 사업영역은 아웃소싱을 기본으로 인재 파견, 채용 대행 등 인재 고용 전 분야를 망라한다. 사업 초기 기반이 된 금융 인력 파견과 물류 대행 서비스에 안주하지 않고 시너지 효과를 창출할 수 있는 신사업 모델 발굴에 집중한 결과다. 고급 기술력이 필요한 아웃소싱 분야를 세분화해 전문 인력 서비스를 제공하는 차별화 전략이면서 제니엘이 유독 '국내 최초' 타이틀을 많이 갖게 된 비결이기도 하다.

유통·물류 전문 '제니엘시스템', 토털 아웃소싱 '제니엘휴먼', 의료 아웃소싱 '제니엘메디컬', 단기 파견·채용 대행 분야 '제니엘이노베이션', 제조·생산 분야 '지앤디전자' '제니엘이엔지' '제니엘텍', 솔루션 분야 '이엠룩', 사회적 기업 '제니엘플러스', 기업 자문 인사노무 컨설팅 전문 '노무법인 지상' 등 제조·물류·텔레마케팅(TM)·자동차·항공·의료·정보기술(IT) 등 계열 법인의 면면은 말 그대로 산업 전반을 가로지른다.

국내 최초의 신화는 1997년 한미은행에 개인 여신 연체 관리 업무 담당 직원을 파견하면서 시작됐다. 카드 신청 상담 TM, 카드 배송 등 제1·2금융권 채권 관리 업무의 체계적 전문성을 높게 인정받은 결과다. 동종 업계 최초로 개인 여신의 시작인 상담부터 연체 관리까지 모든 분야에 전문 인력을 공급하게 되면서 1998년에는 제니엘시스템을 설립해 카드 배송을 포함한 물류 서비스 체계를 대폭 강화했다.

2001년에는 간호, 사무자동화, TM, 통역 등 전문 인력을 양성한 성과를 바탕으로 국제품질표준인 품질경영시스템 ISO9001을 획득하고 제1회 아웃소싱서비스대상 산업통상자원부장관상을 수상했다. 2005년 대한민국 고객만족 경영대상에 이어 2008년 항공우주경영시스템 AS9100을 획득하면서 항공·정비 인력 분야에서도 전문성을 확고히 각인했다. 2010년에는 전화, 인터넷, 모바일 등 다양한 통신 채널 고객 대응 서비스인 콘택트센터 운영 능력을 검증받아 콘택트센터운영시스템 CMS2008을 획득했다. 모두 '최초'다.

'인재를 통한 가치 경영', '일하고 싶은 사람이 마음껏 일할 수 있는 행복한 사회 구현'은 제니엘의 가장 높은 두 기둥이다. 사회 구성원으로서 합당한 책무를 감당하는 일은 윤리적 당위라고 믿는다. 약한 이웃의 곁에 다가서는 일이 최우선이어야 함은 물론이다.

2011년 고용 취약계층인 장애인이 사회에 안정적으로 진출할 수 있도록 돕기 위해 제니엘플러스를 설립했다. 처음엔 사무보조, 카드 분류 배송 등 단순 업무를 수행하는 장애인 사원 20여 명이 고작이었지만 헬스키퍼, 소셜네트워크서비스(SNS) 홍보, 카페테리아 사업에 진출하면서 2019년 기준 중증장애인 83명을 포함해 102명까지 늘어났다. 박인주 제니엘 회장은 "다음 목표는 IT 혁신이고 2030년 목표는 매출 5조원 달성"이라면서 "인공지능과 바이오 기술을 융합한 노인 거주단지 제니엘타운을 중심으로 유통, 물류 등 특화 사업 분야를 결합해 양질의 일자리를 창출하고, 빅데이터 기술을 활용해 인재 매칭과 인력 공급의 틀을 혁신하는 글로벌 아웃소싱 기업으로 도약하겠다"고 밝혔다.

(매경, 2020.7.7)

외주가공
외부에 가공을 의뢰하는 것

가치사슬
연구개발에서 고객 서비스까지의 부가가치창출 사슬

외부조달을 통한 원가절감은 부품뿐만 아니라 가공공정이나 다른 내부 서비스에도 확대되었다. 생산공정을 외부에 의뢰하는 것을 외주가공이라 하며, 직접노무원가와 제조간접원가를 절약해 준다. 제조활동 이외의 설비 수선유지, 식당, 보안경비, 제품디자인, 회계 등의 업무를 전문업체에 맡겨서 원가절감을 하는 아웃소싱(Outsourcing)도 보편화되고 있다. 외주, 외주가공, 하청, 용역 등을 모두 포함한 넓은 의미의 아웃소싱은 기업이 수행하는 활동의 일부를 외부에 의뢰하는 것이다. 아웃소싱은 연구개발부터 설계, 원재료의 획득, 제조, 유통, 애프터서비스까지의 가치사슬(value chain)의 어느 단계에서나 가능하다. 아웃소싱의 장점은 원가의 유연성에 있다. 자체조달을 하면 설비와 전문인력의 고정원가 부분이 많은데 아웃소싱은 대부분이 변동원가이다. 따라서 아웃소싱은 경기변동과 수요변화에 따라 원가를 변동시켜 기업의 수익성을 안정시킨다. 즉, 제5장에서 설명한 레버리지도를 낮추어 기업의 위험을 낮춘다.

마켓컬리의 미래가 '수직농장'에 있는 이유? '비즈니스 후방통합' 전략을 구사하라!

언더백 기업들은 유통의 후방통합으로써 제조업의 대안, 혹은 제조업이 유통과 어떻게 손잡고 콘텐츠 확장을 할 수 있을 것인가를 고민해야 한다.

■ "밤 11시 전에 주문하면 다음날 아침 7시까지 도착합니다"

마켓컬리 웹 사이트에 들어가면 가장 먼저 눈에 띄는 문구다. 2015년에 시작한 O2O 배송 서비스 마켓컬리는 일명 새벽배송으로 70여 가지의 깐깐한 기준을 바탕으로 식품을 엄선해서 새벽에 배송해 주는 서비스로 시작됐다.

창업 2년 만에 매출 452억원을 돌파했고, 작년에는 1,600억원을 넘었다. 마켓컬리 스스로가 밝히는 그들의 핵심역량은 '전문MD'다. 김슬아 마켓컬리 대표는 "전국 산지로 각 담당 MD를 직접 보내 식재료를 발굴하고 100% 직매입으로 중간 유통망을 없애 식품의 합리적인 가격을 제시한다"고 밝혔다.

게다가 김 대표는 일주일에 한 번씩 회사 내 '상품위원회'를 통해 모든 담당 MD들과 모든 상품을 직접 면밀히 살펴본다고 한다. 이런 과정을 통해 통상 10개의 후보 중 단 1개 정도만 통과시킨다고 한다. 이처럼 생산자와 소비자 사이에서의 단계, 즉 시간·비용·노력 등을 줄여주는 유통은 현 시대 많은 고객가치를 창출하며 빠르게 성장하고 있다.

■ 한 해 10조원을 콘텐츠 제작 강화에만 투자한 넷플릭스… 유통업체들은 이미 생산쪽으로 '제조의 지도'를 넓혀가고 있다

이미 아마존·넷플릭스 같은 글로벌 기업들을 포함해 국내에서는 이마트, 롯데마트, 배달의 민족, 야놀자, 쿠팡, 마켓컬리 등등 스타트업들까지도 이처럼 유통단계에서 일어나고 있는 소비자에게 불필요한 자원들을 줄여주는 서비스들을 하고 있다.

제품의 추가가공으로 수익성을 높인다

아웃소싱은 기업이 직접 수행할 수 있는 가치사슬의 일부 활동을 외부에 의뢰하는 것이다. 이와 반대로 현재 이 기업이 직접 담당하지 않은 가치사슬의 일부로 사업영역을 확대할 수도 있다. 원재료 조달이나 연구개발 등의 생산 이전 단계인 상류(upstream)로 진출하는 예로는 한국가스공사가 해외의 가스전 개발에 참여한 것과 제지회사가 조림사업과 펄프사업을 하는 것을 들 수 있다. 생산 이후 단계인 물류와 유통의 하류(downstream)로 진출하는 예로는 주류회사인 진로가 진로유통으로 유통업에서 적극적으로 사업을 하는 것을 들 수 있다. 참치어획회사인 사조산업(주)가 참치회 음식점 체인사업에 참여하는 것도 비슷

그런데 이런 유통업체들은 사실 유통에만 머물러 있지 않고 콘텐츠, 혹은 제품의 생산쪽으로 '제조의 지도'를 넓혀가고 있다. 대표적인 예가 우리나라에서 상당한 가입자를 모아가고 있는 넷플릭스다. 넷플릭스는 작년 한 해 동안에만 약 90억달러(한화 약 10조 5,000억원)의 어마어마한 금액을 콘텐츠 제작 강화에 쏟아부었다.

넷플릭스의 개별 최다 제작비가 투자된 마이클 베이의 신작 '식스 언더그라운드'(1억7천만달러 이상으로 추정)를 포함해 올해 넷플릭스가 발표한 신작 영화수는 총 82편이 넘는다. 같은 기간 경쟁사인 워너브라더스가 28편, 디즈니가 10편 정도에 그친 것에 비하면 독보적인 수치다.

야놀자는 지난 9월 부산 토종 호텔 브랜드인 WNH를 인수했다. 이 회사는 부산과 경남에서 하운드, 브라운도트, 넘버25 등 3개의 호텔 브랜드를 가진 회사다. 야놀자는 HN미디어, 헤이, 호텔야자, 호텔얌과 함께 이번에 인수한 WHN 3개 브랜드 등 총 7개의 호텔 브랜드를 직접 '후방통합'하는 데 성공했다.

'제조'와 '유통', 이 두 '파워' 중 어느 쪽이 더 강한가에 대해서는 의견들이 많이 있지만 이미 기존 유통사들이 미래시장을 염두에 두고 자신들만의 강력한 콘텐츠나 제조역량을 키우고 있는 현상들은 여러 기사들을 통해 확인이 가능하다. 전통적 경영학에서도 이런 현상들에 대해 '비즈니스 후방통합'이라는 용어로 설명한다.

■ 일반 농장과 비교해 생산성이 390배에 달하는 수직농장의 출현… 우리 기업은 비즈니스 후방통합으로 어떤 대안을 만들 것인가

다시 마켓컬리로 돌아와 보자. 현재 '대박'을 내고 있는 마켓컬리도 결국 제조와 생산이라는 과제를 만나게 될 것이다. 전반적인 삶의 질이 계속 높아지면서 고객들은 더 건강하고 신선한 제품을 원하고 있다. 현재 마켓컬리가 구현하고 있는 짧은 리드타임도 언젠가는 고객의 불만요소가 될 수 있다는 이야기다. 또한 70여 가지 깐깐한 기준을 바탕으로 엄선한 식품의 신선도에 대해서도 앞으로 충분히 불만요소가 나올 수 있다. 책 '위대한 기업을 넘어 사랑받는 기업으로'에 소개된 바 있는 '미국 사람들이 가장 사랑하는 마켓'으로 불리는 홀푸드마켓의 경우 이미 마켓의 일부에서 '옥상 수경재배'를 시작함으로써 비즈니스 후방통합을 구현해 내기 시작했다. (후략)

(사례뉴스, 2019.10.24)

한 예이다.

가치사슬 중 생산단계에서도 제품을 현 상태보다 추가로 가공하여 제품의 부가가치를 높일 수 있다. 제품을 고급화하거나 소비자가 사용하기 편리하게 만들어 제품을 좀더 비싼 가격에 판매하여 수익성을 높일 수 있다. 예를 들면 사조산업(주)가 살코기 참치통조림뿐만 아니라 야채나 고추가 추가된 참치통조림을 생산하고, 오뚜기식품(주)가 카레가루뿐만 아니라 즉석 3분카레를 생산·판매한다. 시장이나 백화점 식품부에서 식품재료뿐만 아니라 약간의 조리만이 필요한 양념불고기감, 냉동만두, 찌개거리를 팔고, 완성된 밑반찬이나 음식을 파는 것을 볼 수 있다. 이것은 전혀 가공이 되지 않은 원재료부터 일부 가공이된 반제품, 완성품까지의 다양한 가공단계에 있는 식품이 소비자에게 제공되는 예이다.

만약 기업이 생산설비 등의 제약자원 때문에 동시에 여러 가공 단계의 제품을 제공할 수 없다면 제품의 추가가공 여부를 결정해야 한다. 이때 추가가공을 위한 증분원가보다 판매가격 증가에 의한 증분수익이 높다면 이익이 증가하므로 추가가공하는 것이 바람직하다.

토 론

"폭우땐 속옷 잘 팔리고 춘곤증 4월엔 껌 '불티'"

• 세븐일레븐 편의점 월별 인기상품 분석해 보니…

한여름에 편의점에서 가장 잘 팔리는 품목은 뭘까. 더울수록 생수, 탄산음료 등의 매출은 당연히 올라간다. 이와 함께 여름철에 판매량이 급증하는 제품으로 '속옷'이 있다. 편의점 세븐일레븐에서 속옷은 가장 더운 8월 매출이 한겨울인 1월보다 66%나 많았다. 속옷을 편의점에서 사는 건 급하게 갈아입어야 할 때다. 여름 휴가철에 여벌의 속옷을 못 챙긴 채 여행지로 갔을 때, 장마철 폭우로 속옷까지 흠뻑 젖었을 때 속옷을 사러 편의점을 찾는 손님이 많은 것이다. 동아일보 소비자경제부가 최근 3년(2010년 7월~2013년 6월)간 세븐일레븐의 월평균 매출을 100으로 보고 각 달의 매출비율을 따진 '세븐일레븐 판매지수'를 내 봤더니 속옷은 8월에 133, 1월에 80으로 나타났다. 8월에는 연평균보다 33% 더 팔린다는 뜻이다.

가장 더운 8월에 많이 판매되는 품목은 스포츠음료(158), 생수(136), 탄산음료(125) 등이었으며 스포츠음료는 겨울철의 3배가 팔렸다. 이들 상품은 더울수록 잘 팔리는 상품으로 탄산음료는 기온이 24도, 생수와 스포츠음료는 29도가 넘어서면 판매량이 급격히 늘어나는 것으로 알려져 있다. 하지만 아이스크림이 가장 많이 판매되는 달은 7월(165)이었다. 8월 아이스크림 판매(162)는 6월(164)보다도 낮았다. 세븐일레븐 관계자는 "무더위엔 소비자들이 갈증을 많이 느껴 청량감이 떨어지는 아이스크림보다 시원한 음료를 많이 찾게 된다"고 설명했다.

스타킹은 월평균 기온보다 일교차의 영향을 더 많이 받았다. 여름(8월 · 35)과 겨울(1월 · 70)엔 상대적으로 매출이 적었으나 봄 · 가을인 4월, 10월에 연평균보다 50~60%가 더 팔렸다. 스타킹이 필요한 옷차림을 많이 하는 시기이기도 하고, 맨살에 외출했다가 갑자기 기온이 떨어져 급히 사는 경우도 많다는 게 세븐일레븐 측의 분석이다.

과자류 매출은 '○○○데이'로 불리는 기념일에 크게 움직였다. 밸런타인데이가 낀 2월엔 초콜릿이 월평균의 2.3배, 화이트데이가 낀 3월엔 캔디가 월평균의 3배 팔렸다. 한국에서는 밸런타인데이 땐 연인 중 여자가 남자에게 초콜릿을, 화이트데이 땐 반대로 사탕을 주는 게 일반적이다. 세븐일레븐 관계자는 "여성은 초콜릿을 백화점이나 빵집에서 신경 써서 사는 경우가 많은 데 반해 남성은 상대적으로 가까운 곳에서 쉽게 사탕을 사려 하기 때문"이라고 설명했다. 다만 초콜릿은 2월 외에도 3, 4, 11월에 연평

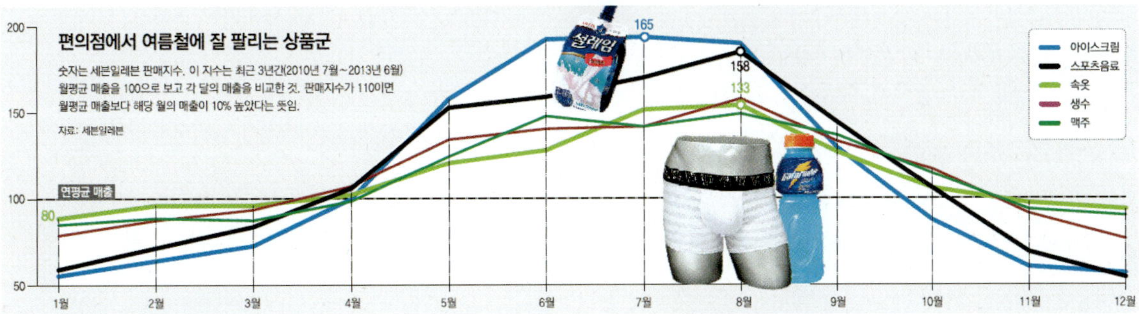

균 이상이 팔렸으나 캔디는 3월에 팔지 못하면 안 되는 '한철 상품'이었다. 또 이른바 '빼빼로데이'도 11월 비스킷 매출에 큰 영향을 줬다.

껌은 꾸준히 팔리는 품목이었지만 춘곤증이 몰려오는 4월에 가장 많이 팔렸다. 주류의 경우 소주는 2월에, 맥주는 8월에 많이 팔리지만 소주 판매는 월별 격차가 크지 않았다.

월별 판매지수 격차가 20 이하인 상품들은 연중 꾸준히 팔리는 제품으로 볼 수 있다. 담배와 라면, 커피 등이 이 같은 '스테디셀러'에 들어갔다. 세븐일레븐 관계자는 "기온이나 날씨, 기념일에 따라 소비자 구매 성향이 크게 변하기 때문에 월별 판매분석은 매우 중요하다"며 "계절별로 재고를 달리하고 진열할 때에도 이 같은 분석을 활용한다"고 말했다. (동아일보, 2013.7.25)

토론해 보자

(1) 편의점에서의 제약자원은 무엇이며, 이 제약자원을 고려하여 어떤 상품의 재고를 많이 준비해야 하는가 토론해 보자.

(2) 편의점의 수익성을 높이기 위해 재고조정 이외에 어떤 방법이 있을지 토론해 보자.

요약정리

상이한 목적을 위한 상이한 원가라는 표현이 의사결정의 목적에 따라 서로 다른 원가정보가 필요함을 잘 표현해 준다. 의사결정에 관련된 적절한 원가정보를 관련원가라고 한다. 의사결정의 선택대안에 따라 달라지는 원가수치가 의사결정에 중요한 정보이므로 선택대안간에 차이가 나는 원가항목이 관련원가이다. 이미 과거에 발생하여 지금 어떻게 결정하든지 변할 수 없는 원가를 기발생원가(매몰원가)라고 하며 관련원가는 아니다. 이에 반하여 다른 대안을 선택하였더라면 얻을 수 있었을 수익이나 혜택을 기회원가라고 부른다. 기회원가는 실제로 지급하는 원가는 아니지만 대안선택에 따라 발생여부가 달라지므로 관련원가이다.

일상적으로 기업에서 볼 수 있는 의사결정과 관련원가의 예는 다음과 같다. 정상가격결정에는 제조원가, 판매관리비, 이자비용 등 모든 원가가 고려되어야 하나, 임시적인 특별할인가격결정에는 직접적으로 영향을 받는 증분원가만이 고려되어야 적절한 수익성 평가가 된다. 특정 제품이나 부문의 추가나 폐지의 결정에는 증분원가나 회피가능원가가 관련원가가 되며, 다른 제품이나 부문의 수익에 영향을 미친다면 이를 기회원가로 고려해야 한다. 생산설비 등의 제약자원이 존재하여 이익을 최대로 높이는 제품배합을 결정해야 한다면, 생산설비를 가장 효율적으로 이용하여 제약자원 단위당 관련수익과 관련원가의 차이인 공헌이익을 최대화하는 제품배합을 사용한다. 제품의 추가가공을 통해 이익을 높이려면 추가가공 결정의 관련원가인 추가가공비(증분원가)와 매출증가액(증분수익)을 비교하여 결정한다.

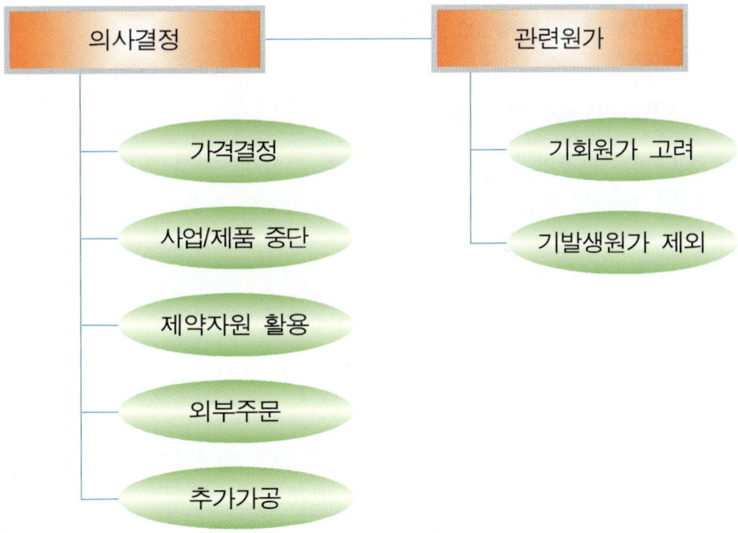

9 연습문제

객관식

01 **관련원가** (14. 경영지도사)

의사결정을 위한 원가에 관한 설명으로 옳지 않은 것은?

① 관련원가는 의사결정에 있어 대안간에 차이가 나는 원가를 말한다.
② 회피가능원가는 의사결정에 있어서 다른 대안 대신 특정 대안을 선택함에 따라 감소할 수 있는 원가를 말한다.
③ 변동원가는 생산라인의 폐지와 관련한 의사결정과 관련이 없다.
④ 기회원가는 한 대안이 다른 대안에 우선하여 선택되는 경우 포기되는 잠재적 효익을 의미한다.
⑤ 매몰원가는 현재 또는 미래의 의사결정에 의하여 변하지 않는 이미 발생한 원가를 말한다.

02 **관련원가** (17. 세무사)

(주)세무는 흠집이 있는 제품 C를 5개 보유하고 있다. 흠집이 없는 정상적 제품 C의 판매가격은 ₩300이다. 제품 C의 생산에는 단위당 변동제조원가 ₩80과 단위당 고정제조원가 ₩20이 투입되었다. 흠집이 있는 제품 C를 외부에 단위당 ₩150에 처분하려면 단위당 판매관리비가 ₩12이 소요될 것으로 추정된다. 이 의사결정에 고려될 관련 항목은?

① 단위당 판매관리비 ₩12
② 단위당 변동제조원가 ₩80
③ 단위당 고정제조원가 ₩20
④ 단위당 제조원가 ₩100
⑤ 정상판매가격 ₩300

03 **외부구입 의사결정** (21. 공인회계사)

(주)대한은 제품에 사용되는 부품 A를 자가제조하고 있으나, 외부공급업체로부터 부품 A와 동일한 제품을 구입하는 방안을 검토중이다. (주)대한의 회계팀은 아래의 자료를 경영진에게 제출하였다.

	부품 A 1단위당 금액
직접재료원가	₩38
직접노무원가	35
변동제조간접원가	20
감독관 급여	40
부품 A 전용제조장비 감가상각비	39
공통관리비의 배분	41

- 매년 10,000개의 부품 A를 생산하여 모두 사용하고 있다.
- 만일 외부에서 부품 A를 구입한다면 감독관 급여는 회피가능하다.
- 부품 A 전용제조장비는 다른 용도로 사용하거나 외부매각이 불가능하다.
- 공통관리비는 회사 전체의 비용이므로 외부구입 여부와 관계없이 회피가 불가능하다.
- 만일 부품 A를 외부에서 구입한다면, 제조에 사용되던 공장부지는 다른 제품의 생산을 위해서 사용될 예정이며, 연간 ₩240,000의 공헌이익을 추가로 발생시킨다.

(주)대한의 경영진은 부품 A를 자가제조하는 것이 외부에서 구입하는 것과 영업이익에 미치는 영향이 무차별하다는 결론에 도달하였다. 이 경우 외부공급업체가 제시한 부품 A의 1단위당 금액은 얼마인가?

① ₩93 ② ₩117 ③ ₩133
④ ₩157 ⑤ ₩196

04 외부구입 의사결정 (18. 경영지도사)

(주)한국은 부품 X를 매년 10,000단위 자가생산하여 이를 완제품 생산에 사용해 왔으며, 부품 X의 생산과 관련된 원가자료는 다음과 같다.

	단위당 원가
직접재료원가	₩60
직접노무원가	200
제조간접원가	
변동원가	80
고정원가(₩1,000,000/10,000단위)	100

(주)대한은 (주)한국에게 부품 X를 단위당 ₩400에 전량 납품하겠다고 제안하였다. (주)한국이 (주)대한의 제안을 받아들인다면 (주)한국은 그동안 부품 X를 생산하던 라인을 부품 Y의 생산에 이용하여 부품 Y의 생산원가를 연간 ₩400,000 절감할 수 있다. 또한 부품 X는 위험한 작업을 통해 생산되기 때문에 (주)한국은 그동안 특별산재보험에 가입하여 매년 ₩100,000의 보험료를 지불해 왔다. (주)한국이 (주)대한의 제안을 받아들인다면, (주)한국은 특별산재보험료 ₩100,000을 지출할 필요가 없게 된다. 두 가지 대안(자가생산과 외부구입) 중 (주)한국에게 유리한 대안은 무엇이며, 그 대안이 다른 안보다 금액적으로 얼마나 유리한가를 옳게 연결한 것은?

① 자가생산, ₩100,000 ② 자가생산, ₩200,000 ③ 외부구입, ₩100,000
④ 외부구입, ₩200,000 ⑤ 외부구입, ₩300,000

05 외부구입 의사결정 (21. 세무사)

(주)세무는 제품 A와 제품 B를 생산하고 있는데, (주)대한으로부터 제품 A 전량을 단위당 ₩18에 공급하는 제안을 받았다. 이 제안을 검토하기 위해 (주)세무의 회계부서에서 분석한 제품 A에 대한 원가자료는 다음과 같다.

	단 가	1,000단위
직접재료원가	₩5	₩5,000
직접노무원가	4	4,000
변동제조간접원가	1	1,000
감독자급여	3	3,000
특수기계 감가상각비	2	2,000
공통간접원가 배분액	5	5,000
제조원가 합계	₩20	₩20,000

제품 A를 생산하지 않을 경우 제품 A 감독자는 추가비용 없이 해고가능하고, 특수기계는 제품 A 제조에만 사용되는 전용기계이다. 공통간접원가는 공장임대료 등으로 제품 A 생산라인을 폐쇄하더라도 감소하지 않는다. 제품 A를 생산하지 않을 경우 그에 대한 여유생산능력으로 제품 B를 추가생산할 수 있는데, 이로 인해 증가되는 수익은 ₩5,000이고 증가되는 원가는 ₩3,000이다. (주)세무가 (주)대한의 제안을 받아들이면 자가생산하는 것보다 얼마나 유리(불리)한가?

① ₩3,000 유리　② ₩3,000 불리　③ ₩4,000 유리
④ ₩4,000 불리　⑤ ₩5,000 불리

06 외부구입 의사결정 (14. 감정평가사)

(주)대한은 완제품 생산에 필요한 A부품을 매월 500단위씩 자가제조하고 있다. 그런데 타회사에서 매월 A부품 500단위를 단위당 ₩100에 납품하겠다고 제의하였다. A부품을 자가제조할 경우 변동제조원가는 단위당 ₩70이고, 월간 고정제조간접원가 총액은 ₩50,000이다. 만약 A부품을 외부구입하면 변동제조원가는 발생하지 않으며, 월간 고정제조간접원가의 40%를 절감할 수 있다. 또한 A부품 생산에 사용되었던 설비는 여유설비가 되며 다른 회사에 임대할 수 있다. A부품을 외부구입함으로써 매월 ₩10,000의 이익을 얻고자 한다면, 여유설비의 월임대료를 얼마로 책정해야 하는가?

① ₩5,000　② ₩6,000　③ ₩7,000
④ ₩8,000　⑤ ₩10,000

07 외부구입 의사결정 (16. 서울시 7급)

(주)서울은 화장품 제조회사로 화장품을 담는 용기도 함께 생산하고 있다. 화장품 용기 생산량은 매년 1,000개이며, 1,000개 조업도수준하에서 화장품 용기의 단위당 제조원가는 아래의 표와 같다. 그런데 외부의 용기 생산업자가 화장품 용기 1,000개를 개당 ₩95에 공급하겠다고 제안하였다. (주)서울이 이 제안을 수락할 경우 화장품 용기 생산에 사용되는 설비를 연 ₩10,000에 다른 회사에 임대할 수 있다. 한편, 화장품 용기를 외부에서 구입하더라도 고정제조간접원가의 50%는 계속해서 발생된다. (주)서울이 외부공급업자의 제안을 수락할 경우 연간 이익은 얼마만큼 증가 혹은 감소하겠는가?

직접재료원가	₩30
직접노무원가	20
변동제조간접원가	10
고정제조간접원가	40
화장품 용기의 단위당 제조원가	₩100

① ₩5,000 증가　　② ₩5,000 감소
③ ₩10,000 증가　　④ ₩10,000 감소

08 외부구입 의사결정 (19. 경영지도사)

(주)대한은 월 5단위의 부품 A를 자가제조하고 있으며, 단위당 제조원가는 다음과 같다.

직접재료원가	₩120
직접노무원가	175
변동제조간접원가	80
고정제조간접원가	250
계	₩625

(주)대한은 부품 A 5단위를 단위당 ₩575에 외부구입이 가능하다. 외부구입할 경우 유휴시설을 임대하여 월 ₩625의 수익을 얻을 수 있으며, 부품 A에 배부된 고정제조간접원가를 단위당 ₩100만큼 회피가능하다. 외부구입시 (주)대한의 월간 이익에 미치는 영향은?

① ₩125 감소　　② ₩100 감소　　③ ₩100 증가
④ ₩125 증가　　⑤ ₩150 증가

09 외부구입 의사결정 (20. 감정평가사)

레저용 요트를 전문적으로 생산 · 판매하고 있는 (주)감평은 매년 해당 요트의 주요 부품인 자동제어센서 2,000단위를 자가제조하고 있으며, 관련 원가자료는 다음과 같다.

	총원가	단위당 원가
직접재료원가	₩700,000	₩350
직접노무원가	500,000	250
변동제조간접원가	300,000	150
고정제조간접원가	800,000	400
합 계	₩2,300,000	₩1,150

(주)감평은 최근 외부업체로부터 자동제어센서 2,000단위 전량을 단위당 ₩900에 공급하겠다는 제안을 받았다. (주)감평이 동 제안을 수락할 경우, 기존설비를 임대하여 연간 ₩200,000의 수익을 창출할 수 있으며, 고정제조간접원가의 20%를 회피할 수 있다. (주)감평이 외부업체로부터 해당 부품을 공급받을 경우, 연간 영업이익에 미치는 영향은?

① ₩0 ② ₩60,000 감소 ③ ₩60,000 증가
④ ₩140,000 감소 ⑤ ₩140,000 증가

10 외부구입 의사결정과 보조부문 상호지원 (15. 공인회계사)

(주)한국은 두 개의 보조부문(부문 S_1과 부문 S_2)과 두 개의 제조부문(부문 P_1과 부문 P_2)을 사용하여 제품을 생산하고 있다. 20×1회계연도에 각 보조부문이 생산하여 타부문에 제공할 용역의 양과 보조부문의 원가에 관한 예산자료는 다음과 같다.

(1) 보조부문의 용역생산량과 타부문에 제공할 용역량

보조부문	보조부문의 용역생산량	각 보조부문이 타부문에 제공할 용역량			
		S_1	S_2	P_1	P_2
S_1	200단위	–	40단위	100단위	60단위
S_2	200단위	100단위	–	20단위	80단위

(2) 보조부문의 원가

	부문 S_1	부문 S_2
간접재료원가(변동비)	₩560,000	₩80,000
감독자급여(고정비)	80,000	80,000
감가상각비(고정비)	200,000	240,000
계	₩840,000	₩400,000

20×0년말 (주)한국은 (주)대한으로부터 현재 부문 S_2에서 제공하고 있는 용역을 단위당 ₩1,400에 공급해 주겠다는 제안을 받았다. 만약 이 제안을 20×1년초에 수락할 경우 (주)한국은 부문 S_2의 간접재료원가를 회피할 수 있으며 부문 S_2의 감독자급여를 50%만큼 절감할 수 있다. 그리고 부문 S_2의 설비는 타사에 임대하여 연간 ₩24,000의 수익을 얻을 수 있다. 만약 20×1년초에 (주)한국이 (주)대한의 제안을 수락함으로써 부문 S_2를 폐쇄하고 (주)대한으로부터 용역을 구입하기로 결정하는 경우, 이러한 결정은 (주)한국의 20×1회계연도 이익에 어떠한 영향을 미치게 될 것인가?

① ₩1,000 증가 ② ₩2,000 증가 ③ ₩3,000 증가
④ ₩4,000 증가 ⑤ ₩5,000 증가

11 특별주문 의사결정 (14. 주택관리사)

(주)한국은 단일제품을 생산・판매하고 있다. 내년도 예정생산량 2,000단위를 기준으로 편성된 제조원가예산은 다음과 같으며, 제품의 단위당 판매가격은 ₩20이다.

	단위당 원가	총원가
직접재료원가	₩4	₩8,000
직접노무원가	2	4,000
변동제조간접원가	2	4,000
고정제조간접원가	5	10,000
합 계	₩13	₩26,000

(주)한국은 거래처로부터 단위당 ₩12에 제품 100단위를 구매하겠다는 특별주문을 받았다. (주)한국은 특별주문 수량을 생산하는 데 필요한 여유생산설비를 충분히 확보하고 있으나, 초과근무로 인하여 특별주문 단위당 ₩2의 원가가 추가로 발생한다. (주)한국이 특별주문을 수락할 경우, 내년도 영업이익의 증감은? (단, 기초 및 기말 재고자산은 없으며, 특별주문이 기존 시장에 미치는 영향은 없다)

① ₩200 증가 ② ₩300 감소 ③ ₩500 감소
④ ₩1,000 감소 ⑤ ₩1,000 증가

12 특별주문 의사결정 (18. 공인회계사)

(주)대한은 연속된 공정 A와 B를 거쳐서 완제품을 생산한다. (주)대한은 매년 500단위의 제품을 생산하여 기존시장에서 단위당 ₩3,000에 전부 판매한다. 당기에 (주)대한은 새로운 거래처인 (주)민국으로부터 완제품 150단위를 단위당 ₩2,500에 공급해 달라는 주문을 받았다. 이 주문은 완제품 150단위를 모두 수락하거나 거절해야 한다. 공정별 연간 생산능력, 연간 생산량 및 단위당 변동원가는 다음과 같다.

	공정 A	공정 B
연간 생산능력	550단위	600단위
연간 생산량	500단위	500단위
단위당 변동원가	₩700	₩1,000

(주)대한은 외부공급업체로부터 공정 A에서 생산된 것과 동일한 부품을 단위당 ₩1,500에 필요한 만큼 공급받을 수 있다. (주)대한이 (주)민국의 주문을 수락하면 (주)대한의 당기순이익은 얼마나 증가(또는 감소)하는가? (단, (주)대한은 상기 주문과 관련된 기회원가를 최소화하고자 한다)

① ₩5,000 증가 ② ₩8,000 감소 ③ ₩10,000 감소
④ ₩15,000 증가 ⑤ ₩80,000 증가

13 특별주문 의사결정 (22. 관세사)

(주)관세는 제품 A 100단위를 생산·판매하고 있으며, 제조원가와 판매관리비는 각각 50%가 고정비이다. 신규 고객으로부터 단위당 ₩1,800에 50단위를 공급해 달라는 특별주문을 받았다. 특별주문수량에 대해 단위당 변동판매관리 중 20%는 발생하지 않는다. 특별주문을 수락할 경우 (주)관세의 영업이익에 미치는 영향은? (단, 특별주문수량을 생산하는 데 필요한 여유생산설비를 충분히 확보하고 있다)

	제품 A
매출액	₩400,000
제조원가	240,000
판매관리비	60,000

① ₩38,000 감소 ② ₩18,000 감소 ③ ₩12,000 증가
④ ₩18,000 증가 ⑤ ₩38,000 증가

14 특별주문 의사결정 (13. 경영지도사)

(주)대한에서는 모자를 생산하여 개당 ₩8,000에 800,000개 판매하는 계획을 수립하였다. 개당 변동원가는 ₩3,200, 총고정원가는 ₩100,000,000이다. (주)대한은 5월중 개당 ₩4,600으로 8,000개를 구매하겠다는 특별주문을 받았는데, 추가생산에 대하여 충분한 생산능력을 보유하고 있지만 초과근무수당 때문에 개당 ₩600의 추가비용이 발생한다. 그러나 특별주문에 따른 추가판매비는 발생하지 않는다. (주)대한이 특별주문을 수락하면 영업이익은 어떻게 변화하는가?

① ₩9,600,000 감소 ② ₩6,400,000 감소 ③ ₩4,800,000 감소
④ ₩4,800,000 증가 ⑤ ₩6,400,000 증가

15 특별주문 의사결정 (20. 세무사)

(주)세무는 20×1년에 오토바이를 생산·판매하고 있다. 오토바이 1대당 판매가격은 ₩200이며, 단위당 제조원가 내역은 다음과 같다.

직접재료원가	₩86
직접노무원가	45
변동제조간접원가	9
고정제조간접원가	42
단위당 제조원가	₩182

(주)세무는 경찰청으로부터 순찰용 오토바이 100대를 1대당 ₩180에 공급해달라는 특별주문을 받았다. 특별주문에 대해서는 오토바이를 순찰용으로 변경하기 위해 네비게이션을 장착하는 데 1대당 ₩10의 원가가 추가적으로 발생한다. 또한 경찰청 로고 제작을 위해 디자인 스튜디오에 ₩1,200을 지급해야 한다. 현재 (주)세무의 생산능력은 최대생산능력에 근접해 있으므로 특별주문을 수락하면 기존 오토바이 10대의 생산을 포기해야 한다. (주)세무가 경찰청의 특별주문을 수락할 때, 증분이익은?

① ₩0 ② ₩800 ③ ₩1,000
④ ₩1,200 ⑤ ₩1,400

16 특별주문 의사결정 (13. 감정평가사)

(주)감평은 제품 A를 단위당 ₩100에 판매하고 있는데, (주)한국으로부터 제품 A 2,000단위를 단위당 ₩70에 구입하겠다는 제안을 받았다. 제품 A의 단위당 원가는 다음과 같다.

직접재료원가	₩20	직접노무원가	₩15
변동제조간접원가	₩10	고정제조간접원가	₩5

판매비와관리비는 모두 변동비로 매출액의 20%이다. (주)감평은 (주)한국의 제안을 수락할 수 있는 충분한 유휴생산능력을 보유하고 있다. (주)감평이 (주)한국의 제안을 수락하는 경우 영업이익 증가액은?

① ₩2,000 ② ₩12,000 ③ ₩22,000
④ ₩40,000 ⑤ ₩50,000

17 특별주문 의사결정 (19. 관세사)

다음은 (주)관세가 생산·판매하는 제품 A에 관한 자료이다.

최대 생산가능 수량	10,000단위
현재 생산·판매수량	8,000단위
단위당 외부판매가격	₩300
단위당 변동제조원가	100
단위당 변동판매비	40
단위당 고정제조간접원가	90(최대 생산가능 수량기준)

(주)한국은 (주)관세에게 제품 A에 특수장치를 부착한 제품 B를 제작하여, 단위당 ₩220에 1,500단위를 공급해 줄 것을 제안하였다. (주)관세는 제품 A의 생산라인에서 제품 B를 생산할 수 있으며, (주)한국의 주문으로 기존 판매 및 원가 구조는 영향을 받지 않는다. (주)관세는 제품 A에 단위당 ₩30의 특수장치를 추가하여 제품 B를 생산하며, 제품 B의 단위당 변동판매비는 ₩30이 된다. (주)관세가 (주)한국의 특별주문을 수락하는 경우 이익에 미치는 영향은?

① ₩90,000 감소 ② ₩90,000 증가 ③ ₩120,000 감소
④ ₩120,000 증가 ⑤ ₩150,000 증가

18 특별주문 의사결정 (20. 세무사)

(주)세무는 20×1년 연간 최대생산량이 8,000단위인 생산설비를 보유하고 있다. (주)세무는 당기에 제품 7,000단위를 단위당 ₩1,000에 판매할 것으로 예상하며, 단위당 변동제조원가는 ₩500, 단위당 변동판매관리비는 ₩100이다. (주)세무는 거래처로부터 제품 2,000단위를 판매할 수 있는 특별주문을 받았으며 단위당 변동제조원가와 단위당 변동판매관리비는 변화가 없다. 이 특별주문을 수락한다면, 예상 판매량 중 1,000단위를 포기해야 한다. 이때 특별주문 제품의 단위당 최저판매가격은?

① ₩500 ② ₩600 ③ ₩800
④ ₩900 ⑤ ₩1,000

19 제약자원과 특별주문 의사결정 (23. 감정평가사)

범용기계장치를 이용하여 제품 X와 Y를 생산·판매하는 (주)감평의 당기 예산자료는 다음과 같다.

	제품 X	제품 Y
단위당 판매가격	₩1,500	₩1,000
단위당 변동원가	1,200	800
단위당 기계가동시간	2시간	1시간
연간 정규시장 판매수량	300단위	400단위
연간 최대기계가동시간	1,000시간	

(주)감평은 신규거래처로부터 제품 Z 200단위의 특별주문을 요청받았다. 제품 Z의 생산에는 단위당 ₩900의 변동원가가 발생하며 단위당 1.5기계가동시간이 필요하다. 특별주문 수락시 기존제품의 정규시장 판매를 일부 포기해야 하는 경우, (주)감평이 제시할 수 있는 단위당 최소판매가격은? (단, 특별주문은 전량 수락하든지 기각해야 한다)

① ₩900 ② ₩1,125 ③ ₩1,150
④ ₩1,200 ⑤ ₩1,350

20 제약자원과 의사결정 (18. 보험계리사)

(주)한국의 전자사업부는 제품 A와 제품 B를 생산 · 판매하고 있다. (주)한국이 매월 사용가능한 기계시간은 60,000시간이다. (주)한국의 20×1년 4월중 예상되는 제품 A와 제품 B의 판매가격, 원가 및 시장수요량에 관한 자료는 다음과 같다.

	제품 A	제품 B
단위당 판매가격	₩270	₩520
단위당 변동원가	190	280
단위당 고정원가	20	20
단위당 필요 기계시간	4시간	8시간
월간 시장수요량	8,000단위	5,000단위

(주)한국이 매월 최대 사용가능한 60,000기계시간을 증가시킬 수 없는 경우, 제품 A와 제품 B 각각에 대한 20×1년 4월 최적생산량은?

	제품 A	제품 B
①	5,000단위	5,000단위
②	8,000단위	3,500단위
③	6,000단위	4,500단위
④	7,000단위	4,000단위

21 제약자원과 의사결정 (20. 세무사)

(주)세무는 제약자원인 특수기계를 이용하여 제품 A, 제품 B, 제품 C를 생산 · 판매한다. 제품의 생산 · 판매와 관련된 자료는 다음과 같다.

	제품 A	제품 B	제품 C
단위당 판매가격	₩50	₩60	₩120
단위당 변동원가	20	36	60
단위당 특수기계 이용시간	2시간	1시간	3시간

특수기계의 최대이용가능시간이 9,000시간이고 각각의 제품에 대한 시장수요가 1,000단위(제품 A), 3,000단위(제품 B), 2,000단위(제품 C)로 한정되어 있을 때, (주)세무가 달성할 수 있는 최대공헌이익은?

① ₩181,250　② ₩192,000　③ ₩196,250
④ ₩200,000　⑤ ₩211,250

22 제약자원과 의사결정 (16. 세무사)

(주)세무는 제품 A와 제품 B를 생산·판매하고 있으며, 두 제품의 단위당 연간 자료는 다음과 같다. 변동제조간접원가는 제품생산에 소요되는 기계시간을 기준으로 계산한다.

	제품 A	제품 B
판매가격	₩200,000	₩240,000
직접재료원가	₩85,000	₩95,000
직접노무원가	10,000	10,000
변동제조간접원가(기계시간당 ₩5,000)	20,000	30,000
변동판매관리비	5,000	15,000
고정제조간접원가	15,000	25,000
고정판매관리비	30,000	20,000
단위당 원가 계	₩165,000	₩195,000

(주)세무가 제품 A와 제품 B의 생산에 사용할 수 있는 최대 기계시간은 연간 3,700시간이다. (주)세무가 제품을 외부로 판매할 경우 시장의 제한은 없으나, 연간 외부 최대 수요량은 제품 A 700개, 제품 B 400개이다. (주)세무가 영업이익을 최대화할 수 있는 제품배합은?

	제품 A	제품 B		제품 A	제품 B
①	700개	100개	②	700개	150개
③	700개	400개	④	250개	400개
⑤	325개	400개			

23 제약자원과 의사결정 (16. 공인회계사)

(주)한국은 동일한 직접재료 M을 사용하여 세 가지 제품 A, B, C를 생산·판매한다. 다음은 (주)한국이 생산·판매하고 있는 각 제품의 단위당 판매가격, 변동원가 및 공헌이익에 관한 자료이다.

	제품 A	제품 B	제품 C
단위당 판매가격	₩900	₩1,350	₩1,200
단위당 변동원가			
직접재료원가	160	320	200
기타변동원가	480	590	700
계	640	910	900
단위당 공헌이익	₩260	₩440	₩300

(주)한국은 공급업체로부터 직접재료 M을 매월 최대 4,000kg까지 구입가능하며, 직접재료 M의 구입가격은 kg당 ₩40이다. (주)한국의 각 제품에 대한 매월 최대 시장수요량은 400단위이다. (주)한국이 이익을 최대화하기 위해 각 제품을 매월 몇 단위씩 생산·판매해야 하는가?

	제품 A	제품 B	제품 C		제품 A	제품 B	제품 C
①	400단위	50단위	400단위	②	400단위	300단위	0단위
③	200단위	400단위	0단위	④	0단위	400단위	160단위
⑤	0단위	250단위	400단위				

24 제약자원과 의사결정 (17. 세무사)

(주)세무는 제품 A, 제품 B 및 제품 C를 생산하여 판매한다. 이 세 제품에 공통으로 필요한 재료 K를 품귀현상으로 더 이상 구입할 수 없게 되었다. (주)세무의 재료 K 보유량은 3,000kg이며, 재료 K가 소진되면 제품 A, 제품 B 및 제품 C는 더 이상 생산할 수 없다. (주)세무는 각 제품의 사전계약 물량을 의무적으로 생산해야 하며, 사전계약 물량과 별도로 추가 최대수요량까지 각 제품을 판매할 수 있다. (주)세무의 관련 자료가 다음과 같을 때, 최대의 공헌이익 총액(사전계약 물량 포함)은?

	제품 A	제품 B	제품 C
사전계약 물량	100단위	100단위	300단위
추가 최대수요량	400단위	100단위	1,500단위
단위당 판매가격	₩100	₩80	₩20
공헌이익률	24%	25%	60%
단위당 재료 K 사용량	3kg	5kg	2kg

① ₩19,000　② ₩19,500　③ ₩20,000
④ ₩20,500　⑤ ₩21,000

25 제약자원과 특별주문 (18. 세무사)

(주)세무는 20×1년에 제품 A를 5,000단위 생산하여 전량 국내시장에 판매할 계획이다. 제품 A의 단위당 판매가격은 ₩10,000, 단위당 변동제조원가는 ₩7,000, 단위당 변동판매관리비는 ₩1,000이다. (주)세무는 20×1년초에 해외 거래처로부터 제품 A 3,000단위를 단위당 ₩8,000에 구입하겠다는 특별주문을 받았다. 해외 거래처의 주문을 수락하기 위해서는 제품 A 1단위당 부품 B(단위당 외부구입가격 : ₩500) 1단위를 추가로 투입해야 하고, 20×1년도 국내시장 판매량을 350단위 감소시켜야 한다. 특별주문과 관련된 판매관리비는 주문수량에 관계없이 ₩300,000 발생한다. (주)세무가 특별주문을 수락할 경우, 20×1년도 예산이익의 증가(또는 감소) 금액은? (단, 특별주문은 전량 수락하든지 기각해야 한다)

① ₩300,000 증가　② ₩420,000 증가　③ ₩500,000 증가
④ ₩550,000 감소　⑤ ₩800,000 감소

26 제약자원과 특별주문 의사결정 (19. 공인회계사)

(주)대한은 제품 A를 생산하며, 연간 최대생산능력은 10,000단위이다. (주)대한은 20×1년초에 제품 A의 예상수요량인 9,500단위를 생산・판매하기로 하고 종합예산을 편성하였다. 제품 A의 단위당 판매가격과 원가예산은 다음과 같다.

	단위당 금액
판매가격	₩40
직접재료원가	12
직접노무원가	5
제조간접원가	8
변동판매비	2

단위당 제조간접원가에는 단위당 변동원가 ₩5과 단위당 고정원가 ₩3(10,000단위 기준)이 포함되어 있다. 예산편성 직후에 (주)대한은 (주)민국으로부터 제품 A 1,000단위를 단위당 ₩30에 공급해 달라는 특별주문을 받았다. (주)민국의 특별주문량 1,000단위는 전량 수락하거나 거절해야 한다. (주)대한이 (주)민국에 제품 A를 판매할 경우에는 단위당 변동판매비의 50%를 절감할 수 있다. 한편, (주)대한은 (주)만세로부터 제품 A와 동일한 제품을 단위당 ₩25에 필요한 만큼 공급받을 수 있다. (주)대한이 (주)민국의 주문을 수락하면 (주)대한의 예산영업이익은 얼마나 증가 또는 감소하는가? (단, (주)대한은 이익을 극대화하고자 한다)

① ₩4,000 감소 ② ₩4,000 증가 ③ ₩5,500 감소
④ ₩5,500 증가 ⑤ ₩6,000 증가

27 제약자원과 특별주문 (22. 공인회계사)

(주)대한은 A필터와 B필터를 생산 및 판매하고 있으며, 이익극대화를 추구한다. (주)대한의 최대조업도는 월 12,000기계시간이며, (주)대한이 20×1년 2월에 대해 예측한 A필터와 B필터의 자료는 다음과 같다.

	A필터	B필터
시장수요량	2,500단위	1,500단위
단위당 직접재료원가	₩290	₩400
단위당 직접노무원가	100	150
단위당 변동제조간접원가(기계시간당 ₩40)	80	160
단위당 변동판매관리비	50	90
단위당 고정원가	20	20
단위당 판매가격	840	1,280

(주)대한은 20×1년 2월의 판매예측에 포함하지 않았던 (주)민국으로부터 B필터 500단위를 구입하겠다는 일회성 특별주문을 받았다. (주)대한이 (주)민국의 특별주문을 수락하더라도 해당 제품의 단위당 변동원가는 변하지 않는다. (주)대한이 (주)민국의 특별주문을 수락하여 20×1년 2월 영업이익을 ₩180,000 증가시키고자 할 경우에 특별주문의 단위당 판매가격은 얼마인가? (단, 특별주문과 관련하여 생산설비의 증설은 없다)

① ₩1,300 ② ₩1,350 ③ ₩1,400
④ ₩1,450 ⑤ ₩1,500

28 **새 제품 추가결정** (17. 세무사)

(주)세무는 기존 제품에 추가하여 새로운 제품 F(단위당 변동제조원가 ₩34)를 생산·판매하려고 한다. 이 경우 기존 제품의 총공헌이익이 연간 ₩80,000 감소할 것으로 예상된다. 제품 F를 생산하면, 연간 총고정제조간접원가 중 ₩55,000이 제품 F에 배부되며, 기존에 납부하던 연간 유휴토지부담금 ₩25,000이 전액 면제된다. 제품 F를 판매할 경우, 판매 대리점에 지급하는 기존 제품에 대한 연간 고정판매비를 ₩35,000만큼 줄이는 대신에 제품 F의 판매비를 단위당 ₩4씩 지급하게 된다. 제품 F의 연간 판매량이 4,000단위로 예상될 때, (주)세무의 연간 총손익에 변화가 없으려면 제품 F의 단위당 판매가격은?

① ₩13 ② ₩23 ③ ₩35
④ ₩43 ⑤ ₩55

29 **제품생산중단 결정** (23. 세무사)

(주)세무는 A, B, C 세 종류의 제품을 생산·판매하고 있으며, 관련 자료는 다음과 같다.

	제품 A	제품 B	제품 C
매출액	₩100,000	₩200,000	₩150,000
변동원가	70,000	110,000	130,000
고정원가	20,000	40,000	30,000
이익	₩10,000	₩50,000	(₩10,000)

각 제품별 고정원가는 회사 전체적으로 발생하는 고정원가 ₩90,000을 각 제품의 매출액에 비례하여 배분한 것으로, 제품 생산 여부나 생산 및 판매 수량에 관계없이 일정하게 발생한다. 손실이 발생하고 있는 제품 C의 생산을 중단하는 경우 제품 A의 매출액은 50% 증가하고, 제품 B의 매출액은 변화 없을 것으로 예상된다. 제품 C의 생산을 중단하면 회사 전체 이익은 얼마나 감소하는가?

① ₩1,000 ② ₩3,000 ③ ₩5,000
④ ₩7,000 ⑤ ₩9,000

30 부문폐쇄 결정 (21. 감정평가사)

(주)감평은 제품라인 A, B, C 부문을 유지하고 있다. 20×1년 각 부문별 손익계산서는 다음과 같다.

	A부문	B부문	C부문	합 계
매출액	₩200,000	₩300,000	₩500,000	₩1,000,000
변동원가	100,000	200,000	220,000	520,000
공헌이익	₩100,000	₩100,000	₩280,000	₩480,000
고정원가				
급여	30,000	50,000	80,000	160,000
광고선전비	10,000	60,000	70,000	140,000
기타 배부액	20,000	30,000	50,000	100,000
영업이익	₩40,000	(₩40,000)	₩80,000	₩80,000

(주)감평의 경영자는 B부문의 폐쇄를 결정하기 위하여 각 부문에 관한 자료를 수집한 결과 다음과 같이 나타났다.

- 급여는 회피불능원가이다.
- 광고선전비는 각 부문별로 이루어지기 때문에 B부문을 폐쇄할 경우 B부문의 광고선전비는 더 이상 발생하지 않는다.
- 기타 배부액 총 ₩100,000은 각 부문의 매출액에 비례하여 배부한 원가이다.
- B부문을 폐쇄할 경우 C부문의 매출액이 20% 감소한다.

(주)감평이 B부문을 폐쇄할 경우 (주)감평 전체 이익의 감소액은? (단, 재고자산은 없다)

① ₩36,000 ② ₩46,000 ③ ₩66,000
④ ₩86,000 ⑤ ₩96,000

31 **제품생산중단 결정** (17. 공인회계사)

(주)한국은 제품 A와 제품 B를 생산·판매하고 있다. 제품 A와 제품 B 각각에 대한 연간최대조업도 100,000단위의 활동수준에서 예상되는 20×1년도 생산 및 판매와 관련된 자료는 다음과 같다.

	제품 A	제품 B
단위당 판매가격	₩120	₩80
단위당 변동원가 :		
직접재료원가	30	12
직접노무원가	20	15
변동제조간접원가	7	5
변동판매관리비	12	8
단위당 고정원가 :		
추적가능 고정제조간접원가	16	18
공통고정비	15	10
단위당 총원가	100	68
연간최대생산능력	100,000단위	100,000단위

제품별 추적가능 고정제조간접원가는 해당 제품의 생산을 중단하면 회피가능하나, 공통고정비는 제품 A 혹은 제품 B의 생산을 중단해도 계속해서 발생한다. (주)한국은 20×1년초에 향후 1년 동안 제품 A 80,000단위와 제품 B 60,000단위를 생산·판매하기로 계획하였다. 그런데 (주)한국이 기존의 계획을 변경하여 20×1년에 제품 B를 생산하지 않기로 한다면, 제품 A의 20×1년도 연간 판매량은 원래 계획한 수량보다 15,000단위 증가할 것으로 예측된다. (주)한국이 20×1년에 제품 B의 생산을 전면 중단할 경우, 이익에 미치는 영향은?

① ₩165,000 감소　② ₩165,000 증가　③ ₩240,000 증가
④ ₩265,000 감소　⑤ ₩265,000 증가

32 **제품생산중단 결정** (18. 주택관리사)

(주)한국은 제품 A를 포함하여 여러 종류의 제품을 생산한다. 20×1년도 제품 A에 관한 예산자료는 다음과 같다.

매출액	₩840,000
공헌이익	280,000
고정원가	320,000
영업이익	(−)40,000

만일 제품 A의 생산을 중단하면 제품 A의 고정원가 ₩320,000 중 ₩190,000을 절감할 수 있다. 제품 A의 생산중단이 (주)한국의 20×1년도 예산영업이익에 미치는 영향은?

① ₩90,000 증가　② ₩90,000 감소　③ ₩130,000 증가
④ ₩190,000 감소　⑤ ₩190,000 증가

10 전략적 원가관리

품질원가, 제약이론, 원가기획을 사용한다

시장경쟁의 심화로 기업은 생존과 성장을 위해 소비자에게 높은 품질, 빠른 고객대응을 통한 고객만족을 주어야 한다. 이를 위해 기업의 끊임없는 자기혁신과 전략적 경영이 강조되고 있다. 관리회계도 과거의 소극적인 역할에서 좀더 적극적이고 전략과 연계된 역할을 하게 되었다. 이 장은 전략경영에 중요한 핵심성공요소나 경영혁신과 관련된 의사결정을 지원하는 다음과 같은 전략적 원가관리 문제를 다룬다.

- 적시주문생산시스템으로 재고관련원가를 줄인다.
- 품질원가를 측정하여 품질경영을 한다.
- 납기단축으로 수익성을 높인다.
- 제약이론에 의해 병목공정을 확장하여 수익성을 높인다.
- 생산 전후 단계를 포함한 제품수명주기원가를 관리한다.
- 원가기획(목표원가계산)으로 대폭적인 원가절감을 한다.

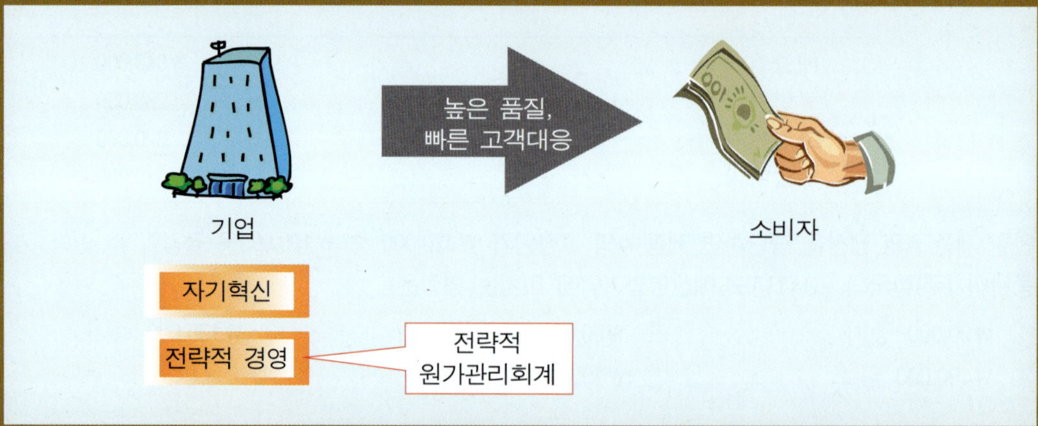

10

- 전략적 원가관리를 한다

재고관련 원가분석

- 재고는 왜 필요한가?
- 재고관련원가를 줄이는 최적의 재고량을 결정한다 - 경제적 주문량(EOQ) 모형
- 적시구매시스템
- 적시생산시스템
- 적시구매/생산시스템의 원가와 혜택

품질경영을 위한 품질원가계산

- 품질이란 무엇인가?
- 품질원가란 무엇인가?
- 무결점이 최선이다
- 품질원가를 어떻게 측정하는가?

스피드경영의 효과분석

- 빠른 고객대응이 경쟁력이다

제약이론과 의사결정

- 병목공정을 찾아 확장하여 수익성을 높인다
- 병목공정의 처리능력 확대는 이익으로 직결된다

제품수명주기원가계산

- 생산 전후 단계의 원가도 중요하다
- 생산 이전 단계에서 대부분의 원가가 확정된다

원가기획과 목표원가

- 신제품의 기획/개발/설계 단계에서 원가기획을 한다
- 목표원가, 표준원가, 카이젠원가는 서로 다르다

배터리 따로, 차 따로… 신개념 전기차 나온다

■ 르노삼성 연말 출시 SM3 Z.E.

■ 월 배터리 리스료 10만원대… 한 달 기름값과 비슷하게 책정

올해 말 국내에 SM3 기반 전기차인 'SM3 Z.E.'를 출시하는 르노삼성자동차가, 공차(空車)만 구매한 뒤 배터리는 월 리스료를 내고 빌려쓰는 '배터리 따로' 판매방식을 도입하기로 했다. 전기차가 동급 일반차량 대비 2배 이상 비싼 이유가 바로 배터리값 때문이라는 점에 착안했다. 월 배터리 리스료를 한 달 기름값과 비슷하게 책정해 전기차 실질보유비용을 내연기관차 수준으로 확 떨어뜨리면 전기차 시대가 앞당겨질 수 있을 것으로 보고 있다.

르노삼성차 관계자는 17일 "올해 말 공공기관을 중심으로 500대, 내년에는 6,000대를 일반에 판매할 예정인 SM3 Z.E.는 배터리를 제외한 순수 차량만 판매하고 배터리는 빌려 쓰는 방식을 채택할 것"이라고 밝혔다. 월 리스료는 10만원대 초반으로 책정할 예정이다. 르노의 계열 금융회사 RCI가 2,400만원에 달하는 배터리를 사들인 뒤 개별 소비자들에게 일정기간 약정리스료를 받는 식이 될 전망이다.

르노삼성의 모기업인 르노는 이미 올봄부터 프랑스 등 일부 유럽국가에서 SM3 Z.E.의 유럽형 모델인 '플루언스 Z.E.'를 배터리 리스방식으로 판매하기 시작했다. 대당 5,000유로(735만원)의 프랑스 정부보조금을 감안한 플루언스 Z.E 공차 값은 2만900유로(3,070만원). 여기에 연평균 1만km를 달리는 조건으로 월 82유로(12만원 · 36개월 약정)의 배터리 리스료를 내면 된다. 주행거리가 늘어나면 추가요금을 지불해야 하고, 개인이 직접 충전할 때에는 소정의 충전료도 부담해야 한다. 르노삼성 그린카프로젝트 본부 이상태 부장은 "값싼 전기요금 덕분에 전기차 충전비는 일반 가솔린차 대비 8분의 1 수준밖에 안 되지만, 배터리값이

워낙 비싸기 때문에 '본전'을 뽑기 위해선 전기차를 초장기 보유해야 한다"고 말했다. 이 때문에 배터리값 부담을 덜어주는 방식을 고안하게 됐다는 설명이다.

르노삼성 휘발유차와 전기차 경제성 비교

구 분	차 값	연간 연료비	
		단 가	총비용
SM3 1.6 가솔린	1,350~1,920만원	2,000원/L	133만5,000원
SM3 Z.E(전기차)	6,391만5,500원(보조금 제외)	100원/kW	17만5,000원
SM3 Z.E(배터리 리스)	최고 1,920만원	월 12만원(예상리스료)	144만원

※ 1년에 1만km 주행기간, 주행거리 늘어나면 리스료도 인상 예정

르노와 르노삼성이 이런 방식을 계획할 수 있는 것은 현대·기아차나 벤츠, GM 등 다른 업체들과 달리 배터리를 꺼내서 충전한 뒤 갈아 끼우는 '퀵드롭 방식'을 채택하고 있기 때문이다. 차를 들어 올려 트렁크 부분에 탑재돼 있는 배터리를 뽑아낸 뒤, 준비돼 있던 충전 배터리를 바로 갈아 끼워 다시 조립하는 방식으로, 휴대전화 배터리를 충전해 갈아 끼우는 것과 같은 원리다. 다른 업체들은 안전성 등을 이유로 이 방식을 도입하지 않고 있다. 르노삼성차 관계자는 "현 수준에서 정부의 전기차 보조금은 최대 720만원인데, 전기차 대중화를 앞당기려면 배터리에 대한 보조금 등을 추가해 총 1,000만원 상당의 보조금이 필요하다"고 말했다. SM3 Z.E.는 6~8시간 완속충전으로 최대 182km를 달릴 수 있다.

(조선일보, 2012.6.18)

전략적 원가관리를 한다

전략적 원가관리의 탄생

전통적 관리회계기법

- 원가-조업도-이익 분석
- 예산제도
- 차이분석
- 관련원가 분석

기획과 통제

1970년대 이후

- 전사적 품질관리(TQM)
- 적시생산시스템(JIT)
- 원가기획(목표원가계산)
- 제약이론
- ABM(활동기준원가관리)
- BSC(균형성과표)

전략적 원가관리

이제까지 소개한 원가-조업도-이익 분석, 예산제도, 차이분석, 전형적인 의사결정의 관련원가분석은 상당히 오랫동안 사용되어 온 관리회계기법이며 기획과 통제기능을 수행하는 방법들이다. 약 20년 전부터 시작된 전 세계적인 경쟁과 소비자의 다양화요구에 직면한 기업들은 급변하는 환경에서 생존하고 성공하기 위해서는 제품과 서비스의 가격, 품질, 고객만족, 연구개발 등의 핵심성공요소(Critical Success Factor)를 중시하는 혁신과 전략적 경영이 중요함을 깨닫게 되었다. 이에 따라, 원가관리회계도 전략수립과 실행에 적극적인 역할을 하게 되었다.

1970년대에 일본에서 개발된 전사적 품질관리(TQM), 적시생산시스템(JIT), 원가기획[목표원가계산]도 1980년대에 미국에 도입되어 전 세계로 확산되었다. 품질문제를 계량화하기 위한 품질원가의 측정과 관리도 같이 강조되고 있다. 「*The Goal*」이라는 책으로 유명해진 제약이론도 1980년대에 처음 시작되었다. 이러한 새로운 경영혁신기법의 효과를 측정하는 원가-효익 분석과 이에 따른 원가관리회계기법의 변화가 최근 원가관리회계의 중요한 주제가 되고 있다.

이 장은 전략적 관점을 중시하는 이러한 최신 원가관리회계 주제를 다룬다. 전략을 구체적으로 지표화하여 조직구성원에게 이에 대한 인식을 높이고자 10년 전에 개발된 균형성과표(BSC)도 전략적 관리회계의 한 분야로 볼 수 있는데 이 주제는 제12장의 성과평가 부문에서 다룬다.

재고관련 원가분석

재고는 왜 필요한가?

생산된 제품이 판매되지 않아 재고가 쌓이기도 하지만 기업이 일부러 어느 정도의 재고수준을 유지하기도 한다. 수요가 갑자기 증가할 때 생산량을 늘리는 데 시간이 걸리므로 이에 대비한 여유분으로 제품재고를 가지고 있다. 생산공정상의 문제나 재료구입상의 문제에 대비하여 재료, 재공품, 제품의 여유분으로 재고를 가지는 경우도 있다. 불확실성에 대비하여 보유하고 있는 이러한 재고를 안전재고(Safety Stock)라고 한다. 안전재고는 재고부족으로 인하여 판매기회를 놓쳐서 기업이 입는 손실, 즉 재고부족원가(Stockout Costs)를 줄여준다. 재고부족원가는 지금 재고부족으로 놓쳐버린 매출의 공헌이익뿐만 아니라 고객의 실망에 의한 미래 매출감소의 미래 공헌이익감소도 포함한다.

안전재고
생산과 수요의 불확실성에 대비한 재고

재고부족원가
재고부족에 의한 이익감소

재료를 다량으로 구입하거나 제품을 다량으로 한꺼번에 생산하는 것이 유리하여 재고가 발생하기도 한다. 이 경우 재고의 보관관리비용과 자금비용이 발생하고 재고가 파손되거나 유행과 기술의 변화로 가치가 떨어지는 재고유지원가(Inventory Carrying Cost)가 발생한다. 그러나 재료를 소량으로 자주 주문하면

재고유지원가
재고유지에 의한 원가

YouTube 편의점 간편식 상품 폐기

현 편의점 점주가 알려주는 편의점 수익, 마진율

매출이 아무리 좋더라도 과자 같은 것은 잘 팔리고 냉장식품이 안 팔리면 마이너스가 많이 나죠. 유통기간 지난 거는 POS로 다 찍으면서 폐기를 해요. 폐기를 하면서 집에 가서 먹든가 식구를 나눠 주든가 아니면 알바생들 일하면서 취식하든가. 유통기한 지나서 버리는 음식을 돈으로 따지면 다른 데는 100만원 안 쪽 나온다고 하더라고요. 한 60만원에서 70만원 정도. 근데 저희는 좀 구색을 좀 잘해 놔서 그만큼 폐기가 많이 나와요. 한 달에 평균 120만원 정도 나오는데 요번 달은 170만원 나왔어요. 날씨가 갑자기 추워지면서 손님들이 많이 줄었잖아요. 제가 조절을 잘 못해가지고. 간편식(도시락, 샌드위치, 햄버거)이 최고의 무기면서 최고의 약점이거든요. 왜냐면 물건이 많아야 손님들이 많이 유입이 되거든요. 간편식 때문에. 반대로 물건이 많으면 폐기가 많이 되죠. (게으른장사장TV, 2019.12.16)

재고주문원가
재고주문 관련원가

주문원가(Ordering Cost)가 너무 커지고, 제품을 소량으로 여러 번 생산하면 생산배치수준원가가 너무 커져서 더 비경제적일 수 있다. 이런 경우, 재고유지원가를 발생시키더라도 어느 정도 재고를 유지하는 주문량 또는 생산량이 재고관련 총원가를 최소화한다. 다음 〈표 10.1〉은 재고관련원가의 종류와 예를 보여준다.

표 10.1 재고관련원가의 종류와 예

종 류	예
취득원가	구입가, 운송비 등의 부대비용
주문원가	납품업체 선정·주문·정산 등의 업무처리원가, 납품검수원가
재고유지원가	창고비, 보험료, 파손비, 진부화원가, 재고의 자금비용
재고부족원가	현재와 미래의 매출손실에 따른 공헌이익손실

재고관련원가를 줄이는 최적의 재고량을 결정한다 - 경제적 주문량(EOQ) 모형

경제적 주문량
재고유지원가와 주문원가의 합을 최소화하는 주문량

재고관련원가의 관계를 이용하여 재고수준을 결정하는 것이 경제적 주문량(EOQ, Economic Order Quantity) 모형이다. 이 모형은 재고유지원가와 주문원가의 합을 최소화하는 경제적 주문량과 이에 따른 최적의 재고수준을 계산한다. 경제적 주문량 모형은 도소매업에서 상품구입주문당 최적량 또는 제조기업에서의 재료구입주문당 최적량 계산에 사용된다. 이후의 설명은 재료구입의 경우를 예로 사용한다.

경제적 주문량 모형에서는 다음의 가정을 한다.

- 재료사용의 수요를 미리 알고 있고 이 수요는 기간 내내 일정하게 발생한다. 따라서 불확실성에 의한 안전재고와 재고부족원가는 고려하지 않는다.
- 재료취득원가는 주문량과 무관하게 일정하다. 주문량이 많으면 구입가격 할인이 있거나 운송비가 절감될 수 있으나 이를 고려하지 않는다.
- 주문원가는 주문횟수에 따라 비례적으로 증가한다.[1] 즉, 주문건당 주문

그림 10.1 재고관련원가와 경제적 주문량(EOQ)

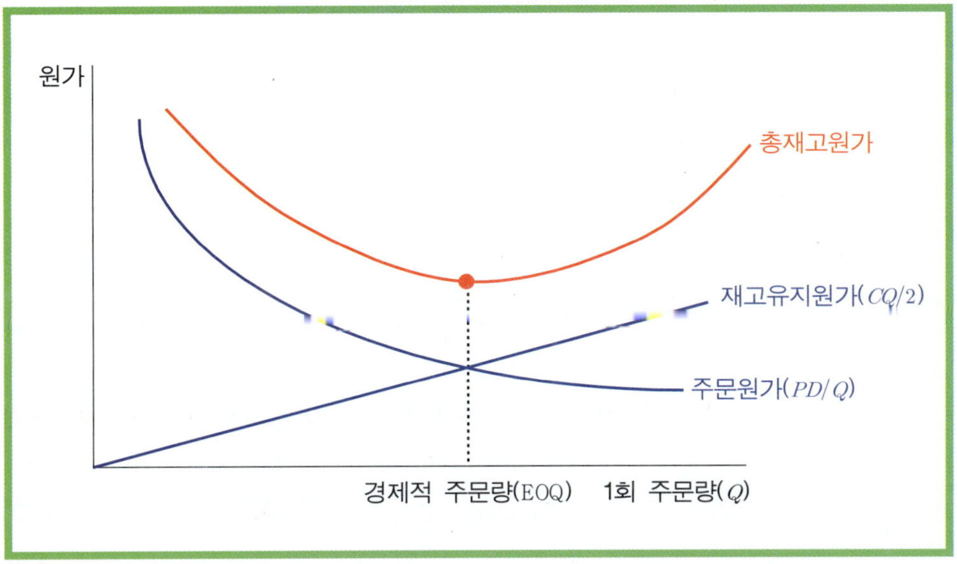

원가는 일정하다고 가정한다.

- 재고유지원가는 재고수준에 따라 비례적으로 증가한다.

이러한 가정을 사용하여 재고관련 연간 총원가를 다음과 같이 표시한다.

재고관련 총원가 = **총주문원가** + **총재고유지원가**
= **주문당 주문원가** × **주문횟수**
+ **재고단위당 연간유지원가** × **평균재고수준**
$= P \times D/Q + C \times Q/2$

P : 주문당 주문원가　　　D : 연간 총수요
Q : 1회 주문량　　　　　C : 재고단위당 연간유지원가

연간 총수요를 1회 주문량으로 나눈 것이 주문횟수이고, 평균재고수준은 1회 주문량의 절반이다.

재고관련 총원가를 주문량에 대해 미분하여 총원가를 최소화하는 경제적 주문량(EOQ)을 구하면 다음과 같다.[2]

1) 주문원가 중 협력업체 선정원가 등은 주문량이나 주문횟수와 무관하게 일정하게 발생하므로 경제적 주문량 결정에는 비관련원가로 제외하고 분석한다.

2) EOQ는 산출평균과 기하평균의 관계에 의해 총주문원가와 재고유지원가가 일치하는 주문량이기도 하다. $PD/Q = CQ/2$

$$PD/Q^2 = C/2 \quad \Rightarrow \quad \text{EOQ} = \sqrt{2DP/C}$$

예를 들어

P : 주문당 주문원가, 100,000원/회
D : 연간 총수요, 8,000,000톤
C : 재고단위당 연간유지원가, 1,000원/톤

이면

$$\text{EOQ} = \sqrt{2 \times 8{,}000{,}000\text{톤} \times 100{,}000\text{원}/1{,}000\text{원}/\text{톤}} = 40{,}000\text{톤}$$

이다. 이때 주문횟수는 D/Q=8,000,000톤/40,000톤/회=200회이다. 총주문원가는 100,000원/회×200회=20,000,000원이며 재고유지원가는 1,000원/톤×40,000톤/2=20,000,000원이다. 따라서 총재고관련원가는 40,000,000원이다.[3)]

적시구매시스템

적시구매시스템
상품이나 재료를 필요한 때에 필요한 양만 구입하는 방식

세계적인 할인판매점인 WAL-MART는 적시구매시스템으로 유명하다. 적시구매시스템(Just-In Time Purchasing)은 필요한 상품을 필요한 때에 맞추어 구매하여 재고수준을 최소로 낮추는 방법이다. 경제적 주문량 모형에서 보았듯이 재고수준을 낮추면 재고유지원가를 낮출 수 있다. 이때 주문원가의 증가는 어떻게 해결할 것인가?

WAL-MART의 경우 주문원가를 낮추기 위해 상품주문을 일일이 담당직원이 서류처리하지 않고 WAL-MART의 재고관리시스템과 협력업체의 전산시스템을 연결하였다. 협력업체는 WAL-MART에 납품한 상품의 재고수준 변화를 항상 파악할 수 있으므로 해당 재고가 어느 수준 이하가 되면 자동으로 협력업체에서 납품을 하고 정기적으로 가격정산을 하는 장기계약을 체결하여 주문관련원가를 줄인다. 또한 고객기호의 빠른 변화에 의해 상품의 수명이 짧아져 더욱 커진 진부화원가는 재고유지원가의 부담을 크게 만들어 소량주문을 유리

3) EOQ모형에서 최소 총재고관련원가는 기하평균의 2배인 $\sqrt{2DPC} = \sqrt{2 \times 8{,}000{,}000 \times 100{,}000 \times 1{,}000}$ =40,000,000원으로도 구할 수 있다.

그림 10.2 적시구매시스템의 경제적 주문량

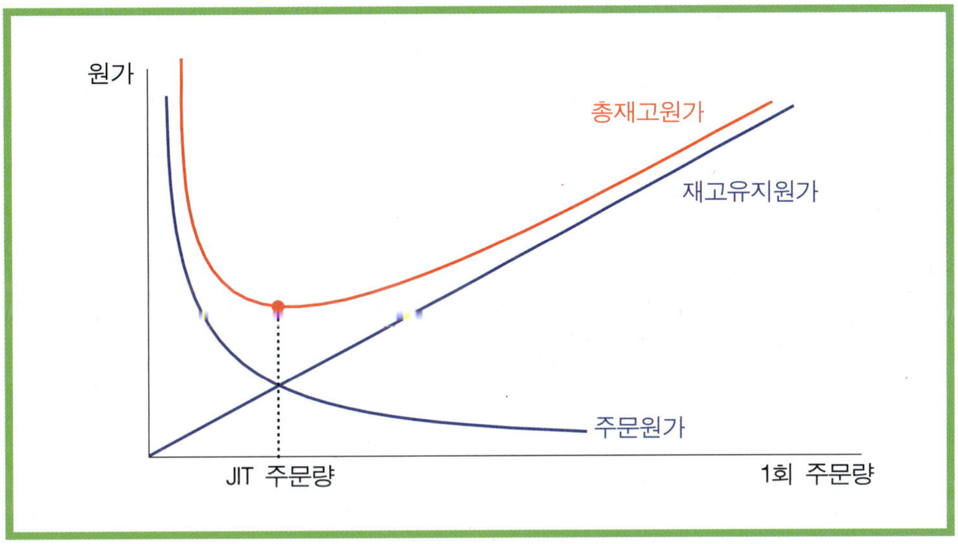

하게 만든다.

요약하면 증가한 재고유지원가와 감소된 주문원가가 최적의 주문량과 재고량을 상당히 낮게 만들어 적시구매시스템을 경제적으로 만든다.

적시생산시스템

적시생산시스템
필요한 때에 필요한 양만을 생산하는 방식

필요한 때[適時]에 필요한 제품[適品]을 필요한 양[適量]만큼 생산하는 적시생산시스템(JIT Manufacturing)은 풀(pull) 시스템이라고도 불린다. 원재료부터 완성품까지의 연결된 생산공정에서 마지막 단계에 있는 제품수요가 생산량을 결정하고 생산량이 재료구입을 초래하는 방식으로 각 생산단계가 다음 단계의 요구에 의해 끌려간다는 의미이다. 이와 대비하여 재료가 구입된 후 생산부문은 수요와 무관하게 재고를 위한 밀어내기식으로 생산을 한 후 이것을 판매하는 것을 푸시(push)시스템이라고 한다.

적시생산시스템은 단순히 재고수준만 낮추는 단편적인 재고관리기법이 아니다. 적시생산시스템은 셀 생산방식, 칸반 시스템 등과 함께 총체적으로 생

셀 생산방식
다기능의 작업자가 서너 개의 설비가 배치된 셀 안에서 작업하는 방식

산공정을 개선하는 린 생산방식(lean production)[4)]의 일부이다. 칸반(Kanban, 看板)은 표시판을 뜻하는 일본어로, 부품들이 담긴 상자에 붙어 있는 부품의 종류와 수를 적은 카드이다. 칸반이 풀(pull) 시스템에서 다음 단계의 요구에 의해 전단계의 작업수준이 결정되게 신호를 보내는 역할을 한다. 셀 생산방식(cellular manufacturing)은 U자형으로 여러 가지의 관련설비가 배치된 작업 셀 안에서 서너 명의 작업자가 여러 설비를 조작하면서 생산과정의 일부를 처리한다. 셀 방식에서는 설비간의 이동거리가 짧고 배치크기가 작아 재고와 대기시간이 줄어드는 장점이 있다. 또한 작업자 자신이 생산과 품질검사를 동시에 하므로 책임의식과 품질수준이 높아진다.

적시생산시스템에서는 재고의 수준이 낮으므로 품질문제를 여유재고로

현대차 파업 때 부품업체가 울어버린 '진짜 이유'

울산시 북구 연암동 덕양산업의 아반떼 콕핏모듈 조립라인. 지난 17일 오전 현대차의 부분파업으로 같은 시간 조립라인이 완전히 멈춰서 있다.

연초부터 벌어진 현대차 파업 때문에 부품을 공급하는 협력업체들도 울상을 지었습니다.

흔히 현대차가 파업을 해도 부품은 미리 만들어 쌓아 놓으면 될 것 같다는 생각을 하지만, 현장에서 보니 불가능한 일이더군요. 오늘날 자동차산업의 표준이 되어버린 모듈(Module)과 '저스트 인 타임(JIT)' 생산방식 때문에 완성차 공장이 멈추면 부품업체 공장도 동시에 가동을 중단할 수밖에 없다고 합니다.

모듈생산은 여러 개의 작은 부품을 결합해 운전석 · 도어 같은 중간부품을 만든 다음 이를 완성차업체가 조립하는 방식입니다. 완성차업체의 조립시간을 단축하기 위한 생산방식입니다. '저스트 인 타임' 방식은 일본 도요타에서 개발한 것으로 자동차회사가 부품재고를 줄이기 위해 현재 생산하는 차에 꼭 필요한 만큼의 부품만 보유하는 것을 의미합니다.

현대차 울산공장 옆에 있는 덕양산업이 '콕핏(Cockpit)모듈'을 납품하는 과정을 예를 들어보겠습니다. 콕핏모듈은 운전대 · 계기반 · 대시보드 · 오디오 등을 포함한 실내의 앞부분 전체를 조립한 것입니다. 덕양산업의 아반떼 콕핏모듈도 저스트 인 타임 방식으로 생산됩니다. 현대차 라인에서 당장 필요로 하는 콕핏모듈의 종류와 양이 덕양산업 라인의 컴퓨터 스크린에 뜨면 그때부터 생산에 들어가죠. 주문이 들어온 뒤 현대차 조립라인에 부품이 인도되기까지 걸리는 시간은 2시간도 채 안 됩니다. 아반떼 콕핏모듈만 종류가 2,000가지나 되기 때문에 미리 재고를 생산해 쌓아 두는 것이 불가능합니다. 따라서 울산공장의 아반떼 조립라인이 4시간 멈추면 덕양산업 라인도 똑같이 4시간 멈춰서는 사태가 발생하는 것이지요. 이런 식으로 모든 부품공장의 생산라인이 완성차업체 라인에 톱니바퀴처럼 얽혀 있는 셈이지요.

따라서 현대차의 부분파업 손실이 몇 백억원 발생하면, 수많은 '모듈' 부품업체과 그에 딸린 2 · 3차 협력업체의 피해규모는 현대차 파업 손실의 몇 배에 달하게 됩니다. 어떤 일이 있어도 완성차 라인이 멈춰서면 안 되는 이유입니다.(조선일보, 2007.1.23)

4) 1960년대 이후 도요타자동차에 높은 생산성 향상을 가져다준 혁신적인 생산방식이다. 과잉생산, 재고 등 생산조직 내의 모든 낭비적인 요소들을 제거하여 생산성과 품질을 높이고 원가를 낮춘다. 도요타 생산시스템이라고도 불리며 군살빼기 생산, 감량 생산이라고 번역될 수 있다.

해결하기 어렵다. 따라서 품질문제가 드러나게 되고 이에 대한 해결을 하게 된다. 또한 수요와 무관한 재고를 위한 생산을 하지 않으므로 필요한 양만큼을 생산한 후 여유시간에 작업자들은 품질개선에 대한 학습과 개선운동을 하도록 요구된다. 불량률이 높으면 생산이 자주 중단되므로 적시생산시스템의 운영이 불가능하다.

적시구매/생산시스템의 원가와 혜택

적시시스템은 생산운영관리 분야에서 주로 다루는 주제이지만, 원가관리회계가 이 시스템 도입의 원가와 효익을 분석하는 역할을 해야 한다. 예제를 통해 적시시스템의 효과를 분석해 보자.

[종합예제]

나무나라(주)는 자동화 작업기계를 사용하여 목재로 가구를 생산하는 업체이다. 이 회사의 목재 평균재고액은 현재 5,000만원이다. 나무나라(주)의 사장과 회계담당이사는 목재의 재고유지원가에 대해 걱정하고 있다. 목재 납품업체는 소량의 주문량에 대해서도 추가적 부담 없이 목재를 공급할 준비가 되어 있는 상태이다. 회계담당이사는 목재재고를 실질적으로 제거하기 위해 적시주문시스템을 도입할 경우의 득실을 다음과 같이 예상하였다.

적시시스템의 혜택은 재고의 감소에 의한 재고유지원가의 감소이다. 현재 사용중인 목재보관창고 2개가 더 이상 필요없게 된다. 나무나라(주)는 이 중 한 창고는 다른 회사로부터 연간 400만원에 임차중인데 계약을 취소하여 임차료를 절약할 수 있다. 다른 창고는 나무나라(주)의 소유로 면적이 300평이다. 이 회사소유 창고의 공간 중 3분의 2는 연간 평당 1만원에 임대할 수 있다. 또한 연간 창고 손해보험료 및 재산세 40만원을 줄일 수 있다. 이상의 혜택을 정리하면 다음과 같다.

연간 창고 임차료 감소		400만원
연간 창고 임대수익	(300평 × 2/3 × 1만원/평)	200만원

연간 창고 손해보험료 및 재산세 감소	40만원

이에 더하여 재고파손비와 진부화원가가 연간 평균재고액의 1%로 발생한다면 이 재고유지원가의 감소도 혜택으로 고려한다. 또한, 빠뜨리지 않도록 조심해야 하는 적시시스템의 혜택(또는 기존 시스템의 기회원가)은 재고수준의 감소에 의한, 재고에 묶인 자금비용의 감소이다. 기업의 자금비용이 연간 5%라면 이 금액도 무시할 수 없다. 평균재고액에 따라 변하는 이러한 원가변화를 추가하면 다음과 같다.

연간 재고파손비 및 진부화원가 감소	(1%×5,000만원)	50만원
연간 재고자금원가 감소	(5%×5,000만원)	250만원

지금까지 계산한 적시시스템 혜택의 이익증가 효과 총액은 940만원(=400만원+200만원+40만원+50만원+250만원)이다.

삼성전자, 도요타 생산방식 도입

주5일제 실시로 '생산성 향상'이 국내 기업의 화두로 떠오른 가운데 삼성전자가 일본 도요타자동차의 생산방식(Toyota Product System)을 도입해 주목을 끌고 있다. 삼성전자 관계자는 13일 "이달부터 액정표시장치(LCD) 생산공정에 도요타의 'JIT'를 도입했다"고 밝혔다.

'JIT(Just In Time)'는 제조업체가 부품업체로부터 부품을 필요한 시기에 필요한 수량만큼만 공급받아 재고가 없도록 해주는 재고관리시스템으로, 도요타가 원가절감을 통한 생산성 향상을 위해 처음 도입했다. 국내전자업계에서 이 시스템을 본격 도입하기는 이번이 처음이다.

삼성전자는 JIT 도입을 위해 백라이트 유닛(BLU), 인쇄회로기판(PCB) 등 LCD 주요 부품을 공급하는 협력사와 정보를 공유하기 위한 온라인 시스템을 구축하고, 부품을 비축하던 물류센터(허브창고)를 없앴다. 최대 14일까지 창고에 보관되던 각종 부품이 필요할 때마다 즉시 공급되는 시스템으로 바뀐 것이다. 삼성전자는 JIT 도입으로 LCD 부문에서만 연간 수백억원에 달하는 재고관리비용을 절감하고 품질개선에 집중할 수 있을 것으로 보고 있다.

삼성전자의 JIT 도입은 국내 제조/부품업계의 거래관행에도 일대 변화를 가져올 전망이다. 삼성경제연구소 남양호 수석연구원은 "제조업체가 부품을 쌓아 놓고 생산하는 관행은 사라질 것"이라며 "수많은 협력사와 관계를 맺고 있는 삼성전자의 JIT 도입은 장기적으로 제조업체와 협력업체 관계에 변화를 가져올 것"이라고 내다봤다.

삼성전자는 지난해 하반기에는 생활가전 부문에도 도요타 생산방식을 도입, 지펠냉장고의 경우 고객이 원하는 선택사양에 따라 주문을 하면 2~3일 내에 생산, 배송해주는 시스템을 갖추고 있다. 삼성전자 관계자는 "앞으로 휴대폰 등 모든 사업부문의 생산공정에 고객이 원하는 물건을 원하는 시기에 공급하는 도요타 생산방식을 전면 도입하는 방안을 검토하고 있다"고 말했다.

(한국일보, 2004.7.13)

적시주문시스템에 의한 손해는 무엇이 있는가? 주문횟수의 증가로 주문원가가 증가한다.

연간 주문원가 증가		100만원

또한 적시시스템은 재고수준을 거의 없애므로 가구 수요가 일시적으로 늘어날 때 재고가 없어서 물건을 못 팔아 이익이 감소한다. 목재 재고부족 때문에 가구판매량이 연간 300단위 감소한다면 이 300단위에 대한 손실된 공헌이익, 즉 재고부족원가가 발생한다. 이 기업의 단위당 공헌이익이 2만원이면 재고부족원가는 다음과 같다.

연간 재고부족원가	(2만원/개×300개)	600만원

적시시스템의 혜택 940만원이 손해액 700만원(=100만원+600만원)보다 크므로 적시시스템의 도입이 연간 240만원의 이익증가를 가져다준다.

품질경영을 위한 품질원가계산

품질이란 무엇인가?

현대의 소비자들은 제품의 가격과 더불어 품질에 많은 관심이 있다. 기업의 핵심성공요인으로 품질이 중요하다. 품질이란 무엇인가? 제품이 고장이 나지 않아 오래 쓸 수 있는 내구성인가? 여러 편리한 성능을 가진 기능성인가? 제품의 외형이 멋있는 디자인인가? 이 여러 가지 면이 복합되어 있는 것이 품질이다. 품질이 좋은 자동차는 고장이 나지 않고, 승차감이 좋고, 운전하기 편리하고, 연비가 높고, 디자인이 좋은 자동차일 것이다.

설계품질
설계에 의해 결정되는 기능성, 디자인 등의 품질

품질의 여러 요소는 크게 두 가지로 나뉜다. 설계품질과 적합품질이다. 설계품질(Quality of Design)은 제품의 설계에 따라 결정되는 품질이다. 소비자 품질이라고도 하는데 소비자의 기대와 설계된 성능이 일치하면 설계품질이 높다. 그랜저의 승차감이나 힘이 티코보다 좋은 것은 처음부터 그렇게 설계된 것이므로 설계품질이 좋은 것이다. 제품의 기능성, 디자인은 설계품질이다. 설계품질 문제의 한 예가 뉴그랜저XG이다.

적합품질
설계 사양에 적합하게 작동하는 품질

적합품질(Quality of Conformance)은 제품이 설계된 대로 적합하게 작동하는지를 말한다. 생산자 품질이라고도 말하는데 생산자가 설계 사양에 맞게 제품을 생산하였는지를 측정한다. 흔히 말하는 불량품은 적합품질이 낮아 제대로 작동하지 않는 제품을 말한다. 자동차의 시동이 자주 꺼진다거나 유리창이 제대로 닫히지 않으면 적합품질이 낮은 것이다.

현대 그랜저XG 새모델 외국에만 팔기로 "국내소비자 무시" 논란

현대자동차가 최근 뉴그랜저XG의 뒷모습을 바꾼 '수출용 신모델'(사진 ③) 개발을 완료, 수출을 시작한 것으로 확인됐다. 하지만 국내시장에는 현재 시판중인 '뉴그랜저XG'(사진 ②)를 계속 판매할 방침이어서 국내 소비자를 역차별하고 있다는 비판을 받고 있다. 현대차 관계자는 12일 "최근 개발을 끝낸 수출용 그랜저XG 신모델이 일본을 시작으로 해외시장 판매에 들어갔으며, 하반기에는 미국에도 수출할 계획"이라고 말했다. 그러나 "이 차는 수출 전용으로 만들어져 국내 판매 계획은 없다"고 설명했다.

처음 나온 '그랜저XG'
최근까지 수출해온 모델

현대차는 지난해 3월 800억원을 투자, 그랜저XG의 후속모델인 뉴그랜저XG를 개발했다. 하지만 해외 바이어들이 "뉴그랜저XG의 뒷모습이 마음에 들지 않는다"며, 인수를 거부하는 바람에 해외 시장에서는 '구형 그랜저XG'(사진 ①)를 판매했다. 특히 미국 딜러들은 "뉴그랜저XG 후면에 장착된 빨간색 정지등(燈)이 지나치게 커 기형적인 모습"이라고 불만을 제기했다.

국내 판매중인 '뉴그랜저XG'

이에 대해 현대차 미국법인(HMA) 관계자는 "뉴그랜저XG 개발 과정에서 서울 본사가 보내온 디자인 기획안을 미국의 딜러와 소비자들에게 보여준 결과 '나쁘다'는 반응이 나와서 본사에 디자인 수정을 요청했으나 묵살됐다"고 말했다. 그는 "소비자 반응이 민감한 미국시장에 소비자들이 싫어하는 모델을 출시할 경우 차량 판매도 감소할 뿐만 아니라 회사에 대한 이미지도 나빠질 수 있다고 판단해, 뉴그랜저XG 인수를 거부하고 구형 그랜저XG를 보내줄 것을 요청했다"고 설명했다. 이 때문에 현대차는 약 100억원을 추가로 투자, '수출용 그랜저XG 신모델'을 별도로 개발했다.

이번에 수출용으로 새로 만든 '그랜저XG' 신모델

현대차는 새로 개발한 신형 뉴그랜저XG를 해외시장에만 판매하고 국내시장엔 출시하지 않는다고 밝혔다. 이는 해외시장에는 그랜저XG의 경쟁모델이 다수 있지만, 국내에는 SM5를 제외하고 그랜저XG의 경쟁모델이 없기 때문으로 보인다. 자동차10년타기시민운동연합 임기상 대표는 "해외에서 외면받은 자동차를 국내 소비자에게 떠안기는 것은 문제"라며 "현대차가 신모델을 개발해 놓고도 국내에 판매하지 않는 것은 국내 소비자들을 완전히 무시하는 처사"라고 지적했다.

(조선일보, 2003.5.13)

품질원가란 무엇인가?

품질원가
품질과 관련된 원가

예방원가
불량품 예방을 위한 원가

평가원가
품질상태평가를 위한 원가

품질이 낮으면 제품이 잘 팔리지 않을 뿐만 아니라 원가도 높아진다. 적합품질에 관련하여 발생하는 원가를 품질원가(Quality Cost)라고 한다. 품질원가에는 품질을 높이기 위한 원가와 품질이 낮으면 생기는 원가가 있다. 품질을 높이기 위하여 무엇을 할 수 있는가? 원자재와 부품의 질을 높이고, 작업자를 훈련하여 제조과정의 실수를 줄인다. 생산설비를 항상 점검하고 정비하여 설비불량에 의한 불량품을 줄인다. 이러한 불량품 예방조치를 위한 원가를 예방원가(Prevention Cost)라고 한다. 예방조치에도 불구하고 불량품이 생산되면, 이 불량품을 찾아내어 소비자 손에 들어가지 않게 하면 소비자가 느끼는 품질은 높다. 제품을 검사하여 불량품을 찾아내는 활동을 위한 원가를 평가원가(Appraisal Cost)라고 한다. 품질 예방조치가 철저하면 품질검사의 중요성이 낮아지고, 예방조치가 불충분하면 품질검사를 철저히 해야 소비자가 느끼는 품질을 높은 수준으로 유지할 수 있다. 따라서 예방원가와 평가원가는 서로 보완적이며 예방과 검사의 불량통제 노력을 많이 할수록 품질수준이 높아지므로 이 예방평

그림 10.3 품질원가와 품질수준 – 과거의 시각

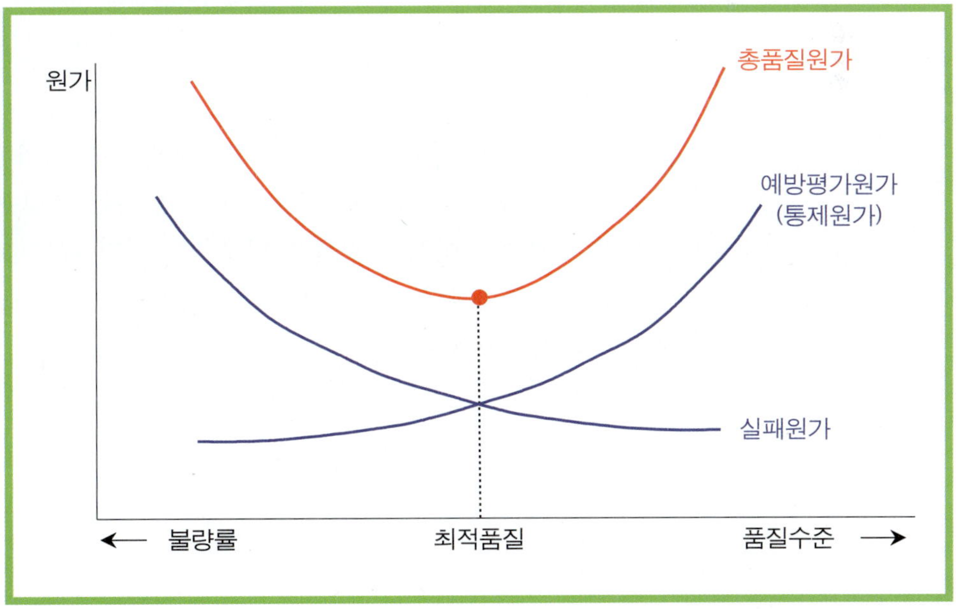

가의 품질통제원가와 품질수준은 [그림 10.3]과 같이 양(+)의 관계를 가진다.

실패원가
불량품 발생에 의한 원가

내부실패원가
내부적으로 발견된 불량품에 의한 원가

외부실패원가
외부적으로 발견된 불량품에 의한 원가

예방평가원가와 달리 품질수준에 따라 결과적으로 발생하는 원가가 실패원가이다. 실패원가(Failure Cost)는 제품이 적합하게 생산되지 못하여 기업이 부담해야 하는 원가이다. 실패원가 중에 불량품이 소비자에게 전달되기 전에 내부적으로 발견되어 제품을 수리하거나 폐기하는 원가를 내부실패원가(Internal Failure Cost)라 한다. 이에 비해, 불량품이 소비자에게 전달되어 기업 외부에서 발견되어 보증수리를 하는 원가를 외부실패원가(External Failure Cost)라 한다. 보증수리와 소비자 불만처리 등을 위한 고객서비스센터의 운영비와 고객불만에 의한 미래 매출감소의 기회비용도 외부실패원가에 포함된다. 품질수준이 높아지면 실패원가가 낮아지므로 [그림 10.3]과 같이 품질과 음(−)의 관계를 가진다. 각 품질원가의 종류와 예를 〈표 10.2〉가 보여준다.

표 10.2 품질원가의 종류와 예

종 류	예
예방원가	우수협력업체 선정원가, 직원 품질교육 훈련비, 예방적 설비 유지보수비, 설계개선원가
평가원가	공정검사원가, 재공품/완성품 검사원가
내부실패원가	불량품 재작업원가, 불량품 폐기원가, 공손원가, 설비 고장수리비
외부실패원가	보증수리비, 고객서비스센터 운영비, 제품 리콜원가, 손해배상금, 미래매출감소의 기회원가, 기업이미지 훼손

〈최근 수입차업체 리콜 현황〉

기간	업 체	차 종
4월	도요타	렉서스 ES350 등 3종
	볼보	S80D5, XC70D5
	포르쉐	신차 파나메라 3종
5월	포드	익스플로러
6월	스바루	레거시, 아웃백
	닛산	인피니티 G35
	람보르기니	무르시엘라고
	볼보	S80D5, XC70D5
	포드	익스플로러 등 3종
	도요타	렉서스 LS460, LS600hL 등 4종
7월	BMW	그란투리스모

※자료제공 : 국토해양부(2010)

[그림 10.3]에서 총품질원가는 예방원가, 평가원가, 실패원가의 합이다. 최적품질수준은 총품질원가를 가장 낮게 하는 품질수준이다. 과거에는 품질수준을 상당히 높여서 불량품을 너무 낮추려면 예방평가원가가 너무 커져 총품질원가가 높아진다고 여겼다. 따라서 어느 정도의 불량률을 허용하는 것이 바람직하다고 보았다.

무결점이 최선이다

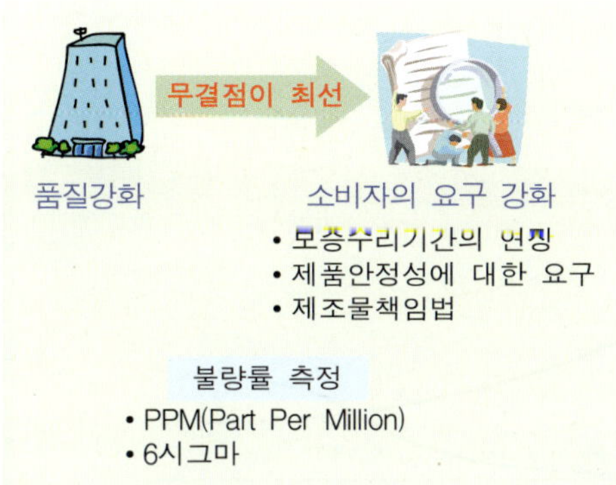

불량을 허용해야 한다는 과거의 시각은 전사적 품질관리(TQM, Total Quality Management)가 도입된 후 바뀌었다. 품질수준을 높이기 위해 높은 원가의 검사활동을 강화하기보다 예방조치에 더 많은 노력을 한다. 장비와 설비를 정비하고 공정을 개선하고 생산직원을 훈련하면 품질이 높아질 뿐만 아니라 생산성도 높아져서 오히려 제조원가가 낮아질 수 있다. 따라서 품질은 공짜로 얻어진다(Quality is free)는 표현이 생겼다. 이러한 변화는 예방평가원가의 큰 증가 없이 높은 수준의 품질이 얻어질 수 있는 [그림 10.4]의 상황을 의미한다.

YouTube 흙먼지 뒤로한 채 추락한 BMW… '급발진' 첫 인정

2년 전 호남고속도로에서 급발진이 의심되는 사고가 나 운전자 부부가 숨진 일이 있었습니다. 하지만 차량 결함에 따른 급발진이 법원에서 인정된 경우는 거의 없습니다. 이번 사건도 1심에서는 졌는데, 2심 재판부가 유가족의 손을 들어줬습니다.

김은색 BMW 승용차 한 대가 엄청난 속도로 흙먼지를 일으키며 고속도로 갓길을 달립니다. 다른 차량보다 훨씬 빠른 속도로 나들목 커브길로 진입하더니 곧 가드레일을 들이받고 추락했습니다. 이 사고로 66살 여성 운전자와 남편이 그 자리에서 숨졌습니다. 사고 후 주변 CCTV와 다른 차량 블랙박스를 확인한 유가족은 차량 결함으로 인한 급발진 사고로 의심하고 BMW 코리아를 상대로 손해배상소송을 냈습니다. 사고가 나기 전 300미터 넘게, 비상등을 켠 채로 갓길을 주행했는데 이는 차량에 이상이 생긴 상태에서 운전자가 비상조치를 취하려 한 것으로 봐야 한다는 근거를 댔습니다.

[이인걸/변호사(사위) : 이상하잖아요. 브레이크를 가속페달로 오인해가지고 10여 미터나 20여 미터 진행한다는 건 그런 경우는 뭐 있을 수 있는 거겠죠. 그런데 300미터 이상의 거리를 오인해가지고 쭉 밟는다? 그렇게 해서 실수할 리는 없잖아요.]

1심에서는 유가족이 패소했습니다. 유가족이 제출한 증거만으로는 자동차 결함에 따른 급발진 사고로 인정하기 어렵다고 봤습니다. 하지만 2심 재판부는 유가족이 낸 근거들을 대부분 인정해 정상적으로 차를 운행하는 상태에서 차량 결함으로 사고가 난 것으로 판단하고 유가족 2명에게 각 4천만원을 배상하라고 판결했습니다. 급발진이 아니었다고 주장하려면 그 근거를 자동차 회사가 제시해야 한다는 취지입니다. 2심에서 급발진이 인정돼 운전자 측이 승소한 건 처음으로, 차량 결함에 따른 급발진 여부는 대법원에서 최종적으로 가려질 전망입니다.

(SBS 뉴스, 2020.11.19)

그림 10.4 품질수준과 품질원가 – 무결점주의

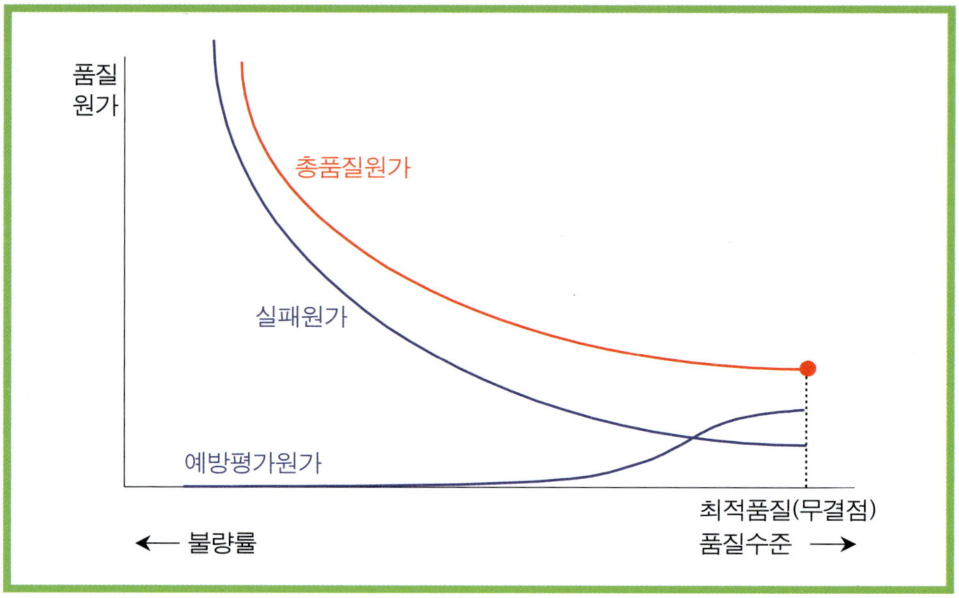

현대차 품질비용 3.4조 쌓는다, 3분기 적자 반전

현대 · 기아자동차가 '세타2 엔진'의 리콜(시정조치) 등과 관련해 3조 3,900억원의 충당금을 지난 3분기(7~9월) 실적에 반영하기로 했다. 현대 · 기아차는 19일 코스피시장 마감 후 공시를 통해 엔진 품질개선 비용을 3분기 실적에 반영한다고 밝혔다. 현대차는 2조 1,300억원, 기아차는 1조 2,600억원이다. 이렇게 하면 두 회사의 3분기 실적은 대규모 적자가 불가피할 것으로 증권업계는 보고 있다. 이날 현대 · 기아차는 투자자들의 불안을 해소하기 위한 기업설명회(IR)도 열었다.

정의선 '품질경영' 빅배스 전략
'세타2 엔진 논란 해소' 충당금 공시
리콜 보증기간 19.5년으로 재산정
대상차종도 737만 대로 대폭 늘려

현대·기아차 추가 품질 비용

현대차 2조3163억원
기아차 1조3403억원

대상 차량 대수

	현대차	기아차
세타GDI (2011~2014년식)	**120만9000대** (쏘나타·투싼·싼타페)	**70만5000대** (K5·스포티지·쏘렌토)
세타GDI (2015~2018년식)	**119만6000대** (쏘나타·투싼·싼타페)	**110만4000대** (K5·스포티지·쏘렌토)
기타 엔진 (세타MPI, 하이브리드, 감마·누우)	**132만4000대** (쏘나타·투싼·벨로스터 등)	**183만5000대** (K3·K5·쏘울·스포티지 등)

ⓙ중앙일보 자료: 현대자동차그룹

현대 · 기아차의 이번 결정은 2015년부터 문제가 된 세타2 직분사(GDi) 엔진의 논란을 해소하고 적자를 털고 가겠다는 '빅배스(Big Bath)' 전략이라고 업계는 보고 있다. "목욕을 철저히 해서 더러운 것을 씻어낸다"는 뜻의 빅배스는 경영진 교체 등을 계기로 부실자산을 한꺼번에 정리해 회계 장부에 반영하는 것을 말한다. 지난 14일 정의선 현대차그룹 회장 체제가 출범한 것과 내년을 '전기차 원년'으로 삼겠다는 정 회장의 구상을 의식한 조치라는 게 업계의 시각이다.

금융정보업체 에프엔가이드에 따르면 이번 발표가 나오기 전 현대차의 3분기 실적 컨센서스(증권사들의 실적 추정치 평균)는 매출액 26조 6,895억원에 영업이익은 1조 1,338억원이었다. 3분기 순이익 추정치는 1조 457억원이었다. 여기에 2조원가량의 충당금을 고려하면 3분기 영업이익은 1조원가량 적자를 기록할 것으로 보인다. 지난해 3분기 현대차는 6,100억원, 기아차는 3,100억원을 충당금으로 반영했었다. 세타2 GDi 엔진을 단 차량의 소유자에게 엔진 진동감지 시스템(KSDS) 적용을 확대하고 엔진의 평생 보

소비자의 품질에 대한 강한 요구도 최적품질수준을 높게 만들었다. 고객만족의 중요성 증가, 보증수리 기간의 연장, 제품안전성에 대한 요구, 제조물책임(PL, Product Liability)법 도입 등이 과거에 생각지 않았던 고객서비스센터 운영비, 제품 리콜(Recall)원가, 법적 배상책임비 등의 외부실패원가를 증가시켰다. 이는 [그림 10.4]의 실패원가가 낮은 품질수준에서 급증하게 만들었다.

무결점주의
불량률 0의 무결점을 추구하는 품질관리

급증하는 실패원가와 낮아진 예방원가가 불량률 0의 무결점주의(Zero Defect)를 최적의 품질수준으로 만들었다. 이제는 불량률을 백만개를 단위로 계산하는 PPM(Part Per Million)으로 측정한다.

증을 제공하기로 한 비용이었다.

현대·기아차의 리콜 관련 충당금이 급증한 것은 보증기간과 대상차종을 당초 계획보다 대폭 확대하기로 했기 때문이다. 현대차는 "지난해는 미국 산업평균인 12.6년으로 보증기간을 산정했다. 이번에는 실제 폐차기준을 적용해 19.5년으로 재산정했다"고 설명했다.

현대·기아차는 지난해 세타2 GDi 엔진만 품질개선 대상으로 했지만 앞으로는 세타2 MPI·HEV와 감마·누우 엔진도 포함하기로 했다. 이렇게 하면 품질개선 대상이 되는 차량은 국내와 해외 판매분을 합쳐 737만 대가 된다. 지난해 현대·기아차가 제시했던 규모(세타2 GDi 엔진 차량 469만 대)보다 268만 대가량 많아졌다. 현대·기아차는 세타2 MPI·HEV와 감마·누우 엔진을 단 차량도 선제적으로 엔진 진동감지 시스템(KSDS)을 적용하는 캠페인을 할 계획이다. 현대·기아차는 지난해 전 세계에서 719만 대를 판매했다.

다만 세타2 GDi 엔진을 단 차량만 놓고 보면 품질개선 대상은 50만 대가량 줄었다. 현대차는 "지난해 엔진 품질개선 캠페인에 포함한 2019년식은 엔진 교체가 거의 없어 이번 비용 산정에서 제외했다"고 설명했다.

세타2 GDi 엔진 사태 일지

2015년 초	미국서 시동꺼짐, 화재 등 이상 발생
2015. 8	현대차, 세타2엔진 결함 인지
2015. 9	현대차, 미국서 YF소나타 47만대 리콜
2017. 3	미국서 싼타페 등 119만대 추가 리콜
2017. 4	현대차, 국내에서 그랜저 등 17만대 리콜
2019. 10	현대차, 미국 집단소송 소비자와 화해안 합의. 국내 결함차량 엔진 평생 보증 발표

증권업계에선 지난해 현대·기아차가 발표한 리콜의 범위가 충분치 않았다는 의견이 나온다. 고태봉 하이투자증권 리서치센터장은 "(현대·기아차가) 엔진 교체 요구에 부응하는 금액을 충당금으로 잡은 것으로 본다"고 말했다. 현대차는 독자 개발한 세타 엔진의 후속인 세타2를 2009년부터 양산했다. 그러나 2015년부터 주행 중 시동 꺼짐 등 엔진 결함 논란이 일면서 결국 대규모 리콜에 들어갔다. 이호근 대덕대 자동차학과 교수는 "(이번 발표는) 엔진 관련 이슈를 확실히 털고 가자는 빅배스 전략으로 볼 수 있다"며 "정 회장 체제에 들어선 이후 품질경영에 대한 의지 표명"이라고 말했다.

현대차 관계자는 "관련 정보를 시장에 투명하게 공개하자는 그룹의 의지를 반영한 것"이라며 "향후 유사한 이슈가 재발하지 않도록 품질관리를 철저히 하고 비용 예측의 정확도를 개선할 것"이라고 말했다. (중앙일보, 2020.10.20)

품질원가를 어떻게 측정하는가?

품질원가보고서
범주별 품질원가를 집계한 보고서

예방원가나 평가원가는 해당 활동에 사용되는 원가를 별도로 집계하여 계산한다. 여러 제품에 공통적으로 발생한 품질예방/평가활동이 있다면 활동기준원가계산을 사용하여 해당 활동의 원가동인을 찾아 제품별로 배부할 수 있다. 내부실패원가는 공손원가와 재작업원가를 집계한다. 외부실패원가는 품질보증비 등의 지출원가는 집계하고 미래매출감소의 기회비용은 손실된 공헌이익을 추정한다. 품질원가를 범주별로 집계하여 매출액 대비의 크기를 계산한 보고서를 품질원가보고서(Quality Cost Report)라고 한다. 품질원가보고서는 품질개선활동의 원가-효익 분석을 가능하게 한다.

표 10.3 품질원가보고서

항 목	세부항목	금액(억원)	매출액 대비율(%)
예방원가	설계개선	250	
	공정개선	100	
	품질 교육훈련	150	
	계	500	2.5
평가원가	재공품 검사	160	
	완성품 검사	40	
	계	200	1
내부실패원가	재작업	200	
	공 손	100	
	계	300	1.5
외부실패원가	고객지원	200	
	보증수리	250	
	손해배상	150	
	매출감소의 기회원가	400	
	계	1,000	5
합 계		2,000	10

스피드경영의 효과분석

빠른 고객대응이 경쟁력이다

고객은 높은 품질의 저렴한 제품과 서비스를 원한다. 또한 제품이나 서비스를 빠른 시간 안에 공급받기를 바란다. 자동차를 주문한 후 몇 달씩 기다려야 하는 자동차보다는 며칠 내에 납품이 되는 자동차가 더 잘 팔릴 것이다. 종합병원은 예약 후 몇 주를 기다려야 진료가 가능하므로 가벼운 병에는 빠른 시간 안에 진료가 가능한 동네 의원을 이용한다. "시간이 돈이다"라는 말이 시간의 가치를 잘 나타낸다. 납품기한(납기)이 짧은 회사는 다른 회사보다 같은 제품이나 서비스를 좀더 비싼 가격에 팔거나 더 많이 팔 수 있다. 완행열차보다는 급행열차 요금이 더 비싸고, 보통우편보다는 빠른우편 요금이 더 비싸다.

고객대응시간
주문접수 후 제품/서비스가 제공되기까지의 시간

리드타임
생산부문에 접수된 주문이 생산완료되는 데 걸리는 시간

제조업이나 서비스업에서 고객의 주문이 접수되어 제품이나 서비스가 고객에게 제공되기까지의 시간이 고객대응시간(Customer-Response Time) 또는 납품기간이다. 고객대응시간은 크게 세 단계로 나눌 수 있다. 첫 단계는 주문이 영업부문에서 접수되어 생산부문에 전달될 때까지의 접수시간(receipt time)이다.[5] 둘째 단계는 생산부문에 전달된 주문이 생산완료되는 데 걸리는 시간인 생산 리드타임(Lead Time) 또는 사이클 타임(Cycle Time)이다. 마지막 단계는 완성된 제품이 고객에게 전달되는 배달시간(Delivery Time)이다. 생산 리드타임은 다시 생산과정을 위한 생산 대기시간(Waiting Time)과 생산시간(Manufacturing Time)으로 나눌 수 있다. 이를 [그림 10.5]와 같이 그림으로 표시할 수 있다.[6]

음식점의 예를 들면, 손님이 도착하여 자리에 앉아 종업원에게 주문을 하고 그 주문이 주방에 전달될 때까지의 시간이 접수시간이다. 주방에서 주문이 순서를 기다리는 시간이 대기시간이고 실제로 음식이 만들어지는 시간이 생산시간이다. 만들어진 음식이 주방에서 손님의 식탁으로 이동하는 시간이 배달시간이다. 중국음식점에 자장면 배달을 주문하거나 피자집에 피자 배달을 주문한다면 각 단계별로 얼마나 시간이 걸리는지 생각해 보라.

서비스업에서는 서비스가 생산 즉시 소비되므로 배달시간은 존재하지 않

5) 고객이 음식점이나 은행에서 주문이나 접수를 하기 위해 기다리는 시간도 접수시간에 포함할 수 있다.
6) 이 그림은 Horngren 외(2003) p.664의 [그림 19-7]을 인용하였다.

그림 10.5 고객대응시간의 구성

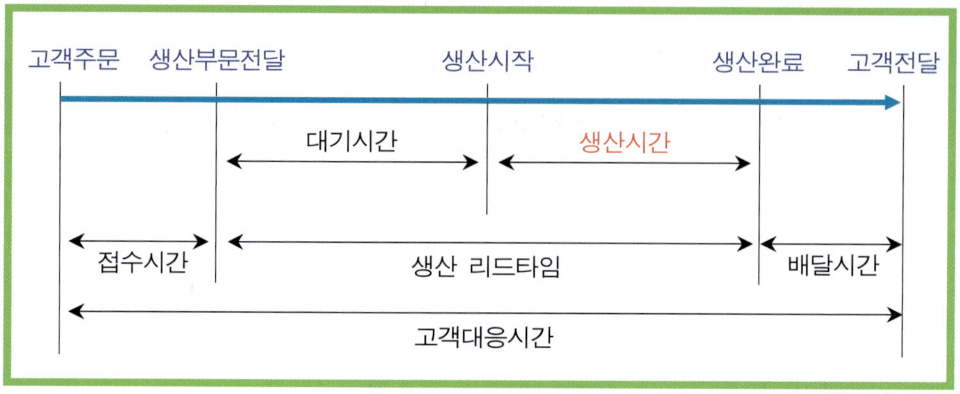

으나 접수시간과 대기시간이 상당히 길 수 있다. 병원에서 생산시간에 해당하는 외래진료시간은 5분 이내이지만 예약 후 진료일(접수기간)이 몇 주 걸리고 진료 전(대기시간)에 30분을 기다린 경험을 생각해 보자. 제조업에서도 실제 생산시간보다 접수시간이나 대기시간, 배달시간이 더 긴 경우가 많다. 뒤에서 설명할 제약이론은 병목공정에 의한 대기시간을 줄이는 방법을 설명한다. 맥도날드나 롯데리아와 같은 패스트푸드점에서는 접수시간과 배달시간을 줄이고 종업원 인건비를 줄이기 위해 손님이 직접 카운터에서 주문하고 음식을 받아 식탁으로 이동한다. 또한 음식조리과정을 단순화하고 체계화하여 생산시간을 상당히 단축한다.

맥도날드화

맥도날드는 들어오는 것에서부터 나가는 것에 이르기까지 속도를 높이기 위한 모든 것을 갖추었다. 인접한 곳에 설치된 주차장은 고객이 차를 쉽게 댈 수 있도록 해 준다. 계산대까지는 몇 발자국이 채 안 되며, 가끔 줄을 서기도 하지만 음식은 대체로 빨리 주문되고 전달되고 계산된다. 그리고 매우 제한된 메뉴는 먹는 사람의 선택을 쉽게 하여, 다른 식당에서의 다양한 선택과 대조를 이룬다. 음식을 받으면 식탁까지 몇 걸음 걸어가서는 곧바로 식사를 할 수 있다. 식사를 마치면 머뭇거릴 여지가 없기에 고객은 남은 휴지, 스티로폼, 플라스틱 쓰레기를 모아 가까운 휴지통에 버리고 자동차로 돌아가서는 다음 활동(대개의 경우 맥도날드화된) 장소로 이동한다.

근래에 패스트푸드점 경영자들은 이 모든 과정에 있어서 운전자용 창구의 설치가 좀더 효율적이라는 것을 발견했다. 맥도날드는 최초의 운전자용 창구를 1975년 오클라호마 시에 설치했고, 4년 만에 전체 점포의 절반 정도에 설치하였다. 주차를 하고 카운터까지 걸어가서 줄을 서고 주문하고 계산하고, 식탁으로 음식을 가져가서 식사하고, 또 식사후 쓰레기를 휴지통에 버려야 하는 귀찮고 비효율적인 과정을 거치는 대신, 운전자용 창구에서는 고객이 창구에 차를 세우고(물론 차도 줄을 서야 할 때가 있다) 주문과 계산을 마친 후, 음식을 받는 대로 다음 목적지로 향하면 된다. 보다 효율적이기를 원한다면 운전하면서 먹으면 된다. 운전자용 창구는 패스트푸드점의 입장에서도 효율적이다. 그것을 이용하는 사람들이 늘어나면 늘어날수록 주차공간, 식탁, 종업원의 필요성이 줄어들기 때문이다. 더욱이 고객이 쓰레기를 가지고 떠나기 때문에 별도의 쓰레기통을 설치하거나 정기적으로 쓰레기통을 비우는 사람을 고용할 필요도 없다.

(조지 리처, 「맥도날드 그리고 맥도날드화」 시유시, 1999)

제약이론과 의사결정

병목공정을 찾아 확장하여 수익성을 높인다

길에 차가 많이 막혀서 매우 천천히 움직이는 것을 본 적이 있을 것이다. 도로의 차선이 줄어드는 부분이거나 공사나 사고로 한 차선이 막혀서 차량정체현상이 일어날 수 있다. 길이 좁아져서 차량의 흐름이 느려지는 현상을 병목(Bottleneck)현상이라고 한다. 병의 목처럼 길이 좁아져서 흐름이 막힌다는 의미로 붙인 이름이다. 병목현상은 기업의 생산공정이나 업무처리과정에서도 일어난다. 연속된 생산공정 중에 한 공정의 처리능력이 다른 공정보다 느리다면 이 병목공정(애로공정) 직전에서 재고로 쌓이고 이 병목공정 다음 공정에서는 처리할 물량이 모자라게 된다. 마치 도로의 병목지점까지 차가 많이 막히다가 병목지점을 지나면 도로에 차가 한산한 것과 같다. 병목공정의 낮은 처리능력 때문에 병목공정 전 공정의 처리물량은 재고로 쌓여 재고유지원가가 발생하고, 병목공정 후 공정은 처리량이 부족하여 기업의 생산 · 판매물량이 병목공정의 처리량에 의해 제약된다. 이것을 제약이론(Theory of Constraint)이라고 한다.

제약이론
병목공정의 처리능력 제약을 해결하여 수익성을 높이는 이론

제약이론을 실감나게 소개한 「*The Goal*」이라는 소설은 병목공정의 문제

YouTube 미국이 17년간 비밀 속에 감춰놨던 효율성을 극대화시키는 이론

1970년 후반 미국에서 공장을 운영하던 한 경영자는 이스라엘 물리학자 친구에게 도움을 요청합니다. 과학적 이론을 통해 자신이 운영하고 있는 공장을 좀더 효율적으로 만들어 달라는 부탁이었습니다. 물리학자 친구는 공장 경영에 과학적 요소를 가미한 결과 엄청난 생산성의 향상, 재고의 감소, 비용 절감의 결과를 만들어 냅니다. 마법과 같은 효과를 보자, 서서히 입소문이 나기 시작합니다. 1980년 위기에 처해 있던 미국의 대기업들은 너나 할 것 없이 이 물리학자의 새로운 생산관리방식을 도입하였고, 미국 경제를 살리는 데 큰 공헌을 합니다. 엄청난 경영비법을 만들어낸 사람은 바로 이스라엘 물리학자 엘리 골드렛 박사입니다. 그리고 이 엄청난 이론은 TOC(제약이론)라고 불립니다. 신흥국이 TOC를 도입해 급성장할 경우 미국 경제를 위협할까 우려해 출간 이후 17년 동안이나 책의 번역을 금지했다는 숨겨진 이야기도 있습니다. 정말로 1984년에 출간했던 'The Goal'은 우리나라에서 2001년에 들어서야 번역 출간되었습니다.

(더나은삶TV, 2019.10.14)

와 해결책을 보이스카웃 일행의 산행을 통해 설명한다. 병목공정에 해당하는 허비라는 아이가 가장 느리게 걸어 전체 일행의 속도를 느리게 만든다. 허비의 앞에서 걷는 아이들은 빨리 걸어도 허비와의 거리(재고에 해당됨)만 멀어져 단체행동만 어려워질 뿐 일행 전체의 산행 속도에 도움이 되지 않는다. 허비 뒤에서 걷는 아이들은 허비를 추월하여 갈 수가 없다. 이때 허비를 일행의 선두에서 걷게 하는 것이 바람직하다. 어차피 일행의 속도는 가장 느린 허비의 속도 이상이 될 수 없으니 아이들 사이의 간격이라도 줄이는 것이 낫다. 이것은 병목공정의 느린 속도에 다른 공정의 속도를 맞추어 재고를 줄이는 단기적인 해결책을 의미한다. 병목공정 작업을 추가로 아웃소싱하여 해당 작업처리량을 높이는 것도 단기적인 해결책이다.

장기적인 해결책은 무엇인가? 병목공정의 처리능력을 높여 기업 전체의 생산능력을 높이는 것이다. 산행의 예에서 허비는 원래 느리게 걷기도 하지만 배낭에 음료수 캔, 통조림, 비옷, 장화, 텐트 말뚝, 야전삽, 프라이팬 등을 잔뜩 지고 걷고 있었다. 허비의 배낭 짐을 다른 아이들이 나누어 가지자 허비의 속도가 빨라져서 일행 전체의 속도가 빨라졌다.

병목공정의 처리능력 확대는 이익으로 직결된다

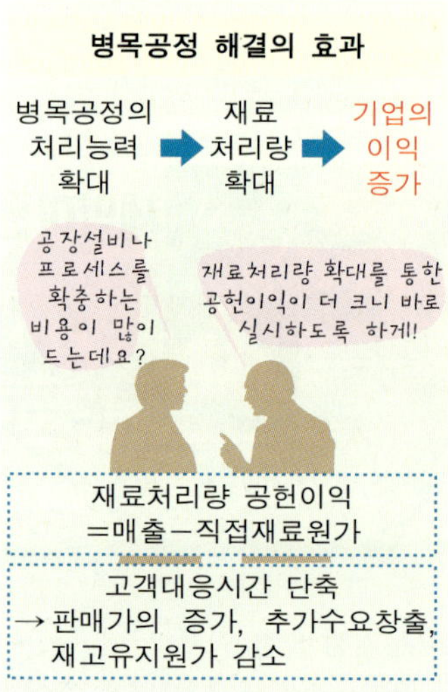

병목공정의 처리능력 제약이 기업 전체의 생산·판매량을 제한하므로 병목공정의 확대에 의한 재료처리량(Throughput)의 증가는 생산·판매량의 증가에 의한 이익증가를 가져다준다. 제약이론에서는 가공원가와 판매관리비의 영업비용(운영비)이 모두 고정원가인 극단적인 생산환경을 가정한다. 이 경우 병목공정의 확대는 추가적인 재료의 투입만으로 이익이 증가한다. 즉 확장된 처리능력은 판매가에서 직접재료원가를 차감한 재료처리량 공헌이익(Throughput Contribution)[7]만큼의 이익증가를 초래한다. 만약 직접재료원가 이외의 다른 변동제조원가나 변동판매관리비가 있다면 병목공정의 처리능력 확장은 증가한 생산량의 공헌이익만큼의 이익증가를 달성할 것이다. 병목공정의 처리능력 확장을 위한 원가가 이 공헌이익보다 작으면 확장이 바람직하다. 병목공정의

7) 제약이론의 가정처럼 가공원가와 판매관리비가 고정비이면 재료처리량 공헌이익은 일반적인 공헌이익과 같아진다. 일부 문헌은 이것을 현금창출률로 번역하였다.

처리능력 증가는 고객대응시간의 단축도 달성하므로 이에 따른 판매가의 증가와 추가수요창출, 재고유지원가의 감소도 혜택으로 고려해야 한다.

제품수명주기원가계산

생산 전후 단계의 원가도 중요하다

과거에는 생산단계의 제조원가만을 중시하여 원가관리를 하였다. 제품기획, 연구개발, 설계의 생산 이전 단계에서 발생하는 원가가 낮았고 이 단계를 중요하게 생각하지 않았다. 생산 이후 단계인 마케팅, 유통, 고객서비스도 중요하게 여겨지지 않았다. 그러나 이제 소비자 권리가 강해져서 고객만족과 품질이 중요하게 여겨지면서 품질향상을 위한 연구개발과 설계의 중요성, 고객만족을 위한 고객서비스의 중요성이 강조되고 있다. 이에 따라 생산 전후 단계의 원가가 높아지고 있다. 또한 각 단계의 원가 사이에 상반관계(Trade-off)가 있어 이를 고려하여 모든 단계의 총원가를 최소화하는 것이 바람직하다. 제품개발과 설계 단계에서 제품의 생산을 효율적으로 만들고 사용편리성과 안전성을 높이는 노력에 투자를 하면, 생산 이전 단계의 원가는 늘어나지만 생산단계와 이후 단계의 원가는 크게 줄어들어 총원가는 줄어들 수 있다.

제품수명주기
제품의 기획부터 폐기까지의 전 단계

제품수명주기원가계산
수명주기 단계별 원가계산에 의한 총체적 원가관리

사람이 태어나서 자라서 늙고 죽는 인생을 살 듯이, 제품도 「기획 → 개발 → 설계 → 생산 → 마케팅 → 유통 → 고객서비스 → 폐기처분」의 전 단계를 거쳐 수명을 다하는 것을 제품수명주기(Product Life-Cycle)라고 한다. 제품수명주기의 각 단계에서 발생하는 원가를 모두 각각 계산하여 의사결정에 사용하는 것이 제품수명주기원가계산(PLCC, Product Life-Cycle Costing)이다. 전체 수명주기중에 「기획 → 개발 → 설계 → 생산 → 마케팅 → 유통 → 고객서비스」의 부분을 생산자 제품수명주기라고 하고, 「구입 → 사용 → 폐기처분」의 부분을 소비자 제품수명주기라고 한다. 다음 [그림 10.6]이 이 관계를 보여준다.

소비자 제품수명주기원가계산은 미국 국방성이 방위산업물품을 구입할 때 구입가격뿐만 아니라 운영비도 함께 고려하여 구입하면서 처음 사용되었다. '싼 게 비지떡'이라는 표현이 싸구려는 쉽게 못 쓰게 되니 조금 비싸더라

그림 10.6 제품수명주기

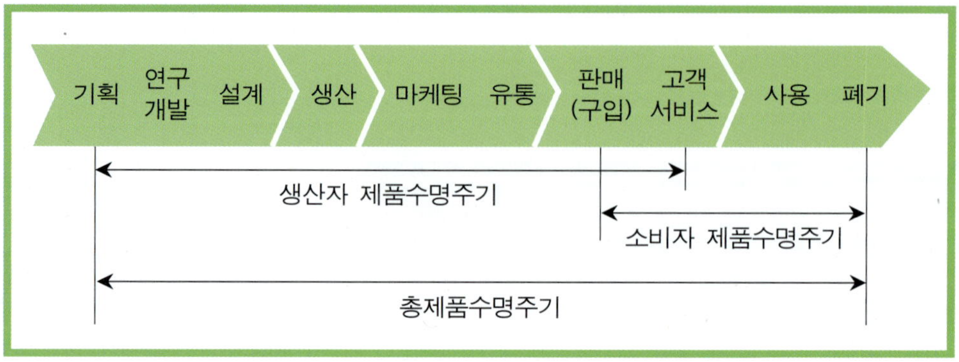

도 오래 쓸 것을 사라는 뜻이 되는데 이것이 바로 소비자 제품수명주기원가계산의 관점이다. 프린터나 자동차 등의 내구재 구입을 생각한다면 취득원가와 유지원가를 같이 고려하는 것이 소비자 제품수명주기원가계산이다.

국내 총연구개발비 86조원… 기업 R&D 전년비 10%↑

기업의 적극적인 연구개발(R&D) 투자가 국내 연구개발비 상승을 견인한 것으로 나타났다. 지난 2018년 우리나라에서 집행된 민간과 정부 분야 연구개발비용은 약 86조원 규모로 OECD 국가 중 세계 5위, 국내총생산(GDP) 대비 세계 1위를 기록했다. 과학기술정보통신부는 18일 지난해 국내에서 수행한 정부·공공, 민간 분야의 연구개발활동을 조사한 '2018년 연구개발활동조사' 결과를 국가과학기술심의 운영위원회에 최종 보고했다고 밝혔다.

조사 결과, 2018년도 우리나라 총연구개발비는 전년 대비 8.8%(6조 9,395억원) 증가한 85조 7,287억원을 기록했다. OECD 국가 중 세계 5위 수준이다. GDP 대비 연구개발비 비중은 전년 대비 0.26%p 증가한 4.81%로 지난 2017년에 이어 또다시 세계 1위로 집계됐다.

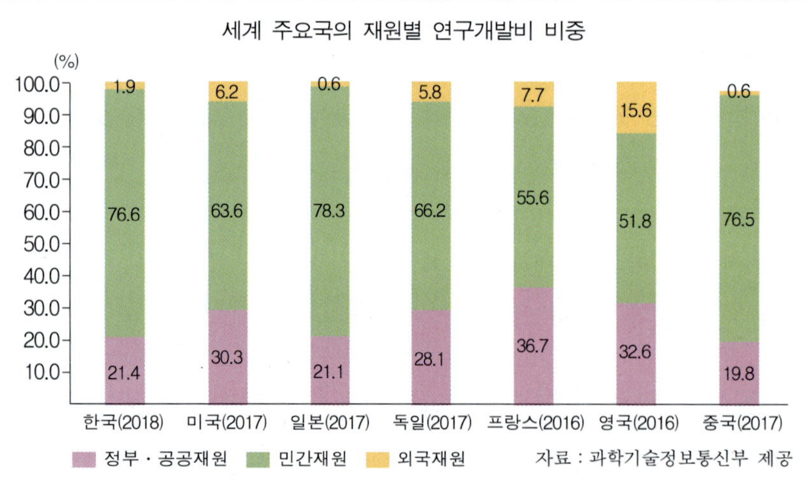

2018년도 재원별 R&D 비용은 정부·공공 분야가 18조 3,630억원(21.4%), 민간 분야 65조 7,028억원(76.6%), 외국 1조 6,629억원(1.9%)이다. 전년 대비 증가폭은 각각 정부·공공재원이 3.5%(6,259억원), 민간 9.4%(6,385억원), 외국이 68.4%(6,752억원)으로 나타났다. 우리나라 연구개발비 상승의 주요 원인은 2017년부터 최근 2년간 민간 R&D 투자 증가율이 크게 상승했기 때문으로 분석됐다. 실제 기업체 연구개발비

생산자 입장에서 마지막 제품의 품질보증기간이 끝나는 시점이 생산자 제품수명주기의 끝으로 이제까지 알려져 왔으나, 제조물책임법으로 강화된 배상책임은 시한이 없으므로 품질보증기간 이후에도 생산자 제품수명주기가 연장되어야 한다. 또한 소비자 제품수명주기원가를 생산자가 무시할 수 없다. 소비자가 제품을 사용하면서 부담하는 운영비 등의 소비자 제품수명주기원가가 낮다면 소비자는 제품을 그만큼 비싼 가격에 사고자 하기 때문이다. 생산자의 원가가 높아지더라도 소비자의 원가가 더 많이 줄어 더 높은 가격에 팔 수 있다면 생산자의 이익은 높아진다.

는 전년 대비 10%(6조 2,710억원) 증가한 68조 8,344억원(80.3%)이다. 이는 국내에서 연구개발활동 조사를 집계한 이래 처음으로 기업 투자가 전체 비중의 80%를 초과한 결과다. 이러한 R&D 비용은 기업 유형별로 벤처기업, 산업별로 서비스업에 집중적으로 투입된 것으로 조사됐다. (후략) (조선비즈, 2019.12.18)

프린터, 배보다 배꼽이 크네

잉크값, 프린터값 6배까지

피시(PC)에 패키지로 주로 팔리는 저가형 잉크젯 프린터로 하루 3장씩 매일 인쇄할 경우 1년 뒤에는 잉크값이 프린터값의 6배에 이른다는 주장이 나왔다.

가격비교 사이트인 '다나와'는 삼성전자와 한국휴렛팩커드, 캐논, 엡손 등 4개사의 보급형 잉크젯 프린터를 대상으로 하루 약 3장, 1년간 1천장을 프린트할 경우의 잉크 소모량을 따져본 결과 이런 결과를 얻었다고 25일 밝혔다.

다나와는 에이치피 데스크젯 3745(6만 2천원). 삼성 마이젯 MJC-200i(6만 1천원), 엡손 스타일러스 C45(5만 7천원), 캐논 픽스마 iP1000 플러스(5만 6천원) 등 4개 제품을 조사했다. 흑백 잉크로 텍스트 문서만 인쇄할 경우는 4개 모델 모두 1년 잉크값이 최저 2만 4천원(캐논)에서 최고 5만 5천원(삼성)으로 제품값보다 적었다. 그러나 이미지와 텍스트를 함께 인쇄하면 한국휴렛팩커드는 37만 1천원, 삼성은 31만 5천원, 엡손은 30만 6천원, 캐논은 12만 6천원이 들어가는 것으로 조사됐다. 캐논은 제품 가격의 약 2배, 엡손과 삼성은 약 5배, 에이치피는 약 6배에 해당하는 것이다. (한겨레, 2005.1.26)

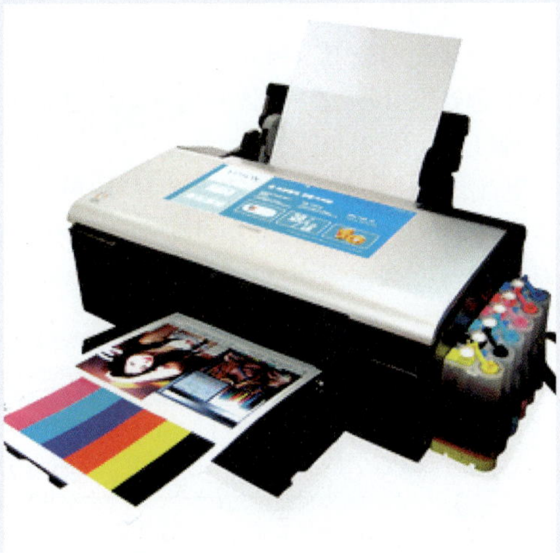

화장품의 경쟁력은 '가격인가, 이미지인가'?

2004년 9월 17일자 '매경 이코노미'는 서로 상이한 전략을 사용하여 초저가 화장품 시장에서 1위와 2위를 다투고 있는 두 개의 화장품회사를 소개하였다.

■ MISSHA(미샤) "노하우 풍부… 시장 검증 거쳐"

1999년 뷰티넷이라는 여성포털 사이트를 운영하면서 초저가 화장품 시장에 뛰어든 미샤의 성장세는 눈부시다. 2002년 3월, 첫 오프라인 매장을 설립한 후 불과 2년 6개월 만에 전국 200여 곳의 매장을 거느린 거대 화장품회사로 성장했다. 지난해까지만 해도 130억원 매출에 그쳤지만 올 상반기 500억원 매출을 달성했다. 올 10월에는 코스닥 등록심사를 청구하고 연말까지는 적어도 1,200억원 매출을 달성한다는 방침이다. (중략)

미샤가 내세운 가장 큰 경쟁력은 가격이 싸다는 점. 기존 화장품회사와 비교해서는 물론 더페이스샵과 비교해도 가격은 절대적으로 싼 수준이라는 설명이다. 그동안 소비자들의 검증을 받아왔던 제품이라는 사실도 미샤의 강점. 1999년 첫 제품을 온라인 회원들에게 선보인 이후 5년 동안 쌓아 온 화장품산업에 대한 노하우에서 경쟁회사들을 압도한다는 설명이다. 김 이사는 "이미 미샤제품들은 가격 대비 품질을 시장에서 철저히 검증받아 왔다"며 경쟁업체와의 차별화를 강조했다. (중략) 김 이사는 "소비자들을 일일이 제품개발 초기단계에서부터 참여시키면서 쌍방향 커뮤니케이션을 강화하고 있으며 이미 선보인 600여 제품 가운데 악성재고 물량이 하나도 없다"는 점을 강조했다.

■ THEFACESHOP(더페이스샵) "고급 이미지 구축… 자연주의 가미"

"현재의 열세를 인정한다. 그러나 앞으로는 다를 것이다." 더페이스샵에서는 1위를 쫓는 자의 '패기'가 느껴진다. 정운호 사장(38)을 비롯해 임직원이 대부분 20대 후반, 30대 초반으로 모두 '한번 해보자'는 마음 자세다.

2003년 12월, 명동 1호점을 설립하며 가맹점사업에 나선 더페이스샵 성장세는 미샤를 추월할 정도다. 8월말 현재 전국가맹점이 110개로 늘어났고 상반기 매출 역시 350억원을 기록해 미샤와의 격차를 추격권 내로 좁혔다는 게 회사측 판단이다. (중략)

더페이스샵은 초저가 화장품 시장에서 미샤가 확실히 시장을 선점했다는 사실을 인정한다. 그러나 더페이스샵이 미샤와는 달리 '고급 이미지'를 구축하는 데 성공했다고 판단한다. 저가 화장품에 자연주의, 천연화장품 컨셉트를 접목해 소비자 마음을 잡는 데 성공했다는 평가다. 특히 저가 화장품 진출은 미샤에 비해 늦었지만 단순한 저가 화장품에서 벗어나 '웰빙' 이미지를 더해 새로운 화장품 시장을 만들어 냈다는 설명이다. 더페이스샵은 요즘 여성들로부터 최고 인기를 끌고 있는 권상우를 모델로 기용해 한층 기업이미지를 높였다고 자평한다. 이승민 더페이스샵 차장은 "화장품은 이미지 싸움이다. 품질과 가격에 차이가 없다면 소비자는 이미지를 사게 된다. 사고 싶은 화장품 이미지를 만들어 내는 데 성공했다"고 설명했다. 부가가치가 높은 기초화장품 부문에서 미샤에 비해 강점이 있다는 점 역시 더페이스샵의 강점으로 꼽는다. (중략)

정 사장은 서울 명동에서 알아주는 화장품 세일즈맨 출신이다. 대학 중퇴 후 1993년 세계화장품을 설립해 화장품 업계에서 잔뼈가 굵었다. 1999년 쿠지인터내셔널을 설립해 매출 300억원대의 'COOGI' 브랜드를 만들어내기도 했다. 명 세일즈맨 출신답게 '마케팅'에 강점이 있다.

먼저 기사내용을 간단히 정리해 보자. 미샤는 원가절감을 통한 가격인하를 구축한 회사이다. 이런 전략은 기존의 제조업체들이 흔히 사용해오던 전략으로서 전혀 새로울 것이 없다. 그러나 한 가지 주지할 사실은 '어떻게 절감해야 하는가?'이다. 그러기에 앞서 원가의 범위를 살펴보고자 한다.

회사명	2004년 상반기 매출액	초저가 화장품 업계순위	기업전략
미샤	500억원	1위	원가절감을 통한 가격인하
더페이스샵	350억원	2위	제품이미지 구축을 통한 매출확대

■ 원가의 범위는 어디까지인가?

원가는 제조원가만을 의미하는 것이 아니다. 우리가 흔히 생각하기에는 제조원가만을 원가로 생각하기 쉽지만, 기업이 제품을 창출하기까지 아래와 같은 여러 단계의 원가가 소요된다.

연구개발원가	제품설계원가	제조원가	마케팅원가	유통원가	고객서비스원가

기업이 6단계의 원가를 거쳐 제품가치를 창출하게 되는데, 위의 6가지의 활동들이 가치를 창출하는 데 유기적으로 관련이 되어 있다고 하여 '가치사슬(value chain)'이라 부른다. 가치사슬상의 원가를 제조 이전과 제조 이후 단계로 구분하는데, 제조 이전 단계의 원가를 하류원가라고 하고 제조 이후 단계의 원가를 상류원가라고 한다. 연구개발원가, 제품설계원가, 제조원가는 제품제조원가를 결정하는 데 결정되는 범위이고, 거기에 마케팅원가, 유통원가, 고객서비스원가를 가산하면 정부계약 등 원가보상계약에서 사용되는 원가의 범위가 된다. 그리고 기업이 내부적으로 제품수익성을 분석할 경우, 연구개발원가부터 고객서비스원가까지 총원가범위를 가지고 수익성을 분석할 수 있는데, 이를 제품수명주기원가에 의한 수익성분석이라 한다.

■ 원가절감은 어떻게 이루어지는가?

한 가지 흥미로운 사실은 미샤가 제품개발단계부터 소비자를 참여시키고 있다는 사실이다. 위에서 언급한 원가범위에서 제조단계에서 발생하는 원가를 줄이려면 제조 이전 단계에서 발생하는 연구개발 및 제품설계원가를 감소시켜야 제조단계의 원가가 감소된다. 참고적으로 두 개의 회사에 대한 원가를 임의로 구성 및 비교해 보았다.

회사명	연구개발 원가	제품설계 원가	제조 원가	마케팅 원가	유통 원가	고객서비스 원가	계
미샤	50	40	100	80	80	15	365
더페이스샵	50	30	150	100	100	100	530

위 표는 각 회사의 원가범위를 나타내고 있다. 제조단계 이전에 발생하는 원가의 총계는 전체원가에서 차지하는 비중은 각각 24%(=90/365), 15%(=80/530)이지만 이 단계에서 전체원가 대부분이 확정된다. 따라서 품질의 우수성을 강조하는 미샤의 경우에는 제품개발단계에서 고객을 참여시킴으로써 제조 이후 단계의 원가를 절감할 수 있다. 이것은 곧 원가절감을 통한 가격인하전략을 의미하고 있다.

반면 더페이스샵의 경우 마케팅을 강조하는 회사이므로 마케팅, 유통 및 고객서비스를 강조하는 회사라고 볼 수 있다. 이 경우 전체원가는 미샤보다는 높으며, 가격도 미샤보다 높아진다. 그러나 제품광고 및 이미지를 강조하여 고객에게 보다 친근하게 접근하고자 하는 것이 회사의 전략이다.

두 회사의 전략에 대한 평가를 지금 단계에서 하는 것은 다소 무리이다. 하지만 원가 측면에서 볼 때 미샤의 경우 제품품질과 총원가절감을 위하여 노력하고 있는 것은 사실이다. 따라서 제조 이전 단계인 개발 및 제품설계 단계에서 고객을 참여시키고, 개선시키는 노력이 전체원가의 감소를 가져오고, 가격의 인하를 가져오게 하는 미샤의 정책은 원가 측면에서는 상당히 의미가 있으며, 품질에 관한 고려가 가격경쟁력을 키울 수 있다는 사실은 주지해야 할 사실이다.

물론 두 회사의 전략에 대하여 모범답안을 제시하면서 평가하는 것은 아니다. 시장에 대한 해답은 어디까지나 소비자에 의하여 평가받는 것이기 때문이다. 그러나 객관적인 측면에서 경쟁력 제고의 노력을 음미할 수 있는 정책을 제시한 미샤의 제품전략에 대하여 한 번쯤은 음미해 볼 가치가 충분히 있다. (조영주 회계사 작성)

생산 이전 단계에서 대부분의 원가가 확정된다

발생원가
각 수명주기 단계에서 발생하는 원가

확정원가
각 수명주기 단계에서 확정되는 원가

단 몇 퍼센트의 원가절감에는 피나는 노력이 필요하고 달성하는 것도 어렵지만, 수십 퍼센트의 원가절감 또는 원가반감은 착상만 바르게 하면 의외로 쉽다는 말이 있다. 좋은 아이디어로 대규모 원가절감이 정말로 가능할까? 새로운 아이디어를 제품생산 이전 단계에 적용하면 이것이 가능하다고 한다. 제품개발 및 설계 단계에서 그 후 단계에서 발생할 대부분의 원가가 확정되므로 큰 원가절감을 위한 새로운 아이디어와 기술은 생산 이전단계에서 적용되어야 한다. 다음 [그림 10.7]은 제품수명주기 단계별로 계산된 두 가지 원가를 보여준다.

발생원가(Cost Incurrence)는 각 단계까지 실제 발생하는 누적원가를 말하며, 확정원가(고착원가, committed cost, lock-in cost)는 각 단계까지 확정된 누적원가를 말한다. 설계단계까지 발생하는 누적원가가 총수명주기원가의 10%인데, 설계단계까지 확정된 원가는 총원가의 85%나 된다. 설계가 끝나고 생산이 시작되

그림 10.7 제품수명주기의 발생원가와 확정원가

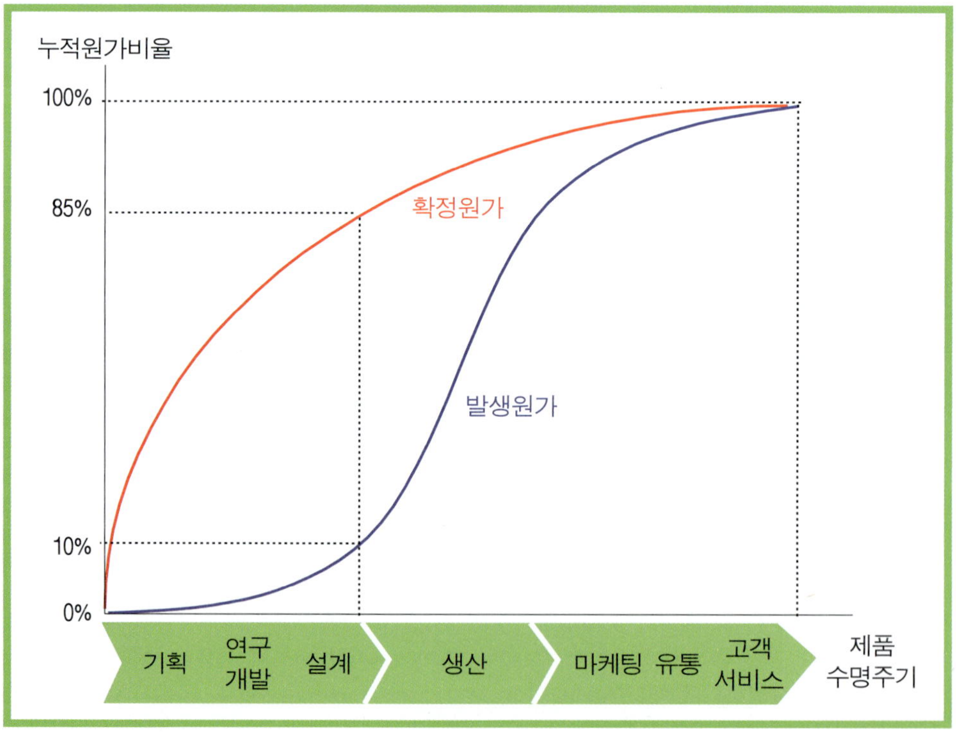

기 직전에 재료의 종류, 제품의 구조와 부품의 수, 생산방식 등의 제품과 관련된 거의 모든 결정이 끝나므로 수명주기원가의 대부분이 확정된다. 원가는 생산단계에서 대부분 실제로 발생하지만 이에 대한 결정은 이미 생산 이전 단계에서 결정된다. 따라서 새로운 소재나 기술, 제품구조 등을 사용하여 대규모의 원가절감을 얻으려면 생산 이전 단계에 적용되어야 한다.

원가기획과 목표원가

신제품의 기획/개발/설계 단계에서 원가기획을 한다

원가기획
생산 이전 단계에서 신제품의 목표원가수준에 대해 기획하는 기법

목표원가
목표가격에서 목표이익을 차감한 금액

생산 이전 단계에서 목표원가수준에 대해 미리 기획하는 것이 원가기획이다. 원가기획은 일본 자동차 산업에서 처음 개발된 후 전세계로 확산된 경영기법이다. 원가기획은 목표원가의 계산과 달성의 두 단계로 크게 나눌 수 있어서 미국문헌에서는 목표원가계산(Target Costing)이라고 불린다. 삼성르노자동차(주)가 SM7을 개발한다고 생각하고 원가기획을 적용해 보자.

원가기획의 첫 단계로 SM7의 목표원가를 계산한다. 우선 SM7의 용도와 시장을 고려하여 기획해야 한다. SM5와 같이 중형 승용차로 중상층 고객을 대상으로 판매를 예상한다고 하자. SM7과 비슷한 성능의 중형차 시장가격과 SM7의 기능, 디자인, 유통시스템, 상품전략, 영업점 지원정책 등을 고려하여 소비자가 지불할 목표가격(Target Price)을 예상한다. 이 목표가격에서 기업의 중장기 이익계획에 의한 목표이익을 빼면 목표원가가 결정된다.[8)]

목표원가 = 목표가격 − 목표이익

SM7의 목표가격이 3,000만원이고 목표이익이 1대당 200만원이면 목표원가는 2,800만원으로 설정된다. 이 목표원가가 현재의 재료와 생산방식에 의해 달성가능한 원가보다 낮다면 목표원가 달성을 위한 원가절감 노력이 필요하다.

8) 원가기획에 대한 내용은 육근호 역, 「원가기획」(풀빛, 1994)을 부분적으로 많이 인용하였다.

판매예상가격과 목표이익이 먼저 결정되고 이에 따라 목표원가가 설정되는 목표원가계산은 제9장에서 본 원가가산 가격설정과 대비된다. 원가가산 가격설정에서는 원가가 먼저 결정되면 이에 이익을 더하여 가격을 정한다. 원가가산 가격설정은 생산자 주도의 시장상황에서 가능하다. 독점력이나 제품차별성에 의한 시장지배력을 가진 생산자가 시장에서 소비자보다 큰 힘을 가져서 자신의 원가를 모두 보상받고 이익을 보장받는 수준으로 가격을 결정한다. 이에 반하여 생산자가 소비자가 원하는 수준으로 가격을 먼저 설정하고, 이 가격에서 이익을 얻을 수 있는 목표원가수준으로 원가를 낮추도록 생산 이전에 원가절감 노력을 하는 목표원가계산은 치열한 생산자 사이의 경쟁에 의해 소비자의 힘이 큰 상황에서 나타났다.

가치공학
최소의 원가로 필요한 기능을 달성하는 공학적인 방법

원가기획의 두 번째 단계는 가치공학을 이용한 목표원가의 달성이다. 가치공학(VE, Value Engineering)은 '수명주기원가를 최소화하되 필요한 기능은 확실하게 달성하기 위해 제품과 서비스의 기능분석에 들어가는 조직적 노력'이라고 정의될 수 있다. 가치공학의 본질은 기능분석으로, 가치공학의 대상이 되는 제품이나 서비스가 기능의 집합체로 구성되어 있다는 사고에 근거하여 제품의 가치를 기능으로부터 얻을 수 있는 효용과 기능 실현을 위한 원가의 함수로 이해한다.

가치 = 기능에서 얻을 수 있는 효용 / 기능 실현을 위한 원가

예를 들어 텔레비전을 기능분석하면 화상재생(화면), 음성재생(스피커), 제어(리모컨과 제어판), 기기보호(케이스) 기능으로 나눈다. 기능분석은 개발 후기단계에서도 자주 이용되지만 제품개발 초기단계에서 적용하는 것이 필수적이다. 목표원가의 달성 책임단위에 구체적인 목표원가 수치를 부여하기 위해 목표원가는 기능별, 부문별, 구조별, 원가요소별, 개발설계담당자별 등으로 쪼개진다. 이를 목표원가의 세분할당이라고 한다. 부문별, 구조별, 설계담당자별 등의 목표원가 세분은 기본설계나 구상설계 단계에서 실시할 필요가 있다. 원가요소별 목표원가의 세분은 상세설계나 생산준비 단계에서의 대체안의 착상, 신공법의 검토, 공정설계의 개선 등을 촉진해서 제품기술면에서의 원가의식을 높이는 데 도움을 준다. 다음 [그림 10.8]은 닛산자동차에서 제품의 기획, 개발, 설계 단계에서 가치공학이 단계별로 적용되는 체계도를 보여준다.

그림 10.8 닛산자동차의 원가기획 체계도

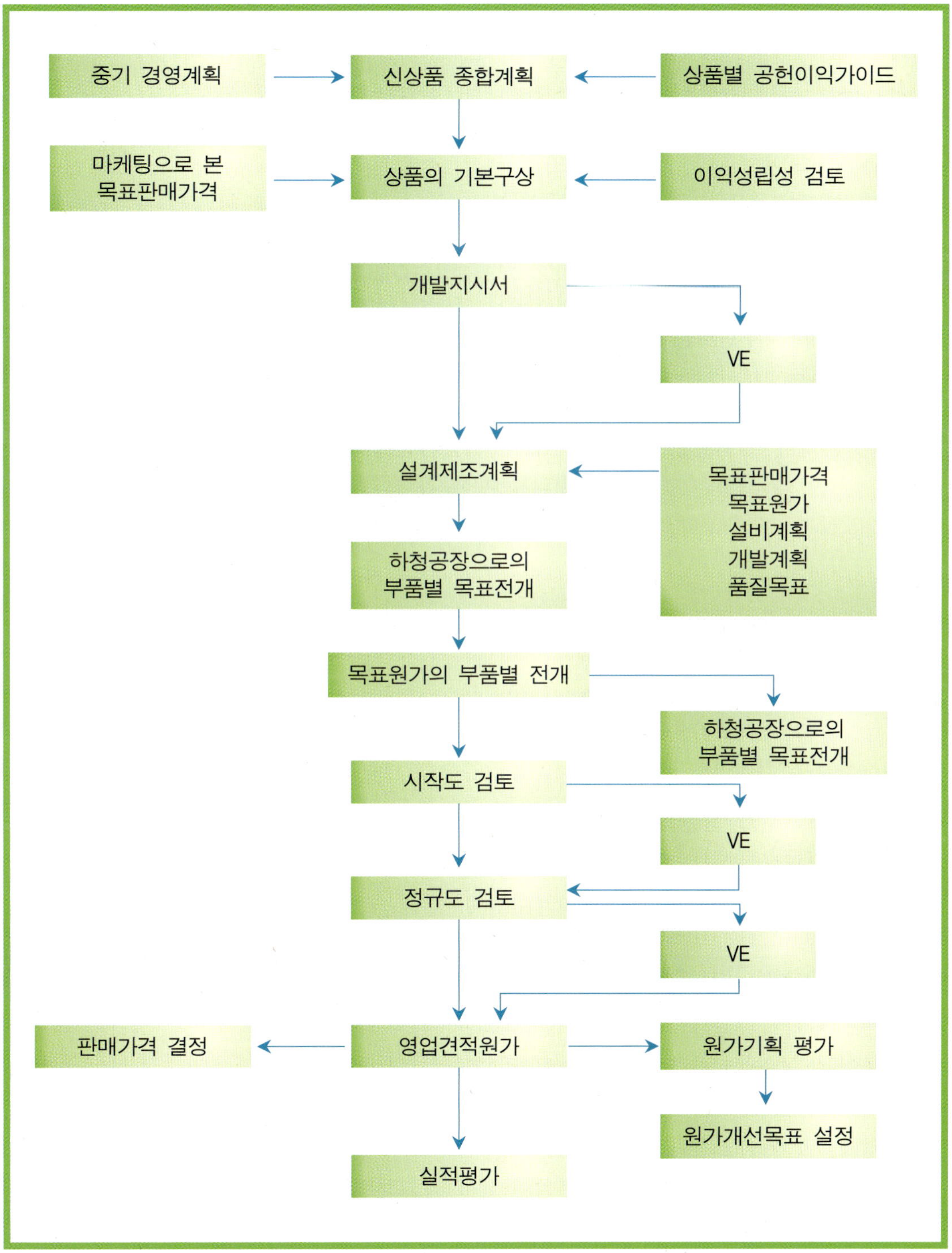

수명주기원가분석을 이용한 가치공학

이상철의 '수명주기원가분석을 이용한 가치공학 도입 효과'(회계저널 2007년 6월)는 한국도로공사의 고속도로 건설공사 가운데 교량을 대상으로 수명주기원가분석(LCCA)을 이용하여 설계 가치공학(VE)을 실행하는 사례를 분석하였다. 영동고속도로 신갈-호법 구간 2공구 회차로교에 대해 LCCA를 수행한 예시에서 검토 1안은 도로의 곡선반경에 적합한 교량을 설계한 안이다. 기존 도로의 곡선반경(반지름 25m^2)이 그대로 유지되면서, 곡선도로와 회차로교를 연결시키기 위해 회차로교 종점부에 교량의 폭이 넓어지는 확폭 부분이 생긴다. 검토 2안에서는 검토 1안의 회차로교상 교량확폭부를 배제하여 회차로교를 동일 폭원으로 설계하고 확폭부를 토공부측에 적용함으로써, 도로의 곡선반경(반지름 20m^2)이 줄어든다.

검토 1안의 총수명주기원가(LCC)가 8.19억원 그리고 검토 2안의 총LCC가 7.98억원으로 나타났다. 검토 2안은 검토 1안에 비해 0.21억원의 수명주기비용을 절감하여, 경제성이 높은 대안으로 판정되었다. 검토 1안의 단위면적당 비용은 2,776.27천원이며, 검토 2안의 단위면적당 비용은 2,705.08천원으로 나타났다. 대안별로 교량면적의 차이가 없기 때문에, 단위면적당 비용은 검토 2안이 적게 나타났다. 수명주기 단계별로 총LCC 대비 LCC 구성항목의 비중을 살펴본 결과, 검토 1안은 검토 2안에 비해 초기투자비용의 비중은 낮으나, 유지관리비용의 비중은 높은 것으로 나타났다. 수명주기 단계별 비용분석 결과에 기초하여, 검토 2안이 검토 1안에 비해 경제성이 높은 것으로 판정하였다.

〈표 1〉 수명주기 단계별 비용분석 결과

구 분	검토 1안	검토 2안
총LCC(억원)	8.19	7.98
상대비용(억원)	+0.21	0.00
상대LCC	1.03	1.00
면적(m^2)	295m^2(=50×5.90)	295m^2(=50×5.90)
단위면적당 비용(천원)	2,776.27	2,705.08
초기투자비용/총LCC(%)	60.68	61.03
유지관리비용/총LCC(%)	39.07	38.72
폐기처분비용/총LCC(%)	0.24	0.25
순위	2	1

한국도로공사는 2005년부터 교량에 대한 설계VE 실행시 LCCA결과를 활용하였으며, 19개 교량을 검토하여 75.6억원의 예산을 절감하였다.

〈표 2〉 2005년 LCCA를 이용한 설계VE 실행으로 예산원가를 절감한 내역

노 선	구 간	공구수	검토교량수	원가절감(억원)
경부선	기흥~판교	1	2	2.4
영동선	신갈~호법	3	4	25
음성~충주	음성~충주 5~7공구	3	5	17.7
삼척~동해	삼척~동해	1	2	6.1
남해선	사천~산인	5	6	24.4
계		13	19	75.6

LCCA를 이용한 설계VE 도입으로 얻은 공사비 효율성 검토 결과를 활용하여 시설물에 대한 성능과 경제성을 전체 수명주기 관점에서 평가할 수 있게 되었다. 또한 고속도로 교량의 기능 향상을 위해 신재료, 신기술 및 신공법을 설계에 반영한 효과를 검토할 수 있으며, 대안입찰이나 턴키발주에서 낙찰자를 결정하는 데 LCCA 결과를 활용할 수 있게 되었다.

YouTube 재경부문 '원가기획팀' 직무 소개영상

원가기획팀 곽유수 대리입니다. 기아자동차에 2013년 7월에 입사하여 현재 원가기획팀에서 친환경차 나로와 대형 SUV 신차의 원가기획을 담당하고 있습니다.

Q. 하시고 계신 일이 어떤 업무인지 자세한 설명 부탁드립니다.
담당하고 있는 차종의 개발 초기 단계에서부터 양산, 상품성 개선까지 지속적으로 차량원가를 관리하여 목표수익성을 달성하는 업무를 하고 있습니다. 영업부문과는 판매사양과 가격을 점검하고 연구소부문과 투자비를 점검하고 구매부문과는 재료비를 점검하면서 목표 수익성 달성을 할 수 있도록 회사 내 여러 팀들과 협업을 하고 있습니다.

Q. 해당직무를 수행할 때 필요한 역량은 어떤 것들이 있나요?
숫자를 다루는 재경부문이라면 필수적인 꼼꼼함과 인내심은 기본이라 할 수 있습니다. 원가를 검토하는 과정에서 누락하거나, 잘못 계산되는 부분이 있으면 해당차량의 개발 방향성이 바뀌는 문제가 생길 수도 있습니다. 또한 각 차종이 회사에 해주어야 하는 목적이 무엇인지 파악하고 이에 맞는 원가관리 방향성을 제시하는 능력이 필요하다고 생각합니다. 예를 들어 연비가 최우선인 차량을 개발하는 단계에서는 연비와 무관한 불필요한 사양추가에 따르는 재료비, 투자비가 발생하는 것을 최소화하도록 타 팀들을 이끌어나갈 수 있어야 합니다. (후략) (기아자동차채용, 2018.9.4)

목표원가, 표준원가, 카이젠원가는 서로 다르다

원가기획에서 사용하는 목표원가는 전통적인 원가통제수단인 표준원가와 몇 가지 점에서 다르다. 목표원가는 신제품의 기획, 개발, 설계 단계에서 설정되어 목표이익을 확보하는 경영관리수단으로 사용된다. 이에 비해 표준원가는 재료원가, 노무원가, 경비의 제조원가를 생산단계에서 통제하는 수단으로 사용한다.

표 10.4 목표원가와 표준원가

	목표원가	표준원가
적용시점	생산 이전 단계 : 기획, 개발, 설계	생산단계
용 도	생산 개시 전 원가기획	생산공정상 원가통제

원가개선
생산이 시작된 제품의 지속적인 원가절감 노력

신제품에 대해 목표원가를 계산하고 달성하고자 하는 활동을 원가기획이라고 부르는 반면, 이미 생산이 시작된 제품의 지속적 원가절감 노력은 원가개선이라 부른다. 이때 지속적인 원가절감이 반영된 원가수치를 카이젠(Kaizen) 원가라 한다.[9]

9) 카이젠(Kaizen)은 개선(改善)의 일본발음을 영어로 표시한 것으로 지속적 개선(continuous improvement)으로 영어 문헌에 번역되어 사용된다.

도요타의 실적잔치, 엔低 덕만 봤다고? 숨은 힘은 '카이젠'에 있었다

불필요한 공정 모두 없애고 설비투자 절반 줄여 내실경영
뼈 깎는 자구노력 "집념의 결과"

2009년 5월 8일. 도요타자동차는 참담한 성적표를 발표했다. 2008회계연도(2008년 4월~2009년 3월)에 4,610억엔의 대규모 적자를 냈다는 게 골자였다. 무리한 확대 경영에 리먼브러더스 사태가 겹친 탓이었다. 도요타의 영업이익 적자는 창업 직후였던 1937년 이후 71년 만에 처음 겪는 일로 충격이 컸다. 당시 뉴욕타임스는 "(도요타 본사가 있는) 도요타시가 (자동차 산업 부진으로 황폐화한) 미국 디트로이트로 변하고 있다"고 썼다.

그로부터 딱 4년이 흐른 지난 8일. 작년 회계연도(2012년 4월~2013년 3월) 실적을 발표하는 자리에서 도요타 아키오 도요타자동차 사장은 "집념의 결과물이 나왔다"고 목소리에 힘을 줬다. 그리고 1조3,000억엔이 넘는 영업이익 수치를 발표했다. 단발성 엔저(低)로만 도요타의 실적을 설명하지 말아 달라는 뉘앙스였다.

도요타의 혁신활동을 일컫는 '카이젠(改善)'은 한때 세계 모든 기업의 학습대상이었다. 그러나 리먼 사태 등을 겪으며 신화는 무너졌다. 엔고에 대지진, 태국 홍수 등의 악재도 겹쳤다.

시련의 기간. 도요타는 카이젠을 원점에서 재점검했다. 우선 생산라인에 주목했다. 불필요한 공정은 모두 없앴다. 4년여의 노력 끝에 지금은 생산라인이 예전의 절반 수준으로 짧아졌다. 투입되는 인력과 비용도 줄였다. 니혼게이자이신문은 "리먼 사태 이전엔 새로운 생산라인 투입 후 이익을 낼 수 있는 최소 생산대수가 20만대였는데 지금은 10만대 수준으로 줄어들었다"고 설명했다. 그만큼 원가경쟁력이 높아진 것이다.

무리한 투자보다는 내실을 다지는 데 주력했다. 리먼 사태 이전 1조5,000억엔(2007년 기준)에 달했던 설비투자 금액은 현재 8,000억엔대로 감소했다. 대형 설비가 줄면서 감가상각비용에 대한 부담도 덜었다. 앞으로도 3년 동안은 국내외에 새로운 공장을 짓지 않을 방침이다.

살아난 도요타

(단위 : 억엔)

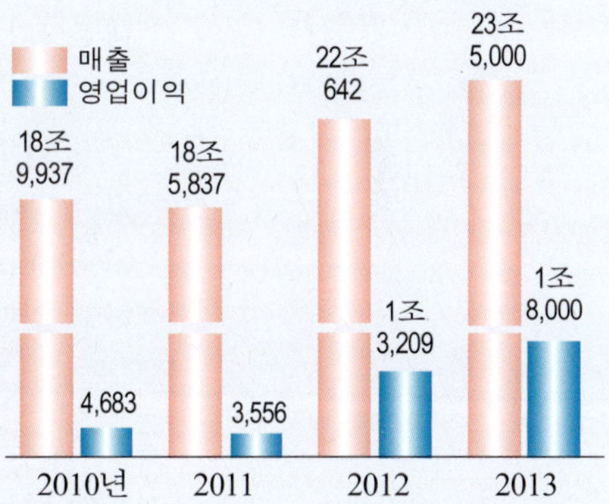

자료 : 니혼게이자이신문

도요타의 카이젠 성과는 실적에서도 고스란히 드러났다. 작년에 거둔 영업이익 1조3,209억엔 가운데 비용 삭감에 의한 효과가 4,500억엔에 달한다는 것이 회사 측의 추산이다. 엔화 가치 하락에 의한 추가이익(1,500억엔)보다 세 배가량 많은 규모다. 내년 실적은 올해보다 더 나을 전망이다. 그래도 긴장의 끈은 늦추지 않겠다는 각오다. 도요타 사장은 "공격적으로 나설 시점이 되지 않았느냐는 얘기도 들리지만, 이제 겨우 새로운 출발선상에 섰을 뿐"이라고 말했다. (한국경제, 2013.5.10)

토 론

자동차는 왜,
툭하면 리콜인가

• 2만개 넘는 車부품, 이 중 단 하나만 이상해도 대량 리콜 가능성

현대 · 기아차가 지난 3일 미국에서 187만대, 캐나다에서 36만대 등 확인된 것만 240만대의 사상 최대규모 리콜을 발표하면서, 자동차업계에 다시 '리콜 공포'가 엄습하고 있다. 3년 전 도요타 대규모 리콜의 그림자가 어른거리고 있기 때문이다. GM을 꺾고 세계 1위 자리에 막 올랐던 도요타는, 2010년 가속페달 결함으로 한 해 판매하는 차량 대수를 뛰어넘는 1,400만대라는 기록적 리콜을 했다.

리콜 대수가 많기로 따지면 포드를 따라올 업체가 없다. 포드는 1981년 파킹 기어 문제로 2,100만대를 리콜하는 등 규모가 훨씬 컸다. 하지만 도요타는 문제발생 초기에 '차에는 문제가 없다'는 식으로 대응하면서 피해규모를 키웠고 소비자의 공분을 샀다. 줄소송 끝에 도요타는 배상금 등을 포함해 31억달러(약 3조5,200억원)를 쓰면서 리콜의 대명사가 돼버렸다.

2011년 유럽에서 집계한 산업군별 리콜 횟수를 보면, 자동차 관련 리콜은 전체 건수의 11%로 의류(27%), 장난감(21%)보다 훨씬 적었다. 전자제품(10%)과 비슷한 수준이었다. 그런데도 자동차 분야의 리콜이 크게 주목받는 건 사소한 결함으로도 사람이 죽고 다칠 위험성이 크기 때문이다. 물론 업체들도 불량률을 줄이기 위해 필사적 노력을 하고 있다. 그런데도 자동차 분야 리콜이 계속되는 이유는 뭘까.

① 부품수가 많다

우선 다른 제품보다 부품수가 훨씬 많기 때문이다. 자동차 부품 가짓수는 2만개를 훌쩍 넘는다. 보닛을 열면 보이는 엔진은 한 덩어리지만, 그 안에는 부품 1,200개가 빼곡하게 들어차 있다. 대략 1,000가지 부품이 들어가는 스마트폰 등 다른 제품과는 비교할 수 없을 정도로 많은 편이다. 그런 부품의 조합이 시속 100km 이상으로 내달리다 보니 고장가능성이 크다는 것이다.

▲ 주요 부품 단위로 분해된 현대차 제네시스. 왼쪽은 패널과 유리 등 차 외부를 구성하는 부품, 가운데는 시트와 스피커 같은 인테리어 부품, 오른쪽은 엔진 · 변속기를 비롯한 파워트레인과 배기 장치다. (자료 : 현대자동차)

부품수가 많다 보니 완성품 전체 품질을 정밀하게 통제하는 것도 어려운 작업이다. 부품끼리 맞물리는 구조, 강도에 따라 미세한 오차가 발생할 가능성이 상존한다는 얘기다. 자동차 패널과 패널 사이의 틈(단차)이 얼마 이하여야 한다는 규정이 있을 뿐, 정확히 얼마가 돼야 한다고 정해놓지 못한 것도 이런 까닭이다.

이번 현대차 리콜도 단순한 브레이크 스위치 불량 하나 때문에 불거졌다. 브레이크가

기계적으론 밟히지만, 밟혔다는 것을 인식해 차내 각종 전자장치로 밟힌 상태를 알려주는 기능을 하는 스위치가 고장 나 브레이크 등(燈)이 안 들어오는 등 20여 가지가 넘는 문제가 발생했다. 교통안전공단 이광범 박사는 "간단한 스위치 하나로 20여 가지 문제가 발생할 수 있기 때문에 부품 2만개로 구성된 자동차에선 수십, 수백만 가지 리콜 경우가 생길 수 있다"고 말했다.

그렇다 보니 BMW · 벤츠 같은 세계 유수 자동차 회사도 리콜을 피해 가지 못한다. 기름이 새고 시동이 꺼지는 단순한 문제로 아직도 리콜을 하고 있다.

② 짧아진 자동차 개발주기

전문가들은 부품 숫자는 늘어났는데 자동차 개발주기는 짧아진 것도 원인이라고 말한다. 그만큼 필연적으로 실수가 생길 확률도 높아졌다는 것이다. 플랫폼(자동차의 기본을 이루는 뼈대) 통합작업이 개발기간 단축에 기여하기도 했지만, 예전엔 실물을 갖다놓고 하던 페달 테스트를 3차원 디지털 시험으로 대체하는 식으로 효율성을 추구하면서 문제가 생길 가능성이 커졌다는 설명이다. 통상 5년이 걸리던 신차 개발주기가 최근엔 30개월 이내로 줄었다. 현대 · 기아차는 더 나아가 20개월 미만으로 줄여가고 있다.

③ 늘어난 전자부품 결함

자동차가 '달리는 스마트폰'처럼 변하고 있는 것도 한 원인이다. 요즘은 차에 타기도 전에 집에서 스마트폰으로 조작해 차량 에어컨을 틀어놓는 건 초보적 기능이 돼 버렸다. 차에 타서 스마트폰과 차에 단 스크린을 연결해 이메일을 확인하는 것도 보편화됐다. 벤츠 · 폴크스바겐 등 유럽업체들은 앞으로 나올 차에 휴대용 컴퓨터를 붙였다 뗐다 할 수 있게 만들어 둘이 한 몸이 되는 형태를 설계하고 있다. 모두 전자장비가 늘어난 덕분이다.

하지만 이렇게 되면서 차량 결함 원인 분석에 더 시간이 걸리는 문제가 생겼다. 실제로 국토해양부에서 이번 현대 · 기아차 리콜의 원인을 정확히 분석하는 데 3개월 이상이 걸릴 것으로 예상된다.

업체들도 대책마련에 나서고 있다. BMW는 파워트레인, 섀시, 차체 등 각 부분에 분산돼 일하던 전자부문 인력을 '전자개발센터'로 통합했다. 도요타도 '제어시스템총괄부'를 신설해 기획단계부터 자동차의 전자화에 대응하고 있다.

◉ 리콜(Recall)

원래는 문제가 있는 대표를 임기 전에 해임하는 '주민소환제'에서 나온 말이다. 문제가 있는 제품을 만든 제조회사가 해당 제품을 수리 · 파기 · 교환 · 환불해 주는 시정조치를 하는 경우, 리콜이라고 부르게 됐다. 회사가 먼저 대처에 나서는 '자발적 리콜'과, 관계 당국이 처분을 지시하는 '강제적 리콜'로 구분된다.

(조선일보, 2013.4.11)

현대기아차 역대 최대규모 리콜, 쏘나타 등 15종 66만대

현대·기아자동차가 대규모 리콜에 나선다. 25일 국토교통부에 따르면 현대자동차와 기아자동차에서 제작 판매한 쏘나타 등 15종 66만 2,519대에서 결함이 발견돼 리콜한다. 이는 역대 최대 규모로, 앞서 지난 4월 같은 결함으로 시행한 리콜이 확대된 것이다. 현대차 관계자는 "국토부에서 리콜 대상 차량의 적정성을 조사하던 중 다른 차종에서도 동일한 결함이 있을 수 있다는 가능성이 제기돼 자발적으로 추가 리콜에 나섰다"고 밝혔다.

발견된 결함은 브레이크 스위치 접촉 불량으로 시동이 걸리지 않고 제동등이 켜지지 않는 현상과 정속주행장치(크루즈 컨트롤)와 차체자세제어장치(차량이 흔들리지 않게 차체를 바로잡는 장치)가 정상적으로 작동되지 않는 점이다. 이로써 국내에서 리콜하는 현대·기아차 차량은 82만 5,028대로 늘어났다. 쏘나타 18만 5,176대, 투싼 6만 9,253대, K5 6만 3,096대, 포르테 6만 1,870대, 제네시스 5만 270대 등이다.

리콜 대상 차량은 대부분 2007년 6월 21일에서 2011년 8월 15일까지 생산된 차량이다. 해당 자동차 소유자는 다음 달 1일부터 현대자동차와 기아자동차 서비스센터에서 무상으로 수리받을 수 있다. 현대기아차 리콜에 네티즌들은 "현대기아차 리콜, 이미지 손상 큰일" "현대기아차 리콜, 무려 15종" "현대기아차 리콜, 안타깝다" 등 다양한 반응을 보였다.

(조선일보, 2013.9.26)

토론해 보자

(1) 품질문제가 있을 때, 자발적 리콜을 하는 것의 장단점을 품질원가 분류를 이용하여 토론해 보자.

(2) 품질문제를 줄이기 위한 방법들을 조사하여 토론해 보자.

요약정리

시장경쟁의 심화는 기업이 생존과 성장을 위해 소비자에게 높은 품질, 빠른 고객대응을 통한 고객만족을 주어야 한다. 이를 위해 기업은 끊임없는 자기혁신과 전략적 경영을 강조하게 되었다. 관리회계도 과거의 소극적인 역할에서 좀더 적극적이고 전략과 연계된 역할을 하게 되었다.

소비자 기호의 빠른 변화로 상당히 짧아진 제품수명과 제품수요 다양성에 따라 점점 증가하는 재고관리원가, 진부화 원가, 재고에 묶인 자금비용 등의 재고유지원가를 줄이기 위해 적시(JIT)주문생산시스템이 사용될 수 있다. 적시구매시스템의 소량 주문으로 크게 증가할 수 있는 주문원가를 장기계약 납품회사와의 전자자동주문결제 시스템으로 절약하면 소량주문이 경제적 주문량(Economic Order Quantity)이 된다. 적시시스템은 안전재고를 줄이므로 품질문제를 여유재고로 눈가림할 수 없어 품질문제의 인식과 해결을 높여준다.

품질은 중요한 핵심성공요인이다. 품질경영을 위해 품질원가(Quality Cost) 계산이 필수적이다. 품질원가는 종업원 품질교육훈련, 설계개선 등의 불량예방 노력의 원가인 예방원가와 제품과 공정의 검사를 위한 평가원가와 불량품 발생에 의한 실패원가로 나눈다. 실패원가는 판매전에 기업 내에서 발견된 불량품에 대한 조치를 위한 내부실패원가와 판매후 고객이 발견한 불량품에 대한 외부실패원가로 나눈다. 생산성 증가를 동반하는 설계개선 등의 불량예방 노력을 강조하는 전사적 품질관리(TQM)에 의한 예방평가원가의 감소와, 고객의 품질의식 증가와 제조물책임의 강화에 의한 실패원가의 증가는 무결점을 최적의 품질수준으로 만들었다.

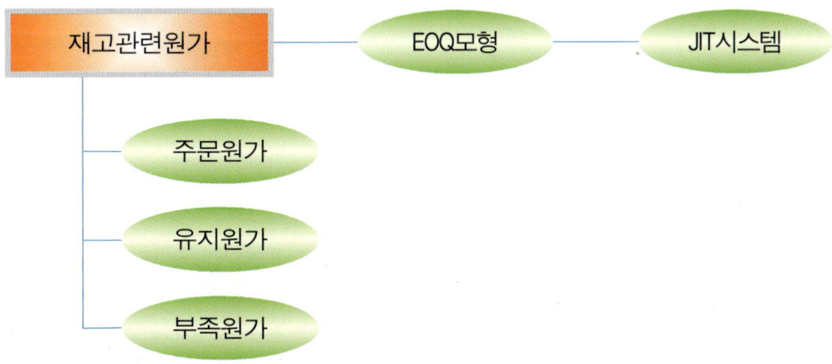

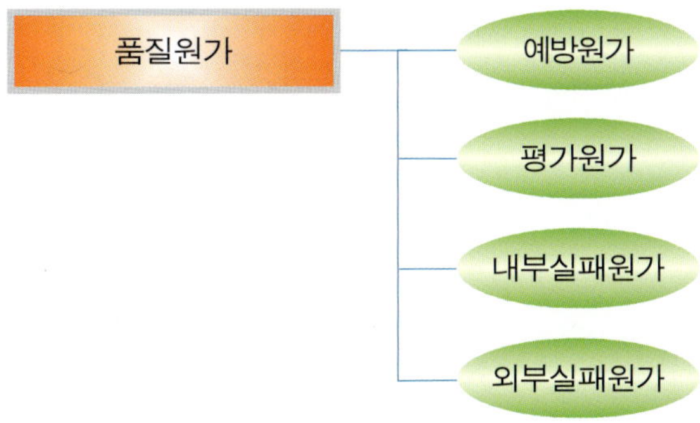

납기를 줄여서 고객이 원하는 제품이나 서비스를 빨리 제공할 수 있으면 늘어난 판매량이나 높아진 판매가격으로 매출과 이익을 높일 수 있다. 고객주문부터 납품까지의 총고객대응시간(Customer Response Time)은 접수시간, 생산 리드타임, 배달시간으로 구성되어 있는데, 생산 리드타임 중 부가가치가 없는 대기시간을 줄이는 방법을 찾는 것이 바람직하다. 긴 대기시간은 다른 공정보다 낮은 처리속도를 가진 병목공정의 제약 때문에 생기는 경우가 많다.

제약이론(Theory of Constraint)은 처리를 기다리는 많은 재고가 쌓여 있는 병목공정을 찾아내어 조치를 취하여 이익을 높일 것을 제안한다. 단기적으로는 다른 공정의 처리속도를 병목공정의 속도에 맞추어 불필요한 재고증가를 막아 재고유지원가를 절약한다. 장기적으로는 병목공정의 처리능력을 확대하여 기업 전체의 생산·판매량을 늘려서 추가적인 이익을 창출한다.

생산단계에서 발생하는 제조원가뿐만 아니라 생산 전후 단계에서 발생하는 원가도 점점 중요해진다. 또한 제품개발/설계 단계의 투자가 제조원가와 고객서비스 원가를 훨씬 더 크게 절감할 수 있으므로 제품수명주기(Product Life-Cycle) 원가를 단계별로 측정 관리하는 것이 필요하다. 생산 이전 단계에서 생산과 그 이후 단계의 원가를 실질적으로 확정하므로 대폭적인 원가절감을 위한 노력은 제품개발 및 설계 단계에서 이루어져야 한다. 이것이 원가기획(목표원가계산, Target Costing)의 정신이다. 신제품을 개발/설계할 때 소비자가 원하는 가격에서 기업의 목표이익을 뺀 목표원가를 설정한다. 이 목표원가를 달성하기 위해 최소의 원가로 최대의 제품기능을 달성하는 공학적 방법을 찾는 가치공학(Value Engineering)을 사용한다.

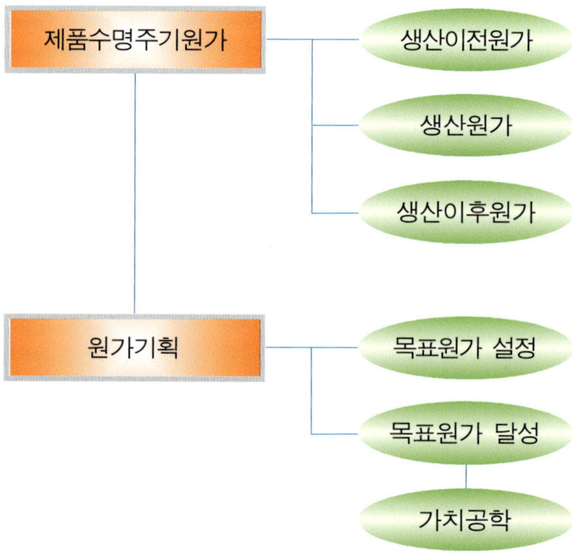

10 연습문제

객관식

01 전략적 원가관리 개념 (21. 공인회계사)

다음 중 원가관리회계의 이론 및 개념들에 대한 설명으로 옳지 않은 것은?

① 안전재고는 재고부족으로 인해 판매기회를 놓쳐서 기업이 입는 손실을 줄여준다.
② 제품의 품질수준이 높아지면, 실패원가가 낮아진다. 따라서 품질과 실패원가는 음(−)의 관계를 가진다.
③ 제약이론은 주로 병목공정의 처리능력 제약을 해결하는 것에 집중해서 기업의 성과를 높이는 방법이다.
④ 제품수명주기원가계산은 특정제품이 고안된 시점부터 폐기되는 시점까지의 모든 원가를 식별하여 측정한다.
⑤ 적시생산시스템(JIT)은 재고관리를 중요하게 생각하며, 다른 생산시스템보다 안전재고의 수준을 높게 설정한다.

02 전략적 원가관리 개념 (15. 공인회계사)

전략적 원가관리에 관한 설명으로 옳지 않은 것은?

① 적시생산시스템(JIT)은 짧아진 제품수명 및 제품의 다양성에 따라 증가하는 재고관리비용 등을 감소시키는 방안으로 유용하며, 초변동원가계산(throughput costing)을 사용하여 제품원가를 계산한다.
② 목표원가계산(target costing)은 컴퓨터, 자동차 등 조립형 산업에서 주로 활용되는 것으로서, 시장중심의 목표원가와 생산중심의 표준원가의 차이를 줄이려는 노력을 원가절감의 일차적 대상으로 삼고 기술개발과 디자인 등에 주력한다.
③ 품질원가계산(quality costing)은 통제원가(예방 및 평가 원가)와 실패원가를 포함한 품질관련원가를 최소화시키면서 품질수준을 최대화시키는 데 목적이 있다.
④ 카이젠원가계산(kaizen costing)은 제조단계에서의 원가절감에 초점을 맞추고 있다.
⑤ 제약이론(theory of constraints)은 기업의 목표를 달성하는 과정에서 병목공정을 파악하여 이를 집중적으로 관리하고 개선해서 기업의 성과를 높이는 방법이다.

03 전략적 원가관리 개념 (14. 세무사)

전략적 원가관리에 관한 설명으로 옳지 않은 것은?

① 목표원가계산(target costing)은 제품개발 및 설계 단계부터 원가절감을 위한 노력을 기울여 목표원가를 달성하고자 한다.
② 카이젠원가계산(kaizen costing)은 제조이전단계에서의 원가절감에 초점을 맞추고 있다.
③ 품질원가계산(quality costing)은 예방원가, 평가원가, 실패원가 간의 상충관계에 주목한다.
④ 제품수명주기원가(product life-cycle cost)는 제품의 기획 및 개발·설계에서 고객서비스와 제품폐기까지의 모든 단계에서 발생하는 원가를 의미한다.
⑤ 제약이론(theory of constraint)은 기업의 목표를 달성하는 과정에서 병목공정을 파악하여 이를 집중적으로 관리하고 개선해서 기업의 성과를 높이는 방법이다.

04 전략적 원가관리 개념 (16. 공인회계사)

전략적 원가관리에 관한 다음 설명 중 옳은 것은?

① 품질원가계산(quality costing)에서 품질관리계획수립, 품질관리보고서의 작성, 품질관리기술개발, 품질개선을 위한 토의원가 등은 품질원가 중 평가원가에 해당한다.
② 활동기준경영(ABM : activity-based management)은 활동분석을 통하여 파악된 정보를 토대로 활동과 프로세스의 개선을 통한 가치창출능력 증대에 초점을 두고 있다.
③ 카이젠원가계산(kaizen costing)은 제조 이전의 전방단계에서의 지속적인 원가절감을 강조한다.
④ 적시재고시스템(JIT : just-in-time inventory system)은 공장 내에 재고가 거의 없기 때문에 원재료계정을 별도로 철저하게 기록·관리해야 한다.
⑤ 제품수명주기원가계산(product life-cycle costing)은 제조이후단계에서 대부분의 제품원가가 결정된다는 인식을 토대로 생산단계와 마케팅단계에서 원가절감을 강조한다.

05 전략적 원가관리 개념 (17. 공인회계사)

전략적 원가관리 및 성과평가에 관한 옳지 않은 설명은?

① 제약이론을 원가관리에 적용한 재료처리량 공헌이익(throughput contribution)은 매출액에서 직접재료원가를 차감하여 계산한다.
② 목표원가계산은 제품개발 및 설계단계에서의 원가절감에 초점을 맞추는 반면, 카이젠원가계산은 제조단계에서 원가절감을 강조한다.
③ 적시생산시스템하의 제조작업은 제조 셀(manufacturing cell)을 중심으로 이루어지며, 역류원가계산을 사용하여 제품원가를 계산한다.
④ 수명주기원가계산은 활동분석과 원가동인분석을 통하여 파악된 정보를 토대로 활동과 프로세스를 개선하여 기업 전체의 성과를 개선하는 데 초점을 두고 있다.
⑤ 균형성과표는 조직의 비전과 전략을 성과평가지표로 구체화함으로써 조직의 전략수행을 지원한다.

06 전략적 원가관리 개념 (15. 관세사)

전략적 원가관리에 관한 설명으로 옳지 않은 것은?

① 목표원가계산은 제조이전단계에서의 원가절감에 초점을 두고 있다.
② 가치사슬원가계산에서는 제품생산 이전에 발생한 활동과 관련된 원가는 물론 제품생산 이후에 발생한 활동과 관련된 원가도 분석한다.
③ 품질원가에서 예방원가는 대부분 제품이 내부고객과 외부고객의 요구사항을 충족하고 있는지 확실하게 하기 위해서 제품을 검사하는 것과 관련이 있다.
④ 제품수명주기원가계산에서는 특정제품의 기획에서부터 폐기까지의 모든 비용을 식별·추적한다.
⑤ 카이젠원가계산은 제품의 수명주기상의 제조단계에서 원가를 절감시키려는 데 초점을 맞추고 있다.

07 전략적 원가관리 개념 (08. 세무사)

원가관리기법과 관련한 새로운 접근방법들에 대한 설명으로서 옳은 것은?

① 카이젠원가계산은 제품제조 이전단계에서의 지속적인 원가절감에 초점을 둔다.
② 목표원가계산기법은 기존의 표준원가계산과 마찬가지로 제품제조단계에서의 원가절감을 강조한다.
③ 제품수명주기원가계산은 제품제조단계에서의 원가절감을 강조한다.
④ 가치사슬원가계산에 있어서는 제품생산 이전에 발생된 활동과 관련된 원가는 물론 제품생산 이후에 발생된 활동과 관련된 원가도 분석한다.
⑤ 품질원가분석에 있어서 제품보증수리비용은 내부실패원가에 해당한다.

08 전략적 원가관리 개념 (10. 관세사)

전략적 원가관리에 대한 설명 중 옳지 않은 것은?

① 제품수명주기원가계산은 생산이전단계와 생산이후단계의 원가를 포함한다.
② 제약이론(theory of constraint)은 병목프로세스(제약요소)를 찾아 대책을 마련하여 수익성을 높이는 방법이다.
③ 카이젠원가계산(원가개선)은 제조단계에서 지속적인 원가절감활동을 한다.
④ 품질원가는 예방원가, 평가원가, 내부실패원가, 외부실패원가로 분류하여 측정한다.
⑤ 원가기획은 목표생산원가에 목표이익마진을 더하여 제품의 목표판매가격을 설정하는 것이다.

09 전략적 원가관리 개념 (11. 세무사)

전략적 원가관리(Strategic Cost Management)기법에 관한 설명으로 옳은 것을 모두 고른 것은?

ㄱ. 제약이론(Theory of Constraint)에 의하면 병목공정의 처리능력을 확장시키기 위해서는, 재료처리량 공헌이익(throughput contribution)이 병목공정 처리능력 확장에 소요되는 원가보다 커야 한다.
ㄴ. 목표원가계산(Target Costing)을 생산단계에 적용하는 경우 효과가 가장 크게 나타난다.
ㄷ. 카이젠원가계산(Kaizen Costing)에서는 프로세스를 개선시키는 데 가장 크게 공헌할 수 있는 조직구성원은 경영자와 공학자라고 가정한다.
ㄹ. 품질원가계산(Quality Costing)은 통제원가(예방 및 평가 원가)와 실패원가를 포함한 품질관련원가를 최소화시키면서 품질수준을 최대화시키는 데 목적이 있다.
ㅁ. 수명주기원가계산(Life Cycle Costing)과 품질원가계산을 환경문제에 적용하면, 탄소배출량을 줄이면서 환경관련원가도 절감할 수 있다.

---

① ㄱ, ㄴ, ㄹ ② ㄱ, ㄷ, ㅁ ③ ㄱ, ㄹ, ㅁ
④ ㄴ, ㄷ, ㄹ ⑤ ㄴ, ㄷ, ㅁ

10 JIT 원가-효익 분석 (03. 세무사)

대규모 가구제조업을 영위하는 J회사는 적시(JIT)구매/생산시스템을 채택하고자 한다. 높은 재고수준을 요하는 업종의 특성으로 이 회사의 평균재고액은 ₩75,000,000이다. J회사가 JIT시스템을 채택하면 현재 사용중인 가구보관창고 2곳이 더 이상 필요 없게 되며, 이 가구보관창고를 다른 회사에 임대할 경우 한 곳당 연간 ₩4,000,000의 임대료를 받을 것으로 예상한다. 추가적인 원가절감요인으로 창고운영비와 재고자산 손해보험료 등 연간 ₩500,000을 절감할 수 있으며, 재고수준 감소에 따라 재고자산 파손비와 기업의 자금비용으로 각각 평균재고액의 1%와 5%를 절감할 수 있다. 그러나 JIT시스템은 가구의 주문횟수를 증가시켜 주문원가 ₩5,000,000이 추가적으로 발생한다. 또한 수요가 일시적으로 증가할 경우 수요에 감당하지 못하여 연간 200단위의 재고부족원가가 예상된다. 재고자산의 단위당 공헌이익은 ₩20,000이다. J회사가 JIT시스템을 채택할 경우 절감할 수 있는 원가를 구하시오.

① ₩4,000,000 ② ₩5,000,000 ③ ₩6,000,000
④ ₩7,000,000 ⑤ ₩8,000,000

11 품질원가 (13. 경영지도사)

내부실패원가에 해당하는 것은?

① 보증수리비 ② 고객불만처리비 ③ 제품교환비용
④ 재작업비 ⑤ 반품처리비

12 품질원가 (13. 감정평가사)

(주)감평은 품질관련 활동원가를 예방원가, 평가원가, 내부실패원가 및 외부실패원가로 구분하고 있다. 다음에 제시한 자료 중 외부실패원가로 집계할 금액은?

제품보증수리활동	₩21,000
원재료 검사활동	11,000
직원 품질교육활동	50,000
고객서비스센터활동	6,000
불량품 재작업활동	8,000
설비보수 및 유지 활동	5,000
판매기회 상실로 인한 기회비용	18,000
공정검사활동	7,000
설계개선활동	10,000

① ₩35,000　② ₩43,000　③ ₩45,000
④ ₩53,000　⑤ ₩57,000

13 품질원가 (13. 관세사)

다음 품질원가 항목 중 예방원가에 해당하는 것을 모두 고른 것은?

ㄱ. 설계엔지니어링	ㄴ. 품질교육훈련	ㄷ. 재작업
ㄹ. 고객지원	ㅁ. 부품공급업체 평가	ㅂ. 작업폐물

① ㄱ, ㄴ, ㄷ　② ㄱ, ㄴ, ㅁ　③ ㄱ, ㅁ, ㅂ
④ ㄴ, ㄷ, ㄹ　⑤ ㄹ, ㅁ, ㅂ

14 품질원가 (12. 관세사)

품질원가는 불량품 예방을 위해서나 제품의 불량으로부터 초래되는 모든 원가를 의미한다. 품질원가와 관련된 다음의 설명 중 옳지 않은 것은?

① 예방원가(prevention costs)와 평가원가(appraisal costs)는 불량제품이 생산되어 고객에게 인도되는 것을 예방하는 활동에 의해 발생한다.
② 내부실패원가(internal failure costs)와 외부실패원가(external failure costs)는 불량품이 생산됨으로써 발생하는 원가이다.
③ 품질원가는 제조활동뿐만 아니라, 초기 연구개발부터 고객 서비스까지의 모든 활동과 관련되어 있다.
④ 일반적으로 품질문제가 발생한 후에 이를 발견하고 해결하는 것보다 문제가 발생하기 전에 이를 예방하는 것이 총품질원가를 감소시킨다.
⑤ 예방 및 평가 원가가 증가하면 내부실패원가는 감소하나 외부실패원가는 증가한다.

15 품질원가 (15. 세무사)

품질원가에 관한 설명으로 옳지 않은 것은?

① 제품의 품질은 설계품질(quality of design)과 적합품질(quality of conformance)로 구분할 수 있는데, 품질원가는 생산자 품질이라 할 수 있는 설계품질과 관련된 것이다.

② 품질원가는 예방원가 및 평가원가로 구성되는 통제원가와 내부실패원가 및 외부실패원가로 구성되는 실패원가로 분류할 수 있다.

③ 품질원가에 대한 전통적인 관점에서는 통제원가와 실패원가 사이에 상충관계(trade-off)가 존재한다고 보고 있다.

④ 예방원가는 제품의 생산과정에서 불량품이 발생하지 않도록 예방하기 위하여 발생하는 원가로서 품질관리를 위한 종업원들에 대한 교육훈련비, 생산설비의 유지보수비 등이 여기에 속한다.

⑤ 품질원가는 제품에 불량이 발생하지 않도록 예방하거나 불량이 발생하는지를 검사하고, 불량이 발생한 경우 초래하는 모든 원가를 의미한다.

16 품질원가 (19. 세무사)

(주)세무의 품질관리 활동원가는 다음과 같다. 품질관리 활동원가 중 예방원가(prevention cost)와 평가원가(appraisal cost)의 계산결과를 비교한 것으로 옳은 것은?

활 동	원가(또는 비용)	활 동	원가(또는 비용)
원재료 검사	₩40	설계엔지니어링	₩20
반품 재작업	10	보증수리원가	70
재공품 검사	50	예방적 설비유지	30
납품업체 평가	90	반품 재검사	20
공손품 재작업	10	품질교육훈련	60

① 예방원가가 평가원가보다 ₩110 더 크다.

② 예방원가가 평가원가보다 ₩90 더 크다.

③ 예방원가가 평가원가보다 ₩50 더 작다.

④ 예방원가가 평가원가보다 ₩70 더 작다.

⑤ 예방원가가 평가원가보다 ₩90 더 작다.

17 품질원가 (20. 공인회계사)

(주)대한은 자동차를 생산하여 판매한다. (주)대한의 원가관리 담당자는 효율적으로 원가를 관리하기 위해 다음과 같이 제품의 품질원가(예방원가, 평가원가, 내부실패원가, 외부실패원가로 구성)를 측정하였다.

내 용	품질원가
불량률을 낮추기 위한 생산직원들의 교육훈련비	₩5,400
제조단계에서 발생한 불량품을 폐기하기 위해 지불한 비용	6,100
공정별 품질검사를 진행하는 직원들의 관리비	3,200
완성품을 검사하는 기계의 수선유지비	10,200
고객 제품보증수리센터에서 근무하는 직원의 인건비	24,700
높은 품질의 부품조달을 위한 우수협력업체 조달비용	2,300
품질검사과정에서 발견한 불량품 재작업으로 인해 발생한 생산직원의 특근수당	7,400
제품 리콜로 인해 발생한 미래 매출감소의 기회원가	9,300
총합계	₩68,600

(주)대한이 지금보다 예방원가를 50% 확대하면 내부실패원가와 외부실패원가를 각각 20%와 10% 절감할 수 있다고 한다. (주)대한이 지금보다 예방원가를 50% 확대할 때 품질원가의 총합계는 얼마인가?

① ₩65,200 ② ₩66,350 ③ ₩67,280
④ ₩72,000 ⑤ ₩73,050

18 품질원가 (23. 세무사)

(주)세무의 품질관리 활동원가는 다음과 같다.

활 동	원가(또는 비용)	활 동	원가(또는 비용)
공손품 재작업	₩400	보증수리원가	₩2,000
납품업체 평가	500	반품 재작업	1,000
불량품 폐기	600	품질교육훈련	1,000
완제품 검사	700	재공품 검사	300

위 원가(비용)를 다양한 유형별로 구분하여 자세히 분석한 결과, 예방원가(prevention cost)를 현재보다 50% 증가시키면 외부실패원가(external failure cost)를 현재보다 40% 절감할 수 있을 것으로 예상하였다. 이를 실행할 경우, 회사의 이익은 얼마나 증가하는가?

① ₩400 ② ₩450 ③ ₩690
④ ₩700 ⑤ ₩850

19 품질원가 (21. 세무사)

(주)세무는 에어컨을 제조하는데, 에어컨의 품질원가를 파악하기 위해 다음의 자료를 수집하였다. 품질원가에 관한 설명으로 옳지 않은 것은?

생산판매단위	6,000개
시험검사 노무임률	₩60
판매단가	₩1,500
재작업률	10%
단위당 변동원가	₩800
단위당 재작업원가	₩400
제품설계시간	1,000시간
보증수리비율	5%
제품설계 노무임률	₩80
단위당 수리원가	₩500
단위당 시험검사시간	0.5시간
품질로 인해 상실된 추정판매량	400개

① 예방원가는 ₩80,000이다.
② 평가원가는 ₩180,000이다.
③ 내부실패원가는 ₩240,000이다.
④ 외부실패원가는 ₩150,000이다.
⑤ 총품질원가는 ₩930,000이다.

20 제약이론 (09. 공인회계사)

제약이론에 대한 다음의 설명 중 가장 타당하지 않은 것은?

① 제약이론에서는 기업의 생산활동과 관련된 내부적 제약요인을 집중적으로 관리하고 개선하여 생산활동을 최적화하고자 한다.
② 제약이론의 생산최적화과정은 제약요인을 찾아 개선한 후에 또 다른 제약요인을 찾아 지속적으로 개선하는 과정을 밟는다.
③ 제약이론을 원가관리에 적용한 재료처리량 공헌이익(throughput contribution)은 매출액에서 직접재료비와 직접노무비를 차감하여 계산한다.
④ 제약이론은 재료처리량 공헌이익을 증가시키고, 투자 및 운영원가를 감소시키는 것을 목적으로 한다.
⑤ 제약이론에서는 운영원가를 단기적으로 변화시킬 수 없는 고정비로 본다.

다음은 **21**과 **22**에 관한 자료이다. (**21**과 **22**는 서로 독립된 문제임)

W회사는 기계공정과 마무리공정에서 사무용 의자를 만들고 있다. 이에 관련된 자료는 다음과 같다.

	기계공정	마무리공정
연간처리능력	1,000단위	800단위
연간생산수량	800단위	800단위
고정운영원가(직접재료원가 제외)	₩8,000,000	₩4,800,000
단위당 고정운영원가	₩10,000	₩6,000

의자는 단위당 ₩90,000에 판매되고 기계공정 초기에 ₩40,000의 직접재료원가가 투입된다. 이 외에 다른 변동원가가 없다. 또한 생산된 완제품은 모두 판매할 수 있다.

21 제약이론 (04. 공인회계사)

마무리공정의 처리능력을 100단위 증가시킬 수 있는 최신설비를 마무리공정에 설치할 것을 고려하고 있다. 이 최신설비의 연간원가는 ₩4,000,000이다. 이 설비를 설치한다면 얼마의 순이익이 추가로 발생하는가?

① ₩0　② ₩1,000,000　③ (₩4,000,000)
④ ₩4,000,000　⑤ ₩8,000,000

22 제약이론 (04. 공인회계사)

현재 마무리공정에서 200단위의 불량품을 생산했다. 이 불량품으로 인해 발생하는 총손실은 얼마인가?

① ₩0　② ₩4,800,000　③ ₩8,000,000
④ ₩10,000,000　⑤ ₩18,000,000

23 제약이론 (19. 공인회계사)

(주)대한은 연속된 공정 A와 B를 거쳐서 완제품을 생산한다. 완제품의 단위당 판매가격은 ₩50이다. 직접재료원가 이외의 운영원가는 모두 고정원가로 간주한다. 20×1년에 공정별 생산 및 원가 자료는 다음과 같다.

	공정 A	공정 B
시간당 생산능력	15단위	10단위
연간 이용가능시간	2,000시간	2,000시간
연간 생산량	20,000단위	20,000단위
단위당 직접재료원가	₩10	₩10
연간 고정운영원가	₩120,000	₩140,000

(주)대한은 공정 B의 종료단계에서 품질검사를 실시한다. 당기중에 공정 B에서 불량품 100단위가 생산되었다면, 불량품 100단위로 인해 영업이익은 얼마나 감소하는가? (단, (주)대한의 기초 및 기말 재고자산은 없으며, 불량품은 전량 폐기된다)

① ₩2,000 ② ₩2,500 ③ ₩3,000
④ ₩4,000 ⑤ ₩5,000

24 제약이론 (21. 세무사)

(주)세무는 CCTV 장비를 제조하여 고객에게 설치판매하는 사업을 하고 있다. 장비제조는 제조부서에서 장비설치는 설치부서에서 수행하는데, 장비설치에 대한 수요는 연간 처리능력을 초과하고 있다. 따라서 (주)세무는 제약자원개념하에서 운영개선을 검토하기로 하고, 다음의 자료를 수집했다.

	장비제조	장비설치
연간 처리능력	400개	300개
연간 제조설치량	300개	300개

장비의 단위당 설치판매가격은 ₩40,000이고, 단위당 직접재료원가는 ₩30,000이다. 직접재료원가 이외의 모든 원가는 고정되어 있고 장비설치 오류시 해당 장비는 폐기된다. 이와 같은 상황하에서 (주)세무가 영업이익 증가를 위해 취하는 행동으로 옳은 것은?

① 장비설치 부서에 두 명의 작업자를 고정배치하여 연간 설치수량을 20개 증가시키고, 이로 인해 두 명의 작업자에 대해서 연간 ₩300,000의 추가적 원가가 발생한다.
② 직접재료는 (주)세무가 제공하는 조건으로 개당 ₩10,000에 30개의 장비를 제조해 주겠다는 외주업체의 제안을 받아들인다.
③ 연간 ₩550,000의 추가원가를 투입하여 설치시간을 단축함으로써 설치부서의 연간 설치수량을 50개 더 증가시킨다.
④ 장비는 (주)세무가 제공하는 조건으로 개당 ₩12,000에 30개의 장비설치를 해주겠다는 외주업체의 제안을 받아들인다.
⑤ 연간 ₩700,000의 추가원가를 투입하여 오류 설치수량을 연간 20개 줄인다.

25 제약이론 (23. 세무사)

(주)세무는 두 공정을 거쳐 제품을 생산·판매하며, 각 공정별 자료는 다음과 같다.

	제1공정	제2공정
최대생산능력	8,000단위	10,000단위
총고정원가	₩400,000	₩200,000
단위당 변동원가	₩20	₩10

제1공정 완성품은 외부 판매시장이 존재하지 않지만, 제2공정에서 추가가공하여 완제품(양품)을 생산한 후 단위당 ₩120에 모두 판매할 수 있다. 제1공정에서는 공손이 발생하지 않지만, 제2공정 투입량의 5%는 제2공정 종점에서 공손이 되며, 공손품의 처분가치는 없다. ₩80,000을 추가투입하여 제1공정의 최대생산능력을 1,000단위 증가시킬 수 있다면, 회사이익은 얼마나 증가하는가?

① ₩4,000 ② ₩4,500 ③ ₩10,000
④ ₩10,500 ⑤ ₩14,500

26 수명주기원가계산 (12. 재경관리사)

다음의 수명주기원가계산(LCC)과 관련된 설명 중 가장 옳지 않은 것은?

① 제조이후단계에서 대부분의 제품원가가 결정된다는 인식을 토대로 생산단계와 마케팅단계에서 원가절감을 위한 노력을 기울여야 한다는 것을 강조한다.
② 제품 또는 서비스의 수명주기 매 단계마다 모든 가치사슬단계에서 발생하는 수익과 비용에 대한 집계를 가능하게 하여 프로젝트 전체에 대한 이해가 향상된다.
③ 프로젝트와 관련하여 언제 어떤 가치사슬단계에서 얼마만큼의 원가가 발생하는지를(비율로) 알게 됨으로써 상이한 가치사슬단계에서 원가발생의 상호관계 파악이 가능하다.
④ 신제품 개발에서 판매까지의 기간이 점차 짧아짐에 따라 제품의 수명주기 관리에 대한 중요성이 강조되고 있다.

27 수명주기원가계산 (17. 재경관리사)

다음의 수명주기원가계산(LCC)과 관련된 설명 중 가장 올바르지 않은 것은?

① 연구개발·제품설계 등의 상위활동, 제조활동, 마케팅·유통 등의 하위활동이 모여서 제조기업 경영활동의 사슬을 형성한다는 가치사슬관점에서 원가를 분석한다.
② 제조 이후 단계에서 대부분의 제품원가가 결정된다는 인식을 토대로 생산단계와 마케팅단계에서 원가절감을 위한 노력을 기울여야 한다는 것을 강조한다.
③ 제품 또는 서비스의 수명주기 매 단계마다 모든 가치사슬단계에서 발생하는 수익과 비용에 대한 집계를 가능하게 하여 프로젝트 전체에 대한 이해가 향상된다.
④ 프로젝트와 관련하여 언제 어떤 가치사슬단계에서 얼마만큼의 원가가 발생하는지를 (비율로) 알게 됨으로써 상이한 가치사슬단계에서 원가발생의 상호관계 파악이 가능하다.

11 불확실성과 의사결정

불확실성을 고려하여 결정한다

이제까지 의사결정 문제는 관련수치를 확실히 알고 있는 경우만을 다루었다. 예를 들면 부품을 자체생산할 것인가 아니면 외부에서 조달할 것인가를 결정할 때 외부납품가격과 자체생산원가를 계산할 수 있다고 가정하고 의사결정을 하였다. 만약 자체생산원가가 재료원가의 변동으로 불확실하면 어떻게 결정해야 하는가? 이 장에서는 원가 등의 관련정보가 불확실한 경우에 의사결정을 하는 방법을 소개한다. 이 장의 주요 내용은 다음과 같다.

- 불확실성이 있을 때 어떻게 결정을 해야 하는가?
- 불확실성을 감소시키는 정보의 가치는 어떻게 계산하는가?
- 불확실성, 위험은 어떻게 표현하는가?
- 불확실성이 의사결정에 어떤 영향을 미치는가?

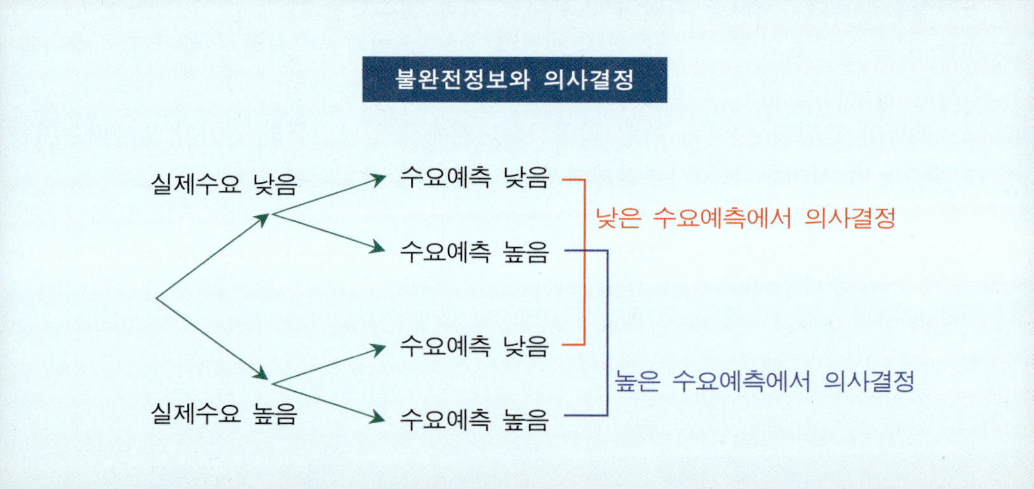

11

- 불확실한 미래에 어떻게 대처할 수 있는가?
- 상황분석을 한다
- 미래의 불확실성을 확률로 표시한다
- 기대이익을 최대화한다
- 최선의 결정을 하여도 결과적으로 보면 잘못될 수 있다
- 정보를 구하여 이익을 높인다
- 불완전한 정보의 예측은 어떻게 표시하는가?
- 불완전한 정보도 가치가 있다
- 위험을 고려한다
- 위험을 좋아하는가 싫어하는가?
- 효용으로 위험에 대한 태도를 표시한다
- 기대효용을 최대화한다

기업의 미래예측이 중요한 이유

사업환경의 불확실성이 높아지면서 미래예측의 어려움과 잘못된 예측이 초래할 위험성 또한 커지고 있다. 그럼에도 불구하고 많은 글로벌 기업들이 미래예측활동을 활발하게 전개하고 있는 것은 전략적 민첩성과 위기대응력을 높여 줄 수 있기 때문이다. 기술변화가 빠른 IT 산업에서는 미래예측활동이 산업주도권 강화를 위한 마케팅 수단으로도 적극 활용되고 있다. (중략)

■ 위험관리를 위한 기초자료 제공

최근 사업환경의 불확실성이 크게 증대되면서, 불확실한 사업위험들의 예측과 대응이 더욱 중요해지고 있다. 이에 따라 폭넓은 예측력과 통찰력에 기반한 사업위험관리를 전사경영체계에 통합하는 기업들도 관찰된다. 독일자동차회사 다임러는 중장기 사업리스크를 2년 단위로 분석, 모니터링하고, 리스크 발생가능성과 영향력을 정량적으로 파악하여 정기적으로 이사회와 운영진에 모니터링 결과를 보고하고 있다. 도이치텔레콤은 미래예측방법의 하나인 기술레이더 기법을 해킹, 멀웨어 등 네트워크 위협의 평가 및 관리에 활용하고 있다. 엔진제작사 롤스로이스는 사업성과를 2~3년도 아니고 10년 후까지 예측한다. 이것이 가능한 이유는 시장수요 및 자사수익에 대한 개별 위험의 영향이나 사업부별 미래 매출변화 정도에 대한 종합적인 정량적 분석이 뒷받침되기 때문이다.

정말 중요한 위험은 수치로 정량화하기 힘들 가능성이 크다. 이 때문에 미래 위기예측에는 시나리오 기법이 많이 활용된다. 유럽의 에너지 기업인 쉘(Shell)은 이미 1970년대부터 시나리오 기법을 활용해 큰 성공을 거둔 것으로 유명하다. 친환경 트렌드 부상에 대한 1990년대의 시나리오 예측은 쉘이 2000년대 초반 청정 에너지 분야 사업을 남보다 빨리 진행할 수 있는 계기를 마련했다. 쉘처럼 시나리오 경영을 계속 고도화시켜 왔고, 최근에도 2100년까지의 에너지 전망 시나리오나 미래 도시화 지속과 에너지 사용 패턴 변화 시나리오를 공개하는 등 시나리오 경영을 지속하고 있다. (후략) (LG경제연구원, 2015.1.4)

불확실한 미래에 어떻게 대처할 수 있는가?

미래는 불확실하다. 제품이 얼마나 팔릴지, 원자잿값이 얼마나 변할지, 임금이 얼마나 오를지, 이자율이 얼마나 변할지 불확실하다. 미래가 불확실해도 지금 필요한 결정은 해야 한다. 주문생산이 아니라면 미리 판매량을 예측하여 생산을 시작해야 하고, 원자재도 미리 구입해야 한다. 필요한 인원도 미리 채용, 교육하여 조달해야 한다. 필요한 설비확장도 미리 준비한다. 미래의 수요를 지나치게 크게 예측하여 불필요한 자재와 인력을 조달하고 설비를 확충하여 생산하면 자금의 낭비와 차입금의 이자부담으로 기업이 어려워진다. 반대로 미래의 수요를 지나치게 낮게 예측하여 필요한 자재와 인력, 설비를 준비하지 못하면, 판매기회를 놓쳐서 낮은 매출, 낮은 이익, 낮은 시장점유율을 가지게 되어 기업이 발전, 성장하는 기회를 놓치게 된다.

불확실성은 말 그대로 미래의 상황에 대해 확실히 모른다는 뜻이다. 그러나 미래가 어떻게 될지 전혀 모른다고 하더라도 지금 아무런 일도 하지 않고 있을 수는 없다. 불확실성하의 의사결정에서는 미래에 일어날 가능한 경우를 모두 고려하고 그중에 하나의 경우가 실제로 나타날 것을 예상한다. 가능한 상황을 모두 시뮬레이션을 하여 그 결과를 보고 의사결정을 하는 것이 한 가지 방법이다. 가능한 상황이 너무 많으면 대표적이거나 극단적인 상황을 골라 상황분석을 할 수도 있다.

상황분석을 한다

국희제과가 방부제를 사용하지 않는 고급 빵의 내일 생산량을 결정하려 하는데 내일의 제품 수요가 두 가지 수준으로 가능하다고 하자.

표 11.1 불확실한 수요의 상황

수 요	낮 음	높 음
수요량(개)	500	1,000

내일 수요를 알기 전에 생산을 아침 일찍 미리 해야 하고 초과생산량은 신선도의 문제 때문에 모두 폐기처분하는 상황을 생각하자.[1)]

제품의 원가와 공헌이익은 다음과 같다.

표 11.2 원가와 공헌이익 (단위 : 원/개, 원)

항 목	금 액
단위당 판매가	1,000
단위당 변동제조원가	600
단위당 변동판매관리비	100
단위당 공헌이익	300
총고정원가	30,000

사랑의 빵, 신라호텔 '엔젤수비대' 15년째 봉사

서울 중구 장충동 신라호텔 지하 2층 제과팀에는 매주 2~3번씩 들르는 '손님'들이 있다. 서울 · 경기 일대 장애자 · 고아시설과 종교단체 등 9곳의 관계자들이다. 이들은 제과팀이 준비해둔 '최고급 호텔의 빵'을 갖고 간다. 한 번에 가져가는 양은 시설의 규모에 따라 10~30kg. 이 빵은 이 시설들에 수용돼 있는 500여명들의 식사 · 간식거리로 요긴하게 쓰이고 있다. 서울 강북구 번동에 있는 '정신지체 장애인 보호작업장'의 김홍민(48) 사무국장은 "별다른 간식거리가 없는 40여명의 장애인들에게 소중한 간식거리"라며 "빵이 오면 장애인들이 '환성'을 지른다"고 말했다.

'천사 같은 마음을 지키자'는 의미로 지난 1987년 결성된 신라호텔의 「엔젤수비대」는 올해로 15년째 '소리 없는 봉사활동'을 해오고 있다. 호텔 본점과 서울시내 각 지점에 공급되는 빵들은 호텔 정책에 따라 하루가 지나면 팔지 않고 따로 보관한다. 제과팀 직원 46명으로 구성된 엔젤수비대는 이 빵을 급속냉동시켜 신선한 상태로 보존한다. 1987년 창립 초기부터 활동해온 이현일(43 · 제과팀 과장) 수비대장은 "우리가 만든 빵이 소중하게 쓰이는 걸 보면 마음이 뿌듯해진다"며 "매일 영업시간이 끝나면 이들에게 나눠줄 빵을 챙기는 일을 15년째 거르지 않고 있다"고 말했다. 엔젤수비대가 서울 종로 '라파엘의 집', 반포 '엘림선교원' 등 9개 사회단체들에 제공하는 빵의 양은 1주일에 100kg이 넘는다. 단체들마다 요일을 정해 받아가고 있다. (조선일보, 2002.3.15)

1) 이러한 종류의 모형을 신문판매원의 문제(Newsboy Problem)라고 하는데 가판용 신문을 너무 많이 준비하면 남아서 버려야 하고, 너무 적게 준비하면 없어서 못 파는 문제를 다룬다 하여 붙은 이름이다. 단순한 신문판매원의 문제에서는 변동판매비에 대한 고려가 없고 초과확보량을 모두 폐기처리하는 것으로 가정한다. 현실에서는 팔지 않고 남은 물량을 대개 싼값에 판매한다. 백화점에서 전년도 이월상품 할인판매를 하고, 식품부에서 내일 판매가 불가능한 변질이 쉬운 식품을 저녁에 헐값에 팔고, 일부 제과점에서 전날 만든 빵을 싸게 파는 것이 이런 예이다.

상황분석
가능한 상황별로 결과를 분석하는 방법

이 경우, 500개를 생산하는 것이 좋은가 아니면 1,000개를 생산하는 것이 더 좋은가? 각 상황의 이익을 계산하여 판단하는 상황(시나리오, What-if)분석을 하자.

표 11.3 수요와 생산에 따른 이익 (단위 : 개, 만원)

	소량생산 (500개)		대량생산 (1,000개)		비 고
수 요 량	낮은 수요 (500개)	높은 수요 (1,000개)	낮은 수요 (500개)	높은 수요 (1,000개)	
판 매 량	500	500	500	1,000	min(생산량, 수요량)
매 출	50	50	50	100	판매량×판매가
변동 제조원가	30	30	60	60	생산량× 단위당 변동제조원가
변동 판매관리비	5	5	5	10	판매량× 단위당 변동판매관리비
공헌이익	15	15	−15	30	매출−변동원가
총고정원가	3	3	3	3	
이 익	12	12	−18	27	공헌이익−총고정원가

변동제조원가는 생산량에 비례하고, 변동판매관리비는 판매량에 비례한다고 가정한다. 1,000개를 생산할 때 수요가 500개라도 변동제조원가가 60만원임을 보라. 변동제조원가는 판매량과 무관하게 미리 발생하고 과잉생산분이 폐기된다면 변동제조원가가 판매량에 대해서는 고정원가처럼 취급된다.

〈표 11.4〉에 정리되었듯이 500개를 생산하면 수요와 무관하게 이익이 12만원으로 결정되나, 1,000개를 생산하면 수요에 따라 18만원의 손실이나 27만원의 이익이 발생한다. 500개를 생산해야 하나, 1,000개를 생산해야 하나? 두 가지 수준의 수요에 대한 가능성과 이익의 크기가 고려되어야 한다.

표 11.4 이익성과표 (단위 : 만원)

	낮은 수요 (500개)	높은 수요 (1,000개)
소량생산 (500개)	12	12
대량생산 (1,000개)	−18	27

미래의 불확실성을 확률로 표시한다

두 가지 수준의 수요에 대한 불확실한 상황에 처하여 생산량을 결정할 때 좀 더 체계적·과학적으로 의사결정을 하려면 무엇이 필요한가? 우선 미래의 불확실성을 숫자로 표시한다. 가능한 모든 경우에 대해 일어날 가능성을 0과 1 사이의 수치인 확률로 표시한다.[2] 국희제과의 두 가지 경우의 수요가 다음과 같다고 하자. 확률은 시장조사나 과거의 경험에 의한 객관적인 확률이나 직관적인 판단에 의한 주관적인 확률이 사용될 수 있다. 국희제과의 수요 확률은 다음과 같다.

표 11.5 확률과 이익성과표 (단위 : 만원)

	낮은 수요	높은 수요
소량생산	12	12
대량생산	−18	27
확 률	0.3	0.7

이제 가능한 수요별 확률을 사용하여 의사결정을 하자. 높은 수요의 확률이 낮은 수요의 확률보다 높으니 높은 수요의 경우만을 생각하여 대량생산을 할 것인가? 그런 의사결정도 가능하나 낮은 수요의 가능성 30%도 무시할 수 없고 그때의 손실도 적지 않다면 두 가지 경우를 같이 고려하는 방법이 필요한데, 이것이 기댓값의 사용이다.

2) 통계학에서 확률은 다음의 두 조건만 만족시키면 된다. 각 확률이 0과 1 사이의 숫자이고 모든 경우의 확률의 합이 1이다. 확률은 각 경우에 대한 가중치로도 볼 수 있다.

기대이익을 최대화한다

기대이익
이익의 기댓[평균]값

불확실성이 있을 때 확률을 이용하여 기대[평균]이익을 계산하고 이를 기준으로 의사결정을 하는 것이 한 가지 방법이다. 이익의 평균 또는 기댓값(Expected Value)을 기대이익(Expected Profit)이라고 부른다. 평균(기댓값)은 각 가능한 경우의 값에 확률을 곱하여 구한다.[3]

$$\textbf{평균(기댓값)}\ \bar{x} = \sum_{i=1}^{N} x_i p_i = x_1 p_1 + x_2 p_2 + \cdots + x_N p_N$$

N : 경우의 수
x_i : N가지 가능한 경우의 값 $i=1, \cdots, N$
p_i : 각 경우 x_i의 확률 $i=1, \cdots, N$

표 11.6 이익의 확률과 기대이익 (단위 : 만원)

	이 익		기대이익
	낮은 수요	높은 수요	
소량생산	12	12	12 [0.3×12+0.7×12]
대량생산	−18	27	13.5 [0.3×(−18)+0.7×27]
확 률	0.3	0.7	

〈표 11.6〉에서 대량생산에서의 손실의 가능성[확률] 30%와 손실의 크기 18만원을 기대이익 13.5만원이 반영하고 있다. 대량생산하면 손실이 발생할 수 있어도 기대[평균]이익은 13.5만원으로, 소량생산하여 12만원의 이익을 얻는 것보다 더 크다. 기대[평균]이익으로 판단한다면 1,000개를 생산하는 것이 낫다.

3) 확률을 가중치로 볼 수 있으므로 기댓값은 가중평균이다.

최선의 결정을 하여도 결과적으로 보면 잘못될 수 있다

예측오류의 원가
결과적[사후적]으로 보아 의사결정이 부적절하여 잃은 공헌이익[기회원가]의 크기

불확실한 수요에 대한 확률을 사용하여 기대이익을 가장 높이는 최선의 선택이 대량생산이었다. 그러나 대량생산을 하였을 때 실제수요가 낮으면 손해를 본다. 이를 예측오류의 원가(Cost of Prediction Error)라고 한다. 결과적으로 보아 잘못된 예측에 의해 의사결정이 부적절하여 잃어버린 공헌이익(기회원가)의 크기라는 의미이다. 수요가 낮은 경우 소량생산을 하였다면 12만원을 얻었을 텐데 대량생산을 하여 18만원의 손실이 났으니 정확한 손해액, 즉 예측오류의 원가는 30만원(=12+18)이다. 대량생산을 하였을 때 수요가 높으면 결과적으로 최적의 결정을 한 것이니 예측오류의 원가는 0이다.

소량생산을 하였을 때 수요가 높아도 예측오류의 원가가 발생한다. 대량생산을 하였다면 27만원을 얻었을 텐데 소량생산을 하여 12만원의 이익만을 얻었으니 예측오류의 원가는 15만원(=27−12)이다. 소량생산을 하였을 때 수요가 낮으면 결과적으로 최적의 결정을 한 것이니 예측오류의 원가는 0이다.

표 11.7 예측오류의 원가 (단위 : 만원)

	낮은 수요	높은 수요	기댓값
소량생산	0	15	10.5
대량생산	30	0	9
확 률	0.3	0.7	

예측오류의 원가의 기댓값을 계산하여 보니 소량생산이 10.5만원, 대량생산이 9만원이다. 사전적으로 보면 대량생산이 사후적인 예측오류의 원가의 기댓값을 최소화하므로 대량생산이 소량생산보다 더 좋은 결정이다. 대량생산과 소량생산 사이의 예측오류의 원가의 기댓값 1.5만원이, 〈표 11.6〉에서의 기대이익의 차이인 1.5만원과 정확히 일치함을 보라.

정보를 구하여 이익을 높인다

완전정보
불확실성을 완전히 없애주는 정보

완전정보의 가치
완전정보에 의해 증가한 기대이익

미래의 수요에 대한 정보를 얻으면 수요에 맞는 생산을 하여 이익을 높일 수 있다. 극단적으로, 미래에 대한 완전정보(Perfect Information)를 얻는 경우도 있다. 완전정보를 얻으면 얼마나 이익을 높일 수 있는가? 완전정보를 얻어 증가한 기대이익의 크기를 완전정보의 (기대)가치(EVPI, Expected Value of Perfect Information)라고 한다.

완전정보의 (기대)가치는, 수요를 미리 정확히 아는 완전정보의 경우에서의 기대[평균]이익과 정보 없이 얻을 수 있는 최대 기대[평균]이익의 차이로 구한다. 국희제과가 철저한 시장조사를 하여 수요에 대한 완전정보를 얻는다면 시장조사원가를 고려하지 않은 기대이익은 22.5만원이다. 30%의 확률로 수요가 낮으면 소량생산하여 12만원의 이익을 얻고, 70%의 확률로 수요가 높으면 대량생산하여 27만원의 이익을 얻으므로 그 기댓값은 22.5만원이다. 완전정보의 경우도 기댓값 계산이 필요한데, 이는 완전정보를 얻기 전에 그 정보의 내용을 모르기 때문에 완전정보를 가질 때의 이익을 계산할 경우 정보의 내용에 대한 불확실성을 고려하기 때문이다.

완전정보에서의 기대이익 $= 0.3 \times 12 + 0.7 \times 27 = 22.5$만원

〈표 11.6〉에서 정보가 없는 경우의 기대이익이 13.5만원이므로 완전정보의 (기대)가치는 9만원이다.

완전정보의 (기대)가치 = 완전정보에서의 기대이익 − 정보가 없을 때의 기대이익
$= 22.5 - 13.5$
$=$ 9만원

완전정보의 가치가 9만원이므로 정보를 얻는 원가가 9만원 이하이면 완전정보를 얻는 것이 유리하다. 이 9만원은 〈표 11.7〉에서 정보가 없을 때 최적결정인 대량생산이 주는 예측오류의 원가의 기댓값 9만원과 같다.[4] 이는 완전정보가 예측오류의 원가를 어느 상황에서나 0으로 만들기 때문이다.

4) 완전정보의 가치와 예측오류의 원가는 서로 다른 개념이다. 그러나 완전정보의 가치와 예측오류의 원가의 기댓값은 같다.

불완전한 정보의 예측은 어떻게 표시하는가?

사전확률
정보를 얻기 전의 확률

미래의 수요를 완전히 예측 못하고 틀릴 가능성이 있는 정보도 가치가 있을 수 있다. 불완전한 정보도 정보가 전혀 없는 것보다는 나은 예측을 하게 한다. 국희제과의 시장조사가 불완전하여 실제수요와 시장조사 결과의 관계가 〈표 11.8〉과 같다. 이를 [그림 11.1]로 표시한다. 그림에서 정보를 얻기 전에 알고 있던 확률을 사전확률(Prior Probability)이라 한다.

표 11.8 불완전정보의 가능도[우도]

수요예측 \ 실제수요	낮 음	높 음
낮 음	P(수요예측 낮음 / 실제수요 낮음) 0.8	P(수요예측 낮음 / 실제수요 높음) 0.4
높 음	P(수요예측 높음 / 실제수요 낮음) 0.2	P(수요예측 높음 / 실제수요 높음) 0.6
합 계	1	1

그림 11.1 불완전정보의 가능도[우도]

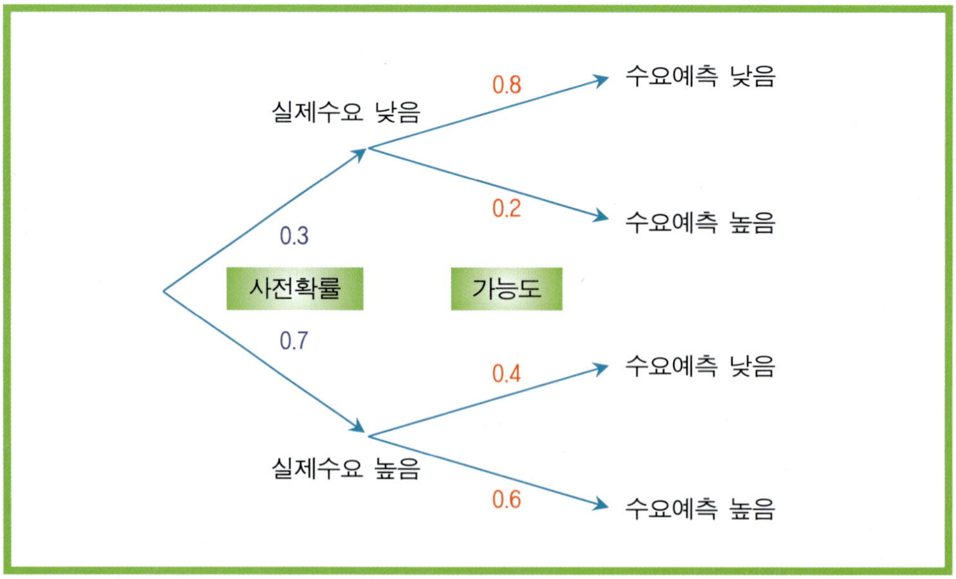

가능도[우도]
특정 상황이 특정 정보를 주는 조건부 확률
P(정보/상황)

〈표 11.8〉의 확률은 실제수요(상황)가 특정의 예측치(정보)를 주는 확률인데 통계학에서 가능도(우도, Likelihood)라고 불린다. 즉 가능도는 P(정보/상황)이다.[5) 예를 들어, 실제수요가 낮을 때 낮은 수요가 예측될 확률, P(수요예측 낮음 / 실제수요 낮음)이 0.8이다. 이 확률들은 주어진 예측치에서 여러 실제수요가 나타날 확률과 다르다. 예를 들어, 낮은 수요가 예측될 때 실제수요가 낮을 확률, P(실제수요 낮음 / 수요예측 낮음)은 0.8이 아니다. 이 조건부 확률은 P(상황 / 정보)이며 사후확률(Posterior Probability)로 불린다.[6) 다른 예를 든다면, 어떤 사람이 천재인가 아닌가가 실제상황이고, 짱구인가 아닌가가 천재인지 아닌지를 구분하는 정보라 하자. 이때, 천재가 짱구일 확률과 짱구가 천재일 확률은 다르다. 또 다른 예를 들면, 사람이 동물일 확률은 1이지만 동물이 사람일 확률은 1이 아니다.

사후확률
특정 정보(예측)가 주어졌을 때 특정 상황이 나타날 조건부 확률
P(상황/정보)

어떤 정보의 정확성이 70%라면 이것은 가능도인가 사후적 확률인가? 이것은 말하는 사람의 의도에 따라 다를 수 있으므로 표현을 정확히 해야 한다.[7)

베이즈의 규칙
사전확률과 정보의 가능도를 사용하여 사후확률을 계산하는 방법

불완전정보를 가지고 미래의 예측을 어떻게 개선하는가? 달리 말하면, 주어진 정보를 이용하여 미래에 나타날 경우에 대한 확률을 어떻게 변경하는가? 통계학자인 베이즈가 개발한 베이즈의 규칙을 사용한다. 베이즈의 규칙(Bayes's Rule)은 정보를 얻기 전의 확률, 즉 사전확률과 가능도를 이용하여 사전확률보다 정확한 사후확률을 얻는 방법을 보인다. 정보를 얻기 전의 확률인가 얻은 후의 확률인가를 구분하기 위해 사전확률, 사후확률이라 부른다. 국회제과의 예에서 사전확률은 0.3과 0.7이다.

5) 많은 서적이 이 확률을 조건부 확률이라 부르나, 뒤에 소개할 사후적 확률도 조건부 확률이므로 이 용어는 혼동의 여지가 있다.
6) 실제수요 및 수요예측과 관련된 표본이 100개 관찰되었고 그 분류가 다음과 같다고 하자.

실제수요 / 수요예측	낮 음	높 음	가로 합
낮 음	24	28	52
높 음	6	42	48
세로 합	30	70	100

즉, 수요예측과 실제수요가 모두 낮은 표본이 24개, 수요예측은 낮으나 실제수요는 높았던 표본은 28개 등이다. 이 경우, 가능도 P(수요예측 낮음 / 실제수요 낮음)은 24/30=0.8로 계산되나, 사후확률 P(실제수요 낮음 / 수요예측 낮음)은 24/52=0.462로 계산되어 서로 다르다.
7) 기존의 많은 저서에서 정보의 정확성은 가능도를 의미한다고 보는데, 현실적으로는 사후확률로 정보의 정확성을 측정하는 것이 쉽다. 예를 들면 일기예보의 정확성을 측정한다면 전체 예보 중 몇 번이나 사실과 일치하였는지의 비율을 계산하는 것이 쉬운데 이는 사후적 확률이지 가능도가 아니다.

[사전확률]
P(실제수요 낮음)=0.3
P(실제수요 높음)=0.7

4가지 사후확률 중에서 수요예측이 낮을 때 실제수요가 낮을 확률을 우선 구해보자. 다음의 [그림 11.2]를 보면 수요예측이 낮을 경우가 2가지인데, 실제수요가 낮으면서 예측이 낮은 ①의 경우와 실제수요가 높으면서 예측이 낮은 ③의 경우이다. ①의 경우가 나타날 확률은 0.24이고 ③의 경우가 나타날 확률은 0.28이므로, 수요예측이 낮을 확률은 총 0.52이다.[8] 두 가지 경우 중 실제수요가 낮은 경우는 ①이므로, 수요예측이 낮을 때 실제수요가 낮을 확률은 0.462(=0.24/0.52)이다.

확률이론 '베이즈 정리'의 중요성

불멸의 이론(샤론 버치 맥그레인 지음 | 이경식 옮김 | 휴먼사이언스 | 640쪽 | 2만8,000원)

1980년대 이후 세계 금융시장에서 위험관리를 계량화한 것은 확률이론, 그중에서도 '베이즈 정리'가 있었기에 가능했다. 이전의 경험과 현재의 증거를 토대로 사건의 확률을 추론하는 알고리즘 덕분에 온갖 파생상품이 탄생했다.

《불멸의 이론》은 1740년대 영국 목사이자 수학자 토머스 베이즈가 생각해낸 이론인 베이즈 정리의 파란만장한 250년사를 담은 책이다. 이 이론의 핵심은 '어떤 대상에 대한 믿음을 객관적이고도 새로운 정보로 업데이트할 때 보다 개선된 새로운 믿음을 가질 수 있다'는 것.

미발표 원고로 책상 서랍 속에 있던 이 이론은 그의 친구이자 수학자였던 리처드 프라이스에 의해 세상에 알려졌고, 피에르 시몽 라플라스에 의해 수학적으로 이론화됐다. 하지만 베이즈 정리는 오랫동안 금기시됐다. 주관적인 믿음을 측정하기 때문에 합리적이지 않다는 이유에서였다. 하지만 베이즈 정리의 활용도는 갈수록 커지고 있다. 암호 해독부터 전쟁 중 의사결정, 실종된 사람이나 선박의 위치 추정, 암 발병률 예측, 스팸메일 걸러내기 등 무한대에 가깝다. (한국경제, 2013.8.16)

8) 이 확률들은 결합확률과 그 합(한계확률로 불림)이며 다음의 표로 정리된다.

수요예측 \ 실제수요	낮 음	높 음	가로 합 : P(수요예측)
낮 음	P(실제수요 낮고 수요예측 낮음) 0.3×0.8=0.24	P(실제수요 높고 수요예측 낮음) 0.7×0.4=0.28	P(수요예측 낮음) 0.52
높 음	P(실제수요 낮고 수요예측 높음) 0.3×0.2=0.06	P(실제수요 높고 수요예측 높음) 0.7×0.6=0.42	P(수요예측 낮음) 0.48
세로 합 : 사전확률	P(실제수요 낮음) 0.3	P(실제수요 높음) 0.7	1

결합확률은 각주 6)의 표가 보여주는 전체 표본 분류 중 해당 경우의 상대도수(빈도수)로 이해하면 쉽다.

그림 11.2 사후확률의 계산

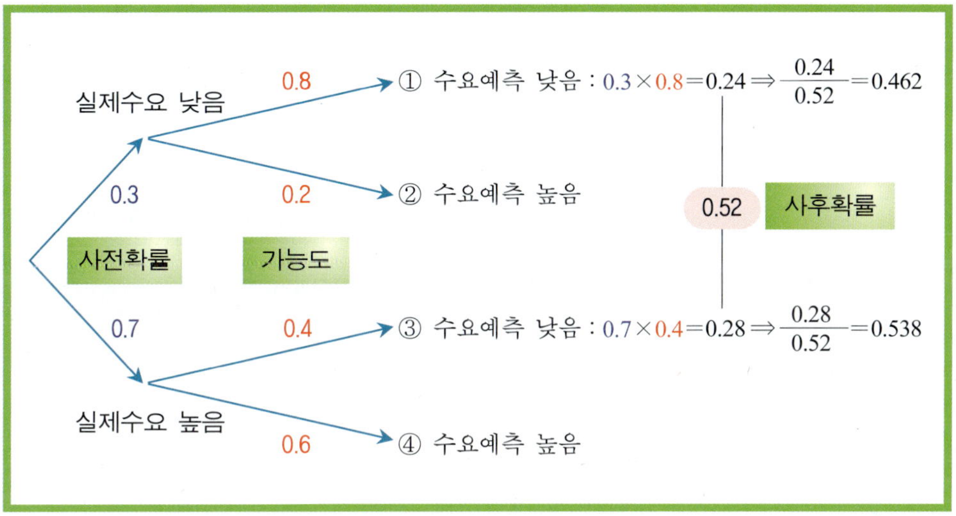

이를 수식으로 정리하면 다음과 같다.

[사후확률]

P(실제수요 낮음 / 수요예측 낮음)

$$= \frac{\text{P(실제수요 낮고 수요예측 낮음)}}{\text{P(수요예측 낮음)}}$$

$$= \frac{\text{P(실제수요 낮고 수요예측 낮음)}}{\text{P(실제수요 낮고 수요예측 낮음)} + \text{P(실제수요 높고 수요예측 낮음)}}$$

$$= \frac{\text{P(실제수요 낮음)} \times \text{P(수요예측 낮음 / 실제수요 낮음)}}{[\text{P(실제수요 낮음)} \times \text{P(수요예측 낮음 / 실제수요 낮음)} + \text{P(실제수요 높음)} \times \text{P(수요예측 낮음 / 실제수요 높음)}]}$$

$$= \frac{0.3 \times 0.8}{0.3 \times 0.8 + 0.7 \times 0.4} = \frac{0.24}{0.24 + 0.28} = \frac{0.24}{0.52} = 0.462$$

나머지 사후확률은 다음과 같이 계산된다.

P(실제수요 높음 / 수요예측 낮음)

= 1 − P(실제수요 낮음 / 수요예측 낮음)

= 1 − 0.462

$$= 0.538$$

또는 $\dfrac{0.28}{0.52}=0.538$

P(실제수요 높음 / 수요예측 높음)

$$= \frac{0.7\times0.6}{0.7\times0.6+0.3\times0.2} = \frac{0.42}{0.42+0.06} = \frac{0.42}{0.48}=0.875$$

P(실제수요 낮음 / 수요예측 높음)

= 1 − P(실제수요 높음 / 수요예측 높음)

$$= 1 - 0.875$$

$$= 0.125$$

또는 $\dfrac{0.06}{0.48}=0.125$

표 11.9 사후확률

수요예측 \ 실제수요	낮 음	높 음	합 계
낮 음	P(실제수요 낮음/수요예측 낮음) $\dfrac{0.24}{0.52}=0.462$	P(실제수요 높음/수요예측 낮음) $\dfrac{0.28}{0.52}=0.538$	1
높 음	P(실제수요 낮음/수요예측 높음) $\dfrac{0.06}{0.48}=0.125$	P(실제수요 높음/수요예측 높음) $\dfrac{0.42}{0.48}=0.875$	1

불완전한 정보도 가치가 있다

불완전한 정보의 가치는 어떻게 계산할 수 있을까? 불완전하지만 이 정보를 이용하여 의사결정이 개선된다면 가치가 있다. 사전확률과 불완전정보가 반영된 사후확률을 이용하여 최적의 생산량을 결정하자. 정보의 내용에 따라 사후확률이 다르므로 정보의 내용에 따라 최적생산량이 달라질 수 있다. 주어진 정보에서 소량생산과 대량생산 중 어느 것이 높은 기대이익을 주는지 비교한다.

표 11.10 사후확률과 기대이익

(1) 수요예측 낮음

생산량	이 익		기대이익
	낮은 수요	높은 수요	
소량생산	12	12	12
대량생산	−18	27	6.2 [0.462×(−18)+0.538×27]
사후확률	0.462	0.538	

(2) 수요예측 높음

생산량	이 익		기대이익
	낮은 수요	높은 수요	
소량생산	12	12	12
대량생산	−18	27	21.4 [0.125×(−18)+0.875×27]
사후확률	0.125	0.875	

불완전정보에서의 기대이익
불완전정보를 가지고 얻을 수 있는 최대기대이익

수요예측이 낮을 때에는 소량생산을 하여 12만원의 이익을 얻는 것이 더 좋고, 수요예측이 높을 때에는 대량생산을 하여 21.4만원의 기대이익을 얻는 것이 유리하다. 불완전정보가 있을 때의 전체적인 기대이익은 얼마인가? 수요예측이 낮을 확률이 0.52, 높을 확률이 0.48이므로 불완전정보에서의 기대이익은 16.5만원이다.

$$\textbf{불완전정보에서의 기대이익} = 0.52 \times 12 + 0.48 \times 21.4 = 16.5\text{만원}$$

불완전정보의 가치
불완전정보를 이용하여 증가한 기대이익

정보가 없을 때의 기대이익은 13.5만원이므로, 불완전정보가 기대이익을 3만원 증가시킴을 알 수 있다. 불완전정보에 의한 기대이익 증가분을 **불완전정보의 (기대)가치**(EVSI, Expected Value of Sample Information)라고 한다.

$$\begin{aligned}\textbf{불완전정보의 (기대)가치} &= \textbf{불완전정보에서의 기대이익} - \textbf{정보가 없을 때의 기대이익} \\ &= 16.5 - 13.5 \\ &= 3\text{만원}\end{aligned}$$

불완전정보를 얻는 원가가 3만원보다 낮으면, 이 정보를 얻어 사용함으로써 기대이익을 높일 수 있다. 달리 이야기하면, 불완전정보의 (기대)가치가 이 정보의 최대 지급가능한 가격이다.

위험을 고려한다

위험
결과의 불확실성

위의 예에서 국희제과가 대량생산하면 손실을 볼 가능성이 있다. 이러한 사업위험은 수요의 불확실성에 직면한 생산계획 때문이다. 이익이나 매출 등의 사업결과가 불확실한 것을 위험(Risk)이라고 한다. 위험이란 용어는 일상적으로는 나쁜 결과의 가능성을 말하지만 경영학에서는 이익 등의 사업결과의 불확실성과 거의 같은 뜻으로 사용된다. 위험을 어떻게 숫자로 표시할 것인가? 재무관리 분야에서는 위험을, 실제결과가 얼마나 크게 서로 다른 값을 가질 수 있는가를 보여주는 분산이나 표준편차로 나타낸다. 분산(Variance)은 각각의 가능한 값이 평균과 차이를 보이는 정도를 나타내는 통계수치인데, 각 수치와 평균치의 차이를 제곱하여 확률을 곱한 후 모두 더하여 구한다. 즉, 평균과의 편차의 제곱의 평균값이다. 분산은 각 수치의 제곱의 평균에서 수치평균의 제곱을 차감하여 구할 수도 있다.

분 산 : $$Var(x) = \sum_{i=1}^{N} [x_i - \bar{x}]^2 p(x_i) = \sum_{i=1}^{N} x_i^2 p(x_i) - \bar{x}^2$$

표준편차(Standard Deviation)는 분산의 제곱근(루트)이다.

표준편차 : $$SD(x) = \sqrt{Var(x)}$$

국희제과의 생산량에 따른 이익의 분산과 표준편차는 〈표 11.11〉과 같다. 정보가 없을 때의 사전확률에 의한 수치이다.

표 11.11 생산량 결정에 따른 이익의 분산과 표준편차(단위 : 분산은 억원, 나머지는 만원)

	이 익		기대이익	이익의 분산	이익의 표준편차
	낮은 수요	높은 수요			
소량생산	12	12	12	0	0
대량생산	−18	27	13.5 [$0.3\times(-18)+0.7\times 27$]	425.26 [$0.3\times(-18-13.5)^2+0.7\times(27-13.5)^2$]	20.6 [$\sqrt{425.26}$]
확 률	0.3	0.7			

분산이나 표준편차로 측정한 위험이 대량생산의 경우에 소량생산의 경우보다 더 큼을 보인다. 소량생산의 경우에 수익과 비용, 이익이 수요와 관계없이 일정하게 발생하여 전혀 위험이 없다. 그러나 대량생산의 경우에는 수요에 따라 수익이 변하고 비용은 일정하므로, 이익이 수요에 따라 크게 변하는 위험이 있다.

수요에 따라 수익이 변하는 좀더 일반적인 경우에는 「변동원가/고정원가」의 원가구조에 따른 위험이 있다. 변동원가가 낮고 고정원가가 높은 경우와 변동원가가 높고 고정원가가 낮은 경우를 비교하면 첫 번째 경우가 더 위험이 크다. 설비투자에 의한 자동화는 감가상각비와 수선유지비 등의 고정원

영화계의 성과급, 러닝 개런티

봉준호 감독은 영화 기생충의 흥행으로 러닝개런티로 65억원을 받았다. 한국의 영화감독이면 꿈꾸기 힘든 개런티이긴 하나, 이 영화의 흥행(3,220억원 수익 추산)과 연출뿐만 아니라 제작에 참여한 점, 오스카에서의 실적을 생각하면 그리 큰돈은 아니다. 개런티로 120억원을 넘게 번 김한민 감독의 제작, 연출작인 명량도 이 정도 수익은 벌지 못했다. 사실 제작사까지 차린 흥행 감독들이 수익의 10%를 받는 조건으로 연출하는 경우가 늘었을 뿐이지, 스태프의 급여가 짠 우리나라의 영화계를 생각한다면, 2% 정도의 수익을 받는 게 적절한 편이다. 봉준호 정도면 10%를 충분히 받을 만한 위치에 오른 감독이지만, 스태프의 급여 관련된 관계로 돈을 이렇게 받은 것으로 추정한다. 흥행에 자신감이 없는 것을 생각해도, 이런 감독이 수익을 포기하고 영화 기획과 스태프의 처우를 먼저 생각한 것은 감독으로서 모범이다. 그리고 오스카 수상 실적을 생각하면 봉준호 감독의 개런티는 상당히 커졌을 것으로 생각한다. (나무위키)

가를 높이고 인건비 등의 변동원가를 낮추어 위험을 높인다. 부품이나 내부 서비스를 위해 아웃소싱(외부조달, 용역, 하청)을 이용하면 설비나 인력 감축에 의해 고정원가에서 변동원가로의 전환이 이루어져 위험을 줄일 수 있다. 또한 전부원가계산에서는 고정제조원가를 재고자산에 배부하여 변동원가처럼 처리하므로, 전부원가계산에 의한 이익은 변동원가계산에 의한 이익보다 판매량의 변화에 따라 덜 민감하게 변하므로 위험이 줄어든다.

생명보험 가입한 마술사… 수학적 확률이냐, 불안감이냐

'나우 유 씨 미'를 통해 본 보험경제학

–마땅히 줘야 할 보험금을 지급하지 않은 보험사 상대로 복수전 펼치는 이야기

–4명의 마술사 고용해 마술쇼처럼 꾸며 보험사 회장 통장에서 돈 빼내 카트리나 피해자들에게 나눠줘

"여러분에겐 공통점이 하나 있죠. 모두 허리케인 카트리나로 피해를 본 분들이란 겁니다. 보험회사는 모두 같은 곳 '트레슬러 보험사'를 이용했습니다. 하지만 여러분은 허술한 약관 때문에 보상도 못 받았습니다."

1년 전만 해도 길거리나 작은 무대에서 공연하던 무명의 마술사 대니얼 아틀라스(제시 아이젠버그 분), 메리트 오스본(우디 해럴슨 분), 헨리(아일라 피셔 분), 잭(데이브 프랑코 분)은 전설의 마술 조직 '디아이'의 초대장을 받고 '포 호스맨'이라는 이름으로 뭉쳤다. 그들의 첫 번째 공연은 5,000명의 관객 앞에서 프랑스의 한 은행으로 3초 만에 이동해 300만유로(약 44억원)를 훔쳐 관객들에게 뿌리는 것이었다. 이 사건으로 포 호스맨은 전 세계의 이목을 집중시킨다.

▪ 보험료 vs 보험금

표를 구하기도 어려워진 그들의 두 번째 공연. 관객들에게 각자 은행 잔액을 메모지에 적으라고 한 젊은 마술사들은 마술쇼 후원자인 아서 트레슬러 회장(마이클 케인 분)을 무대로 부른다. 회장의 은행 잔액은 1억4,457만달러. 종이 위로 라이트를 비추자 회장의 잔액에서 7만달러가 빠져나갔다. 대신 한 관객의 계좌에 7만달러가 입금됐다. 실제 상황에 환호성이 터져 나왔다. 회장의 예금 잔액은 금세 바닥이 났다. 알고 보니 부당하게 보험금을 지급하지 않은 트레슬러 회장의 돈을 카트리나 피해자들에게 나눠준 것이었다.

지난 8월 개봉한 '나우 유 씨 미(Now You See Me)'는 마땅히 줘야 할 보험금을 지급하지 않은 보험사에 원한을 품은 사람이 보험사를 상대로 복수전을 펼치는 이야기를 담고 있다. 마술에 필요한 각종 트릭을 교묘하게 엮어 생각하는 재미를 더해주는 영화다.

대개 보험사들은 보험금을 지급하는 데 인색하다는 평가를 받는다. 고객들로부터 보험료는 꼬박꼬박 챙기면서 막상 보험금을 지급해야 할 상황이 오면 이것저것 따지면서 얼굴을 바꾼다. 오죽하면 보험상품 광고문구 중에 '묻지도, 따지지도 않고…'라는 표현이 등장하겠는가.

보험사도 기업이기 때문에 수익을 내야 살아남을 수 있다. 그 기준이 손해율이다. 손해율이 100%라면 보험료와 보험금이 똑같다는 얘기다. 하지만 손해율이 100%에 이르면 보험사는 적자다. 인건비, 마케팅 비용 등 회사를 유지하는 데 들어가는 사업비를

고정급 대신에 성과급을 사용하여 위험을 줄이는 경우도 많다. 출판사가 책의 저자에게 저작권에 대해 고정금액 대신에 판매부수에 따른 인세를 지급하는 것도 위험을 줄이는 방법이다. 영화사는 감독이나 주연배우에게 고정금액의 계약금 대신에 관객수에 따른 성과급을 지급하여 흥행위험을 분담할 수 있다.[9]

의사결정에 따른 위험의 차이를 다음과 같이 정리한다.

건지지 못하기 때문이다. 그래서 실제 보험사가 목표로 하는 손해율은 100% 미만이다. 한국 자동차보험의 경우 대개 77% 안팎이다. 100원의 보험료를 거둬 77원을 지급할 수 있도록 보험 구조를 짠다는 얘기다.

■ 기대이익 추정 vs 위험 대하는 태도

다시 영화로 들어가 보자. 나중에 드러나지만 포 호스맨 네 명이 보험사에 원한을 가진 것은 아니다. 그들은 누군가의 조종을 받아 복수를 대리하는 역할을 하는 것이다. 배후 조종자의 아버지는 리오넬 슈라이크(일라이어스 코티스 분)라는 이름의 마술사였다. 그는 금고에 갇힌 채 강물에서 탈출하는 마술을 시도하다가 죽는다. 그는 혹시 실패할 수 있다는 생각에 어린 아들과 아내를 생각해 생명보험을 들어둔 상태였다. 하지만 보험사는 보험금 지급을 거부했다. 아버지의 허망한 죽음을 지켜본 아들이 복수의 일념에 사로잡히는 순간이었다.

그렇다면 슈라이크는 왜 보험을 든 것일까. 다름 아닌 미래의 불확실성 때문이다. 일반적으로 사람들이 보험을 들 때는 보험료와 사건이 발생할 확률, 그로 인한 손해(피해)액 등을 고려하게 된다. 예를 들어 사고가 날 확률이 4분의 1이고 보상금이 4억원인 보험이 있다고 하자. 이 경우 보험 가입에 따른 기대이익은 1억원이다. 따라서 1억원의 보험료를 내면 가입자나 보험사나 공정한 게임이 만들어지게 된다(물론 앞서 언급했듯이 보험사가 떼는 사업비를 감안하면 보험료는 더 올라갈 수 있다).

하지만 개인이 사건 사고가 발생할 수 있는 정확한 확률과 적정 보험료(금)를 계산해낼 수는 없다. 가입여부를 결정하는 가장 중요한 요인은 미래에 대한 불안감이다. 기꺼이 위험부담을 감수하는 사람들은 1억원짜리 보험료가 5,000만원으로 떨어져도 가입을 주저할 가능성이 있다. 수익이 불안정한 투기성 자산을 구입하거나 카지노에서 도박을 즐기는 사람들일수록 그럴 것이다. 재해보험 가입률이 낮은 것에서도 위험을 대하는 농어민들의 태도를 유추할 수 있다. 정부는 농어민들이 태풍 적조 등 자연재해로 피해를 볼 경우에 대비해 재해보험료의 70%가량을 국고에서 보조해 주고 있지만 정작 가입률은 절반 정도에 불과하다. 비록 싸더라도 '생돈'이나 마찬가지인 보험료를 낼 바에야 미래의 손실 위험을 감수하겠다는(→ 카지노 도박자들이 보험을 잘 들지 않는 까닭) 사람이 많다는 얘기다.

반면 위험을 최대한 피하고 싶어 하는 사람들은 보험료가 다소 비싸더라도 보험 가입을 서두를 가능성이 높다. 이들은 재테크를 할 때도 가급적 안정적이고 변동성이 덜한 포트폴리오를 짜는 경향이 강하다. 이런 점에서 보면 슈라이크는 위험 회피적인 인물이었다. 비록 생전에 기대했던 보험지급 시스템이 작동하지 않았지만….

(한국경제, 2013.10.26)

9) 성과급은 위험의 분담뿐만 아니라 동기부여를 위해 사용된다. 인세의 지급은 저자가 책의 판매를 의식하여 열심히 저술하게 하고, 감독과 주연배우의 성과급은 영화의 흥행성공을 위한 노력을 유도한다.

표 11.12 의사결정과 위험

	위험이 높은 경우 (높은 고정원가, 낮은 변동원가)	위험이 낮은 경우 (낮은 고정원가, 높은 변동원가)
설비투자	높은 설비투자	낮은 설비투자
하청여부	자체생산, 자체인력 사용, 인소싱	외주, 하청, 용역, 아웃소싱
급여(보상)체제	고정급	성과급
원가계산방법	변동원가계산	전부원가계산

위험을 좋아하는가 싫어하는가?

기대이익이 큰 것을 선택할 것인가, 위험이 적은 것을 선택할 것인가? 이것은 위험에 대한 의사결정자의 태도에 달려 있다. 대부분의 사람은 위험을 싫어하는데, 이를 위험회피(Risk Aversion)라 한다. 위험을 싫어하므로 사고에 대비해 보험을 사고, 차 안에서 안전벨트를 맨다. 기차를 놓칠까 염려하여 기차시간에 여유를 두고 일찍 역에 나간다. 모험적인 사람들이나 보통 사람도 가끔은 위험을 즐긴다. 사고의 위험을 알면서도 행글라이딩이나 번지점프를 하고, 돈을 잃을 것을 알면서도 도박을 하고 복권을 산다. 위험을 좋아하는 것을 위험선호(Risk Loving)라 하고, 위험에 대해 무관심한 것을 위험중립(Risk Neutral)이라 한다.

금전적인 결정에 대한 위험태도는 확정된 금액의 대안과 같은 기댓값을 가진 불확실한 금액의 대안간의 선택으로 정의된다. 예를 들면, 1백만원을 확실히 받거나, 2백만원이나 0원을 동전 던지기로 결정하여 받을 수 있다고 하자. 동전 던지기의 기댓값도 1백만원이나 동전 던지기보다 확실한 1백만원을 원한다면 위험회피자이고, 동전 던지기를 원한다면 위험선호자이며, 차이가 없다고 생각하면 위험중립자이다.

위험중립자나 위험선호자는 위험이 많고 기대이익이 높은 대량생산을 선택할 것이다. 위험회피자는 높은 기대이익과 높은 위험 사이에서 선택을 해야 한다. 국희제과의 예에서 의사결정자가 1.5만원의 기대이익차이를 20.6만원의 이익 표준편차로 표시된 위험보다 중요시 생각하면 위험한 대량생산을 할 것이다. 만약 위험을 더 중요시 생각한다면 안전한 소량생산을 할 것이다. 완전정보나 불완전정보를 얻으면 기대이익이 높아질 뿐만 아니라 위험도 줄어든다. 따라서 정보의 가치가 위험회피자에게 더 높다.

효용으로 위험에 대한 태도를 표시한다

위험에 대한 선호를 정확히 표시하려면 효용함수를 사용한다. 효용(Utility)은 돈과 같은 재화에 대한 만족도 또는 선호(Preference)를 숫자로 표시한 것이다. 불확실성이 있을 때 효용함수의 모양이 위험에 대한 태도를 나타낸다. 위로 볼록한[10] 효용함수는 위험회피를, 위로 오목한[11] 효용함수는 위험선호를, 직선인 효용함수는 위험중립을 나타낸다.

위험회피 효용함수의 대표적인 예는 다음과 같다. x는 소득의 양을, $U(x)$는 소득에 대한 효용함수를 나타낸다.

$$U(x) = \log(x)$$
$$U(x) = \sqrt{x}$$

그림 11.3 효용함수와 위험에 대한 태도

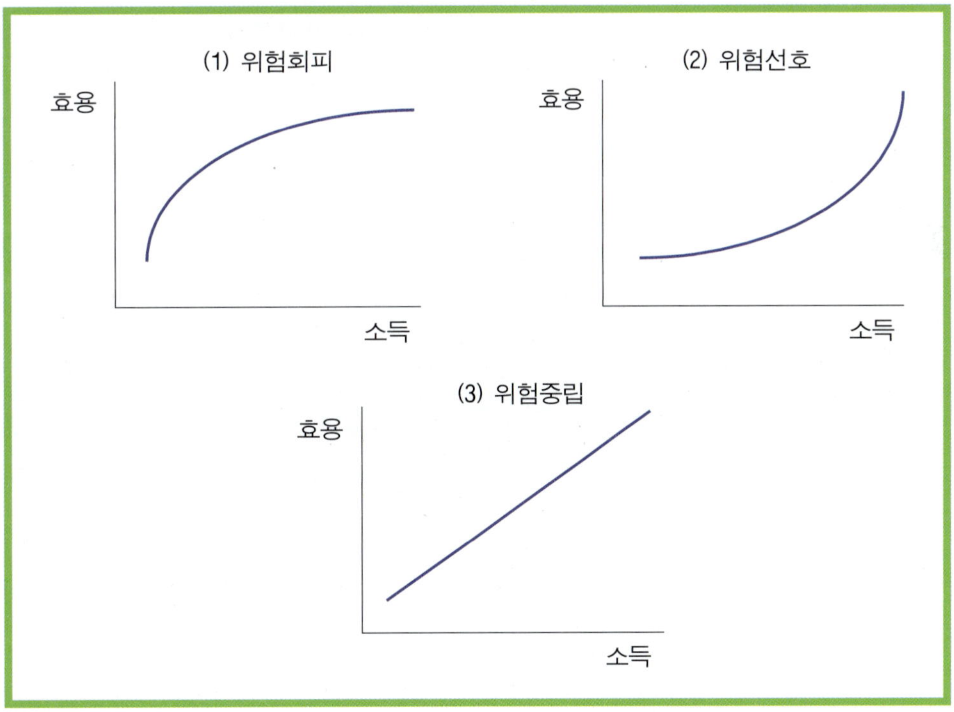

10) 2차 도함수, d^2U/dx^2가 음수인 함수를 말한다. 즉, 1차 도함수인 기울기가 점점 작아지는 함수이다.
11) 2차 도함수가 양수인 함수를 말한다.

기대효용을 최대화한다

기대효용
효용의 기댓값

위험선호 태도를 효용함수로 나타낼 때에는 위험을 분산 등으로 측정할 필요가 없다. 그 대신 효용을 최종적인 목적함수로 이용한다. 의사결정을 할 때 기대이익이 가장 큰 대안을 선택하는 것이 아니라, 위험선호가 반영되어 있는 효용의 기댓값, 즉 기대효용(Expected Utility)이 가장 큰 대안을 선택한다.[12)]

위험회피 효용함수에서는 불확실한 이익의 기대효용이 그 기대이익의 효용보다 낮고, 위험선호 효용함수에서는 그 반대이다. 위험중립의 경우 그 값이 같다. 위의 동전 던지기의 예에서 의사결정자의 효용함수가 $U(x)=\sqrt{x}$ 라고 하자. 확실한 100만원 소득의 효용은 1,000이다.[13)] 불확실한 동전 던지기의 기대효용은 얼마인가? 200만원의 효용은 $1{,}000\sqrt{2}$, 즉 약 1,414이다. 0원의 효용은 0이므로 동전 던지기의 기대효용은 707(=1/2×1,414)이다. 따라서 제곱근 형태의 위험회피 효용함수의 경우, 확실한 소득과 동일한 100만원의 기댓값을 가진다고 하더라도 불확실한 동전 던지기가 기대효용이 낮음을 볼 수 있다. 이를 다음의 〈표 11.13〉에서 정리한다.

표 11.13 동전 던지기의 기대효용

	확실한 소득	불확실한 소득(동전 던지기)	
경 우		앞면	뒷면
소득(만원) : x	100	0	200
효용 : $\sqrt{x}$	1,000	0	1,414
확 률	1	0.5	0.5
기대효용	1,000	707 [0.5×0+0.5×1,414]	

국희제과가 사업위험을 싫어하는 정도를 $U(x)=\sqrt{x+20\text{만원}}$ 의 효용함수로 나타내자.[14)] 이때 어느 생산량을 선택할까? 〈표 11.14〉에서 소량생산할

12) 불확실성이 있는 경우의 선호는 효용의 기댓값, 즉 기대효용의 크기로 비교할 수 있다는 것을 경제학에서는 기대효용 정리(Expected Utility Theorem)라고 부른다.

13) 경제학에서는 효용의 단위로 util을 사용하나 여기서는 생략한다.

때의 기대효용이 더 높으므로, 이 효용함수로 판단할 때에는 안전한 소량생산이 더 유리함을 보여준다.

표 11.14 생산량 결정에 따른 기대효용

	소량생산		대량생산	
수요량	낮은 수요	높은 수요	낮은 수요	높은 수요
이익(만원) : x	12	12	−18	27
효용 : $\sqrt{x+20\text{만원}}$	565.69	565.69	141.42	685.57
확 률	0.3	0.7	0.3	0.7
기대효용	565.69		522.33 [0.3×141.42+0.7×685.57]	

기대이익과 기대효용의 순위차이를 보기 위해 〈표 11.6〉과 〈표 11.14〉를 같이 표시하면 다음의 〈표 11.15〉와 같다.

표 11.15 기대이익과 기대효용

	소량생산		대량생산	
수요량	낮은 수요	높은 수요	낮은 수요	높은 수요
이익(만원) : x	12	12	−18	27
기대이익	12		13.5 [0.3×(−18)+0.7×27]	
효용 : $\sqrt{x+20\text{만원}}$	565.69	565.69	141.42	685.57
확 률	0.3	0.7	0.3	0.7
기대효용	565.69		522.33 [0.3×141.42+0.7×685.57]	

위험을 고려하지 않은 기대이익의 최대화는 대량생산을 선택하게 하고, 위험기피 태도를 반영한 기대효용을 최대화하려면 소량생산을 선택하게 된다. 이는 소량생산이 기대이익은 낮지만 이익의 불확실성, 즉 위험이 전혀 없기 때문에 위험회피자에게 유리하기 때문이다.

14) 제곱근(루트)함수는 양의 값에 대해서만 사용할 수 있으므로 손실의 경우를 위해 이익에 20만원을 더한 제곱근 함수 형태를 사용하였다.

토 론

부자들은 로또를 왜 안 살까?

우리나라에서 가장 인기 있는 복권인 로또에서 1등에 당첨될 확률은 814만 5,000분의 1 정도라고 한다. 이 복권은 판매금액의 50%를 당첨금으로 돌려주므로, 1만원어치를 살 때 수학적 기대치는 5,000원이 된다. 이처럼 뻔히 손해를 보는 것이 분명한 복권에 참여하는 사람이 있는 것은 무엇 때문일까? 그것은 1등 당첨금이 커서 당첨될 때 얻을 수 있는 이익을 심리적으로 과대평가하기 때문이다.

그렇다면 당첨금이 크면 무조건 그 심리적 이익을 과대평가하는 사람이 많은 것일까? 좀 복잡하지만 다음과 같은 게임의 예를 생각해 보자. 앞면이 나올 때까지 동전을 계속 던지는 게임이 있다. 이 게임에서 첫 번째에 앞면이 나오면 상금으로 2원을 주고, 만일 첫 번째는 뒷면이 나오고 2번째 앞면이 나오면 2의 제곱인 4원을 주고, 첫 번째와 두 번째는 뒷면이 나오고 세 번째에야 앞면이 나오면 2의 세제곱인 8원을 주는 식으로, 앞면이 나중에 나올수록 상금이 커진다.

• 로또복권을 구입하는 행동은 '위험선호적'으로 분류

만일 이 게임에 참가하는 데 참가금이 100만원이라면 당신은 참여하겠는가? 십중팔구는 참여하기를 주저할 것이다. 물론 상금이 무한히 불어날 수도 있지만 그 확률이 너무 낮아서 100만원씩이나 되는 확실한 돈을 참가비로 내고 손해를 볼 사람이 많지 않을 것이기 때문이다. 그런데 역설적으로 이 게임의 수학적 기대치를 계산해보면, 그 값이 무한대라는 것을 알 수 있다. 계산을 간단히 해보자. 첫 번째 앞면이 나와 바로 게임이 끝날 확률은 2분의 1인데 상금은 2원이므로 평균적으로 1원을 탈 수 있는 셈이다. 다음으로 첫 번째는 뒷면, 두 번째는 앞면이 나와 게임이 끝나는 경우는 확률상 4분의 1인데 상금은 4원이므로 기대치는 역시 1원이다. 뒷면 · 뒷면 · 앞면의 경우는 확률은 8분의 1인데 상금은 8원이므로 기대치도 1원이다. 이런 식으로 모든 경우를 합하면 기대치의 합은 (1+1+1+1+⋯)이 되고, 1을 무한개 합치면 그 값은 무한대가 된다. 말하자면 몇 억원을 주고서라도 참여하면 평균적으로 돈을 무한정 딸 수 있는 게임에 100만원만 내고 참여하라고 해도 참여할 사람이 많지 않은 역설적 상황이 생기는 것이다.

이 게임은 스위스의 수학자 다니엘 베르누이(Daniel Bernoulli, 1700~1782)가 소개한 것으로, 불확실성하의 모순적 행동들을 연구하는 시발점이 되었다. 베르누이는 수학자 집안 출신으로, 수학자 오일러(Euler)와 어릴 때부터 친구였다. 이 게임은 원래 베르누이의 사촌인 니콜라스 베르누이가 제안한 것인데, 1738년 다니엘 베르누이가 이 게임을 설명한 논문을 페테르스부르크 대학의 잡지에 게재함으로써 '페테르스부르크의 역설'(St. Petersburg's paradox)로 불렸다. 베르누이는 사람들이 불확실한 상태에서 객관적으로 사물을 평가하여 단순한 산술평균에 따라 행동하는 것이 아니라, 이익과 손해를 주관적으로 평가하는 가중평균에 따라 행동한다고 생각했다. 구체적으로 베르누이는 사람들의 주관적 평가함수는 로그함수 형태로, 상금액이 커지더라도 주관적 평가금액은 아주 미미하게 증가한다고 주장했다. 이 추정에 따라 계산할 경우 페테르스부르크 역설 게임의 주관적 평가금액은 약 2.5원 정도밖에 되지 않는다. 아무리 상금의 기대치가 크더라도 주관적 평가금액이 2.5원밖에 되지 않는 게임에 100만원을 내고 참여하라고 하니, 참여할 사람이 많지 않은 것이다.

언뜻 이해가 가기도 하지만, 오히려 훨씬 더 큰 의문이 생긴다. 로또 게임에서는 사람들이 상금액을 과대평가하여 손해인 줄 알면서 참여했는데, 베르누이의 게임에서는 반대로 상금액을 과소평가하여 평균적으로 이익인 게임에 참여하는 사람이 많지 않을 것이라니 완전히 반대가 아닌가? 경제학에서는 이 같은 현상이 사람들의 주관적 평가 때문에 발생한다고 분석한다. 로또복권을 구입하는 행동은 위험한 상황을 스스로 선택한다고 하여 '위험선호적'(risk-loving)이라고 말하고, 베르누이 게임에 참여하지 않는 행동은 '위험기피적'(risk-averse)이라고 분류한다.

• 원금회복 위해 무리한 투자를 하는 것도 지극히 정상적

'위험선호적' 유형과 '위험기피적' 유형의 사람들은 각기 따로 존재할까? 불확실한 상태에서 공격적인 성향의 사람은 일관되게 공격적인 선택을 하고, 조심스런 사람은 계속 위험을 피하는 선택을 하는 것인가? 이 문제에 대한 답은 비교적 최근에야 내려졌다. 심리학자 카네만(Kahneman)과 트버스키(Tversky)는 1979년에 발표한 공동연구를 통해 대부분의 사람들은 두 가지 성향을 다 가지고 있다는 것을 밝혀냈다. '전망(prospect) 이론'이라고 명명된 이들의 이론에 따르면, 사람들이 어떤 기준 상태를 중심으로 현재 상태가 기준보다 낫다고 생각하면 '위험기피적'이 되고 반대라고 생각하면 '위험선호적'인 행동을 하는 것이 정상적이라는 것이다.

전망이론을 현실에 적용하면 궁금증이 풀린다. 경제적으로 여유가 있다고 생각하는 사람들은 '부자몸조심'을 하는 반면, 원금을 회복해야 한다고 절박하게 생각하면 공격적이 되는 것이다. 왜 스스로 여유가 없다고 생각하는 사람들이 평균적으로 손해인 복권을 많이 사고, 반대로 상대적으로 여유 있다고 생각하는 사람들은 복권 대신 보험에 가입하는지 알 수 있는 대목이다. 또한 멀쩡하게 객관적으로 잘 판단하던 사람이 주식시장이나 노름판에서 돈을 잃고 나면 원금회복을 위해 무리한 투자를 하는 것도 지극히 정상적이라고 보아야 한다.

(홍기현 교수의 경제사상 탐구〈14〉, 조선일보, 2007.6.23)

토론해 보자

(1) 일상생활이나 조직 내에서 위험기피적 또는 위험선호적 행동을 보이는 경우의 예를 논의해 보자.

(2) 위험에 대한 태도에 영향을 주는 제도나 환경에 대해 논의해 보자.

요약정리

우리는 결과가 어떻게 될지 모르면서 결정을 해야 하는 때가 많다. 달리 말하면 현재나 미래의 상황을 정확히 모르면서 선택을 한다. 결과가 불확실한 상황에서의 의사결정은 어떻게 해야 하는가? 우선 가능한 상황(경우)을 나열하고 각 상황의 가능성을 확률로 표시한다. 이 확률을 사용한 기대(평균)이익이 가장 높은 대안을 선택하면 된다.

각 상황의 가능성에 대한 정보를 수집하여 상황에 대한 예측력을 높일 수 있으면 좀더 적절한 결정을 하여 기대이익을 높일 수 있다. 달리 보면, 선택된 결정의 결과와 결과론적으로 보아 최적이었을 결정의 결과 차이로 측정되는 예측오류의 원가를 줄일 수 있다. 불확실성을 완전히 없애는 완전정보나 불확실성을 줄이는 불완전정보를 이용하여 의사결정을 개선하여 높아지는 이익을 정보의 (기대)가치라고 한다. 이 정보의 가치가 정보획득의 대가보다 높다면 정보를 획득하여 사용하는 것이 유리하다.

의사결정 결과의 불확실성 자체를 위험이라고 하며 이러한 위험을 싫어하는 태도를 위험회피라고 한다. 위험기피자가 의사결정을 할 때에는 기대이익뿐만 아니라 대안의 위험도 고려하게 된다. 위험에 대한 태도를 계량화하기 위해 효용함수를 사용한다. 위험을 고려한 선택은 기대효용의 최대화로 표시한다. 기대이익이 높은 대안도 위험이 많이 높거나 의사결정자의 위험회피 정도가 크면 기대이익이 낮은 대안보다 낮은 기대효용을 줄 수 있다.

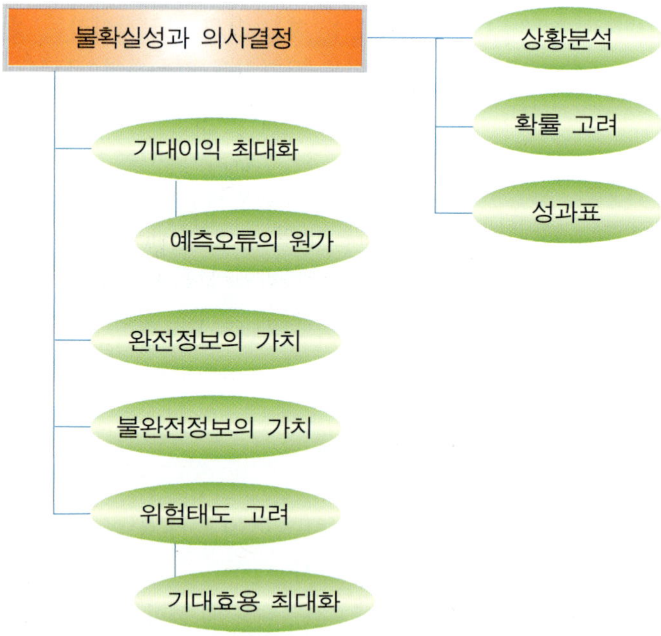

11 연습문제

객관식

01 불확실성에서의 원가-조업도-이익 분석 (19. 세무사)

(주)세무는 단일제품을 생산·판매하는데 단위당 변동원가는 ₩225이고 공헌이익률은 40%이다. 당기 예상판매량은 2,000단위부터 6,000단위 사이에서 균등분포(uniform distribution)를 이룬다. 당기 총고정원가가 ₩630,000일 때 ₩120,000 이상의 이익을 얻을 확률은?

① 25% ② 45% ③ 55%
④ 60% ⑤ 75%

02 불확실성에서의 원가-조업도-이익 분석 (02. 세무사)

C사는 기념품을 생산하여 판매하는 유망 중소업체이다. 기념품의 판매가격은 단위당 ₩100이며 회사의 현재 설비의 최대생산능력은 150,000단위이다. 100,000개를 생산하는 경우 기념품의 단위당 원가구조는 다음과 같다.

직접재료원가	₩20
직접노무원가	30
변동제조간접원가	10
고정제조간접원가	15

C사는 위의 원가구조가 미래에도 동일할 것으로 보며 올해의 판매량도 100,000개일 것으로 예측하고 있다. 최근에 미국의 한 기업이 기념품을 개당 ₩70에 구입할 수 있는지를 문의해왔다. C사의 예측에 따르면 미국회사가 50,000개를 구입할 확률은 20%이고 40,000개를 구입할 확률이 40%이고 30,000개를 구입할 확률은 40%이다. 미국에 대한 수출은 신규판매로서 기존의 국내시장에는 영향이 없을 것으로 기대된다. 만일 C사가 미국회사의 제의를 거절하면 유휴설비를 이용하여 ₩350,000의 이익을 올릴 수 있다. C사가 미국회사의 제의를 받아들이는 경우 기대이익의 증감은 얼마인가?

① ₩30,000 증가 ② ₩50,000 감소 ③ ₩300,000 증가
④ ₩500,000 감소 ⑤ 증감 없음

03 불확실성에서의 원가-조업도-이익 분석 (19. 공인회계사)

(주)대한은 단일제품을 생산하며 20×1년의 판매가격 및 원가 자료는 다음과 같다.

	단위당 금액
판매가격	₩50
변동제조원가	20
변동판매비	5

고정제조원가와 고정판매비는 각각 ₩20,000과 ₩10,000이다. (주)대한의 경영자는 판매촉진을 위해 인터넷 광고를 하려고 한다. 인터넷 광고물 제작에는 ₩5,000의 고정판매비가 추가로 지출된다. 인터넷 광고를 하지 않을 경우 판매량은 1,200단위와 1,800단위 사이에서 균등분포(uniform distribution)를 이루고, 인터넷 광고를 하면 판매량은 1,500단위와 2,000단위 사이에서 균등하게 분포한다. (주)대한이 인터넷 광고를 함으로써 기대영업이익은 얼마나 증가 또는 감소하는가?

① ₩0 ② ₩1,250 증가 ③ ₩1,250 감소
④ ₩2,250 증가 ⑤ ₩2,250 감소

04 불확실성에서의 원가-조업도-이익 분석 (06. 세무사)

김밥 도시락을 단위당 판매가격 ₩1,000에 판매하려 한다. 단위당 변동원가는 ₩500이며, 월간 고정원가는 ₩750,000이다. 도시락의 수요량은 불확실하지만 정규분포를 이룰 것으로 보이며 월간 기대판매량은 2,100개, 표준편차는 400개로 예상한다. 도시락 판매로 인해 이익이 발생할 확률은? (단, 아래의 표준정규분포표를 이용하여 계산하시오)

Z	$p(Z<)$	Z	$p(Z<)$	Z	$p(Z<)$
0.5	0.69	1.0	0.84	1.5	0.93
2.0	0.98	2.5	0.994	3.0	0.999

① 7% ② 69% ③ 84%
④ 93% ⑤ 98%

05 불확실성에서의 원가-조업도-이익 분석 (09. 세무사)

다음은 매출관련 예상 자료이다.

매출액	₩240,000
총변동비	135,000
총고정비	40,000
판매량	3,000단위

추가판촉행사에 ₩10,000을 투입한다면, 예상판매량이 400단위 증가할 확률이 60%, 200단위 증가할 확률이 40%이다. 이 판촉행사를 실시하면 영업이익의 기대치가 어떻게 변하는가?

① ₩1,000 감소 ② ₩1,200 감소 ③ ₩1,200 증가
④ ₩1,500 감소 ⑤ ₩1,500 증가

06 기대이익 최대화 (18. 감정평가사)

다음은 (주)감평의 20×1년도 매출관련 자료이다.

매출액	₩282,000	총변동원가	₩147,000
총고정원가	₩30,000	판매량	3,000단위

20×2년도에 광고비 ₩10,000을 추가로 지출한다면, 판매량이 300단위 증가할 확률이 60%이고, 200단위 증가할 확률이 40%로 될 것으로 예상된다. 이때 증가될 것으로 예상되는 기대이익은? (단, 20×2년도 단위당 판매가격, 단위당 변동원가, 광고비를 제외한 총고정원가는 20×1년도와 동일하다고 가정한다)

① ₩700 ② ₩800 ③ ₩1,200
④ ₩1,700 ⑤ ₩2,700

07 기대영업이익 최대화 (06. 공인회계사)

(주)싸이언은 게임용 소프트웨어를 개발하여 판매하고 있다. 제품의 단위당 변동원가는 ₩30,000이며 단위당 판매가격은 ₩40,000이다. 이 회사는 곧 개최되는 컴퓨터박람회에 참가하려고 하는데 박람회 주관기관에서 부스(booth)임차료와 관련하여 다음의 2가지 지급방안을 제안하였다.

방안 1 : 고정임차료 ₩8,000,000 지급
방안 2 : 고정임차료 ₩2,000,000과 매출액의 10% 지급

이 회사는 과거 경험자료에 기초하여 소프트웨어 1,000단위와 2,000단위를 판매할 확률을 각각 40%와 60%로 평가하였다. 기대영업이익을 극대화하려면 어느 방안을 선택해야 하며 그 기대영업이익은 얼마인가?

① 방안 1, ₩14,000,000 ② 방안 2, ₩14,000,000 ③ 방안 1, ₩8,000,000
④ 방안 1, ₩7,600,000 ⑤ 방안 2, ₩7,600,000

08 기대이익 최대화 (21. 세무사)

(주)세무는 기존에 생산중인 티셔츠 제품계열에 새로운 색상인 하늘색과 핑크색 중 한 가지 제품을 추가할 것을 고려중이다. 추가될 제품은 현재의 시설로 생산가능하지만, 각각 ₩200,000의 고정원가 증가가 요구된다. 두 제품의 판매단가는 ₩10, 단위당 변동원가는 ₩8으로 동일하다. 마케팅부서는 두 제품의 시장수요에 대해 다음과 같은 확률분포를 제공하였다.

수요량	기대확률	
	하늘색	핑크색
50,000단위	0.0	0.1
100,000단위	0.2	0.1
200,000단위	0.2	0.2
300,000단위	0.4	0.2
400,000단위	0.2	0.4

(주)세무의 기대영업이익을 최대화하는 관점에서 두 제품 중 상대적으로 유리한 제품과 유리한 영업이익차이 모두를 올바르게 나타낸 것은?

① 핑크색, ₩30,000
② 하늘색, ₩32,000
③ 핑크색, ₩34,000
④ 하늘색, ₩36,000
⑤ 핑크색, ₩38,000

09 기대현금흐름의 비교 (21. 공인회계사)

(주)대한은 월드컵에서 한국 축구팀이 우승하면, 10억원 상당의 경품을 증정하는 이벤트를 실시할 예정이다. 동 경품 이벤트의 홍보효과로 인해 (주)대한의 기대현금유입액은 한국 축구팀의 우승 여부에 관계없이 3억원이 증가할 것으로 예상된다. (주)대한은 경품 이벤트에 대비하는 보험상품에 가입할 것을 고려하고 있다. 동 보험상품 가입시 한국 축구팀이 월드컵에서 우승하는 경우, 보험사가 10억원의 경품을 대신 지급하게 된다. 동 상품의 보험료는 1억원이며, 각 상황에 따른 기대현금흐름은 다음과 같다.

	기대현금흐름(보험료 제외)	
	월드컵 우승 성공	월드컵 우승 실패
보험 가입	3억원	3억원
보험 미가입	(−)7억원	3억원

한국 축구팀이 월드컵에서 우승할 가능성이 최소한 몇 퍼센트(%)를 초과하면 (주)대한이 보험상품에 가입하는 것이 유리한가? (단, 화폐의 시간가치는 고려하지 않는다)

① 5%
② 10%
③ 20%
④ 30%
⑤ 40%

10 차이조사결정 (01. 세무사)

딸기작물은 서리에 노출되면 그렇지 않은 경우보다 가격이 대폭 하락한다. 딸기작물을 재배하는 어떤 농부가 딸기를 서리로부터 전문적으로 보호해 주는 회사에 서리보호용역을 맡기고자 한다. 서리(보호)의 유무에 따라 딸기재배로 인한 이익이 다음과 같이 예상되는 상황에서, A회사는 최소한 ₩1,000,000을 서리보호대가로서 수취하고자 한다. 농부는 서리가 내릴 확률이 최소한 몇 % 이상일 때 A회사에 용역을 맡길 가치가 있겠는가?

	딸기재배로 인한 이익의 예상액	
	서리가 있는 상황	서리가 없는 상황
서리보호가 있는 경우	₩9,000,000	₩6,000,000
서리보호가 없는 경우	4,000,000	6,000,000

① 16.7%　② 20.0%　③ 33.4%
④ 44.5%　⑤ 50.0%

11 완전정보의 가치 (06. 감정평가사)

충무회사는 자사가 생산하는 제품의 정확한 원가를 모른다. 회계부서에 의하면 고정원가는 ₩100,000으로 확정지을 수 있으나, 단위당 변동제조원가는 불확실하며, 단위당 변동제조원가의 분포 및 확률은 다음과 같다.

단위당 변동제조원가	₩6	₩9	₩12	₩15
확 률	1/6	1/3	1/6	1/3

충무회사의 판매부서는 고객으로부터 단위당 ₩10에 100개의 제품을 구매하겠다는 특별주문을 받았다. 이 회사가 특별주문을 처리할 충분한 유휴생산설비를 가지고 있으며, 위험중립형이라고 가정할 때 특별주문과 관련하여 단위당 변동제조원가에 대한 완전정보의 기대가치를 계산하면?

① ₩0　② ₩100　③ ₩150
④ ₩200　⑤ ₩300

12 완전정보의 가치 (02. 공인회계사)

김밥을 말아서 판매하는 L양은 한국시리즈가 진행되는 야구장에서 김밥을 판매하려고 한다. 김밥의 단위당 제조원가는 ₩400이며, 판매가격은 ₩1,000이다. 야구는 야간경기이기 때문에 야구장에서 팔고 남은 김밥은 쉬게 되어 폐기처분해야 하며, 미리 만들어 간 김밥이 다 팔린 후에는 추가로 김밥을 만들어 팔 수 없다. 김밥 아가씨 L양이 예상한 김밥의 판매량은 다음과 같다.

판매량	2,500개	3,000개	3,500개
확 률	0.4	0.3	0.3

김밥의 판매량에 관하여 완전한 예측을 해주는 완전정보시스템이 있다면 그러한 완전정보의 기대가치는 얼마인가?

① ₩0　② ₩90,000　③ ₩170,000
④ ₩220,000　⑤ ₩270,000

13 완전정보의 가치와 예측오류의 원가 (23. 공인회계사)

(주)대한은 제품 A를 생산하여 판매하려고 한다. 제품 A의 단위당 제조원가는 ₩200이며, 단위당 판매가격은 ₩500이다. 제품 A는 판매되지 못하면 전량 폐기처분해야 하며, 미리 생산한 제품 A가 전량 판매된 후에는 추가로 생산하여 판매할 수 없다. (주)대한이 예상한 제품 A의 판매량은 다음과 같다.

판매량	500개	600개	700개
확　률	0.4	0.3	0.3

제품 A의 판매량에 관하여 완전한 예측을 해주는 완전정보시스템이 있다면, 다음 설명 중 옳은 것은?

① 기존정보하의 기대가치는 ₩155,000이다.
② 기존정보하에서는 생산량이 700개인 대안을 선택할 것이다.
③ 완전정보하의 기대이익은 ₩17,000이다.
④ 완전정보하의 기대가치는 ₩177,000이다.
⑤ 기존정보하에서 기대가치가 가장 큰 대안을 선택하였고 실제로 제품 A가 500개 판매된 경우 예측오차의 원가는 ₩20,000이다.

14 완전정보의 가치 (03. 세무사)

S회사는 방식 A 또는 방식 B를 이용하여 신제품을 개발하려고 한다. 신제품이 개발되면 소비자의 선호여부에 따라 판매량이 달라진다. 각 상황별 기대이익은 다음과 같다.

상 황 / 방 식	선호됨	선호되지 않음
방식 A	₩100,000	₩60,000
방식 B	150,000	40,000

신제품이 선호될 확률은 40%, 선호되지 않을 확률은 60%로 예상될 때, 신제품 선호에 대한 완전정보의 가치를 구하시오.

① ₩3,200 ② ₩4,200 ③ ₩6,000
④ ₩8,000 ⑤ ₩12,000

15 완전정보의 가치 (05. 공인회계사)

J회사는 새로운 생산설비를 도입하면서 자본집약적인 경우와 노동집약적인 경우의 두 가지 대안을 생각하고 있다. 각 대안의 원가구조는 다음과 같다.

원 가	자본집약적 설비	노동집약적 설비
고정원가	₩1,000,000	₩200,000
단위당 변동원가	4,000	7,000

설비를 도입한 후 월 예상판매량과 그 확률이 다음과 같을 때, 원가최소화를 목표로 하는 J회사가 월 예상판매량에 관한 불확실한 정보 때문에 입게 될 경제적 손실은 얼마인가?

생산량	100단위	200단위	300단위	400단위
확 률	40%	30%	20%	10%

① ₩60,000 ② ₩260,000 ③ ₩1,540,000
④ ₩1,600,000 ⑤ ₩1,800,000

16 완전정보의 가치 (19. 세무사)

(주)세무는 공정이 정상인지에 대해 조사 여부를 결정하고자 한다. 공정 조사비용은 ₩20,000이며, 조사 후 공정이 비정상 상태일 때 교정비용은 ₩30,000이다. 공정이 비정상인데 조사하지 않으면 손실 ₩90,000이 발생한다. 공정이 정상일 확률은 60%, 비정상일 확률은 40%이다. 공정 상태에 대해 완전한 예측을 해주는 완전정보시스템이 있다면 그 완전정보를 얻기 위해 지불가능한 최대금액은?

① ₩4,000 ② ₩12,000 ③ ₩16,000
④ ₩20,000 ⑤ ₩32,000

17 완전정보의 가치 (23. 세무사)

(주)세무는 기계 A, B 중 하나를 구입하고, 이를 사용하여 신제품을 생산하려 한다. 관련 자료를 근거로 작성한 성과표(payoff table)는 다음과 같다. 성과표에서 $P(S_i)$는 확률을 의미하고, 금액은 이익을 의미한다.

대안 \ 상황	S_1 = 호황 $P(S_1) = 0.4$	S_2 = 불황 $P(S_2) = 0.6$
기계 A	₩9,000	₩1,000
기계 B	7,000	K

기계 A의 기대이익이 기계 B의 기대이익보다 더 크며, 호황일 때는 기계 A의 이익이 더 크고 불황일 때는 기계 B의 이익이 더 크다. 완전정보의 기대가치(EVPI)가 ₩600인 경우, 성과표에서 K는 얼마인가?

① ₩1,500 ② ₩2,000 ③ ₩2,200
④ ₩2,300 ⑤ ₩2,500

18 불완전정보의 가치 (06. 세무사)

불완전정보의 기대가치에 영향을 주는 요인으로 가장 옳지 않은 것은?

① 발생상황과 행동대안에 따른 성과 ② 발생상황의 불확실성 정도
③ 각 행동대안의 기대성과 ④ 불완전정보의 예측정확성
⑤ 각 행동대안의 실현가능성

19 불완전정보의 가치 (18. 공인회계사)

(주)대한은 제품 A와 제품 B 중 어느 것을 생산·판매할 것인지 결정하기 위해 외부경제연구소로부터 시장 상황에 대한 예측정보를 얻으려고 한다.

(1) (주)대한은 미래의 시장 상황을 호황과 불황으로 나누고, 외부경제연구소의 예측정보를 얻기 전에 각 상황에 대한 확률과 영업이익을 다음과 같이 예상하였다.

대 안	시장 상황	
	호황(확률 : 60%)	불황(확률 : 40%)
제품 A	₩1,200	₩900
제품 B	850	1,100

(2) 외부경제연구소는 시장 상황에 대해 호황이라고 예측하는 정보(R_1) 또는 불황이라고 예측하는 정보(R_2)를 제공한다.

(3) (주)대한은 시장 상황에 대해 사전에 예상한 확률과 외부경제연구소의 예측정확도를 고려하여 각 정보(R_1과 R_2)가 제공될 확률을 계산하였다. 각각의 정보가 제공될 확률, 정보가 주어졌을 때의 최적대안 및 최적대안의 기대영업이익은 다음과 같다.

	R_1	R_2
정보가 제공될 확률	56%	44%
최적대안	제품 A	제품 B
최적대안의 기대영업이익	₩1,157	₩1,032

(주)대한이 외부경제연구소의 예측정보에 대해 지불할 수 있는 최대금액은 얼마인가?

① ₩10
② ₩12
③ ₩22
④ ₩53
⑤ ₩80

MANAGEMENT ACCOUNTING

12 성과평가

책임회계, 경제적 부가가치, 균형성과표를 사용한다

이 장은 관리회계시스템의 중요한 부분인 성과평가 문제를 다룬다. 부문의 재무적 성과평가인 책임회계를 먼저 소개한다. 해당 부서가 통제하는 재무지표가 무엇인가에 따라 원가, 수익, 이익, 투자 책임단위로 나눌 수 있다. 이는 성과평가의 기본원칙인 통제가능성의 원칙이 적용된 것이다. 투자책임단위의 성과지표로 사용되는 투자수익률, 잔여이익, 그리고 최근에 각광을 받는 경제적 부가가치(EVA)를 비교한다. 전통적인 재무성과 중심 평가제도의 한계를 극복한 균형성과표(BSC)도 소개한다.

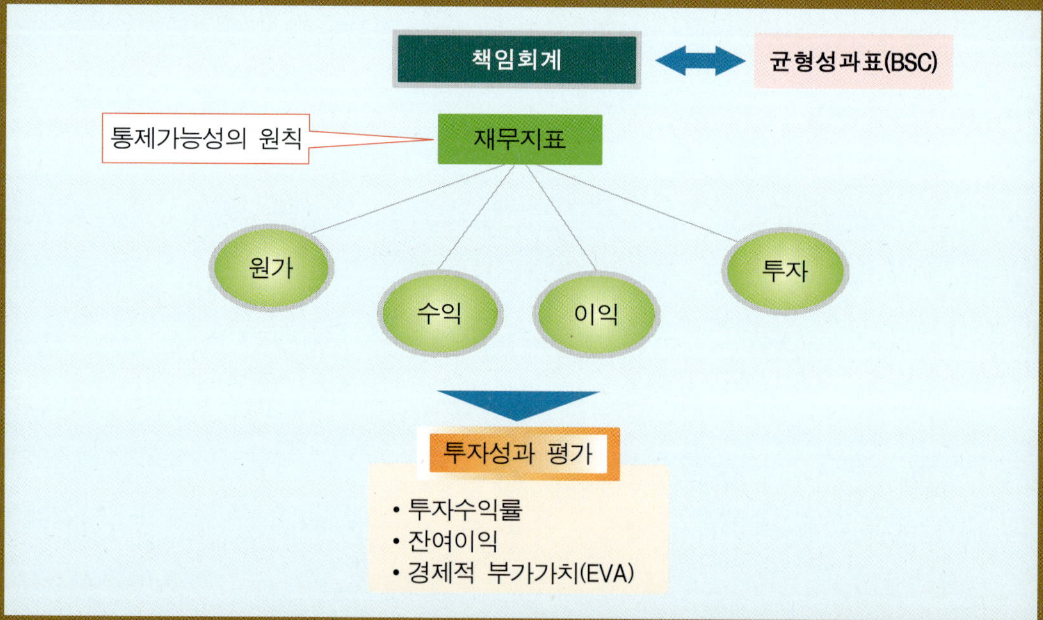

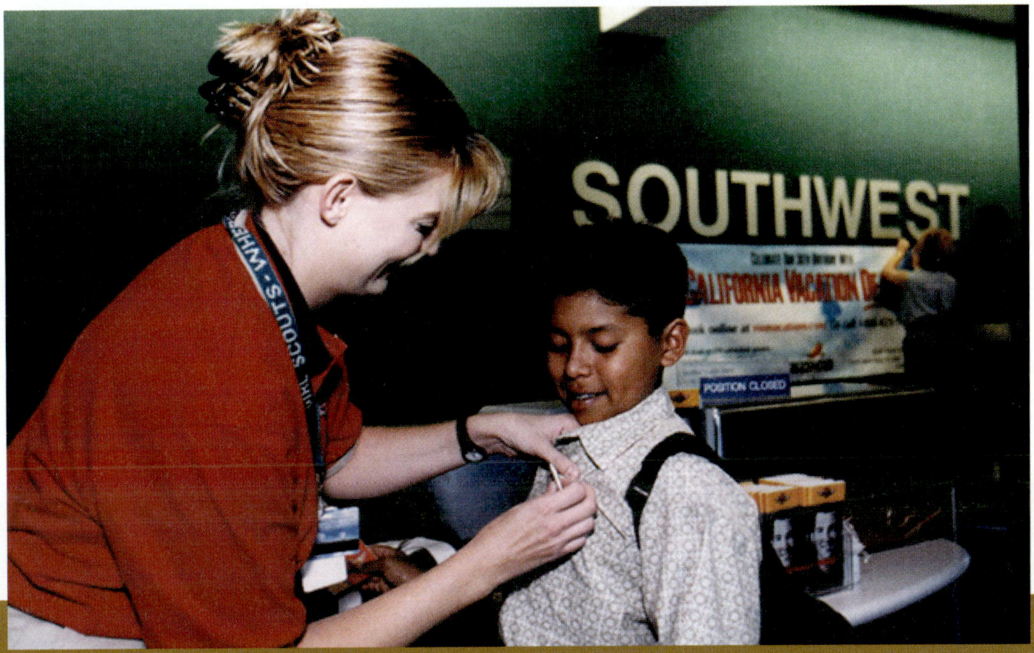

12

책임회계와 성과평가의 일반적 고려사항

- 각 부문을 책임과 권한에 따라 평가한다 - 책임회계
- 통제가능성은 완벽하지 않다
- 상대평가와 절대평가 중 어느 것이 좋은가?
- 목표는 어렵지만 달성가능한 수준으로
- 모든 평가지표는 계량화되어야 하는가?
- 성과평가결과를 활용한다

투자성과 평가지표

- 투자성과를 수익률로 평가한다 - 투자수익률
- 투자수익률을 세분화한다 - 듀퐁 분석
- 투자수익률에 의한 평가의 역기능에 주의한다
- 잔여이익은 모든 자본비용을 고려한 이익이다
- 경제적 부가가치는 무엇인가?
- 투하자본은 어떻게 구하는가?
- 자본비용을 구한다

균형성과표

- 재무성과지표와 비재무성과지표를 보완적으로 사용한다
- 균형성과표는 4가지 관점으로 평가한다
- 학습과 성장부터 내부 프로세스, 고객만족, 재무적 성과까지의 인과관계
- 전략을 성과지표로 구체화한다

성과급 논란 SK하이닉스, 직원 달래기 고심

–영업이익 2배인데 성과급 그대로
–최태원 회장 연봉 자진반납 이어
–이석희 사장 "기준 달라져" 해명

SK하이닉스가 지난해 실적을 토대로 지급된 성과급이 적다는 직원들의 반발로 몸살을 앓고 있다. 직원들은 지난해 영업이익이 2019년보다 2배 가까이 많아졌는데 성과급은 그대로라며 불만이다. 삼성전자 등 경쟁사로 이직하겠다는 얘기까지 나왔다. 최태원 SK그룹 회장이 자신의 연봉을 반납하고, 이석희 SK하이닉스 사장이 사내에 해명글을 올렸지만 논란은 쉽게 가라앉지 않고 있다.

4일 SK하이닉스와 전자업계에 따르면 노조를 중심으로 한 직원들의 반발은 사측이 지난달 28일 초과이익배분금(PS · Profit Share)으로 연봉의 20%를 지급하겠다고 공지하면서 시작됐다. 지난해 초에도 연봉의 20%를 성과급으로 받았던 직원들이 '영업이익은 2조 7,000억원에서 5조원으로 2배 가까이 늘었는데, 왜 성과급은 똑같냐'고 성토했다. 경쟁사인 삼성전자 메모리 반도체 부문 직원들이 연봉의 47%를 성과급으로 받는다는 소식에 더욱 격앙됐다. 때마침 삼성전자와 미국의 메모리 반도체 기업인 마이크론이 지난 1일 경력직을 채용한다는 공고가 뜨자 사내에선 인력 유출에 대한 우려도 나오고 있다.

SK하이닉스 연도별 실적과 성과급 비교

	2019년	2020년
영업이익	2조7000억원	5조원
경제적 부가가치 (EVA)	마이너스	플러스
연봉 대비 성과급 비율	20% (미래성장 특별기여금)	20% (초과이익 배분금·PS)

자료 : SK하이닉스

사측은 지난해와 올해의 성과급 지급 기준이 달랐다고 설명한다. SK하이닉스 성과급은 영업이익이 아니라 경제적 부가가치(EVA · 영업이익에서 세금과 자본비용 등을 뺀 순수이익)를 일정한 식에 넣어 산정한다. 2019년엔 영업이익이 났지만 EVA가 마이너스여서 PS를 줄 수 없었는데, 직원들 동기 부여 차원에서 2020년초 미래성장특별기여금이란 이름으로 연봉의 20%에 해당하는 성과급을 지급했다. 그런데 지난해 EVA가 플러스로 전환돼 올해 지급되는 PS를 계산했더니 우연히 연봉의 20%로 전년과 같았다는 것이다. (후략)

(경향비즈, 2021.2.3)

책임회계와 성과평가의 일반적 고려사항

각 부문을 책임과 권한에 따라 평가한다 - 책임회계

부문별 원가계산에서 부문별로 원가를 계산하였다. 각 부문이 원가를 잘 통제하였는지를 보고 또 원가통제를 열심히 하도록 동기부여하려면, 각 부문을 원가자료로 평가한다. 그러나 모든 부문에서 원가통제가 최우선적인 역할은 아니다. 판매부문은 원가통제보다는 매출확대가 더 중요한 업무일 것이다. 독립적인 사업부에서는 이익증대가 최종적인 목표이므로 매출과 원가는 이를 위해 부수적이다. 최근에는 거의 모든 부문을 부문이익으로 평가하려는 추세가 있다. 어느 부문을 어떤 회계수치로 평가하는 것이 적절한지를 보자.

책임회계
해당 부문이 책임지고 있는 재무적 결과로 부문을 평가하는 제도

각 부문이 책임지고 있는 재무적 결과로 부문을 평가하는 회계분야를 책임회계(Responsibility Accounting)라고 한다. 생산부문은 계획된 생산량을 달성하면서 원가를 통제할 책임이 있고, 판매부문은 주어진 자원으로 판매를 촉진할 책임이 있으며, 독립적인 사업부는 목표이익을 달성할 책임이 있다. 수익성 있는 투자를 할 책임이 있는 조직단위도 있다. 각 조직단위가 담당한 역할이 다르므로 책임져야 하는 재무적 결과도 다르다.

결과에 대한 책임을 물으려면 관련된 의사결정을 할 권한이 주어져야 한다. 권한이 없으면서 책임만을 진다면 평가의 효과가 없다. 책임회계는 행사된 권한에 대한 평가이다. 따라서 책임회계 평가지표는 각 책임단위가 통제할 수 있는 재무적 결과를 이용한다. 이를 통제가능성의 원칙(Controllability Principle)이라 한다. 해당 부서의 노력과 무관하게 나타난 나쁜 결과에 대해 책임을 묻는다면 무슨 효과가 있겠는가? 오히려 역효과가 난다. 평가가 불공정하다고 불만이 생길 것이다. 또한 부서의 노력보다는 운에 따라 평가가 달라질 것이므로 열심히 일을 하고 고심하여 의사결정을 할 필요가 없어진다. 어느 부서의 직원과 관리자가 유능한지도 제대로 판단할 수 없다. 즉, 통제가능성의 원칙이 지켜져야 평가의 공정성, 동기부여, 성과측정의 정확성이 달성된다.

통제가능성의 원칙
평가단위가 통제할 수 있는 결과로만 평가하는 원칙

통제가능성의 원칙에 의해 원가발생을 통제할 수 있는 부서는 원가수치로 평가한다. 이를 원가책임단위(Cost Center)라고 하는데 주로 표준원가 대비 원가차이로 평가한다. 생산부서와 지원부서가 이에 속한다. 판매부서는 매출을 담당

하므로 수익책임단위(Revenue Center)로 매출목표 대비 매출실적으로 평가된다. 원가발생과 수익창출을 모두 관리하는 독립적인 사업조직은 부문이익으로 평가를 하는 이익책임단위(Profit Center)이다. 독립적인 사업단위에게 판매, 지출뿐만 아니라 투자결정까지 위임한다면 투자책임단위(Investment Center)이다.[1] 투자책임단위는 투자액을 고려한 수익성으로 평가되는 것이 바람직하므로 투자수익률이나 잔여이익으로 성과가 평가된다. 이 성과지표는 뒷부분에서 설명된다.

통제가능성은 완벽하지 않다

통제가능성의 원칙이 성과평가지표를 고르는 가장 기본적인 원칙이나 현실적인 어려움이 있다. 현실에서는 완전한 통제가능성이 존재하지 않기 때문이다. 판매부서의 노력에 따라 매출실적이 달라지지만 시장수요의 변화와 경쟁사의 판매전략에 따라 우리 회사의 매출이 영향을 받는다. 생산부서의 원가절감 노력이 원가를 낮추는 데 기여하지만 납품업체의 영향, 노조와의 임금협상, 수입원자재와 부품가격의 환율이 제조원가를 변경시킨다. 즉, 담당부서의 노력과 판단에 외부적인 환경요소가 결합되어 결과가 나타난다. 이러한 불완전한 통제가능성의 경우에도, 담당부서가 열심히 일하고 올바른 결정을 내리도록 동기부여를 하기 위해 이렇게 부분적으로 통제가능한 항목으로도 성과를 평가한다. 이때 가급적 통제불가능한 요소를 제거하는 분석을 한다. 예를 들어, 노무원가 증가 부분을 노사협상에 의한 임금상승 부분과 노무시간 증가 부분으로 원가차이 분석을 할 수 있다. 수입원자재 가격변화분을 환율변화분과 생산지 가격변화분으로 나누어 성과평가에 사용하는 것이 좋다.

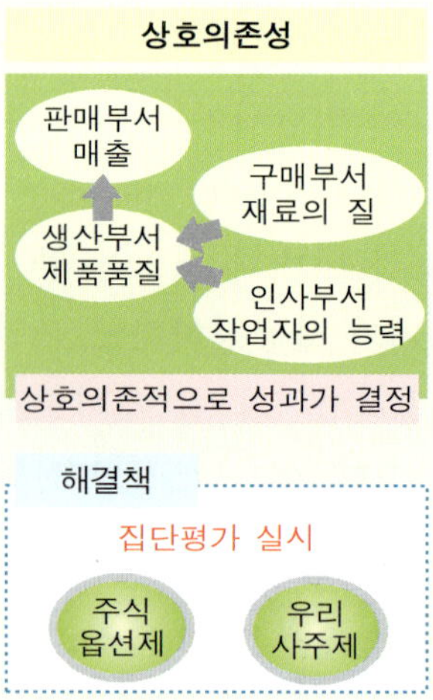

부서의 성과가 다른 부서의 노력과 결정에 의존하는 상호의존성도 문제가 된다. 매출은 제품의 품질에 영향을 받는데 품질은 판매부서가 아닌 생산부서가 통제한다. 제조원가가 구입된 재료의 질과 작업자의 능력에 영향을 받는데, 이는 생산부서가 아닌 구매부서나 인사부서가 통제할 문제이다. 이처럼 각 부서의 성과가 완전히 독립적으로 발생하지 않고 서로 영향을 주고받으며 결정

1) 4가지 책임단위(Responsibility Center)를 원가중심점, 수익중심점, 이익중심점, 투자중심점으로 번역한 서적이 많으나 중심점이란 용어가 자연스럽지 않으므로 책임단위라는 표현을 쓴다.

된다. 이런 상황에서 개별평가만을 사용하면 부작용이 날 수 있다. 생산부서가 시장수요를 생각하지 않고, 단위당 원가를 낮추기 위해 과잉생산을 하여 재고를 지나치게 쌓아 놓을 수 있다. 자재부서가 구매원가를 낮추기 위해, 지나치게 질이 나쁜 원자재를 구입할 수 있다. 그러므로 부분이 아닌 전체의 이익을 추구하도록 하기 위해 상부 조직단위의 성과지표로 집단평가(Group Evaluation)한다. 이는 서로 유기적으로 연결되어 있는 하부 조직단위가 서로 협조하여 전체적인 성과를 달성하도록 유도하기 위해서이다. 그 한 예가 기업의 주가를 기업 전체의 성과지표로 여기어 직원을 보상하는 주식 옵션제나 우리 사주제이다.

집단평가
피평가단위가 속한 집단 전체를 하나로 평가하는 것

집단평가도 문제점이 있다. 여러 부문이 같이 협력해야만 좋은 성과가 나온다면, 우리 부서만 열심히 해도 소용이 없다는 의식이나, 우리 부서는 적당히 해도 나쁜 성과는 다른 부서의 탓으로 돌리면 된다는 의식이 나타날 수 있다. 남의 노력에 편승하는 이러한 무임승차(Free-rider) 현상을 줄이기 위해 여전히 각 부서의 개별평가지표에 의한 개별평가(Individual Evaluation)가 필요하다.

개별평가
개별 피평가 단위별로 평가하는 것

상대평가와 절대평가 중 어느 것이 좋은가?

은행에는 많은 지점과 지원부서가 있다. 여러 부문의 평가를 상대적으로 할 것인가 절대적으로 할 것인가? 지점들끼리 수신고, 수익성 등의 성과를 비교하여 순위를 결정하여 포상을 한다면 이는 상대평가(Relative Evaluation)이다. 상대평가의 장점은 평가를 어렵게 만드는 공통의 통제불가능한 요소를 제거하는 점

한국 공인회계사 시험은 상대평가인가 절대평가인가?

우리나라는 공인회계사를 매년 약 1,000명씩 선발한다. 이 합격자들은 절대적인 합격점에 의해 합격되는 것이 아니라 응시자들의 상대적인 시험점수 순위에 의해 합격한다. 이러한 평가방식이 상대평가이다. 과목별 40점의 과락제도는 절대평가이다. 미국의 공인회계사 시험은 절대평가이다. 합격인원이 정해져 있지 않고 매년 일정점수 이상의 응시자가 합격된다. 2007년부터 우리나라 공인회계사 시험도 각 과목 60점 이상의 절대평가로 변경되었으며, 부분합격제가 도입되었다. 절대평가합격제도에 추가하여 최소합격인원을 보장하는 상대평가제도도 같이 사용되고 있다. 상대평가와 절대평가 중 어느 것이 더 좋은 제도인가? 두 방식은 장단점이 있다. 절대평가에서 문제의 난이도가 일정하지 않다면, 즉 전체적으로 쉬운 문제가 나오면 쉽게 합격하고 어려운 문제가 나오면 불합격하는 공정성의 문제가 있다. 상대평가는 난이도라는 공통의 통제불가능한 요소를 제거할 수 있다. 모든 응시자가 같은 난이도의 문제를 풀어야 하므로 절대점수가 아닌 상대점수로 평가된다면 난이도는 평가결과에 영향을 미치지 않는다.

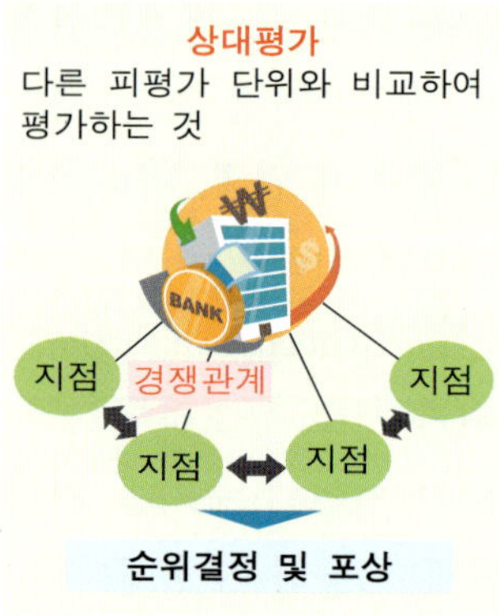

이다. 모든 지점에 영향을 미치는 경제 전반이나 금융분야의 여건이나 은행 자체의 공통된 문제점은 상대평가에 영향을 미치지 않는다. 상대평가를 하려면 비교되는 지점들끼리 동질적이어야 한다. 서로 상당히 다른 환경에 처한 지점들을 단순 비교한다면 비교가능성이 낮아서 평가가 적절하지 못하다. 상대평가의 또 다른 문제점은 지나친 경쟁의식으로 지점간의 협조가 불가능해지는 점이다. 다른 지점의 성과가 나쁠수록 우리 지점의 평가가 좋아지므로 다른 지점을 위한 협조를 기피하게 된다. 상대평가인 등수 가리기에서 앞서 가던 달리기 선수들이 넘어지면 뒤에 가던 선수는 나쁜 기록으로도 1등을 하여 금메달을 받을 수 있다. 남의 불행이 나의 행복이 되게 하는 제도이다.

절대평가를 하면 다른 지점의 성과와 무관하게 우리 지점만 좋은 성과를 올리면 된다. 절대평가를 하려면 절대적인 평가기준을 마련해야 한다. 이 평가기준을 만드는 것이 어렵다. 또한 절대평가는 평가에 영향을 미치는 통제불가능한 요소를 제거하기 어렵다.

평가제도를 설계할 때에는 결정해야 하는 사항이 많다. 누가 얼마나 자주 평가할 것인가? 평가결과를 어떻게 활용할 것인가? 공개할 것인가 말 것인가? 보상이나 인사고과에 어떻게 반영할 것인가? 이러한 사항보다 더 중요한 것은 평가지표의 선택이다. 책임회계에서는 원가, 수익, 이익, 수익률 등의 회계지표가 사용된다.

목표는 어렵지만 달성가능한 수준으로

원가, 매출, 이익, 투자수익률, 불량률, 납기 등 어떤 지표로 성과를 측정하든 목표수치 대비로 실제성과를 평가하게 된다. 이때 목표수치를 얼마나 어렵게 만들어야 하나? 목표달성이 너무 어려우면 처음부터 포기하여 노력을 하지 않을 것이다. 목표수준이 너무 쉬우면 쉽게 달성한 후 더 이상의 노력을 하지 않고 쉽게 만족할 것이다. 목표의 가장 적당하게 어려운 정도는 '어렵지만 달성가능한(difficult but attainable)' 수준이다.[2] 노력을 하도록 어려운 수준으로 하되, 노력을 하면 달성하여 만족감을 느낄 정도의 수준이 바람직하다.

2) 이것을 stretch target이라 한다.

그러면 어느 정도가 '어렵지만 달성가능한' 수준인가? 목표설정을 담당한 사람의 직관적인 판단이 필요하지만 과거의 경험을 이용하면 좋다. 만약 목표가 계속 달성되면 목표가 너무 낮을 가능성이 높으므로 목표를 좀더 어렵게 상향조정하고, 만약 목표가 계속 달성되지 못하면 목표가 너무 높을 가능성이 높으므로 목표를 좀더 쉽게 하향조정한다.

모든 평가지표는 계량화되어야 하는가?

성과평가는 사후적인 결과평가와 결과의 활용에 못지않게 사전적인 동기부여를 위해 중요하다. 과목을 수강하는 학생들에게 시험을 보게 하는 이유는, 시험성적에 따라 학점을 주기 위해서이기도 하지만 학생들이 시험을 준비하면서 공부를 하게 만들기 위해서이다. 사후적인 평가만을 생각한다면 객관성 시비 문제의 소지가 적고 채점이 쉬운 객관식이나 계산문제가 적절하나, 사전적인 교육효과를 생각한다면 주관식이나 이해력을 묻는 논술형 문제가 더 적절할 수 있다. 과거의 단순암기식의 단답식이나 계산 위주의 시험이 사후적인 평가의 편의성만을 생각하였다면, 최근의 논술형 문제는 바람직한 교육과 평가 방향을 제시한다. 조직의 부문이나 팀 평가에서도 객관성을 위해 계량평가지표는 필요하나 계량지표에만 지나치게 의존하는 것은 평가의 균형과 본래 취지를 잃게 할 수 있다. 따라서 객관적 평가와 주관적 평가의 균형, 계량[정량]평가와 비계량[정성]평가의 균형이 필요하다.

성과평가결과를 활용한다

평가는 평가만으로 끝나서는 큰 의미가 없다. 어떤 형태로든 평가결과가 활용되어야 한다. 성과평가제도의 도입 초기에는 평가를 한다는 사실 자체가 평가대상 단위에 긴장감을 주고 평가지표에 대한 관심을 높이고 평가지표의 좋은 결과를 얻으려는 노력을 유도한다. 이것은 평가결과가 어떤 형태로든 나중에 활용될 것이라는 생각을 평가대상이 가지게 되기 때문이다. 그러나 장기간에 걸쳐 반복적으로 평가가 평가 자체로만 끝나고 아무런 활용이 없다면 평가에 대한 관심이 식고 평가는 아무런 의미를 가지지 않게 된다.

평가제도를 중요하게 여기도록 하기 위해 평가결과를 어떻게 활용할 수 있는가? 가장 간단한 방법이 평가결과를 단순히 공개하는 것이다. 아무런 구체적인 보상이나 불이익이 없이 평가결과를 단순히 공개적으로 발표해도 평가대상들의 관심이 높아진다. 평가결과를 비공개적이고 개별적으로 통보하는 것보다 공개적으로 발표하면 좋은 결과를 얻은 평가대상은 심리적인 만족감을 얻는다.

가장 일반적인 평가결과의 활용은 금전적 보상이다. 급여의 일부분을 성과평가결과에 따른 성과급으로 지급하거나 임시적인 특별상여금을 지급하는 방법이다. 아래의 은행 사례는 상대평가제도에 의해 선정된 우수 영업점 직원에게 상금과 해외연수의 혜택이 주어지는 경우이다. 어느 표창제도에서나 상장과 함께 상금이나 상품 등의 부상이 함께 제공되는데 이것이 금전적인 보상이다. 물론 표창 수상이 주는 보람, 만족감, 명예심의 심리적 보상 효과가 부상의 금전적 중요성보다 큰 경우가 있고 그 반대의 경우도 있다. 중요한 점은 심리적 보상과 금전적 보상이 서로 보완적이므로, 심리적 보상이나 금전적 보상 한 가지에만 지나치게 의존하는 것은 효과가 적다.

성과평가에 의한 보상제도의 사용은 공공부문도 예외는 아니다. 우리나라 정부도 일부 성과급을 지급하나 외국 정부부문의 사례에 비해 아직 효과적으로 사용되지 못하고 있는 듯하다. 싱가포르의 사례는 능력급과 장학금 제도의 효과적인 활용을 보여준다.

은행의 영업점 상대평가와 결과 활용

일반평가에서 한 가지 흥미로운 사실은 점포 특성을 고려하여 평가항목별 배점을 차등화하여 평가한다는 것이다. 구체적으로 말하면 모든 영업점포를 각 영업점이 직면하고 있는 영업환경, 대상고객, 업무성격 등의 차이에 따라 12개의 군으로 나누고 이를 다시 4개 그룹(각 그룹당 3개 군씩 포함됨)으로 분류하여 그룹에 따라 평가항목에 대한 배점을 차등화하는 것이다. 물론 동일 그룹에 속하는 3개 군의 영업점은 모두 동일한 배점기준에 따라 평가된다. … 일반평가에서는 총 8개 부문에 대해 최우수 평가를 받은 영업점을 각 군별로 1개씩 선정하여 이 12개 점포 중 최우수 점포에 대해 대상을 수여한다. 그리고 각 군별로 1, 2, 3위에 대해 금상, 은상 및 동상을 각각 수여한다. 모든 수상 점포에 대해서는 일정액의 상금이 지급되고 소속직원에 대해 해외연수의 특전이 부여된다. 또한 대상수상 점포의 직원에 대해서는 50%~100%의 특별상여금이 지급된다.[3)]

---

3) 이 사례는 김용환 · 이경태의 '서비스 부문의 성과평가시스템 : 우리나라 은행과 외국은행의 사례연구'(회계학연구보고서, 제7호, 한국회계학회, 1997)에서 인용되었다.

투자성과 평가지표

투자성과를 수익률로 평가한다 - 투자수익률

투자성과를 평가하는 데 이익금액 자체로는 불충분하다. 왜 그런가? 투자규모가 고려되지 않았기 때문이다. A사업부가 10억원의 영업이익을 달성하고 B사업부가 6억원의 이익을 달성하였을 때, A사업부가 더 좋은 성과를 올렸다고 말할 수 있는가? 두 사업부의 모든 조건이 같다면 그렇다. 그러나 A사업부가 100억원을 투자하여 10억원의 이익을 내고, B사업부가 50억원으로 6억원의 이익을 냈다면 이야기가 달라진다. A사업부는 많은 투자액에 비해 충분하지 않은 이익을 냈다고 할 수 있다. 비율로 보면 A사업부는 투자액 100억원 대비로 10%의 수익률을 내었고, B사업부는 투자액 50억원에 대해 12%의 수익률을 내

싱가포르의 '관료 경쟁력'

공무원도 능력급… 성장률 따라 보너스 결정

작년 12월 11일 싱가포르 경제개발청(EDB) 회의실. 인터뷰를 위해 팅 밍키안 싱가포르 경제개발청 회장을 기다리는 동안 배석했던 관리들과 기자 사이에 싱가포르 공무원 6만명이 연말에 받게 될 보너스가 화제에 올랐다. 싱가포르 정부가 발표한 연말 보너스는 4분의 1개월치. 보너스가 없던 2001년보다 사정이 낫지만, 두 달 보름치를 받았던 2000년에 비해서는 낮은 수준이다. "올 경제성장률이 안 좋으니 어쩔 수 없지요. 분발해서 외국 기업들을 더 유치해야 할 텐데…."(용 빈 유엔·아태 지역 담당) "경기가 안 좋은데 공무원들만 보너스를 받을 수는 없지 않습니까."(쿠액 제네비베 마케팅 담당)

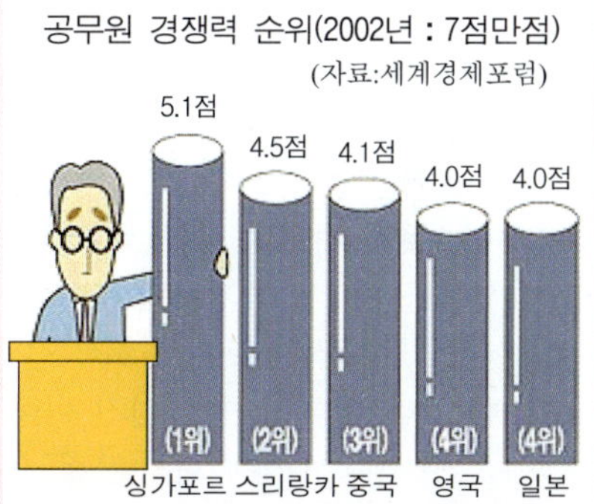

싱가포르에서는 공무원에게 일정액이 보장되는 '철밥그릇'이 없다. 1990년대말 개인별 능력급 제도가 도입된 데다 연말 보너스도 경제성장률에 따라 결정되는 시스템이기 때문이다. 결국 공무원들 지갑의 두께가 경제성장률을 그대로 반영하게 된다. 세계경제포럼(WEF)이 발표한 2002년 국가경쟁력 순위에서 4위를 차지한 싱가포르의 실력은 관료조직에서 나온다. 공무원 능력 부문에서 싱가포르는 세계에서 단연 1위다. 그런데도 능력급까지 실시하며 '달리는 말'에 채찍질을 하고 있다.

싱가포르 공무원은 철저하게 '만들어지는' 시스템이다. 정부는 똑똑하고 장래성 있는 고등학생들을 뽑아 대학·대학원 교육에 필요한 장학금을 지급한다. 장학금 종류가 인생을 결정지을 만큼 중요하다. 대통령 장학금에서 총리도서(圖書) 장학금, 정부 각 부처 장학금 등 서열이 매겨져 있을 정도다. 싱가포르의 높은 교육열은 장학금을 둘러싼 치열한 경쟁이 배경에 있다. 총리부터 유력한 공무원은 거의 예외 없이 장학생 출신이다. 장학생들은 미국·일본·유럽·호주 등으로 유학을 떠나고, 대체로 석사 과정을 마치고 귀국한다. 덕분에 해당국의 언어소통은 물론이고 세계의 조류에도 눈을 뜬 인재가 싱가포르에는 넘쳐난다.

(조선일보, 2003.1.14)

투자수익률(ROI)
투자액에 대한 이익의 비율

었으니 투자액 대비로 보면 B사업부가 더 잘한 것이다. 투자액에 대한 이익의 비율을 **투자수익률**(ROI, Return On Investment)이라 한다.

$$\text{투자수익률} = \frac{\text{이익}}{\text{투자액}}$$

부문의 투자수익률을 계산할 때, 분자인 이익수치는 자본비용을 고려하기 전의 영업이익이 많이 쓰이고, 투자액은 총자산액이나 투하자본(=총자산－유동부채)이 많이 이용된다.[4)]

딘딘, 주식투자 수익률 66% 이상? "깜짝 놀라"

'개미는 오늘도 뚠뚠' 최종 수익률 공개
66%까지 수익률 끌어올린 딘딘
해외주식 30% 수익 김종민
순위발표식 '시선집중'

'개미는 오늘도 뚠뚠' 챕터2 멤버 4인방의 최종 수익률이 공개된다. 10일 오전 7시 카카오TV에서 공개되는 '개미는 오늘도 뚠뚠'에서 노홍철, 딘딘, 김종민, 미주 등 개미 4인방의 최종 수익률을 공개하는 이른바 '뚠뚠 수익률 시상식'이 펼쳐진다. 주식, 부동산, 가상화폐까지, 분야를 총망라한 '홍반꿀 매직'으로 모두를 놀라게 만든 노홍철부터 수익률이 66%까지 치솟으며 역대 최고 수익률을 기록했던 딘딘, 역대급 팔랑귀의 면모를 보여준 김종민, 그리고 처음으로 주식에 도전한 주식 신생아 미주까지, 저마다 다른 투자성향을 가진 이들의 챕터2에서의 수익률 최종 결산에 나서는 것. (중략)

심화 버전에 돌입한 '개미는 오늘도 뚠뚠' 챕터2부터는 언택트, 바이오 등 투자시장의 핫이슈와 관심 분류 등을 고려해 챕터별로 특정테마를 정하고, 해당 테마에 대한 심층적인 실전투자 공략법을 알아본다.

이전 챕터1이 재무제표 보는 법 등 주식투자를 위해 꼭 필요한 '기초 지식'을 쌓는 이른바 '개미들의 훈련소'였다면, 챕터2부터는 '심층 체험 투자의 장'으로서 테마별 전문가 인터뷰, 대표 기업 탐방 등 직접 현장을 발로 뛰며 체험하고 분석함으로써 한층 업그레이드된 재미와 유익한 정보들을 전하고 있다.

(한국경제, 2021.2.9)

---

4) 투하자본이 분모로 사용될 때 투자수익률 대신 투하자본수익률(ROIC, Return On Invested Capital)이라 불린다.

투자수익률을 세분화한다 - 듀퐁 분석

자산수익률(ROA)
자산에 대한 이익의 비율

듀퐁 분석
자산수익률의 세부 분석

자산을 기준으로 구한 투자수익률, 즉 자산수익률(ROA, Return on Assets)은 2개의 재무비율로 분해하여 평가할 수 있다. 이를 듀퐁 분석(Du Pont Analysis)이라고 부르는데 종합화학회사인 듀퐁사가 개발하여 처음 사용한 데서 유래된 이름이다. 자산수익률을 매출수익률, 총자산회전율로 나눌 수 있다.

$$\text{자산수익률} = \text{매출수익률} \times \text{총자산회전율}$$

$$\frac{\text{이익}}{\text{자산}} = \frac{\text{이익}}{\text{매출}} \times \frac{\text{매출}}{\text{총자산}}$$

매출수익률
매출액에 대한 이익의 비율

총자산회전율
매출과 총자산의 비율

매출수익률(Return On Sale)은 매출액을 기준으로 한 수익률이므로 이익마진율이라 할 수 있다. 총자산회전율(Asset Turnover)은 총자산이 매출을 얼마나 창출하였는지를 보여주는 일종의 생산성 지표이다. 판매가격이 낮아도 이익마진율이 높고 매출량이 크면 높은 자산수익률을 얻을 수 있다. 미국의 달러스토어가 이 점을 잘 보여준다.

A사업부와 B사업부의 매출이 똑같이 200억원이라 하고 듀퐁 분석을 하여 두 사업부를 비교하자.

$$\begin{aligned}
\text{A사업부 자산수익률} &= 10/200 \times 200/100 \\
&= 5\% \times 2 = 10\% \\
\text{B사업부 자산수익률} &= 6/200 \times 200/50 \\
&= 3\% \times 4 = 12\%
\end{aligned}$$

B사업부의 이익마진, 매출수익률은 3%로 A사업부의 5%보다 낮으나, 자산회전율이 A사업부에 비해 2배나 되어 전체적인 자산수익률이 더 높다. B사업부의 일종의 박리다매 사업이 높은 수익률을 달성하였다 할 수 있다.

듀퐁 분석은 매출수익률과 자산회전율을 좀더 세분화할 수 있다. 매출수익률은 (1－비용비율)로 표시할 수 있으므로 각 비용의 매출액 대비 비율로 세분한다.

$$\text{매출수익률} = \frac{\text{영업이익}}{\text{매출}} = \frac{\text{매출} - \text{영업비용}}{\text{매출}} = 1 - \frac{\text{영업비용}}{\text{매출}}$$

$$= 1 - \frac{\text{매출원가}}{\text{매출}} - \frac{\text{판매관리비}}{\text{매출}}$$

매출원가와 판매관리비를 다시 세부항목으로 나누어 다른 사업부 사이나 같은 사업부의 다른 기간의 차이를 비교한다. 〈표 12.1〉은 B사업부의 판매관리비율 17%는 A사업부의 25%보다 낮으나 매출원가율은 80%로 A사업부의 70%보다 높아 매출수익률이 낮음을 보인다. 매출원가율이 왜 높은지를 더 세부적으로 보려면 제조원가 세부항목의 비율을 본다.

표 12.1 사업부의 매출액 대비 원가비율 분석

(단위 : 억원, %)

	A사업부		B사업부	
	금 액	비 율	금 액	비 율
매 출	200	100	200	100
매 출 원 가	140	70	160	80
매출총이익	60	30	40	20
판매관리비	50	25	34	17
영 업 이 익	10	5	6	3

자산회전율은 분모인 자산을 세부항목으로 나누어 매출액과의 비율을 구한다.

$$\text{총자산회전율} = \frac{\text{매출}}{\text{총자산}} = 1 \div \frac{\text{총자산}}{\text{매출}}$$

$$= 1 \div \left(\frac{\text{유동자산}}{\text{매출}} + \frac{\text{비유동자산}}{\text{매출}} \right)$$

$$= 1 \div \left(\frac{\text{현금}}{\text{매출}} + \frac{\text{매출채권}}{\text{매출}} + \frac{\text{재고자산}}{\text{매출}} + \frac{\text{기타유동자산}}{\text{매출}} + \frac{\text{유형자산}}{\text{매출}} + \frac{\text{기타비유동자산}}{\text{매출}} \right)$$

현금, 매출채권, 유형자산 등 각 자산이 매출액 대비로 너무 많으면 자산

그림 12.1 영업순환과정

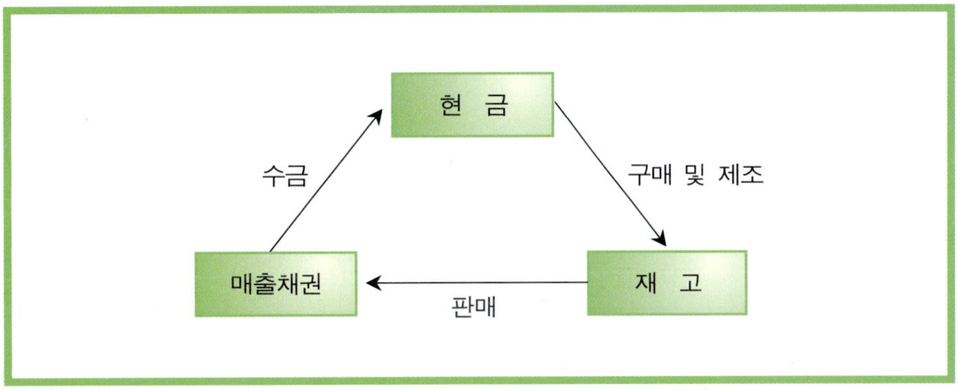

회전율이 낮아진다. 자산회전율의 구성요소 중 매출채권/매출은 매출채권의 회수기간을 보여준다. 이 비율이 1/6이면 매출채권을 회수하는 데 평균 1/6년, 즉 2개월이 걸림을 보여준다. 이 비율의 역수, 즉 매출/매출채권을 매출채권회전율이라 부른다. 재고자산/매출은 재고자산보유기간을 보여주며, 재고자산회전율의 역수이다.[5] 재고자산회전율은 재고자산이 얼마나 빨리 판매되는지를 보여준다. 회전율이 클수록 판매, 수금이 빨리 이루어져 [그림 12.1]의 영업순환과정(Operating Cycle)이 효율적으로 빨리 돌아간다.

매출채권회전율
매출과 매출채권의 비율

투자수익률에 의한 평가의 역기능에 주의한다

투자수익률은 이해하기 쉽고 듀퐁 분석이 가능하여 편리하나 한 가지 문제점이 있다. 투자수익률을 기준으로 부문을 평가할 때 역기능이 나타날 수 있다. B사업부가 현재 12%의 투자수익률을 달성하여 좋은 평가를 받아, 부문관리자 및 직원이 승진과 급여에서 혜택을 받고 있다고 하자. 이때, 이 사업부가 투자수익률 10%의 20억원 규모의 사업에 투자를 할 것인가? 투자수익률 10%의 사업을 추가하면 사업부의 평균 투자수익률은 현재의 12%보다 낮은 11.4%가 된다.

5) 매출 대신 매출원가를 사용하여 재고자산회전율을 구하는 것이 더 정확한데 이는 매출은 판매가로, 매출원가와 재고자산은 원가로 계산되어 있기 때문이다.

표 12.2 사업추가 전후의 투자수익률

(단위 : 억원, %)

	사업추가 전	추가 사업	사업추가 후
이 익	6	2	8
투 자 액	50	20	70
투자수익률	12%	10%	11.4%

이때 부문관리자와 직원은 투자수익률 하락으로 불이익을 받을 수 있어 이 수익률 10%의 사업을 포기할 것이다. 이 기업의 요구수익률이 8%이어서

달러 스토어 인기

■ 숨겨진 보물 찾는 재미에 고객 줄이어

뉴욕 맨해튼 32번가를 따라 서쪽으로 걷다 보면 눈길을 끄는 상점을 하나 발견할 수 있다. 잭스99센트스토어. 제대로 쓰지도 못할 싸구려 물건만 모아서 파는 곳이겠지 하는 생각은 잠시. 엄청난 규모, 다양한 상품에 입이 절로 벌어진다. 강당 크기의 매장 1, 2층이 발 디딜 틈 없이 붐빈다. 꽤 괜찮아 보이는 장난감을 하나 들고 미심쩍은 눈으로 본 가격표에는 '99센트'라는 글자가 선명하게 찍혀 있다.

'달러 스토어'(Dollar Store)가 인기를 끌고 있다. 달러 스토어는 일종의 저가 편의점으로 대부분의 상품을 1달러에 판매하는 곳이다. 맨해튼에 있는 잭스99센트스토어 같은 99센트 스토어도 달러 스토어로 분류된다.

달러 스토어에서 잘 팔리는 상품종류는 대략 50가지. 파티용품, 패션 액세서리, 주방용품, 가정용품, 식품 등이다. 보통 달러 스토어 한 곳에서 2,000~3,000가지 상품을 판매한다. 웬만한 생활용품은 대부분 구비하고 있을 정도다. 일부 달러 스토어는 1달러가 넘는 상품도 팔고 있다. 물론 다른 곳과 비교해 가격이 매우 저렴하다.

달러 스토어의 최대 강점은 역시 가격. 그렇지만 그게 전부는 아니다. 달러 스토어 창업지원회사인 ASI의 댄 마글즈 부사장은 달러 스토어가 인기를 끌고 있는 이유로 다양한 상품을 꼽았다. 그는 "달러 스토어는 다양한 상품을 보유하고 있다. 특히 매달 전체 상품의 30%를 새로운 품목으로 채운다. 고객들은 1달러에 살 수 있는 다양한 상품을 보려고 자주 찾는다"고 설명했다. 필라델피아의 세인트조셉대 존 스탠턴 교수는 이런 현상을 보물찾기에 비유했다. 그는 "고객들은 달러 스토어에 숨어 있는 질 좋고 값싼 물건을 발견하는 재미로 자주 방문한다"고 분석했다.

달러 스토어가 성공하기 위해서는 무엇보다 고객들의 방문 횟수가 중요하다. 고객들의 방문 횟수가 매출로 이어지는 확률이 다른 곳보다 훨씬 높기 때문이다. 달러 스토어에서 판매하는 상품은 가격이 싸 일단 방문한 고객은 당초 계획보다 많이 사는 경향이 있다. (중략)

■ 1달러의 비밀

달러 스토어가 1달러를 유지할 수 있는 가장 큰 이유는 대량 구매에 있다. 달러 스토어 납품회사들은 생산자로부터 한꺼번에 상품을 구입해 단가를 낮춘다. 개별 달러 스토어는 납품회사들로부터 원하는 상품을 주문한다. 달러 스토어 창업지원 및 상품공급을 하는 벅스스토어의 홍보담당자 마이클 월셔 씨는 "전국에 있는 달러 스토어에서 주문을 받아 대량으로 구매할 뿐만 아니라 최근에는 공급자들간 경쟁이 치열해 가격은 더욱 내려가고 품질은 올라가고 있다"고 설명했다. 대형 체인은 자체적으로 구매한다.

준최적화 현상
기업이익이 최대화되지 않는 현상

8% 이상의 수익률을 가진 사업이 기업의 이익을 증가한다면 B사업부의 수익률 10% 사업의 포기는 기업 전체로 보아 바람직하지 않다. 투자수익률 수준 자체가 평가지표로 사용될 때의 이러한 역기능을 준최적화(Sub-optimization) 현상이라 한다. 이 기업이 요구수익률 8% 이상을 달성한 사업부는 모두 똑같이 평가한다면 이러한 역기능이 없어지는가? 이 역기능은 없어지지만 그 대신 사업부가 8% 이상의 높은 수익률을 달성하려는 동기가 없어진다. 사업부를 잔여이익으로 평가한다면 이러한 문제가 없어진다.

1달러를 유지하는 또 다른 방법은 철 지난 상품을 판매하는 것. 유행이 지난 상품을 값싸게 구매해 판매한다. 재미있는 사실은 상하기 쉬운 식품도 동일한 방식으로 구매한다는 것이다. 잭스99센트스토어의 마케팅담당자 아이라 스타인버그 씨는 "달러 스토어는 상품이 판매될 때까지 걸리는 시간이 매우 짧기 때문에 유통기간이 임박한 식품을 저가에 구매, 판매할 수 있다"고 말했다. 사실 일반 슈퍼마켓은 유통기간이 얼마 남지 않은 상품을 사려 하지 않아 생산자들에게 식품재고는 큰 골칫거리다. 폐기하기는 아깝고 그렇다고 팔 수도 없기 때문이다. 이런 문제를 달러 스토어가 해결해주었다. 달러 스토어에서는 얼마 남지 않은 유통기간 내에 충분히 팔 수 있기 때문이다. 생산자는 재고를 처리할 수 있어 좋고, 달러 스토어는 싸게 물건을 들여올 수 있어 좋다. 완벽한 윈-윈 전략인 셈이다.

■ 달러 스토어 급성장

달러 스토어는 미국경기가 몇 년째 침체를 보이면서 오히려 활기를 띠고 있다. 경기가 어려울수록 소비자들은 싼 곳에 눈을 돌리기 때문이다. 댄 마글즈 부사장은 "달러 스토어는 경기 침체기에 오히려 번창하는 몇 안 되는 비즈니스 가운데 하나"라고 말했다. 최근 고객층이 저소득층에서 고소득층으로 확대되면서 더욱 빠른 성장세를 보이고 있다.

달러 스토어는 수익도 짭짤한 편이다. 댄 콜리 ASI 마케팅담당부장은 "달러 스토어는 마진이 상당히 높은 편"이라며 "평균 마진이 전체판매액의 20% 정도"라고 말했다.

달러 스토어 숫자도 급속하게 불어나고 있다. 정확한 수치는 나와 있지 않지만 현재 미국 전역에 퍼져 있는 달러 스토어는 수만 개에 달할 것으로 추정된다. 새로 문을 여는 달러 스토어는 일일이 셀 수 없을 정도다. 미국에서 가장 대표적인 달러 스토어 체인인 달러트리의 경우 극심한 불경기였던 지난해에만 318개의 상점을 새로 열었다. 달러트리는 현재 전국에 2,263개의 상점을 운영하고 있으며, 나스닥에 등록돼 있다.

달러 스토어의 매출도 가파르다. 경기침체가 오히려 달러 스토어의 성장을 가져다준 것이다. 달러 스토어 시장규모 역시 정확하게 조사되지 않은 까닭에 달러트리를 통해 대략적인 상황을 짐작해 볼 수 있다. 달러트리는 지난해 무려 23억 3,000만달러의 매출을 올렸다. 1달러짜리 상품을 무려 23억개나 판 것이다. 초당 72개꼴로 팔았다는 계산이 나온다. 지난 2001년 달러트리 매출은 19억 9,000만달러. 1년 사이에 17.1%나 성장했다. 지난해 순익은 15만 5,000달러를 기록해 전년(12만 3,000달러)보다 6.6%나 향상됐다. 대부분의 기업들이 극심한 매출감소를 겪고 있는 것과 대조적이다. 달러트리는 올해 매출이 지난해보다 15% 성장할 것으로 내다보고 있다. 달러트리 매콘 브록 사장은 "달러 스토어 비즈니스는 경기에 상관없이 향후 5~10년간 지속적인 성장세를 보일 것"이라고 내다봤다.

(한경 비즈니스, 2003.5.19)

잔여이익은 모든 자본비용을 고려한 이익이다

잔여이익
영업이익에서 투자액의 자본비용을 차감한 이익

잔여이익(Residual Income)은 영업이익과 투자액의 자본비용의 차이로 다음과 같이 계산한다.

잔여이익 = 영업이익 − 요구수익률 × 투자액

요구수익률(Required Rate of Return)은 기업의 자금조달비용, 즉 자본비용(Cost of Capital)을 고려하기 위해 기업 본부에서 설정하는데, 사업의 위험성(Risk)이나 더 좋은 투자기회에 대한 기대 등이 반영되어 실제자금 조달비용 수준보다는 좀더 높게 설정된다. 요구수익률로 측정하는 자본비용은, 차입자금에 대해 실제로 지급된 명시적인 이자비용뿐만 아니라, 자체 조달된 자기자본에 대한 암묵적인 자본비용도 고려한다. 암묵적인 자본비용은 자기자본에 대한 기회원가로, 사업을 하여 기회원가 이상을 벌지 못하면 사실상 이익을 얻은 것이 아니라는 것을 명백히 알려준다.

요구수익률을 8%로 가정하면, A, B사업부의 현재 잔여이익과 B사업부의 사업추가 후의 잔여이익은 〈표 12.3〉과 같다.

표 12.3 잔여이익 (단위 : 억원, %)

	A사업부	B사업부 사업추가 전	B사업부 추가 사업	B사업부 사업추가 후
이 익	10	6	2	8
투 자 액	100	50	20	70
자본비용	8 (100×8%)	4 (50×8%)	1.6 (20×8%)	5.6 (70×8%)
잔여이익	2	2	0.4	2.4

〈표 12.3〉이 보여주듯이 B사업부는 요구수익률 8%를 초과하는 사업을 추가하여 잔여이익을 2억원에서 2.4억원으로 높일 수 있다. 따라서 사업부의 투자성과를 잔여이익으로 평가하여 포상하면, 기업의 이익을 증가시키는 모든 사업에 사업부가 자율적으로 투자하도록 유도하는 바람직한 동기부여 효과가

나타난다.

〈표 12.3〉에서 두 사업부는 현재 같은 2억원의 잔여이익을 달성한다. A사업부의 투자수익률이 10%로 B사업부보다 낮으나 투자규모가 2배로 커서 잔여이익은 같게 나타난다. 이처럼 잔여이익은 자본비용을 차감한 후의 초과이익의 절대 규모를 나타내므로, 투자효율성 지표인 투자수익률과 투자규모의 복합적인 결과이다. 따라서 잔여이익은 같은 수익률에서 규모가 큰 부문의 평가를 유리하게 만든다. 이를 식으로 나타내면 다음과 같다.

$$
\begin{aligned}
\text{잔여이익} &= \text{영업이익} - \text{요구수익률} \times \text{투자액} \\
&= \text{투자액} \times (\text{영업이익} / \text{투자액} - \text{요구수익률}) \\
&= \text{투자액} \times (\text{투자수익률} - \text{요구수익률})
\end{aligned}
$$

$$
\begin{aligned}
\text{A사업부 잔여이익} &= 100 \times (10\% - 8\%) = 2 \\
\text{B사업부 잔여이익} &= 50 \times (12\% - 8\%) = 2
\end{aligned}
$$

투자수익률이 요구수익률보다 크면 잔여이익이 양수가 된다. 투자액이 같다면 투자수익률이 클수록 잔여이익이 커지지만, 투자액이 다르면 투자수익률의 크기 순위와 잔여이익의 크기 순위가 달라질 수 있다.

경제적 부가가치는 무엇인가?

최근 기업 전체나 기업의 사업부문을 경제적 부가가치로 흔히 평가한다. 많은 기업의 경제적 부가가치가 한국신용평가정보(주)나 한국거래소에서 매년 발표된다.

경제적 부가가치
사업단위가 자본비용을 초과하여 달성한 세후이익을 기업가치 관점에서 조정한 가치평가지표

경제적 부가가치(EVA, Economic Value Added)는 사업단위가 자본비용을 초과하여 달성한 세후이익을 기업가치 관점에서 조정한 가치평가지표이다.

$$\text{경제적 부가가치} = \text{조정 세후영업이익} - \text{평균 (세후)자본비용} \times \text{조정투하자본}$$

이익수치에서 투자액의 자본비용을 차감한 초과이익을 측정하는 면에서

경제적 부가가치가 잔여이익과 차별되는 점은?

1. 세후영업이익과 세후자본비용을 사용
2. 회계수치를 적절히 조정하여 사용
3. 자산평가손익이나 처분손익을 영업관련 손익으로 판단 및 반영

는 잔여이익과 상당히 비슷하다. 그러나 몇 가지 중요한 차이가 있다. 첫째, 경제적 부가가치는 법인세를 명시적으로 고려하기 위해 세후영업이익과 세후자본비용을 사용한다. 둘째, 경제적 부가가치는 기업가치 관점에서 회계수치를 그대로 사용하지 않고 적절히 조정한다. 대표적인 예로, 연구비를 당기 비용으로 처리하지 않고 자산화한다. 즉, 손익계산서의 영업이익은 연구비를 비용으로 차감하여 계산되나, 경제적 부가가치 계산에서는 연구비는 실질적인 자산가치가 있다고 판단한다. 따라서 연구비를 자산으로 인정하여 투하자산에 추가하고 그 상각비만을 비용으로 인정하여 조정된 영업이익을 계산한다. 영업활동의 범위를 확대하여 자산평가손익이나 처분손익은 회계적으로는 영업외손익이나 경제적 부가가치에서는 영업관련 손익으로 판단하여 조정영업이익 계산에서 반영한다. 감가상각비는 현금지급을 초래하지 않지만 경제적 비용으로 인정하여 조정하지 않는다.

조정영업이익 = 영업이익 + 당기 연구비 − 자산화된 연구비상각 +(−) 자산평가 / 처분이익(손실) +(−) 기타조정

A사업부의 영업이익이 10억원이고 당기 연구비가 3억원이라 하자. 연구비의 효과가 3년간 지속된다고 추정하여 경제적 부가가치 계산을 위해 3년에 걸쳐 상각하기로 한다. 연구비의 내용연수를 3년으로 보면, 올해의 연구비자산상각액은 지난 2년간의 연구비의 상각액을 포함해야 한다. 2년 전과 1년 전의 연

NICE 평가정보의 EVA 자료

NICE 평가정보 상장코스닥분석(media.kisline.com) 사이트는 EVA 수치를 보여준다. 기업명을 입력하여 선택한 후 투자정보로 들어가면, 개별기업의 5년간 EVA 계산항목과 그 추세를 보여준다. 삼성전자의 예는 다음과 같다.

EVA지표

(단위 : 10억원, %)

구 분	2017.12.31		2018.12.31		2019.12.31	2020.12.31
	당 사	업종평균	당 사	업종평균	당 사	당 사
평균투자자본(IC)	65,518	180	79,259	203	86,722	91,650
세후영업이익(NOPLAT)	27,207	49	31,477	55	10,031	14,957
투자자본수익률(ROIC)	41.53	27.05	39.71	27.07	11.57	16.32
가중평균자본비용(WACC)	7.3	6.74	6.2	5.87	6.24	4.24
EVA	22,421	37	26,564	43	4,620	11,073

구비가 각각 2.4억원, 2.7억원이면, 올해의 연구비상각액 총액은 2.7억원이다. 자산평가/처분손익을 0.2억원, 기타조정 금액을 −0.1억원으로 가정한다. 법인세율이 40%일 때 조정 세후영업이익은 〈표 12.4〉와 같다.

표 12.4 조정 세후영업이익 계산

항 목	내 역	금액(억원)
영업이익		10
당기 연구비		3
(−) 연구비자산상각		−2.7
당기연구비상각	1	
전기연구비상각	0.9	
전전기연구비상각	0.8	
자산평가/처분손익		0.2
기타조정		−0.1
조정 영업이익		10.4
법인세(세율 40%)		−4.16
조정 세후영업이익		6.24

삼성, 성과달성 아닌 목표기준 따라 PS 지급

삼성그룹이 매년 1월 지급하는 초과이익분배금(PS · Profit Sharing) 제도를 절대적 '성과달성'보다는 '목표달성' 여부로 판단하기로 했다. PS의 근간인 EVA(Economic Value Added · 경제적 부가가치)를 산정할 때 자기자본비용을 합리화, 당장의 수익성보다는 목표를 달성했는지 여부를 주요 변수로 산정한다는 방침이다.

7일 삼성에 따르면, 그룹 미래전략실은 이달 초 이 같은 내용의 PS지급 방안을 확정해 각 계열사에 전달한 것으로 알려졌다. 삼성 관계자는 "삼성은 매년 PS를 지급하고 난 후, 삼성 관계사의 PS 담당자들이 모여 전년도 PS 지급기준에 대해 개선점이 없는지 논의하는 자리를 갖는다"면서 "EVA 방식을 통한 PS 산출방식은 변함없이 유지하기로 했지만, 연간 영업이익에서 자본비용을 차감할 때 자본비용을 계산하는 방식을 합리적으로 개선했다"고 말했다. 이 관계자는 이어 "자기자본비용을 산정할 때 회사에서 갖고 있는 기대수준이 반영이 됐다"면서 "예를 들어 당장의 수익성이 안 나는 사업이라도 연간 실적이 기대수준에 만족이 된다면 PS를 지급하는 형식"이라고 설명했다. (아시아경제, 2011.6.7)

투하자본은 어떻게 구하는가?

투하자본
이자비용이 발생하는 타인자본과 자기자본의 합

타인자본
(재무상태표의 부채)

이자발생부채
예 : 차입금, 지급어음, 사채

자기자본
(재무상태표의 자본)

이자 대신
기회비용이 발생

투하자본(Invested Capital)은 이자비용이 발생하는 타인자금과 자기자본의 합으로 구한다. 타인자본(재무상태표의 부채총액) 중 장기충당부채[6]는 이자를 발생시키지 않지만 비유동부채(장기부채)의 대부분인 사채와 장기차입금은 이자비용을 발생시킨다. 유동부채(단기부채)는 단기차입금과 지급어음만이 이자를 발생시키고 외상매입금 등의 유동부채는 이자가 발생하지 않으므로 투하자본에서 제외한다. 자기자본(재무상태표의 자본총액)은 이자비용이 발생하지 않으나 기회비용이 발생하므로 자본비용의 계산대상인 투하자본에 포함한다. 따라서 투하자본은 주로 비유동부채와 자기자본인 자본총액의 합이다.

투하자본 = 조정자본총액 + 이자발생부채
= 조정자본총액 + 부채총액 − 이자미발생부채

부채총액과 자본총액의 합이 자산총액이므로 투하자본을 자산으로 표시하면,

투하자본 = 조정자산총액 − 이자미발생부채
= 유동자산 + 조정비유동자산 − 이자미발생부채

조정자본총액, 조정자산총액, 조정비유동자산은 연구비 자산화와 비영업자산 제외 등에 의해 조정된 금액이다.

A사업부의 재무상태표가 〈표 12.5〉와 같다.

6) 퇴직급여충당부채, 수선충당부채 등으로 외부에서 차입한 것이 아니라 미래의 예상지급액을 미리 비용화하여 부채로 인식한 것이므로 자본비용이 발생하지 않는다.

표 12.5 재무상태표

자산항목	금액(억원)	부채와 자본 항목	금액(억원)
유 동 자 산	9	유 동 부 채	7
현 금	2	매 입 채 무	5
매 출 채 권	3	단기차입금	2
재 고 자 산	4	비유동부채	29
비유동자산	48	사 채	14
유 형 자 산	35	장기차입금	10
무 형 자 산	13	장기충당부채	5
		부채총액	36
		자본총액	21
자산총액	57	부채와 자본 총액	57

연구비 자산화와 기타 조정에 의해 비유동자산과 자본이 조정되면 재무상태표의 조정 후 주요 금액은 〈표 12.6〉과 같다.7)

표 12.6 조정 재무상태표

자산항목	금액(억원)	부채와 자본 항목	금액(억원)
유 동 자 산	9	부채총액	36
조정비유동자산	56	조정자본총액	29
조정자산총액	65	부채와 조정자본 총액	65

위의 자료를 사용하여 투하자본을 계산하면 다음과 같다. 투하자본은 〈표 12.7〉과 〈표 12.8〉의 두 가지 방법으로 같은 금액을 구한다.

7) 연구비의 자산화 등으로 자본총액은 8억원만큼 상향조정되었다고 가정한다.

표 12.7 투하자본의 계산 : 자산 관점

항 목	금액(억원)	
조정자산총액		65
(−)이자미발생부채		10
매 입 채 무	5	
장기충당부채	5	
투 하 자 본		55

표 12.8 투하자본의 예산 : 자본 관점

항 목	금액(억원)	
조정자본총액		29
이자발생부채		26
단기차입금	2	
사 채	14	
장기차입금	10	
투 하 자 본		55

유동자산과 유동부채의 차액을 운전자본(Operating Capital)이라 하므로 투하자본을 운전자본과 비유동자산의 합으로 표시하기도 한다. 그러나 일반적인 운전자본은 유동자산에서 유동부채 전체를 차감하나, 투하자본 계산에는 이자가 발생하지 않는 부채를 차감하는 차이가 있다.

자본비용을 구한다

평균 (세후)자본비용
차입자금과 자기자금의 평균자본비용

(가중)평균 (세후)자본비용(WACC, Weighted Average Cost of Capital)은 차입자금(타인자본)에 대한 자본비용과 자기자금(자기자본)에 대한 자본비용을 각각 계산하여 차입자금과 자기자금의 크기에 따라 가중평균한 자본비용이다. 차입자금과 자기자금의 크기는 장부가보다 시장가로 계산하는 것이 일반적이다. 차입자금의 시가는 해당 회사의 사채 시가 등을 사용하고, 자기자금의 시가는 주가를 사용

차입자금(타인자본)의 자본비용
- 실제 지급된 이자비용이나 그 기업이 발행한 채권의 수익률
- 이자비용은 절세효과가 있으므로 세후자본비용을 사용

자기자금(자기자본)의 자본비용
- 자본자산가격모형에 의한 위험조정수익률 사용

→ 크기에 따라 가중평균

↓

가중평균자본비용

할 수 있다.

$$\text{평균 (세후)자본비용} = \frac{\text{차입자금(시가)}}{\text{투하자본(시가)}} \times \text{차입자금의 자본비용} \times (1 - \text{법인세율}) + \frac{\text{자기자금(시가)}}{\text{투하자본(시가)}} \times \text{자기자금비용}$$

$$\text{투하자본(시가)} = \text{차입자금(시가)} + \text{자기자금(시가)}$$

차입자금에 대한 자본비용은 실제 지급된 이자비용을 사용하거나 그 기업이 발행한 채권의 수익률을 사용할 수 있다. 자기자금에 대한 자본비용은 재무관리의 자본자산가격모형(CAPM, Capital Asset Pricing Model)에 의한 위험조정수익률을 사용할 수 있다.

자본비용은 사업부별로 계산하기보다는 기업 수준의 단일 자본비용을 사용한다. 이 기업의 차입자금이 300억원이고 그 세전자본비용이 5%, 자기자금 시가가 200억원이고 그 자본비용이 4%라 하면 평균자본비용은 다음과 같다.

표 12.9 평균자본비용의 계산

항 목	수 치	항 목	수 치
세전차입자금비용	5%	자기자금비용	4%
법인세율	40%		
세후차입자금비용	3%		
차입자금	300억원	자기자금	200억원
가중치	60%	가중치	40%
평균자본비용	60% × 3% + 40% × 4% = 3.4%		

균형성과표

재무성과지표와 비재무성과지표를 보완적으로 사용한다

전통적인 성과평가지표는 모두 재무지표이다. 원가, 매출, 이익, 수익률, 경제적 부가가치는 모두 재무적 수치이다. 재무성과지표는 몇 가지 편리한 점이 있다. 첫째, 화폐라는 공통단위를 사용하므로 전혀 성격이 다른 제품이나 서비스 부문을 비교하는 데 편리하다. 둘째, 주주나 최고경영자는 구체적인 생산 프로세스보다 그 결과인 재무적인 성과가 더 관심사이다. 최고경영진은 주주에 대해 책임을 지므로 주주가 가장 관심이 있는 재무적인 성과를 중심으로 모든 경영상태를 이해하는 것이 편리하다.

재무성과지표는 몇 가지 문제점을 가지고 있으므로 비재무성과지표가 보완적으로 사용되어야 한다.

첫째, 재무성과지표는 결과지향적 지표이므로, 이 결과를 달성하기 위해 어떤 것을 중요시하고 무엇을 실천해야 하는지에 대한 방향제시가 없다. 성과지표는 사후적인 결과평가의 측면과 함께 사전적인 동기부여의 역할을 해야 하는데, 성과달성을 위한 방향제시가 없다면 동기부여의 효과가 줄어든다. 예를 들어 매출증대가 목표라면 무엇을 실천해야 고객만족이 높아져서 판매가 늘지를 성과평가시스템이 제시한다면 동기부여가 잘된다. 불량률, 생산공정시간, 납기, 반품률, 고객만족도 조사수치 등 비재무성과지표는 기업의 성공을 위해 품질, 고객만족, 고객대응속도 등이 중요함을 직원에게 분명히 알려주고 이를 위해 노력하게 한다. 기업의 핵심성공요소(Critical Success Factors)를 찾아내어 이를 비재무성과지표로 사용하면 성과관리제도가 기업성공전략 수행에 큰 기여를 한다.

둘째, 재무성과지표는 추상적인 회계수치이므로 현장에 있는 중간관리자 이하의 직원에게는 피부에 와 닿지 않을 수 있다. 이에 비해 불량률, 생산공정시간, 납기, 반품률, 고객만족도 조사수치 등 비재무성과지표는 현장의 지표를 그대로 사용하므로 그 달성여부와 의미를 쉽게 이해하게 한다. 또한 재무성과지표는 단기적 성과를 측정하는 반면 비재무성과지표는 장기적인 기업가치를 높여주는 핵심성공요소를 측정하고자 한다.

표 12.10 재무성과지표와 비재무성과지표 비교

특 징	재무성과지표	비재무성과지표
지향성	결과지향적	과정지향적
시 야	단기적	장기적
자료성격	회계 및 재무 자료	생산운영 및 마케팅 자료
구체성	추상적임	구체적임

균형성과표는 4가지 관점으로 평가한다

균형성과표
재무, 고객, 내부 프로세스, 학습과 성장의 4가지 관점에 의한 균형잡힌 성과관리제도

재무지표와 비재무지표를 균형적으로 성과관리에 사용하는 제도가 균형성과표(BSC, Balanced Scorecard)이다. 관리회계학자인 Kaplan과 경영자문가인 Norton에 의해 최근에 정립된 균형성과표는 성과관리를 4가지 관점으로 나눈다. 재무적 관점, 고객의 관점, 내부 프로세스 관점, 학습과 성장의 관점이다. 재무적 관점(Financial Perspective)은 주주의 부를 최대로 하고자 하는 관점인데, 전통적인 재

은행 인사원칙 바뀐다… 실적 많아도 수익 없으면 퇴출

"여·수신 실적이 아무리 많아도 은행 수익에 도움 안 되면 퇴출 당한다" 급변하는 금융환경에 맞춰 은행원에 대한 인사고과기준이 완전히 바뀌었다. 지점에 대한 평가기준도 바뀌어 수익성이 낮으면 문을 닫게 된다. 과거 여·수신 실적 등 외형적인 실적을 인사고과 판단기준으로 삼았던 은행들이 철저하게 수익성 위주의 평가기준으로 바꾸어 나가고 있다.

신한은행은 최근 선진은행으로 도약하기 위한 발판을 마련하고 은행 수익성을 높인다는 방침 아래 새로운 인사고과 평가기준인 균형평가표(BSC)제도를 도입해 시행중이다. 이에 따라 3급 이상 간부직원들은 지난해까지는 인사고과시 여·수신 실적 등 재무목표의 달성 정도만을 평가받았으나 올 연말부터는 여·수신 취급에 따른 실질적인 손익과 부실비율 등을 중점 평가받는다. 또 이 같은 재무실적 외에 내부직원관리, 사업계획수립, 업무개선 제안·채택실적 등 비재무적인 측면도 종합 평가받게 된다.

기업은행도 각 영업점별로 영업실적이 아닌 수익성을 평가해 적자가 나거나 수익성이 낮은 지점은 과감히 문을 닫게 하는 '지점평가제'를 실시한다. 거래실적이 많은 중대형 지점이라도 수익보다 비용이 많이 들어 은행 손익에 도움이 안 되면 문을 닫게 하고 관련 영업점 책임자에게는 인사고과 때 이를 반영한다.

조흥은행은 부실발생 등으로 은행에 손해를 입힌 담당자에 대해서는 해당 업무를 끝까지 맡아 처리하게 하는 내부규정을 새로 만들고 있다. 또 종전과는 다른 평가기준을 적용하는 인사고과제도도 마련중인데 영업실적보다는 은행 손익에 얼마나 많은 기여를 했는가를 반영하는 것이 골자이다.

(매일경제, 1999.11.6)

무지표를 사용한다. 영리단체에서 가장 최종적인 성과목표라고 할 수 있다. 고객의 관점(Customers Perspective)은 고객만족에 대한 성과를 측정한다. 재무적 성과를 위해서는 고객만족이 필수적이라는 인식을 분명히 한다. 고객관점의 성과측정은 고객만족도 조사, 고객확보율, 고객유지(이탈)율, 반복구매율 등을 사용한다. 기업이 적자를 보면서 고객을 만족시킬 수는 없으므로 최종적인 지표는 아니다.

내부 프로세스 관점(Internal Process Perspective)은 기업 내부의 업무 프로세스의 효율성을 측정한다. 원가를 낮은 수준으로 유지하여 저렴한 가격에 제품을 고객에게 제공하려면 기업의 모든 프로세스가 효율적으로 운영되어야 한다. 불량률(Defect Rate), 작업폐물, 재작업률, 수율(Yield), 납기, 생산처리시간(Cycle Time), 재고회전율 등이 측정지표로 사용된다. 품질관련 지표는 내부 프로세스 관점이면서 고객관점과 직결된다. 학습과 성장의 관점(Learning and Growth Perspective)은 기술 및 제품의 혁신적인 발전을 추구하는 정도를 측정한다. 기존의 프로세스와 제품에 안주하지 않고 새로운 발전을 추진해야 급변하는 환경에서 기업의 성공이 있다. 조직의 인적 자산인 직원에 대한 교육투자와 직원의 조직만족도도 중시한다. 학습과 성장의 관점은 신제품 매출비율, 특허등록수, 직원만족도 등으로 측정한다.

직원이 승객보다 중요하다

창업 이래 31년간 매년 흑자를 기록한 항공사. 2002년 다른 미국 주요 항공사들의 시장가치를 모두 합한 것보다 더 많은 시장가치를 자랑하는 항공사. '미국에서 가장 일해 보고 싶은 100대 기업'에 3년 연속 선정된 항공사. 사우스웨스트항공이 바로 이 회사다. 사우스웨스트항공이 이 같은 극찬을 받는 이유는 무엇일까. 항공사의 "도요타 모델"로 일컬어지고 있는 '사우스웨스트 에어라인 웨이'를 들여다보자.

"우리는 이곳에서 '사랑'이라는 말을 자주 사용한다." 창업자 허버트 켈러허의 뒤를 이어 사우스웨스트항공 최고경영자에 오른 콜린 바렛의 말이다. 공교롭게도 이 회사 본사도 미국 댈러스의 러브필드이며 심볼도 LUV다. '사랑'을 빼놓고는 사우스웨스트항공을 이해하기 어렵다.

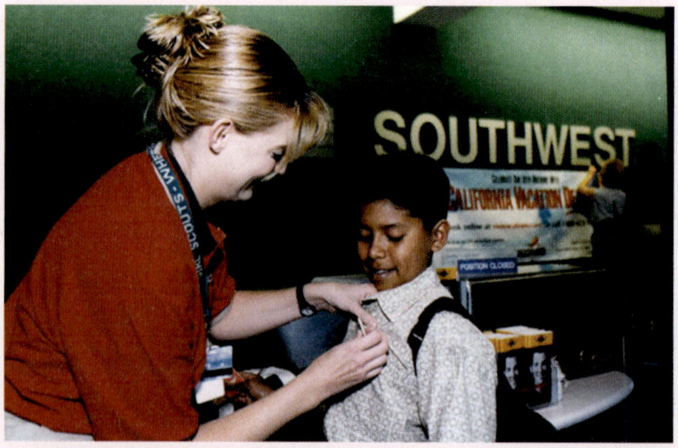

학습과 성장부터 내부 프로세스, 고객만족, 재무적 성과까지의 인과관계

균형성과표의 4가지 관점은 서로 보완적인 관계를 가지지만 또한 인과관계를 가지고 있다고 여겨진다. 재무적 관점이 최종적인 결과이며 재무적 성과는 수익을 제공하는 고객으로부터 오므로 고객관점지표가 재무적 지표의 원인이 된다. 고객만족은 효율적이고 효과적인 내부 프로세스 없이 달성될 수 없으므로 내부 프로세스 지표는 고객관점지표의 원인이 된다. 내부 프로세스의 효율성 향상은 끊임없는 학습과 혁신의 노력과 직원의 만족도에 의해서 이루어지므로 학습과 성장의 지표가 가장 근본적인 원인지표로 여겨진다. 미국의 가장 성공적인 항공사인 사우스웨스트항공의 사례가 이 점을 잘 보여준다.

한편, 외국의 한 보험회사인 내셔널보험사의 4대 관점과 지표 간의 인과관계는 [그림 12.2]와 같다.

영리기업에서는 재무성과가 가장 상위의 궁극적인 목적이 된다. 그러나 비영리조직이나 정부부문에서는 일반적으로 고객(이해관계자) 관점을 최상위의 관점으로 놓는다. [그림 12.3]은 동아오츠카의 BSC 전략지도를 보여준다. 전략지도(Strategy Map)는 각 관점별로 어떠한 성과동인(핵심성공요인)이나 KPI가 있으며, 이것들이 서로 어떤 인과관계(선행 후행 관계)를 가지고 있는지를 화살표로 연결하여 보여주는 균형성과표의 종합적 요약표이다.

9.11테러 이후 미국의 항공업계는 노동력의 20%인 12만여명을 해고했다. 대형 항공사들은 비행노선을 폐쇄하고 임금과 각종 복지혜택을 낮췄고 승무원의 규모와 기내식 횟수마저 줄이는 비상조치를 취하는 등 사상 최악의 사태를 겪었다.

놀랍게도 사우스웨스트항공은 아무런 조치도 취하지 않았다. 비행스케줄을 유지했으며 심지어 단 한 명의 직원도 해고하지 않았다. 오히려 직원들이 회사를 지켜야 한다며 봉급의 일부를 반납하는 사태까지 벌어졌다. 이러한 사태(?)는 신뢰와 충성심 없이는 불가능한 일이다. 그만큼 사우스웨스트항공은 달랐다. 그것은 사우스웨스트항공이 고객보다 직원을 우선시했기 때문에 가능했다.

"우리 회사의 조직도는 다른 대부분의 기업과 달리 거꾸로 되어 있다. 직원들이 최우선이다. 승객은 그 다음이고 세 번째가 주주다." 이는 사우스웨스트항공 최고경영자의 말이다.

그것은 만약 회사가 직원을 진심으로 대해준다면 충성도가 높아지며 직원들도 고객에 대한 서비스를 잘하게 된다는 간단한 논리다. 실제로 사우스웨스트항공의 직원들은 동료나 고객에 대한 서비스가 자신의 임무라고 생각하고 실천하고 있다. 이러한 직원들에게 서비스를 받은 고객 또한 직원들만큼이나 사우스웨스트항공에 대한 충성도가 높다. 만족한 고객들은 사우스웨스트항공에 대한 충성도가 높아질 것이고 그들의 충성도는 회사의 수익과 이윤을 창출하게 되며 궁극적으로 주주를 위한 가치를 창출하게 된다.

(Excellence Korea, 2005.5)

그림 12.2 내셔널보험사의 전략적 목표와 평가지표

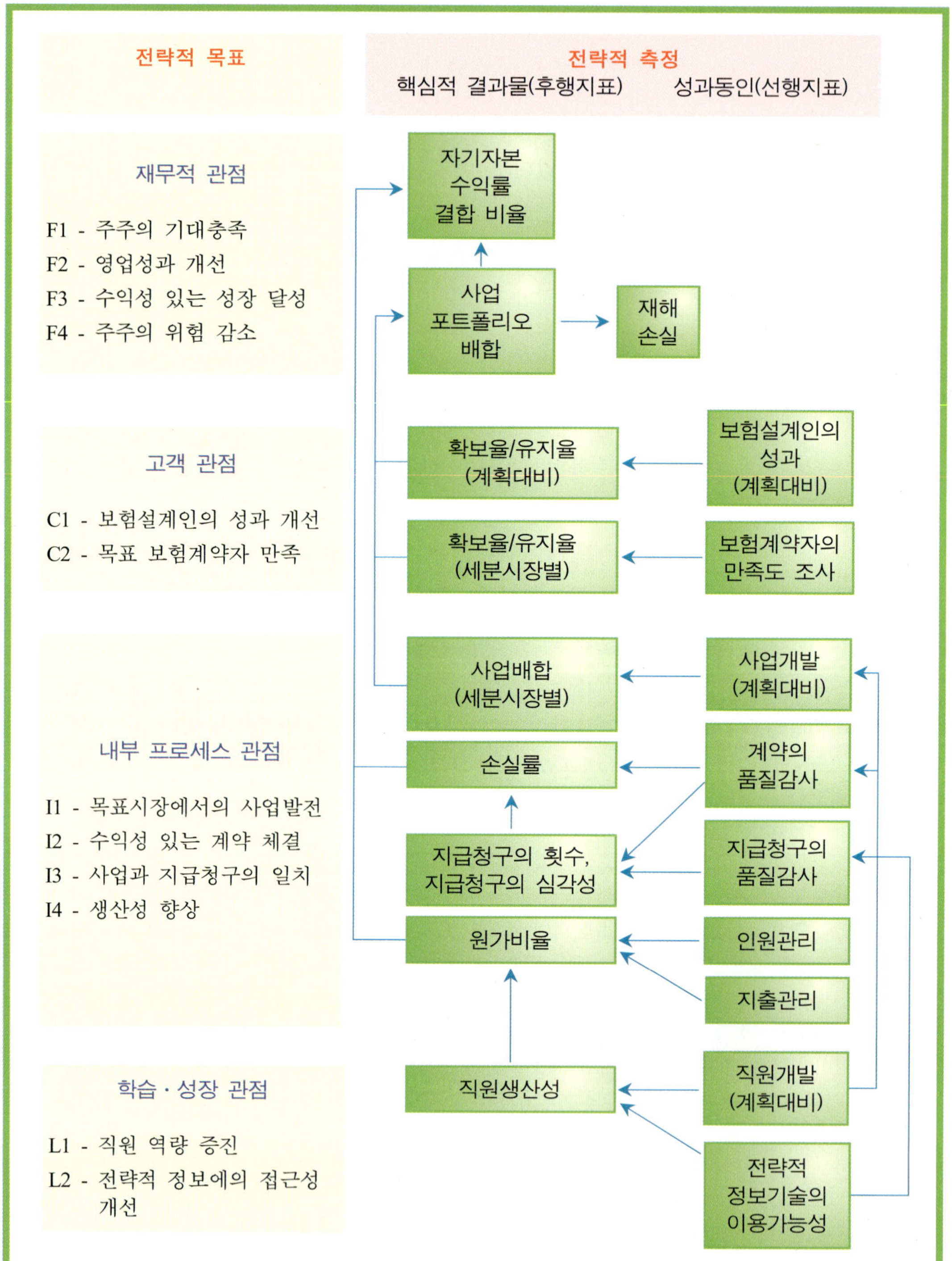

(Kaplan & Norton, *The Balanced Scorecard*, 1996, p.160)

그림 12.3 동아오츠카의 2007년 BSC 전략지도

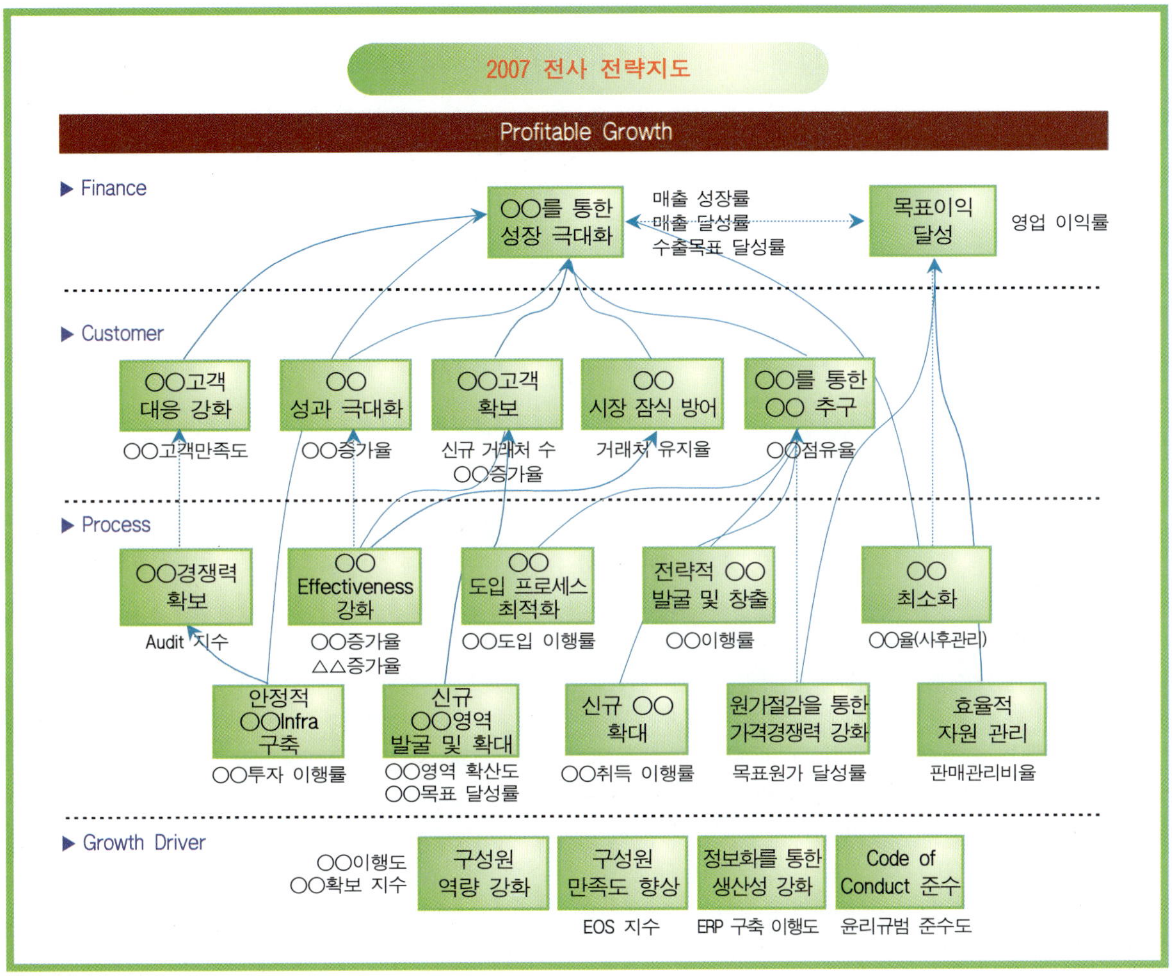

전략을 성과지표로 구체화한다

4가지 관점에 의한 균형 있는 평가를 하는 장점과 더불어 다른 장점들을 균형성과표가 가지고 있다. 평가지표가 근거 없이 주먹구구식으로 결정되지 않고, 조직의 비전과 전략과 연계되어 선정된다. 균형성과표는 조직의 비전과 전략을 성과지표로 구체화하여 전략수행을 지원하는 것을 목표로 한다. 성과지표가 독자적으로 선정되는 것이 아니라, 조직전체의 비전과 이를 달성하기 위한 조직전체의 전략과 각 하부조직의 전략에 연계된 계량성과지표를 선정하여 사용한다. 성과평가의 목적이 전략수행지원이므로 전략달성을 위해 필요한 주요성과지표(KPI, Key Performance Indicators)를 평가단위별로 정하여 사용한다. 이러한 성과지표는 조직이 추구하는 전략을 조직구성원이 구체적으로 이해하게 하는 의사소통(Communication) 수단의 역할을 한다.

BSC 프로젝트 공기업 확산

올 최소 20~30건 달할 듯

정부 공공부문의 경영혁신에 대한 관심이 높아지면서 균형성과표(BSC) 기반의 성과관리시스템 구축 프로젝트가 올 들어 공기업 및 산하기관으로 빠르게 확산되고 있다. 지난 2~3년간 대기업과 KOTRA 등 일부 공기업을 중심으로 추진된 BSC 프로젝트는 지난해부터 주요 중앙행정기관으로 확산되기 시작한 데 이어 최근에는 공기업, 산하기관의 프로젝트가 봇물을 이루고 있다.

13일 관련업계에 따르면 이달 들어서만 한국방송광고공사, 한국과학재단, 부산대학교병원, 한국컨테이너부두공단 등 4건의 BSC 프로젝트가 공고되는 등 최근 들어 공기업 및 산하기관을 중심으로 BSC 프로젝트가 활발하게 추진되고 있다. 한국방송광고공사는 '성과관리 체제 구축 및 조직 인사 설계' 프로젝트를 발주하고, 내달부터 6개월간 관련 시스템을 구축할 예정이며, 부산대학교병원은 내달부터 활동기준원가(ABC) 및 BSC시스템 구축에 나설 계획이다. 한국과학재단과 한국컨테이너부두공단도 최근 각각 '직무분석, BSC 기반 종합성과관리 및 인사고과시스템 구축'과 'BSC 성과관리시스템 구축'을 위한 입찰공고를 내고, 이달중 사업자를 선정할 계획이다.

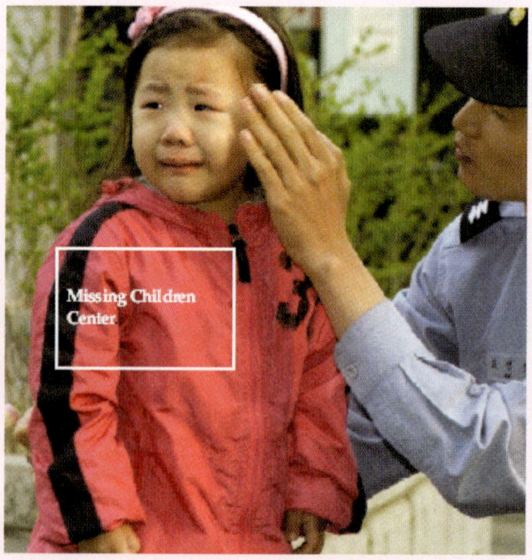

이처럼 BSC 프로젝트에 대한 관심이 늘어나면서 올 들어 시작된 공기업 및 산하기관의 BSC 프로젝트가 이미 10여건에 달하며, 여기에 보건복지부·노동부 등 중앙행정기관과 제주도·부천시 등 지방자치단체의 프로젝트까지 포함할 경우, 올 들어 추진된 공공부문의 BSC 프로젝트는 최소 20~30건에 달할 것으로 추산된다. 특히, 아직까지 BSC를 도입하지 않은 상당수의 중앙부처는 물론 지자체, 공기업 등이 연내에 BSC 도입을 추진할 것으로 보여, 올해 국내 BSC 기반의 성과관리시스템 시장은 가히 최고 절정기를 맞을 것으로 업계는 기대하고 있다.

최근 BSC 프로젝트를 시작한 경찰청은 내년부터 14개 전 지방경찰청으로 확대 구축할 계획이며, 정보통신부와 조달청은 연말까지 BSC시스템을 구축할 방침이다. 또 부산시설관리공단, 서울 동작구시설관리공단 등 지방공기업의 BSC 성공사례가 확산되면서 유사한 프로젝트가 하반기에 잇따를 전망이다. 기획예산처의 '2005년도 경영혁신 대상 공기업 및 산하기관' 자료에 따르면 BSC 성과관리시스템을 구축할 가능성이 높은 '경영혁신 지침 필수 적용대상기관'에 속하는 공기업 및 산하기관은 정부투자기관법 및 민영화법 적용대상기관 14개, 정부산하기관법 적용기관 88개, 출연연법 적용기관 47개 등 총 152개사(기관)에 달한다. 이 중 투자기관 소속 일부 공기업을 제외하고는 대부분이 공기업과 산하기관이 올해와 내년에 걸쳐 BSC 프로젝트를 추진할 것으로 업계는 전망하고 있다.

(디지털타임스, 2005.6.14)

이랜드 신화의 비결 'BSC'

로엠 사업부의 부활

로엠은 1998년까지만 하더라도 최악의 상황이었다. 1997년 500억원이었던 매출이 1998년 190억원까지 추락했다. 230여명이던 직원은 100여명으로 줄었고 167개의 대리점은 94개까지 축소됐다. 고민을 거듭하던 당시 오상훈 로엠 사업본부장은 1999년 가을 장광규 전무의 방을 노크하게 된다. 지푸라기라도 잡고 싶은 심정으로 대책을 논의한 그가 내린 결론은 BSC 도입. 업무 노하우가 지식창고에 쌓이더라도 평가를 하지 않으면 지식경영이 제대로 수행될 수 없다는 결론이었다.

한 달 가량 장 전무 방을 드나들며 BSC를 배운 그는 BSC 운영원칙을 준수하고 매월 실적평가회의를 열어 직원들의 개별 목표를 관리했다. 직원들에게 매장회전율, 납기준수율, 제조이익률 등 각종 경영지표를 익히게 하고 그 변수를 관리할 수 있는 역량을 키웠다.

그런 노력 끝에 서울 종각점에서 성과가 나타났다. 정수정 대리가 매출 50% 성과를 달성했던 것. "2000년 5월 당시 종각점은 매출액 5천만원, 하루 방문고객수 170여명, 구매율 35%, 객단가 4만원, 재구매율 5% 수준이었어요. 그래서 연구 끝에 브랜드 파워를 높여야 한다고 판단했어요." 정 대리는 브랜드 파워를 높이기 위해 상권 내에서 최고의 매출액을 올리기로 했다.

매장 외벽에 대형 광고판을 설치하고 이틀에 한 번씩 마네킹의 코디를 바꿔 행인들의 시선을 붙잡았다. 구매율은 판매사원의 능력이 좌우한다고 보고 최고의 능력을 지닌 사람을 투입했다. 또 풍부한 코디 자료를 만들어 윗도리를 사는 손님에게는 거기에 어울리는 바지를 추천해주는 식으로 객단가를 올리고 단골고객을 대상으로 "마일리지제"를 도입, 재구매율도 끌어올렸다. 그리고 이 같은 변수들을 조합해 그는 "매출성장 공식"을 만들었다. 매출이 안 늘면 어느 변수에 문제가 있는지 따져보고 원인을 분석해 해결책을 마련하는 것이다.

그런 노력을 한 지 1년. 종각점은 성과가 눈에 띄게 나아졌다. 1년이 지난 2001년 5월 종각점은 월매출액 1억원, 구매율 55%, 객단가 5만원, 재구매율 10%라는 놀라운 성과를 거뒀다. 파장은 컸다. 어떻게 해냈느냐는 문의가 다른 사업부에서 빗발쳤다. BSC에 대한 열정이 "푸마", "브랜따노" 등으로 번져가며 "생산성 50% 향상 직원 참여율 70%"가 불가능하다는 생각이 바뀌기 시작했다. 로엠사업부의 성공사례는 큰 반향을 불러일으켰다. 무엇보다 직원들이 "BSC의 힘"을 깨닫기 시작했다. 돌이켜 보면 이랜드는 2000년까지 BSC와 지식경영을 위한 시스템 정착과 직원들의 관심 끌어내기에 매달렸다.

그러나 로엠이 1억 매장 만들기에 성공한 후 분위기가 완전히 바뀌었다. 장 전무는 "BSC의 가장 큰 공헌은 회사의 목표를 개개인에 연결시켜 보여준 것"이라고 평가한다. BSC시스템을 도입하자 가치사슬의 흐름이 바로 드러났다. 그 결과 직원들은 그때그때 적절하게 목표를 조절할 수 있게 됐다. 매장들은 제품이 나오는 즉시 반응을 점검해 가격과 생산량을 적당히 조정하고 재고를 없애 매장 순이익을 높일 수 있었다. 디자이너들은 자신이 만든 디자인이 얼마나 팔려나가는지 바로 확인해 다음 디자인에 참고할 수 있었다.

매장별, 개인별 실적은 더욱 투명하게 드러났다. 실적이 잘 보이니 인센티브도 모든 직원들이 공감할 수 있게 부여했다. 한 디자이너는 성과상여금으로 급여의 800%를 받았다. 그가 속한 사업부가 BSC 종합평가에서 1위를 차지했기 때문이었다. 언더우드 사업부는 사업이익에서 목표의 204%를, 매장평균 기여이익에서 목표의 661%를 달성했다. (후략) (한국경제, 2006.8.1)

토 론

KT의 BSC시스템 구축 사례[8]

• BSC 구축절차

KT는 BSC 프로젝트를 본격적으로 이행하기에 앞서 1998년 10월부터 약 3개월 동안 성과관리의 도구로 BSC가 가치가 있는 것인지 조사하였다. 1999년 5월부터 본격적으로 다음 그림의 단계에 의해 BSC를 구축하였다.

[그림 1] KT의 BSC 구축단계

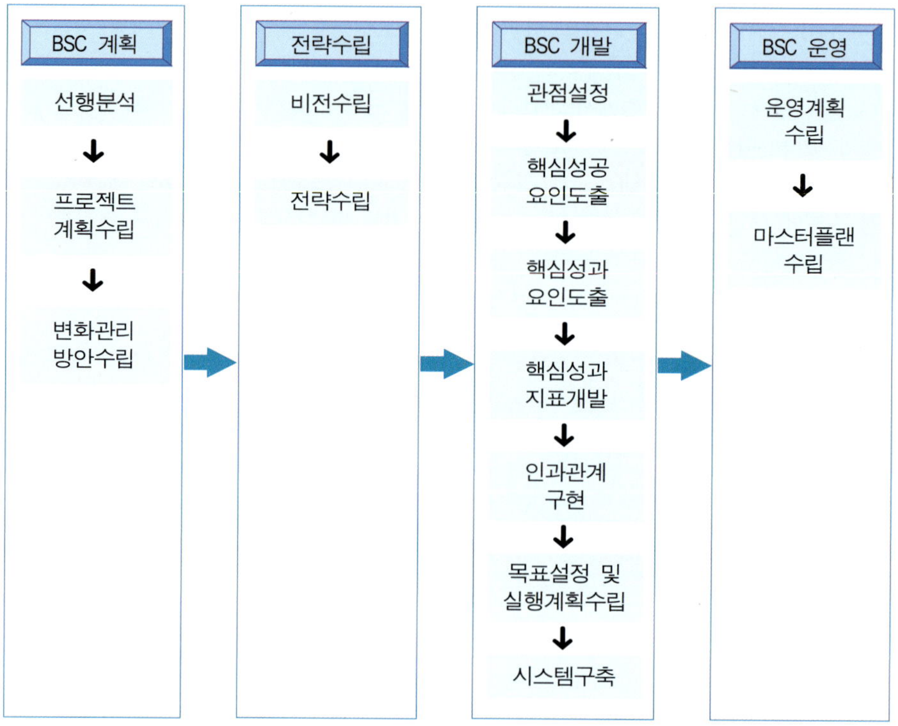

• BSC 계획단계

(1) 선행분석

조직 내에서 BSC를 구축하는 목적을 명확히 하고, 현행 성과평가 체계를 분석하였으며, 마지막으로 현행의 전략수립 프로세스를 분석하였다.

(2) BSC 구축 프로젝트 계획수립

조직규모 및 조직별로 프로젝트 범위를 구체화시키고, 프로젝트 추진일정 및 프로젝트 조직 및 인력을 구성하였다.

KT의 BSC는 단지 BSC시스템만을 추진하는 것이 아니라, ERP와 ABC,

8) 정순여 · 김윤정(2004), "KT의 BSC시스템 구축 사례", 경상연구(제주경상학회)의 일부 내용을 축약하였음. 이 논문은 '새로운 한국의 원가관리'(서강관리회계연구회, 2005)에도 수록되어 있음.

Technology팀을 함께 운용하고 있었기 때문에 각 팀간의 연계를 중요시하였으며, 이러한 연계를 원활하게 하기 위하여 BSC팀, ERP팀, ABC팀, Technology팀은 프로젝트 총괄팀에 의하여 통제되며, 4개의 프로젝트는 변화관리팀과 사업관리팀에 의하여 조절된다. 다음의 [그림 2]는 KT의 BSC 프로젝트의 추진체계도이다.

(3) 변화관리방안 수립

구축 및 운영에 이르는 각 단계별 변화관리 프로그램을 계획하였다.

[그림 2] KT의 BSC 프로젝트 추진체계도

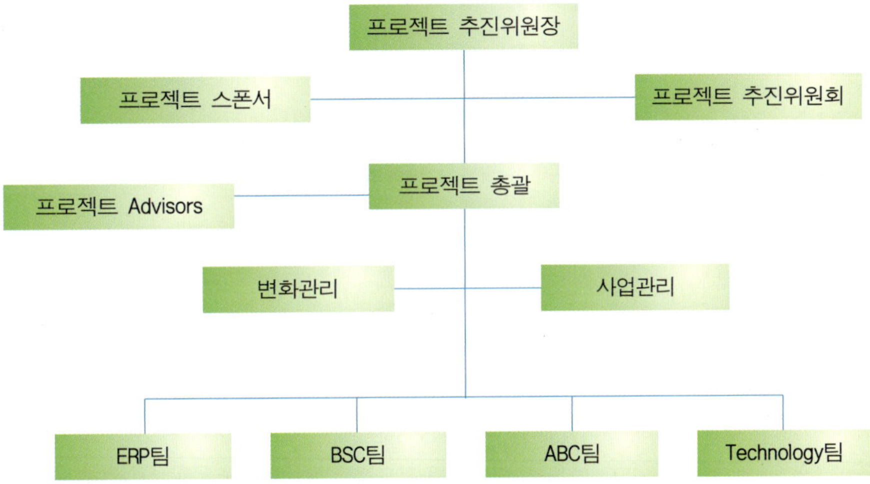

- 전략수립단계

(1) 비전수립

비전수립단계에서는 기업의 사명(mission) 및 전략 사업단위를 재정의하였다. KT는 기존의 전통적인 확대성장전략에 의한 재무적 지표 중시의 경영이 기업환경변화에 따른 요구를 충족시켜 주기에는 한계가 있다고 생각하고, 혁신적인 변화를 모색하여 21세기의 사이버 월드 리더(Cyber World Leader)라는 새로운 기업비전을 수립하였다. 이러한 비전은 환경의 변화에 따라 변화하여 지금의 'The Value Networking Company'라는 비전을 갖게 되었다.

(2) 전략수립

전략수립단계에서는 조직의 비전과 전략을 수립하는 단계에서 최고경영진들과 워크숍을 실시하여 BSC의 관점에 따라 '균형적'으로 전략을 수립하였으며, 거시환경, 산업구조, 경쟁사, 고객분석과 같은 외부환경분석과, 수익성, 시장성과, 비즈니스 시스템, 핵심역량 등과 같은 내부역량분석을 통해 전략수립 프로세스를 수립하였다.

• BSC 개발단계

KT의 BSC추진배경은 21세기에 적합한 비전과 전략을 달성할 수 있는 성과평가체계를 구축하기 위함이다. KT가 추구하고자 하는 비전과 전략을 알아보고, BSC의 개념에 입각하여 기존의 평가체계에서 KT의 비전과 전략을 달성할 수 있도록 성과체계를 사업별, 조직별로 어떻게 재구축하였는지, 그리고 기존의 시스템에서 단계적으로 접근한 방법은 어떤 것인지에 대하여 살펴볼 필요가 있다.

[그림 3] KT의 BSC 프로젝트의 비전/전략/CSF/KPI

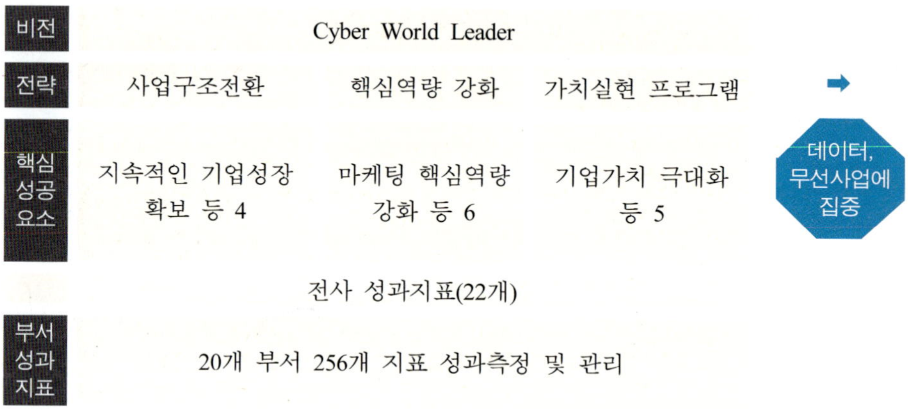

(1) 관점 설정

외부 이해관계자, 내부 이해관계자, 환경변수, 비전 및 전략 등을 고려하여 Kaplan과 Norton의 사상대로 재무, 고객, 내부 비즈니스 프로세스, 학습 및 성장의 관점별로 설정하였다.

(2) 핵심성공요인(CSF) 도출

핵심성공요인 도출단계에서는 환경분석, 경쟁사 분석 및 고객 분석을 먼저 실시하고, KT의 전략적 사업단위별로 하나의 전략 과제별로 1~2개의 상이한 핵심성공요인을 도출하였으며, 이러한 각 사업부별 CSF는 전사적 전략과 연계되도록 재조정하였다.

(3) 핵심성과지표(KPI) 개발

전략의 달성여부를 평가할 수 있는 핵심성과지표를 생성하기 위해 노력하였는데, 지표의 도출단계는 다음과 같은 프로세스를 거쳐 도출하였다.

· 성과지표수집
· 후보성과지표생성
· 1차 KPI 선정
· 조정 및 확정
· 지표상세화

· 지표 가중치부여
· 지표 확정

한편, 핵심성과지표(KPI) 선정기준으로는 전략과의 연계성, 측정가능성, 통제가능성을 고려하였다.

KT의 성과지표는 재무적 지표, 고객만족지표, 학습 및 성장지표, 내부 비즈니스 프로세스지표별로 나누어 설정되었다. 재무적 지표는 당기순이익, 주당순이익, 매출액, 매출총이익, 총자산수익률, 자기자본수익률, 경제적 부가가치(EVA) 등이며, 고객지표는 시장점유율, 고객확보율, 고객유지율, 고객만족도, 고객수익성 등이다. 학습 및 성장지표는 종업원만족도(내부고객만족도), 직원유지도(이직률), 직원의 생산성 등이며, 내부 비즈니스 프로세스지표는 업무효율성 증대 및 혁신 프로세스 도입 정도이다. [그림 4]는 KT의 성과평가지표별 KPI를 나타낸 것이다.

[그림 4] KT의 성과평가지표별 KPI

관 점	성장 및 혁신	고객만족	운영상의 탁월성	재무계획
	↓	↓	↓	↓
핵심성공요소	· 글로벌판매 및 지원과의 조화 · 고객과 시장요구에 대한 이해 · PCS전환 지원 · 다음을 통한 종업원 확보 : - 종업원 요구 이해 - 경력기회 제공 - 참여 - 권한부여 · 교육훈련 및 개발 · 의사소통 · 성장지원을 위한 인사구조 · 인원선발 및 배치 계획	· 글로벌 판매 및 마케팅 의사소통 채널 · 서비스 품질 및 고객대응의 향상 · 명확하고 일관성 있는 고객접점 · 고객확보 및 보유	· 효과적인 사업 프로세스 · 성장지원을 위한 신축적인 인프라 · 생산성 향상 · 정보기술의 효과적인 이용 · 프로세스에 대한 지식을 가진 직원의 직무순환 · 효과적인 리쿠르트 및 선발 프로세스 · 프로세스 품질평가 현안들	· 순비용 목표치 달성 · 비용/예산/계획관리 · 인원조절 · 신규고객 확보 볼륨 예측 · 수익 견인 목표 수립 · 현금회수 극대화
	↓	↓	↓	↓
성과지표	· 신규 가입자 - 신규시장별 - 신규 Account · 분기별 PPR 완성률 · 종업원별 교육훈련 시간 · 종업원 보유율 · 종업원별 초과근무 시간 및 결근시간	· 이탈고객 - 전체 NAS별 - 시장별 - 고객별 · 초기 고객 이탈 · 고객 불평의 종류 및 횟수	· FRE별 가입자 · 가입자별 운영비 · 가입자별 데이터베이스 오류 · 시장별로 가입신청부터 사용까지의 시간	· 순비용가변성 · 수익가변성 · 비용가변성 · 인원수가변성 · 순가입자 증가수 · 가입자별 수익 · 가입자별 용도 · 신규고객수 · Account별 가입자수 · Account별 수익 · 기간 경과된 외상매출의 % · 평균 외상매출일수 · 외상매출 상각

(4) 인과관계 구현

인과관계 구현단계에서는 선행지표와 후행지표의 인과관계, 성과동인과 결과 간의 인과관계, 관점간의 인과관계 및 관점과 전략의 인과관계를 유지하기 위해 노력하였다.

(5) 목표설정 및 실행계획수립

목표설정 및 실행계획수립 단계에서는 다소 달성하기 어려운 목표를 수립하였으며, 이를 기간별로 장·단기 목표와 조직계층별 목표, 협업을 고려한 목표(공통목표) 및 실행계획을 수립하였다. 이때, 실행목표의 달성방법을 구상하였으며, 목표를 달성하기 위한 조직구성, 예산편성, 일정계획 등도 함께 설정하였다.

(6) 시스템 구축

다음과 같은 선정기준 및 시스템 구축 성공요소를 충족시키는 IT 솔루션 업체의 제품을 구입하여 시스템 구축에 들어갔다.

· BSC시스템 선정기준
  - 사용자 측면 : 사용의 편리성, 지표표현의 다양성, 커뮤니케이션의 용이성
  - 시스템 측면 : 시스템 확장의 용이성, 시스템 보안
  - 일반사항 : 비용 및 개발지원, 개발경험
· BSC시스템 구축 성공요소
  - 사용자 측면 : 사용편의성, 지표계량화, Help 체계의 완비
  - 데이터 측면 : 정보의 신뢰성 확보, 정보의 적시성 보장, 다차원 정보제공
  - 시스템 측면 : 시스템 성능확보 및 확장용이성, 타시스템과의 통합 및 연계
  - 시스템운영 측면 : 운영의 용이성, 보안체계, 지표 풀(pool) 형성

• BSC 운영단계

(1) BSC 운영계획수립

BSC 운영계획수립단계에서는 평가대상을 전사, 각 사업부, 사업부 이하 팀, 지원부문, 조직구성원 등의 단위로 할 것인지를 결정하였으며, 평가주체로 전략평가조직(CEO), 운영평가조직(중간관리자), BSC 평가위원회 등을 선정하였다. 다음과 같은 기타 운영계획도 수립하였다.

· 평가운영 프로세스 설정
  - 전략 목표 및 지표 작성, 성과평가 결과 산출, 확정 및 재검토
· 평가주기 및 횟수 결정
· 평가결과 피드백 방안 수립
· 평가결과 활용방안 수립

(2) BSC 마스터플랜 수립

BSC 마스터플랜 수립단계에서는 BSC 마스터플랜을 정교화하는 단계를 마련함으로

써 현행의 BSC 성과관리가 견고한 제도가 될 수 있는 기반을 마련하였다.

- BSC 프로젝트의 시행과 프로젝트의 목표

KT의 BSC 프로젝트는 BSC의 구축만을 목표로 하는 것이 아니라 기존에 구축했거나 구축중인 ABC, ABB, 재무ERP, 물류시스템, 기타 기간시스템과의 연계를 통한 기업비전을 위한 전략의 실현을 목표로 하였다. 기업 전략을 실행하기 위한 성과지표들을 개발하여 BSC시스템을 통해 성과를 측정하며, ABC를 통해 수익성을 관리하고, ABB를 통하여 예산을 계획·통제함으로써 기업의 신념과 핵심가치를 창출하고, 책임경영을 시행함으로서 기업의 전략을 달성하고자 하였다. 이러한 프로젝트의 목적을 그림으로 표현하면 [그림 5]와 같다.

[그림 5] KT의 BSC 프로젝트의 목적

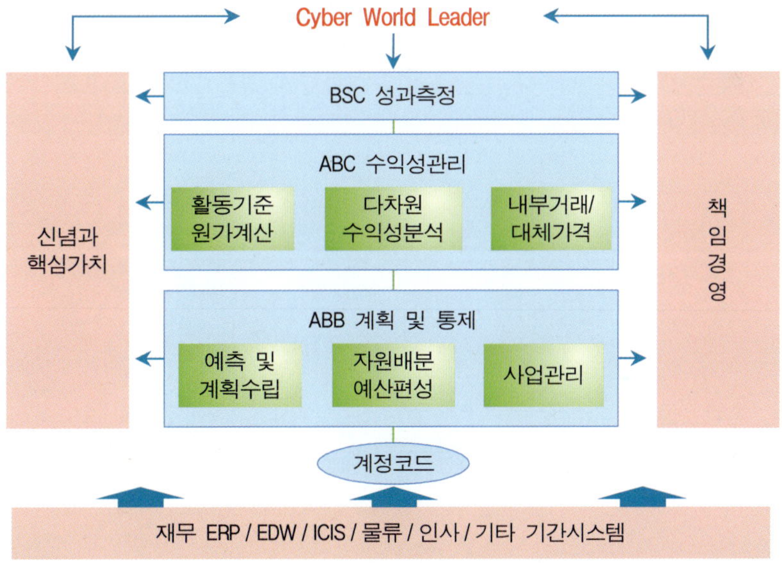

KT가 BSC시스템을 통하여 이루고자 하는 목표는 크게 제도적인 측면, 정보시스템 측면, 변화관리 측면으로 나누어진다.

우선, 제도적인 측면에서의 목표는 전사 및 부서별 경영전략을 측정가능한 지표로 구체화하는 것과 목표대비 실적 수준의 모니터링 주기를 연 3회에서 연 12회로 단축시키는 것, 그리고 성과에 따른 보상, 인사의 실질적 차등을 실시하는 것이다. 이러한 제도적 측면의 변화는 과거의 제도와는 달리 종업원들로 하여금 해야 할 일을 신속하게 할 필요성을 인식시킬 수 있다는 것이다.

둘째, 정보시스템 측면에서의 목표는 재무ERP, ABC, ICIS, 물류ERP 등 기간시스템을 개편하는 것과 기존시스템의 정확성, 적시성, 적합성을 제고하는 것이다. 예를 들어 KT는 모든 자원을 26개 기능별, 72개 서비스별로 회선수와 통화량 등의 기준으로 배분하였는데, ABC를 통하여 분류를 세분화하여 원가정보의 기초를 재구축하고, 요소개념을 도입, 서비스 세분화로 원가정보의 폭을 확대하며, 배부기준의 정교화 및 시스템화로 원가정보의 수준(깊이)을 확대하여, 최종적으로는 원가의 대외신뢰도를 제고하고 원가계산 체계를 다양한 내부의사결정에 지원할 수 있게 한다는 목표를 가지고 있다.

마지막으로 변화관리의 측면에서는 경영진 및 관리자의 적극적인 관심과 참여를 유도하고, 수립된 전략과 계획을 체계적/계량적으로 관리하는 업무관행을 정착한다는 목표를 세우고 있다.

토론해 보자

BSC 구축과정에서 중요한 점이 무엇인지 논의해 보자.

요약정리

각 부문의 통제권한과 책임에 따라 원가, 수익, 이익, 또는 투자성과관련지표로 부문평가를 실시하는 관리회계 분야가 책임회계이다. 원가를 통제해야 하는 생산, 관리 지원 부문은 원가책임단위이며, 매출을 높여야 하는 영업, 마케팅 분야는 수익책임단위이다. 원가와 수익에 대한 책임을 같이 가지고 있는 사업부는 이익책임단위이다. 투자결정에 대한 권한과 책임까지도 같이 가진 가장 자율적인 조직단위는 투자책임단위이다.

통제가능성의 원칙에 따라 해당 평가단위가 통제할 수 있는 지표만으로 성과평가를 실시해야 평가가 공정하고 정확하고 효과적으로 이루어진다. 그러나 현실적으로 완전히 통제가능한 지표는 드물고 부분적으로나 간접적으로 통제가능한 지표가 대부분이어서 평가의 목적을 위해 이러한 지표가 사용된다. 공통의 통제불능요인을 제거하기 위해 평가대상을 상대적으로 비교하는 상대평가가 사용되면 편리하나 평가대상 사이에 부정적 혹은 지나친 경쟁관계를 초래할 수도 있다. 이러한 문제점을 보완하려면 평가대상이 절대적인 평가기준에 의해서만 평가되는 절대평가와 독립적으로 평가되는 개별평가를 사용할 수 있다. 평가대상 사이의 협조와 공통의 노력이 중요하다면 평가대상을 묶어서 집단으로 평가하는 집단평가를 사용한다. 결과가 잘못되면 남의 탓이고, 잘되면 내 덕이라고 말하게 되는 책임감의 약화에 의한 무임승차문제가 집단평가의 가장 큰 문제이므로 집단평가와 개별평가를 서로 보완적으로 사용하는 것이 좋다.

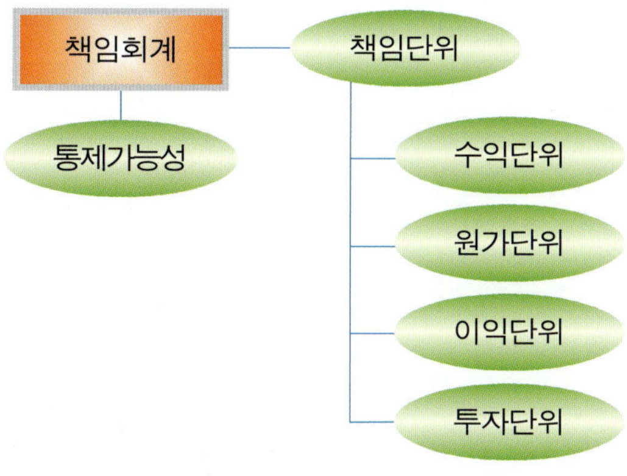

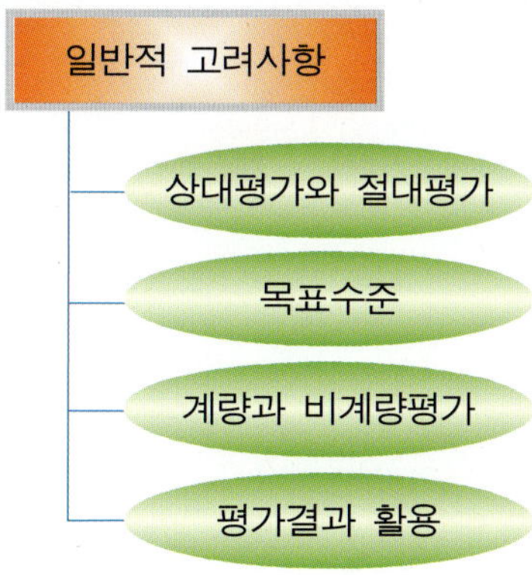

투자책임단위의 평가지표는 영업이익을 투자액으로 나눈 투자수익률(ROI)과 영업이익에서 투자액의 (자기자본의 기회비용까지 포함한) 모든 자본비용을 차감하고 남은 잔여이익이 사용되어 왔다. 투자수익률은 듀퐁 분석에 의해 세부적인 요인분석이 가능한 장점이 있으나 절대평가지표로 잘못 사용되면 역기능적으로 기업의 이익을 최대화하지 못하는 단점이 있다. 잔여이익은 투자수익률과 같은 준최적화 현상을 초래하지 않으나 투자규모가 큰 단위가 유리하게 평가되는 단점이 있다. 잔여이익과 비슷하게 자기자본의 자금비용을 명시적으로 고려하면서 이익과 투자액 측정을 현금창출의 관점에서 조정하여 사용하는 경제적 부가가치(EVA)가 있다. 연구비 지출을 비용이 아닌 자산으로 처리하는 것이 대표적인 조정의 예이다.

책임회계의 성과지표는 모두 재무적 지표인데 결과지향적, 단기적 성과 측정치이므로 장기적인 조직목표와 전략수행에 부족하다. 이러한 결함을 보완하기 위해 과정지향적, 장기적인 개선 효과를 측정할 비재무적 지표를 같이 사용한다. 균형성과표(BSC)는 재무적, 고객중심, 내부프로세스, 학습과 성장의 4가지 관점의 균형적 평가, 전략과 연계된 핵심성공요인의 구체적 지표화, 전략에 대한 구성원들의 분명한 이해를 달성하기 위해 사용된다.

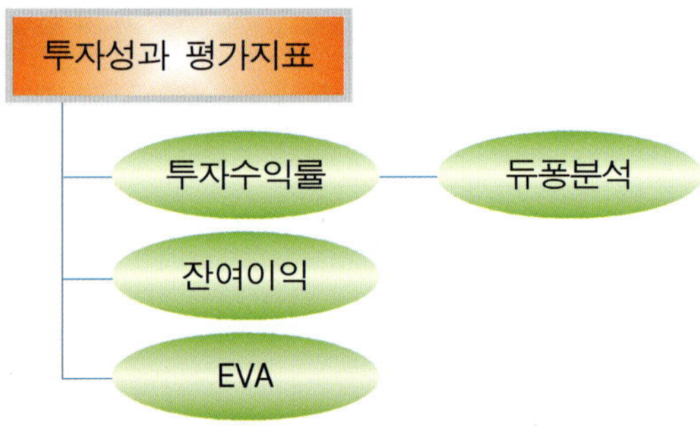

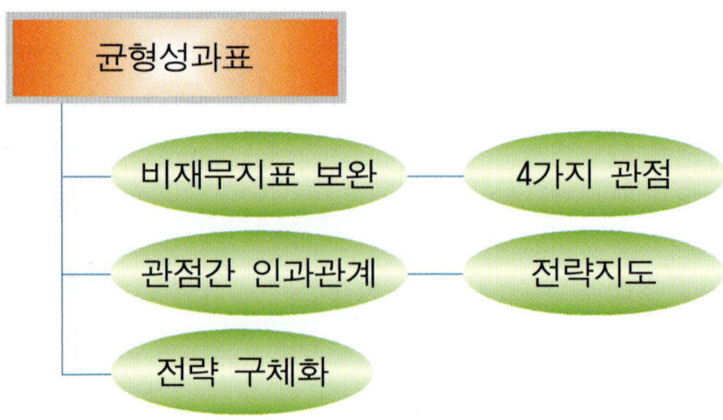

12 연습문제

객관식

01 성과평가 (12. 공인회계사)

성과평가와 관련된 다음 설명 중 옳지 않은 것은?

① 경제적 부가가치(EVA)를 계산할 때 연구개발비 자산화는 경제적 부가가치를 감소시킬 수 있다.
② 균형성과표(BSC)는 내부관점(내부 프로세스 관점, 학습과 성장 관점)과 외부관점(재무적 관점, 고객 관점) 간의 균형을 추구한다.
③ 기업의 균형성과표(BSC)에서 내부 프로세스 관점의 성과지표는 학습과 성장 관점의 성과지표에 대해 선행지표인 것이 일반적이다.
④ 총자산회전율이 커져도 매출이익률이 작아지면 총자산이익률은 작아질 수 있다.
⑤ 원가중심점(원가책임단위), 수익중심점(수익책임단위) 등의 분류는 통제가능성의 원칙이 적용된 것이다.

02 성과평가 (18. 관세사)

책임회계와 성과평가에 관한 설명으로 옳지 않은 것은?

① 책임회계(responsibility accounting)의 평가지표는 각 책임단위가 통제할 수 있는 결과를 이용하며, 이를 통제가능성의 원칙(controllability principle)이라고 한다.
② 투자책임단위(investment center)의 경영자는 얼마의 금액을 투자해서 이익을 얼마나 창출했는지에 의하여 성과평가를 받아야 하므로 이익과 투자액을 동시에 고려해야 하며, 바람직한 성과지표는 잔여이익(RI), 경제적 부가가치(EVA), 투자수익률(ROI) 등이다.
③ 균형성과표(BSC)는 기업의 가치를 향상시키기 위해 전통적인 재무적 지표 이외에 다양한 관점의 성과지표가 측정되어야 한다는 것을 강조하고 있다.
④ 균형성과표(BSC)의 내부 프로세스 관점은 기존의 프로세스와 제품에 만족하지 않고 기술 및 제품의 혁신적인 발전을 추구하는 정도를 의미하는데, 종업원 만족도, 종업원 이직률 등의 지표가 이용된다.
⑤ 균형성과표(BSC)에서 고객의 관점은 고객만족에 대한 성과를 측정하는 데 고객만족도, 고객확보율, 반복구매정도 등의 지표가 사용된다.

03 **성과평가** (20. 관세사)

성과평가방법에 관한 설명으로 옳은 것은?

① 투자수익률(ROI)은 사업부의 역기능적 행동, 즉 준최적화의 문제를 해소한다.
② 잔여이익(RI)은 투자중심점별로 투자규모가 다른 경우 성과비교에 유용하다.
③ 투자수익률(ROI)과 잔여이익(RI)에서 채택된 최적 투자안은 같아야 한다.
④ 균형성과표(BSC)를 적용할 때 관점의 수와 명칭은 모든 조직에 동일하게 적용되어야 한다.
⑤ 경제적 부가가치(EVA)는 타인자본비용뿐만 아니라 자기자본비용도 고려한다.

04 **성과평가** (15. 세무사)

성과평가 및 보상에 관한 설명으로 옳은 것은?

① 투자이익률(ROI : return on investment)은 사업부 또는 하위 사업단위의 성과평가에 적용될 수 있으나, 개별 투자안의 성과평가에는 적용되지 않는다.
② 잔여이익(RI : residual income)은 영업이익으로부터 산출되며, 평가대상의 위험을 반영하지 못한다.
③ 투자이익률(ROI)에 비해 잔여이익(RI)은 투자규모가 서로 다른 사업부의 성과를 비교·평가하기가 용이하다.
④ 상대평가에 비해 절대평가는 인구, 경제상황, 규제정책 등 공통의 통제 불가능한 요소가 성과평가에 미치는 영향을 제거하기 쉽다.
⑤ 경영자가 장기적 성과에 관심을 갖도록 동기부여하기 위해 회사의 주가를 기준으로 보상을 결정하는 방법이 있다.

05 **책임회계** (10. 재경관리사)

책임회계제도에 대한 다음 설명 중 가장 잘못된 것은?

① 책임중심점이란 경영관리자가 특정활동에 대해 통제할 책임을 지는 조직의 부문을 말한다.
② 책임회계제도가 도입되면 사전에 설정된 예산과 실제 성과를 비교하여 각 책임중심점의 성과평가를 하게 된다. 이때 고정예산이란 원가행태분류상 고정원가로 분류된 원가항목에 대한 예산이며, 변동예산이란 변동원가로 분류된 원가항목에 대한 예산을 의미한다.
③ 분권화된 환경에서 소규모 부문 경영자들은 상위 경영자들보다 더 융통성 있고 민첩하게 시장기회에 적응할 수 있다.
④ 책임중심점은 책임의 성격 및 책임범위에 따라 원가중심점, 수익중심점, 이익중심점 및 투자중심점으로 분류할 수 있다.

06 책임회계 (10. 재경관리사)

책임회계제도하에서 작성되는 내부책임중심점에 대한 성과보고서의 설명으로 가장 올바르지 않은 것은?

① 원가를 통제가능원가와 통제불가능원가로 구분하여 작성한다.
② 책임중심점으로의 추적가능성에 따라 책임중심점별 원가와 공통원가로 구분하여 작성한다.
③ 책임중심점에 배분된 고정제조간접원가는 통제가능원가에 포함시켜야 한다.
④ 특정 책임중심점의 경영자에 대한 성과평가시 통제불가능원가는 제외해야 한다.

07 투자수익률 (12. 관세사)

A사업부의 자료는 다음과 같다. A사업부가 16%의 총자산이익률을 달성하기 위해서는 제품가격을 얼마로 결정해야 하는가?

연간 총고정원가	₩490,000
제품 단위당 변동원가	₩140
연간 예상판매량	15,000단위
평균총자산	₩2,000,000

① ₩186 ② ₩188 ③ ₩190
④ ₩192 ⑤ ₩194

08 투자수익률 (13. 관세사)

(주)관세는 다음과 같은 듀퐁식 수익성분석방법을 사용하여 성과를 관리하고 있다.

$$\frac{₩1,200,000(\text{매출액})}{₩1,000,000(\text{총자산})} \times \frac{₩240,000(\text{영업이익})}{₩1,200,000(\text{매출액})} = 24\%(\text{ROI})$$

다른 조건이 일정할 때 (주)관세가 투자수익률(ROI) 30%를 달성하기 위한 총자산감소액은 얼마인가?

① ₩200,000 ② ₩220,000 ③ ₩240,000
④ ₩250,000 ⑤ ₩260,000

09 투자수익률 (12. 세무사)

(주)국세는 분권화된 세 개의 사업부(X, Y, Z)를 운영하고 있다. 이들은 모두 투자중심점으로 설계되어 있으며, (주)국세의 최저필수수익률은 20%이다. 각 사업부와 관련된 정보는 다음과 같다.

	X	Y	Z
자산회전율	4회	6회	5회
영업이익	₩400,000	₩200,000	₩210,000
매출액	₩4,000,000	₩2,000,000	₩3,000,000

투자수익률(ROI)이 높은 사업부 순서대로 옳게 배열한 것은?

① X > Y > Z ② X > Z > Y ③ Y > X > Z
④ Y > Z > X ⑤ Z > Y > X

10 투자수익률과 잔여이익 (21. 감정평가사)

(주)감평은 평균영업용자산과 영업이익을 이용하여 투자수익률(ROI)과 잔여이익(RI)을 산출하고 있다. (주)감평의 20×1년 평균영업용자산은 ₩2,500,000이며, ROI는 10%이다. (주)감평의 20×1년 RI가 ₩25,000이라면 최저필수수익률은?

① 8% ② 9% ③ 10%
④ 11% ⑤ 12%

11 투자수익률과 잔여이익 (19. 관세사)

(주)관세의 사업부는 부문 A와 부문 B로 구성되어 있고, 부문별 성과는 투자수익률(ROI : Return On Investment)과 잔여이익(RI : Residual Income)으로 평가한다. (주)관세가 투자에 대해 적용하는 최소요구수익률은 15%이다. 다음은 (주)관세의 20×1년 각 부문에 대한 성과자료이다.

	부문 A	부문 B
매출액	?	?
순영업이익	?	₩162,000
평균영업자산	₩600,000	?
매출액 영업이익률	?	?
영업자산회전율	5	4.5
투자수익률(ROI)	20%	18%
잔여이익(RI)	?	?

위의 자료에 근거한 다음 설명 중 옳지 않은 것은?

① 부문 A와 부문 B의 매출액 영업이익률은 4%로 동일하다.
② 부문 B의 매출액은 ₩4,500,000이다.
③ 부문 B의 잔여이익은 ₩27,000이다.
④ 부문 A의 매출액은 ₩3,000,000이다.
⑤ 부문 A의 잔여이익은 ₩30,000이다.

12 투자수익률과 잔여이익 (22. 관세사)

(주)관세는 가전제품을 생산하여 판매하는 기업으로 투자중심점인 사업부 A, B, C, D를 운영하고 있다. 다음 자료를 이용하여 각 사업부의 성과를 평가할 때 옳지 않은 것은?

	사업부 A	사업부 B	사업부 C	사업부 D
평균영업자산	₩750	₩840	₩800	₩800
영업이익	210	210	220	210
최저필수수익률	10%	10%	12%	10%

① 잔여이익은 사업부 A가 사업부 D보다 크다.
② 잔여이익은 사업부 B가 사업부 C보다 크다.
③ 투자수익률은 사업부 D가 사업부 B보다 크다.
④ 투자수익률은 사업부 C가 사업부 D보다 크다.
⑤ 잔여이익은 사업부 A가 가장 크고, 투자수익률은 사업부 C가 가장 크다.

13 투자수익률과 잔여이익 (14. 세무사)

(주)세무는 전자제품을 생산·판매하는 회사로서, 세 개의 사업부 A, B, C는 모두 투자중심점으로 설계·운영되고 있다. 회사 및 각 사업부의 최저필수수익률은 20%이며, 각 사업부의 20×1년도 매출액, 영업이익 및 영업자산에 관한 자료는 다음과 같다.

	사업부 A	사업부 B	사업부 C
매출액	₩400,000	₩500,000	₩300,000
영업이익	32,000	30,000	21,000
평균영업자산	100,000	50,000	50,000

현재 사업부 A는 ₩40,000을 투자하면 연간 ₩10,000의 영업이익을 추가로 얻을 수 있는 새로운 투자안을 고려하고 있다. 이 새로운 투자에 소요되는 예산은 현재의 자본비용 수준으로 조달할 수 있다. (주)세무가 투자수익률 혹은 잔여이익으로 사업부를 평가하는 경우, 다음 설명 중 옳지 않은 것은?

① 투자수익률로 사업부를 평가하는 경우, 20×1년에는 사업부 B가 가장 우수하다.
② 잔여이익으로 사업부를 평가하는 경우, 20×1년에는 사업부 B가 가장 우수하다.
③ 잔여이익으로 사업부를 평가하는 경우, 사업부 A의 경영자는 동 사업부가 현재 고려중인 투자안을 채택할 것이다.
④ 투자수익률로 사업부를 평가하는 경우, 사업부 A의 경영자는 동 사업부가 현재 고려중인 투자안을 채택할 것이다.
⑤ 투자수익률 혹은 잔여이익 중 어느 것으로 사업부를 평가하는 경우라도, 회사전체 관점에서는 사업부 A가 고려중인 투자안을 채택하는 것이 유리하다.

14 투자수익률과 잔여이익 (15. 공인회계사)

(주)한국의 엔진사업부는 단일의 제품을 생산·판매하는 투자중심점이다. (주)한국의 최근 몇 해 동안의 투자수익률(ROI)은 평균 20%이며, 자본비용(즉, 최저필수수익률)은 15%이다. 다음은 20×1회계연도 (주)한국의 엔진사업부에 관한 예산자료이다.

엔진사업부의 연간 총고정원가	₩200,000
제품 단위당 변동원가	₩100
제품의 연간 생산·판매량	1,000단위
엔진사업부에 투자된 평균영업자산	₩500,000

(주)한국의 CEO는 엔진사업부 경영자의 성과평가측정치로 투자수익률 혹은 잔여이익(residual income)을 고려중이다. 만약 투자수익률이 채택되는 경우, 엔진사업부 경영자가 불리한 평가를 받지 않기 위해서는 20×1회계연도에 20% 이상의 투자수익률을 달성해야 한다. 만약 잔여이익이 채택되는 경우, 20×1회계연도에 엔진사업부가 음(−)의 잔여이익을 창출하게 되면 유리한 성과평가를 받을 수 없게 된다. (주)한국이 엔진사업부의 성과평가측정치로 투자수익률 혹은 잔여이익을 사용하게 되는 각각의 경우에 대해, 엔진사업부 경영자가 20×1회계연도에 불리한 평가를 받지 않기 위해 책정해야 하는 제품 단위당 최소평균판매가격은 얼마인가?

	투자수익률을 사용하는 경우	잔여이익을 사용하는 경우
①	₩375	₩380
②	375	390
③	375	400
④	400	375
⑤	400	390

15 투자수익률과 잔여이익 (16. 감정평가사)

(주)감평은 A, B 두 개의 사업부만 두고 있다. 투자수익률과 잔여이익을 이용하여 사업부를 평가할 때 관련 설명으로 옳은 것은? (단, 최저필수수익률은 6%라고 가정한다)

	A사업부	B사업부
투자금액	₩250,000,000	₩300,000,000
감가상각비	25,000,000	28,000,000
영업이익	20,000,000	22,500,000

① A사업부와 B사업부의 성과는 동일하다.
② A사업부가 투자수익률로 평가하든 잔여이익으로 평가하든 더 우수하다.
③ B사업부가 투자수익률로 평가하든 잔여이익으로 평가하든 더 우수하다.
④ 투자수익률로 평가하는 경우 B사업부, 잔여이익으로 평가하는 경우 A사업부가 각각 더 우수하다.
⑤ 투자수익률로 평가하는 경우 A사업부, 잔여이익으로 평가하는 경우 B사업부가 각각 더 우수하다.

16 잔여이익 (16. 공인회계사)

(주)한국의 투자중심점인 A사업부의 지난해 영업과 관련된 자료는 다음과 같다.

매출액	₩1,000,000
총변동원가	300,000
공헌이익	700,000
총고정원가	500,000
영업이익	200,000
평균영업자산	625,000

A사업부가 새로운 투자기회를 고려하지 않는다면, A사업부의 당기 성과와 평균영업자산은 지난해와 동일한 수준을 유지할 것이다. 그러나 당기에 A사업부가 고려중인 투자안에 연간 평균 ₩120,000만큼 투자하게 되면, 이 새로운 투자안으로부터 예상되는 연간 수익, 원가 및 공헌이익률 관련 자료는 다음과 같다.

매출액	₩200,000
총고정원가	90,000
공헌이익률	60%

투자안의 채택 여부를 결정할 때 회사전체와 각 사업부에 적용되는 최저필수수익률은 15%이다. 만약 A사업부가 새로운 투자안을 채택한다면, A사업부의 올해 예상되는 잔여이익(residual income)은 얼마인가?

① ₩106,250 ② ₩110,450 ③ ₩118,250
④ ₩121,450 ⑤ ₩124,450

17 잔여이익과 경제적 부가가치 (23. 공인회계사)

(주)대한의 A사업부는 단일제품을 생산 및 판매하는 투자중심점이다. A사업부에 대해 요구되는 최저필수수익률은 15%, 가중평균자본비용은 10%, 그리고 법인세율은 40%이다. 다음은 20×3년도 (주)대한의 A사업부에 관한 예산자료이다.

- A사업부의 연간 총고정원가는 ₩400,000이다.
- 제품 단위당 판매가격은 ₩550이다.
- 제품 단위당 변동원가는 ₩200이다.
- 제품의 연간 생산 및 판매량은 각각 2,000단위이다.
- A사업부에 투자된 평균영업자산과 투하자본은 각각 ₩1,000,000이다.

A사업부의 잔여이익(RI)과 경제적 부가가치(EVA)는 각각 얼마인가?

	잔여이익	경제적 부가가치		잔여이익	경제적 부가가치
①	₩150,000	₩80,000	②	₩150,000	₩90,000
③	150,000	100,000	④	140,000	80,000
⑤	140,000	90,000			

18 경제적 부가가치 (21. 관세사)

(주)관세는 사업부 평가를 위해 각 사업부의 EVA(경제적 부가가치)를 계산한다. 다음은 사업부 중 한 곳인 A 사업부의 재무상태표와 포괄손익계산서의 일부 자료이다.

총자산	₩2,000,000
유동부채	500,000
세전영업이익	400,000

(주)관세의 모든 사업부는 유사한 위험에 직면해 있으므로 각 사업부의 EVA 계산시 기업전체 가중평균자본비용 11%를 적용한다. 이 경우 A사업부의 EVA는? (단, 법인세율은 30%이다)

① ₩115,000 ② ₩125,000 ③ ₩145,000
④ ₩215,000 ⑤ ₩235,000

19 경제적 부가가치 (17. 관세사)

다음은 (주)관세의 재무상태표와 포괄손익계산서 자료의 일부이다.

항 목	금 액	항 목	금 액
유동자산	₩12,000	유동부채	₩6,000
비유동자산	8,000	세전영업이익	4,000

(주)관세의 가중평균자본비용 계산에 관련된 자료가 다음과 같을 때 경제적 부가가치(EVA)는? (단, 법인세율은 30%이다)

장기부채	시장가치 ₩14,000	이자율 10%
자기자본	시장가치 ₩14,000	자본비용 14%

① ₩600 ② ₩840 ③ ₩1,070
④ ₩1,270 ⑤ ₩1,330

20 경제적 부가가치 (21. 세무사)

(주)세무는 사업부의 성과를 평가하기 위해 각 사업부의 EVA(경제적 부가가치)를 계산하려고 하는데, 사업부 중 한 곳인 남부사업부의 재무상황은 총자산 ₩2,000,000, 유동부채 ₩500,000, 영업이익 ₩400,000이다. (주)세무의 두 가지 자금원천 중 하나인 타인자본의 시장가치는 ₩6,000,000이고, 그에 대한 이자율은 10%이다. 나머지 원천인 자기자본의 시장가치는 ₩9,000,000이고 그에 대한 자본비용은 15%이다. (주)세무에게 적용되는 법인세율은 40%이다. 각 사업부의 EVA 계산은 기업 전체의 가중평균자본비용을 적용한다. 이러한 상황에서 계산된 남부사업부의 EVA는?

① ₩58,000 ② ₩69,000 ③ ₩72,000
④ ₩74,000 ⑤ ₩78,000

21 예산과 균형성과표 (23. 공인회계사)

예산과 성과평가에 대한 다음 설명 중 옳지 않은 것은?

① 변동예산은 일정범위의 조업도수준에 관한 예산이며 성과평가 목적을 위해 실제원가를 실제조업도수준에 있어서의 예산원가와 비교한다.

② 균형성과표에서 전략에 근거하여 도출한 비재무적 성과측정치는 재무적 성과측정치의 선행지표가 된다.

③ 예산과 관련된 종업원들이 예산편성과정에 참여하는 참여예산제도는 예산의 편성과정에서 종업원들이 깨닫지 못하고 있던 책임에 관심을 가지도록 하며, 예산슬랙(예산여유)이 발생할 가능성을 줄여 준다.

④ 균형성과표는 조직의 수익성을 최종적인 목표로 설정하기 때문에 4가지 관점의 성과지표 중에서 재무적인 성과지표를 가장 중시한다.

⑤ 종합예산은 조직의 각 부문활동에 대한 예산이 종합된 조직 전체의 예산이며, 예정조업도를 기준으로 수립하므로 고정예산이다.

22 균형성과표 (12. 재경관리사)

다음 중 균형성과표(BSC)의 장점으로 가장 올바르지 않은 것은?

① 재무적 측정치와 고객, 기업내부 프로세스, 학습과 성장 관점에 의한 비재무적 측정치 간의 균형있는 성과평가를 달성할 수 있다.

② 재무적 관점, 고객관점에 의한 외부적 측정치와 기업내부 프로세스 관점, 학습과 성장 관점에 의한 내부 측정치 간의 균형을 이룰 수 있다.

③ 비재무적 측정치에 대한 객관적인 측정이 가능하며, 업종을 불문하고 정형화된 측정수단까지도 제공한다.

④ 투자수익률 등의 후행지표와 종업원 교육시간 등과 같은 선행지표 간의 연계관계를 이해하는 데 도움을 준다.

23 균형성과표 (13. 세무사)

균형성과표(Balanced Scorecard, BSC)에 대한 내용 중 옳지 않은 것은?

① 전사적인 BSC는 하부조직의 BSC를 먼저 수립한 후 하의상달식으로 구축한다.

② BSC에서 관점의 수와 명칭은 조직별로 다를 수 있다.

③ BSC는 대학교나 정부기관과 같은 비영리조직에도 적용된다.

④ 성과지표는 조직의 비전과 전략에 연계되어 선정되어야 한다.

⑤ 전략체계도는 관점간의 인과관계를 보여준다.

24 균형성과표 (14. 공인회계사)

균형성과표에 관한 다음의 설명 중 옳지 않은 것은?

① 균형성과표에서 전략에 근거하여 도출한 비재무적 성과측정치는 재무적 성과측정치의 후행지표가 된다.

② 균형성과표의 다양한 성과지표간의 인과관계를 통하여 조직의 전략목표 달성과정을 제시하는 성과지표의 체계를 전략지도(strategy map)라고 한다.

③ 균형성과표의 고객 관점은 고객만족에 대한 성과를 측정하는데, 고객만족도, 고객유지율, 반복구매 정도, 시장점유율 등의 지표가 사용된다.

④ 균형성과표의 내부 프로세스 관점은 기업 내부의 업무가 효율적으로 수행되는 정도를 의미하는데, 불량률, 작업폐물, 재작업률, 수율, 납기, 생산처리시간 등의 지표가 사용된다.

⑤ 균형성과표의 학습과 성장 관점은 기존의 프로세스와 제품에 만족하지 않고 기술 및 제품의 혁신적인 발전을 추구하는 정도를 의미하는데, 종업원만족도, 종업원이직률, 종업원 1인당 사내훈련시간 등의 지표가 이용된다.

25 균형성과표 (10. 관세사)

균형성과표(BSC)에 대한 설명 중 옳은 것은?

① 균형성과표는 영리기업을 대상으로 만들어졌기 때문에 비영리기업이나 공기업에서는 사용하기가 부적절하다.

② 영리기업의 경우 균형성과표는 재무관점, 고객관점, 외부 프로세스 관점, 학습과 성장 관점을 사용한다.

③ 균형성과표는 과거 성과에 대한 재무적인 측정지표와 현재나 미래지향적인 비재무적인 측정지표를 포함하고 있다.

④ 균형성과표의 여러 관점은 서로 연계되어 인과관계를 가지고 있으며, 영리기업의 경우에 최종적으로 고객관점으로 연계되어야 한다.

⑤ 학습과 성장 관점의 성과지표로서는 신상품판매비율, 서비스 완료시간, 개인의 역량개발 등이 있다.

26 균형성과표 (11. 세무사)

균형성과표(BSC)에 관한 설명으로 옳지 않은 것은?

① 조직구성원들이 조직의 전략을 이해하여 달성하도록 만들기 위해, 균형성과표에서는 전략과 정렬된 핵심성과지표(Key Performance Indicators)를 설정한다.

② 전략 달성에 초점을 맞춘 조직을 구성하여, 조직구성원들이 전략을 달성하는 데 동참할 수 있도록 유도한다.

③ 조직의 사명과 비전에 근거하여 다양한 관점에서 전략을 도출한 후, 도출된 전략의 인과관계를 도식화한다.

④ 균형성과표에서 전략에 근거하여 도출한 재무적 성과측정치는 비재무적 성과측정치의 선행지표가 된다.

⑤ 조직구성원들은 전략 달성을 위한 의사소통수단으로 핵심성과지표를 사용한다.

27 균형성과표 (15. 관세사)

균형성과표(Balanced Scorecard)에 관한 설명으로 옳지 않은 것은?

① 영리기업의 경우, 균형성과표에서 내부 프로세스 관점의 성과지표는 학습과 성장 관점의 성과지표에 대해 후행지표인 것이 일반적이다.

② 균형성과표의 여러 관점은 서로 연계되어 인과관계를 가지고 있으며, 영리기업의 경우에 최종적으로 재무적 관점과 연계되어야 한다.

③ 균형성과표는 일반적으로 재무적 관점, 고객 관점, 내부 프로세스 관점, 학습과 성장 관점의 다양한 성과지표에 의하여 조직의 성과를 측정한다.

④ 조직구성원들이 조직의 전략적 목표를 달성할 수 있도록 균형성과표에서 핵심성과지표(KPI)는 조직의 전략과 연계하여 설정된다.

⑤ 균형성과표의 내부 프로세스 관점은 기업 내부의 업무가 효율적으로 수행되는 정도를 의미하며 종업원 만족도, 이직률, 종업원 생산성 등의 지표를 사용한다.

13 사내대체가격

사내내부거래제도를 사용한다

국희제과의 조직이 커지면서 분권화를 하였다. 기존에 원가통제만이 강조되던 재료반죽부문이 독자적인 이익단위로 취급되기 시작하였다. 이는 최근에 반죽부문이 개발한 '즉석 과자'와 '즉석 빵'이 시장에 판매되면서 실시되었다.

'즉석 과자'와 '즉석 빵'은 미리 준비된 과자나 빵의 재료반죽을 냉장판매하는 것으로, 소비자가 이 반죽을 전자레인지에 넣고 가열하면 신선한 과자나 빵을 즉석에서 만들 수 있다. 이제 반죽부문은 시장판매되는 반죽과 내부적으로 제빵부문과 제과부문에 제공하는 반죽을 같이 생산하고 있다. 반죽부문을 부문이익수치로 평가하기 위해 다른 부문에 제공하는 반죽도 내부적으로 가격을 매겨 부문매출에 포함하기로 하였다. 이 사내대체(내부거래)가격을 어떻게 정할 것인가? 원가로 하는가? 원가에 이익을 가산하여 정하는가? 아니면 반죽의 시장가격과 비슷하게 정하는가? 이러한 문제를 이 장이 다룬다.

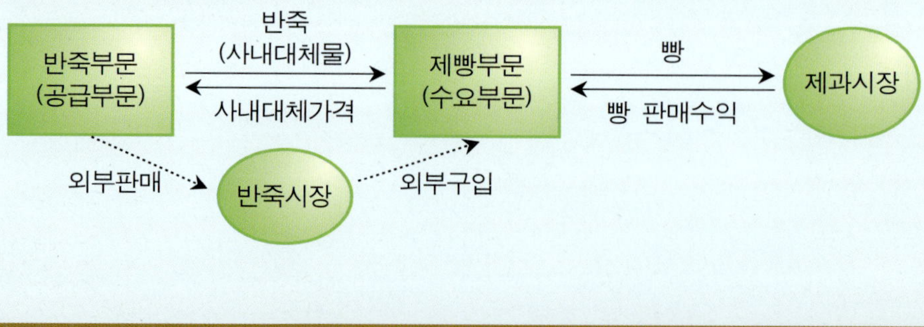

13

- 사내대체가격이 왜 필요한가?
- 사내대체가격이 왜 중요한가?
- 사내대체가격으로 부문과 기업전체의 목표를 일치시킨다
- 사내대체를 막는 사내대체가격의 역할도 필요하다
- 모든 생산량에서 항상 목표일치시키는 사내대체가격이 있다
- 부품을 외부에서 구입할 수 있다면 사내대체가 어떻게 달라지는가?
- 사내대체물의 외부시장가격이 최적의 사내대체가격이다
- 원가를 기준으로 사내대체가격을 정한다
- 공급부문의 기회원가를 고려한다
- 이중가격이나 협상에 의한 사내대체가격 결정도 가능하다
- 국제이전가격은 절세가 관심사

소니의 컴퍼니제와 사내관리제도

소니는 1994년 기존의 19개 사업본부를 8개로 축소, 통합하고, 이 8개의 독립된 사업단위를 마치 별개의 회사처럼 운영시키는 컴퍼니제를 도입하였다. 컴퍼니제 도입과 더불어 신속한 경영의사결정이 가능하도록 "프레지던트"라고 부르는 각 컴퍼니의 장들에게 대폭적인 권한위양을 실시하였다. 예를 들면 종전에는 5억엔 이상의 투자안건에 대해서는 반드시 소니그룹 전체의 경영회의에 상정하도록 하였으나, 컴퍼니제 도입 이후에는 10억엔 이하의 투자안에 대해서는 각 컴퍼니의 프레지던트가 자율적으로 판단하여 의사결정하도록 한 것이다. 10억엔 규모의 투자안이라면 생산라인의 변경, 생산계획의 조정 등이 충분히 가능한 규모이다.

컴퍼니제를 도입하면서 소니는 본사에서의 전략적인 모니터링뿐만 아니라 각 컴퍼니의 경영관리 능력을 향상시키기 위해 다양한 사내관리제도를 정비하였다. 그 대표적인 예가 구분회계제도와 사내대체가격 결정시스템이다. 우선 소니는 자율·책임경영을 보장하고, 경영성과를 정확히 평가할 수 있도록 각 컴퍼니별로 대차대조표와 손익계산서를 작성하는 구분회계제도를 정비하였다.

소니그룹 전체의 자본금을 각 컴퍼니별 고정자산 비율에 따라 배분하였다. 각 컴퍼니 장은 자신의 사업에 투하된 자산이 얼마이며, 어느 정도 자본이 투입되었으며 자본비용이 얼마인지를 파악할 수 있게 된 것이다. 그리고 컴퍼니에서 발생하는 자금의 부족분(여유분)에 대해서는 본사에서 차입(대출)하는 형태를 취하여 지급이자(수입이자)를 계상하도록 하였다. 본사비용도 각 컴퍼니가 실질적으로 본사로부터 제공받는 서비스에 따라 배분하도록 하였다.

소니 경영진은 이러한 사내관리제도를 통해 작성된 대차대조표와 손익계산서를 바탕으로 자기자본이익률(return on equity, ROE)이나 사업현금흐름(operating cash-flow) 등의 지표를 통해 각 컴퍼니의 경영성과를 평가하고 있다. 이것은 결국 대폭적인 권한위양 대신 각 컴퍼니가 절대적인 경영성과에 대한 책임을 지도록 하는 것을 의미하며, 한편으로는 본사에서 각 컴퍼니의 경영성과를 전략적으로 모니터링할 수 있게 된 것이다.

소니가 사내관리제도를 정비하면서 가장 큰 변화를 일으킨 것은 사내대체가격 결정제도였다. 소니는 각 컴퍼니간 대체가격을 시장가격을 기준으로 설정하고 있다. 실제로 1995년초 컨슈머 AV 컴퍼니가 VTR용 소형 모터를 외부업자에게 발주하는 일이 발생하였다. 소니그룹 내에서 부품공급을 담당하던 컴포넌트 컴퍼니가 있었음에도 불구하고 외부업자를 선택한 것은 동일한 품질의 부품에 대해 외부업자의 공급가격이 낮았기 때문이었다. 이전 같으면 상상할 수도 없는 일이 발생한 것이다. 그러나 이 사건으로 말미암아 컴포넌트 컴퍼니는 부품의 외부판매처를 확보하려는 움직임을 보이기 시작했고, 한편으로는 일부 공장을 폐쇄하거나 설비나 종업원을 다른 공장으로 이동시키는 등 코스트 절감에 필사적인 노력을 기울이게 되었다. 이와 같이 각 컴퍼니간의 거래에도 시장경쟁원리를 도입함으로써 보다 장기적인 관점에서 소니 전체의 성과를 극대화하고, 경영체질을 강화시키는 데 컴퍼니제가 일익을 담당하게 된 것이다.

(박진석, 성공적 구조조정을 위한 경영인프라, 주간경제 477호, 1998.7.29)

사내대체가격이 왜 필요한가?

사내대체
조직의 부문간에 재화나 서비스가 제공되는 것

사내대체가격
사내대체물에 대한 내부거래가격

기업의 조직이 커지면 부문별로 업무가 나뉘고 부문간에 부품이나 서비스가 제공된다. 예를 들어, 자동차회사의 엔진생산부문은 생산된 엔진을 완성차 조립부문에 제공한다. 전자회사의 헤드생산부문이 VTR 생산부문에 핵심부품인 헤드를 공급한다. 의류회사의 디자인부문은 의상디자인을 봉제부문에 제공한다. 같은 기업의 부문간에 재화나 서비스가 제공되는 것을 사내대체(Internal Transfer) 또는 사내이전, 내부거래라고 한다. 엔진부문, 디자인부문과 같이 완성품을 직접 생산하지 않는 부문은 소비자에게의 매출과 직접 관련이 없으므로 기존에는 원가책임단위로 분류되어 왔다. 이들 부문은 전체 조직의 한 부분으로서, 기획부문이나 다른 부문이 요구하는 수준의 생산활동을 최소한의 원가로 달성하는 것을 목표로 삼았다. 원가책임단위로 평가되는 이들 부문의 원가는 사내대체를 받는 부문에 배분된다.

최근 많은 기업들이 구성원의 창의력 발휘와 책임의식에 의한 기업발전을 원하고 있다. 이를 위해 분권화, 권한이양, 책임경영을 강조하면서, 거의 모든 부문을 독립적인 이익창출단위로 취급하여 평가하고자 한다. 즉, 각 부문이 독자적인 이익창출단위로서의 의식을 가지고 업무에 임하고, 생산수준 등에 대한 의사결정을 자율적으로 하도록 요구한다. 기존의 원가책임단위를 이익책임단위로 취급하기 위해, 사내대체거래도 공급부문의 내부매출로 기록한다. 사내대체가 회사내부시장에서의 거래로 취급될 때 이 사내거래를 위한 가격이 사내대체가격(Transfer Price)이다. 사내대체물을 받는 수요부문은 사내대체가격을 대체물의 구입원가로 기록한다.

그림 13.1 사내대체흐름

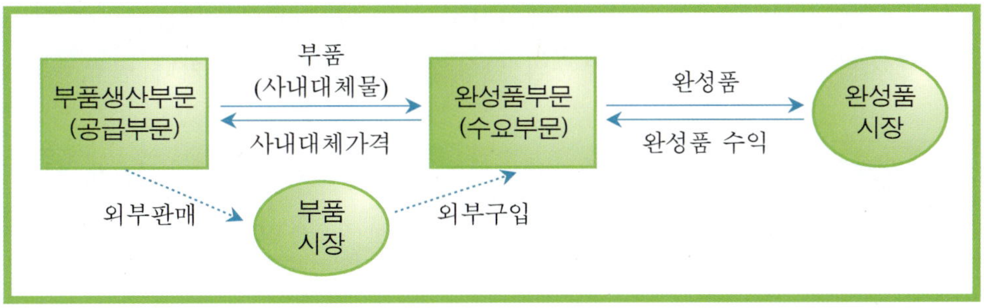

사내대체가격이 높아지면 공급부문은 사내대체의 수익과 부문이익이 증가하여 좋아하나, 수요부문은 내부구입원가가 높아짐에 따라 부문이익이 줄어들어 싫어한다. 사내대체가격이 낮아지면 반대로 공급부문이 싫어하고 수요부문이 좋아한다. 이처럼 사내대체가격은 거래의 양 당사자인 공급부문과 수요부문의 이해가 대립하는 민감한 문제이므로 신중히 결정해야 한다.

사내대체가격이 왜 중요한가?

사내대체가격을 어떻게 결정해야 공급부문, 수요부문, 기업전체가 모두 만족할 수 있는가? 공급부문은 최소한 사내대체를 위한 관련원가를 보상받아야 만족한다. 수요부문은 사내대체물의 가치보다는 싸게 구입해야 만족한다. 기획부문은 기업전체의 이익을 최대화하는 적절한 가격이 결정되기를 바라는데, 사내대체가격 수준 자체는 중요하지 않다. 사내대체가격에 의해 계산되는 내부거래는 기업전체로 보아 서로 상쇄되어 기업전체의 이익과는 무관하기 때문이다.[1] 사내대체거래에 의한 수익과 비용이 서로 상쇄되는 것을 다음의 〈표 13.1〉이 보인다.[2]

기업전체의 이익에 영향을 미치는 것은 사내대체가격이 아니라 사내대체물량이다. 사내대체물량이 최종 완성품량과 판매량에 영향을 미치어 기업의 이익과 관련된다. 사내대체가격과 무관하게 사내대체물량이 기획부문에 의해 중앙집권적으로 결정된다면, 사내대체가격은 공급부문과 수요부문의 이익계산에만 영향을 미치고 기업이익과는 무관하다. 그러나 분권화에 의해 사내대체물량이 사내대체가격에 따라 공급부문과 수요부문 사이에 자율적으로 결정될 때에는 사내대체가격이 사내대체물량을 결정하여 기업이익에 영향을 미친다. 사내대체가격이 너무 낮아서 부품생산부문이 부품을 부족하게 공급하면, 완성품부문의 완성품 생산량이 부족하거나 공급부문에서의 제조원가보다 비싼 가

1) 이는 연결손익계산서에서 회계단위의 확대로 연결된 기업간의 판매분에 대한 매출과 구입원가가 서로 상쇄되어 없어지는 것과 마찬가지이다.

2) 〈표 13.1〉은 부품의 외부시장이 없어서 공급부문이 생산한 부품을 모두 수요부문에 제공하는 가장 간단한 경우이다. 공급부문이 생산된 부품의 일부를 외부시장에 파는 경우, 공급부문과 기업전체의 수익에 이 부품의 외부시장 판매분에 대한 수익항목이 추가된다.

격에 부품을 외부에서 구입하여 완성품을 생산하게 되어 기업전체의 이익이 줄어든다.

표 13.1 부문과 기업전체의 이익계산

	부품생산부문 (공급부문 S)	완성품부문 (수요부문 D)	기업전체
수 익	사내대체 수익 $(TP \times TQ)$	완성품 수익(R_D)	완성품 수익(R_D)
비 용	부문자체원가(C_S)	부문자체원가(C_D)	부문자체원가 합계 $(C_S + C_D)$
		사내대체 원가 $(TP \times TQ)$	
이 익	$TP \times TQ - C_S$	$R_D - C_D - TP \times TQ$	$R_D - C_D - C_S$

TP : 사내대체가격, TQ : 사내대체물량

사내대체가격으로 부문과 기업전체의 목표를 일치시킨다

목표일치
부문이익 최대화와 기업이익 최대화가 일치하는 것

분권화 조직에서 사내대체물량이 자율적으로 결정될 때, 기업전체이익을 가장 높이는 사내대체물량을 어떻게 유도할 수 있는가? 기획부문이 사내대체가격을 적절히 설정하면 이 가격에 의해 최적의 물량이 사내대체된다.[3] 기획부문에서 설정한 적절한 사내대체가격에 기초하여 공급부문과 수요부문이 자신의 부문이익을 최대화하기 위해 자율적으로 사내대체 결정을 할 때 기업의 이익이 최대화되면 이를 목표일치(Goal Congruence)라고 한다. 목표일치 사내대체가격을 찾기 위해 기업전체이익을 최대화하는 최적의 사내대체물량을 먼저 구한다. 〈표 13.1〉에서 보았듯이 사내대체가격 자체는 기업의 이익과 무관하므로 사내대체가격을 고려하지 않고 최적(이익최대화) 사내대체물량을 구한다.

우선 가장 단순한 상황인 부품을 외부에서 구입하거나 판매하는 것이 불가능한 경우에 최적의 사내대체물량을 구해 보자. 완성품의 판매가가 단위당

3) 이것은 적절한 가격제도가 자원의 최적배분을 유도하는 것과 같은 원리이다.

600원이고 완성품 1단위에 부품 1단위가 필요하며 두 부문의 원가구조가 다음과 같다고 가정하자.

표 13.2 부문별 원가구조

	부품생산부문 (부문 S)	완성품부문 (부문 D)	기업전체
단위당 변동원가	65원	135원	200원
총고정원가	1,800만원	2,200만원	4,000만원
단위당 고정원가	1,800만원/생산량	2,200만원/생산량	4,000만원/생산량

기업전체의 단위당 공헌이익이 400원이므로 손익분기점이 10만개이며 10만개 이상 많이 팔수록 이익이 증가한다. 단위당 원가의 관점에서는 10만개에서 단위당 고정원가가 400원이 되어 단위당 원가가 단위당 판매가 600원보다 작아지기 시작하여 이익이 발생하기 시작한다. 따라서 예상판매량이 10만개 이상이면 제품을 생산·판매하는 것이 제품을 전혀 생산·판매하지 않고 0의 이익을 얻는 것보다 좋다.[4] 따라서 완성품 판매량이 10만개 이상이면 그 수량만큼 부품을 사내대체하는 것이 최적이다.

표 13.3 부문과 기업전체의 이익계산 예

		부품생산부문 (공급부문 S)	완성품부문 (수요부문 D)	기업전체
수 익		TP × 15만개	9,000만원 (600원/개 × 15만개)	9,000만원
비 용	자체원가	2,775만원 (65원/개 × 15만개 + 1,800만원)	4,225만원 (135원/개 × 15만개 + 2,200만원)	7,000만원 (200원/개 × 15만개 + 4,000만원)
	사내대체 원가		TP × 15만개	
이 익		TP × 15만개 − 2,775만원	4,775만원 − TP × 15만개	2,000만원

4) 모든 고정원가가 생산·판매를 중단할 때 회피가능하다고 가정하였다. 따라서 모든 원가가 관련원가이다. 만약 고정원가가 전액 회피불가능하면 변동원가만이 관련원가이다. 만약 고정원가 중 일부만이 회피가능하면 회피가능한 원가만을 고려하여 사내대체를 결정한다.

이 최적 사내대체물량을 유도하는 목표일치 사내대체가격은 얼마인가? 완성품 생산 · 판매량과 사내대체물량이 15만개일 때 부문과 기업전체의 이익은 다음과 같이 계산된다.

부품생산부문이 15만개의 부품을 공급하고 이익을 얻으려면

$$이익 = TP \times 15만개 - 2{,}775만원 \geq 0$$

즉, 사내대체 수익(TP×15만개)이 부문원가 2,775만원보다 커야 한다. 따라서 사내대체가격(TP)은 단위당 부품원가 185원(=2,775만원/15만개)보다 커야 한다. 단위당 부품공급원가 185원은 부품부문의 단위당 변동원가 65원과 15만개에서의 단위당 고정원가 120원(=1,800만원/15만개)의 합계이다.

완성품부문이 15만개의 부품을 사내구입하고 이익을 얻으려면

$$이익 = 4{,}775만원 - TP \times 15만개 \geq 0$$

즉, 완성품 매출수익과 완성품부문 자체원가의 차액으로 계산되는 부품의 총가치인 4,775만원[5]이 부품사내구입 원가(TP×15만개)보다 커야 한다. 따라서 사내대체가격(TP)은 단위당 부품가치인 318원(=4,775만원/15만개)보다 작아야 한다. 단위당 부품가치 318원은 부품을 완성품으로 추가가공하는 단위당 원가(282원)와 판매가(600원)의 차액이다. 달리 해석하면, 단위당 부품가치 318원은 완성품부문의 자체발생한 변동원가만을 고려한 단위당 공헌이익 465원에서 15만개에서의 단위당 고정원가 147원(=2,200만원/15만개)을 뺀 금액이다. 물량 단위당으로 계산된 부문과 기업전체의 수익과 비용은 〈표 13.4〉와 같이 정리된다.

생산 · 판매량 15만개에서 기업전체가 단위당 133원의 이익을 얻으므로 사내대체를 하도록 유도해야 한다. 이를 위한 사내대체가격은 부품생산부문이 요구하는 최저가격 185원과 완성품부문이 요구하는 최고가격 318원의 사이에서 결정되어야 한다. 이 범위 밖에서 사내대체가격이 결정되면 두 부문 중 하나가 사내거래를 원하지 않으므로 거래가 불가능하다. 생산량이 적어질수록 두 부문의 단위당 원가가 증가하여 최저가격과 최고가격의 범위가 점점 줄어든다. 기업의 손익분기점인 10만개에서 최저가격과 최고가격이 245원으로 일치된다.

5) 완성품부문의 원가는 부품에 대한 추가가공비와 판매관리비이므로 완성품부문 입장에서 부품의 가치 4,775만원은 결합원가계산에서 배운 순실현가치와 같은 개념이다.

표 13.4 부문과 기업전체의 단위당 수익과 비용 (15만개인 경우)

		부품생산부문 (공급부문 S)	완성품부문 (수요부문 D)	기업전체
단위당 수익		TP	600원/개	600원/개
단위당 비용	자체원가	185원 (65원/개 +1,800만원/15만개)	282원 (135원/개 +2,200만원/15만개)	467원 (200원/개 +4,000만원/15만개)
	사내대체원가		TP	
단위당 이익		TP − 185원/개	318원/개 − TP	133원/개

사내대체를 막는 사내대체가격의 역할도 필요하다

생산·판매량이 10만개 이하이면 손실이 발생하므로 생산·판매를 중단하는 것이 바람직한데 이때의 목표일치 사내대체가격은 얼마일까? 판매가능량이 5만개일 때의 부문과 기업전체의 단위당 수익과 비용은 다음과 같이 정리된다.

표 13.5 부문과 기업전체의 단위당 수익과 비용 (5만개인 경우)

		부품생산부문 (공급부문 S)	완성품부문 (수요부문 D)	기업전체
단위당 수익		TP	600원/개	600원/개
단위당 비용	자체원가	425원 (65원/개 +1,800만원/5만개)	575원 (135원/개 +2,200만원/5만개)	1,000원 (200원/개 +4,000만원/5만개)
	사내대체원가		TP	
단위당 이익		TP − 425원/개	25원/개 − TP	−400원/개

부품생산부문에 손익분기가 되는 최저 사내대체가격이 425원이고, 완성품부문에 손익분기가 되는 최고 사내대체가격이 25원이므로 두 부문 사이에 자율적인 사내대체를 유도하는 사내대체가격은 존재하지 않는다. 그러나 이 사

실이 목표일치의 사내대체가격이 존재하지 않는다는 것을 의미하지는 않는다. 목표일치의 사내대체가격은 사내대체가 기업의 이익을 위해 필요하면 사내대체를 유도하고, 사내대체가 바람직하지 않으면 사내대체를 막는 가격이다. 기업이 손실을 입는 생산·판매량 5만개의 경우에는 어느 가격에 사내대체가격이 설정되든지 사내대체는 자율적으로 이루어지지 않으므로 모든 가격이 목표일치의 가격이다.

모든 생산량에서 항상 목표일치시키는 사내대체가격이 있다

어느 생산량 수준에서도 목표일치인 사내대체가격이 존재하는가? 손익분기점 10만개에서의 부품생산부문의 단위당 원가 245원이 이러한 가격이다. 사내대체가격을 생산량과 무관하게 항상 245원에 고정시키면 생산량이 손익분기점보다 클 때에는 사내대체가 이루어져 기업전체에 이익이 발생하고, 생산량이 손익분기점보다 작을 때에는 사내대체가 이루어지지 않아 기업전체에 손실이 발생하는 것을 막아준다. 요약하면, 기획부문에서 설정한 적절한 사내대체가격에 기초하여 공급부문과 수요부문이 자신의 부문이익을 최대화하기 위해 자율적으로 사내대체 결정을 할 때 기업의 이익이 최대화된다. 즉 사내대체가격제도에 의해 부문 이익최대화와 기업전체 이익최대화의 목표일치가 이루어진다. 여러 생산량 수준에서의 목표일치 사내대체가격을 다음 〈표 13.6〉과 [그림 13.2]가 정리해 보여준다. 그림의 화살표는 해당 생산량에서의 목표일치 사내대체가격의 범위를 나타낸다.

표 13.6 생산량과 목표일치 사내대체가격 (부품시장이 없는 경우)

생산량	완성품 생산 여부	사내대체 여부	목표일치 사내대체가격
손익분기점 이하	생산중단	사내대체 없음	모든 가격
손익분기점 이상	생산	사내대체	부품의 자체생산원가 ≤ TP ≤ 부품의 가치

그림 13.2 생산량과 목표일치 사내대체가격의 범위 (부품시장이 없는 경우)

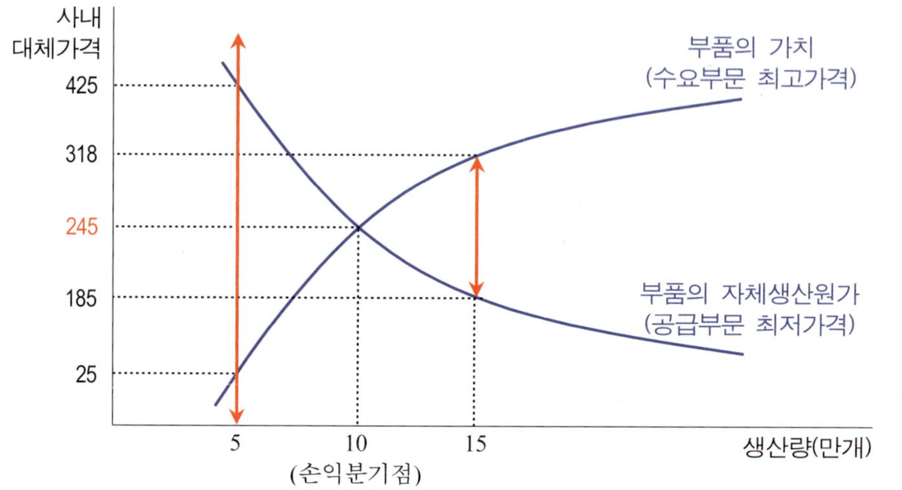

부품을 외부에서 구입할 수 있다면 사내대체가 어떻게 달라지는가?

부품을 내부에서 조달하지 않고 외부에서 구입할 수 있다면 완성품부문과 기업전체는 이 대안을 고려하여 좀더 유리한 조건으로 사내대체 결정을 하게 된다. 앞에서 사용한 부문 S와 D의 예를 계속 사용하자. 부품생산부문의 원가는 앞에서와 같고 부품의 외부구입원가는 95원이라고 하자.[6] 이때 최적의 사내대체량과 사내대체가격을 구해 보자.

표 13.7 자체생산과 외부구입의 원가

	자체생산	외부구입
단위당 변동원가	65원	95원
단위당 고정원가	1,800만원/생산량	—

6) 분석의 편의상 완성품부문이 부품을 외부에서 구입할 수는 있으나 부품생산부문이 부품을 외부시장에 판매할 수는 없다고 가정한다.

그림 13.3 자체생산과 외부구입의 원가

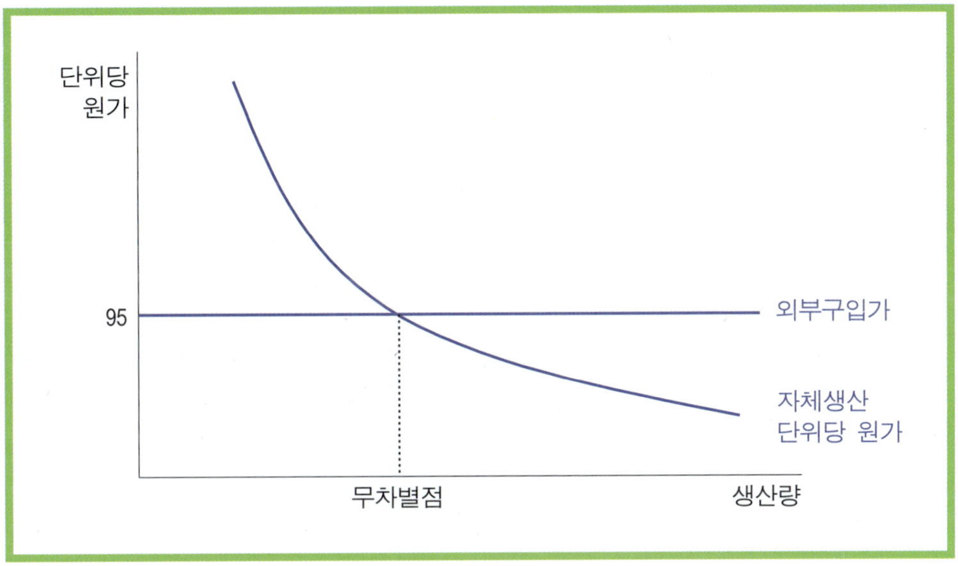

최적의 사내대체물량을 구하는 문제는 제9장에서 다룬 자체생산과 외부주문의 아웃소싱 결정문제와 같다. 자체생산원가가 외부주문원가보다 싸면 자체생산, 즉 사내대체하고 외부주문원가가 더 싸면 외부주문을 하고 사내대체를 하지 않는다. 생산량이 60만개일 때 부품의 단위당 제조원가가 95원이 되므로 생산량이 이보다 많으면 자체생산 사내대체가 유리하고 생산량이 이보다 적으면 외부구입이 유리하다.

이 최적의 사내대체 결정을 자율적으로 유도하는 목표일치 사내대체가격은 얼마인가? 부품생산부문[공급부문]은 부품을 직접 외부시장에 판매할 수 없으므로 요구하는 최저 사내대체가격은 앞에서와 마찬가지로 단위당 제조원가이다.[7] 그러나 완성품부문[수요부문]은 이제 부품을 사내대체받거나 외부구입할 수 있으므로 외부구입가 이상으로 사내대체가격을 지급할 필요가 없다. 따라서 완성품부문이 지급하고자 하는 최고한도의 사내대체가격은 부품의 외부시장가격이다.[8] 아웃소싱 결정이 무차별해지는 60만개 이상의 경우, 부품의 자체생산원가가 외부구입원가보다 낮으므로 부품생산부문의 최저가격인 부품의

7) 부품생산부문이 외부에 직접 부품을 팔 수 있으면 단위당 제조원가와 외부판매가 중 높은 금액이 사내대체에 대한 최저 요구가격이 된다.

8) 정확히 말하면 수요부문의 최고 사내대체가격은 부품의 외부구입가와 부품의 (순실현)가치 중 낮은 금액이다. 완성품 생산량이 너무 적어 완성품부문의 단위당 고정원가가 매우 높을 때, 부품의 가치는 매우 낮으며 이때 부품의 가치보다 더 높은 가격을 완성품부문이 내부나 외부에 지급하려 하지 않기 때문이다.

자체생산원가와 완성품부문의 최고가격인 외부구입가 사이에서 사내대체가격이 설정되면 바람직한 사내대체가 이루어진다. 60만개 이하의 경우 사내대체보다 외부구입이 유리하고 이때 어느 가격에서도 사내대체가 자율적으로 이루어지지 않으므로 사내대체가격은 어느 가격이든 상관없다.

이 사실을 생산량 100만개와 15만개의 경우를 통해 확인해 보자. 생산량이 무차별점보다 큰 100만개인 경우, 사내대체할 때와 외부구입할 때의 부문과 기업전체의 이익은 다음과 같다.

표 13.8 부문과 기업전체의 단위당 수익과 비용 (100만개인 경우)

(1) 사내대체할 때

		부품생산부문 (공급부문 S)	완성품부문 (수요부문 D)	기업전체
단위당 수익		TP	600원/개	600원/개
단위당 비용	자체원가	83원 (65원/개 +1,800만원/100만개)	157원 (135원/개 +2,200만원/100만개)	240원 (200원/개 +4,000만원/100만개)
	사내대체 원가		TP	
단위당 이익		TP − 83원/개	443원/개 − TP	360원/개

(2) 외부구입(부품생산중단)할 때

		부품생산부문 (공급부문 S)	완성품부문 (수요부문 D)	기업전체
단위당 수익		0	600원/개	600원/개
단위당 비용	자체원가	0	157원 (135원/개 +2,200만원/100만개)	157원
	외부구입 원가		95원/개	95원/개
단위당 이익		0	348원/개	348원/개

생산・판매량 100만개에서 사내대체하면 부품을 외부구입할 때보다 단위당 12원(=360−348)[9]의 이익이 증가하여 총 1,200만원(=12원/개×100만개)의 이익

9) 이 단위당 이익차이 12원은 외부구입가 95원과 자체생산원가 83원의 차이이다.

이 더 생긴다. 사내대체를 유도하는 사내대체가격은 공급부문의 단위당 원가인 83원과 수요부문의 외부구입가 95원 사이이다. 가격이 83원 이상이 되어야 공급부문이 생산중단하는 것보다 생산후 사내대체하는 것이 유리하다.

$$\text{TP} - 83 \geq 0 \Leftrightarrow \text{TP} \geq 83\text{원}$$

또한 내부가격이 95원 이하가 되어야 수요부문이 부품을 외부구입하지 않고 내부에서 구입할 때 이익이 더 커진다.

$$443 - \text{TP} \geq 348 \Leftrightarrow \text{TP} \leq 95\text{원}$$

따라서 목표일치 사내대체가격의 범위는 83원 $\leq$ TP $\leq$ 95원이다.

생산량이 무차별점보다 낮은 15만개인 경우, 사내대체할 때와 외부구입할 때의 부문과 기업전체의 이익은 다음과 같다.

표 13.9 부문과 기업전체의 단위당 수익과 비용 (15만개인 경우)

(1) 사내대체할 때

<table>
<tr><th colspan="2"></th><th>부품생산부문
(공급부문 S)</th><th>완성품부문
(수요부문 D)</th><th>기업전체</th></tr>
<tr><td colspan="2">단위당 수익</td><td>TP</td><td>600원/개</td><td>600원/개</td></tr>
<tr><td rowspan="2">단위당
비용</td><td>자체원가</td><td>185원
(65원/개
+1,800만원/15만개)</td><td>282원
(135원/개
+2,200만원/15만개)</td><td>467원
(200원/개
+4,000만원/15만개)</td></tr>
<tr><td>사내대체
원가</td><td></td><td>TP</td><td></td></tr>
<tr><td colspan="2">단위당 이익</td><td>TP − 185원/개</td><td>318원/개 − TP</td><td>133원/개</td></tr>
</table>

(2) 외부구입(부품생산중단)할 때

<table>
<tr><th colspan="2"></th><th>부품생산부문
(공급부문 S)</th><th>완성품부문
(수요부문 D)</th><th>기업전체</th></tr>
<tr><td colspan="2">단위당 수익</td><td>0</td><td>600원/개</td><td>600원/개</td></tr>
<tr><td rowspan="2">단위당
비용</td><td>자체원가</td><td>0</td><td>282원/개
(135원/개
+2,200만원/15만개)</td><td>282원/개</td></tr>
<tr><td>외부구입
원가</td><td></td><td>95원/개</td><td>95원/개</td></tr>
<tr><td colspan="2">단위당 이익</td><td>0</td><td>223원/개</td><td>223원/개</td></tr>
</table>

생산・판매량 15만개에서 사내대체하면 부품을 외부구입할 때보다 단위당 90원(=223−133)[10]의 이익이 감소하여 총 135만원(=90원/개×15만개)의 이익이 감소한다. 이때 사내대체를 하지 않고 외부구입을 하도록 사내대체가격이 역할을 해야 한다. 공급부문이 요구하는 최저 사내대체가격은 단위당 원가인 185원이고 수요부문이 지급하고자 하는 최고 사내대체가격은 부품의 외부구입가인 95원이므로 사내대체를 성립시키는 가격은 없다. 따라서 어느 가격에서나 사내대체가 이루어지지 않으므로 15만개에서 어느 가격이나 목표일치 사내대체가격이다. 부품 외부구입이 가능한 경우의 이러한 결과를 다음 [그림 13.4]가 보여준다.[11]

그림 13.4 생산량과 목표일치 사내대체가격의 범위 (부품시장이 있는 경우)

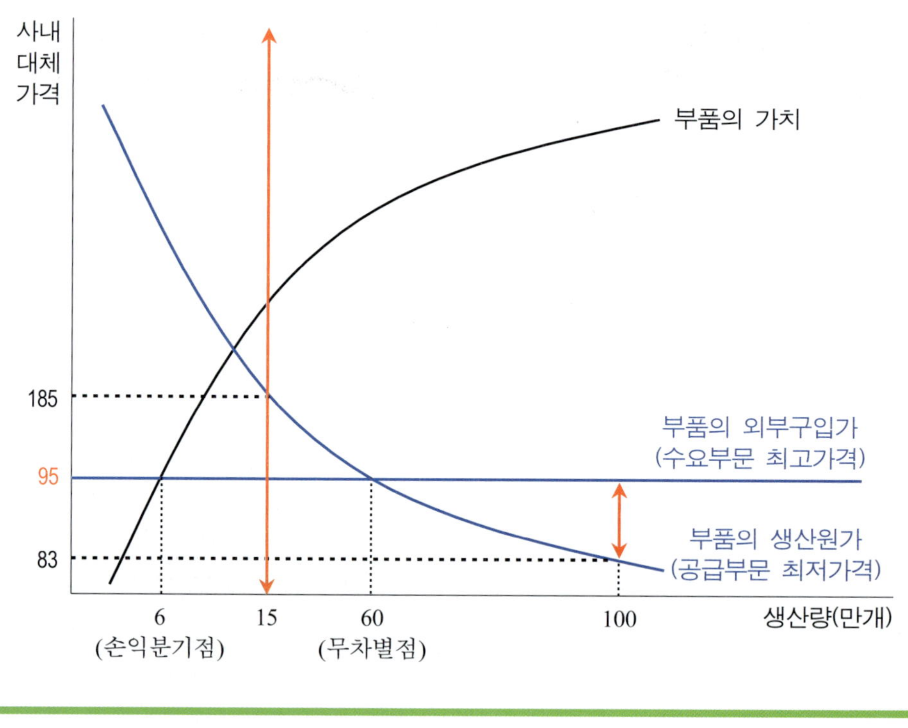

10) 이 단위당 이익차이 90원은 외부구입가 95원과 자체생산원가 185원의 차이이다.

11) 이 예에서 부품의 외부구입가능성이 손익분기점을 약 6만개로 낮추었다.

손익분기점 = 고정원가 / (판매가 −완성품부문변동원가−부품 외부구입가)

6만개 = 2,200만원 / (600원/개− 135원/개 − 95원/개)

표 13.10 생산량과 목표일치 사내대체가격 (부품시장이 있는 경우)

생산량	완성품 생산 여부	사내대체/외부구입 여부	목표일치 사내대체가격
손익분기점 이하	생산중단	사내대체 없음 외부구입 없음	모든 가격
손익분기점 이상 무차별점 이하	생산	외부구입	모든 가격
무차별점 이상	생산	사내대체	부품의 자체생산원가 ≤ TP ≤ 외부구입가

사내대체물의 외부시장가격이 최적의 사내대체가격이다

사내대체와 외부구입이 무차별해지는 60만개에서는 최저 및 최고 사내대체가격이 95원으로 일치된다. 외부구입가격인 95원이 모든 생산량 수준에서 항상 목표일치의 사내대체가격이므로, 생산량 수준에 관계없이 사내대체가격을 95원으로 항상 사용하는 것도 편리한 방법이다.

부품을 외부에서 구입할 경우, 사내대체할 때에 비해 수요부문의 원가가 변하는 경우도 많다. 이 경우 부품의 외부구입가격에 단위당 자체 원가변화액을 조정한 가격이 수요부문에게 사내대체와 외부구입을 무차별하게 만든다. 따라서 이 가격이 수요부문의 최고 사내대체가격이 된다. 예를 들어 외부구입할 때 완성품부문의 단위당 원가가 10원씩 증가한다면 최고 사내대체가격은 105원(=95+10)이 된다.

이제까지는 부품의 외부구입만을 고려하고 부품의 외부판매는 생각하지 않았다. 외부구입가 대신에 외부판매가가 존재하는 경우에는 외부판매가가 목표일치의 사내대체가격이 된다. 공급부문의 외부판매가격과 수요부문의 외부구입가격이 동일하면 그 시장가격이 가장 적절한 사내대체가격이다. 수요부문이 외부에서 구입할 수 있는 가격보다 비싼 가격에 내부적으로 구입하라고 하는 것은 수요부문에게 부당하다. 또한 공급부문이 대체물을 외부에 판매할 수 있다면 그 시장가격보다 싼 가격에 내부적으로 판매하라고 하는 것이 공급부문에서 부당하다. 사내대체물이 외부시장에서 거래되고 있다면 그 시장가격을 사내대체가격으로 정하는 것이 바람직하다. 만약 거래비용 때문에 공급부문의 외부판매가격이 수요부문의 외부구입가격보다 낮다면 그 두 시장가격 사이에서 사내대체가격을 정하면 적절하다. 이때 외부판매나 구입시 발생할 운송비, 광고선전비, 판매수수료, 대금 정산비용, 대손비용 등이 내부거래시에 절약된다면 이 비용만큼 시장가격에서 조정하여 사내대체가격을 정하는 것이 옳다.

시장가격을 사내대체가격으로 사용하는 것은 목표일치성 이외의 다른 장점도 있다. 첫째, 시장가격은 객관적이어서 계산에 대한 논란이 적다. 제품가격목록, 시장조사, 견적수집 등을 통해 시장가격을 조사할 수 있다. 이때, 실제거래가격이 공표된 가격보다 낮은 경우에는 실제거래가격을 사용하도록 주의해야 한다. 둘째, 외부시장가격으로 내부거래를 하면 공급부문이 원가를 절약할수록 자기부문의 이익이 커지므로 부문원가절감의 동기가 있다.

원가를 기준으로 사내대체가격을 정한다

한 기업의 사내대체물이 특이하여 외부시장이 존재하지 않을 수 있다. 이때 사내대체가격을 위해 시장가격을 사용할 수 없으므로 제조원가를 사용할 수밖에 없다. 원가를 사용한다면 어떤 원가를 사용해야 할까? 실제원가인가 예정원가인가? 변동원가만인가 고정원가를 포함한 원가인가?

실제원가는 이해하기가 쉬워 사내대체가격으로 많이 사용되나, 공급부문의 실제발생원가를 모두 가격으로 보장해 주므로 원가절감의 동기를 주지 못하는 단점이 있다. 또한 공급부문의 비효율성을 수요부문이 부담해야 하는 부당함이 있다. 공급부문의 원가절감을 유도하려면 사전에 정한 표준원가로 사내대체가격을 정하면 된다. 이때의 문제점은 공급부문이 표준원가를 정할 때 정말로 예상하는 원가보다 부풀려서 높이 정하여 높은 가격을 확보하려 하는 점이다. 공급부문이 주도적으로 정한 표준원가를 과연 수요부문이 받아들일 수 있을 것인가? 공급부문이 제공한 원가자료를 수요부문과 기획부문이 같이 검토하는 절차가 있으면 이 문제가 줄어들 것이다.

변동원가는 생산량 변화에 대한 증분원가로, 사내대체물량의 결정에 대한 적절한 관련원가라는 장점이 있다. 사내대체를 전혀 하지 않을 경우에 고정원가의 일부분도 회피가능하며 관련증분원가에 포함되어야 한다. 목표일치성을 위한 관련원가의 관점에서는 회피불가능한 고정원가는 사내대체가격 결정에 포함하지 않아야 하나, 이 경우 공급부문은 제외된 고정원가만큼 손실을 보고 해야 하는 부당함이 있다. 모든 고정원가를 포함한 전부원가로 사내대체가격을 결정하면 공급부문은 손실을 보지 않으나 이익도 볼 수 없다. 공급부문에게 이익을 보장하기 위해 일정 이익마진을 가산하여 사내대체가격을 결정하기도 한다. 전부원가 이익가산(Full Cost Plus Profit Margin) 가격은 공급부문을 만족시키나 이 가격으로 사내대체물량을 자율적으로 결정하면 가격이 너무 높아져서, 기업전체의 이익을 위한 사내대체 결정이 이루어지지 않는다.

공급부문의 기회원가를 고려한다

사내대체가격의 일반적 지침
공급부문 단위당 증분원가와 기회원가를 합한 최소사내대체가격

공급부문의 사내대체 관련원가를 모두 반영하려면 실제원가항목으로 기록되는 관련 지출원가(out-of-pocket cost)뿐만 아니라 기회원가도 포함한 사내대체가격을 사용해야 한다. 기회원가를 포함하여 공급부문이 요구하는 최소가격을 사내대체가격의 일반적 지침(General Guideline)이라 한다.

사내대체가격의 일반적 지침(최소사내대체가격)
= 공급부문 사내대체 단위당 증분지출원가 + 단위당 기회원가

이때 주의할 점은 사내대체시의 단위당 증분원가(incremental cost per unit)는 사내대체를 한 단위 증가할 때의 원가증가액 또는 한계원가(marginal cost)가 아니라, 사내대체 여부에 따라 추가되는 총증분원가를 사내대체물량으로 나눈 평균증분원가(average incremental cost)라는 점이다.

단위당 증분원가 = 총증분원가 / 물량

공급부문의 기회원가는 어떻게 측정할까? 이것은 공급부문이 사내대체 이외의 어떤 다른 용도에 부품을 사용할 수 있는가에 달려 있다. 대안이 전혀 없으면 기회원가는 0이다. 만약 부품을 사내대체하는 대신에 외부에 팔 수 있다면 외부판매에 의한 이익이 기회원가이다.

총기회원가 = 외부판매수익 − 외부판매 증분원가
단위당 기회원가 = 외부판매가 − 외부판매 단위당 증분원가

공급부문의 사내대체 증분원가와 외부판매 증분원가가 같다면 사내대체가격의 일반적 지침(최소사내대체가격)은 외부판매가가 된다. 이를 식으로 보이면 다음과 같다.

사내대체가격의 일반적 지침(최소사내대체가격)
= 사내대체 단위당 증분원가 + 단위당 기회원가
= 사내대체 단위당 증분원가 + (외부판매가 − 외부판매 단위당 증분원가)
= 외부판매가

부품생산부문이 부품을 생산하는 대신에 부문의 설비와 인력을 다른 용도로 사용하여 이익을 얻거나 기업전체의 원가를 줄일 수 있다면 이 혜택이 기회원가로 계산되어야 한다.

이중가격이나 협상에 의한 사내대체가격 결정도 가능하다

공급부문과 수요부문을 같이 만족시키기 위해 이중가격(Dual Pricing)이 사용될 수도 있다. 공급부문에게는 이익을 보장하기 위해 전부원가 이익가산 대체가격으로 수익을 계산하고, 수요부문은 최적 대체물량 결정을 위해 기회원가를 고려한 증분원가로 사내대체원가를 계산한다. 이중가격제도는 자율적으로 최적 대체물량을 결정하게 하는 장점이 있으나 운영이 복잡하여 많은 기업이 사용하지는 않는다.

사내대체가격 결정방법을 미리 정하지 않고 당사자인 공급부문과 수요부문이 협상(Negotiation)에 의해 전적으로 결정하게 할 수 있다. 두 부문이 각각 자기부문이 가진 정보를 이용하여 자기부문의 이익을 위해 사내대체가격과 물량을 자율적으로 결정하게 한다. 공급부문만이 제조원가를 정확히 알고 있거나 수요부문만이 대체물의 가치를 알고 있는 경우에 쓸모가 있는 방법이다. 그러나 협상에 시간과 노력이 많이 소모되고 두 부문의 지위나 협상자의 협상력에 의해서 기업전체를 위해 바람직하지 못한 결과가 초래될 가능성이 있다. 이제까지 소개한 사내대체가격 결정방법의 특성을 비교정리하면 다음 〈표 13.11〉과 같다.[12]

표 13.11 사내대체가격 결정방법의 비교

특 성	시장가격기준	원가기준	협 상
목표일치성 달성	가능	종종 가능하나 항상은 아님	가능
부문성과평가 유용성	유용	사내대체가격이 전부원가를 초과하지 않으면 유용하지 않음	유용하나 협상력이 가격에 영향을 미침
원가절감 동기부여	동기부여	표준원가를 사용하면 가능, 실제원가를 사용하면 불가능	동기부여
부문자율성	가능	불가능	가능
기 타	중간재 시장이 없거나 불완전하거나 비정상적일 수 있음	전부원가를 계산할 때 유용하고 적용이 쉬움	협상에 시간이 듦

12) 이 표는 Horngren 외 *Cost Accounting*(2003)의 〈표 22.3〉(p.768)을 조금 수정하였다.

국제이전가격은 절세가 관심사[13)]

사내대체에 관련된 두 부문이 서로 다른 나라에 위치하여 서로 다른 법인세를 적용받는다면 전사적인 관점에서 법인세 절감이 고려사항이 된다. 예를 들어, 공급부문이 한국에서 30%의 법인세율을 적용받고 수요부문은 미국에서 40%의 법인세율을 적용받으면 국제이전가격을 높여서 공급부문의 이익을 높이고 수요부문의 이익을 낮춘 만큼 전사적인 법인세가 절감이 된다. 국제이전가격 총액이 1원 올라갈 때마다 1원의 10%(=40%−30%)만큼의 법인세가 절감된다. 이때 추가로 고려할 점은 대체물의 수입가격이 올라가면 미국에 위치한 수요부문이 지급해야 하는 수입관세는 증가한다는 사실이다. 국제이전가격의 조정에 의한 조세회피를 방지하기 위해 각국의 조세기관은 허용되는 국제이전가격

스타벅스 특별 세무조사… 이전가격 조작 여부 집중

〈앵커〉 스타벅스 코리아에 대해 국세청이 세무조사를 벌이고 있는 걸로 SBS 취재 결과 확인됐습니다. 해외에서 들여오는 원두 같은 원재료 등의 공급가를 높이거나 낮춰서 세금을 덜 냈는지 조사중인 걸로 알려졌습니다. 보도에 김혜민 기자입니다.

〈기자〉 국세청이 스타벅스 코리아에 대한 세무조사를 시작한 건 지난달 중순부터입니다. 서울지방국세청 국제거래조사국 소속 조사관들은 스타벅스 코리아 본사를 수차례 방문해 회계장부와 전산자료 등을 확보한 것으로 알려졌습니다. 이번 조사는 정기 세무조사가 아닌 비정기 세무조사로, 조사를 맡은 국제거래조사국은 구글을 포함한 다국적기업들의 역외 탈세 의혹을 광범위하게 조사하고 있습니다.

스타벅스 코리아에 대해서도 다국적기업들의 가장 흔한 탈세 유형인 이전가격 조작 여부를 집중적으로 들여다보는 것으로 알려졌습니다. 이전가격은 해외법인 사이에서 원재료와 제품 등을 공급할 때 적용되는 가격으로, 이 가격을 높이거나 낮춰서 세금을 회피할 수 있습니다. 특히 스타벅스 코리아는 100% 직영으로 운영하면서 커피 원두는 물론, 매장 인테리어 원자재까지 미국 등에서 수입해 들여오고 있습니다.

국세청은 올해 초 다국적기업의 공격적 조세회피에 대해 검증을 강화하겠다고 예고한 바 있습니다. 스타벅스 코리아는 지난 1997년 미국 본사와 신세계그룹 이마트가 절반씩 지분을 투자해 설립했고, 20%대 고성장을 이어오며 지난해 국내 1천370여 개 매장에서 1조 8천700억원의 매출을 올렸습니다. (SBS 뉴스, 2020.6.4)

13) 국제간의 대체가격은 국제조세 분야에서 국제이전가격으로 불린다.

의 범위를 제한하고 있다.

국제이전가격에 의한 절세는 법인세율이 매우 낮은 제3국을 중개지로 사용하는 방법도 있다. 파나마에 법인세가 없다면 한국에서 미국으로 보내는 물건을 파나마의 지사가 낮은 가격에 한국에서 사서 높은 가격에 미국으로 판매하는 형식을 취하면 거래이익의 대부분이 세율이 낮은 파나마 지사에 귀속되어 전사적인 법인세가 감소한다. 이렇게 조세회피에 사용되는 낮은 세율의 국가를 조세피난처(Tax Haven)라고 부른다.

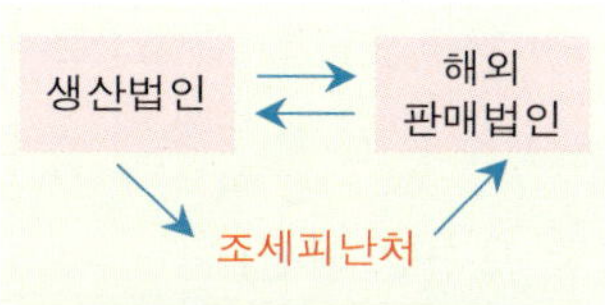

토 론

조세피난처에 묻어둔 돈 7조달러… 다국적기업 '세테크' 논란

–영국·독일 "꼼수 손보자"… 구글 등 "1차대전 이후 지속된 관행"
–불황에 세수 부족해지자 단속 칼 든 각국 정부
–美 전쟁 선포… G20 공조 추진
–MS·아마존·스타벅스… '비도덕적 행위' 질타 이어져
–구글 회장 "절세는 당연"

"구글은 왜 법인세를 내지 않았죠." (재키 도일프라이스 영국 보수당 의원)
"우리는 법대로 냈습니다." (매트 브리틴 구글 영국법인 부사장)
"지금 지적하는 것은 '불법' 문제가 아니에요. 구글의 '비도덕성'에 대해 얘기하고 있어요." (마거릿 호지 노동당 의원)

지난달 12일 영국 하원의 공공회계위원회(PAC) 청문회장. 의원들과 증언대에 불려나온 구글, 아마존, 스타벅스 등 글로벌 기업 중역들간 설전이 벌어졌다. 조세피난처를 이용하는 것은 관행적 절세라는 기업들의 항변과 비도덕적 행위라는 의원들의 공방이 오갔다.

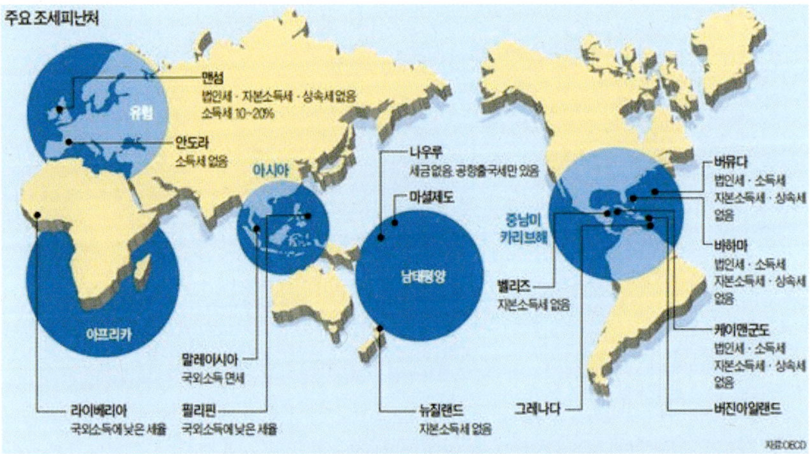

미국 금융위기·유럽 재정위기로 불황이 장기화하면서 나타난 충돌과 논란이다. 기업 유치를 위해 그동안 조세피난처 활용을 눈감아줬던 영국, 미국 등 주요국들이 부족한 세수를 메우기 위해 단속의 칼을 들이대기 시작한 것이다.

버뮤다, 케이맨군도 등 세계 조세피난처로 들어온 자금은 2008년 현재 경제협력개발기구(OECD) 추산으로 7조달러(약 7,518조원)에 달한다. 한국 국내총생산(GDP)의 5배가 넘는 규모다.

• 불법과 적법 사이의 '꼼수'

블룸버그통신에 따르면 세계 최대 인터넷 검색 업체인 미국 구글은 지난해 조세피난처로 수익을 옮겨 20억달러(약 2조1,000억원)에 이르는 세금을 회피했다. 커피업체 스타벅스는 3년간 영국에서 4억파운드(약 7,000억원)의 매출을 올리고도 조세피난처 덕분에 법인세를 한푼도 내지 않은 것으로 드러났다.

구글의 '세금 꼼수'는 간단했다. 법인세가 없는 영국령 버뮤다에 '서류상 회사(페이퍼 컴퍼니)'를 세웠다. 영국이나 프랑스에서 수익이 나면 로열티·컨설팅비 명목으로 수익을 버뮤다 회사로 넘겼다. 비용이 생기면 반대로 가장 세율이 높은 국가로 옮겨 공제받았다. 유럽 본사는 법인세율이 12.5%로 낮은 아일랜드에 뒀다. OECD 국가 평균 세율(25.25%)보다 훨씬 낮은 곳이다. 구글은 이런 꼼수로 지난해 미국 외에서 발생한

미국 주요 기업 해외수익 및 납세액 (단위 : 억달러)

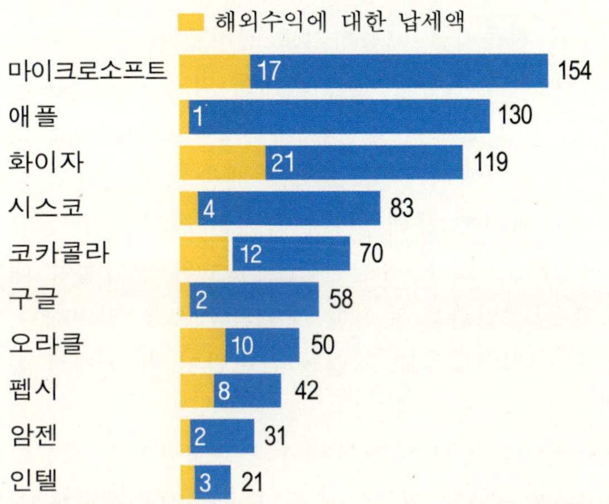

※ 2010년 기준 자료 : 슈피겔

수익의 딱 3.2%만 세금으로 냈다.

또 다른 미국 기업인 아마존과 스타벅스도 비슷한 방식을 썼다. 온라인 거래 업체인 아마존은 유럽 본사를 룩셈부르크에, 스타벅스는 네덜란드에 설립했다. 두 국가 모두 법인세율이 낮다. 소프트웨어 업체인 마이크로소프트(MS) 본사도 아일랜드에 있다.

이 같은 세금 회피가 불법은 아니다. 그렇다고 적법하다고 말하기도 어렵다. 조세피난처는 일종의 회색지대다. 국가나 지역 간 세율이 달라 생긴 빈틈을 글로벌 기업들이 교묘하게 이용하는 것이다. 절세는 적법한 절차 안에서 세금을 줄이는 것이지만 세금 회피는 불법은 아니지만 '꼼수'를 쓴다는 의미가 강하다.

• 글로벌 기업, "왜 이제 와서…"

글로벌 기업 입장에서는 세금을 회피할 방법이 있는데 마다할 이유가 없다. 에릭 슈미트 구글 회장은 "구글의 납세 구조가 자랑스럽다"는 말로 논란을 일축했다. "자본주의란 이런 것"이라고도 했다. 세율이 다른 여러 나라에서 글로벌 영업을 하면서 절세를 하는 것뿐이라는 얘기다. 스타벅스는 "고용 효과 등을 따지면 영국 경제에 매년 8,000만파운드(약 1,383억원)씩 기여하고 있다"고 반박했다.

이런 주장은 "탈세도 부도덕하지만 쓸데없이 세금을 많이 내는 것은 더 나쁘다"는 인식에 뿌리를 두고 있다. 기업의 존재 목적은 이윤 추구이고, 최대한 비용을 줄여 주주들에게 더 많은 이익을 돌려주는 게 최고의 미덕이라는 것이다. 조세피난처를 애용하는 애플도 자사의 아이디어와 혁신으로 만든 제품을 팔아 남긴 이익을 떼어내 다른 국가에 많은 세금을 낼 필요가 없다고 주장한다.

각국 정부도 이 같은 관행을 모르지는 않았다. 기업들이 조세피난처를 적극 이용하기 시작한 것은 무려 100여년 전부터다. 1차 세계대전 때 전쟁 비용을 마련하기 위해 각국 정부가 세율을 대폭 올리자 세금 피할 곳을 찾기 시작했다. 1970년대부터는 주요국 정부가 감세 경쟁을 벌이기 시작했다. 조세피난처에 기업을 빼앗기지 않기 위해서였다. 기업들이 "지금까지 가만히 있다가 왜 이제 와서 마녀사냥식으로 몰아붙이느냐"고 항변하는 이유다.

• 국제 공조식 단속가능할까

조세피난처 활용에 대한 각국 정부의 인식을 바꿔 놓은 것은 2008년 미국 금융위기와 이후 겹쳐진 유로존(유로화 사용 17개국) 재정위기다. 조세피난처로 줄줄 새는 세금을 막아 불황으로 부족해진 세수를 채우는 정책으로 방향을 바꾸고 있는 것이다.

버락 오바마 미국 대통령은 2009년 취임하자마자 '조세피난처와의 전쟁'을 선포했다. 금융위기의 원인 중 하나로 조세피난처를 지목했다. 위기를 불렀던 각종 모기지(주택담보대출) 유동화 상품이 조세피난처를 통해 설계·유통됐다는 사실을 발견했다. JP

모건체이스와 골드만삭스 같은 투자은행이 영국령 케이맨군도 등에 법인을 세워 파생상품을 파는 식이었다. 영국 정부는 조세피난처를 강력 단속한다는 취지에서 최근 7,700만파운드(약 1,300억원)를 들여 세금 전문가를 고용하기로 결정했다.

그러나 한 나라 단독으로는 조세피난처를 이용한 세금 회피를 막기 힘들다는 지적이다. 해법은 국제적 공조 체제에 있다. 당장 영국과 독일은 내년 2월 러시아 모스크바에서 열리는 주요 20개국(G20) 재무장관회의에 관련 보고서를 제출할 것이라고 밝혔다. 지난 6월 열린 멕시코 G20 재무장관회의를 통해 "이미 폭넓은 지지를 받았다"고 했다. 유럽은 '세금 정상회담'까지 구상하고 있다. 유럽연합(EU) 고위 인사들이 내년 중 국제회의를 열어 주요국의 실질 세율 동일화를 추진할 예정인 것으로 알려졌다.

하지만 각국의 이해관계가 엇갈리는 데다 글로벌 기업들의 반발이 커 국제적 공조가 쉽지 않을 것이라는 시각도 있다.

외자유치 외에는 경쟁력이 없는 국가나 지역은 기업들에 조세피난처를 제공하는 유혹을 벗어나기 힘들다. 케이맨군도는 지난 7월 외국인에게 과세하려다 강력한 저항을 받고 결국 철회했다.

• 조세피난처는 어디에

−중남미 카리브해에 몰려 있어… 한국, 서류상 회사 필리핀에 1,374개

조세피난처는 케이맨군도, 버뮤다, 바하마 등 중남미 카리브해 연안에 집중돼 있다. 제조업 등의 기반이 없는 영국령 국가들이 외국 회사를 유치하기 위해 세금 없는 천국을 많이 만들었다. 스위스와 룩셈부르크, 벨기에 등 유럽에도 있고 홍콩, 싱가포르 등 아시아에도 있다.

국내 기업이 조세피난처에 세운 회사수 (단위 : 개)

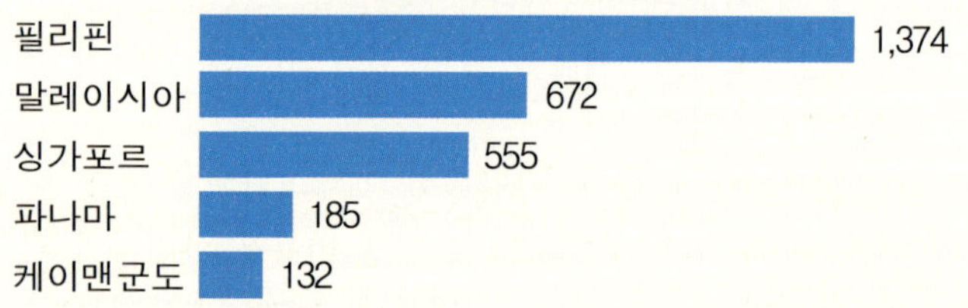

※ 2012년 6월 기준 자료 : 국세청

경제협력개발기구(OECD)는 2009년 조세피난처를 '블랙리스트'와 '회색리스트'로 구분해 지정했다. 조세정보 공개로 투명성을 높이기 위해서다. 블랙리스트는 세금 정보를 공개한다는 이행 원칙을 약속하지 않은 국가이고, 회색리스트는 약속을 했지만 아직 이행하지 않은 국가나 조세피난처를 말한다. 당시 블랙리스트에는 코스타리카, 말레이시아, 필리핀, 우루과이 등 4개국이 올랐다. 회색리스트에는 브루나이, 리히텐슈타인, 룩셈부르크, 모나코 등 38개국이 포함됐다. 이후 블랙리스트에 올랐던 4개국은 조세정보 교환에 합의하면서 회색리스트 국가로 바뀌었다.

탈세를 방지하기 위해 노력하는 각국 정부는 OECD와는 별개로 자체 조세피난처 혐의국 명단을 만들어 놓고 있다. 한국 관세청은 세금 회피 및 불법 외환 거래 가능성이 존재하는 62개국을 우범지역(사실상의 조세피난처)으로 지정해 관리하고 있다.

기업들은 조세피난처에 서류상 회사인 페이퍼 컴퍼니를 설립한다. 버진아일랜드(영국령)에는 페이퍼 컴퍼니가 50만개나 등록돼 있다. 케이맨군도(영국령)는 인구(5만명)보다 페이퍼 컴퍼니(9만개)가 더 많다.

한국 기업이 페이퍼 컴퍼니를 가장 많이 설립한 곳은 필리핀(1,374개)이다. 국외 소득에 대해 매우 낮은 세율을 적용하는 데다 지리적으로 가깝기 때문이다. 말레이시아에 있는 조세피난처 라부안에도 672개의 한국 기업 자회사와 지사 등이 있다.

(한국경제, 2012.12.15)

토론해 보자

(1) 정부의 입장과 기업의 입장으로 나누어 조세피난처의 사용에 대한 찬반토론을 해 보자.

(2) 기업의 사회적 책임 관점에서 조세피난처를 사용하는 장단점을 토론해 보자.

(3) 윤리적 관점과 수익성 관점이 대립되는 다른 이슈들을 찾아서 토론해 보자.

요약정리

기업이나 조직의 한 부문이 다른 부문에게 재화나 서비스를 제공할 때 이 사내대체물에 내부거래가격을 설정하는 것이 사내대체가격 제도이다. 사내대체가격은 대체물의 공급부문을 이익책임단위로 평가할 때 필요하다. 사내대체가격은 공급부문의 사내대체수익과 수요부문의 사내대체비용을 결정한다.

사내대체는 기업내 부문 사이의 거래이므로 가격 자체는 기업전체의 이익에 직접적으로 영향을 미치지 않는다. 그러나 사내대체물량은 기업의 수익과 비용에 영향을 미치므로, 분권적 조직에서 사내대체가격에 따라 사내대체물량이 결정될 때 사내대체가격이 간접적으로 기업이익에 영향을 미친다. 따라서 분권적 조직에서는 사내대체가격에 의해 대체물의 공급부문과 수요부문이 스스로 바람직한 사내대체 결정을 하도록 유도해야 한다. 양 부문이 부문이익을 최대화하기 위해 사내대체가격에 따라 사내대체물량 결정을 자율적으로 결정할 때 기업전체의 이익이 최대화되도록 한다. 이를 목표일치성이라 하는데 사내대체가격에 요구되는 중요한 특성이다. 이외에 원가절감 동기부여, 부문성과평가의 공정성 등이 요구된다.

대체물의 외부시장가격이 바람직한 특성을 모두 만족한다. 시장가격은 내부거래를 대신하여 가능한 외부거래 대안에 대한 원가와 수익을 나타내므로, 자율적으로 목표일치의 내부거래 결정을 하도록 유도한다. 또한 시장가격기준 사내대체가격은 양 부문의 원가와 무관하게 결정되므로 양 부문이 원가절감을 하여 부문이익을 높일 동기를 준다.

공급부문원가 바탕 기준으로 사내대체가격을 정할 수도 있다. 이때 변동원가, 전부원가, 증분원가, 실제원가, 표준원가 등 어떤 원가를 사용하느냐에 따라 다른 효과가 나타난다. 공급부문의 원가보상과 이익인식을 위해서는 전부원가나 이익가산 전부원가를 사용할 수 있으나, 공급부문의 모든 실제발생원가가 보상되면 원가절감의 동기가 전혀 없는 문제가 있다. 합리적인 의사결정을 위해서는 사내대체의 (기회원가를 포함한) 증분원가만을 사내대체가격에 인정할 수 있다. 그러나 이때 공급부문은 비관련원가가 보상되지 않아 항상 손실을 보고하게 되어 공정성의 문제가 있다. 시장가격과 원가를 기준으로 한 결정방법 이외에 협상에 의한 사내대체가격 결정과 이중가격제도도 가능하다.

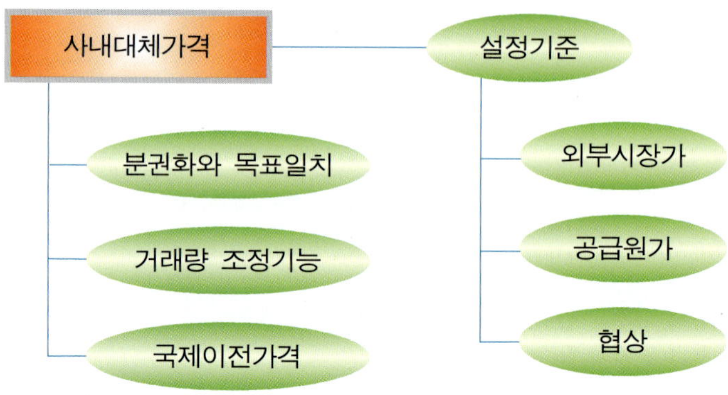

13 연습문제

객관식

01 성과평가와 사내대체가격 (17. 공인회계사)

분권화된 조직에서의 책임회계제도, 책임중심점, 사내대체가격, 성과평가에 대하여 옳은 설명은?

① 책임회계제도에서는 공통고정원가가 통제가능성의 원칙에 따라 각 책임중심점에 배부된다.
② 책임중심점의 하나인 원가중심점에 속하는 예로 생산부문, 판매부문, 인력관리부문, 재무부문 등이 있다.
③ 기업 외부의 시장이 매우 경쟁적이고 기업 내부의 사업부서간에 상호의존도가 적을 경우 원가에 기초하여 사내대체가격을 결정하는 것이 합리적이다.
④ 절대평가는 기업 내부 또는 외부의 벤치마크와 비교하여 성과평가를 하는 것이므로 상대평가에 비해 성과에 영향을 미치는 통제 불가능한 요소를 제거하는 데 유용하다.
⑤ 투자수익률이 투자중심점 경영자의 성과평가목적으로 사용될 경우에 준최적화 현상이 발생할 수 있는데, 이와 같은 투자수익률의 문제점을 보완하기 위해 잔여이익이 사용될 수 있다.

02 사내대체가격의 결정방법 (12. 재경관리사)

사업부간 대체가격 결정방법에는 대체되는 재화의 원가를 기준으로 결정하는 원가기준과 대체되는 재화의 시장가격을 기준으로 결정하는 시장가격기준이 있다. 다음 중 각 방법의 특징으로 가장 옳지 않은 것은?

① 원가기준은 공급사업부가 원가를 통제하도록 하는 경제적인 동기를 제공하지 못한다.
② 원가기준은 이미 회계시스템에 기록된 원가자료를 이용하므로 적용이 용이하다.
③ 시장가격기준은 많은 시간이 소요되며 사업부 관리자의 협상능력에 따라 영향을 받는다.
④ 시장가격기준은 시장가격이 존재할 경우 객관적이며 적절한 경제적인 동기를 제공한다.

03 사내대체가격의 결정방법 (02. 공인회계사)

이전가격 결정방법의 선택에는 아래와 같은 5가지의 요소들이 고려된다. 각 요소의 특성이 3가지의 이전가격 결정방법별로 모두 올바르게 기술된 것은?

	고려요소	이전가격 결정방법		
		시장가격 이전가격	원가기준 이전가격	협상이전가격
①	경영노력 동기부여	동기부여	예산원가에서 가능	동기부여
②	목표일치성	경쟁시장에서 가능	항상 가능	가능
③	하위단위 성과평가 유용	경쟁시장에서 유용	유용	협상력의 영향
④	하위단위 자율성 유지	경쟁시장에서 가능	불가능	불가능
⑤	적용용이성	시장유무에 따라 상이	용이	용이

04 사내대체가격의 결정방법 (11. 공인회계사)

다음 중 내부대체가격의 결정방법에 관한 설명으로 가장 타당하지 않은 것은?

① 내부대체가격은 공급부문과 구매부문의 성과평가에 영향을 미치며, 각 부문의 자율적인 내부대체가격의 결정은 기업 전체의 이익을 최대화하지 못하는 결과를 초래할 수 있다.

② 전부원가를 기준으로 하는 경우에 공급부문의 이익을 보고할 수 있도록 하기 위해서는 전부원가에 제품의 단위당 공헌이익을 가산하여 내부대체가격을 결정해야 한다.

③ 제품의 원가를 기준으로 내부대체가격을 결정하는 경우에는 제품원가의 계산방법과 공급부문의 유휴생산능력 등을 고려할 필요가 있다.

④ 공급부문에 유휴생산능력이 없고 외부시장이 완전경쟁적일 경우에는 제품의 시장가격이 기업 전체의 이익을 최대화할 수 있는 내부대체가격이 될 수 있다.

⑤ 공급부문에 충분한 유휴생산능력이 있는 경우에는 기업 전체의 이익을 최대화하기 위하여 제품의 표준변동원가를 내부대체가격으로 사용할 수 있다.

05 사내대체가격제도의 개념 (07. 공인회계사)

(주)트랜스퍼는 서로 독립적으로 운영되는 중간사업부와 최종사업부로 이루어져 있다. 중간사업부는 중간제품을 생산해 이를 최종사업부에 공급하거나 경쟁적인 외부시장에 판매한다. 최종사업부는 중간제품을 가공하여 이를 외부시장에 판매한다. 회사의 최고경영자는 사업부의 자율경영을 촉진하기 위해 중간제품에 대한 사내대체가격제도의 도입을 검토중이다. 이와 관련된 다음 설명 중 적절하지 않은 것은?

① 회사가 중간사업부를 이익중심점 또는 투자중심점으로 설정하기 위해서는 사내대체가격제도의 도입이 필요하다.

② 중간제품에 대한 경쟁적인 외부시장이 있을 경우에는 원칙적으로 외부시장가격을 사내대체가격으로 채택하는 것이 장기적으로 회사의 이익 증대에 유리하다.

③ 이익중심점인 중간사업부로 하여금 공정개선 및 기술혁신을 통한 원가절감을 이루도록 하기 위해서는 시장가격보다 고정원가를 포함한 단위당 제품원가를 사내대체가격으로 채택하는 것이 효과적이다.

④ 회사 전체에 이익이 되도록 사내대체가격제도를 운영하기 위해서는 최종사업부가 중간제품을 외

부로부터 구입하는 것을 허용해야 한다.

⑤ 사내대체가격제도를 도입하게 되면 각 사업부의 경영자는 회사 전체의 성과보다는 자신의 사업부의 성과를 극대화하고자 할 수 있다.

06 최소사내대체가격 (13. 감정평가사)

(주)감평은 이익중심점인 A사업부와 B사업부를 운영하고 있다. A사업부가 생산하는 열연강판의 변동제조원가와 고정제조원가는 각각 톤당 ₩2,000과 톤당 ₩200이며, 외부 판매가격과 판매비는 각각 톤당 ₩3,000과 톤당 ₩100이다. 현재 B사업부가 열연강판을 외부에서 톤당 ₩2,600에 구입하여 사용하고 있는데, 이를 A사업부로부터 대체받을 것을 고려하고 있다. A사업부는 B사업부가 필요로 하는 열연강판 수요를 충족시킬 수 있는 유휴생산능력을 보유하고 있으며, 사내대체하는 경우 판매비가 발생하지 않을 것이다. A사업부가 사내대체를 수락할 수 있는 최소사내대체가격은?

① ₩2,000　② ₩2,100　③ ₩2,200
④ ₩2,600　⑤ ₩3,000

07 최소사내대체가격 (18. 보험계리사)

(주)한국은 풍력발전에 사용되는 기어박스를 생산·판매하는 부품부문과 기어박스를 이용하여 발전설비를 생산·판매하는 설비부문으로 구성되어 있다. (주)한국의 부품부문의 기어박스의 제조와 관련한 자료는 다음과 같다.

연간 최대 생산능력	1,000단위
기어박스의 단위당 제조원가 :	
직접재료원가	₩20
직접노무원가	40
변동제조간접원가	40
고정제조간접원가	50

부품부문은 단위당 판매가격 ₩180에 연간 최대 생산한 기어박스 1,000단위를 외부시장에 판매할 수 있으며, 외부판매시 변동판매관리비가 단위당 ₩20이 추가적으로 발생한다. 설비부문은 발전설비를 생산하는 데 연간 400단위의 기어박스가 필요하다. 부품부문의 기어박스를 설비부문으로 이전하는 경우 단위당 최소대체가격은?

① ₩160　② ₩180
③ ₩100　④ ₩150

08 최소사내대체가격 (05. 감정평가사)

A사업부에서 중간재를 생산하고 B사업부에서 완제품을 생산하고 있다. A사업부는 중간재를 외부에 판매하거나 B사업부에 대체할 수 있다. 관련자료는 다음과 같다.

A사업부의 중간재 제조원가	₩900
B사업부의 추가변동원가	600

A사업부의 경영자는 다음의 두 가지 대안을 고려중이다. 대안 1은 중간재 1,000단위를 단위당 ₩1,400에 전량 외부판매하는 것이고, 대안 2는 중간재 600단위를 단위당 ₩1,600에 외부판매하고 나머지 400단위를 B사업부에 적절한 가격으로 대체하는 것이다. A사업부의 경영자가 두 가지 대안을 동일하게 판단할 수 있도록 하려면 B사업부에의 대체가격은 얼마가 되어야 하는가?

① ₩1,050 ② ₩1,100 ③ ₩1,200
④ ₩1,250 ⑤ ₩1,300

09 최소사내대체가격 (14. 세무사)

(주)세무는 사업부 A와 사업부 B를 이익중심점으로 운영하고 있다. 사업부 B는 사업부 A에 고급형 제품 X를 매월 10,000단위 공급해 줄 것을 요청하였다. 사업부 A는 현재 일반형 제품 X를 매월 50,000단위 생산・판매하고 있으나, 고급형 제품 X는 생산하고 있지 않다. 회계부서의 원가분석에 의하면 고급형 제품 X의 단위당 변동제조원가는 ₩120, 단위당 포장 및 배송비는 ₩10으로 예상된다. 사업부 A가 고급형 제품 X 한 단위를 생산하기 위해서는 일반형 제품 X 1.5단위의 생산을 포기해야 한다. 일반형 제품 X는 현재 단위당 ₩400에 판매되고 있으며, 단위당 변동제조원가와 단위당 포장 및 배송비는 각각 ₩180과 ₩60이다. 사업부 A의 월 고정원가 총액은 사업부 B의 요청을 수락하더라도 변동이 없을 것으로 예상된다. 사업부 A가 현재와 동일한 월간 영업이익을 유지하기 위해서는 사업부 B에 부과해야 할 고급형 제품 X의 단위당 최소판매가격은 얼마인가? (단, 사업부 A의 월초재고 및 월말재고는 없다)

① ₩220 ② ₩270 ③ ₩290
④ ₩370 ④ ₩390

10 기회원가를 고려한 최소사내대체가격 (23. 감정평가사)

(주)감평은 분권화된 사업부 A와 B를 이익중심점으로 운영한다. 사업부 A는 매년 부품 X를 8,000단위 생산하여 전량 외부시장에 단위당 ₩150에 판매하여 왔다. 최근 사업부 B는 제품 단위당 부품 X가 1단위 소요되는 신제품 Y를 개발하고 단위당 판매가격 ₩350에 4,000단위를 생산・판매하는 방안을 검토하고 있다. 다음은 부품 X에 대한 제조원가와 신제품 Y에 대한 예상제조원가 관련 자료이다.

	부품 X	신제품 Y
단위당 직접재료원가	₩40	₩80
단위당 직접노무원가	35	70
단위당 변동제조간접원가	25	30
연간 고정제조간접원가	200,000	100,000
연간 최대생산능력	10,000단위	5,000단위

사업부 B는 신제품 Y의 생산에 필요한 부품 X를 사내대체하거나 외부로부터 단위당 ₩135에 공급받을 수 있다. 사업부 A는 사내대체를 전량 수락하든지 기각해야 하며, 사내대체시 외부시장 판매를 일부 포기해야 한다. 사업부 A가 사내대체를 수락할 수 있는 부품 X의 단위당 최소대체가격은?

① ₩100　② ₩125　③ ₩135
④ ₩170　⑤ ₩180

11 기회원가를 고려한 최소사내대체가격 (19. 세무사)

(주)세무는 이익중심점으로 지정된 A, B 두 개의 사업부로 구성되어 있다. A사업부는 부품을 생산하고, B사업부는 부품을 추가가공하여 완제품을 생산하여 판매한다. A사업부의 부품 최대생산능력은 5,000단위이고, 단위당 변동원가는 ₩100이다. A사업부는 부품의 단위당 판매가격을 ₩200으로 책정하여 외부에 3,000단위 판매하거나 단위당 판매가격을 ₩180으로 책정하여 외부에 4,000단위 판매할 수 있을 것으로 기대한다. 다만, A사업부가 외부시장에서 2가지 판매가격을 동시에 사용할 수는 없다. 이 같은 상황에서 B사업부가 A사업부에게 부품 2,000단위를 내부대체해 줄 것을 요청하였다. 2,000단위를 전량 대체하는 경우 A사업부의 단위당 최소대체가격은?

① ₩80　② ₩100　③ ₩110
④ ₩120　⑤ ₩180

12 기회원가를 고려한 최소사내대체가격 (15. 관세사)

(주)관세는 분권화된 사업부 A와 사업부 B를 이익중심점으로 운영하고 있다. 사업부 A에서 생산되는 표준형 밸브는 외부시장에 판매하거나 사업부 B에 대체할 수 있다. 사업부 A는 현재 최대생산능력을 이용하여 생산하는 표준형 밸브 전량을 단위당 판매가격 ₩50으로 외부시장에 판매하고 있고, 생산 및 판매와 관련된 자료는 다음과 같다.

연간 최대생산능력	180,000단위
단위당 변동제조원가	₩29
단위당 변동판매관리비	4
단위당 고정제조간접원가(연간 180,000단위 기준)	7
단위당 고정판매관리비(연간 180,000단위 기준)	5

사업부 A가 표준형 밸브를 사업부 B에 사내대체할 경우 단위당 변동제조원가를 ₩2만큼 절감할 수 있으며, 변동판매관리비는 발생하지 않는다. 사업부 A가 외부시장에 판매한 경우와 동일한 이익을 얻기 위한 표준형 밸브의 단위당 사내대체가격은 얼마인가?

① ₩29　② ₩34　③ ₩36
④ ₩40　⑤ ₩44

13 균등이익 사내대체가격 (23. 세무사)

(주)세무는 사업부 A와 B를 이익중심점으로 두고 있다. 사업부 A는 부품 S를 생산하여 사업부 B에 대체하거나 외부에 판매할 수 있으며, 사업부 B는 완제품 생산을 위해 필요한 부품 S를 사업부 A에서 구입하거나 외부에서 구입할 수 있다. 부품 S 1,000단위를 대체하는 경우 사업부 A의 단위당 최소대체가격은 ₩160이다. 부품 S 1,000단위를 내부대체하면 대체하지 않는 것에 비해 회사 전체 이익이 ₩50,000 증가한다. 이 경우 부품 S 1,000단위에 대한 사업부 B의 단위당 최대대체가격(M)과 대체로 인하여 증가하는 이익을 두 사업부가 균등하게 나눌 수 있는 대체가격(E)의 합(M+E)은?

① ₩370 ② ₩380 ③ ₩385
④ ₩390 ⑤ ₩395

다음은 **14**와 **15**에 관한 자료이다.

(주)대한은 사업부 A와 B로 구성되어 있고, 각 사업부는 이익중심점으로 운영된다. 사업부 A는 동일한 기계를 이용하여 성능이 다른 두 종류의 제품 X와 Y를 생산하며, 각 제품과 관련된 자료는 다음과 같다.

	제품 X	제품 Y
단위당 판매가격	₩40	₩7
단위당 직접재료원가	₩5	₩2
단위당 기타 변동제조원가	(단위당 1시간, 시간당 ₩10) ₩10	(단위당 0.2시간, 시간당 ₩10) ₩2
연간 외부수요량	20,000단위	30,000단위

(주) 상기 표에서 시간은 기계시간을 의미함.

사업부 A의 연간 고정제조간접원가는 ₩200,000이고, 연간 이용가능한 기계시간은 25,000시간이다. 사업부 B는 제품 Q를 생산한다. 제품 Q 1단위를 생산하기 위해서는 외부업체로부터 특수부품 S 1단위를 단위당 ₩40에 구매해야 한다. 제품 Q와 관련된 자료는 다음과 같다.

항 목		제품Q
단위당 판매가격		₩100
단위당 직접재료원가	특수부품 S	40
	일반부품 G	10
단위당 기타 변동제조원가		20
연간 외부수요량		3,000단위

사업부 B의 연간 고정제조간접원가는 ₩30,000이다. 사업부 B는 외부수요를 충족할 만큼 충분한 생산능력을 갖추고 있다.

최근에 (주)대한의 생산기술부서는 제품 Q를 생산하기 위해 특수부품 S 1단위 대신에 제품 X 1단위를 투입할 수 있으며, 이러한 부품 교체가 제품 Q의 단위당 판매가격, 단위당 일반부품 G의 원가, 단위당 기타

변동제조원가, 외부수요량에 미치는 영향은 없다고 보고하였다. (주)대한은 생산기술부서의 보고를 토대로 특수부품 S를 사업부 A의 제품 X로 교체하는 방안을 고려하고 있다.

14 기회원가를 고려한 사내대체 의사결정 (19. 공인회계사)

특수부품 S를 사업부 A의 제품 X로 교체할 경우, 회사 전체의 영업이익은 얼마나 증가 또는 감소하는가?

① ₩30,000 증가 ② ₩30,000 감소 ③ ₩45,000 증가
④ ₩45,000 감소 ⑤ ₩50,000 증가

15 최소사내대체가격 (19. 공인회계사)

특수부품 S를 사업부 A의 제품 X로 교체할 경우, 사업부 A가 현재의 영업이익을 감소시키지 않기 위해 사업부 B에 제시할 수 있는 제품 X의 단위당 최소판매가격은 얼마인가?

① ₩18 ② ₩20 ③ ₩24
④ ₩27 ⑤ ₩30

16 기회원가를 고려한 최소사내대체가격 (17. 감정평가사)

(주)대한은 펌프사업부와 밸브사업부를 이익중심점으로 운영하고 있다. 밸브사업부는 X제품을 생산하며, X제품의 단위당 판매가격과 단위당 변동원가는 각각 ₩100과 ₩40이고, 단위당 고정원가는 ₩20이다. 펌프사업부는 연초에 Y제품을 개발했으며, Y제품을 생산하는 데 필요한 A부품은 외부업체로부터 단위당 ₩70에 구입할 수 있다. 펌프사업부는 A부품 500단위를 밸브사업부로부터 대체받는 것을 고려하고 있다. 밸브사업부가 A부품 500단위를 생산 및 대체하기 위해서는 단위당 변동제조원가 ₩30과 단위당 운송비 ₩7이 발생하며, 기존시장에서 X제품의 판매량을 200단위만큼 감소시켜야 한다. 밸브사업부가 대체거래를 수락할 수 있는 A부품의 단위당 최소대체가격은?

① ₩53 ② ₩58 ③ ₩61
④ ₩65 ⑤ ₩70

17 기회원가를 고려한 사내대체 의사결정 (12. 관세사)

(주)백제에는 A, B 두 사업부가 있는데, B사업부는 신제품을 생산하기 위하여 필요한 부품 2,000개를 A사업부로부터 구입하려고 한다. A사업부가 이 부품을 생산하는 데 단위당 변동원가 ₩22이 소요될 것으로 추정된다. 또한 A사업부는 이 부품 2,000개를 생산하기 위해 현재 생산·판매중인 Z제품 2,500개를 포기해야 한다. Z제품의 판매단가는 ₩45이고, 단위당 변동원가는 ₩15이다. B사업부는 이 부품을 외부에서 단위당 ₩65에 구입할 수 있다. 다음 중 최적사내이전가격에 해당하는 것은?

① ₩45 ② ₩47 ③ ₩55
④ ₩60 ⑤ ₩67

18 기회원가를 고려한 최소사내대체가격 (16. 세무사)

(주)세무는 분권화된 A사업부와 B사업부가 있다. A사업부는 반제품 M을 최대 3,000단위 생산할 수 있으며, 현재 단위당 판매가격 ₩600으로 2,850단위를 외부에 판매하고 있다. B사업부는 A사업부에 반제품 M 300단위를 요청하였다. A사업부 반제품 M의 단위당 변동원가는 ₩300(변동판매관리비는 ₩0)이며, 사내대체를 해도 외부판매가격과 단위당 변동원가는 변하지 않는다. A사업부는 사내대체를 전량 수락하든지 기각해야 하며, 사내대체 수락시 외부시장 판매를 일부 포기해야 한다. A사업부가 사내대체 전 이익을 감소시키지 않기 위해 제시할 수 있는 최소사내대체가격은?

① ₩350 ② ₩400 ③ ₩450
④ ₩500 ⑤ ₩550

19 기회원가를 고려한 사내대체 의사결정 (12. 공인회계사)

(주)갑은 분권화된 사업부 1과 사업부 2를 이익중심점(이익책임단위)으로 설정하고 있다. 사업부 1은 반제품 A를 생산하여 사업부 2에 이전(대체)하거나 외부시장에 판매할 수 있다. 사업부 2가 제품 B를 생산하려면, 반제품 A를 사업부 1로부터 구입해야 하며 외부시장에서 구입할 수는 없다.

반제품 A와 제품 B에 관한 단위당 자료는 다음과 같다.

사업부 1 : 반제품 A의 생산 · 판매	사업부 2 : 제품 B의 생산 · 판매
• 외부판매가격 : ₩25 • 변동원가 : ₩10	• 외부판매가격 : ₩80 • 변동가공원가 : ₩30 • 변동판매관리비 : ₩5

만약 사업부 1이 유휴생산능력을 보유하고 있지 않다면, 두 사업부간 이전거래(대체거래)가 이루어지는 반제품 A의 단위당 사내이전가격(사내대체가격)은 얼마인가?

① ₩10과 ₩15 사이 ② ₩10과 ₩25 사이 ③ ₩10과 ₩45 사이
④ ₩25과 ₩35 사이 ⑤ ₩25과 ₩45 사이

20 국제이전가격 (13. 공인회계사)

(주)무역은 칠레에서 와인을 생산하여 한국에서 판매한다. 칠레에는 와인의 생산사업부가, 한국에는 와인의 판매사업부가 존재한다. 한국과 칠레의 법인세율은 각각 20%와 10%이며, 한국은 칠레산 와인 수입에 대해 15%의 관세를 부과해왔다고 가정한다. 관세는 판매사업부가 부담하며, 당해연도에 수입된 와인은 당해연도에 모두 판매된다.

와인 생산과 관련된 단위당 변동원가와 단위당 전부원가는 각각 ₩1,000과 ₩4,000이다. 생산된 와인은 원화가격 ₩5,000에 상당하는 가격으로 칠레에서 판매가능하며 수요는 무한하다. 판매사업부는 한국에서 이 와인을 ₩10,000에 판매하고 있으며, 국내에서 다른 도매업체로부터 동일한 와인을 ₩7,000에 필요한 양만큼 공급받을 수 있다.

한편 한국과 칠레는 FTA를 체결하고 양국간 관세를 철폐하기로 했다. (주)무역의 세후이익을 극대화시키는 대체가격(transfer price)은 FTA 발효 이후에 발효 이전보다 얼마나 증가(또는 감소)하는가? (단, 두 나라의 세

무당국은 세금을 고려하지 않았을 때 각 사업부가 이익을 극대화하기 위해 주장하는 범위 내의 가격만을 적정한 대체가격으로 인정한다. 또한 대체거래 여부에 관계없이 각 사업부는 납부할 법인세가 존재한다)

① ₩6,000 증가 ② ₩6,000 감소 ③ ₩2,000 증가
④ ₩2,000 감소 ⑤ 증감 없음

주관식

21 **대체가격, 특별주문 의사결정, 절세** (99. 공인회계사)

컴퓨터회사의 사업부는 보드를 제작하는 사업부와 조립하는 사업부로 구성되어 있으며, 보드제작사업부와 컴퓨터제작사업부는 각각의 이익중심점으로 의사결정을 하는 성과평가제도를 쓰고 있다. 보드사업부의 생산능력은 5,000단위인데, 현재 80% 조업도인 4,000단위를 생산하여 전부 조립사업부로 대체하고 있다. 대체가격은 제시하지 않는다. 조립사업부는 보드를 외부시장에서도 구입가능한데 가격은 ₩800이다.

〈보드사업부의 원가자료〉

단위당 변동제조원가	직접재료원가 :	₩175
	직접노무원가 :	₩125
	변동제조간접원가 :	₩100
총고정원가 :		₩750,000

보드부문의 생산량 4,000단위는 모두 조립부문에 대체되고 있으며 외부시장에는 판매하고 있지 않다. 그런데 최근에 보드부문은 외부구매업체로부터 최대생산능력의 50%에 해당하는 2,500단위를 단위당 ₩750에 공급해 달라는 주문을 받았다. 이 주문은 전량을 모두 수락하거나 거부해야 한다. 또한 주문된 보드는 기존의 보드와는 조금 다르나 동일한 작업시간이 소요된다. 주문된 보드의 직접재료비는 단위당 ₩150이고 직접노무비는 단위당 ₩105이며 변동제조간접원가는 단위당 ₩75이다.

[요구사항]

1. 외부구매업체로부터 2,500단위 특별주문의 수락여부를 회사전체의 관점에서 결정하시오.
2. [요구사항 1]에서 제시한 회사전체의 관점에서 최적의사결정이 이루어지려면 대체가격이 얼마가 되어야 하는지 범위를 계산하시오.
3. 조립부문의 경영자는 보드부문의 제조간접원가를 모두 배분한 후의 총원가로 결정하자고 제안하였다(보드부문은 제조간접원가를 생산량에 기초하여 배부한다). 대체가격은 얼마인가?
4. 대체가격으로 생산부문의 전부원가를 사용하는 방법의 장점과 단점을 각각 두 가지씩 제시해 보시오.
5. 조립부문은 10%의 법인세가 부과되는 국가에 위치하고 있으며 보드부문은 법인세가 부과되지 않는 국가에 위치하고 있다고 가정한다. 컴퓨터 사업부가 회사전체 관점에서 법인세 지급액을 최소화하기 위해서는 대체가격을 얼마로 결정해야 하는가? (단, 양 국가의 국세청에서는 전부원가보다는 크거나 같고 컴퓨터 사업부가 생산하는 것과 유사한 보드의 외부시장가격보다는 작거나 같은 대체가격만을 용인해 준다고 가정한다)

14 환경관리회계

환경영향을 고려하여 의사결정한다

기업의 지속가능 경영을 위해서 환경영향을 고려한 의사결정이 필수적이다. 환경영향을 금액으로 측정하고 의사결정에 반영하는 방법으로 전략적 관리회계기법이 유용하다. 원가기획, 수명주기원가계산, 균형성과표 등의 기법에 환경요인이 반영되면 환경을 배려한 효과적인 관리수단이 된다. 본장은 환경관리회계의 목적과 내용을 설명하고 기업의 환경 이슈를 고려하는 전략적 관리회계 기법들을 설명한다.

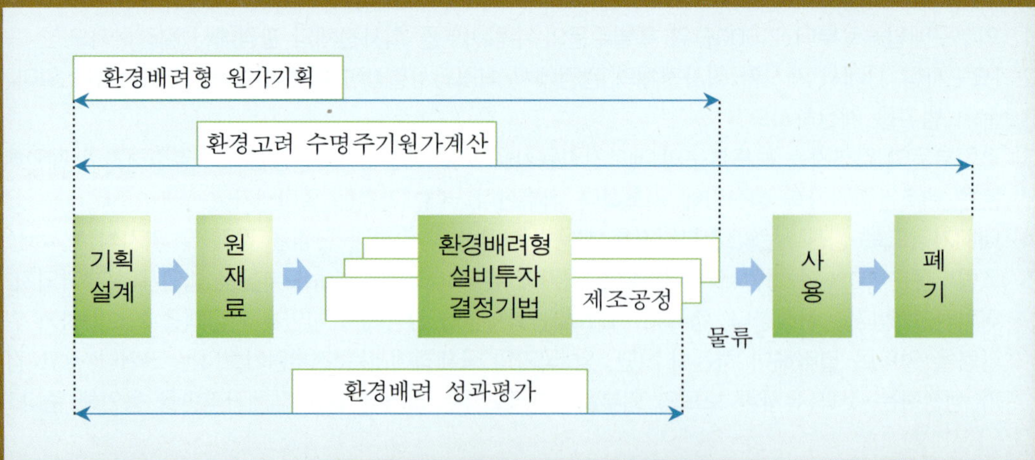

14

- 환경관리회계의 목적
- 환경관리회계의 내용
- 환경배려형 원가기획
- 환경고려 수명주기원가계산
- 환경품질원가계산
- 지속가능 균형성과표

LG전자 친환경 제품 전략 방향*

LG전자의 친환경 제품에 대한 전략 방향은 제품의 전 과정에 걸쳐 환경부하를 최소화하는 것입니다. 크게 에너지, 인간, 자원의 세 가지 요소로 구분되며 높은 에너지 효율, 원/부자재 절감, 생활환경 개선을 위한 디자인을 바탕으로 하고 있습니다.

■ HUMAN

LG전자는 친환경 제품 디자인을 통해 인간에게 미치는 환경 영향을 저감하는 것을 제품개발의 주요한 전략 중 하나로 생각하고 있습니다. 이를 위해 유해물질을 대체하는 활동, 세탁기, 냉장고, 청소기 등에 소음, 진동을 저감하는 기술을 적용하고 있습니다. LG전자는 유해물질과 관련된 국제 환경규제를 만족하고 있으며, 유해물질 대체와 생활환경개선을 위한 제품 개발을 추진하고 있습니다.

---

* LG전자 홈페이지의 회사소개 > 그린경영 > 친환경 제품 > 친환경 제품 전략(https://www.lge.co.kr/lgekor/company/sustainability/ecoProduct.do) 내용을 발췌한 것이다.

■ ENERGY

LG전자의 에너지 전략은 크게 제품의 에너지 효율을 향상하는 것과 제조과정에서 발생하는 온실가스 배출 절감으로 나눌 수 있습니다. 제품의 에너지 효율이 향상되면, 온실가스 배출을 줄이는 것과 동시에 고객은 에너지 사용 비용을 줄일 수 있습니다. 또한 제품 생산 전 과정에서 온실가스 배출을 저감하는 활동을 통하여 지구 환경과 미래 세대를 고려하는 글로벌 기업으로서의 역할을 다하고자 합니다.

■ RESOURCES

LG전자는 자원절감, 재활용성 향상을 통해 자원 사용의 효율성을 향상시키고 있습니다. 자원절감 전략은 제품의 무게, 부피를 절감하여 새로운 원료 채취를 줄이는 활동과 재활용된 물질을 활용하여 자연 부하를 경감시키는 것을 포함합니다. 재활용성 향상 전략은 제품이 폐기된 후 용이하게 재활용될 수 있도록 부품 체결 등을 간소화시키고, 재료를 개선하는 활동이며, 인류의 편리와 자원의 지속가능한 활용을 위한 LG전자의 다각적인 노력의 일환입니다.

환경관리회계의 목적**

환경관리회계
환경영향과 관련된 의사결정에 대한 회계정보를 제공하는 분야

유엔 지속가능개발부 보고서는 환경관리회계의 목적을 환경요인으로부터 영향을 받는 의사결정 프로세스에 대해 정보를 제공하고 지원하는 것이라고 규정하였다. 환경관리회계는 구체적으로 다음과 같은 사항에 도움이 된다고 할 수 있다.

- 손익계산서나 재무상태표에 환경관련 활동이 주는 영향을 밝힌다.
- 원가절감과 다른 개선 기회를 명확하게 한다.
- 환경활동의 우선순위를 결정한다.
- 제품가격, 제품믹스, 제품개발의 결정을 지원한다.
- 고객가치를 높인다.
- 장래를 고려한 투자활동이나 장기적 결과를 수반하는 의사결정을 지원한다.
- 지속가능한 기업활동을 지원한다.

환경관리회계의 내용

환경관리회계의 내용을 적용하는 대상에 의거하여 분류하면 [그림 14.1]과 같이 정리할 수 있다. 먼저 환경배려형 원가기획시스템과 수명주기원가계산은 모두 제품수준에서의 환경에 대한 배려를 원가 측면에서 보완하기 위한 기법이다. 양자의 차이는 주로 대상이 되는 원가의 범위와 실시시기에 있다. 환경배려형 원가기획시스템은 제품의 설계·개발단계에서 제조공정의 마지막까지를 고려해서 원가와 환경보전을 포함한 제품기능을 비교하는 데 반하여, 수명주기원가계산은 원재료의 조달에서 제품의 사용·폐기단계까지를 대상으로 한다.

** 본장은 육근효 교수님의 『환경관리회계』(집문당, 2009)의 내용을 발췌·편집하여 작성하였다. 이를 허락해 주신 육근효 교수님에게 감사를 드립니다.

그림 14.1 환경관리회계의 적용범위

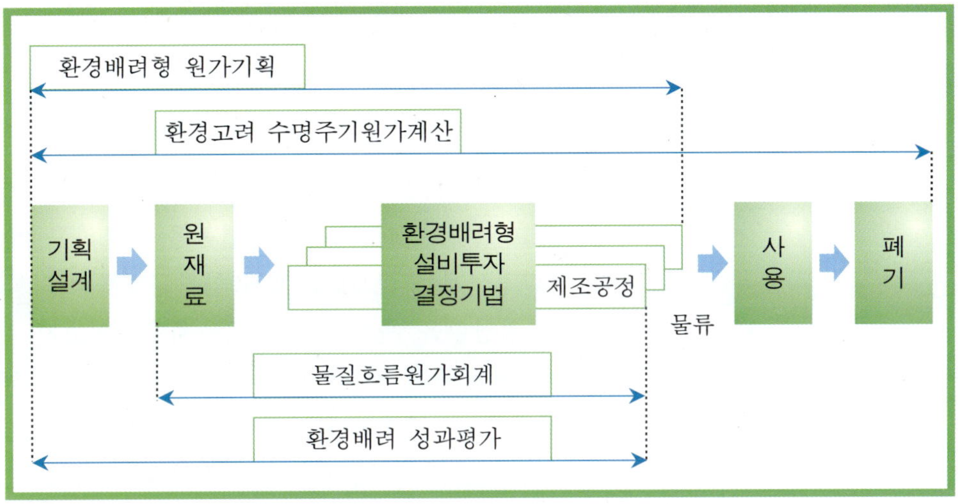

환경배려형 설비투자결정기법은 제조공정중의 설비투자에 대한 의사결정에 있어서 환경면에서의 배려와 경제성의 양립 내지 균형을 도모하는 기법이며, 물질흐름원가회계(Material Flow Cost Accounting)는 주로 생산공정에서의 물질(재료)흐름을 대상으로 하고 있다. 환경배려형 성과평가시스템은 기본적으로는 환경보전활동 전반을 대상으로 할 수 있는 것이며 경상적인 비용 이외에 환경을 배려한 제품설계 및 설비투자액과 그 효과 등도 대상으로 할 수 있다.

이러한 다양한 환경관리회계의 기법을 사업 프로세스와 관련시켜 살펴보면 환경배려형 원가기획은 개념설계단계에서 시작하여 물류를 거쳐 폐기에 이르기까지의 전체 과정을 대상으로 삼고 있는 데 반하여, 물질흐름원가회계는 원자재 조달에서 제조 생산, 물류단계까지가 대상영역이 되며, 환경배려형 설비투자기법은 주로 제조단계만을 대상으로 하고 있다. 이상을 종합하면 환경배려형 원가기획시스템이 원가의 설정 및 통제 시기의 측면에서 가장 빠르며 원가대상의 범위도 가장 광범위하다는 것을 알 수 있다.

그러나 [그림 14.1]에 나타나 있는 환경관리회계의 적용범위가 완벽한 것은 아니고 모든 것을 나타낸 것도 아니다. 적용범위는 의사결정목적에 따라서 가변적이며 기법 자체가 계속 발전하고 있으므로 그 적용범위를 고정시키지 않아야 한다. 본장은 환경배려형 원가기획, 환경고려 수명주기원가계산, 환경배려 성과평가제도를 다룬다.[1)]

1) 물질흐름원가회계는 본인의 『원가회계』 제14장 환경원가계산에서 다룬다.

환경배려형 원가기획

최근에는 경영환경이 급속히 변화해 감에 따라 환경영향과 원가의 관리 초점은 발생 이후의 관리에서 기획하는 단계, 즉 원가결정 국면에 있어서의 관리로 이동하고 있다. 이러한 사전적 접근을 강조하는 것이 원가기획과 친환경설계이다. 친환경설계는 설계단계에서 환경문제를 배려함으로써 그 후의 단계에 있어서의 환경영향을 제거, 회피 또는 저감시키고자 하는 접근법을 취하고 있다.

제품수명주기 전체에 걸쳐 환경영향이 존재하지만 대개의 영향평가는 설계단계에서 그 제품에 확정된다. 즉 폐기물의 회피, 오염원의 삭감, 자원의 절감, 수질의 보전 및 에너지 효율이 제품에 확정되는 것은 제품의 기획 및 설계단계이다. 결국 친환경설계에서는 개발 프로세스의 초기단계에서 긍정적인 환경속성을 받아들이고 바람직하지 않은 환경영향을 배제하는 것에 초점을 맞추고 있다.

제품개발에서의 친환경설계의 역할과 문제점

친환경설계(환경배려설계, DfE : Design for Environment)란 제품수명주기 전체에 걸쳐 환경면에서의 고려사항을 제품 및 프로세스의 설계에 체계적으로 통합하는

전기 · 전자 중소기업을 위한 환경배려설계 국제표준가이드북 출간 [산업자원부]

■ 2008년 8월부터 시행되는 유럽 CE마크 인증 지침서로 활용

EU의 에너지 사용 제품에 대한 환경배려설계지침(EuP : EcoDesign Requirement for Energy using Product)이 2008년 8월부터 발효됨에 따라 내년 하반기부터 컴퓨터, 복사기, 냉장고 등 14개 전기 · 전자제품은 EuP기준을 만족하고 CE 마크를 부착해야 유럽 내에 유통될 수 있기 때문에 우리 기업들의 대응노력이 필요하다.

EuP는 에너지를 사용하는 제품에 대해 환경배려설계를 의무화하는 환경규제로서 폐전기 · 전자제품의 회수 및 재활용(WEEE : Waste Electrical and Electronic Equipment) 의무화, 특정 유해물질 사용제한(RoHS : Restriction of the use of certain Hazardous Substances in electrical and electronic equipment), 표시사항 등을 포괄적으로 포함한다.

산업자원부 기술표준원(원장 최갑홍)은 중소 전기 · 전자기업이 EuP에 대하여 선제 대응을 할 수 있도록 "중소기업을 위한 전기전자제품의 환경배려설계 국제표준가이드북"을 발간하였다. 중소기업에서 제품 개발 · 생산시 에너지 효율 및 환경배려설계에 대한 지침서가 될 이번 가이드북은 유럽, 중국, 일본 등 주요 수출 대상국들의 최신 환경규제와 국제표준화 동향 및 세부절차 이행방안을 포함하고 있다.

친환경설계
제품수명주기 전체에 걸쳐 환경면에서의 고려사항을 제품 및 프로세스의 설계에 체계적으로 통합하는 과정

과정이다. 제품이 충족해야 하는 환경목표를 설정하고 그것을 달성해 가기 위해 친환경설계활동에서는 다양한 도구와 원리, 실천, 접근법 등이 활용된다.

프로젝트의 초기에 환경요구사항을 확정함으로써 오염통제와 같은 환경관련 원가가 대폭 저감된다. 친환경설계는 환경요구사항과 종래의 성능, 원가, 문화 및 법적인 요구사항을 통합하려고 하는 것이다. 이어서 개발단계에서는 제품기획단계에서 얻어진 정보에 의거해서 개발 프로젝트의 요구사항이 실현된다. 제품 콘셉트에 환경요소가 추가되고 환경측면의 분석에 중점이 두어진다. 이 단계에서는 환경측면의 통합을 지원하기 위해 친환경설계 도구가 활용된다.

친환경설계에서의 전략적 접근법

환경배려형 제품(eco product)의 정의는 명확하지 않으나 일반적으로 재활용(recycle)과 재사용(reuse)이 용이하고 폐기물의 감량, 에너지와 자원의 절약 그리고 건강과 안전성 확보와 같은 목표에 대처한 제품으로 정의할 수 있다.

친환경설계에 있어서 이러한 관점을 도입하기 위해서 주로 다음 2가지 방법이 채택되고 있다.

가이드북의 주요 내용은 회수·재활용(WEEE) 분야는 국제표준(IEC)에서 제정한 재사용·재활용·재생촉진에 관한 설계자 의무, 평가, 제품분해방법, 재활용 공정 및 정보제공 등을 포함, 유해물질 사용제한(RoHS) 분야는 국제표준 제정완료 또는 제정중에 있는 물질선언의 범위, 최소요구조건, 시험분석방법 등을 서술, WEEE, RoHS 등이 포함된 포괄적 환경배려설계(EuP) 분야는 제품의 전과정 설계에서 원자재 획득, 제조, 거래·배달, 사용·유지 및 에너지 회수·폐기 등에 관한 일반적 고려사항과 이해관계자 요구사항 등을 기술하고 있다.

기술표준원은 환경규제관련 정보부족의 애로를 겪고 있는 중소기업을 위하여 우선 수출관련 300개 KS인증기업 등을 대상으로 On-Off Line으로 보급할 계획이며, 앞으로 기술·업종별 국내 실정에 적합한 세부 표준가이드북을 금년말까지 개발하여 우리 중소기업에 실질적으로 도움이 되도록 신속하게 제공할 계획이다.

※ 본 국제표준가이드북은 기술표준원 홈페이지(www.kats.go.kr)에서 누구나 내려받기 할 수 있음.

(연합뉴스, 2007.3.22)

(1) 환경방침 우위의 전략적 접근법

첫째는 제품의 기획・개발의 기본전략에 전사의 환경방침을 반영시켜 이 구조 속에서 소비자로부터 기대되는 품질과 원가를 주입하는 접근법이다. 이 대표적인 사례는 IBM의 친환경설계에 대한 접근법이다. IBM은 환경보전성의 관점을 반영시킨 ECP(Environmental Conscious Products : 환경배려 제품)프로그램을 1991년부터 제품개발전략에 도입하는 등 환경방침을 기초로 친환경설계를 실시하고, Top-down형 접근법을 실천하고 있다.

또한 후지사진필름(주)는 환경배려, 안전배려를 기본방침으로 제품개발을 계속하고 있으며, 그 대표적 사례로 렌즈부착필름에서 자원의 3R(reduce, reuse, recycle)을 실현한 것은 과거부터 유명하다. 이 회사는 환경방침을 제품개발에 반영한 환경배려 설계의 기본원칙과 전과정평가(LCA) 기법의 매뉴얼을 전사적으로 보급시켜 친환경설계를 실시하고 있다. 2002년부터는 최고층의 방침에 의해 모든 제품의 기획단계에서 환경보전에 관한 시장조사를 의무화하고 환경보전성에 관한 소비자의 의견을 제품개발에 반영시키고 있다. 이러한 환경배려를 기본으로 해서 품질, 원가를 기획하는 접근법은 순환형 사회에 있어서의 제품개발의 기본모델을 제시하고 있으며 기존의 원가기획을 크게 바꾸는 원동력이 될 것으로 평가되고 있다.

(2) 품질, 원가와 병행해서 실시하는 접근법

둘째는 종래의 제품개발 중에 환경보전성을 평가・검증 작업에 의해 보증하는 운용적인 접근법이며, 대부분의 기업이 이러한 방법을 채택하고 있다. 본장에서 소개하는 소니를 비롯해 A전자 등도 환경방침을 기본으로 하면서도 그것에 의해 제품개발의 구조를 강하게 속박하지 않고 있다. 즉 품질을 제1순위로 하고 다음에 원가를 제2순위, 그리고 환경을 제3순위로 해서 평가・검증을 하고 있다. 여기에서는 설계심사(DR : Design Review), 원가심사(CR : Cost Review)에 더해서 환경심사가 병행해서 이루어진다. 이 환경보전성의 관점에 의해 제품설계와 공정설계가 크게 변화하고 있다. 예를 들면 소니에서는 재사용을 염두에 두고 원가를 절감시키기 위해 재사용시의 분해・재조립을 쉽고 저원가로 실시하기 위한 제품설계의 기법을 확립했다.

이 방법에서는 품질, 원가, 환경의 3가지 요소의 평가・검증을 어떻게 동기화하고 효율적으로 실시하는가가 중요하며 그것을 위한 3가지 요소의 평가·검증을 담당하는 부서간의 양호한 커뮤니케이션이 활성화되도록 하고 있다.

친환경설계에서의 원가기획

원가기획은 이상적으로는 제품수명주기원가 전체를 고려해야 함에도 불구하고 환경원가까지도 포함한 전체 수명주기원가를 대상으로는 실시되지 않고 있다. 그러나 기업의 환경보전활동이 요구되는 오늘날의 환경경영시대에 환경문제도 포함한 제품 사용시의 원가, 재활용원가에 대한 배려의 필요성이 증대해 가는 것은 틀림없다. 따라서 재활용 분해성까지를 고려한 원가기획은 지금부터 그 중요성이 다시 부각될 것이며, 친환경설계의 관점에서 전략적으로 전개할 필요가 있다.

환경을 배려한 원가기획활동을 전개하기 위해서는 우선 제품기획단계에서의 대처를 강화할 필요가 있다. 즉 원가기획에서는 원가목표의 설정에 앞서서 개발되는 제품에 대한 니즈와 요구조건이 포괄적으로 고려되어야 하며, 이때 친환경설계와의 결합이 필요하다. 기획단계에서 이러한 대처가 이루어진다고 하면 다음으로 Design-in(공동의 개발활동)에 의한 제조업체와 재활용업자와의 관계가 중요해진다. 제품개발 초기에 그들을 참가시킴으로써 오염예방과 환경원가의 삭감기회가 커지며, 이러한 관계는 재생재료의 조달처 개척, 재활용가능한 제조잔여물에 관계되는 재활용업자의 확보, 그리고 구입 아이템에 대한 환경적합기준과 사양서의 작성에 도움이 된다. 최근 우리나라에서도 환경을 배려한 부품과 재료를 우선해서 구입하는 그린조달제도를 도입해서 공급업자들이 그린구매기준을 준수하도록 계약서에서 의무화하고 있는 기업도 나타나기 시작했다. 이러한 환경보전에 적극적으로 대처하고자 하는 기업의 자세에 의해 원가기획활동은 목표원가에 환경원가를 포함하도록 한다. 그리고 개발 초기에 친환경설계와의 연계에 의해 그린원가관리로서의 전략적 전개가 기대된다.

친환경설계와 원가기획의 상호보완적 관계

친환경설계와 원가기획 사이에는 중요한 공통점과 차이점이 존재한다. 친환경설계와 원가기획의 공통점은 둘 다 원류관리를 지향한다는 것이다. 즉 제품개발과정의 초기단계부터 환경문제와 제품수명주기원가를 고려한다는 점이다. 그러나 친환경설계는 환경에 초점을 두고 원가기획은 원가에 초점을 두고 있다는 점에서는 차이가 있다.

친환경설계에 부족한 원가측면이 원가기획에서 강조되고 있으며, 원가기획에 부족한 환경측면은 친환경설계에서 강조되고 있다는 점에서 이 둘은 상호보완적인 것을 알 수 있다. 그러나 현재는 환경측면과 원가측면을 동시에 도입한 전개까지는 도달하지 않고 있는 것이 일반적이다.

이상을 요약하면 원가기획은 환경보전활동에서의 문제점과 가능성을 동시에 가지고 있다고 볼 수 있다. 환경원가를 원가기획 속에서 본격적으로 고려하기 위해서는 환경문제에 관한 최고경영층의 전략적인 판단이 명확히 이루어지고, 일상의 비즈니스 프로세스와 관리시스템에 명확히 반영시키는 것이 필요하다. 그것을 위해서는 새로운 관점과 사고방식, 조직구조를 도입할 필요가 있다.

소니의 환경원가기획 사례

■ 전체의 구성

소니의 경우는 상품 범주별로 컴퍼니(company)라는 단위로 사업부서가 나누어져 있다. [그림 1]은 소니의 하나의 컴퍼니에서 상품기획에서 설계, 생산, 출하까지 제품개발 프로세스와 원가기획활동이 수행되는 흐름을 도식화한 것이다. 이 한가운데를 흐르는 제품개발의 프로세스, 즉 '상품기획-설계-출하'가 제품제작의 주된 과정이며, 이 과정이 가장 영향력 있고 의사결정의 권한도 매우 강하다. 이 제품개발 프로세스의 상하에 2줄의 라인이 있는데, 하나가 '환경배려'이며 또 하나가 '원가기획'이다. 이들은 중앙의 제품개발 프로세스와는 별도로 각각에 담당자와 역할(기능)이 주어져 있다. 소니의 경우 전자는 통상 사회환경실(본사의 사회환경부와는 별도로 각 컴퍼니별로 개별적으로 설치되어 있다)이라는 명칭으로 컴퍼니에 따라 구성인수 등이 다르며 후자는 소위 기획관리팀이다. 이 3자가 삼위일체가 되어 환경원가기획이 실시된다.

■ 환경원가기획의 프로세스

제품개발의 실제 흐름에 따라 살펴보면 첫째 단계는 예를 들면 캠코더라는 신규모델의 상품기획이며 그 주체는 당연히 중앙의 상품기획 · 설계부서가 된다. 이 모델기획이 이루어진 단계에서 관리부서에서는 목표원가 설정이 이루어지는 한편, 환경부서에서는 해당모델의 제품평가(assessment)가 실시된다. 이것은 ISO14001의 환경관리시스템상 제품평가의 구조가 들어 있으며 그것이 각 컴퍼니별로 운용되고 있다. 우선 이 상품의 환경영향평가에서 시작하여 유의한 환경항목이 선발된다. 본 사례에서는 ① 소비전력, ② 대기시 전력, ③ 사용부품개수, ④ 납땜, ⑤ 포장재 5가지가 환경을 배려해야 하는 항목으로 선정되었다. 여기까지가 출발단계에 해당한다.

[그림 1] 소니의 환경원가기획 흐름(캠코더 사례)

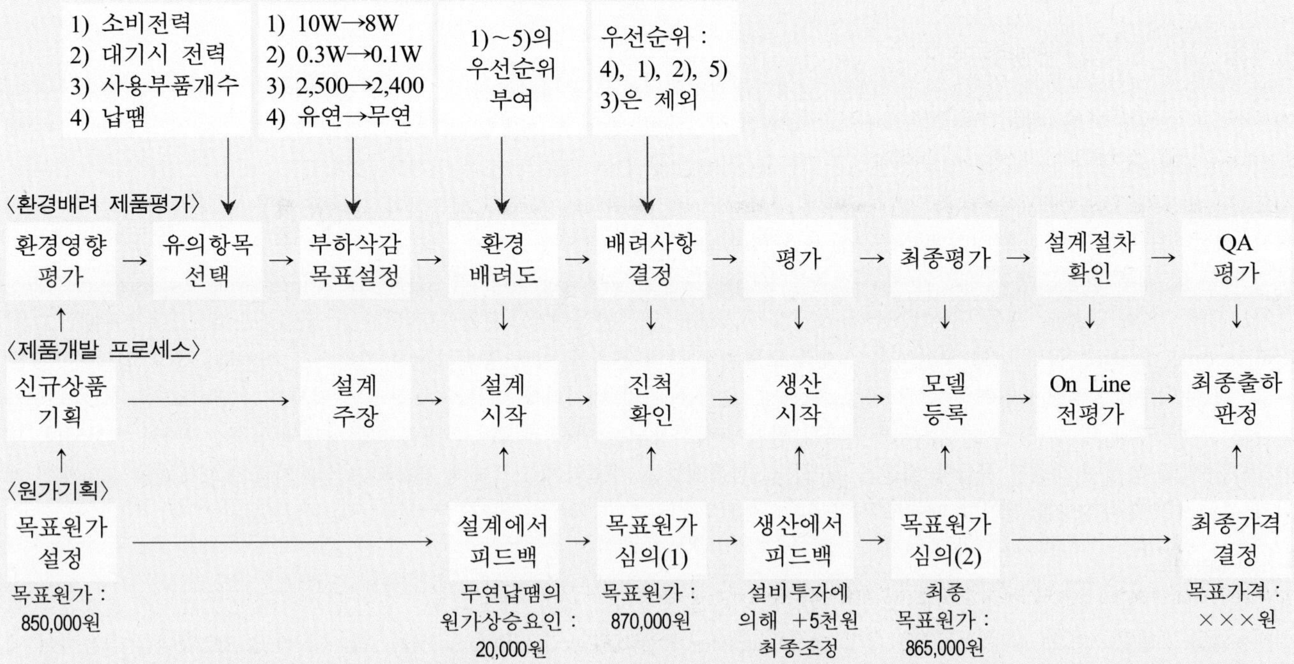

다음으로 구체적인 설계구상이 도출됨과 동시에 환경항목으로 선택된 5항목에 관해서 기존의 유사모델과 타사모델 등과의 비교선상에서 환경부하의 삭감목표가 설정된다. 이 제안에 대한 의사결정은 환경부서와 설계담당이 상의하여 정하지만 최종적인 결정은 설계 측이 내린다. 여기에서 소위 환경관련 사양의 목표가 정해지고 설계시작과 그 진척확인으로 나아간다. 환경부서는 설계자가 목표로 한 환경배려도의 평가를 실시하고 배려사항을 결정하게 된다. 이 사례에서는 납땜을 무연화하는 것을 최우선 항목으로 하고 그 다음에 소비전력, 대기전력, 포장재의 배려에 대처하며 사용부품의 개수 삭감은 보류하고 있다. 한편 이 과정에서 기획관리부서에서는 무연납땜이 도입된다는 목표가 설계로부터 피드백되어 알려지는데, 이 경우는 그것이 약 2만원의 원가상승요인으로 되기 때문에 최초의 목표원가 심의에서 목표원가를 재설정하고 있다.

설계시작이 끝나면 다음은 생산시작의 단계이다. 앞에서 열거한 무연납땜 등의 경우에는 품질에 미치는 영향도 크기 때문에 환경만이 아니라 품질보증의 관점에서도 평가가 이루어지고 그곳에 문제가 없으면 다음의 최종 제품평가의 프로세스로 나아간다. 한편 기획관리에서는 역으로 생산 측으로부터의 가격영향의 피드백이 여기에서 이루어지는데, 예를 들면 생산 측의 설비투자의 필요가 발생하고 그것에 대한 최종조정이 이루어진다.

이 사례에서는 종종 환경배려가 단순히 원가상승요인이 되나, 환경배려를 함으로써 당초에 설정한 목표원가에 어느 정도의 최종영향이 있는가를 취합해서 그 모델이 갖는 가격탄력성이나 부품 또는 재료 공급업자와의 상의와 전체적인 조정 속에서 어디까지 흡수가능한가를 검토하여 최종적인 목표원가를 설정하게 된다. 설계시작이 끝나고 모델 등록이 완료되면 그 모델이 소위 정식 상품으로서 인지된다. 주로 품질의 관점에서 온라인 전의 최종평가가 설계·생산부서에서 실시되고 최후의 출하판정 시험·회의를 통과하여 출하에 이른다. 이것과 병행해서 환경부서는 최종적인 설계절차를 확인하고 환경품질의 최종평가를 내린다. 기획관리에서는 앞의 최종 목표원가를 기초로 해서 최종가격이 출하 전에 결정되고 판매목표수량 등과 함께 매출, 이익목표가 마지막으로 확인된다.

국내 A전자의 환경원가기획 사례

■ 제품개발과 제품평가(Assessment)

국내 A전자는 최고경영자 및 CEO가 참석하는 '환경안전경영위원회'를 운영하고 있다. 환경안전경영위원회는 회사의 환경안전 정책, 전략을 수립하고 결정하는 역할을 수행하며, 제품의 연구개발 분야, 사업장 관리, 친환경기술 분야를 담당하는 5개의 분과위원회(Eco-Design, Eco-Product, 청정생산, Lead Free Soldering, Eco-Device)를 운영하고 있다.

A전자 반도체, LCD 총괄은 국내외 환경규제에 대응하고 환경친화적인 제품을 제공하기 위하여 제품 및 원부자재의 환경성을 평가, 개선하기 위한 총체적 환경성 평가도구인 Eco-Product System(EPS)을 개발하였다. 2002년 10월부터 1년 동안 외부관련 기관의 자문 및 내부 검증을 통해 개발된 이 시스템은 총 5개 모듈로 구성되어 있다. 각 모듈은 LCA(Life Cycle Assessment, 전과정평가) 모듈, Eco-Design 모듈, EA(Environmental Accounting, 환경회계) 모듈, GP(Green Procurement, 녹색구매) 모듈, CS(Customer Service, 고객응대) 모듈이며, 5개의 모듈은 각각의 결과를 서로 공유하여 유기적으로 평가하도록 구성되어 있다.

즉, 기존 내부시스템을 통하여 수집된 공정, 원자재, 오염물 처리 데이터를 이용하여 전과정 평가가 수행되고 이 전과정 평가 결과는 고객응대와 에코디자인에 사용되며 전과정 평가에서 사용되는 연산 로직이 환경회계에 사용되어 생산원가가 계산된다. 또한 녹색구매를 통하여 수집된 공급품 재질과 유해물질 함유정보는 가공되어 고객에게 제공되며 설계자들이 제품개발시 자재의 재질과 유해물질 함유정보를 확인할 때에도 사용된다.

■ Eco-Design

A전자는 제품개발단계부터 환경측면을 고려한 다양한 기법을 활용하고 있다. 에코디자인 수행을 위하여 1997년부터 환경대응 설계매뉴얼을 개발했으며 LCA와 DfX(DfR/S/D/A, Design for Recycle/Service/Disassembly/Assembly) 소프트웨어를 활용하여 제품의 환경성 평가와 개선활동을 추진하고 있다. 제품의 전과정(Life Cycle) 동안 환경에 미칠 수 있는 영향을 개선하기 위해서는 제품이 개발되는 시점에서의 활동이 가장 효율적이며 중요하다. 이에 A전자는 제품개발단계부터 환경측면을 고려한 다양한 기법을 활용하고 있다. 기본적으로 에코디자인 과정은 제품의 기본 설계 프로세스인 상품화 기획, 개발계획, 개발구현 및 양산 과정에서 환경요소를 도출하여 평가하도록 하고 있으며 각 단계별 평가기법이나 기준은 상품기획시 수립된 목표에 따라 추진되고 있다 [그림 1 참조].

이하에서는 구체적으로 A전자의 반도체 제품에 Eco-Design 기법을 적용한 사례를 살펴보기로 한다. Eco-Design을 수행하기 위해서는 경제성과 환경성에 대한 평가가 이루어져야 한다. 경제성 평가는 원부자재 재료비와 오염물질 처리비로 대별된다. 재료

[그림 1] Eco-Design 절차

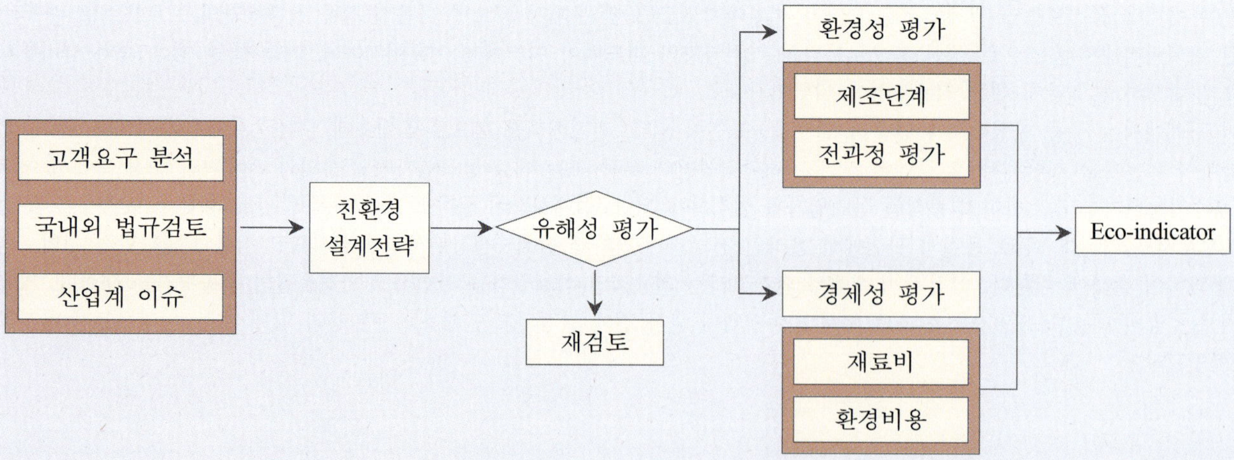

〈표 1〉 Eco-Design 지표 산출

평가항목			단위	목표값 및 기준값의 설정				지표 가중치	최종 항목별 평가결과			
									기존제품		대안제품	
				기준값	목표값	기존제품	대안제품		지표 (목표대비)	지표 (기준대비)	지표 (목표대비)	지표 (기준대비)
환경성	제조단계	가스·케미컬	kg	1.50E−01	1.35E−01	1.40E−01	9.73E−02	15%	−0.50	1.11	4.18	8.11
		PFC	kg	4.20E+00	3.36E+00	4.01E+00	3.68E+00	5%	−3.87	1.16	−2.29	3.38
		용수	kg	5.01E+03	4.85E+03	5.06E+03	5.05E+03	8%	−0.21	0.04	−0.21	0.05
		Energy	kwh	3.00E+02	2.85E+02	2.99E+02	3.03E+02	24%	−0.37	0.03	−0.49	−0.07
	전과정 환경영향		point	9.00E−09	7.20E−09	8.37E−09	8.45E−09	22%	−3.08	1.66	−3.82	1.43
경제성	재료비		₩	17,000	15,000	10,749	15,459	10%	0.87	0.15	0.10	1.00
	오염물질 처리비		₩	250	213	236	215	16%	−1.59	0.95	−0.17	2.63
제품 Eco-Design 지표								100%	−10.48	5.10	−2.90	16.54

비는 용이하게 산출될 수 있으나 오염물질 처리비는 오염물질의 배출량을 기준으로 각 제품에 배분해야 한다. 그러나 사례기업에서는 오염물질 배출량의 측정에 어려움이 있어 원부자재 사용량을 기준으로 배분하는 방식을 취하고 있다. 환경성 평가는 크게 원·부자재 환경성 평가(즉 위해성 평가), 제조단계 환경성 평가, 제품전과정 환경성 평가로 구분된다. 환경성 평가시 가장 먼저 이루어져야 할 것이 원·부자재 환경성 평가이다. 그러나 원·부자재 환경성 평가는 가·부만을 평가하는 단계이므로 별도의 지표가 필요치 않다.

제조단계 환경성을 평가하는 지표는 가스·케미컬, 에너지, 용수, PFC의 네 가지 요인에 대해 지표를 설정하기로 한다. 전과정 평가는 산성화, 지구온난화, 오존층 파괴 등 8가지 영향인자에 대해 지표를 설정한다. 각각의 요인별로 환경성을 판단할 수 있는 지표를 설정하기 위해서는 먼저 기준값(평균값)과 목표값을 설정해야 한다.

기준값 또는 평균값은 평가하고자 하는 대상제품의 환경성 정도를 판단하기 위해 사전에 설정된 기준 또는 평균값과 비교하기 위해 필요하다. 기준값은 평가대상 제품이 속해 있는 집단의 평균값과 비교하고자 할 때 그리고 개선 전후 제품을 비교하고자 할 때 개선 전 제품이 기준값이 될 수 있다. 목표값은 각각의 환경영향인자에 따라 다르게 설정해야 한다. 각 환경영향인자는 회사의 입지조건, 현재 운영하고 있는 환경오염 방지시설, 최고경영자의 의지 등을 고려하여 설정할 수 있다. 〈표 1〉은 각 평가항목별 기준값과 목표값, 측정된 값을 나타내고 있다.

요인별 기준값과 목표값이 설정되면 측정값과의 차이(Gap)를 분석하여 지표값을 산출한다. 즉 기준값 또는 목표값과 측정값의 차이를 백분율로 나타내는 것이다. 기준값뿐만 아니라 목표값 또는 평균값과의 차이를 분석하여 측정하고자 하는 제품의 환경성 요인값을 쉽게 나타낼 수 있다. 지표의 중요도를 산출하기 위해서는 마찬가지로 계층화 의사결정(AHP) 방법론을 사용함으로써 기업의 의지와 관심을 적절히 반영할 수 있다. 먼저 첫 번째 단계인 경제성 지표와 환경성 지표 간의 상대적 중요도에 대해 평가를 해야 한다. 그 후에 경제성 지표 내에서 원·부자재비와 오염물질 처리비 사이의 가중치를 결정한다. 마찬가지로 환경성 지표는 제조단계와 전과정단계의 중요도를 설정한 후에 제조단계 내의 원·부자재, 용수, 에너지, PFC 간의 중요도를 설정한다. 〈표 1〉에서 산출된 차이(Gap)값에다 항목별 가중치를 곱하게 되면 각 항목별 평가결과가 된다. 항목별 가중화된 값을 산술적으로 더하면 대상제품의 Eco-Design 지표가 된다. 〈표 1〉에서 보는 바와 같이 기존제품의 경우 기준값 대비, 즉 평균보다는 5.1% 우수하지만 목표값에는 아직 10.48% 부족하다. 하지만 대안제품은 2.9%만 부족하므로 대안제품은 기존제품에 비해 3배 이상 우수한 제품으로 평가할 수 있다.

Eco-Design 지표를 통해 환경성과 경제성을 하나의 단일지표로 표현함으로써 기준값과 목표값을 토대로 기존제품과 비교한 값을 하나의 지표로 볼 수 있기 때문에 현재의 수준과 향후 목표에 얼마만큼 다가가고 있는지 위치를 쉽게 파악할 수 있다. 뿐만 아니라 각 항목별로 가중치를 곱한 값을 토대로 어느 항목이 미진한지를 쉽게 확인할 수 있다.

환경고려 수명주기원가계산

수명주기원가계산과 환경문제의 관련성

환경부하의 삭감을 위해서 수명주기원가계산을 실시하는 경우에는 3가지 주의할 점이 있다. 첫째, 환경원가의 부담자가 누구인가에 관계없이 환경원가의 합계가 최소가 되는 방책을 채택하는 것이 바람직하다. 수명주기원가에는 제품의 제조업자가 부담하는 것과 제품의 사용자(고객)가 부담하는 것의 2종류가 있다. 마찬가지로 환경원가 속에도 제조업자가 부담하는 환경원가와 사용자가 부담하는 환경원가가 있다. 다만, 제조업자에게 발생하는 원가는 판매를 통해서 사용자에게 전가되기 때문에 최종적으로 사용자는 제조업자의 원가도 부담하게 된다.

둘째, 수명주기원가계산에 의한 환경원가의 분석에는 기업이 환경문제를 일으켰을 경우에 발생하는 이미지의 저하와 지역사회와의 관계 악화 등의 비용을 포함하는 것이 바람직하다. 셋째, 폐기 또는 돌발적인 사고에 관련해서 발생하는 환경원가는 매우 장기에 걸쳐 발생할 가능성이 있다. 예를 들어, 제품의 제조에 부수해 발생하는 유해물질을 처리하는 경우에는 처리시설의 운용비와 같은 환경

일본 T전자의 환경고려 수명주기원가계산 사례

T사의 노트북을 대상으로 살펴보기로 한다. 여기에서 다루는 대부분의 수치는 가상적인 것인지만 일반적인 실시절차는 실제와 차이가 없다. 생산자 입장에서 수명주기원가를 계산하면 크게 공장 내의 생산에 관련되는 제조원가와 사용자가 노트북을 구입한 후 사용시에 있어서 발생하는 전력비 그리고 노트북의 수명이 끝나면 처리업자에게 넘겨져서 리사이클될 때에 발생하는 비용으로 나눌 수 있다.

제조원가는 일반적으로 직접재료비, 직접노무비, 제조간접비로 이루어진다. 배송에는 포장과 수송의 비용이 포함된다. 먼저 PC를 출하할 때의 포장재에 관해서는 앞에서의 제조원가에 포함되는 것으로 한다.

폐기 컴퓨터의 리사이클 과정을 보면 먼저 회수업자가 수거하여 중간처리업자에 넘기는데, 중간업자는 금속스크랩을 회수하여 이것을 리사이클 업자에 판매한다. 리사이클 업자는 스크랩에서 재생금속과 귀금속을 회수한다. 리사이클 업자는 중간처리업자로부터 구입한 금속스크랩에서 재생귀금속을 회수한다. 이 귀금속을 회수하는 데 필요한 에너지 비용은 PC 1대당 대략 100원이 드는 것으로 상정했다. 그리고 회수된 재생귀금속의 중량과 가격을 구하면 1대당 약 3만원 정도를 얻을 수 있다.

이상을 종합해서 PC 1대당 수명주기원가(환경비용 제외)를 계산한 결과가 [그림 1]에 나타나 있다. 이 사례를 보면 전체 수명주기원가(=1,199,215원) 중에서 제조원가가 약 90% 이상을 차지하고 있다. 이것은 PC의 경우에는 사용이나 리사이클 등에 의한 비

원가가 장기적으로 발생한다.

환경고려 수명주기원가계산의 절차

환경을 고려한 수명주기원가계산의 실시방법에 대해 알루미늄 캔을 예로 설명한다. 500ml 알루미늄 캔 1개를 기준 흐름으로 한 분석을 한다. 기준 흐름 설정 후는 알루미늄 캔의 수명주기(전과정)흐름을 나타낸다. 알루미늄 생산은 알루미나 생산과 전해정련이 있으나 여기에서는 간단히 하기 위해 알루미늄 생산까지를 하나의 프로세스로서 설명한다. 원재료 입수에서 가공 및 캔 제조까지를 상류 프로세스, 소비에서 회수와 매립까지를 하류 프로세스라고 부른다. 이 사례에서는 프로세스 전체를 대상으로 해서 제품수명주기를 구성하는 중간제품과 원재료의 중량의 흐름을 구한다. 물질흐름을 얻기 위해서는 각 프로세스에서 얻어진 제품의 중량과 수율이 고려된다.

공정흐름도가 작성되고 나면 각 프로세스(공정)의 환경부하를 구한다. 환경부하의 산정은 데이터를 구하기 쉽고 신뢰성이 높은 데이터를 구할 수 있는 자사 공정에서 실시하는 것이 일반적이다. [그림 14.2]에서는 특히 캔 제조공정에 주목하고 있다. 공장 내의 데이터로부터 1단위(예를 들어 1kg)의 캔을 생산하는 데 전력과 LPG를 각각 0.95kwh, 0.18kg 사용하는 것을 알 수 있다. 이러한 투입 데이터로부터 발생하는 환경부하 데이터를 계산한다. CO_2의 경우는 발전

용도 중요하지만 무엇보다 제조원가의 관리를 철저하게 하는 것이 수명주기원가를 절감할 수 있다는 것을 시사하고 있다. 제조원가 중에서도 재료비가 차지하는 비중이 높으므로 여기에 치중하는 것이 수명주기원가를 효과적으로 삭감할 수 있음을 알 수 있다.

[그림 1] 노트북 컴퓨터의 수명주기원가 산정결과

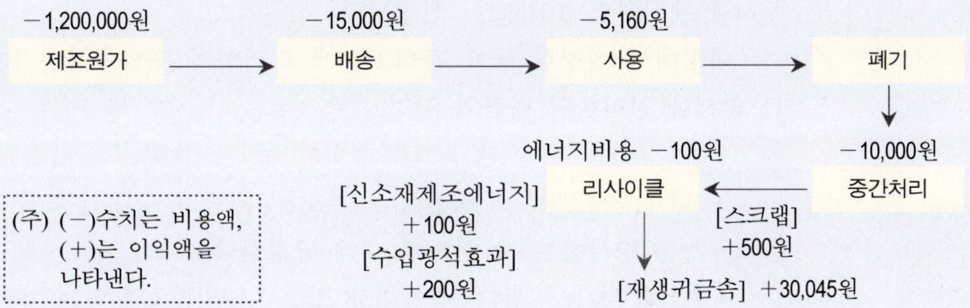

그림 14.2 환경고려 수명주기원가계산의 실시절차

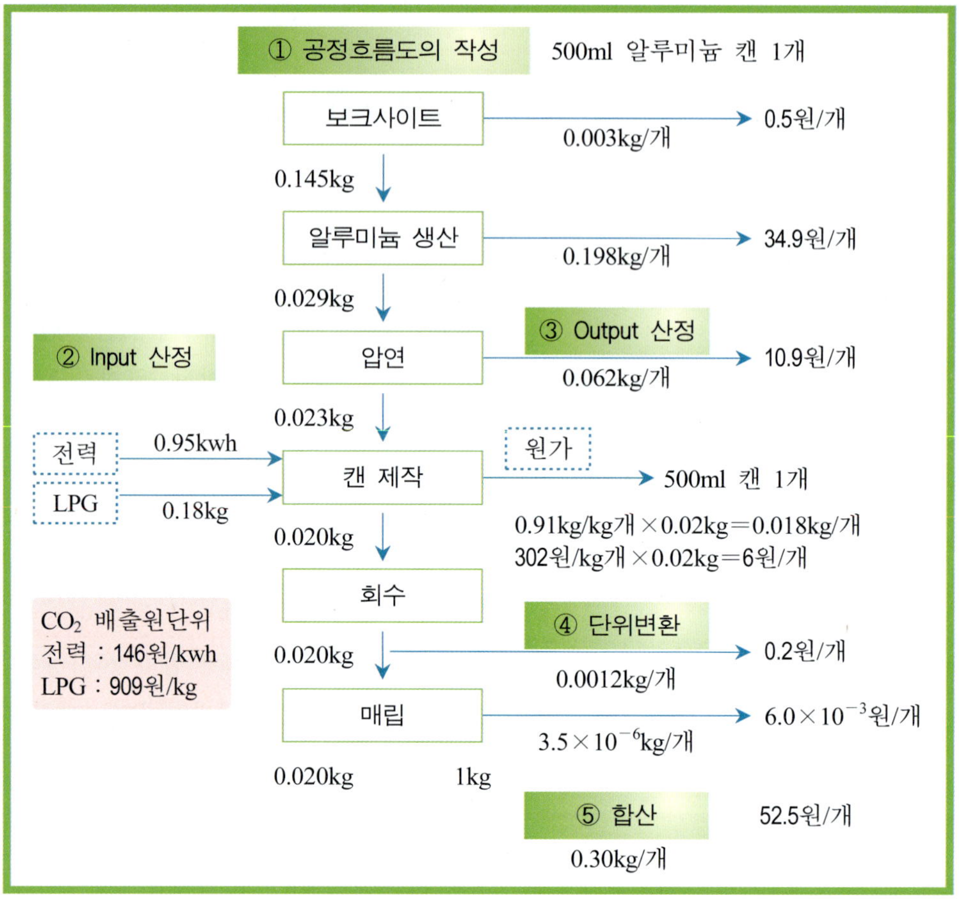

과 연료를 생산·소비할 때에 연료 중의 탄소분이 산화함으로써 발생한다.

1단위당 전력과 연료의 소비와 함께 발생하는 환경부하는 CO_2 배출원단위로서 공표되고 있으므로 이것을 이용하면 1단위당 캔 제조에 대해서 발생하는 CO_2량(0.91kg)을 구할 수 있다. 이렇게 해서 캔 1단위당 제조에 필요한 환경부하를 계산하면 0.036kg이 산출된다.

이상에서 설명한 목록 분석(LCI)에 의거하여 수명주기원가계산을 실시하는 순서를 정리하면 다음과 같다.

- 1단계(공정흐름도의 작성) : 먼저 대상제품 수명주기를 구성하는 프로세스를 명시하고 그 연관에 대해 규정한다.
- 2단계(투입의 산정) : 평가대상 프로세스별로 이용되는 자원과 연료 종류

를 확인하고, 이에 대한 사용량을 구한다.

- 3단계(산출물의 산정) : 자원 등을 이용함으로써 원가가 발생한다. 각 자원의 단가를 이용함으로써 프로세스별로 원가를 구한다.
- 4단계(단위 변환) : 프로세스별로 얻어진 원가를 프로세스간의 연관을 고려해 변환한다. 예를 들어 제관 프로세스의 원가(1kg당 302원)를 1캔당(6원)으로 변환한다.
- 5단계(합산) : 모든 프로세스의 원가를 서로 더하여 수명주기 전체의 원가를 구한다.

환경품질원가계산

환경관리와 품질관리의 비교

품질관리기법의 상당수는 환경보전 품질의 확보를 추구하는 환경경영에도 유효하다고 주장되어 왔다. 특히 환경원가와 품질원가는 많은 점에서 공통된 속성을 가진다는 점에서 품질원가계산 측면의 체제를 환경문제로 확장하는 것이 유용한 접근방식이라고 생각할 수 있다.

환경품질원가계산

환경품질원가계산
품질원가계산에서의 품질원가의 분류법에 준거해 환경원가를 4개의 범주로 분류하고, 기업이 실시하는 환경보전 대책이 환경부하 저감에 효과적으로 결부되도록 원가정보를 제공

환경품질원가계산은 품질원가계산에서의 품질원가의 분류법에 준거해 환경원가를 4개의 범주로 분류하고, 기업이 실시하는 환경보전 대책이 환경부하 저감에 효과적으로 결부되도록 원가정보를 제공하는 것을 목적으로 하고 있다. 또 이 목적을 구체적으로 실천하는 기법으로서 환경예산 매트릭스기법이 개발되어 현재 실무에 도입되고 있다.

환경품질원가계산에서는 우선 환경원가를 〈표 14.1〉과 같이 4개로 분류한다. 그리고 품질원가계산과 같이 4개의 환경원가의 상충관계(trade-off)를 분석하여 일정한 환경의 질을 유지하면서 환경보전원가와 환경평가원가를 높이고 환경손실을 감소시켜 총원가가 최소가 되도록 하는 것이다.

표 14.1 품질원가의 분류법에 근거한 환경원가의 기본 분류

분 류	정의 및 사례
환경보전원가	환경문제의 발생을 예방하여 장래의 지출을 감소시키는 목적으로 사전에 지출되는 비용(환경경영시스템 운영비, 공해대책비, 환경 관련 투자 프로젝트, 그린조달이나 DfE 관련의 차액원가, 리사이클 대책비, 환경 관련 보험 등)
환경평가원가	기업활동이 환경에 미치는 영향을 모니터하거나 환경에 중대한 영향을 미치는 제품이 설계·개발·출시되는 일이 없도록 점검, 검사하기 위한 비용(LCA/EIA 관련 비용, 독성시험, 그 외 점검, 검사비 등)
내부부담 환경손실	환경보전 대책이나 검사 등이 불충분하기 때문에 기업이 입는 손실(폐기자재 혹은 그 평가액, 폐기물처리비, 오염처리비, 제품의 회수·재자원화 비용, 배상비, 광열 수도·포장 등의 원가에 대해 과학적·합리적으로 추정된 목표 금액으로부터의 괴리액 등)
외부부담 환경손실	환경보전 대책과 검사 등의 미비에 의해, 지역사회나 주민이 입는 손실(CO_2, NOx, 프레온 등의 환경유해물질의 방출 등에 의한 대기오염, 토양오염, 수질오염 등 현시점에서 부담자가 특정할 수 없는 환경부하를 포함한다)

지속가능 균형성과표

지속가능 균형성과표의 이론적 배경

지속가능한 발전이란 경제적으로 발전하되, 이와 함께 인구 및 삶의 유지를 위해 환경의 장래 능력을 손상시키지 않는 수준을 제공하면서 발전하는 것을 의미한다. 이는 본래 환경과 관련하여 등장한 개념이지만 현재는 사회 전체에서 사용되고 있다. 즉 기업이 사회의 일원으로서 지속가능한 발전을 하기 위해서는 경제적 측면은 물론 환경적·사회적 측면도 고려해야 한다는 것이다.

최근에 많은 기업들이 지속가능성 관련 문제를 관리하고 통제하기 위해 ISO14000과 같은 환경적·사회적 관리시스템을 실시하고 있다. 그러나 이런

지속가능 균형성과표
환경적 · 사회적 측면을 계량화하여 기업의 전략과 운영을 연결시키는 성과관리시스템

관리시스템은 기업실무에서 기대에 미치지 못하고 있다. 이러한 몇 가지 경영시스템의 문제를 해결하기 위해 지속가능 균형성과표(SBSC : Sustainable Balanced Scorecard)가 등장했다. 지속가능 BSC는 환경적 · 사회적 측면을 계량화하는 데 초점을 맞춘 것이며, 기업의 전략적 수준과 운용적 수준 간의 간격을 연결시키는 방법을 제공한다. 또한 재무적 성과와 더불어 환경적 · 사회적 측면 사이의 인과고리를 제시해 준다.

1990년대 후반부터는 각종 이해관계자의 지속가능성 의식이 높아져서, 기업에서도 지속가능한 발전을 의식한 경영을 하는 것이 가장 중요한 과제의 하나가 되고 있다. 그리고 이 지속가능성 경영의 추진을 지원하는 도구의 하나로서 전통적인 BSC에 지속가능성 관련 지표를 고려한 지속가능 BSC가 EU기업을 중심으로 많은 실무적용 성공사례를 보여주고 있다.

지속가능 균형성과표에 대한 접근방식

(1) BSC의 4가지 관점 내에 환경적 · 사회적 측면을 통합

BSC의 4가지 표준적 관점의 틀 내에서 전략적으로 유용한 환경적 · 사회적 측면을 인식한다. 즉 종래의 4개 관점에 환경 · 사회 관련지표를 포함시킴으로써 환경적 · 사회적 측면은 전통적 BSC의 필수적인 구성요소가 되고, 자동적으로 BSC의 특징인 인과관계 고리 내에 융합되어 상위계층에 있는 재무적 측면의 성공을 향해 나아가게 되며 최종적으로 사업전략의 성공으로 귀결되게 된다.

이런 방식을 채택한 대표적인 사례로서는 Novo Nordisk, Shell 등 상당수가 있다. 먼저 Novo Nordisk는 당뇨병 치료약을 전문으로 하는 덴마크 제약회사이다. 이 기업은 세계적으로 퍼지고 있는 제약업계에 대한 불공정 문제에 대처하고 일부는 사회적 책임을 강조하는 기업문화의 영향을 받아 환경적 · 사회적 이슈를 포함시킨 BSC를 구축하였다. Novo Nordisk의 BSC는 고객과 사회, 재무, 비즈니스 프로세스, 인재와 조직의 4가지 관점으로 구성되어 있다. 환경적 · 사회적 문제는 고객 및 사회 관점과 인재 및 조직 관점 속에 명시적으로 통합되어 있다. 전자에는 사회, 환경, 생명윤리의 성과를 개선하는 것, 후자에는 사회적 책임 등이 대표적인 지표로 자리 잡고 있다.

(2) BSC 내에 비시장적 관점을 추가

근본적으로 환경적·사회적 측면은 사회적 구성체로서의 시장시스템에서 벗어나 비시장(non-market)시스템에 근원이 있으므로, 많은 환경적·사회적 측면은 여전히 시장조정 메커니즘에 통합되지 않고 외부효과로 나타난다. 환경과 사회의 관점을 '비시장성의 관점'으로서 추가한 BSC에서는 시장의 기능에서는 완전히 포착되지 않는(즉, 시장가격으로 변환할 수 없는) 것과, 기업 전략의 수행에 있어서 핵심이 되는 환경이나 사회에 관련된 지표를 집약해서 '비시장성의 관점'이라고 하는 새로운 관점으로서 추가하는 것이다.

현재 '비시장성의 관점'으로서 추가한 BSC의 대표적인 사례로는 (주)리코의 '전략적 목표관리'가 있다. (주)리코는 '전략적 목표관리제도'로서 BSC의 '재무', '고객', '내부 비즈니스 프로세스', '학습과 성장'의 4개의 관점과 별도로 '환경보전의 관점'을 새로 추가하고 있다. '환경보전의 관점'에서는 '사회적 책임을 달성하기 위해서 특히 환경보전에 대해서 어떠한 대응을 취해야 할 것인가'라는 관점에서 '재생지 매출액'과 같은 선행적 지표, '재생지 매출 증가율'과 같은 사후적 지표가 설정되고 최종적으로 '환경보전활동의 전개'라고 하는 전략목표로 수렴되는 구조를 취하고 있다.

그림 14.3 전략목표관리제도(BSC 4개 관점+1개 관점)

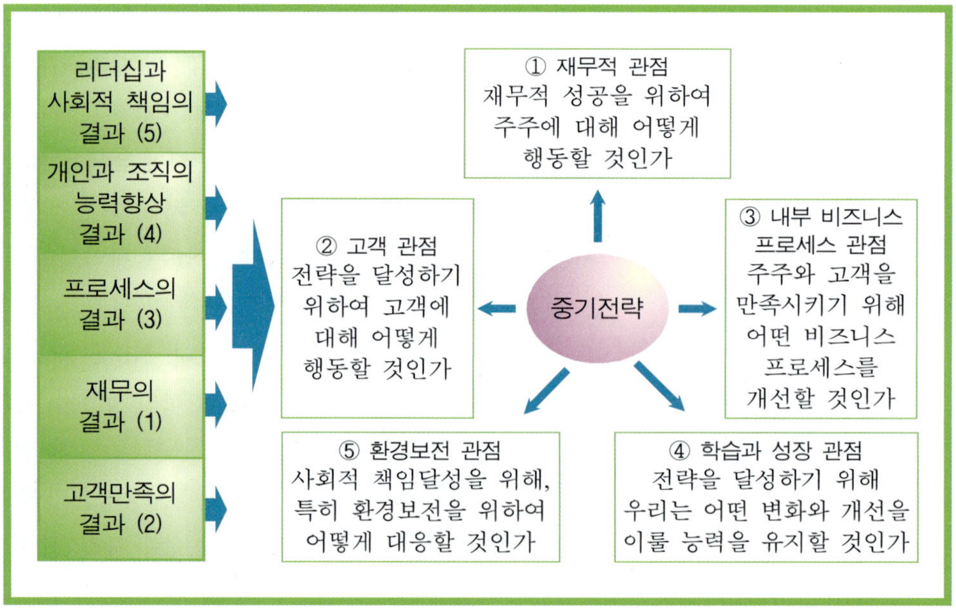

그림 14.4 (주)리코의 각 부문별 BSC

	전략목표	업적관리 및 평가지표	
		성과지표	선행지표
재무	사업가치(FCF)의 증대	잉여현금흐름(FCF)	공급매출액 비율
	매출액 확대	매출액증가율	신제품 매출
	자산효율의 개선	개발투자비율	신기종 개발 인력수
고객	대형제품 M/S 확대		
	컬러제품 M/S 확대	중고속 컬러제품 M/S	신제품의 상품력 타사 비교
	XX의 유지, 향상	XX의 CSI 기능과 성능	
	대형 OEM고객 확보	특정 OEM 선수매출액	특정 OEM거래선 상담건수
내부 프로세스	개발효율의 향상	1기종당 개발기간	플랫폼 비율
	재고회전기간의 단축	중점상품 QCD	
	OEM제공 프로세스의 개선	OEM제공 프로세스의 개선	발주~출하 간 창고 일수
학습과 성장	판매, 지원력의 향상	○○달성도	
	개발력의 향상	특허출원건수	선행기술 개발수
	OEM 제반능력의 향상	OEM계약률	기종 개발 리스크 파악수
환경 보전	환경보전활동의 전개	재생지매출 신장률	재생지매출액
		토너카트리지 재자원화율	토너카트리지 회수율

(3) 새로운 환경적 · 사회적 성과표의 추출

BSC에 환경적 · 사회적 측면을 통합하는 세 번째 접근법은 새로운 환경적 · 사회적 성과표(Scorecard)를 추출하는 것이다. 종래의 BSC로부터 파생한 환경과 사회에 특정된 새로운 지속가능 BSC에 대해서는 상기 두 가지 접근방식의 적어도 어느 한쪽에 의한 BSC의 구축을 완료시킨 후, 그 BSC로부터 환경과 사회에 관련하는 지표를 추출해 작성된다. 따라서 새롭게 추출된 환경적 · 사회적 성과표는 독자적으로는 성립할 수 없고 어디까지나 상기 두 가지 접근법의 '연장'으로서 파악할 수 있다고 하고 있다. 이것은 환경관리 부문과 다른 전략적 사업단위 또는 BSC와의 관계를 분명히 하는 것이며, 그 목적은 전략에 적합한 인과관계의 고리 속에서 환경 · 사회적 측면을 조정, 편성, 차별화하는 것이다.

토론

국내 H자동차 A모델의 사용자 제품수명주기원가

H자동차회사의 A모델(배기량 2,000cc 수동)은 제품개발을 개시하여 3년여간의 개발기간을 거쳐 생산되고 있는 차종이다. A모델의 제품수명주기원가를 파악하기 위하여 실제 그 차량을 소유한 생산회사의 직원들을 대상으로 설문조사한 내용과 기업의 공학담당자를 대상으로 인터뷰한 내용을 토대로 〈표 1〉의 제품수명주기원가표가 작성되었다. 〈표 1〉에서 볼 수 있는 바와 같이 원가의 발생행태와 시점에 따라서 크게 구매비와 유지보수비, 그리고 중고차매각수익의 3가지로 구분할 수 있다. 이와 같이 3가지로 집계된 수치를 중심으로 화폐의 시간적 가치(할인율 6%)를 고려하여 차량구입시점의 가치로 환산하였다. 구매비는 그 자체가 현재가치를 나타내고 있기 때문에 환산이 필요하지 않다.

수명주기원가계산에 사용된 조건은 다음과 같다.

- 총원가를 현재가치로 환산하기 위해 6% 할인율을 적용하였다.
- 보유단계의 자동차세와 교육세는 최초 등록 후 3년째부터 매년 5% 경감된다.
- 연간주행거리는 교통안전공단(2007년)의 평균주행거리 16,750km를 기준으로 하였다.
- 유류가격은 2008년 10월말 전국평균가를 기준으로 하였다(연비는 노후에 따라 감소하는 것으로 추정).
- 유류비 산출시 연비는 13.0km/ℓ이지만 신제품 이전의 등급엔진을 장착한 기존 차량을 사용한 소비자들이 실제 지출했던 연료비를 감안해서 〈표 1〉과 같이 연비를 조정하였다.

〈표 1〉 H자동차 A모델의 사용자 수명주기원가

구 분	1년	2년	3년	4년	5년	총원가	현재가치
구매비	22,889					22,889	22,889
판매가격	21,087					21,087	21,087
등록, 취득, 공채	1,802					1,802	1,802
유지보수비	4,228.5	3,917.5	3,823.5	3,851.5	3,849.5	19,670.5	16,611.8
엔진오일교환	70	70	70	70	70	350	294.8
부품교환, 차량수리	150	230	290	380	480	1,530	1,249.3
연간보험료	1,364	887	667	531	455	3,904	3,396.4
보유세	519.5	519.5	493.5	467.5	441.5	2,441.5	2,066.9
유류비	2,125	2,211	2,303	2,403	2,403	11,445	9,604.4
중고차 판매수익					4,500	4,500	3,172.5
사용자 수명주기원가						38,059.5	36,328.3

구 분	1년	2년	3년	4년	5년
연주행거리(a)	16,750	16,750	16,750	16,750	16,750
연비(b)	13.0km/ℓ	12.5km/ℓ	12.0km/ℓ	11.5km/ℓ	11.5km/ℓ
ℓ당 유류가격(c)	1,650	·1,650	1,650	1,650	1,650
유류비(a / b×c)	2,125,961	2,211,000	2,303,125	2,403,260	2,403,260

[그림 1] 자동차 수명주기와 원가의 흐름(리사이클 제외)

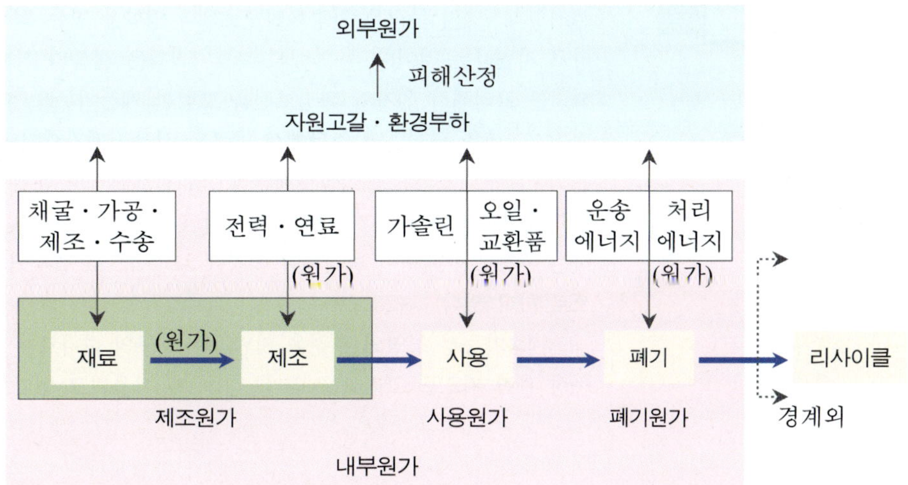

이상에서 살펴본 것은 수명주기원가의 내부원가를 분석한 것이다. 내부원가는 제조원가, 사용시의 원가, 폐기원가로 구성된다. 자동차(2,000cc 가솔린)를 10년간 사용했다고 가정한 경우 수명주기 내부원가는 제조단계가 약 40%, 사용단계가 약 60%를 차지한다(폐기단계는 0.2%에 지나지 않는다). 한편 고객에 안전하면서도 신뢰성이 높은 제품이나 서비스를 제공하기 위해 필요한 원가, 즉 자원고갈과 환경배출부하로 인해 사회에 미친 피해를 산정하는 것이 외부원가이다([그림 1]).

수명주기 외부원가를 구성하는 것을 단계별로 보면 제조단계(재료 · 차량제조 · 수송) 23%, 사용단계(연료제조 · 주행 · 수선유지) 75%, 폐기단계 2%가 드는 것으로 나타났다. 또한 영향영역별로 보면 지구온난화, 도시대기오염, 비생물자원소비가 전체의 95%를 점하며 보호대상별로 보면 인간건강과 사회자산이 전체의 95%를 차지한다. 환경부하영역에서는 CO_2, NO_X, SO_X, 원유가 전체의 92%를 포함하고 있다. 그리고 이러한 외부원가는 수명주기 총원가(내부원가+외부원가)의 2% 정도로 산출되었다(JEMAI, 2004).

이상과 같이 사용자의 총제품수명주기원가를 알 수 있으면 고객의 입장에서는 다른 자동차와 비교하기가 용이하다. 그러나 소비자는 배기량에 따른 차량의 출력과 기타 승차감 등의 특성을 종합적으로 고려하여 차량을 선택하게 된다. 예를 들어 사용자 제품수명주기원가 분석모형을 활용할 경우 기업은 제품원가를 구성하는 원가요소에 대해 종합적인 시각을 갖게 되며, 사용자의 최초원가와 유지 · 보수원가의 상충관계를 고려하여 적절한 제품원가전략을 강구하게 된다.

토론해 보자

이 사례에서 수명주기원가계산에 환경문제가 어떻게 반영되었는지 논의해 보자. 환경 고려가 잘된 점과 부족한 점을 생각해 보자.

요약정리

환경관리회계의 목적은 환경요인으로부터 영향을 받는 의사결정 프로세스에 대해 정보를 제공하고 지원하는 것이다. 환경배려형 원가기획은 제품의 설계·개발단계에서 제조공정의 마지막까지를 고려해서 원가와 환경보전을 포함한 제품기능을 비교한다. 이에 비해 환경고려 수명주기원가계산은 원재료의 조달에서 제품의 사용·폐기까지의 전 과정에서 환경요인을 고려한다. 환경품질원가계산은 품질원가계산에서의 품질원가의 분류법에 준거해 환경원가를 4개의 범주(환경보전원가, 환경평가원가, 내부부담 환경손실, 외부부담 환경손실)로 분류하고 기업이 실시하는 환경보전 대책이 환경부하 저감에 효과적으로 결부되도록 원가정보를 제공하는 것을 목적으로 하고 있다.

지속가능성 경영의 추진을 지원하는 도구의 하나로서 전통적인 균형성과표(BSC)에 지속가능성 관련 지표를 고려한 지속가능 BSC가 사용되고 있다.

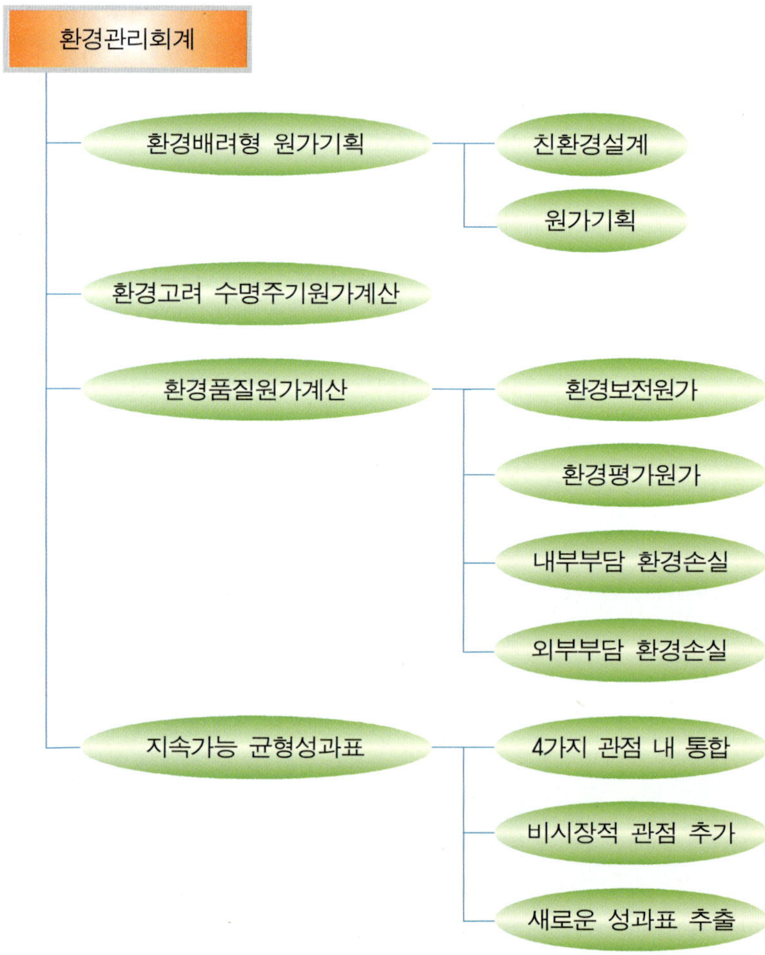

14 연습문제

객관식

01 환경관리회계기법

다음 환경관리회계기법 중 제품의 기획설계부터 폐기까지의 전 과정을 다루는 것은?

① 환경배려형 원가기획
② 환경고려 수명주기원가계산
③ 환경배려형 설비투자결정
④ 환경배려 성과평가

02 환경관리회계기법

다음 환경관리회계기법 중 친환경설계와 가장 밀접하게 연계될 수 있는 것은?

① 환경배려형 원가기획
② 환경고려 수명주기원가계산
③ 환경배려형 설비투자결정
④ 환경배려 성과평가

03 환경품질원가

환경품질원가의 분류의 예로 적절하지 않은 것은?

① 환경보전원가 – 공해대책비
② 환경평가원가 – 독성시험비
③ 내부부담 환경손실 – 폐기물처리비
④ 외부부담 환경손실 – 배상비

주관식

04 환경관리회계기법

환경요인을 반영한 관리회계기법에 대한 내용을 기사, 웹페이지 등에서 찾아서 정리해 보시오.

연습문제 해답

연습문제 해답

1 관리회계란 무엇인가?

객관식

01 ① [회계의 분류]
원가회계 : 원가계산방법을 주로 다룬다.
재무회계 : 기업이나 단체의 재무보고에 대한 회계이다.
회계감사 : 회계보고서의 적정성을 확인하는 기법을 다루는 회계분야이다.
회계원리 : 회계의 기본 원리를 다루는 분야이다.

02 ④ [관리회계의 특징]
①, ②, ③은 재무회계의 특징이다.
⑤ 회계처리는 관리회계 영역이 아니다.

03 ③ [원가회계의 특징]
주관적인 자료도 사용된다.

04 ⑤ [원가의 개념]
① 비용의 개념, ② 자산의 장부가/시가, ③ 사업 투자비/운영비, ④ 초기 투자액

05 ④ [관리회계의 특징]
관리회계는 기업내부정보이용자를 위한 자료이다.

06 ② [원가회계의 특징]
회사의 모든 자산과 부채에 대한 평가자료를 제공하지 않는다.

주관식

07 [관리회계와 사회]

특정 신문의 홈페이지나 www.kinds.or.kr에서 검색한다.

08 [재무회계와 관리회계의 비교]

pp.23～24 참조

2 원가개념

객관식

01 ① [원가개념]

판매가격 = ₩58,500

= 총원가 + 0.3 총원가 ⇒ 총원가(ㅂ) = ₩45,000, 영업이익(ㅁ) = ₩13,500

총원가 = ₩45,000

= 제조원가 + 0.5 제조원가 ⇒ 제조원가(ㄹ) = ₩30,000, 판관비(ㄷ) = ₩15,000

제조간접원가(ㄱ) = 제조원가 − 기초원가 = ₩30,000 − 25,000(ㄴ) = ₩5,000

02 ② [원가개념]

총변동원가는 관련범위 내에서 일정하지 않다.

03 ③ [원가개념]

① 단위당 고정원가는 조업도가 늘어날수록 감소한다.
② 관련범위 내에서 단위당 변동원가는 생산량이 증가함에 따라 일정하다.
③ 비정상적으로 발생하는 원가(비정상공손)는 제조원가에 포함하지 않는다.
④ 제조기업의 제품배달용 트럭의 감가상각비는 판매관리비이다.
⑤ 서비스기업의 본사에서 사용하는 컴퓨터 전기료는 판매관리비이다.

04 ④ [기초원가와 가공원가]

기초원가 = 직접재료원가 + 직접노무원가 = ₩900,000

가공원가 = 직접노무원가 + 제조간접원가 = ₩740,000

05 ① [기초원가와 가공원가]

단위당 기초원가 = ₩28,000 + 40,000 = ₩68,000

단위당 가공원가 = ₩40,000 + 60,000 + ₩200,000/20 = ₩110,000

06 ⑤ [변동원가와 고정원가]

	5월	6월
생산량(단위)	9,000단위	10,000단위
직접재료원가	₩18,000	(₩18,000/9,000단위)×10,000단위＝₩20,000
고정임차료	₩8,000	₩8,000
기타제조원가	₩39,000	₩70,000－20,000－8,000＝₩42,000
합 계		₩70,000

07 ④ [관련원가]

기존 컴퓨터의 취득원가와 장부금액은 비관련원가이다. 단, 세금이 존재하며 기존 컴퓨터의 장부금액과 처분가치가 다를 경우 기존 컴퓨터 처분시점의 장부금액은 관련원가이다.

08 ① [제조원가의 분류]

공장건물 화재보험료	₩150
공장건물 감가상각비	250
공장기계 리스료	50
공장장 급여	200
공장토지 재산세	100
제조간접원가 총액	₩750

09 ① [제조원가의 분류]

② (ㄹ)
③ (ㄹ)
④ (ㄴ) 또는 (ㄹ)

10 ④ [제조원가의 분류와 흐름]

제조간접원가＝₩1,000(간접노무원가)＋₩250(감가상각비－공장)＋₩120(전기료－공장)
＋₩1,000(기타 제조간접원가)
＝₩2,370

재공품

기초	6,000	당기제품제조원가	?＝8,370
직접재료원가	3,000	기말	5,000
직접노무원가	2,000		
제조간접원가	2,370		

11 ② [제조원가의 분류와 흐름]

직접노무원가(DL) : ₩450
제조간접원가(OH) : ₩100 + ₩150 × 1/3 = ₩150
직접재료원가(DM) : [DL + OH] × 50% = ₩300
당기총제조원가 : DM + DL + OH = ₩900
당기제품제조원가 : ₩100 + 900 − 100 = ₩900
매출원가 : ₩100 + 900 − 100 = ₩900
매출총이익 : ₩2,000 − 900 = ₩1,100

12 ④ [제조원가의 흐름]

생산된 모든 제품이 판매되었으므로 변동제조원가 발생액이 변동매출원가와 같다.

13 ② [제조원가의 흐름]

당기제품제조원가 − 매출원가 = 기말제품 − 기초제품 = ₩28,000 − 13,000 = ₩15,000

〈별 해〉

직접재료원가 = ₩23,000 + 55,000 − 12,000 = ₩66,000
당기제품제조원가 = 기초재공품 + 직접재료원가 + 가공원가 − 기말재공품
= ₩30,000 + 66,000 + 64,000 − 45,000 = ₩115,000
매출원가 = 기초제품 + 당기제품제조원가 − 기말제품
= ₩13,000 + 115,000 − 28,000 = ₩100,000
당기제품제조원가 − 매출원가 = ₩115,000 − 100,000 = ₩15,000

14 ① [제조원가의 흐름]

직접재료원가 = ₩34,000 + 56,000 − 10,000 = ₩80,000
직접노무원가 = 기본(기초)원가 − 직접재료원가 = ₩320,000 − 80,000 = ₩240,000
직접노무원가 = 가공원가 × 40% = ₩240,000
∴ 가공원가 = ₩600,000
당기제품제조원가 = ₩37,000 + (₩80,000 + 600,000) − ₩20,000 = ₩697,000
매출원가 = ₩10,000 + 697,000 − 48,000 = ₩659,000

15 ① [제조원가의 흐름]

당기총제조원가 = ₩130,000(당기제품제조원가) + ₩20,000(기말재공품) − ₩25,000(기초재공품)
= ₩125,000
제조간접원가 = ₩125,000(당기총제조원가) − ₩85,000(기본원가) = ₩40,000
직접노무원가 = ₩75,000(가공원가) − ₩40,000(제조간접원가) = ₩35,000
직접재료원가 = ₩85,000(기본원가) − ₩35,000(직접노무원가) = ₩50,000

직접재료매입액 = ₩50,000(직접재료원가) + ₩13,000(기말직접재료) − ₩18,000(기초직접재료)
= ₩45,000

16 ③ [제조원가의 흐름]

직접재료원가 = ₩18,000 + 150,000 − 16,000 = ₩152,000
당기총제조원가 = ₩152,000 + 594,000 = ₩746,000
당기제품제조원가 = ₩4,000 + 746,000 − 14,000 = ₩736,000
매출원가 = ₩16,000 + 736,000 − 12,000 = ₩740,000

17 ① [제조원가의 흐름]

매출원가 = 당기제품제조원가 + 기초제품 − 기말제품
=(당기총제조원가 + 기초재공품 − 기말재공품) + 기초제품 − 기말제품
₩115,000 = (C + ₩100,000 − 95,000) + ₩50,000 − ₩55,000
C = ₩115,000 − 5,000 + 5,000 = ₩115,000

18 ④ [제조원가의 흐름]

재료원가 = ₩4,000 − 1,400 = ₩2,600
노무원가 = ₩3,700 − 200 + 500 = ₩4,000
간접재료원가 및 간접노무원가 = ₩2,600 + 4,000 − 5,700 = ₩900
제조간접원가 = ₩900 + 2,100 = ₩3,000

19 ② [제조원가의 흐름]

매출원가 = 매출액 × (1 − 매출총이익률) = ₩115,000 × (1 − 0.4) = ₩69,000
당기제품제조원가 = 매출원가 + 기말제품 − 기초제품
= ₩69,000 + 21,000 − 20,400 = ₩69,600
당기총제조원가 = 당기제품제조원가 + 기말재공품 − 기초재공품
= ₩69,600 + 7,200 − 8,000 = ₩68,800
= 직접재료원가 + 직접노무원가(2X) + 제조간접원가(X)
= ₩4,000 + 22,000 − 5,200 + 3X
⇒ 3X = ₩48,000 ⇒ X = ₩16,000

〈별 해〉

재고자산(직접재료+재공품+제품)			
기초직접재료	₩4,000	기말직접재료	₩5,200
기초재공품	8,000	기말재공품	7,200
기초제품	20,400	기말제품	21,000
직접재료매입액	22,000	매출원가 ₩115,000×(1−0.4)=	69,000
직접노무원가	2X		
제조간접원가	X		
	3X+₩54,400		₩102,400

3X=₩102,400−54,400=₩48,000 ⇒ X=₩16,000

20 ① [제조원가의 흐름]

재공품			
기초재공품	60,000	당기제품제조원가	136,000
직접재료원가	45,000		
직접노무원가	35,000		
제조간접원가	26,000	기말	30,000
	166,000		166,000

제 품			
기초	45,000	매출원가	121,000
	136,000	기말	60,000
	181,000		181,000

21 ④ [제조원가의 흐름]

당기총제조원가=당기제품제조원가+기말재공품−기초재공품

= ₩1,400,000 + 200,000 − 100,000 =₩1,500,000

제조간접원가=당기총제조원가−기본원가=₩1,500,000−1,200,000=₩300,000

직접노무원가=가공원가−제조간접원가=₩1,100,000−300,000=₩800,000

22 ③ [제조원가의 흐름]

직접재료원가＝기초직접재료＋매입액－기말직접재료

＝ ₩2,000 ＋ 22,000 － 4,000 ＝₩20,000

직접노무원가가 기본원가의 반이므로, 직접노무원가＝직접재료원가＝₩20,000

전환원가＝직접노무원가＋제조간접원가＝₩20,000＋전환원가×0.8

∴ 전환원가 ₩100,000

당기총제조원가＝직접재료원가＋전환원가＝₩120,000

당기제품제조원가＝기초재공품＋당기총제조원가－기말재공품

＝ ₩8,000 ＋ 120,000 － 10,000 ＝₩118,000

23 ⑤ [제조원가의 흐름]

당기총제조원가

직접재료원가 : ₩27,000＋83,000－9,000＝	₩101,000
직접노무원가 : ₩306,000(기초원가)－₩101,000＝	205,000
제조간접원가 : (전환원가의 50%이므로 직접노무원가와 같음)	205,000
	₩511,000

당기제품제조원가＝₩30,000＋511,000－15,000＝₩526,000

매출원가＝₩35,000＋526,000－28,000＝₩533,000

24 ② [제조원가의 흐름]

직접재료원가＝₩40,000＋100,000－30,000＝₩110,000

당기총제조원가＝당기제품제조원가＋기말재공품－기초재공품

＝ ₩210,000 ＋ 25,000 － 40,000 ＝₩195,000

당기총제조원가＝직접재료원가＋직접노무원가＋제조간접원가(H)

₩195,000 ＝ ₩110,000 ＋ 0.7H ＋ H

1.7H＝₩85,000 H＝₩50,000

25 ② [제조원가의 흐름]

당기제품제조원가－매출원가＝기말제품－기초제품

＝₩28,000 － 13,000 ＝₩15,000

〈별 해〉 당기총제조원가＝ 직접재료원가 ＋가공원가

＝₩23,000＋55,000－12,000＋ 64,000 ＝₩130,000

당기제품제조원가＝당기총제조원가 ＋기초재공품 － 기말재공품

＝ ₩130,000 ＋ 30,000 － 45,000 ＝₩115,000

매출원가＝당기제품제조원가 ＋ 기초제품 － 기말제품

＝ ₩115,000 ＋ 13,000 － 28,000 ＝₩100,000

당기제품제조원가－매출원가＝₩115,000－100,000＝₩15,000

26 ③ [제조원가의 흐름과 이익]

매출원가＝매출액/1.2＝₩180,000/1.2＝₩150,000

당기제품제조원가＝매출원가＋기말제품－기초제품

＝₩150,000＋ 23,000 － 18,000 ＝₩155,000

당기총제조원가＝당기제품제조원가＋기말재공품－기초재공품

＝ ₩155,000 ＋ 15,000 － 20,000 ＝₩150,000

직접재료원가＝당기총제조원가－가공(전환)원가＝₩150,000－98,000＝₩52,000

직접재료매입액＝직접재료원가＋기말직접재료－기초직접재료

＝ ₩52,000 ＋ 13,000 － 17,000 ＝₩48,000

영업이익＝ 매출액 －매출원가－판매관리비

＝₩180,000－ 150,000 － 10,000 ＝₩20,000

27 ③ [제조원가의 흐름과 이익]

재고자산(직접재료＋재공품＋제품)

기초직접재료	₩2,000	기말직접재료		₩7,000
기초재공품	8,000	기말재공품		5,000
기초제품	7,000	기말제품		10,000
직접재료매입액	15,000	매출원가	₩60,000/1.2＝	50,000
가공원가	C			
	C＋₩32,000			₩72,000

가공원가	₩40,000	
직접노무원가	₩40,000×(1－0.4)＝	₩24,000
직접재료원가	₩2,000＋15,000－7,000＝	10,000
기초원가		₩34,000

28 ④ [제조원가의 흐름과 이익]

매출원가＝₩302,500(1－0.2)＝₩242,000

당기제품제조원가＝₩242,000＋120,000－90,000＝₩272,000

당기총제조원가＝₩272,000＋40,000－100,000＝₩212,000

당기직접재료원가＝₩212,000－70,000－52,000＝₩90,000

∴ 당기직접재료매입액＝₩90,000＋40,000－20,000＝₩110,000

29 ① [제조원가의 흐름과 이익]

매출원가＝당기총제조원가＋기초재공품재고액－기말재공품재고액＋기초제품재고액－기말제품재고액

＝ ₩60,000 ＋ 50,000 － 70,000 ＋ 80,000 － 90,000

＝₩30,000

영업이익＝매출액－매출원가－판매관리비＝₩45,000－30,000－10,000＝₩5,000

30 ② [제조원가의 흐름과 이익]

당기총제조원가＝직접재료원가＋전환원가

＝ ₩830,000 ＋2,250,000 ＝₩3,080,000

당기제품제조원가＝당기총제조원가＋기초재공품－기말재공품

＝ ₩3,080,000 ＋ 170,000 － 320,000 ＝₩2,930,000

매출원가＝ 기초제품 ＋당기제품제조원가－기말제품

＝ ₩130,000 ＋ 2,930,000 － 110,000 ＝₩2,950,000

매출총이익＝매출액－매출원가＝₩3,835,000－2,950,000＝₩885,000

31 ③ [제조원가의 흐름과 이익]

재고자산(직접재료＋재공품＋제품)

차변	금액	대변	금액
기초직접재료	₩80,000	매출원가	₩2,500,000×0.84＝₩2,100,000
직접재료매입액	960,000	기말직접재료	60,000
직접노무원가	$0.4x$	기말재공품	75,000
제조간접원가	x	기말제품	80,000
기초재공품	100,000		
기초제품	125,000		
	₩2,315,000		₩2,315,000

x＝₩750,000

직접재료원가＝₩80,000＋960,000－60,000＝₩980,000

직접노무원가＝₩750,000×0.4＝₩300,000

기본원가＝₩980,000＋300,000＝₩1,280,000

32 ② [제조간접원가의 계산]

선급/미지급비용의 회계원리 지식 필요

공장관리비	₩250,000－150,000－25,000＝	₩75,000
수도광열비	₩300,000＋100,000－25,000＝	375,000
복리후생비	₩150,000＋100,000＋35,000＝	285,000
발생액 계		₩735,000

3 원가의 변동성과 원가추정

객관식

01 ② [원가의 행태]

수도요금의 원가형태는 다음과 같다.

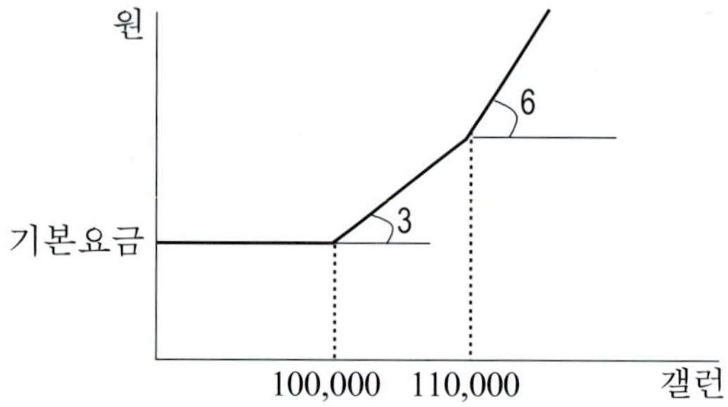

02 ④ [혼합원가식]

전력비의 변동원가는 기계운전시간당 ₩8씩 증가하므로 800시간 증가하면
₩8×800시간=₩6,400 증가한다.

03 ④ [원가추정법의 종류와 특징]

ㄱ. 계정분석법 : 원가계정들을 분류하여 원가를 추정하는 방법이다.
ㄴ. 고저점법 : 최고조업도와 최저조업도의 원가자료를 사용하여 추정하는 방법이다.

04 ② [원가추정법의 종류와 특징]

두 원가수치의 차이는 변동비라고 가정한다.

05 ④ [고저점법]

최고점(3,000시간, ₩60,000)
최저점(2,000시간, ₩50,000)
단위당 변동원가=(₩60,000−50,000)/(3,000−2,000)=₩10/시간
연간납부금액=총작업시간×단위당 변동원가+고정원가
₩660,000=30,000×₩10/시간+고정원가
⇒ 고정원가=₩360,000
총변동원가=₩300,000

06 ② [고저점법]

단위당 변동원가

= (최고조업도의 총원가−최저조업도의 총원가)/(최고조업도−최저조업도)

₩40 = (₩15,000 − x)/(250 − 200)

x = ₩13,000

07 ⑤ [고저점법과 매출원가]

1) 원가추정

구 분		생산량(Q)	총원가(C)	변동원가(40Q)	고정원가(C−40Q)
고점	3월	150,000	₩11,000,000	₩6,000,000	₩5,000,000
저점	2월	50,000	7,000,000	2,000,000	5,000,000
차액		100,000	₩4,000,000		

단위당 변동원가 $= \frac{₩4,000,000}{100,000} =$ ₩40

	7월	100,000		4,000,000	5,000,000

2) 영업이익 추정

	발생원가			판매량	비용화금액
	금 액	생산량	단위당 원가		7월
변동제조원가	₩4,000,000	100,000	₩40	75,000	₩3,000,000
고정제조원가	5,000,000	100,000	50	75,000	3,750,000
매출원가					₩6,750,000
매출액			100	75,000	7,500,000
매출총이익					₩750,000

08 ② [고저점법]

$y = a + bx$

−고저점법

고점 (300단위, ₩800,000)

저점 (200단위, ₩600,000)

a = ₩200,000

b = (₩800,000 − 600,000)/(300단위 − 200단위) = ₩2,000/단위

⇒ y = ₩200,000 + ₩2,000x

20×3년 총고정제조원가 10% 증가

⇒ y = ₩220,000 + ₩2,000x

생산량 400단위 : ₩2,000 × 400 + ₩220,000 = ₩1,020,000

⇒ 총제조원가 = ₩1,020,000

09 ③ [고저점법]

단위당 변동기계수선비 = (₩2,149,000 − 1,741,000)/(3,630시간 − 2,430시간) = ₩340/시간
고정기계수선비 = ₩2,149,000 − ₩340/시간 × 3,630시간 = ₩914,800
7월의 기계수선비 = ₩2,019,800 = ₩914,800 + ₩340/시간 × 7월 기계가동시간
7월 기계가동시간 = 3,250시간

10 ④ [고저점법]

$$단위당\ 변동원가 = \frac{₩610,000 - 586,000}{34,000 - 31,000} = ₩8$$

총고정원가 = ₩610,000 − 34,000 × ₩8 = ₩338,000
7월의 전력비 = 32,375 × ₩8 + ₩338,000 = ₩597,000

11 ② [고저점법]

① $기계시간당\ 변동소모품비 = \frac{₩72,000 - 48,000}{₩90,000 - 60,000} = 0.8$

고정소모품비 = ₩48,000 − ₩60,000 × 0.8 = ₩0
예상소모품비 = ₩75,000 × 0.8 = ₩60,000

② $기계시간당\ 변동수선유지비 = \frac{₩153,000 - 105,000}{₩90,000 - 60,000} = 1.6$

고정수선유지비 = ₩105,000 − ₩60,000 × 1.6 = ₩9,000
예상수선유지비 = ₩75,000 × 1.6 + ₩9,000 = ₩129,000

③ $기계시간당\ 변동제조간접원가 = \frac{₩246,000 - 174,000}{₩90,000 - 60,000} = 2.4$

예상변동제조간접원가 = ₩75,000 × 2.4 = ₩180,000

④ 고정제조간접원가 = ₩174,000 − ₩60,000 × 2.4 = ₩30,000
⑤ 예상총제조간접원가 = ₩180,000 + 30,000 = ₩210,000

12 ④ [고저점법과 회귀분석법]

① R^2은 0에서 1 사이의 값을 갖는다.
② 유의도는 낮을수록 신뢰할 수 있고 0.01 이하이면 충분히 신뢰도가 높다.
③ 단위당 공헌이익 = 판매가 − 단위당 제조원가 − 단위당 판관비
= ₩700 − 526 − 10 = ₩164
④ 제조원가 = ₩296,000 + ₩526 × 2,000 = ₩1,348,000
⑤ 회귀분석이 고저점법보다 더 정확한 원가를 추정한다.

13 ⑤ [고저점법과 회귀분석법]

1) 회귀분석 추정제조원가＝₩296,000＋₩526X

2) 고저점법

$$\text{단위당 변동제조원가} = \frac{₩1,427,600 - 850,400}{2,130\text{개} - 1,020\text{개}} = ₩520/\text{개}$$

고정제조원가＝₩1,427,600－2,130개×₩520＝₩320,000

고저점법 추정제조원가＝₩320,000＋₩520X

3) 동일 추정제조원가 생산량

₩296,000＋₩526X＝₩320,000＋₩520X

∴ X＝4,000개

14 ③ [학습효과]

누적생산량(X)	단위당 누적평균시간(Y)	총누적시간(XY)
1	3,000시간	3,000시간
2	3,000시간×0.9＝2,700	5,400시간(＝2,700×2)
4	3,000시간×0.9×0.9＝2,430	9,720시간(＝2,430×4)

직접재료원가	4×₩80,000	＝	₩320,000
직접노무원가	₩25×9,720시간	＝	243,000
변동제조간접원가	₩243,000×0.6	＝	145,800
			₩708,800

15 ④ [학습효과]

누적생산량	총시간	평균시간	누적총시간	증분시간	노무원가
10	150	15.00	150		
20		15×0.9＝13.50	13.5×20＝270		
40		13.5×0.9＝12.15	12.15×40＝486	486－150＝336	₩403,200 (＝336×₩1,200)

16 ③ [학습효과]

누적생산량	증분시간	총누적시간	평균시간
10	H	H	H
20	0.6H	1.6H	0.8H(＝1.6H÷2)

17 ③ [학습효과]

제품X-plus(B형)

누적생산량	증분노무시간	누적시간
1	120.00	
2	108.00	
3	101.52	
4	97.20	426.72

제품X(A형) 4단위 추가 노무시간=73.69×8−86.7×4=242.72
제품X-plus가 184시간(=426.72−242.72) 증가한다.

18 ④ [학습효과]

누적생산량	증분노무시간	누적노무시간	평균노무시간	학습률
1	90	90	90	
2	54	144 →	(144÷2=) 72 ↓	80% $\left(=\frac{72}{90}\right)$
4		(57.6×4=) 230.4 ←	(72×0.8=)57.6	80%

직접재료원가	₩500×4단위=	₩2,000
직접노무원가	230.4×₩10=	2,304
변동제조간접원가	230.4×₩2.5=	576
고정제조간접원가		2,500
총제조원가		₩7,380

19 ⑤ [학습효과]

직접노무원가	₩30,000,000
(÷)임률	30,000
노무시간	1,000

누적로트	평균노무시간	학습률	누적생산량	총노무시간	추가 35대
1	1,000		5	1,000	
8	1,000×0.9×0.9×0.9= 729	90%	40	729×8=5,832	4,832

직접재료원가	₩2,000,000×35=	₩70,000,000
직접노무원가	₩30,000×4,832=	144,960,000
변동제조간접원가	₩5,000×4,832=	24,160,000
계		₩239,120,000
생산수량		(÷) 35
단위당 변동제조원가		₩6,832,000

20 ④ [학습효과]

누적생산량	총시간	평균시간	누적총시간
1	100	100	100
4		100×0.8×0.8= 64	64×4= 256

직접재료원가	4× ₩85,000=	₩340,000
직접노무원가	256× ₩1,000=	256,000
제조간접원가	256× ₩500=	128,000
총제조원가		₩724,000

21 ① [학습효과]

누적생산량 2,000단위의 총직접노무시간=1,000시간×0.8^2×4=2,560시간

단위당 예상원가=₩450+(2,560시간×₩300/시간)/2,000단위+₩400=₩1,234

22 ④ [학습효과]

누적생산량	묶음당 평균직접노무원가	누적직접노무원가
100단위	₩30,000	
400단위	₩30,000×0.9×0.9=₩24,300	₩24,300×4=₩97,200

직접재료원가	₩25,000×4=	₩100,000
직접노무원가		97,200
변동제조간접원가	₩97,200×2/3=	64,800
고정제조간접원가		100,000
총제조원가		₩362,000
(÷) 생산량		400
단위당 제조원가		₩905

4 변동원가계산

객관식

01 ③ [변동원가계산의 특징]

변동원가계산은 내부통제 목적으로 이용되며, 외부보고 목적으로 이용되지 않는다.

02 ① [변동원가계산의 특징]

ㄷ, ㄹ은 고정제조간접원가이므로 포함되지 않는다.

03 ④ [변동원가계산의 특징]

변동제조간접원가는 기간비용으로 처리하지 않는다.

04 ④ [변동원가계산의 구조]

공헌이익＝4,000개×(₩1,000－300－200－100－150)＝₩1,000,000

05 ① [변동원가계산의 구조]

영업이익＝(₩200－110－40)×8,000개－(₩180,000＋85,000)＝₩135,000
기말제품재고액 : ₩110×(10,000개－8,000개)＝₩220,000

06 ③ [변동원가계산의 구조]

판매량＝500단위－100단위＝400단위
단위당 변동제조원가＝(₩250,000＋80,000＋160,000)/500＝₩980

매출액	₩1,300×400단위＝	₩520,000
변동원가	₩980×400단위＋₩40,000＝	432,000
공헌이익		₩88,000
고정원가		
고정제조간접원가		40,000
고정판매관리비		15,000
영업이익		₩33,000

07 ② [전부원가계산]

단위당 변동제조원가 = ₩1,200/30 = ₩40

단위당 고정제조원가 = ₩300/30 = ₩10

영업이익 = 매출액 − 매출원가 − 판매관리비

= ₩2,250 − (₩40 + 10) × 25 − (₩125 + 375) = ₩500

08 ② [변동원가계산과 전부원가계산의 비교]

전부원가계산은 외부보고 목적으로 사용된다.

09 ⑤ [변동원가계산과 전부원가계산의 비교]

① 3개년도 동안 생산량과 판매량이 110,000단위로 동일하므로 전부원가계산과 변동원가계산의 누적영업손익은 동일하다.

② (₩30 − 14) × 50,000단위 − ₩500,000 = ₩300,000

③ 전부원가계산에 의한 기말제품원가 금액이 변동원가계산에 의한 금액보다 항상 크다. 전부원가계산에서만 기말제품원가에 고정제조간접원가가 포함되기 때문이다.

④ 변동원가계산은 고정제조간접원가도 기간비용으로 처리한다.

⑤ $30{,}000\text{단위(기초제품)} \times \left(₩10 + \dfrac{₩400{,}000}{50{,}000}\right) + 20{,}000\text{단위(당기생산)} \times \left(₩10 + \dfrac{₩400{,}000}{20{,}000}\right) = ₩1{,}140{,}000$

10 ⑤ [변동원가계산과 전부원가계산의 비교]

전부원가계산 영업이익 − 변동원가계산 영업이익 = (생산량 − 판매량) × 고정제조간접원가/생산량

= (5,000 − X) × ₩1,000,000/5,000

= ₩300,000

X = 5,000 − ₩300,000/₩200 = 3,500

11 ③ [변동원가계산과 전부원가계산의 비교]

단위당 고정제조간접원가 = ₩358,400 ÷ 3,200 = ₩112

변동원가계산에 의한 단위당 제품원가 = ₩800 − 112 = ₩688

변동원가계산에 의한 기말제품재고액 = ₩688 × 300 = ₩206,400

12 ③ [변동원가계산과 전부원가계산의 비교]

전부원가계산 영업이익 − 변동원가계산 영업이익

= ₩10,000 = (생산량 − 판매량) × 고정제조간접원가/생산량

= (Q − 500) × ₩30,000/Q

⇒ ₩20,000Q = ₩15,000,000

⇒ Q = 750

13 ⑤ [변동원가계산과 전부원가계산의 비교]

2개년도 모두 단위당 고정제조간접원가 = ₩120,000/6,000단위 = ₩20/단위

전부원가계산의 이익		₩910,000
+기초제품 고정제조간접원가	₩20/단위×(6,000단위−4,000단위)=	40,000
−기말제품 고정제조간접원가	₩20/단위×(2,000단위+6,000단위−7,000단위)=	20,000
변동원가계산의 이익		₩930,000

14 ④ [변동원가계산과 전부원가계산의 비교]

전부원가계산 이익 − 변동원가계산 이익

= ₩72,000 − 60,000 = ₩12,000

=(전부원가계산 기말재고 − 전부원가계산 기초재고)

−(변동원가계산 기말재고 − 변동원가계산 기초재고)

=(전부원가계산 기말재고 − 변동원가계산 기말재고)

−전부원가계산 기초재고(B) + 변동원가계산 기초재고

= ₩25,000 − B + ₩64,000

= ₩89,000 − B

⇒ B = ₩77,000

15 ③ [변동원가계산과 전부원가계산의 비교]

판매량 = 매출액/판매가 = ₩1,000,000/₩1,000 = 1,000개

총고정제조원가 = ₩400,000 − 50,000 = ₩350,000

전부원가계산 영업이익 − 변동원가계산 영업이익 = (생산량 − 판매량) × 총고정제조원가/생산량

₩150,000 − 80,000 = (Q − 1,000) × ₩350,000/Q

⇒ ₩280,000Q = ₩350,000,000

⇒ Q = 생산량 = 1,250

단위당 제조원가 = 매출원가/판매량 = ₩650,000/1,000 = ₩650

전부원가계산 기말제품 = (1,250 − 1,000) × ₩650 = ₩162,500

16 ② [변동원가계산과 전부원가계산의 비교]

전부원가계산 이익 − 변동원가계산 이익 = 기말제품 × $\frac{₩250,000}{2,000}$ = ₩200,000

기말제품 = 1,600단위

판매량 = 기초제품재고량 + 생산량 − 기말제품재고량

= 0단위 + 2,000단위 − 1,600단위 = 400단위

17 ⑤ [변동원가계산과 전부원가계산의 비교]

20×2년 변동원가계산 영업이익		₩40,000
−기초제품 고정제조간접원가	₩24,000−16,000=	8,000*
+기말제품 고정제조간접원가	200단위×₩84,000/2,800단위=	6,000
20×2년 전부원가계산 영업이익		₩38,000

* 20×1년 전부원가계산 영업이익과 변동원가계산 영업이익의 차이=20×1년말(20×2년초) 제품재고의 고정제조간접원가

18 ⑤ [변동원가계산과 전부원가계산의 비교]

① 3개년도 총생산량=3개년도 총판매량 → 3개년도 전부원가계산 영업이익=변동원가계산 영업이익

② (₩30−14)×50,000단위−₩500,000=₩300,000

③ 2차년도에 기초제품재고가 없고 변동원가계산에서 고정원가는 모두 당기비용으로 처리하며 전부원가계산에서는 고정제조원가가 기말제품에 일부 남아 있다.

⑤ 2차년도 단위당 고정제조간접원가=₩400,000÷50,000단위=₩8
3차년도 단위당 고정제조간접원가=₩400,000÷20,000단위=₩20

3차년도 기초제품 판매의 매출원가	30,000단위×(₩10+8)
+3차년도 당기생산품 판매의 매출원가	20,000단위×(₩10+20)
3차년도 매출원가	₩1,140,000

19 ① [전부원가계산−선입선출법]

1) 연도별 단위당 고정제조원가
20×1년 : ₩600,000÷60,000=₩10
20×2년 : ₩600,000÷30,000=₩20
20×3년 : ₩600,000÷50,000=₩12

2) 20×1년과 20×3년의 매출원가에 포함된 고정제조간접원가
20×1년 : 40,000×₩10=₩400,000
20×3년 : 10,000×₩20+30,000×₩12=₩560,000

3) 20×1년과 20×3년의 판매량, 판매가격, 변동원가가 같으므로 매출원가에 포함된 고정제조간접원가만큼 영업이익의 차이가 난다.
20×3년도가 20×1년도보다 매출원가 중 고정제조간접원가가 ₩160,000 크므로 영업이익은 ₩160,000 적다.

∴ 20×3년도 영업이익=₩800,000−160,000=₩640,000

20 ④ [전부원가계산 − 선입선출법]

20×2년 판매량 = 기초제품수량 + 생산량 − 기말제품수량
= 300단위 + 1,750단위 − 150단위 = 1,900단위

		20×1년		20×2년
변동제조원가		₩38		₩40
고정제조간접원가	₩48,000 ÷ 1,500단위 =	32	₩70,000 ÷ 1,750단위 =	40
단위당 제조원가		₩70		₩80

20×2년 매출원가 = 300단위 × ₩70 (기초재고판매분) + 1,600단위 × ₩80 (당기생산·판매분) = ₩149,000

21 ② [변동원가계산과 전부원가계산의 비교 − 선입선출법]

전부원가계산 영업이익 − 변동원가계산 영업이익
= 기말제품 제조간접원가 − 기초제품 제조간접원가
= (10,000 − S) × ₩1,800,000/10,000 − (8,000 − 7,000) × ₩1,600,000/8,000 = − ₩20,000
(10,000 − S) × ₩180 = ₩200,000 − 20,000
S = 10,000 − ₩180,000/₩180 = 9,000

22 ④ [변동원가계산과 전부원가계산의 비교 − 선입선출법]

전부원가계산이익 − 변동원가계산이익
= (기말제품 − 기초제품) × 고정제조간접원가 / 생산량
= (500 − Q) × ₩750,000 / 5,000 = − ₩30,000
⇒ Q = 700

23 ④ [변동원가계산과 전부원가계산의 비교 − 선입선출법]

단위당 변동제조원가를 V, 고정제조간접원가를 F라 표시하면

20×1년 매출원가 = 80V + 80/100F = ₩17,600
20×2년 매출원가 = 110V + 20/100F + 90/120F = ₩22,400
⇒ F = ₩12,000

변동원가계산 영업이익
= 전부원가계산 영업이익 + 기초제품 고정제조간접원가 − 기말제품 고정제조간접원가
= ₩4,400 + 20/100 × ₩12,000 − 30/120 × ₩12,000 = ₩3,800

24 ④ [초변동원가계산]

총발생원가 = 총제조원가 + 판관비

= ₩3,000,000 + 200,000 = ₩3,200,000

초변동원가계산의 당기총비용

= 매출 − 영업이익

= 300× ₩10,000 − 400,000 = ₩2,600,000

초변동원가계산에서는 직접재료원가만 재고화하므로 기말제품의 직접재료원가는

₩3,200,000 − 2,600,000 = ₩600,000

$$직접재료원가 = \frac{₩600,000}{500-300개} \times 500개 = ₩1,500,000$$

25 ④ [변동원가계산과 초변동원가계산의 비교]

변동원가계산의 영업이익 − 초변동원가계산의 영업이익

= 기말제품의 변동가공비 − 기초제품의 변동가공비

= 단위당 가공비 × [기말제품량 − 기초제품량]

= (₩50 + 60) × [(100 + 2,000 − 1,800) − 100] = ₩22,000

26 ⑤ [변동원가계산과 전부원가계산 및 초변동원가계산의 비교]

변동원가와 고정원가의 분류는 기능에 따른 분류가 아니라 원가형태에 따른 분류이다.

27 ② [변동원가계산과 전부원가계산 및 초변동원가계산의 비교]

가. 전부원가계산에서는 표준원가를 사용할 수 있다.

라. 전부원가계산은 생산량이 이익에 영향을 미친다.

28 ③ [변동원가계산과 전부원가계산 및 초변동원가계산의 비교]

① 초변동원가계산에서 생산이 늘어날수록 이익이 감소하므로 생산과잉을 더 잘 방지한다.

② 전환원가 중 고정제조간접원가만 기간비용으로 처리한다.

④ 공헌이익은 내부 의사결정 목적으로 이용된다.

⑤ 기초제품과 기말제품의 단위당 원가에 따라 제품재고물량이 늘어나도 변동원가계산의 영업이익이 전부원가계산에서보다 높을 수 있다.

5 원가-조업도-이익 분석

객관식

01 ③ [원가-조업도-이익 분석 종합]

① 변동원가계산에서 생산량이 이익에 영향을 미치지 않으므로 손익분기점에 변화가 없다.

②, ④, ⑤ 옳은 설명이다.

③ 법인세율은 손익분기 판매량과 손익분기 매출액에 영향이 없다.

02 ① [원가-조업도-이익 분석 종합]

계단원가의 행태로 원가가 발생하는 경우 반드시 계단 수만큼 손익분기점이 존재하는 것은 아니다.

03 ③ [이익의 계산]

20×1년 매출액＝₩700,000＋500,000＝₩1,200,000

공헌이익률＝₩500,000÷₩1,200,000＝$\frac{5}{12}$

20×1년 이익＝₩1,200,000×1.2×$\frac{5}{12}$－₩300,000＝₩300,000

04 ① [손익분기점]

① (₩30/개×500개)＋₩14,000＝₩29,000

② ₩30/개×500개＝₩15,000

③ ₩100－30＝₩70

④ (₩70/개×500개)－₩14,000＝₩21,000

⑤ ₩14,000/₩70/개＝200개

05 ③ [손익분기 매출액]

₩100,000×20%－고정비＝₩0

∴ 고정비＝₩20,000

06 ① [손익분기점]

이익＝[₩1,000×1.1－(₩600－C)－₩100]×1,800－(₩600,000＋90,000＋120,000)＝₩0

(₩400＋C)×1,800－₩810,000＝₩0

⇒ C＝₩50

07 ⑤ [손익분기점과 무차별 판매량]

노동집약적 생산방법 손익분기점 = ₩3,500,000/(₩600 − 350) = 14,000단위

동일이익 판매량 : (₩600 − 350)Q − ₩3,500,000 = (₩600 − 300)Q − ₩4,500,000

∴ Q = 20,000단위

08 ④ [전부원가계산의 손익분기점]

$$변동원가계산\ BEP = \frac{₩200,000 + 300,000}{₩1,000 - 280 - 320} = 1,250$$

$$전부원가계산\ BEP = \frac{₩300,000}{₩1,000 - 280 - 320 - 100^{*}} = 1,000$$

$$*\ 매출원가\ 중\ 단위당\ 고정제조간접원가 = \frac{₩200,000}{2,000} = ₩100$$

09 ① [전부원가계산의 손익분기점]

전부원가계산의 손익분기점

$$= \frac{고정판관비}{단위당\ 판매가격 - 단위당\ 변동제조원가 - 단위당\ 고정제조원가^{*} - 단위당\ 판관비}$$

$$= \frac{₩3,000,000}{₩10,000 - (₩3,000 + 2,500 + 2,000) - \dfrac{₩2,000,000}{4,200 + 400 - 600} - ₩0} = 1,500$$

* 정상원가계산이므로 기초제품재고의 단위당 고정제조원가가 당기와 같다고 본다.

10 ② [목표이익을 위한 판매량]

₩200,000 = (₩5,000 − 3,700) × Q − (₩600,000 − 150,000)

∴ Q = 500개

11 ④ [목표이익을 위한 판매량]

(₩2,000 − 1,000 − 250) × Q − ₩1,000,000 − 500,000 = ₩3,000,000

∴ Q = 6,000단위

12 ⑤ [목표이익을 위한 판매량]

20×0년 매출원가 = 280개 × P × (1 − 0.25) = 280개 × (₩6,200 + 11,800) + ₩4,200,000

P(판매가) = ₩44,000

20×1년 매출총이익 = (₩44,000 − 6,200 − 11,800) × Q − ₩4,200,000 ≥ ₩1,000,000

∴ Q ≥ 200개

13 ⑤ [목표이익을 위한 판매량]

20×2년 영업이익 = 공헌이익 − 고정원가

₩22,000 = [₩250 − (₩150 − 20)] × 판매량 − (₩15,000 + 5,000)

⇒ 20×2년의 판매량 = 350단위

20×1년 판매량 = ₩80,000/₩250 = 320단위

14 ② [목표이익을 위한 판매액]

0.2S − ₩10,000 = ₩4,000

매출액(S) = ₩70,000

15 ③ [목표이익을 위한 판매액]

제품 A와 제품 B의 금액배합을 P : 1 − P라 하면

구 분	제품 A	제품 B
매출액	₩7,000,000 × P	₩7,000,000 × (1 − P)
공헌이익률	0.5	0.3
각 제품의 공헌이익	₩3,500,000 × P	₩2,100,000 × (1 − P)
식 구성	₩3,500,000 × P + ₩2,100,000 × (1 − P) − ₩1,750,000 = ₩700,000	

※ P = 25%이므로

∴ A의 매출액 = ₩1,750,000, B의 매출액 = ₩5,250,000

16 ⑤ [목표이익을 위한 판매액]

20×2년 손익계산서

매출액	S
변동매출원가	0.45S
고정매출원가	₩15,000
변동판매비와관리비(판매원 수수료)	0.15S
고정판매비와관리비(기존 금액)	₩4,000
판매원 고정급여	₩8,000
영업이익	0.4S − ₩27,000 = ₩18,000

∴ S = ₩112,500

17 ④ [계단원가와 손익분기점]

첫 번째 구간의 고정원가 = 860단위 × ₩40 = ₩34,400

두 번째 구간의 손익분기점 = $\frac{₩34,400 + 17,600}{₩40}$ = 1,300단위

18 ④ [계단원가와 원가-조업도-이익 분석]

판매수량 0～50,000개 : ₩400×Q×(1－0.7)－₩3,000,000＝₩9,000,000

Q＝100,000개

판매수량 50,001～90,000개 : ₩400×Q×(1－0.7)－₩4,500,000＝₩9,000,000

Q＝112,500개

판매수량 90,001～130,000개 : ₩400×Q×(1－0.7)－₩6,000,000＝₩9,000,000

Q＝125,000개

∴ 판매수량조건을 충족하는 125,000개를 생산・판매해야 한다.

19 ⑤ [계단원가와 최대이익]

단위당 공헌이익＝₩300－180＝₩120

	조업도		
	0～2,000	2,001～4,000	4,001～5,000
최대판매수량	2,000	4,000	5,000
최대공헌이익	₩240,000	₩480,000	₩600,000
고정원가	300,000	450,000	540,000
최대영업이익	(₩60,000)	₩30,000	₩60,000

20 ④ [세후목표이익을 위한 판매량]

세전순이익 : ₩120,000÷(1－0.4)＝₩200,000

단위당 공헌이익 : ₩5,000－3,000＝₩2,000

목표이익 달성을 위한 판매량 : $\frac{(₩500,000+200,000)}{₩2,000}$＝350개

21 ⑤ [세후목표이익을 위한 판매량]

세무조정 필요로 세전목표이익을 사용해서 풀 수는 없다.

세전이익	(₩1,000－600)×Q－₩1,900,000
법인세	{(₩1,000－550)×Q－₩1,800,000}×20%
세후이익	₩41,000

Q＝5,100단위

22 ② [계단원가와 세후목표이익을 위한 판매량]

세후목표이익을 달성하기 위한 매출액

＝[세후순이익/(1－세율)＋총고정비]/공헌이익률

＝[₩2,000,000/(1－0.2)＋₩5,000,000]/10%＝₩75,000,000

세후목표이익을 달성하기 위한 판매량＝₩75,000,000/₩10,000＝7,500단위

23 ③ [누진법인세후 목표이익을 위한 판매량]

세전순이익 ₩10,000에 대한 법인세차감후순이익 : ₩10,000×(1－0.1)＝₩9,000

₩10,000을 초과하는 세전순이익에 대한 법인세차감후순이익 :

₩17,000－9,000＝₩8,000

세전순이익 : ₩8,000÷(1－0.2)＝₩10,000

세전순이익 합계 : ₩10,000＋10,000＝₩20,000

연필판매수량 : $\frac{(₩70,000+20,000)}{₩300^{*}}$＝300개

* 단위당 공헌이익 : ₩1,000－700＝₩300

24 ⑤ [세후목표이익 매출액과 안전한계]

손익분기점＝₩90,000÷(₩2,000－1,400)＝150

목표세전이익＝₩42,000÷(1－0.3)＝₩60,000

목표판매량＝(₩90,000＋60,000)÷₩600＝250

목표매출액＝250×₩2,000＝₩500,000

안전한계(매출액)＝₩500,000－150×₩2,000＝₩200,000

25 ③ [세후목표이익 매출액과 안전한계]

총비용(원가)＝매출액－영업이익＝₩5,000－2,000＝₩3,000

고정비＝총비용－변동비＝₩3,000－₩5,000×0.36＝₩1,200

단위당 공헌이익＝(₩5,000－₩5,000×0.36)÷1,000＝₩3.2

손익분기점＝₩1,200÷₩3.2＝375

안전한계율＝$\frac{1,000-375}{1,000}$＝0.625(가)

목표세전이익＝$\frac{₩2,112}{1-0.2}$＝₩2,640

목표매출액＝$\frac{\text{고정비}+\text{목표세전이익}}{\text{단위당 공헌이익}}$×단위당 판매가＝$\frac{₩1,200+2,640}{3.2}\times\frac{₩5,000}{1,000}$＝₩6,000(나)

26 ③ [레버리지 효과]

① 공헌이익＝매출액(S)×0.4

＝S－₩240,000

⇒ 0.6S＝₩240,000 ⇒ 매출액＝₩400,000

⑤ 손익분기 매출액＝₩60,000÷0.4＝₩150,000

② 안전한계율＝(₩400,000－150,000)÷₩400,000＝62.5%

③ 공헌이익 = ₩400,000 − 240,000 = ₩160,000
세전이익 = ₩160,000 − 60,000 = ₩100,000
레버리지도 = ₩160,000 ÷ ₩100,000 = 1.6
〈별 해〉 1 ÷ 0.625 = 1.6

④ 세후이익 = ₩100,000 × (1 − 0.2) = ₩80,000

27 ④ [레버리지 효과]

① 고정원가가 있어 레버리지 효과가 있으므로 판매량 증감률 < 영업이익 증감률
② 매출액이 같고 (주)관세의 고정원가가 높으므로 (주)관세의 영업이익 증감률이 더 높다.
③ 각 기업의 변동원가율은 변하지 않으므로 옳지 않은 설명이다.
④ 옳은 설명이다. (본문 설명 참조)
⑤ (주)관세 레버리지도 = $\frac{₩48,000}{₩20,000}$ = 2.4

(주)한국 레버리지도 = $\frac{₩36,000}{₩20,000}$ = 1.8

(주)관세의 레버리지도가 더 크므로 (주)관세가 더 위험하다.

28 ⑤ [고저점법과 레버리지 효과]

20×1년 단위당 변동원가 = $\frac{₩1,650,000 - 1,200,000}{300 - 200}$ = ₩4,500

20×1년 고정원가 = (₩1,200,000 − ₩4,500 × 200) × 2 = ₩300,000 × 2 = ₩600,000

20×2년 단위당 변동원가 = $\frac{₩1,900,000 - 1,725,000}{400 - 350}$ = ₩3,500

20×2년 고정원가 = (₩1,900,000 − ₩3,500 × 400) × 2 = ₩500,000 × 2 = ₩1,000,000

④ 총고정원가 ₩1,000,000 − 600,000 = ₩400,000 증가

⑤ 20×1년 BEP = ₩600,000 ÷ (₩7,500 − 4,500) = 200
20×2년 BEP = ₩1,000,000 ÷ (₩7,500 − 3,500) = 250
BEP 50단위 증가

② 20×2년 안전한계율 = (350 + 400 − 250) ÷ (350 + 400) = 0.67

① 20×2년 영업레버리지도 = 1 ÷ 0.67 = 1.49

③ 20×1년 안전한계율 = (200 + 300 − 200) ÷ (200 + 300) = 0.6
20×1년 영업레버리지도 = 1 ÷ 0.6 = 1.67
20×1년 영업레버리지도는 20×2년보다 높다.

29 ⑤ [가중평균 공헌이익률]

	제품 A	제품 B	합 계	
매출액	₩3,750,000(25%)	₩11,250,000(75%)		₩15,000,000
변동원가				9,750,000
공헌이익	₩3,750,000×0.23=₩862,500	₩5,250,000−862,500=₩4,387,500	₩2,250,000+3,000,000=	₩5,250,000
고정원가				2,250,000
영업이익				₩3,000,000

제품 B 공헌이익률=₩4,387,500÷₩11,250,000=0.39

〈별 해〉

총공헌이익=₩2,250,000+3,000,000=₩5,250,000

평균공헌이익률=₩5,250,000÷₩15,000,000=35%

=25%×23%+75%×R

R=(0.35−0.25×0.23)÷0.75=0.39

30 ② [복수제품의 손익분기점]

매출배합 일정은 매출액 배합 일정으로 보나 판매량 배합 일정으로 보나 같으므로 판매량 배합 일정으로 풀이한다.

A 판매량=₩200,000÷₩4,000=50단위

B 판매량=100−50=50단위

평균 단위당 공헌이익=$\frac{₩500,000-375,000}{100}$=₩1,250

BEP=₩150,000÷₩1,250=120

제품 B BEP=120÷2=60

31 ② [복수제품의 세후목표이익 매출액]

제품 판매량 비율이 아닌 매출액 비율이 일정하므로 가중평균 공헌이익률로 풀어야 한다.

	A제품	B제품	C제품
단위당 판매가격	₩150	₩100	₩250
단위당 변동원가	105	80	125
단위당 공헌이익	₩45	₩20	₩125
공헌이익률	30%	20%	50%
매출액 구성비	30%	20%	50%

가중평균 공헌이익률=0.3×0.3+0.2×0.2+0.5×0.5=38%

목표세전이익=₩12,000÷(1−0.4)=₩20,000

목표매출액=(₩18,000+20,000)÷0.38=₩100,000

32 ⑤ [복수제품의 손익분기점]

	제품 X	제품 Y	제품 Z	합 계
BEP	7,800×1/3=2,600	7,800	2,600	
BEP 공헌이익	2,600×₩12=₩31,200	7,800×₩15=₩117,000	2,600×₩8=₩20,800	₩169,000

고정원가=₩169,000

〈제품 Z 생산 중단시〉
목표이익=(₩12×0.6+₩15×0.4)×총생산량 Q−(₩169,000−4,000)=₩33,000
Q=15,000
제품 X 판매량=15,000×0.6=9,000

33 ③ [복수제품의 손익분기점과 레버리지도]

	제품 A		제품 B		제품 C		합 계
판매수량	2,500		5,000		2,500		10,000
매출액	₩250,000		₩750,000		₩250,000		₩1,250,000
공헌이익	2,500×₩40	+	5,000×₩75	+	2,500×₩70	=	₩650,000
공헌이익률					₩650,000÷₩1,250,000	=	52%

$$레버리지도=\frac{공헌이익}{세전이익}=\frac{₩650,000}{₩650,000-고정원가}=5$$

$$\Rightarrow 고정원가=₩650,000\left(1-\frac{1}{5}\right)=₩520,000$$

$$손익분기\ 매출액=\frac{₩520,000}{0.52}=₩1,000,000$$

$$손익분기\ 매출액의\ 제품\ C\ 금액=₩1,000,000\times\frac{₩250,000}{₩1,250,000}=₩200,000$$

6 종합예산

객관식

01 ⑤ [예산관련 개념]

종합예산은 사전에 작성되므로 고정예산이다.

02 ② [예산의 종류와 특징]

자본예산의 투자액은 예산현금흐름표에 반영되고 예산손익계산서에 포함되지 않는다.

03 ⑤ [예산의 종류와 특징]

참여예산은 조직구성원이 조직목표를 설정하는 데 참여하는 것이다. 부서의 예산목표는 조직 전체의 목표를 고려하여 편성한다.

04 ② [판매예산과 생산예산]

2분기 생산수량=2분기 판매수량+2분기 기말수량−2분기 기초수량
=16,000단위+9,000단위×30%−16,000단위×30%
=13,900단위

05 ③ [판매예산과 생산예산]

연간 판매량 1,000단위+1,000단위+1,200단위+1,300단위=	4,500단위
(+) 연말 제품재고량	450단위
(−) 연초 제품재고량	300단위
생산량	4,650단위

06 ④ [판매예산과 생산예산]

2월 기말제품재고량(25,000)=기초제품재고량(27,000)+생산량−판매량(380,000)
생산량=378,000단위

07 ② [직접노무원가예산]

생산량	직접노무시간	2,600직접노무시간 초과
1분기 $8,000\times0.8+6,500\times0.2=7,700$	$7,700\times0.35=2,695$	95
2분기 $6,500\times0.8+7,000\times0.2=6,600$	$6,600\times0.35=2,310$	
3분기 $7,000\times0.8+7,500\times0.2=7,100$	$7,100\times0.35=2,485$	
4분기 $7,500\times0.8+8,000\times0.2=7,600$	$7,600\times0.35=2,660$	60
합 계		155

직접노무원가 예산금액＝2,600시간/분기×4분기×₩10/시간＋155시간×₩15/시간＝₩106,325

08 ③ [직접노무원가예산]

	4월	5월	6월	7월
판매량	3,000	4,000	4,000	5,000
기초제품		400	400	
기말제품	400	400	500	
생산량		4,000	4,100	

6월 직접노무원가예산＝4,100단위×4시간/단위×(₩50＋5＋5)/시간＝₩984,000

09 ③ [직접재료구입예산]

	1분기		2분기		3분기	4분기
판매량	1,000	20%	3,000	20%	5,000	2,000
(＋) 기말제품재고량	600		1,000		400	
(－) 기초제품재고량	200		600		1,000	
생산량	1,400		3,400		4,400	
직접재료사용량(×20kg)	28,000	10%	68,000	10%	88,000	
(＋) 기말재료량	6,800		8,800			
(－) 기초재료량			6,800			
직접재료구매량			70,000			
직접재료구매액(×₩2)			₩140,000			

10 ③ [직접재료구입예산]

	4월		5월		6월
판매예산					
생산량(A)	1,000		1,200		1,500
직접재료사용량(2A)	2,000	5%	2,400	5%	3,000
월말직접재료량	120		150		
필요직접재료량			2,550		
월초직접재료량			120		
직접재료구입량			2,430		
직접재료구입단가			₩10		
직접재료구입예산			₩24,300		

11 ④ [직접재료구입예산]

40+3월 생산제품수량=100+120×50%

3월 생산제품수량=120

4월 생산제품수량=120×50%+140×50%=130

100+3월 재료구입수량=120+130×80%

3월 재료구입수량=124

3월 재료구입금액=124단위×₩20=₩2,480

12 ② [직접재료구입예산]

재 료

2분기초	800R	사용량	800*
구입량	820	2분기말	1,000R**
계	800R+820	계	800+1,000R

* 400단위×2g/단위=800g

** 500단위×2g/단위×R=1,000Rg

800R+820=800+1,000R

∴ R=10%

13 ⑤ [직접재료구입예산]

원재료 사용량은 제품 45,000단위와 기말재공품 2,000단위에 공정초에 들어간 47,000단위×3kg=141,000kg이다.

원재료구입량=사용량+기말량-기초량=141,000kg+23,000kg-0=164,000kg

구입액=164,000kg×₩2/kg=₩328,000

14 ① [상품매입예산]

매출원가 3월 : ₩500,000×60%=₩300,000
4월 : ₩400,000×60%=₩240,000
3월초 재고 : ₩300,000×50%=₩150,000
3월말 재고 : ₩240,000×50%=₩120,000
3월 상품매입액=₩300,000+120,000−150,000=₩270,000

15 ③ [상품매입예산]

[재고비율 10%]

	1월	2월	3월	4월
매출액	₩4,000,000	₩5,000,000	₩6,000,000	₩7,000,000
매출원가(70%)	2,800,000	3,500,000	4,200,000	4,900,000
(+) 월말재고	350,000	420,000	490,000	
(−) 월초재고	280,000	350,000	420,000	
상품매입예산	₩2,870,000	₩3,570,000	₩4,270,000	

[재고비율 20%]

	1월	2월	3월	4월
매출액	₩4,000,000	₩5,000,000	₩6,000,000	₩7,000,000
매출원가(70%)	2,800,000	3,500,000	4,200,000	4,900,000
(+) 월말재고	700,000	840,000	980,000	
(−) 월초재고	560,000	700,000	840,000	
상품매입예산	₩2,940,000	₩3,640,000	₩4,340,000	

∴ 3월 상품매입예산 증가액=₩70,000

16 ② [상품매입대금 지급예산]

	1월	2월	3월
매출액	₩100,000	₩120,000	₩150,000
매출원가율	80%	75%	70%
매출원가	80,000	90,000	105,000
(+) 월말상품	9,000	10,500	
(−) 월초상품	10,000	9,000	
상품매입액	₩79,000	₩91,500	
현금지출액			
현금매입		36,600	
외상매입지출			
1월 외상매입		47,400	
		₩84,000	

(도표 화살표: 2월 매출원가 90,000 × 10% → 1월 월말상품 9,000, 3월 매출원가 105,000 × 10% → 2월 월말상품 10,500, 1월 월말상품 9,000 → 2월 월초상품 9,000, 2월 상품매입액 × 40% → 현금매입 36,600, 1월 상품매입액 × 60% → 1월 외상매입 47,400)

17 ⑤ [상품매입대금 지급예산]

(단위 : 천원)

	(계산식)	4월	(계산)	5월	(계산)	6월
매출액		480		560		600
매출원가	=매출액×(1−0.45)	264	=480×0.55	308	=560×0.55	330
기말재고	=다음달 매출원가×0.3	92.4	=308×0.3	99	=330×0.3	
기초재고	=전달 기말재고×0.3	79.2	=264×0.3	92.4	=308×0.3	99
총매입액	=매출원가+기말재고−기초재고	277.2	=264+92.4−79.2	314.6	=308+99−92.4	
현금매입액	=총매입액×0.3	83.16	=277.2×0.3	94.38	=314.6×0.3	
외상매입액	=총매입액×0.7	194.04	=277.2×0.7	220.22	=314.6×0.7	
현금지출액	=당기 현금매입액 +전기 외상매입액			288.42	=94.38+194.04	

18 ② [현금예산]

11/10 현금유입 : ₩50,000×0.5×0.95=	₩23,750
11/30 현금유입 : ₩50,000×0.2=	10,000
11월 총현금유입	₩33,750

19 ⑤ [현금예산]

	외상매출액	1월 현금유입액	1월말 매출채권 잔액
20×1년 11월		₩10,000*	
20×1년 12월	₩60,000/40%=₩150,000	₩150,000×35%= ₩52,500	₩150,000×5%= ₩7,500
20×2년 1월	₩350,000	₩350,000×60%=₩210,000	₩350,000×40%=₩140,000
		현금매출액 ₩80,000	
계		₩352,500	₩147,500

* 11월분 외상매출대금의 5%인 ₩10,000이 1월에 회수된다.

20 ④ [현금예산]

	1분기	2분기	3분기	4분기	계
매출액	₩250,000	₩300,000	₩200,000	₩275,000	₩1,025,000
현금매출(40%)	100,000	120,000	80,000	110,000	410,000
외상매출(60%)	150,000	180,000	120,000	165,000	615,000
외상매출회수액		10% 30%			
1분기 매출액	90,000	45,000	15,000	60%	150,000
2분기 매출액		108,000	54,000	18,000	180,000
3분기 매출액			72,000	36,000	108,000
4분기 매출액				99,000	99,000
계	₩160,000	₩273,000	₩221,000	₩263,000	₩947,000

21 ④ [현금예산]

처분이익

1. 현금유입액=₩500,000−(₩500,000−300,000)×0.2=₩460,000

법인세 증가액

2. 현금지출액=₩1,000,000

그러므로 순현금지출액은 ₩540,000이다.

이를 활동별로 구분한다면 다음과 같다.

영업현금흐름=−(₩500,000−300,000)×0.2

투자현금흐름=−₩1,000,000+500,000

22 ④ [현금예산]

20×1년 1월 1일 현금잔액	₩28,000
기초 매출채권 회수 :	78,000
1월 외상매출금 회수액 : ₩260,000×0.95=	247,000
2월 외상매출금 회수액 : ₩230,000×0.55=	126,500
기초 매입채무 지급 :	(200,000)
1월 매입대금 지급 :	(196,000)
기타 운영비 : ₩21,700×2	(43,400)
20×1년 2월말 현금잔액	₩40,100

* 1월 상품매입액

상 품

1/1	₩104,000	매출원가	₩208,000 (=₩260,000×80%)
구입	196,000 (=₩208,000+92,000−104,000)	1.31	92,000 (=₩230,000×80%×50%)
	₩300,000		₩300,000

23 ② [현금예산]

	1월	2월	3월
매출액	₩600,000	₩450,000	₩900,000
매출원가(70%)	420,000	315,000	630,000
(+) 기말상품재고	31,500	63,000	
(−) 기초상품재고	60,000	31,500	
상품매입예산	₩391,500	₩346,500	
매출회수액			
1월 매출액	240,000(40%)	330,000(55%)	
2월 매출액		180,000(40%)	247,500
3월 매출액			360,000
상품매입유출액		391,500	346,500
순현금유입액	₩240,000	₩118,500	₩261,000

(도표 내 화살표 표기: 10%, 10%)

24 ② [자본예산기법]

내부수익률은 투자안에서 발생하는 현금유입액과 현금유출액의 현재가치를 일치시키는 할인율로 계산되며, 이는 곧 투자안의 순현재가치(NPV)를 0으로 만드는 할인율이다.

25 ① [순현재가치법]

1) 증분영업현금흐름 : ₩65,000×3.6=₩234,000
2) 투자안 현금지출액 : (₩200,000)
3) 투자안의 순현재가치(NPV) : 1)−2)=₩34,000

26 ① [순현재가치법]

위 사례는 기업의 경영진들이 순현재가치(NPV)를 과대평가한 경우이다.

② 투자종료시점의 투자안의 처분가치를 낮게 추정한 경우는 현금유입액을 낮게 평가한 경우이므로 순현재가치(NPV)는 낮게 평가된다.
③ 투자안의 자본비용(기회비용)을 높게 추정한 경우 순현재가치(NPV)는 낮게 평가된다.
④ 투자세액공제는 현금유입액의 성격이므로 순현재가치(NPV)는 낮게 평가된다.

27 ③ [자본예산 내부수익률]

• 신규투자안의 연금현가계수

$$=\frac{₩50,000}{₩20,000}=2.5$$

• 연금현가계수 2.5가 9%(2.531)와 10%(2.487) 사이에 존재
• 보간법을 이용한 내부수익률 계산

$+x$ (9%~IRR)

할인율	9%	IRR	10%
현 가	2.531	2.5	2.487

$$x=\frac{2.531-2.5}{2.531-2.487}=0.7$$

IRR=9%+0.7%=9.7%

28 ⑤ [회수기간법]

	0년차	1년차	2년차	3년차	4년차	5년차
현금흐름						
현금유출	(280,000)					
현금유입		100,000	80,000	60,000	50,000	40,000
누적현금흐름	(280,000)	(180,000)	(100,000)	(40,000)	10,000	

3+0.8

$$4년차의\ 회수기간=\frac{4년차\ 필요절감액}{4년차\ 총절감액}=\frac{₩40,000}{₩50,000}=0.8년$$

7 예산차이분석

객관식

01 ② [원가차이분석]

나. 직접재료원가 차이분석시 표준투입량은 실제생산량에 대한 표준투입량이다.

02 ⑤ [원가차이분석]

1) 직접재료원가 차이분석
 가격차이＝(AP－SP)×AQ＝(₩60－50)×3,100kg＝₩31,000(불리)
 수량차이＝(AQ－SQ)×SP＝(2,900kg－3kg×1,000개)×₩50＝₩5,000(유리)
2) 변동제조간접원가 차이분석
 소비차이＝(AP－SP)×AQ＝(₩470－500)×8,000시간＝₩240,000(유리)
 능률차이＝(AQ－SQ)×SP＝(8,000시간－7시간×1,000개)×₩500＝₩500,000(불리)
3) 고정제조간접원가 조업도차이＝ 예산액 － 표준원가배부액
 ＝₩700,000－(₩700,000/800개)×1,000개＝₩175,000(유리)

03 ② [원가차이분석]

직접재료원가 가격차이를 어느 시점에 분리하든 직접재료원가 가격차이에 대한 책임은 구매담당자가 지는 것이 바람직하다.

04 ③ [직접재료원가차이]

실제사용량×실제가격	실제사용량×표준가격	표준수량×표준가격
2,300kg×₩19＝₩43,700	2,300kg×₩20＝₩46,000	1,100×2kg×₩20＝₩44,000

가격차이 ₩2,300(유리)　　수량차이 ₩2,000(불리)

05 ② [직접재료원가차이]

가격차이＝실제원가－SP×AQ
₩25,000＝₩150,000－₩250×AQ
⇒ AQ＝₩125,000/₩250＝500
수량차이＝(AQ－SQ)×SP
－₩25,000＝(500－2Q)×₩250
⇒ Q＝300

06 ⑤ [직접재료원가차이]

구입가격차이＝(실제가격－표준가격)×구입량

구입량＝₩12,600÷(₩12－10)＝6,300kg

능률차이＝(실제사용량－표준사용량)×표준가격

－₩4,000＝(실제사용량－2,000개×3kg)×₩10 ⇒ 실제사용량＝5,600kg

∴ 기말재료재고수량＝6,300kg(구입량)－5,600kg(사용량)＝700kg

07 ② [직접재료원가차이]

실제사용량×표준가격	표준사용량×표준가격
3,500kg×₩100/kg＝₩350,000	3,000kg×₩100/kg＝₩300,000

수량차이 ₩50,000(불리)

〈별 해〉

(3,500kg－3,000kg)×₩100/kg＝₩50,000(불리)

08 ③ [직접재료원가차이]

SQ＝2,800단위×2kg/단위＝5,600kg

직접재료원가 수량차이＝₩120,000(불리)＝(AQ－5,600)×₩300/kg

AQ＝6,000kg

09 ② [직접재료 구입가격차이]

실제가격＝₩300,000/1,000＝₩300/kg

(a) 사용시점 가격차이＝(₩300－200)/kg×800kg＝₩80,000(불리)

(b) 구입시점 가격차이＝(₩300－200)/kg×1,000kg＝₩100,000(불리)

10 ① [직접재료 구입가격차이]

직접재료가격차이＝(₩9.5－10)×2,300kg＝₩1,150(유리)

직접재료수량차이＝(2,300kg－1,100단위×2kg)×₩10＝₩1,000(불리)

직접재료 실제원가＝₩9.5×2,300kg＝₩21,850 : 직접재료재고에서 차감

직접재료 표준원가＝₩20×1,100단위＝₩22,000 : 재공품재고에 가산

11 ③ [직접재료원가 구입가격차이와 수량차이]

AQ(구매량)×AP　　　　　　AQ(구매량)×SP
3,000kg×₩310=₩930,000　　3,000kg×₩300=₩900,000

구입가격차이 ₩30,000(불리)

AQ(사용량)×SP　　　　　　SQ×SP
2,200kg×₩300　　　　　　2,400kg×₩300
=₩660,000　　　　　　　　=₩720,000

수량차이 ₩60,000(유리)

12 ③ [직접노무원가차이]

실제원가　　　　SP×AQ　　　　SP×SQ
₩10×3시간×100단위=₩3,000

₩700(유리)　　　₩500(불리)

실제원가=₩3,000−700+500=₩2,800

13 ④ [직접노무원가차이]

능률차이 =(실제시간−표준시간)×표준임률
−₩160,000 = (8,600−9,000) × SR
SR=₩400

14 ⑤ [직접노무원가차이]

SP×AQ　　　　SP×SQ(변동예산)
₩12×AQ　　　₩12×2시간×25,000단위
=₩660,000　　=₩600,000

능률차이 ₩60,000(불리)

$$AQ = \frac{₩660,000}{₩12} = 55,000\text{시간}$$

15 ② [직접노무원가차이]

실제발생액		AQ×SP		표준시간×표준가격
20시간×SP	>	20시간×SP(₩485)	<	21시간×₩485
₩10,000		=₩9,700(=₩10,000−300)		

임률차이 ₩300(불리) 능률차이(21−20)×₩485=₩485(유리)

16 ③ [직접노무원가차이]

변동예산= 실제액 −임률차이(불리)+능률차이(유리)

= ₩1,378,000 − 53,000 + 50,000 =₩1,375,000

=R×5.5시간/단위×1,000단위

⇒ R=₩250/시간

17 ② [직접노무원가차이]

실제발생액	실제노동시간×표준임률	표준원가
		400개×5시간×표준임률
₩31,450	=₩27,750(=₩31,450−3,700)	=₩30,000(=₩27,750+2,250)

임률차이 ₩3,700(불리) 능률차이 ₩2,250(유리)

⇒ 표준임률=₩15

18 ④ [변동제조간접원가차이]

능률차이=(8,000시간−7,200시간)×SP=₩8,000 ∴ SP=₩10/시간

소비차이=₩130,000−8,000시간×₩10/시간=₩50,000(불리)

19 ① [변동제조간접원가차이]

실제액	<	실제작업시간기준 예산(AQ×SP)
₩170,000		₩185,000

소비차이 ₩15,000(유리)

20 ③ [변동제조간접원가차이]

변동제조간접원가 소비차이

=실제발생액−실제투입시간에 허용된 표준변동제조간접원가

=₩3,257,000 − 3,450,000

=₩193,000(유리)

21 ② [변동제조간접원가차이]

소비차이 = ₩23,000 − SP × 10,400 = − ₩1,000 − (2,000) = − ₩3,000(유리)

⇒ SP = ₩2.5

능률차이 = ₩2.5 × (10,400 − 2 × Q) = ₩2,000

⇒ Q = 4,800개

〈별 해〉

주어진 정보는 아래와 같다.

실제원가 SP × AQ SP × SQ

₩23,000 SP × 2 × Q

₩3,000(유리) = ₩1,000 − (−2,000) ₩2,000(불리)

SP × 10,400 = ₩23,000 + 3,000 = ₩26,000

⇒ SP = ₩2.5

SP × SQ = ₩2.5 × 2 × Q = ₩23,000 + 1,000 = ₩24,000

⇒ Q = 4,800개

22 ③ [표준원가계산]

ㄱ. 표준원가계산은 변동원가계산에서도 적용이 가능하다.

ㄷ. 직접재료원가 능률차이는 재료를 사용하면서 발생하므로 사용시점에서 분리된다(보기의 표현이 어색하지만 옳지 않다고 보기는 어렵다).

ㄹ. 고정제조간접원가 예산차이는 실제발생제조간접원가와 고정제조간접원가의 차이이고, 실제투입량 변동예산과 실제산출량 변동예산은 동일하다.

23 ④ [고정제조간접원가차이]

변동제조간접원가 능률차이 = (실제기계시간 − 표준기계시간) × 변동제조간접원가 배부율

₩75,000 = (800 − 표준기계시간) × ₩1,500,000/1,000

⇒ 표준기계시간 = 800 − ₩75,000/₩1,500 = 750

고정제조간접원가 조업도차이 = 고정제조간접원가 예산액 − 고정제조간접원가 표준액

= ₩2,000,000 − 750 × ₩2,000,000/1,000 = ₩500,000(불리)

24 ① [고정제조간접원가차이]

1월 고정제조간접원가 예산 = 1,500 × SP(표준배부율) + ₩1,000

= 2월 고정제조간접원가 예산 = 2,000 × SP − ₩500

∴ SP = ₩3

25 ① [고정제조간접원가차이]

예산액		배부액
표준배부율×기준조업도	<	SP×SQ
₩500,000		₩10×52,000시간=₩520,000

조업도차이 ₩20,000(유리)

표준배부율(SP)=₩500,000/50,000시간=₩10

표준조업도(SQ)=26,000단위×2시간=52,000

26 ① [고정제조간접원가차이]

조업도차이=예산－배부액

5월 : ₩1,000=B－100×R(배부율) … ①

6월 : ₩600=B－120×R … ②

①－② : ₩400=20R R=₩20을 ①에 대입

B=₩1,000+100×₩20=₩3,000

27 ③ [고정제조간접원가차이]

실제액	예산	배부액
	기준조업도×SP	700단위×2시간×SP(₩10)
₩12,000	=₩10,000(=₩12,000－2,000)	=₩14,000(=₩10,000+4,000)

예산차이 ₩2,000(유리) 조업도차이 ₩4,000(불리)

기준조업도 ₩10,000÷₩10/시간=1,000시간

28 ① [고정제조간접원가차이]

실제		예산(기준조업도)		표준
		100개×10시간×SP(₩200)		실제생산량×10×₩200
₩220,000	>	=₩200,000(=₩220,000－20,000)	>	=₩160,000(=₩200,000－40,000)

예산 ₩20,000(불리) 조업도 ₩40,000(불리)

실제생산량=80개

29 ⑤ [고정제조간접원가차이]

조업도차이 = 고정제조간접원가 표준배부율 × (기준조업도 − 실제생산량(Q) × 단위당 표준직접노무시간)

$$= \frac{₩192,000}{48,000} \times (48,000 - Q \times 2)$$

$= -₩6,000$

$$Q = \frac{48,000 + 1,500}{2} = 24,750\text{단위}$$

30 ① [제조간접원가차이]

변동제조간접원가 능률차이

= (AQ − SQ) × 변동제조간접원가 배부율

= (20,400시간 − 4,000단위 × 5시간) × ₩100 = ₩40,000(불리)

고정제조간접원가 조업도차이 = 예산액 − 배부액

= ₩720,000 − 4,000단위 × ₩720,000/2,000단위 = ₩720,000(유리)

31 ② [제조간접원가차이]

	AQ × AP	AQ × SP	SQ × SP(변동예산)	SQ × SP(배부액)
변동제조간접원가	−	900 × ₩540*1 = ₩486,000	824*4 × ₩540*1 = ₩444,960	−
고정제조간접원가	−	₩625,000	₩625,000	824*4 × ₩625*2 = ₩515,000*3
		능률차이		조업도차이 ₩110,000(불리)

*1 변동제조간접원가 SP = ₩540,000 ÷ 1,000 = ₩540
*2 고정제조간접원가 SP = ₩625,000 ÷ 1,000 = ₩625
*3 고정제조간접원가 배부액 = ₩625,000 − 110,000 = ₩515,000
*4 SQ = ₩515,000 ÷ ₩625 = 824

능률차이 = ₩486,000 − 444,960 = ₩41,040(불리)

32 ② [매출가격차이와 매출조업도차이]

단위당 표준공헌이익 = ₩200,000/10,000단위 = ₩20/단위

① 매출조업도차이 = 단위당 표준공헌이익 × (실제판매량 − 예상판매량)

= ₩20/단위 × (12,000단위 − 10,000단위)

= ₩40,000(유리)

② 영업이익 변동예산차이 = 실제영업이익 − 단위당 표준공헌이익 × 실제판매량

= ₩180,000 − 12,000단위 × ₩20/단위

= (−)₩60,000(불리)

③ 매출가격차이 = (실제판매가 − 표준판매가) × 실제판매량
= 실제매출액 − 표준판매가 × 실제판매량
= ₩624,000 − (₩500,000/10,000단위) × 12,000단위
= ₩24,000(유리)

④ 고정원가소비(예산)차이 = 고정원가실제액 − 고정원가 예산액
= (₩15,000 + 25,000) − (₩19,000 + 25,000)
= (−)₩4,000(불리)

⑤ 영업이익 고정예산차이 = 실제영업이익 − 고정예산 영업이익
= ₩136,000 − 160,000
= (−)₩24,000(불리)

33 ⑤ [시장점유율차이]

단위당 평균표준공헌이익 $= (₩180 - 120) \times \frac{3}{12} + (₩135 - 90) \times \frac{9}{12}$

$= ₩60 \times \frac{1}{4} + ₩45 \times \frac{3}{4} = ₩48.75$

실제시장점유율 $= \frac{37,800 + 88,200}{1,050,000} = 12\%$

예상시장점유율 $= \frac{30,000 + 90,000}{Q} = \frac{120,000}{Q}$

시장점유율차이 = 단위당 표준공헌이익 × (실제시장점유율 − 예상시장점유율) × 실제시장규모

$= ₩48.75 \times \left(0.12 - \frac{120,000}{Q}\right) \times 1,050,000$

$= ₩1,023,750$

$\Rightarrow 0.12 - \frac{120,000}{Q} = \frac{₩1,023,750}{₩48.75 \times 1,050,000} = 0.02$

$\Rightarrow \frac{120,000}{Q} = 0.1 \Rightarrow Q = 1,200,000$

8 기간간 차이분석

객관식

01 ③ [기간간 차이분석 개념]

예산차이분석의 비교기준수치가 예산수치인 반면, 기간간 차이분석의 기준수치는 기준연도의 수치이다.

02 ④ [기간간 차이분석 개념]

기간간 차이분석에서 고정제조간접원가는 성장요소, 생산성요소, 가격요소로 나눈다(Horngren 등).

03 ② [기간간 차이분석 개념]

생산성요소는 수익과 관련이 없으므로 원가효과만 계산한다.

04 ② [기간간 차이분석 개념]

① 생산량 증가 → 판매량 증가

③ 수익차이 → 수익 및 원가 차이

④ 생산성요소 → 성장요소

05 ③ [기간간 차이분석 개념]

높은 생산성을 기반으로 하는 것은 원가우위전략이다. 차별화전략은 제품의 기능, 디자인 등의 특성이나 고객관련서비스의 판매활동 차별화이다.

06 ② [성장요소]

$$₩1,000,000 \times \left(\frac{12,000}{10,000} - 1\right) = ₩200,000 \text{ 증가}$$

07 ② [성장요소]

성장요소의 공헌이익효과 = 성장요소 수익효과 − 성장요소 변동원가효과

= ₩100,000 − (− ₩20,000 + 30,000 + 10,000) = ₩80,000

08 ① [성장요소]

성장요소 수익효과 = ₩40,000 + 80,000 = ₩120,000 증가

$$₩120,000 = ₩200,000 \times \left(\frac{10,000}{X} - 1\right)$$

∵ $X = 6,250$개

09 ② [성장요소]

성장요소의 수익효과 = ₩500,000 × $\left(\frac{6,000}{5,000} - 1\right)$ = ₩100,000 증가

성장요소의 변동원가효과 = 수익효과 − 공헌이익효과

= ₩100,000 − 50,000 = ₩50,000 증가

₩50,000 = 전기 총변동원가 × $\left(\frac{₩60,000}{₩50,000} - 1\right)$, ∵ 전기 총변동원가 = ₩250,000

10 ④ [성장요소]

성장요소 공헌이익효과 = 전기 공헌이익 × 판매량 증가율

= (50,000 × ₩50 − 100,000 × ₩5 − 20,000 × ₩2 − 50,000 × ₩6) × $\left(\frac{52,000}{50,000} - 1\right)$

= ₩1,660,000 × 0.04 = ₩66,400 증가

11 ② [생산성요소]

2016년 생산 · 판매량 = $\frac{₩1,200,000}{₩20/개}$ = 60,000개

생산성요소의 직접재료원가효과 = (60,000개 × 4kg/개 − 60,000개 × 2011년 단위당 직접재료사용량) × ₩4/kg

= ₩120,000 증가

∵ 2015년 단위당 직접재료사용량 = 3.5kg/개

12 ③ [생산성요소]

① 생산성요소의 직접재료원가효과 = 60,000개 × (6kg/개 − 8kg/개) × ₩7/kg = ₩840,000 감소

② 생산성요소의 직접노무원가효과 = 60,000개 × (1.5시간/개 − 2시간/개) × ₩12/시간 = ₩360,000 감소

③ 생산성요소의 변동제조간접원가효과 = (60,000개 − 60,000개) × ₩6/개 = 0

④ 옳은 설명이다.

13 ① [가격요소]

가격요소의 수익효과=(당기 제품가격−전기 제품가격)×당기 판매량

$$=\left(\frac{₩480{,}000}{800개}-\frac{₩500{,}000}{1{,}000개}\right)\times 800개$$

$$=(₩600/개 - ₩500/개)\times 800개 = ₩80{,}000\ 증가$$

14 ② [가격요소]

가격요소의 직접노무원가효과

=(당기 직접노무임률 − 전기 직접노무임률)×당기 직접노무기준시간

=(₩3/시간 − ₩2/시간)× 3시간/개×800개 =₩2,400 증가

15 ③ [가격요소]

가격요소의 수익효과		₩80,000 증가
(−) 가격요소의 직접재료원가효과	(₩4−5)×3kg/개×800개=	₩2,400 감소
(−) 가격요소의 직접노무원가효과		₩2,400 증가
(−) 가격요소의 변동제조간접원가효과	(₩10−8)×800개=	₩1,600 증가
가격요소의 공헌이익효과		₩78,400 증가

16 ① [성장요소]

Horngren의 방법을 사용할 때, 전기 생산용량이 당기 생산 · 판매량을 위한 용량으로 불충분하므로 당기 기준량을 당기 생산 · 판매량을 위해 조정된 용량(60,000개)을 쓴다. 판매관리비도 위와 같은 방식으로 당기 기준용량인 52,000개를 쓴다. 따라서 성장요소, 생산성요소, 가격요소 모두 유상열의 방법과 Horngren의 방법이 같은 분석결과를 초래한다.

성장요소 고정제조간접원가효과=(당기 용량−전기 용량)×전기 용량당 고정원가

$$=(60{,}000개 - 50{,}000개)\times\frac{₩10{,}000{,}000}{50{,}000개} = ₩2{,}000{,}000\ 증가$$

성장요소 판매관리비효과$=(52{,}000개-40{,}000개)\times\frac{₩6{,}000{,}000}{40{,}000개}=₩1{,}800{,}000$ 증가

성장요소 고정원가효과=₩2,000,000 증가+₩1,800,000 증가=₩3,800,000 증가

17 ③ [가격요소]

가격요소 고정제조간접원가효과

=(당기 용량당 고정원가−전기 용량당 고정원가)×당기 용량

$$=\left(\frac{₩15,000,000}{60,000개} - \frac{₩10,000,000}{50,000개}\right)\times 60,000개$$

=(₩250/개 − ₩200/개)× 60,000개 =₩3,000,000 증가

가격요소 판매관리비효과

$$=\left(\frac{₩6,500,000}{52,000개} - \frac{₩6,000,000}{40,000개}\right)\times 52,000개$$

=(₩125 − 150)×52,000개=₩1,300,000 감소

가격요소 고정원가효과=₩3,000,000 증가+₩1,300,000 감소=₩1,700,000 증가

18 ① [생산성요소]

유상열의 방법에서는 고정원가는 생산성요소로 변하지 않으며, Horngren의 방법에서는 전기 생산용량이 당기 생산·판매량을 위한 용량으로 불충분하므로 당기 기준량을 당기 생산·판매량을 위해 조정된 용량(60,000개)을 쓴다. 판매관리비도 위와 같은 방식으로 당기 기준용량인 52,000개를 쓴다. 따라서 다음과 같이 생산성요소의 효과는 0이다.

생산성요소의 고정제조간접원가효과=(60,000개−60,000개)×₩250=₩0

생산성요소의 판매관리비효과=(52,000개−52,000개)×₩125=₩0

9 의사결정과 관련원가

객관식

01 ③ [관련원가]

02 ① [관련원가]

흠집이 있는 제품 C를 외부에 처분하는 의사결정에 관련된 항목은 증분수익인 매출액 증가분(5개×₩150/개)과 증분비용인 판매관리비 증가분(5개×₩12/개)이다. 따라서 ① 단위당 판매관리비 ₩12이 의사결정에 고려될 항목이다.

03 ④ [외부구입 의사결정]

[외부구입시 혜택]

변동제조원가 감소	(₩38+35+20)/개×10,000개=	₩930,000
감독관 급여 회피	₩40/개×10,000개=	400,000
공장부지 전용 이익		240,000
		₩1,570,000

무차별 외부구입가격=₩1,570,000/10,000개=₩157/개

04 ① [외부구입 의사결정]

자가생산 관련원가			외부구입 관련원가
10,000개×₩340	변동제조원가		10,000개×₩400
₩400,000	기회원가		
₩100,000	고정제조원가		
₩3,900,000		<	₩4,000,000

∴ 자가생산하는 것이 ₩100,000 유리하다.

05 ② [외부구입 의사결정]

	단위당 원가	자가제조 관련원가	
생산/구입수량		1,000	
직접재료원가	₩5	₩5,000	
직접노무원가	4	4,000	
변동제조간접원가	1	1,000	
감독자급여	3	3,000	
제품 B 기회원가		2,000	(=₩5,000−3,000)
합 계		₩15,000	

외부구입 관련원가=1,000×₩18=₩18,000

∴ 외부구입이 자가제조보다 ₩3,000 불리하다.

06 ① [외부구입 의사결정]

변동제조원가 절감	(=500개×₩70)	₩35,000	
고정제조간접원가 절감	(=₩50,000×0.4)	₩20,000	
임대수익		X	
총계		₩35,000+20,000+X	> 외부구입 ₩50,000

외부구입으로 매월 ₩10,000 이익을 얻으려면

₩35,000+20,000+X=₩60,000

∴ X=₩5,000

07 ② [외부구입 의사결정]

외부구입하면

원가절감액과 수익

변동제조원가 절감액 : 1,000개×₩60=	₩60,000
고정제조간접원가 절감액 : 1,000개×₩40×50%=	20,000
임대수익 :	10,000

원가증가액

외부구입가격 : 1,000개×₩95=	95,000
이익감소 :	₩5,000

08 ④ [외부구입 의사결정]

자가제조 관련원가			외부구입 관련원가
(₩120+175+80)×5개	변동제조원가		₩575×5개
₩625	기회원가		
₩100×5개	고정제조원가		
₩3,000		>	₩2,875

외부구입하면 ₩125 원가가 감소하고 이익이 증가한다.

09 ③ [외부구입 의사결정]

	자가제조		외부구입	
직접재료원가	₩700,000			
직접노무원가	500,000			
변동제조간접원가	300,000			
회피가능 고정제조간접원가	160,000	(=₩800,000×0.2)		
기회원가(임대료수익)	200,000			
	₩1,860,000	>	₩1,800,000	(=2,000×₩900)
증분이익		₩60,000		

10 ④ [외부구입 의사결정과 보조부문 상호지원]

S_2의 간접재료원가 감소		₩80,000
S_2의 감독자급여 감소		40,000
임대수익		24,000
S_1의 간접재료원가 감소	₩560,000×40단위/200단위=	112,000
용역구입원가	200단위×(1−0.1*)×₩1,400/단위=	(252,000)
증분이익		₩4,000

* S_1을 통한 S_2의 자가소비 비율=40단위/200단위×100단위/200단위=0.1

11 ① [특별주문 의사결정]

100개×₩12=	₩1,200
−100개×((₩4+2+2)+₩2)=	₩1,000
이익	₩200

∴ ₩200 증가

12 ④ [특별주문 의사결정]

공정 A의 생산능력이 550단위이고 기존 판매량이 500단위이므로, 특별주문 150단위를 위해 기존 판매량을 50단위 줄이고 공정 A 생산부품 50단위를 외부에서 공급한다.

증분수익	150단위 × ₩2,500		₩375,000
증분원가			360,000
공정 A 변동원가	100단위 × ₩700	70,000	
공정 A 생산부품 외부구입	50단위 × ₩1,500	75,000	
공정 B 변동원가	150단위 × ₩1,000	150,000	
기존 판매 50단위 포기에 따른 공헌이익 감소	50단위 ×(₩3,000 − 700 − 1,000)	65,000	
증분이익			₩15,000

13 ④ [특별주문 의사결정]

		특별주문	
		단위당	50단위
매출액		₩1,800	
변동제조원가	(₩240,000 ÷ 2) ÷ 100 =	1,200	
변동판매관리비	[(₩60,000 ÷ 2) ÷ 100] × 0.8 =	240	
공헌이익		₩360	₩18,000 (= ₩360 × 50)

14 ⑤ [특별주문 의사결정]

증분수익	8,000개 × ₩4,600 =	₩36,800,000
증분비용		
	8,000개 × ₩3,200 =	25,600,000
	8,000개 × ₩600 =	4,800,000
		₩6,400,000

15 ④ [특별주문 의사결정]

매출액	₩180 × 100대 =	₩18,000
변동비	(₩86 + 45 + 9 + 10) × 100대 =	(15,000)
로고디자인비		(1,200)
기회비용	(₩200 − 140) × 10대 =	(600)
		₩1,200

16 ③ [특별주문 의사결정]

증분수익 :	2,000단위 × ₩70 =	₩140,000
증분비용 :	2,000단위 × (직접재료원가 ₩20 + 직접노무원가 ₩15 + 변동제조간접원가 ₩10) =	90,000
	2,000단위 × ₩70 × 20% =	28,000
		₩22,000

17 ② [특별주문 의사결정]

증분수익	1,500단위 × ₩220 =	₩330,000
증분원가		
변동제조원가	1,500단위 × ₩100 =	150,000
특수장치	1,500단위 × ₩30 =	45,000
변동판매비	1,500단위 × ₩30 =	45,000
증분이익		₩90,000

18 ③ [특별주문 의사결정]

특별주문 수락시 기회비용 = (₩1,000 − 500 − 100) × 1,000단위 = ₩400,000

최소판매가격 = 단위당 증분원가 + 단위당 기회원가

$$= ₩500 + 100 + \frac{₩400,000}{2,000단위} = ₩800/단위$$

19 ② [제약자원과 특별주문 의사결정]

	제품 X	제품 Y
기계시간당 공헌이익	$\frac{₩1,500 - 1,200}{2}$ = ₩150/시간	$\frac{₩1,000 - 800}{1}$ = ₩200/시간
필요기계시간	300 × 2 = 600시간	400 × 1 = 400시간

제품 Z의 단위당 기회원가

$$= \frac{총기회원가}{Z\ 생산량} = \frac{₩150 \times 200단위 \times 1.5시간}{200단위} = \frac{₩45,000}{200단위}$$

= ₩225

최소가격 = 단위당 증분원가 + 단위당 기회원가

= ₩900 + 225 = ₩1,125

20 ① [제약자원과 의사결정]

	제품 A	제품 B
단위당 공헌이익	₩270－190＝₩80	₩520－280＝₩240
시간당 공헌이익	₩80/4＝₩20	₩240/8＝₩30
시장수요량	8,000단위	5,000단위
필요한 최대시간	32,000시간	40,000시간

제품 B의 시간당 공헌이익이 더 크기 때문에 제품 B를 우선적으로 시장수요량만큼 생산한 후 남은 20,000시간으로 제품 A를 5,000단위(＝20,000시간/4시간/단위) 생산한다.

21 ② [제약자원과 의사결정]

	제품 A	제품 B	제품 C
단위당 공헌이익	₩30	₩24	₩60
÷단위당 이용시간	2시간	1시간	3시간
기계시간당 공헌이익	₩15/시간	₩24/시간	₩20/시간
생산우선순위	3순위	1순위	2순위
최적 생산량 (9,000시간)	－	3,000단위 (3,000시간)	2,000단위 (6,000시간)

최대공헌이익＝3,000단위×₩24＋2,000단위×₩60＝₩192,000

22 ② [제약자원과 의사결정]

	제품 A	제품 B	
단위당 판매가격	₩200,000	₩240,000	
단위당 변동비	120,000	150,000	
단위당 공헌이익	80,000	90,000	
단위당 소요기계시간	4시간	6시간	＝단위당 변동제조간접원가 ₩5,000
기계시간당 공헌이익	₩20,000	₩15,000	
생산우선순위	1	2	
제품 수요량	700개	400개	

제품 A를 최대 700개 생산하면 700개×4시간＝2,800시간을 소요한다.
연간 사용가능 기계시간이 3,700시간이므로
제품 B의 생산량＝(3,700－2,800)시간÷6시간/개＝150개

23 ① [제약자원과 의사결정]

	제품 A	제품 B	제품 C
단위당 판매가격	₩900	₩1,350	₩1,200
단위당 변동원가			
직접재료원가	160	320	200
기타변동원가	480	590	700
계	640	910	900
단위당 공헌이익	₩260	₩440	₩300
단위당 M투입량	4kg	8kg	5kg
M kg당 공헌이익	₩65	₩55	₩60
우선순위	1	3	2

따라서 이익극대화를 위해 제품 A와 C 각각 최대수요만큼 400단위를 생산 · 판매한다.
제품 A와 C의 직접재료 M 사용 후 남은 양=4,000−(4+5)×400=400이므로
제품 B의 생산량=400kg÷8kg/단위=50단위

24 ③ [제약자원과 의사결정]

	제품 A	제품 B	제품 C	계
단위당 판매가격	₩100	₩80	₩20	
×공헌이익률	24%	25%	60%	
단위당 공헌이익	₩24	₩20	₩12	
÷단위당 재료 K 사용량	3kg	5kg	2kg	
재료 K 단위당 공헌이익	₩8	₩4	₩6	
생산순위	1	3	2	
사전계약 물량에 사용	100단위×3kg =300kg	100단위×5kg =500kg	300단위×2kg =600kg	1,400kg
추가 수요량에 사용	400단위×3kg =1,200kg		400kg	1,600kg
생산량	500단위	100단위	300단위+400kg/2kg =500단위	

최대공헌이익=500단위×₩24/단위+100단위×₩20/단위+500단위×₩12/단위
=₩20,000

25 ③ [제약자원과 특별주문]

	특별주문	시장판매감소량
판매량	3,000	(350)
판매가격	₩8,000	₩10,000
단위당 변동제조원가	(₩7,000+500=) 7,500	7,000
단위당 변동판매관리비		1,000
단위당 공헌이익	₩500	₩2,000
공헌이익	₩1,500,000	(₩700,000)
고정판매관리비	300,000	
기회원가	700,000	
영업이익	₩500,000	

26 ④ [제약자원과 특별주문 의사결정]

	〈특별주문 전량 자체생산〉		〈특별주문 일부생산/일부구입〉	
	특별주문	정규시장	추가생산	외부구입
판매수량	1,000	(500)*	500	500
판매가격	₩30	₩40	₩30	₩30
단위당 직접재료원가	12	12	12	
단위당 직접노무원가	5	5	5	
단위당 변동제조간접원가	5	5	5	
단위당 변동판매비	(₩2×0.5=) 1	2	1	1
단위당 구입원가				25
단위당 공헌이익	₩7	₩16	₩7	₩4
총공헌이익	₩7,000	(₩8,000)	₩3,500	₩2,000
영업이익	(₩1,000)		₩5,500	

* 정규시장분 + 특별주문량 − 최대능력 = 부족량

9,500 + 1,000 − 10,000 = 500

특별주문 중 500단위 자체생산, 500단위 외부구입하면 이익을 ₩5,500 높일 수 있다.

27 ③ [제약자원과 특별주문]

	A필터	B필터	전 체
단위당 판매가격	₩840	₩1,280	
단위당 직접재료원가	₩290	₩400	
단위당 직접노무원가	100	150	
단위당 변동제조간접원가	80	160	
단위당 변동판매관리비	50	90	
단위당 변동원가	₩520	₩800	
단위당 공헌이익	₩320	₩480	
단위당 기계시간	2	4	
기계시간당 공헌이익	₩160	₩120	
생산우선순위	1순위	2순위	
시장수요량	2,500	1,500	
기계시간 할당	5,000	6,000	11,000
생산량	2,500	1,500	
공헌이익	₩800,000	₩720,000	₩1,520,000

		B필터 특별주문 500단위
기계시간 소요량	500×4=	2,000
기계시간 부족량		1,000
증분원가 ┌ 변동원가	500×₩800=	₩400,000
└ 기회원가		120,000*
증분이익		180,000
증분수익		₩700,000
단위당 특별주문 가격	₩700,000÷500=	₩1,400

* B필터 기존 판매량 감소분×단위당 공헌이익 $= \frac{1,000\text{시간}}{4\text{시간}} \times$ ₩480 = ₩120,000

28 ④ [새 제품 추가결정]

[이익증가변화]

유휴토지부담금 감소	₩25,000
고정판매비 감소	35,000
제품 F의 매출액	4,000단위×p
	4,000단위×p+₩60,000

[이익감소변화]

기존 제품 총공헌이익 감소	₩80,000
변동원가 증가 4,000×(₩34+4)	152,000
	₩232,000

4,000p+₩60,000=₩232,000 ⇒ p=₩43

29 ③ [제품생산중단 결정]

회사이익 증감액 = (−)₩20,000 + ₩30,000×50% =(−)₩5,000

제품 C의 공헌이익 감소 제품 A의 공헌이익 증가

30 ⑤ [부문폐쇄 결정]

	B부문 증분분석
매출액	(₩300,000)
변동원가	(200,000)
공헌이익	(₩100,000)
회피가능 고정원가	
광고선전비	(60,000)
부문이익	(₩40,000)

C부문 이익 감소=₩280,000×0.2=₩56,000

전체 이익 감소=₩40,000+56,000=₩96,000

31 ② [제품생산중단 결정]

[이익증가변화]		
제품 B의 변동원가 감소분 (60,000단위×₩40/단위)	₩2,400,000	
제품 B의 추적가능 고정제조간접원가 감소분	1,800,000	
제품 A의 매출액 증가분 (15,000단위×₩120/단위)	1,800,000	₩6,000,000
[이익감소변화]		
제품 B의 매출액 감소분 (60,000단위×₩80/단위)	₩4,800,000	
제품 A의 변동원가 증가분 (15,000단위×₩69/단위)	1,035,000	5,835,000
[증분이익]		₩165,000

32 ② [제품생산중단 결정]

공헌이익 감소	₩280,000
고정원가 감소	−₩190,000
이익 감소	₩90,000

10 전략적 원가관리

객관식

01 ⑤ [전략적 원가관리 개념]

적시생산시스템(JIT)은 재고자산의 수준을 최소화시키며 안전재고의 수준을 대체로 낮게 설정한다.

02 ① [전략적 원가관리 개념]

초변동원가계산은 적시생산시스템과 관련이 없다.

03 ② [전략적 원가관리 개념]

카이젠원가계산은 제조단계에서의 원가절감에 초점을 맞추고 있다.

04 ② [전략적 원가관리 개념]

① 품질원가계산에서 품질관리계획수립, 품질관리보고서의 작성, 품질관리기술개발, 품질개선을 위한 토의원가 등은 품질원가 중 예방원가에 해당한다.
② 활동기준경영은 ABC원가를 사용하여 경영개선을 하는 관리법이다. 활동분석을 하여 부가가치활동과 비부가가치활동을 나누고, 부가가치활동들은 개선하고 비부가가치활동은 제거하거나 감소시키는 의사결정을 한다.
③ 카이젠원가계산은 제조단계에서의 지속적인 원가절감을 강조한다.
④ 적시재고시스템은 공장 내에 재고가 거의 없기 때문에 원가계산을 단순하게 하는 역류원가계산을 사용하기도 한다.
⑤ 제품수명주기원가계산은 제조이전단계에서 대부분의 제품원가가 결정된다는 인식을 토대로 연구개발 및 설계 단계에서 원가절감 방안 모색을 강조한다.

05 ④ [전략적 원가관리 개념]

활동기준경영에 대한 설명이다.

06 ③ [전략적 원가관리 개념]

예방원가가 아닌 평가원가에 대한 설명이다.

07 ④ [전략적 원가관리 개념]

① 제품제조이전단계 → 제품제조단계
② 목표원가계산은 생산이전단계에서의 원가절감을 강조한다.
③ 제조이전단계 및 제조이후단계의 원가절감을 포함한다.
⑤ 내부실패원가 → 외부실패원가

08 ⑤ [전략적 원가관리 개념]

원가기획(Target Costing ; 목표원가계산)이란 제품개발 및 설계단계부터 원가절감을 위한 노력을 기울여 목표원가를 달성하고자 하는 기법을 말한다.

09 ③ [전략적 원가관리 개념]

ㄴ : 목표원가계산은 생산이전단계에서의 원가절감방안 모색에 초점을 맞춘다.
ㄷ : 경영자와 공학자보다는 작업자가 더 크게 공헌한다고 본다.

10 ① [JIT 원가-효익 분석]

Ⅰ. 증분수익		
임대료수익 : ₩4,000,000×2=	₩8,000,000	
재고부족 기회비용 : 200개×₩20,000=	(4,000,000)	₩4,000,000
Ⅱ. 증분비용		
주문원가 증가	₩5,000,000	
창고운영비 등 절감	(500,000)	
파손비 절감 : ₩75,000,000×1%=	(750,000)	
자금비용 절감 : ₩75,000,000×5%=	(3,750,000)	0
Ⅲ. 증분이익		₩4,000,000

11 ④ [품질원가]

내부실패원가 : 불량품 재작업원가, 불량품 폐기원가, 공손원가, 설비 고장수리비

12 ③ [품질원가]

외부실패원가는 제품이 고객에게 인도된 후 불량으로 발견된 경우 발생된 원가이다.
보기의 예로는 제품보증수리활동, 고객서비스센터활동, 판매기회 상실로 인한 기회비용이 외부실패원가이다. 그러므로
외부실패원가=₩21,000+6,000+18,000=₩45,000

13 ② [품질원가]

예방원가 : 우수협력업체 선정원가, 직원 품질교육 훈련비, 예방적 설비 유지보수비, 설계개선원가

14 ⑤ [품질원가]

예방 및 평가 원가가 증가하면 실패원가는 감소한다.

15 ① [품질원가]

품질원가는 생산자 품질이라고 할 수 있는 적합품질과 관련된 것이다.

16 ① [품질원가]

	예방원가	평가원가	내부실패원가	외부실패원가
원재료검사		₩40		
반품 재작업				₩10
재공품 검사		50		
납품업체 평가	₩90			
공손품 재작업			₩10	
설계엔지니어링	20			
보증수리원가				70
예방적 설비유지	30			
반품 재검사				20
품질교육훈련	60			
	₩200	₩90	₩10	₩100

17 ② [품질원가]

		현 재	변 화	변화 후
예방원가	₩5,400＋2,300＝	₩7,700	₩3,850	
평가원가	₩10,200＋3,200＝	13,400		
내부실패원가	₩6,100＋7,400＝	13,500	－2,700	
외부실패원가	₩24,700＋9,300＝	34,000	－3,400	
		₩68,600	－₩2,250	₩66,350

18 ② [품질원가]

예방원가＝₩500(납품업체 평가)＋₩1,000(품질교육훈련)＝₩1,500

외부실패원가＝₩2,000(보증수리원가)＋₩1,000(반품 재작업)＝₩3,000

품질원가증감액＝₩1,500×50%－₩3,000×40%＝－₩450

19 ④ [품질원가]

			통제원가		실패원가	
			예방원가	평가원가	내부실패	외부실패
생산판매수량		6,000				
판매단가		₩1,500				
단위당 변동원가		800				
단위당 공헌이익		₩700				
제품설계시간		1,000				
제품설계 노무임률		× ₩80				
제품설계원가		₩80,000	₩80,000			
단위당 시험검사시간		0.5				
시험검사시간	0.5×6,000=	3,000				
시험검사 노무임률		× ₩60				
시험검사 원가		₩180,000		₩180,000		
재작업률		10%				
재작업수량		600				
단위당 재작업원가		× ₩400				
총재작업원가		₩240,000			₩240,000	
보증수리비율		5%				
보증수리량		300				
단위당 수리원가		× ₩500				
총수리원가		₩150,000				₩150,000
품질불량 상실 추정판매량		400				
단위당 공헌이익		× ₩700				
공헌이익 상실액		₩280,000				280,000
소 계			₩80,000	₩180,000	₩240,000	₩430,000

총계 ₩930,000

20 ③ [제약이론]

재료처리량 공헌이익(throughput contribution)은 매출액에서 직접재료비만 차감한다.

21 ② [제약이론]

제약공정인 마무리공정의 처리능력 단위당 재료처리량 공헌이익은 ₩50,000(=₩90,000−40,000)이므로 최신 설비 설치에 따른 증분이익은 다음과 같다.

Ⅰ. 증분수익	
재료처리량 공헌이익 증가 : ₩50,000×100단위=	₩5,000,000
Ⅱ. 증분비용	
설비원가	4,000,000
Ⅲ. 증분이익	₩1,000,000

22 ⑤ [제약이론]

제약공정인 마무리공정에서 불량품이 발생했으므로 ₩90,000×200단위=₩18,000,000의 총손실이 발생한다.

23 ⑤ [제약이론]

불량품 발생은 원가에 영향이 없이 매출만 감소시키므로 이익은 100단위 매출액 ₩5,000(=100단위×₩50)만큼 감소한다.

24 ⑤ [제약이론]

	장비제조	장비설치	시장판매
연간 처리능력	400	300	
연간 제조설치량	300	300	300
여유생산능력	100	0	
공정 성격	여유공정	병목공정	

판매가격		₩40,000
단위당 직접재료원가		30,000
단위당 재료처리공헌이익		₩10,000
① 추가원가		₩300,000
증분공헌이익	₩10,000×20=	200,000
영업손실		(₩100,000)
② 외부구입원가	₩10,000×30=	₩300,000
증분공헌이익	(판매량 변화 ×)	0
영업손실		(₩300,000)
③ 추가원가		(₩550,000)
증분공헌이익	₩10,000×50=	500,000
영업손실		(₩50,000)

④ 증분설치원가	₩12,000×30＝	₩360,000
증분공헌손실	₩10,000×30＝	300,000
영업손실		(₩60,000)

⑤ 증분원가	₩700,000	₩700,000
증분매출액*	₩40,000×20＝	800,000
영업이익		₩100,000

* 직접재료원가는 변하지 않는다.

25 ① [제약이론]

제1공정이 제약공정이다.

수익증가	1,000×₩120×0.95＝	₩114,000
변동원가증가	1,000×(₩20＋10)＝	30,000
고정원가증가		80,000
이익증가		₩4,000

26 ① [수명주기원가계산]

제품수명주기 중에서 생산이전 단계인 연구·개발 및 설계 단계에서 대부분(약 80∼85%)의 제품원가(고착원가 또는 구속원가)가 결정되므로 제품수명주기원가계산은 연구·개발 및 설계 단계에서부터 원가절감을 위한 노력을 기울여야 한다는 것을 강조한다.

27 ② [수명주기원가계산]

제조 이전 단계에서 대부분의 제품원가가 결정된다는 인식을 토대로 연구개발 및 설계 단계에서 원가절감을 위한 노력을 기울여야 한다는 것을 강조한다.

11 불확실성과 의사결정

객관식

01 ① [불확실성에서의 원가-조업도-이익 분석]

단위당 공헌이익=판매가(P)×0.4=P－₩225 ⇒ P=₩375

목표판매량=(₩630,000＋120,000)÷(₩375－225)=5,000

확률(Q≥3,400)=$\frac{6,000-5,000}{6,000-2,000}$=0.25

02 ① [불확실성에서의 원가-조업도-이익 분석]

※ 불확실한 판매량에 대해 이익이 선형관계를 가지므로(이익=단위당 공헌이익×판매량－고정원가), 기대이익을 계산할 때 기대판매량의 이익을 구하는 것이 편리하다. 만약 불확실한 변수에 대해 이익이 비선형관계를 가지면 각 경우의 이익을 구한 후 확률을 적용하여 기대이익을 구해야 한다.

기대이익 = 단위당 공헌이익 ×기대판매량

= (₩70－20－30－10)/개× 38,000개* = ₩380,000

* 기대판매량=50,000개×20%＋40,000개×40%＋30,000개×40%

=38,000개

기대이익 증가=₩380,000－350,000=₩30,000

03 ② [불확실성에서의 원가-조업도-이익 분석]

광고 전 평균판매량=(1,200단위＋1,800단위)/2=1,500단위

광고 후 평균판매량=(1,500단위＋2,000단위)/2=1,750단위

기대영업이익 증가=(1,750단위－1,500단위)×(₩50－20－5)－₩5,000=₩1,250

04 ④ [불확실성에서의 원가-조업도-이익 분석]

BEP Q=₩750,000/(₩1,000－500)=1,500단위

$$Z=\frac{\text{손익분기점 수량}-\text{기대판매량}}{\text{표준편차}}$$

P(Q＞BEP Q)=P(Q＞1,500)=P(Z＞((1,500－2,100)/400))

=P(Z＞－1.5)=P(Z＜1.5)=93%

05 ③ [불확실성에서의 원가-조업도-이익 분석]

단위당 공헌이익=(매출액－총변동비)÷판매량

=(₩240,000－135,000)÷3,000단위＝₩35/단위

기대증분판매량=400×60%+200×40%=320

기대증분이익=320단위×₩35/단위－₩10,000＝₩1,200

06 ④ [기대이익 최대화]

예상판매량=300×60%+200×40%=260

단위당 공헌이익=(₩282,000－147,000)/300＝₩45

기대이익 증가액=260단위×₩45－₩10,000＝₩1,700

07 ③ [기대영업이익 최대화]

판매량을 Q라고 할 경우 각 방안의 기대이익

방안 1 : (₩40,000－30,000)×Q－₩8,000,000＝₩10,000Q－₩8,000,000

방안 2 : (₩40,000－30,000－40,000×10%)×Q－₩2,000,000

＝₩6,000Q－₩2,000,000

대 안	1,000단위 판매 (40%)	2,000단위 판매 (60%)	기대영업이익
방안 1	₩2,000,000	₩12,000,000	₩8,000,000
방안 2	4,000,000	10,000,000	7,600,000

방안 1을 선택하며, 그 기대영업이익은 ₩8,000,000이다.

08 ① [기대이익 최대화]

[경우별 이익(2Q)－₩200,000]

방 안	수요량(Q)					기대이익
	50,000	100,000	200,000	300,000	400,000	
하늘색(확률)	(0.0)	(0.2)	(0.2)	(0.4)	(0.2)	
	(₩100,000)	₩0	₩200,000	₩400,000	₩600,000	₩320,000
핑크색(확률)	(0.1)	(0.1)	(0.2)	(0.2)	(0.4)	
	(₩100,000)	₩0	₩200,000	₩400,000	₩600,000	₩350,000
						₩30,000

〈별 해〉

두 제품의 원가구조가 같으므로 확률차이에 공헌이익 차이만 비교하면 된다.

수요량	50,000	100,000	200,000	300,000	400,000
공헌이익(2Q)	₩100,000	₩200,000	₩400,000	₩600,000	₩800,000
하늘색(확률) －핑크색(확률)(△P)	－0.1	0.1	0	0.2	－0.2

2Q × △P = －₩10,000 + 20,000 + 0 + 120,000 － 160,000 = －₩30,000

09 ② [기대현금흐름의 비교]

보험 가입시 현금유입액 = 3억원 － 1억원(보험료) = 2억원

보험 미가입시 현금유입액 = －7억원 × p(우승가능성) + 3억원 × (1 － p) = 3억원 － 10억원 × p

2억원 > 3억원 － 10억원 × p

∴ p > 10%

10 ② [차이조사결정]

(단위 : 백만원)

	이 익*		기대이익
	서리 있음	서리 없음	
서리보호 있음	₩9	₩6	₩9p + ₩6(1 － p)
서리보호 없음	4	6	4p + 6(1 － p)
확 률	p	1 － p	

* 서리보호 대가를 차감하기 전의 이익이다.

서리보호의 가치 = 서리보호 있음의 기대이익 － 서리보호 없음의 기대이익

= [₩9,000,000p + ₩6,000,000(1 － p)] － [₩4,000,000p + ₩6,000,000(1 － p)]

= ₩5,000,000p

서리보호의 순가치 = 서리보호의 가치 － 서리보호대가

= ₩5,000,000p － ₩1,000,000 ≥ 0

⇒ p ≥ 0.2

11 ② [완전정보의 가치]

완전정보에서의 기대이익 : $\left[(₩10-6)\times\frac{1}{6}+(₩10-9)\times\frac{1}{3}\right]\times 100 =$ ₩100

기존정보에서의 기대이익 : ₩0

* 단위당 변동제조원가의 기댓값

$₩6\times\frac{1}{6}+₩9\times\frac{1}{3}+₩12\times\frac{1}{6}+₩15\times\frac{1}{3}=₩11$ > 특별주문판매가 ₩10

따라서 특별주문을 거절한다.

완전정보의 기대가치(EVPI) : ₩100

12 ③ [완전정보의 가치]

※ 미리 준비한 김밥이 팔리지 않으면 버리므로 원가는 준비량에 비례하고 매출은 판매량에 비례한다. 판매량은 수요량과 준비량 중 작은 양이다. 수요가 없으면 못 팔고, 수요가 있어도 김밥이 없으면 못 판다.

* 이익 = ₩1,000 × 판매량 − ₩400 × 준비량
= ₩1,000 × min[수요량, 준비량] − ₩400 × 준비량

[기존정보에서의 기대이익]

	이 익*			기대이익
	2,500개 수요	3,000개 수요	3,500개 수요	
2,500개 준비	₩1,500,000	₩1,500,000	₩1,500,000	₩1,500,000
3,000개 준비	1,300,000	1,800,000	1,800,000	1,600,000
3,500개 준비	1,100,000	1,600,000	2,100,000	1,550,000
확 률	0.4	0.3	0.3	

완전정보에서의 기대이익 = ₩1,500,000 × 0.4 + ₩1,800,000 × 0.3 + ₩2,100,000 × 0.3
= ₩1,770,000

완전정보의 (기대)가치 = 완전정보에서의 기대이익 − 기존정보에서의 최대기대이익
= ₩1,770,000 − 1,600,000
= ₩170,000

13 ⑤ [완전정보의 가치와 예측오류의 원가]

① 〈이익성과표〉 이익 = ₩500 × min[생산량, 판매량] − (생산량 × ₩200)

생산량 \ 판매량	500(0.4)	600(0.3)	700(0.3)	기대이익
500	₩150,000	₩150,000	₩150,000	₩150,000
600	130,000	180,000	180,000	160,000
700	110,000	160,000	210,000	155,000

기존정보하의 기대이익은 ₩160,000이다. 문제에서 기존/완전정보하의 기대가치라는 표현보다는 기대이익이라는 표현이 더 정확하다.

② 600개 생산

③ 완전정보하의 기대이익 = ₩150,000 × 0.4 + ₩180,000 × 0.3 + ₩210,000 × 0.3 = ₩177,000

④ 완전정보하의 기대가치 = ₩177,000 − 160,000 = ₩17,000

⑤ 600개를 생산하고 500개를 판매하면 이익이 ₩130,000이고, 500개를 생산하고 500개를 판매하였다면 이익이 ₩150,000이니 ₩20,000이 예측오차의 원가이다.

14 ⑤ [완전정보의 가치]

i) 방식 A와 B의 기대가치를 각각 $E(a_1)$, $E(a_2)$라 하면,

$E(a_1)$ = ₩100,000×0.4+₩60,000×0.6=₩76,000

$E(a_2)$ = ₩150,000×0.4+₩40,000×0.6=₩84,000

따라서 완전정보가 주어지지 않은 경우에는 방식 B를 선택해야 하고 이때의 기대가치는 ₩84,000이다.

ii) 완전정보하의 기대이익 : ₩150,000×0.4+₩60,000×0.6= ₩96,000

기존정보하의 기대이익 84,000

완전정보의 기대가치(EVPI) ₩12,000

15 ① [완전정보의 가치]

예측오류의 원가 기댓값, 즉 완전정보의 가치를 묻는 문제이다.

i) 자본집약적 설비와 노동집약적 설비의 원가를 각각 $C(a_1)$, $C(a_2)$라 하면,

$C(a_1)$ = ₩4,000× Q(생산량)+₩1,000,000

$C(a_2)$ = ₩7,000× Q+₩200,000

ii)

생산량	100	200	300	400	원가의 기댓값 (각 상황의 원가 ×확률의 합)
확 률	40%	30%	20%	10%	
$C(a_1)$	₩1,400,000	₩1,800,000	₩2,200,000	₩2,600,000	₩1,800,000
$C(a_2)$	900,000	1,600,000	2,300,000	3,000,000	1,600,000

따라서 완전정보가 주어지지 않은 경우에는 노동집약적 설비를 선택해야 하고 원가의 기댓값은 ₩1,600,000이다.

iii) 완전정보하의 원가의 기댓값 :

₩900,000×0.4+₩1,600,000×0.3+₩2,200,000×0.2+₩2,600,000×0.1= ₩1,540,000

기존정보하의 원가의 기댓값 1,600,000

완전정보의 기대가치(EVPI) ₩60,000

16 ② [완전정보의 가치]

	미래발생사건		불확실성하의 의사결정
	정상	비정상	
대안	60%	40%	기대비용
조사함	₩20,000	₩20,000 + 30,000	₩32,000(=₩20,000×0.6+₩50,000×0.4) ⇐ 최적 의사결정
조사 안 함	₩0	₩90,000	₩36,000

완전정보에서는 정상이면 조사하지 않고 비정상이면 조사 후 교정한다.

이때의 기대비용=₩50,000×0.4=₩20,000

완전정보의 최대금액＝₩32,000－20,000＝₩12,000

17 ② [완전정보의 가치]

예측오류의 원가

	S_1 (0.4)	S_2 (0.6)	기대원가
A	0	K－₩1,000	0.6K－₩600
B	₩9,000－7,000＝₩2,000	0	₩2,000×0.4＝₩800

완전정보의 가치＝0.6K－₩600＝₩600

⇒ K＝₩2,000

18 ⑤ [불완전정보의 가치]

의사결정시의 각 행동대안은 모두가 실현가능하다고 가정한다.

19 ③ [불완전정보의 가치]

1) 무정보의 의사결정

대 안	호황(S_1) 60%	불황(S_2) 40%	기대이익	최적대안
제품 A	₩1,200	₩900	₩1,080	제품 A
제품 B	850	1,100	950	

2) 불완전정보의 기대가치

불완전정보	R_1		R_2		
최적대안	제품 A		제품 B		
최적대안의 기대이익	₩1,157		₩1,032		
정보입수확률	× 56%		× 44%		
불완전정보하의 기대이익	₩648	+	₩454	=	₩1,102
무정보하의 기대이익					1,080
불완전정보의 최대가격					₩22

12 성과평가

객관식

01 ③ [성과평가]

내부 프로세스 관점의 성과지표는 학습과 성장 관점의 성과지표의 후행지표의 성격을 띤다.

02 ④ [성과평가]

학습과 성장 관점에 대한 설명이다.

03 ⑤ [성과평가]

① 투자수익률 : 투자방안의 투자수익률이 투자중심점의 투자수익률보다 낮을 경우에 회사의 최저필수수익률보다 높더라도 투자를 기각하여 준최적화의 문제가 발생한다.
② 잔여이익 : 투자규모를 반영한 절대액으로 평가한다.
③ 투자수익률과 잔여이익 : 두 방법에서 최적 투자안이 다를 수 있다.
④ 균형성과표 : 비영리조직은 영리조직과 관점의 수와 명칭을 다르게 가지는 경우가 있다.
⑤ 경제적 부가가치 : 경제적 부가가치의 주요 특징이다.

04 ⑤ [성과평가]

① 투자이익률은 사업단위의 성과평가와 개별 투자안의 성과평가에 적용할 수 있다.
② 잔여이익은 최저요구수익률에 평가대상의 위험을 반영한다.
③ 투자이익률이 투자규모가 다른 사업부의 성과를 비교·평가하기가 쉽다.
④ 상대평가는 공통의 통제 불가능한 요소가 성과평가에 미치는 영향을 쉽게 제거한다.

05 ② [책임회계]

고정예산이란 하나의 특정조업도(목표조업도)를 기준으로 사전에 편성된 예산으로, 사후에 실제조업도가 특정조업도와 일치하지 않더라도 바뀌지 않는 예산을 말한다. 변동예산이란 실적과 비교하기 위해, 실제조업도의 변동에 따라 조정되어 편성되는 예산을 말한다.

06 ③ [책임회계]

배분된 고정제조간접원가는 공통원가를 단순히 배분한 것이기 때문에 해당 중심점의 경영자가 통제할 수 없는 원가이다. 그러므로 통제가능원가에 포함되지 않는다.

07 ⑤ [투자수익률]

총자산이익률＝이익/총자산＝(매출－변동원가－고정원가)/총자산

＝(15,000단위 × x －15,000단위 × ₩140 － ₩490,000)/₩2,000,000

＝0.16

x ＝ ₩194

08 ① [투자수익률]

영업이익/총자산＝ ₩240,000/x ＝30%

x ＝ ₩800,000

⇒ ₩1,000,000－800,000＝ ₩200,000

09 ③ [투자수익률]

사업부	매출액이익률×자산회전율＝투자수익률		
	매출액이익률	자산회전율	투자수익률
X사업부	10%	4회	40%
Y사업부	10%	6회	60%
Z사업부	7%	5회	35%

10 ② [투자수익률과 잔여이익]

	투자수익률		잔여이익
투자액	₩2,500,000		₩2,500,000
투자수익률	× 10%		
영업이익	₩250,000	⇒	₩250,000
(－) 잔여이익			25,000
최저필수이익			₩225,000
최저필수수익률	₩225,000/2,500,000＝		9.0%

11 ② [투자수익률과 잔여이익]

		부문 A	부문 B	
영업이익	(₩600,000×0.2=)	₩120,000	₩162,000	
평균영업자산		600,000	900,000	(=₩162,000÷0.18)
투자수익률		20%	18%	
최소요구수익률		15%	15%	
최소요구이익	(₩600,000×0.15=)	₩90,000	₩135,000	(=₩900,000×0.15)
잔여이익	(₩120,000−90,000=)	₩30,000⑤	③₩27,000	(=₩162,000−135,000)
영업자산회전율		5.0	4.5	
매출액	(₩600,000×5=)	₩3,000,000④	②₩4,050,000	(=₩900,000×4.5)
매출액이익률	$\left(\frac{₩120,000}{₩3,000,000}=\right)$	4.0%	① 4.0%	$\left(=\frac{₩162,000}{₩4,050,000}\right)$

12 ⑤ [투자수익률과 잔여이익]

	사업부 A	사업부 B	사업부 C	사업부 D
평균영업자산 (가)	₩750	₩840	₩800	₩800
영업이익 (나)	210	210	220	210
투자수익률 (나/가)	28.0%	25.0%	27.5%	26.3%
순위	1	4	2	3
최저필수수익률 (다)	10%	10%	12%	10%
최저필수이익 (다×가)	₩75	₩84	₩96	₩80
잔여이익 (나−다×가)	135	126	124	130
순위	1	3	4	2

13 ④ [투자수익률과 잔여이익]

① 투자이익률(A)$=\frac{₩32,000}{₩100,000}=32\%$

투자이익률(B)$=\frac{₩30,000}{₩50,000}=60\%$ ⇒ 가장 우수

투자이익률(C)$=\frac{₩21,000}{₩50,000}=42\%$

② 잔여이익(A)=₩32,000−₩100,000×0.2=₩12,000
잔여이익(B)=₩30,000−₩50,000×0.2=₩20,000 ⇒ 가장 우수
잔여이익(C)=₩21,000−₩50,000×0.2=₩11,000

③ 잔여이익 증가 = ₩10,000 − ₩40,000 × 0.2 = ₩2,000

④ 투자이익률(투자안) = $\frac{₩10,000}{₩40,000}$ = 25% < 32% ⇒ 투자 안 함

⑤ 투자이익률(투자안) = 25% > 20%(자본비용) ⇒ 투자함

14 ④ [투자수익률과 잔여이익]

투자수익률 = $\frac{1,000단위 \times (P - ₩100) - ₩200,000}{₩500,000} \geq 20\%$

P ≥ ₩400

잔여이익 = 1,000단위 × (P − ₩100) − ₩200,000 − ₩500,000 × 15% ≥ 0

P ≥ ₩375

15 ② [투자수익률과 잔여이익]

	A사업부	B사업부
투자액 ㉠	₩250,000,000	₩300,000,000
영업이익 ㉡	₩20,000,000	₩22,500,000
투자수익률 ㉡/㉠	8%	7.5%
잔여이익 ㉡−㉠×6%	₩5,000,000	₩4,500,000

16 ③ [잔여이익]

잔여이익	= 영업이익 − 투자액 × 최저필수수익률	
기존사업 잔여이익	= ₩200,000 − ₩625,000 × 15% =	₩106,250
신규 투자안 잔여이익	= (₩200,000 × 60% − ₩90,000) − ₩120,000 × 15%	
	= ₩30,000 − 18,000 =	12,000
총잔여이익		₩118,250

17 ① [잔여이익과 경제적 부가가치]

영업이익 = (₩550 − 200) × 2,000 − ₩400,000 = ₩300,000

RI = ₩300,000 − 15% × ₩1,000,000 = ₩150,000

EVA = ₩300,000 × (1 − 0.4) − 10% × ₩1,000,000 = ₩80,000

18 ① [경제적 부가가치]

	총자산	₩2,000,000
(−)	유동부채	500,000
	투하자본	₩1,500,000
(×)	가중평균자본비용	11%
	투하자본 사용대가	₩165,000
	세전영업이익	₩400,000
(×)	법인세율	30%
	세후영업이익	₩280,000
	경제적 부가가치	₩115,000 = ₩280,000 − 165,000

19 ⑤ [경제적 부가가치]

	유동자산	₩12,000
	비유동자산	8,000
	자산총액	₩20,000
(−)	유동부채	6,000
	투하자본	₩14,000

가중평균자본비용 = [10% × (1 − 0.3) + 14%] ÷ 2 = 10.5%

경제적 부가가치 = ₩4,000 × (1 − 0.3) − ₩14,000 × 10.5% = ₩1,330

20 ② [경제적 부가가치]

투하자본	시장가치	자본비용	
타인자본	₩6,000,000	10%	
자기자본	9,000,000	15%	
투하자본 계	₩15,000,000	11.4%	$= 10\% \times (1-0.4) \times \frac{6}{15} + 15\% \times \frac{9}{15}$

	총자산	₩2,000,000
(−)	유동부채	500,000
	투하자본	₩1,500,000
(×)	가중평균자본비용	11.4%
	최저필수이익	₩171,000
	세전영업이익	₩400,000
	법인세율	40%
	세후영업이익	₩240,000
(−)	최저필수이익	171,000
	경제적 부가가치	₩69,000

21 ③ [예산과 균형성과표]

참여예산제도의 문제가 예산슬랙이 발생할 가능성이다.

22 ③ [균형성과표]

균형성과표(BSC)는 기업의 성과를 재무적 측면뿐만 아니라 비재무적이고 질적인 측면에서 평가할 수 있는 새로운 성과평가제도라고 해서 비재무적 측정치에 대하여 객관적이고 업종을 불문하고 정형화된 측정수단까지 제공하지는 않는다.

23 ① [균형성과표]

전사적인 BSC는 상부조직의 BSC를 먼저 수립한 후 상의하달식으로 구축한다.

24 ① [균형성과표]

비재무적 성과측정치는 선행지표, 재무적 성과측정치는 후행지표이다.

25 ③ [균형성과표]

① 균형성과표(BSC)는 영리기업뿐 아니라 비영리기업, 공기업에서도 사용된다.
② 외부 프로세스 관점이 아닌 내부 프로세스 관점이다.
④ 영리기업의 경우에 최종적으로 재무적 관점으로 연계되어야 한다.
⑤ 학습과 성장 관점의 성과지표는 개인의 역량개발, 종업원만족도, 이직률, 훈련시간 등이다. 서비스 완료시간은 내부 프로세스나 고객 관점의 지표이다.

26 ④ [균형성과표]

비재무적 성과측정치가 재무적 성과측정치의 선행지표가 된다.

27 ⑤ [균형성과표]

종업원 만족도, 이직률 지표는 학습과 성장 관점 지표이다.

13 사내대체가격

객관식

01 ⑤ [성과평가와 사내대체가격]

① 공통고정원가는 통제가능원가가 아니기 때문에 책임회계제도에서 각 책임중심점에 배부되어서는 안 된다.

② 판매부문은 수익중심점이나 이익중심점에 속한다.

③ 시장이 경쟁적이고 기업 내부의 사업부서간에 상호의존도가 적을 경우 시장가격에 기초하여 사내대체가격을 결정하는 것이 합리적이다.

④ 절대평가가 아닌 상대평가에 대한 설명이다.

02 ③ [사내대체가격의 결정방법]

③ 협상가격기준에 대한 설명이다.

구 분	시장가격기준	원가기준	협상가격기준
목표일치성 달성	시장이 경쟁적일 때 가능함	종종 가능하나 언제나 가능한 것은 아님	가능함
하위단위 성과평가시 유용	시장이 경쟁적일 때 유용함	이전가격이 전부원가를 초과하지 않으면 어려움. 다소 자의적임	유용하나 이전가격이 협상력에 따라 영향을 받음
경영노력에 대한 동기부여	동기부여함	예산원가에 근거하면 가능함. 실제원가에 근거하면 원가를 통제할 유인이 적음	동기부여함
자율성 유지	시장이 경쟁적일 때 가능함	규칙에 근거하기 때문에 불가능함	하위단위간 협상에 근거하기 때문에 가능함
기타요소	시장이 존재하지 않거나 시장이 불완전할 수 있음	제품 또는 서비스의 전부원가를 결정할 때 유용함. 적용하기 쉬움	협상에 시간이 다소 걸리고, 상황이 변동함에 따라 주기적으로 검토할 필요가 있음

03 ① [사내대체가격의 결정방법]

② 목표일치성은 원가기준 이전가격에서 불가능하다.

③ 하위단위 성과평가에 원가기준 이전가격은 유용하지 않다.

④ 하위단위 자율성 유지가 협상이전가격에서 가능하다.

⑤ 협상이전가격은 적용이 용이하지 않다.

04 ② [사내대체가격의 결정방법]

전부원가에 제품의 단위당 공헌이익이 아닌 일정한 이익을 더해준다.

05 ③ [사내대체가격제도의 개념]

이익중심점인 중간사업부로 하여금 공정개선 및 기술혁신을 통한 원가절감을 이루도록 하기 위해서는 시장가격보다 변동원가를 포함한 단위당 제품원가를 이전가격으로 채택하는 것이 효과적이다.

06 ① [최소사내대체가격]

최소대체가격=단위당 변동비+기회비용

A사업부는 B사업부가 필요로 하는 열연강판 수요를 충족시킬 수 있는 유휴생산능력을 보유하는 경우이므로 기회비용과 판매비가 발생하지 않는다.

그러므로 최소대체가격은 단위당 변동비인 ₩2,000이다.

07 ① [최소사내대체가격]

부품부문에 유휴생산능력이 없으므로 사내대체물량만큼 외부판매를 포기한다.

최소사내대체가격=외부판매가격－절감 변동판매관리비=₩180－20=₩160

〈별 해〉

단위당 변동제조원가+단위당 변동판매관리비－단위당 기회원가(외부판매 단위당 공헌이익)

=(₩20+40+40)－₩0－(₩180－20－40－40－20)=₩160

08 ② [최소사내대체가격]

(대안 1) 이익=(₩1,400－900)×1,000=₩500,000

(대안 2) 이익=(₩1,600－900)×600+(X－₩900)×400=₩500,000

∴ 대체가격(X)=₩1,100

09 ④ [최소사내대체가격]

단위당 최소판매가격=₩120+10+1.5×(₩400－180－60)=₩370

(₩120+10: 지출증분원가, 1.5×(₩400－180－60): 단위당 기회원가)

10 ② [기회원가를 고려한 최소사내대체가격]

최소사내대체가격=단위당 증분원가 + 단위당 기회원가*

$$= (₩40+35+25) + \frac{₩150-(₩40+35+25)}{4{,}000}\times 2{,}000$$

$$= ₩100 + 25 = ₩125$$

* 여유생산능력의 부족으로 부품 X 2,000단위를 외부시장에 판매하지 못하는 기회원가를 사내대체량 단위당 금액으로 구한 값

11 ③ [기회원가를 고려한 최소사내대체가격]

	A사업부	
	공급사업부	
최대생산능력	5,000단위	
판매가격	₩200	₩180
단위당 변동원가	(−) 100	(−) 100
단위당 공헌이익	₩100	₩80
판매수량	(×) 3,000	(×) 4,000
총공헌이익	₩300,000*	₩320,000*
여유생산능력	2,000	1,000

내부대체량	2,000단위	
	추가생산량	판매감소량
	2,000	1,000
변동원가	₩200,000	
공헌이익 감소(기회원가)*		₩20,000
총원가		220,000
최소대체가격	₩220,000÷2,000=	₩110

* 사내대체를 위해 외부판매를 줄일 때 ₩200에 판매하는 것이 유리하며 외부시장으로부터 공헌이익이 ₩20,000 (=₩320,000−300,000) 감소한다.

12 ⑤ [기회원가를 고려한 최소사내대체가격]

	공급사업부 A	
최대생산가능량	180,000	
외부판매수량	180,000	
여유생산능력	0	
[외부판매]		
판매가격	₩50	
단위당 변동제조원가	29	
변동판매관리비	4	
단위당 공헌이익	₩17	
[사내대체]		
증분제조원가	₩27	(=₩29−2)
기회원가	17	
최소대체가격	₩44	

〈별 해〉
최소대체가격= 외부판매가 − 단위당 비용절감액
= ₩50 − (₩2+4) = ₩44

13 ⑤ [균등이익 사내대체가격]
대체 단위당 회사전체 이익증가액=₩50,000÷1,000단위=₩50
최대대체가격(M)=최소대체가격(₩160)+50=₩210
균등이익 사내대체가격(E)=₩160+25=₩185
M+E=₩210+185=₩395

14 ① [기회원가를 고려한 사내대체 의사결정]
제품 X의 시간당 공헌이익=₩40−5−10=₩25 > 제품 Y의 시간당 공헌이익=(₩7−2−2)/0.2=₩15이므로 X 3,000단위(3,000시간분)를 사내대체할 때 X의 외부판매물량을 줄이지 않고 Y의 생산・판매량을 15,000단위(=3,000시간/0.2시간) 줄인다.
증분이익=G 3,000단위 구입원가 감소−X 3,000 사내대체물량 변동제조원가
−Y 15,000단위 판매 공헌이익 감소
=3,000단위×₩40−3,000단위×₩15−15,000단위×₩3=₩30,000

15 ⑤ [최소사내대체가격]
제품 X 단위당 변동제조원가+제품 Y 5단위 공헌이익=(₩5+10)+(5단위×₩3)=₩30

16 ③ [기회원가를 고려한 최소사내대체가격]

	추가생산	외부판매	
사내대체량	500		
외부판매감소량		200	
단위당 변동원가	₩37		₩37
단위당 공헌이익		× ₩60	
공헌이익 감소		₩12,000	
사내대체량		÷ 500	
단위당 기회원가		₩24	24
최소대체가격			₩61

17 ④ [기회원가를 고려한 사내대체 의사결정]

	A사업부		B사업부
	외부판매	내부대체	외부구입
가 격	₩45	P	₩65
변동비	₩15	₩22	
총공헌이익	2,500개×₩30	2,000개×(P－₩22)	

1) A사업부 최소대체가격
   2,500개×₩30 ≤ 2,000개×(P－₩22)
   P ≥ ₩59.5
2) B사업부 최대대체가격은 외부구입 비용인 ₩65이다. P ≤ ₩65
3) 최적사내이전가격의 범위는 ₩59.5 ≤ P ≤ ₩65이다.

18 ③ [기회원가를 고려한 최소사내대체가격]

A사업부

단위당 증분지출원가＝단위당 변동원가	₩300
단위당 기회원가＝(₩600－300)/단위×[300－(3,000－2,850)]단위÷300단위＝	150
최소사내대체가격	₩450

〈별 해〉

유휴생산능력이 있는 물량(150단위) 최소대체가격＝단위당 변동비 ₩300

유휴생산능력이 없는 물량(150단위) 최소대체가격＝외부판매가격 ₩600

$$300단위의\ 최소사내대체가격 = \frac{₩300 \times 150단위 + ₩600 \times 150단위}{300단위} = ₩450$$

19 ⑤ [기회원가를 고려한 사내대체 의사결정]

사업부 1(공급사업부)의 최소대체가격＝₩25(외부판매가격)

사업부 2(구매사업부)의 최대대체가격＝₩80－30－5＝₩45

⇒두 사업부간 대체거래가 이루어지기 위해서는 사내대체가격이 ₩25와 ₩45 사이에서 결정되어야 한다.

20 ③ [국제이전가격]

1) 대체가격의 범위
   최소대체가격＝₩1,000＋(₩5,000－1,000)＝₩5,000
   최대대체가격＝Min[₩7,000, (₩10,000/1.15)]＝₩7,000
2) FTA체결 전 조세부담을 최소화하는 대체가격

$$조세부담액 = \underbrace{(TP - ₩1,000) \times 10\%}_{칠레\ 법인세} + \underbrace{TP \times 15\%}_{관세} + \underbrace{(₩10,000 - TP) \times 20\%}_{한국\ 법인세} = ₩1,900 + 0.05TP$$

TP가 클수록 조세부담액이 커지므로 TP를 최소화하는 것이 유리하다.

⇒ TP = ₩5,000

3) FTA체결 후 조세부담을 최소화하는 대체가격

조세부담액 = (TP − ₩1,000) × 10% + (₩10,000 − TP) × 20% = ₩1,900 − 0.1TP

TP가 클수록 조세부담액이 작아지므로 TP를 최대화하는 것이 유리하다.

⇒ TP = ₩7,000

주관식

21 [대체가격, 특별주문 의사결정, 절세]

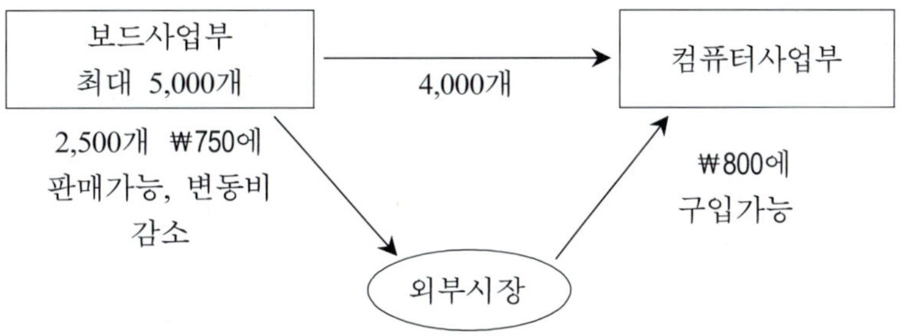

1. 보드 특별주문 수락 결정

※ 현재 이 회사의 최대조업도는 5,000단위이고 그중 4,000단위를 생산하여 대체하고 있으므로 특별주문 2,500단위 수락시 포기해야 할 기존의 1,500단위에 대한 이익(기회원가)을 고려해야 한다. 특별주문에 대한 의사결정시에는 반드시 회사의 최대조업도와 현재의 조업도를 비교해야 한다.

[회사전체] (총액법)

		특별주문 거절	특별주문 수락	
		사내대체 4,000개	사내대체 2,500개	외부판매 2,500개
수 익	컴퓨터	4,000 × P	4,000 × P	
	보 드			2,500 × ₩750
변동비	보드제조원가	4,000 × ₩400	2,500 × ₩400	2,500 × ₩330
	보드구입원가		1,500 × ₩800	
공헌이익		4,000 × (P − ₩400)	2,500 × (P − ₩400) + 1,500 × (P − ₩800)	2,500 × ₩420
공헌이익 합계		4,000P − ₩1,600,000	4,000P − ₩1,150,000	

특별주문을 수락하면 이익이 ₩450,000(= ₩1,600,000 − 1,150,000) 증가하므로 수락한다.

〈별해 : 증분법〉

특별주문 수락시			
증분수익	2,500개 × ₩750/개 =		₩1,875,000
증분원가			
변동제조원가	2,500개 × (₩150 + 105 + 75)/개 =	₩825,000	
기회원가*	1,500개 × (₩800 − 400)/개 =	600,000	1,425,000
증분이익			₩450,000

* 특별주문 2,500개를 수락하면 현재 여유생산능력 1,000개(=5,000−4,000) 이외의 1,500개 물량은 현재 사내대체하던 물량을 판매한다. 이때, 이 1,500개를 외부시장에서 단위당 ₩800에 구입한다. 자체생산시 단위당 변동원가 ₩400(=₩175+125+100)보다 원가가 증가하여 총 ₩600,000의 원가증가가 기회원가로 발생한다.

특별주문을 수락하면 이익이 증가하므로 특별주문을 수락한다.

2. 목표일치 사내대체가격

※ [요구사항 1]에서 최적 의사결정이 특별주문 수락이므로, 보드사업부가 사내대체를 2,500개, 외부판매를 2,500개 하도록 유도하는 사내대체가격을 사용한다.

[공급부문 : 보드사업부]

1) 사내대체물량이 2,500개 이하일 때에는 특별주문 수락과 무관하므로 변동원가 ₩400이 최소대체가격이다.
2) 사내대체물량이 2,500개 이상일 때에는 특별주문을 거절해야 하므로 특별주문의 이익이 고려되어야 한다.

	특별주문 거절	특별주문 수락	
	사내대체 4,000개	사내대체 2,500개	외부판매 2,500개
수 익	4,000 × TP	2,500 × TP	2,500 × ₩750
변 동 비	4,000 × ₩400	2,500 × ₩400	2,500 × ₩330
공헌이익	4,000 × (TP − ₩400)	2,500 × (TP − ₩400)	2,500 × ₩420
이익합계	4,000 × (TP − ₩400)	2,500 × (TP − ₩400) + ₩1,050,000	

4,000 × (TP − ₩400) ≥ 2,500 × (TP − ₩400) + ₩1,050,000

⇒ 1,500 × (TP − ₩400) ≥ ₩1,050,000

⇒ TP ≥ ₩400 + ₩1,050,000/1,500 = ₩1,100

2,500개 초과량에 대한 공급부문의 최소사내대체가격 = ₩1,100

[수요부문 : 컴퓨터사업부]

최대대체가격 = 외부구입원가 = ₩800

[목표일치 대체가격]

₩400 이상 ₩800 이하이면 사내대체 2,500개, 외부판매 2,500개가 이루어진다.

3. 전부원가기준 대체가격 = 단위당 변동원가 + 단위당 고정원가

= ₩400 + ₩750,000 / 4,000개

= ₩587.5

4. 전부원가기준 대체가격의 장 · 단점

〈장점〉 1) 이해하기 쉽고 재무보고용 원가계산에 사용되므로 별도로 계산할 필요가 없다.
2) 원가를 변동원가와 고정원가로 구분할 필요가 없고, 복잡한 기회원가를 계산할 필요가 없다.

〈단점〉 1) 전부원가에는 의사결정의 비관련원가인 고정원가가 포함되고 기회원가는 제외되어 의사결정에 적합하지 않은 원가이므로 목표일치 대체가격이 아니다.
2) 실제원가를 사용하면 공급부문의 비능률이 수요부문에 전가되고 공급부문이 원가절감노력을 할 동기가 없다.
3) 실제원가를 사용하면 공급부문의 이익은 항상 0으로 계산되므로 평가 공정성 문제가 있다.

5. 국가간 대체시 법인세 절감 문제

[국세청에서 인정하는 범위]

전부원가 = ₩587.5 $\leq$ TP $\leq$ ₩800 = 시장가격

[전사적 법인세 절감]

국가간 대체시에는 전세계적인 법인세를 최소화하기 위하여 세율이 낮은 국가의 사업부에 많은 이익이 발생하게 사내대체가격을 결정한다.

보드사업부가 법인세가 부과되지 않는 국가에 위치하므로 공급부문인 보드사업부의 이익을 최대화하는 대체가격, 즉 허용되는 가장 높은 가격 ₩800에 결정한다.

14 환경관리회계

객관식

01 ② [환경관리회계기법]

환경고려 수명주기원가계산이 제품의 기획설계부터 폐기까지의 전 과정을 다룬다.
원가기획도 생산자 관점의 수명주기를 고려하나 사용과 폐기의 소비자 관점의 수명주기는 고려하지 않는다.

02 ① [환경관리회계기법]

설계단계의 활동과 가장 밀접한 관련성을 가지는 것은 원가기획이다.

03 ④ [환경품질원가]

배상비는 회사가 부담해야 하는 손실이므로 내부부담 환경손실이다.

찾아보기

저자약력

서울대학교 경제학과 졸업

U. C. Berkeley 경영학 박사(회계학 전공)

New York University 회계학과 교수

다양한 공인국가시험 출제위원

성균관대학교 경영대학 명예교수

현 IFRS재단 ISSB 상근위원

제 5 판 **관리회계**

2012년 2월 20일 제 1 판 1쇄 발행
2024년 1월 10일 제 5 판 1쇄 인쇄
2024년 1월 20일 제 5 판 1쇄 발행

저 자 백 태 영
발 행 인 권 영 섭
발 행 처 (주)신 영 사

경기도 파주시 심학산로 12(출판문화단지)
등 록 : 1988. 5. 2 / 제406-1988-000020호
전 화 : 031-946-2894(代)
F A X : 031-946-0799
e-mail : sys28945@naver.com
홈페이지 : http://www.shinyoungsa.co.kr

정가 38,000원 ISBN 978-89-5501-850-9

장별 주요 수식

8장

성장요소 수익효과 = 전기 판매가×(당기 판매량－전기 판매량)

성장요소 변동원가효과 = 전기 변동원가항목 구입가×(당기 변동원가항목 기준수량－전기 변동원가항목 수량)

당기 변동원가항목 기준수량 = 당기 생산・판매량×(전기 변동원가항목 수량/전기 생산・판매량)

성장요소 공헌이익효과 = 수익효과－변동원가효과

생산성요소의 변동원가효과 = (당기 변동원가항목 실제수량－당기 변동원가항목 기준수량)×당기 변동원가항목 구입가

생산성요소의 직접재료원가효과 = (당기 직접재료 실제수량－당기 직접재료 기준수량)×당기 직접재료 가격

생산성요소의 직접노무원가효과 = (당기 직접노무 실제시간－당기 직접노무 기준시간)×당기 직접노무 임률

생산성요소의 변동제조간접원가효과 = (당기 변동제조원가 실제배부기준량－당기 변동제조간접원가 기준배부기준량)×당기 변동제조간접원가 실제배부율

가격요소의 수익효과 = (당기 판매가－전기 판매가)×당기 판매량

가격요소의 변동원가효과 = (당기 변동원가항목 구입가격－전기 변동원가항목 구입가격)×당기 변동원가항목 기준수량

가격요소의 직접재료원가효과 = (당기 직접재료가격－전기 직접재료가격)×당기 직접재료 기준수량

가격요소의 직접노무원가효과 = 당기 직접노무임률－전기 직접노무임률)×당기 직접노무 기준시간

가격요소의 변동제조간접원가효과 = (당기 변동제조간접원가 실제배부율－전기 변동제조간접원가 실제배부율)×당기 변동제조간접원가 기준배부기준량

가격요소 공헌이익효과 = 수익효과－변동원가효과

성장요소의 고정원가효과 = (당기 생산용량－전기 생산용량)×전기 용량당 고정원가

가격요소의 고정원가효과 = (당기 용량당 고정원가－전기 용량당 고정원가)×당기 용량

생산성요소의 고정원가효과 = (당기 실제용량－당기 기준용량)×당기 용량당 고정원가

시장규모 성장요인의 영업이익효과 = 성장요소의 이익효과×(전기판매량×시장규모 성장률/당기판매증가량)

차별화전략의 영업이익효과 = (성장요소 이익효과－시장규모 성장요인)+가격요소 이익효과

원가우위전략의 영업이익효과 = 생산성요소의 이익효과